贵州省瓮安第二中学志

（1958—2018）

贵州省瓮安第二中学志编纂委员会　编

方志出版社
Publishing House of Local Records

图书在版编目（CIP）数据

贵州省瓮安第二中学志：1958—2018 / 贵州省瓮安第二中学志编纂委员会编. -- 北京：方志出版社，2019.12
ISBN 978-7-5144-4084-3

Ⅰ. ①贵… Ⅱ. ①贵… Ⅲ. ①瓮安第二中学－校史－1958—2018 Ⅳ. ① G639.287.34

中国版本图书馆 CIP 数据核字（2020）第 181106 号

贵州省瓮安第二中学志（1958—2018）

编　　者：贵州省瓮安第二中学志编纂委员会
责任编辑：张　颢
出 版 者：方志出版社
　　地址　北京市朝阳区潘家园东里 9 号（国家方志馆 4 层）
　　邮编　100021
　　网址　http://www.fzph.org
发　　行：方志出版社图书经销中心
　　电话　（010）67110500
经　　销：各地新华书店
印　　刷：昆明鹰达印刷有限公司
开　　本：889×1194　　1/16
印　　张：41
字　　数：1049 千
版　　次：2019 年 12 月第 1 版　　2019 年 12 月第 1 次印刷
印　　数：0001～2000 册
ISBN　978-7-5144-4084-3　　　　定价：668.00 元

《贵州省瓮安第二中学志》编纂委员会

总顾问： 张文强　黄桂林

顾　问： 桂国全　张　超　夏坤仲　李庆忠　谢　静　犹永俊

主　任： 张明光

副主任： 吴定龙　王华松　夏忠富　陈　斌　唐安林

委　员： 王小勇　王永念　罗建明　王　强　李昕艺　李荣强
吴昌松　张泰军　宋泽军　陆龙金　顾德贵　周汉英
田文军　李昕波　宋锡丽　龙承华　何崇玖　王大军
黎金坤　袁能洪　周凤学　邓永富　杨　松

《贵州省瓮安第二中学志》编辑部

主　编： 吴昌松

副主编： 陈　斌　唐安林　邓永富

编　辑： 王其一　张桂碧　杨　丹　杜洪伟　瞿琳珊

《瓮安二中志》（1958—2018）审验

初　审：贵州省瓮安第二中学志编纂委员会

贵州省瓮安第二中学校志编纂编辑部

张明光　吴昌松　犹永俊　罗祖学　陈　智

唐安林　王小勇

复　审：贵州省瓮安县教育局

陈古伦　犹永均

终　审：贵州省瓮安县地方志编纂委员会

范祖贵　王　昱　谢兴贵　郑显君　陈天银

谢崇禄　刘德权　王殿生　李任凯

方志出版社：

初审　张　颢

复审　张景增

终审　张　伟

验　收：贵州省瓮安第二中学志编纂委员会

方志出版社

序一

修志乃承前启后、继往开来、有利当今、惠及后人的一件大事。瓮安二中值花甲之际，史海钩沉，纂为志书，是对不同时期学校教育发展的高度概括与总结，必将对二中乃至瓮安教育产生深远的影响。

传承历史，泽惠桑梓。瓮安自古深受中原文化、巴蜀文化影响。自宋至明、清时期，有16人进士及第，108人高中举子。积淀了崇文尚礼、尊师重教、耕读传家的优良传统。中华人民共和国成立后，瓮安二中应运而生。改革开放后，学校发生了翻天覆地的变化，校园文化、育人环境、办学条件日趋完善。自恢复高考以来，向高校输送了数以万计优秀毕业生，其中有13名优秀学子考取清华、北大，成绩斐然。

栉风沐雨，砺志弥坚。瓮安二中在60年发展历史中，三迁校址，七易校名，历经交通学校—师范—小学—初中—完中—大型独立高中—省级示范高中的发展演变。学校萃人文精华，濡历史厚韵，以得天下英才而教之为己任。在艰苦奋进的征程中，始终坚守“立德树人，追求卓越”的办学宗旨；秉承“自强不息，厚德载物”的校训精神。几代经营，数辈努力，教育成绩日益突出，学校从无到有，从小变大，从弱变强，发展来之不易。

直笔著史，彰善风气。《贵州省瓮安第二中学志》以学校历史变迁为主线，以党的教育方针为经纬，以办学特色为重点，站在辩证唯物主义和历史唯物主义的高度，以求真务实为基调，采用“横排纵写，述而不论，详今略古”的手法，纵不断线，横不缺项。除序言、凡例、概述、大事记、历史沿革等，同时附有政策性文件。该志书立公正视角，集翔实史料，文风严谨、朴实、简洁、流畅，为学校进一步发展提供了宝贵的历史借鉴，为后人了解瓮安二中教育发展和改革历史，认识瓮安二中教育兴衰起伏变化的进程，提供了极大方便，更为“科教兴县”提供了可鉴的历史资料，志书成之不易。

“以史为鉴，可以知兴衰；以人为鉴，可以明得失”。回顾历史，展望新途，站在新时代，面对人民日益增长的美好生活需要和发展不平衡不充分这一主要矛盾，教育工作者任重而道远。为满足人民群众对优质教育的需要，希望瓮安二中弘扬历史精神，落实立德树人任务，在教书育人的道路上耕耘不辍，再续辉煌。

谨以此为序。

中共黔南州委常委
中共瓮安县委书记

序二

教育者，言教书育人也。纵览中华历史，上至远古，夏商周谨庠序之教，开办太学、乡学；春秋孔子设杏坛，私学遂兴；至于隋唐，开科取士，至清末，其间书院遍立。教育成为大者。至1977年，高考恢复，教育历经40余年发展，时至今日，教育已成为实现中华民族伟大复兴之重器，追溯过往，还看今朝，个人发展离不开教育，社会进步离不开教育，国家富强更离不开教育。

瓮安尊师重教之风源远流长。自宋神宗六年（1073），瓮水人犹道明高中进士（贵州进士第一人），明万历二十九年（1601）设学庙，清康熙二十六年（1687）设县学，瓮安教育日盛，其间有16人中进士，108人中举人。民国时期，现代小学、初中、高中逐渐开办，至民国37年（1948），县内各级各类学校共33所。中华人民共和国成立后，瓮安教育在党和政府的关心和重视下，发展迅猛，现有各级各类学校170余所，业已成为黔南地区的教育大县、强县。

正可谓瓮安之美，既美在秀丽山川，又美在崇尚教育、耕读传家的优良传统。近年来，瓮安在政治、经济、文化、教育等方面都得到长足的发展。发展，所赖者，人才。然而在共力铸就中国梦的时代背景下，所缺者，人才。可喜的是，瓮安教育在历届县委、县政府的坚强领导下，锐意进取，奋力前行，成为黔南教育一张亮丽名片。瓮安二中作为其中一员，建校至今，初心不改，秉持“厚德养正担道义，笃学尚行报家国”的教育追求，为国家输送了大量具有家国情怀的优秀学子，做出了积极的贡献。

读罢《贵州省瓮安第二中学志》，顿感历代二中人秉承“立德树人、追求卓越”的办学宗旨，发扬“自强不息、厚德载物”的校训精神，在60年栉风沐雨中坚守 “天将降大任于斯人矣”教育情怀之可贵。其间演绎着一个个动人故事，凝聚着一代代二中人心智，创造着一次次辉煌成绩。更难能可贵之处在于二中人的严谨治教和致知穷理，在追求知识、真理、素养上坚持不懈，从无止息的传统。其心路历程可敬可佩，成绩可圈可点。

一校之史需要一校的师生铭记，更需要传承和光大。志书集全校之力，达共同之愿，蕴藏着深厚人文内涵，是一笔难得的可资可鉴的物质和精神财富，可谓意义重大，影响深远。受邀作序，深感荣幸，一席肺腑之言，期学校以史为鉴，以今为镜，弘扬学校精神，勇挑教育重任，奋力新时代，谱写新辉煌。

谨以此为序。

中共瓮安县委副书记
瓮安县人民政府县长

序三

“盛世修志，志载盛世”，校志乃记载学校历史及现状的资料性之著作，具有存史、资政、育人之能。编纂志书，自古堪为善举，大有“资政、存史、教化、励人”之效。岁月更迭，人事代谢。余赴二中任职，不觉七载已过矣。此间，与同人共同经历学校改扩建、申示修建新校区、搬迁等过程，深感学校发展的艰辛与不易。众同人亦有感修志之必要，故萌生修志存史之念，遂于2017年正式启动《瓮安二中志》编纂工作。今在戊戌之秋，庠序花甲。经编委、编辑人员一年多的辛勤走访、收集、整理、查证、谋篇、撰写、修改、补充，《瓮安二中志》现即将付梓出版，可庆可贺。

六十载踏石留印，六十载抓铁留痕，六十载风雨兼程。自1958年县委、县政府创办县工业交通学校之始，至今为省级示范高中，虽校址数易、校名累更，然办学为民的宗旨一贯，为社会培养经纬之才初心不改，教职工顽强拼搏之传统历久弥新。无论“大跃进”、三年经济困难时期、“文化大革命”，或改革开放、21世纪，学校“自强不息 厚德载物”的精神从未间断。历史和现实证明，学校造福桑梓力量之强大，担当道义决心之坚强，在全州乃至全省同级同类学校中实属鲜见。

志书立公正视角，集真实史料，载60年的历史和现状。然历史渐远，时过境迁，人物变换，较多史实已无从查考，故本志编纂中难免薄古厚今。幸有曾于本校工作、生活过的前辈提供文字、照片或口头资料，为此志书奠定了坚实可信的基础。尤其是夏坤仲、犹永俊等老前辈，在收集资料、审定初稿等工作中，其对历史认真、负责的工作态度，令人为之动容。至此，衷心感谢其无私的贡献；同时，亦向志书编撰者诚挚致敬。

众人凝聚，合力则强。此书承前启后，为学校留下了可资借鉴的珍贵资料，于学校今后的发展大有益处。深信后人在此基础上，将秉“自强不息 勇于拼搏”之精神，承“立德树人 追求卓越”之宗旨，再续学校新辉煌，为黔地乃至国家教育事业蓬勃发展贡献一己之力。

一校之志，无论大小，难匹《史记》之志伟。其仅浓缩了一个社会实体单元生存变迁的踪影，为在这所学校躬耕奉献、教化培育民族精神的业者、学者，及从这里走出去的一批批社会栋梁树碑立传，从而折射出整个中华民族复兴大业的时代风貌。

“修志问道，以启未来”。虽专心一志，仍不免挂一漏万。绠短汲深，敬请读者和收藏者明鉴、谅解。

谨以此为序。

瓮安二中党总支书记、校长 张明[签名]

凡　例

一、指导思想及原则。本志以马克思列宁主义、毛泽东思想、邓小平理论、“三个代表”重要思想、科学发展观和习近平新时代中国特色社会主义思想为指导，坚持辩证唯物主义和历史唯物主义的立场、观点和方法，坚持实事求是的原则。

二、记述时限及范围。本志上限起于1958年8月，下限止于2018年12月，力求客观、全面、系统地记述贵州省瓮安第二中学的历史与现状，个别内容适当下延。

三、组成结构。本志由述、记、志、传、图（照片）、表、录组成。以文字记述为主，辅以图照说明。按章分类，章下设节、节下立目。概述、大事记、人物、专记、附录均独立成篇。“概述”概要记述全志主要内容；“大事记”从上限年度至下限年度逐年记述大事要事；“人物”简要记述为本校建设、发展、教书育人有突出贡献的校领导和教师，在本校曾工作过的教职员工和下限时间内在职教职员工；“专记”单独记述本校某方面的特色；“附录”摘录在本志不能列入正文记述，但又很重要的文本史实。

四、纪年称谓。本志纪年采用公元纪年，名称或职官按当时称谓，首次出现用全称，之后用规范简称。

五、图片采用。本志彩页和随文插图选择与本校有关的图片。领导考察调研、检查指导、交流学习照片，上级领导不按时间顺序，按级别从高至低排序；本县科级及以下领导按时间顺序排列。

六、名称称谓。本志文内省去“瓮安县”“瓮安”“贵州省瓮安第二中学”等地域名、校名，个别有混淆地方则冠全称；地名一般使用当时称谓。如有不明或混淆处，则括注说明。

七、行文规范。本志除附录外，一律采用现代语体文记述。执行《地方志书质量标准》和《中华人民共和国国家通用语文字法》（2001年）、《出版物汉字使用管理规定》（1992年）、《简化汉字总表》（1986年）、《现代汉字通用表》（1988年）、《中华人民共和国国家标准标点符号用法》（GB/T15834—2011）、《出版物数字用法的规定》（GB/T15835—2011）、《中华人民共和国国家标准国际单位制及其应用》（GB 3100—93）、《瓮安县地方志编纂行文规范》等规定。

八、资料来源。本志资料来源于学校及相关部门档案，各级党报、党刊和本校老教师、老领导回忆录，均不注明出处。

九、其他。大事记中，当日、当月、当年有多件事记入，第一件写明时间，第二件分别用“是日、是月、是年”表述，第三件及以上则用“▲”表述。

自强不息
厚德载物

录清华校训与贵州省瓮安
第二高级中学师生共勉
清华大学 顾秉林
二〇一〇年三月

顾秉林：清华大学校长(2003-2012)，中国物理学家、材料学家，中国科学院院士，第三世界科学院院士，瑞典皇家工程科学院外籍院士。2010年3月，顾校长在与学生卿涛（瓮安二中1996届毕业生）书信交流中，有感于瓮安二中师生自立自强、刻苦耕读之事迹，欣然提笔书写清华大学校训“自强不息，厚德载物”赠予瓮安二中，勉励二中师生奋发有为，再创佳绩。学校结合历史和现实，遂以此作为全校师生共同遵循的校训。

2017年12月1日，十八届中央纪委委员、国防科技大学副政委李宁少将（中）到生源学校指导生源地建设工作

2017年2月8日，州委书记龙长春（前左三）、铜仁市委书记陈昌旭 （前左二）等到学校考察

2000年3月8日，州政府副州长陈琦（前右一）到学校考察指导工作

2011年1月8日，州委书记黄家培（前右二）检查、指导学校改扩建工作

2009年9月20日，州委常委、县委书记龙长春（右三），县长谢晓东（右四）一行到学校指导修订学校改扩建设计方案

2011年6月7日，州委副书记、县委书记陈昌旭（右三）一行到学校巡视高考

2013年11月2日，州委常委、常务副州长、县委书记蒋映生（前左二），县委副书记、县长尹德俊（前左三）、县人大主任潘玉华（前左一）和县政协主席陈博（前左四）率县四家班子及相关部门领导出席新校区开工仪式

2015年10月2日，州委常委、县委书记张文强（左三）一行调研指导新校区建设工作

2017年2月8日，铜仁市委书记陈昌旭（第二排左三）率铜仁市党政考察团到学校参观考察

2016年11月14日，州委常委、州纪委书记魏明禄（前排左一）到学校调研搬迁情况

2017年3月2日，教育部教育管理信息中心推进办主任王红松（左一）到学校指导学校信息化建设工作

2009年11月7日，州人大常委会原副主任王圣强（左一）考察指导学校改扩建工作，县教育局党组书记、局长谢静（前右）陪同考察

2014年11月8日，新华社、《人民日报》等中央媒体采访调研学校未成年人思想道德建设工作

2017年1月5日，县政协原主席刘华江（左七）一行到学校调研

2016年6月27日，贵州省示范性高中评估专家组合影

2017年1月11日，香港智华基金有限公司顾问潘旭波、瓮安县人民政府副县长桂国全等爱心人士参加“贵州省瓮安县智华中学”揭牌仪式

2017年3月11日，中国书法家协会副主席，省政协委员，省文学艺术界联合会副主席，省书法家协会主席，贵阳市文学艺术界联合会党组书记、主席包俊宜（右三）到学校调研指导校园文化建设。县委常委、宣传部部长夏吉友（右四）等陪同调研

2017年7月11日，省铁路建设办公室副主任（原黔南州委常委、瓮安县委书记）蒋映生（前左三）到学校考察调研

2018年4月4日，县委副书记、县长黄桂林（左二）在学校与高三年级学生亲切交谈

2017年12月23日，县人民政府副县长桂国全（左一）在“贵州省智华中学第三届教育创新研讨会”上致欢迎辞

2018年9月20日，教育部中学校长培训中心副主任沈玉顺（中）到学校指导张明光名校长工作室建设及学校工作

2018年3月15日，加拿大多伦多大学博士后、研究员，南京中医药大学客座教授倪祖尧（右二）回母校讲学

1961年4月，学校前身瓮安师范幼师全体师生合影

1961年5月，学校前身瓮安师范教师临别合影

1964年7月，学校前身瓮安城关中心小学毕业师生合影

1973年7月，学校前身瓮安城关中心小学毕业师生合影

1976年7月，学校前身瓮安城关二小“戴帽初中班”毕业师生合影

1977年10月，学校前身雍阳中学师生集合整队

1980年7月，副校长吕庆松（第二排左五）支部书记王天合（第二排左六）、工会主席张玉珍（第二排左七）参加毕业班团员留影

1982年7月，初三（六）班毕业合影

1982年5月，学校首届二年制高中部高二（1）班毕业生合影

1982年5月，学校首届二年制高中部高二（2）班毕业合影

1984年5月，学校第二届二年制高中毕业师生合影

1987年5月，学校高三（1）班毕业合影

1989年11月，学校秋季田径运动会开幕式

1989年11月，学校秋季田径运动会开幕式

20世纪80年代末，学校操场

20世纪90年代，学校举行运动会

1989年学生集会听报告

1993年9月开学典礼

2004年秋季田径运动会

2005年，举办学校篮球运动会

2006年5月12日，学子刘元高（左五）回母校作报告时合影

2007年9月20日，学子吴东（第二排左六）带清华大学支教团队一行8人回母校作励志演讲时合影

经改扩建后的瓮安二中原校区（2011年摄）

瓮安二中改扩建后原校区教学楼（2012年摄）

瓮安二中改扩建后原校门（2012年摄）

瓮安二中改扩建后原校区操场（2012年摄）

2016年6月搬迁入住的瓮安二中新校区东面全景图（2019年摄）

新校区东大门（2018年摄）

新校区德正广场（2017年摄）

新校区教学楼一角（2017年摄）

2016年6月搬迁入住的瓮安二中新校区西面全景图（2019年摄）

新校区鸟瞰图（2018年摄）

新校区“放飞希望（德正）”主题铜雕（2017年摄）

新校区升旗台（2017年摄）

新校区教学楼E区北侧毓秀园读书亭（2017年摄）

新校区校园石刻（2017年摄）

新校区校园南侧求索园里的石板曲径（2017年摄）

新校区校园西广场的行政楼（2017年摄）

新校区校园里的紫铜文化柱（2017年摄）

新校区演艺大楼（2019年摄）

新校区C区会议大厅（2019年摄）

学校运动场全景（2019年摄）

2017年4月26日，学校召开校志编纂会议

2017年10月20日，校志编辑部人员在县教育局寻找、查阅历史资料

2017年5月17日，校志编纂委员会领导及编辑人员探望、采访原校长夏坤仲（中）

2017年12月8日，主编吴昌松（左）、副主编邓永富（右）采访学校党支部原书记王天合（中）

2017年6月20日，主编吴昌松（右一）、副主编邓永富（右二）采访原校长吕庆松（右三）

2017年7月11日，校志编纂人员采访原校长黎师韩（右三）

2017年7月11日，校志编纂人员采访原校长丁惠敏（左二）

2017年5月14日，采访原校长李庆忠（中）时，李庆中向校志主编吴昌松（右）转交其工作笔记供校志编纂参考

2017年7月11日，校志编纂人员采访原副校长李奎忠（左三）

校长张明光审阅校志初稿（2018年摄）

2016年11月1日，全省第六届中学数学优质课比赛在瓮安二中举行

2018年5月8日，全省通用技术核心素养与课堂教学研讨会在瓮安二中举行

2014年7月22日，州人大常委会原副主任王圣强（后右二）、省教育科学院院长张庆肃（后右三）等一行到校指导学校申示工作

2015年11月19日，黔南民族师范学院研究生处处长陈业平（左）到校举行教学实践基地授牌仪式

2015年10月16日，省语文教学名师朱家彦（前左二）到二中做课题研究指导

2018年4月11日，瓮安二中、福泉中学语文学科交流活动合影

2018年4月21日，全省高中名校长张明光工作室启动会暨推进会合影

2015年8月12日，原校长夏坤仲（左三）对2015届考入清华大学的朱荣进（左一）、考入北京大学的谢明杨（左二）、陈宾涵（左四）奖励金捐赠仪式合影

2018年5月9日，学校青年教师在省通用技术展示课上进行教学活动

2017年4月13日，学校青年教师在日常班级教学中的活动

每周一升旗仪式上的国旗护卫学生（2018年摄）

2014年11月26日，学校秋季运动会入场仪式

2017年10月24日，学校民族团结运动会入场仪式

2018年3月6日，学校举行高考励志动员会

2013年12月9日，副县长夏吉友（前右一）、老书法家张世忠（前右三）参观学校书画作品展

2013年12月9日，县书协、县美协会员在学校书画大赛现场创作作品

2016年12月11日，学生在书画大赛中书写参赛作品

2018年10月18日，学校举行第二届民族团结进步园游会，香港智华基金会顾问潘旭波先生（左一）观看学生所做作品

2017年8月24日，高一新生军训拉练途中

2017 年 11 月，原校长夏坤仲（右二）点燃学校第一届民族团结运动会火把

2013年11月，学校秋季田径运动会上运动员在比赛

2013年，学校秋季田径运动会上

2017年11月，校长张明光（中）点燃学校第一届民族团结运动会火炬

2017年4月5日，学校在草塘古邑旗山书院举行成人礼活动

2019年2月28日，在运动场举行了2019届高三成人礼暨百日誓师大会

学校文艺表演集锦

2015年4月26日，学校“扬帆文学社”社员到下司石林开展文学采风活动

2017年10月15日，学校在龙里龙架山森林公园举行第一期教职工户外拓展培训活动

2017年4月28日，参加县“四国女篮邀请赛”的加拿大女队到学校参观交流

2018年6月19日，学校青年志愿者实践基地挂牌仪式在县福利院举行

2017年12月23日，学校召开的“贵州省智华中学第三届教育创新研讨会”参会人员合影

2018年9月28日，学校合唱队参加县第二届职工艺术节合唱比赛时合影

2019年1月31日，在学校演艺大厅举行集体生日暨退休教师欢送会

2019年2月，学校举行年会时教职工合影

2019年6月28日，参加校志复审会议的学校原领导犹永俊（左一）、王天合（左二）、夏坤仲（左三）、黎师韩（左五）、吕庆松（左六）、李庆忠（左七）和现任领导张明光（左四）、吴定龙（左八）合影留念

2019年6月28日，参加《瓮安二中志》复审会议的全体人员合影留念。第一排左起：瞿琳珊、杨丹、张桂碧、吴昌松、犹永俊、王天合、夏坤仲、张明光、范祖贵、黎师韩、吕庆松、李庆忠、吴定龙、宋锡丽、周汉英，第二排左起：杨松、王永念、邓永富、宋泽军、王大军、陈古伦、犹永均、袁能洪、唐安林、李昕艺、李任凯、张泰君、田文军、周凤学、王小勇

《贵州省瓮安第二中学志》编纂委员及编辑人员：

第一排左起：

黎金坤、邓永富、王永念、张桂碧、瞿琳珊、夏忠富、吴定龙、张明光
陈　斌、唐安林、张泰军、周汉英、宋锡丽、杨　丹、王其一

第二排左起：

杜洪伟、陆龙金、王小勇、王　强、罗建明、李昕波、李昕艺、宋泽军
何崇玖、杨　松、袁能洪、王大军、吴昌松、顾德贵、王华松、周凤学
龙承华、李荣强

目　录

概　述

瓮安县地处黔中腹地，乌江中游，黔南州北端。东接黔东南州黄平县，南抵黔南州福泉市，北连遵义市湄潭县，西交贵阳市开阳县，东北与遵义市余庆县毗邻，西北同遵义市播州接壤。其开疆较早，殷周时，瓮安为且兰地。秦朝时，隶黔中郡。汉朝时期，隶牂牁郡。至西晋时，牂牁郡设在其境内。隋朝时期，隶牂牁郡县。唐贞观三年（629）置朗州，后改为播州，隶属播州。宋朝时期，仍属播州地。元代在少数民族聚居区推行土司制度，至元十四年（1277）播州首领杨宪邦纳地归附，授播州安抚司，隶湖广行省。至元十八年（1281）升为宣慰司。至元二十一年（1284）降为播州军民安抚司，隶顺元等处宣慰司。至元二十八年（1291），改为播州军民安抚司（元末复为宣慰司），隶四川行省。至元二十九年（1292），改隶湖广行省。播州军民安抚司辖1府32长官司，内有草塘等处长官司。元代置旧州草塘等处长官司，明代置草塘、瓮水安抚司，建平越卫右所干平、干溪、梭罗等15堡。万历二十九年四月十九日（1601年5月30 日），以草塘、瓮水2安抚司和15 堡地合置瓮安县，隶贵州布政司平越府。清嘉庆初年隶平越直隶州。民国时期先后隶黔中道、省直辖区和第7 （平越）、第7 （镇远）、第5 （遵义） 行政督察区。1949 年12 月11日解放，先后隶贵阳、贵定、安顺专区和黔南布依族苗族自治州。1958 年12 月至1961年8 月，福泉县一度并入。2017年，瓮安辖1乡、10镇、2街道、82村、2居委、15社区、1803村民组，面积1962.74平方千米，总人口53万人，苗族、布依族等少数民族人口占5.8%。县人民政府治地雍阳街道。

瓮安自古深受中原文化、巴蜀文化影响，百姓崇文尚礼，尊师重教，耕读传家，学风日盛。宋至明、清时期，有19人进士及第，110人高中举子。瓮安学校教育起步也较早，清康熙二十六年（1687）设县学，年末建旗山书院，光绪三十年（1904）建高等小学堂。民国15年（1926）建初级中学，民国32年（1943）开办高中。中华人民共和国成立后，人民政府更是加大了对于教育的投入，全县现有各级各类学校170余所，1977年恢复高考以来，向全国各级各类学校输送二本以上学生20000余人，有23名优秀学生考入清华、北大，其中有13人为二中学子。

一、办学校，历程艰辛

贵州省瓮安第二中学始建于1958年8月，随时代变革，三迁校址，七易校名，从银水寺到西门河畔，从县城西隅到城郭南端，学校历经交通学校—师范—小学—初中—完中—大型独立高中—省级示范高中的发展演变。在其60年的发展历程中，学校萃人文精华，濡历史厚韵，以得天下英才而教育之为己任。在艰苦奋进的征程中，一路奉献，一路播撒，坚守“立德树人 追求卓越”宗旨，春华秋实；一路坎坷，一路欢歌，秉承“自强不息 厚德载物”校训，砺志弥坚。几代经营，数辈努力，桃李芬芳盈枝头，声名远扬自成蹊，教育成绩日益突出。学校先后被评为“全国优秀传统文化进校园试点学校”“全国创意法教育实施优秀单位”“第五届全国美育工作先进单位”“全国地理教育科普先进单位”和“贵州省高中办学优秀学校”“贵州省精神文明建设工作先进单位”“贵州省安全文明校园”及黔南布依族苗族自治州“文明单位”；多次荣获州高中“高考教学质量一等奖”“完成高考教学目标任务奖”“高考教学质量巩固提高奖”等荣誉称号。

一轮花甲岁月，几段建校史迹，孕育了二中师生的坚强与勤奋。1958年，时任县委书记马诚乙结合上级“两条腿走路”教育方针和瓮安教育的实际，指示县教育科、交通科于是年6月在县银盏乡破旧的银水寺庙创建半工半读的瓮安县交通学校，是年8月27日，学校举行开学典礼。12月29日，瓮安、福泉两县合并，原福泉交通学校师生40余人并入，学校更名为瓮安工业交通学校。1959年4月，学校由银盏乡银水寺迁入县城西门河畔钢铁厂废旧厂址办学。学校克服经费困难，因陋就简，改造原厂房为教室。是年5月，学校停办。

1959年7月，县文教局在学校原址组建成立瓮安师范学校，9月开学。1960年3月，学校始建16间教室教学楼。建设中，夏坤仲校长带领师生发扬自力更生、艰苦奋斗、“多快好省”的精神，战晴天，斗雨天，入白溪森林伐木，沿杜仲河漂运，起早贪黑完成挖基槽、烧石灰、筛煤灰、运砖瓦等任务。1961年5月，学校停办，师生在尚未竣工的新教学楼前合影惜别。

1962年2月，县文教局在已停办的瓮安师范校址组建成立瓮安县城关小学。学校在无操场、无教学设施设备的条件下艰难办学。“文化大革命”期间，工农兵进驻学校，成立革委会，在此期间，学校派系斗争激烈，人人自危，县城上千名中小学生学业荒废。1971年9月，县教育局调派玉山农中干部王天合接任城关小学工作组组长，后任城关小学的党支部书记。他牢记党的宗旨，遵照党的知识分子政策，依靠全体老师，着力解决当时学校待遇、派系斗争、土地争执等几大难题，在学校形成了“团结进取、勤奋求实”的良好校风，为学校发展打下基础。

1973年，学校更名为瓮安县城关第二小学，由原来的乡镇学校升级为县级学校。1976年粉碎“四人帮”反革命集团后，学校被遣送的“四类”人员回到学校工作，重启被“打倒”的当权派。他们凭着一颗忠诚人民教育事业之心，以“学为人师，行为世范”的素质，以严谨治学、严格执教的教风，以敬业爱生、诲人不倦的精神，以教书育人、甘为人梯的春蚕品格，站在新起点，肩负新使命，辛勤耕耘，推动了学校发展。

1976年9月，由留瓮安县城关第二小学原址的初中部师生组建成立瓮安县雍阳中学。全校师生在学校领导带领下，迎难而上，齐心协力，并肩作战，呕心沥血，茹苦含辛，校园重现“尊师重教，强国兴民”“园丁敬业，学子尊师”“师生励志，桃李争春”的传统风尚。1976—1978年，雍阳中学的3届初中毕业生的升学成绩保持高位稳定，录取率处于全县领先地位。

二、抓教育，硕果累累

1978年7月，经县革委批准，学校更名为贵州省瓮安第二中学。9月8日，州革委正式批复设立贵州省瓮安第二中学，简称瓮安二中。1980年9月，学校首招二年制高中2个班，招收学生112人。至此，学校成为完全中学。在这极为简陋的校园里，学生陈恩科一举夺取1988年高考县理科状元，考入清华大学，成为瓮安恢复高考以来考入清华第一人。1991年秋，学校得到政府支持，拆掉操场北端20世纪50年代修建两层16间教室的苏式老教学楼，新建一栋四层20间教室夹8个小办公室的约1200平方米的新教学大楼，这是学校第一栋现代意义上的教学楼。并以新教学大楼正立面上镌刻的“团结进取，勤奋求实”八个大字作为校风，激励全校师生。校容校貌有了初步改观。

改革开放极大调动了教师积极性，学校得以快速发展壮大。1994年，刘元高获县高考理科状元，考入清华大学；1996年，卿涛获县高考理科状元，考入清华大学；1999年，徐仁义获县高考理科状元，考入北京大学。2000年6月，经州政府批准，学校成为州首批四所大型独立高级中学之一。现有的教育教学设施已经无法满足教学需要，还出现了学生超百余人的大班级，在这狭小、拥挤、简陋的校园里，却不断取得令人瞩目的成绩，吸引周边县市的学生前来就读。2000年解忠敬获县高考理科第一名，考入北京大学，2001年5月，学校荣获全州五四红旗团委称号。2002年，学生张焕获县高考理科状元，考入清华大学。2003年2月，学校团委荣获省团委颁发的全省五四红旗团委称号。同年6月，李治波以619分居省文科第五名，夺取县文科状元，考入北京大学。2005年1月，学校荣获州教育局“黔南州普通高中教育教学质量奖”。同年6月，吴冬、吴刚兄弟两人分别以681分、637分夺取县文、理科状元。吴冬考入清华大学，吴刚考入对外经济贸易大学，“一门两状元”，至今乡人犹啧啧称之。2006年1 月，学校荣获“黔南州普通高中教育教学质量一等奖”。是年4月，学校荣获省人民政府颁发的“精神文明建设工作先进单位”称号。6月， 学校荣获中共黔南州委颁发的“先进基层党组织”称号。2008年3月，学校荣获共青团省委颁发的《贵州团员青年抗灾救灾先进集体》称号。2009年11月，学校荣获县政府颁发的“青少年帮教工作先进集体”称号。2010年7月，学校参加州“祖国好·家乡美·诵一章经典歌颂中华”诵读大赛，获一等奖。2011年12月，学校荣获 “黔南州普通高中教学质量一等奖”。2012年6月，学校被全国高等教育学会授予“全国‘十二五’美育化教育教学实验基地”牌匾，并获得“第五届全国美育工作先进单位”称号。师生在各级各类竞赛中获奖和取得的荣誉，更是数不胜数。学校呈现欣欣向荣的局面。

三、改校园，党政重视

为解决学校校园狭小、设施薄弱陈旧、师资不足制约学校发展的问题，时任州委常委、县委书记龙长春和县长谢晓东对学校的改扩建高度重视，县委、县政府多次召开会议专题研究讨论，最终通过投资6000余万元在二中进行就地改扩建工程项目。2009年，校园改扩建工程全面启动。2010年，著名物理学家、中科院院士、清华大学校长顾秉林先生为勉励学校师生，亲笔题写清华大学校训“自强不息，厚德载物”赠予学校，这是对学校“自强不息”精神的进一步肯定和赞扬，极大鼓舞了全校师生士气。

学校经改扩建后，校容校貌有了极大的改观。可校园占地面积严重不足，影响了学校的长远发展。为了解决制约学校发展的瓶颈问题，2013年，在时任州委常委、县委书记蒋映生等领导的倡导、关怀下，县委、县政府决定在县城南部规划20公顷用地，投入2.5亿元，以高起点规划、高标准建设为目标，按照省级二类示范性高中的要求建一个可容纳学生4500人的新校区。是年11月2日，新校区在瓮水办事处中心社区盆水井西侧破土动工。

2014年4月18日，在政府“举全县之力，助推学校申创省级示范性高中”的号召下，在全校教师的辛勤工作下，学校以优异的评估成绩顺利通过了州“申示”评估专家组的评估验收。在此之后，时任州委常委、县委书记蒋映生；县委副书记、县长、学校《申示》工作领导小组组长尹德俊；县人大主任潘玉华、政协主席陈博、副县长夏吉友等州县领导多次到省教育厅汇报瓮安教育及学校“申示”工作。为学校“申示”奠定基础，赢得机遇。

学校在狠抓教学质量和“申示”的同时，还注重推进新校校园文化建设。2015年6月27日，县委、县政府在湖南长沙毛泽东文学院召开了“瓮安二中文化建设研讨会”，邀请文化巨匠王巨才、白描、谭谈等人把脉学校文化建设，进一步丰富了学校文化内涵，提升学校文化品位，学校被评为县“校园文化建设优秀学校”。是年高考，全州前10名，二中就有3人，朱荣进同学以651的高分获全县理科第一名，考入清华大学，谢明扬、陈滨涵两位同学以优异的成绩考入北京大学，“一清二北”创瓮安教育历史奇迹。11月25日，学校顺利通过了省级示范性普通高中预评估专家组对学校“申示”工作的预评估。2016年1月8日，学校经省教育厅评估专家组考核，通过了“申示”一评。

2016年4月26日，学校启动搬迁城南新校工作，6月12日，学校整体搬迁完毕。至此，一个按照“多才播南 灵秀书院”的设计理念，占地400亩，容纳学生4500人，投资概算5亿元，历时两年多艰辛建造完成的新校展现在人们眼前，成为县城的一个新地标。同年，学校高考二本以上上线人数突破900人大关，超县教育局下达的高考目标任务数近600人，创历史新高。是年6月30日，学校通过省评估专家组“申示”二评。评估中，专家称赞学校“在50多年的办学历程中，走过了其他学校100多年走过的道路”。9月，学校华丽转身，成为省级示范性高中之一。

2017年高考中，学校本科录取人数突破千人大关，达1104人，再次赢得了各级党委、政府、教育行政部门及社会各界的充分肯定和高度赞誉。2018年，学校超额完成县教育局下达的高考目标任务数。其中全县裸分前5名，二中4人（第一、二、三、五）；文科全县前5名，二中一人（第二名）。钟熵和侯锐同学高考裸分分别位列全州第一、第二名，钟熵同学以674分的成绩被清华大学录取，成为学校搬迁后第一位考入清华大学的学生。

四、勇担当，奋进新时代

学校在60年的办学中，始终坚守“给学生提供合适的教育，让每一位学生都有成功的机会，为学生的终身发展奠基”的办学目标，这一目标在“高进优出，中进高出，低进特出”教学实践中得到进一步彰显。学校不仅拥有国家助学金、彩票公益金、精准扶贫专项资金，还争取到兴旺房地产、南洋矿产、香港智华基金、香港慈恩基金、爱希基金、贵州省宏立城公益基金、苏州工业园映山红助学联盟助学金、瓮安县青杠林爱心联盟助学金等，更有众多如夏坤仲老校长个人爱心助学捐助。多元完善的激励机制，为学校学生顺利完成学业，圆梦大学提供丰实的物质保障。众多学子从这里走向社会，成为社会有用之才和优秀人士，他们中有传承文明的专家、学者倪祖尧、文永辉、丁润生；有朝气蓬勃、锐意进取的中青年栋梁卿涛、刘元高；有执政为民的文永生、付勤勇；有扎根基层、服务百姓的“中国好人”雷洪；有文化名人熊焱；有致富能手赵连富；有“春晖使者”、爱心人士王得利；更有保家卫国、效死疆场的革命烈士吴华忠，流血负伤的功臣邓光阳、张德明。这些二中学子秉承二中人“自强不息 厚德载物”的精神和意志，在社会的各行各业做出了自己独有的贡献。

60年的风雨历程，60年的曲折发展，60年的艰辛努力，学校始终秉承“自强不息、厚德载物”校训精神，一步步走来。学校从无到有，从小变大，从弱变强，靠的就是二中人这种“众志成城、勇于拼搏”不服输的意志。“雄关漫道真如铁，而今迈步从头越”，学校现有教学班78个，学生5000余人，教职工290余人，其中高级职称教师71人，研究生11人，中级职称教师74人。在职教师中受省级表彰27人，受州级表彰36人；有省级优秀教师3人，州级骨干教师19人，县级骨干教师38人。已建成有常规教育教学活动所需的教学楼、实验室、信息技术、通用技术和音体美专用教室等现代化教学设施，有各类标准化的田赛、径赛运动场，更有现代化、信息化的智慧教室、自动录播室、室内体育馆、室内演艺大厅、公寓式学生宿舍。图书馆藏书近80万册（含电子图书）；图书阅览室可一次性容纳1500人博览群书；学生食堂可一次性容纳3000人进餐。学校正向承尚文古风、显名校风范的理想坚实迈进。

学校在搬迁新校区成为省级示范性高中后，将努力实现“校园校舍精品化、文化建设精品化，仪器设备精品化、课堂教学精品化、教研教改精品化、多元激励精品化、教育质量精品化”的七大精品化战略构想。更新教育理念，推进教研教改，打造名师团队，构建高效“生本课堂”，建设以“立德”为核心、“经典国学”为载体、“树人”为目的校园文化。

甲子二中，文脉永昌。带着60年的光荣与梦想，饱含家国天下的历史情怀，承载着崇高的社会责任，二中人将继续坚持“立德树人，追求卓越”的办学宗旨，发扬“自强不息，厚德载物”的校训，秉承“团结进取，勤奋求实”的校风，以“求实创新、开拓进取、奋力拼搏”的姿态，向着更高、更远的目标展翅腾飞。

大事记

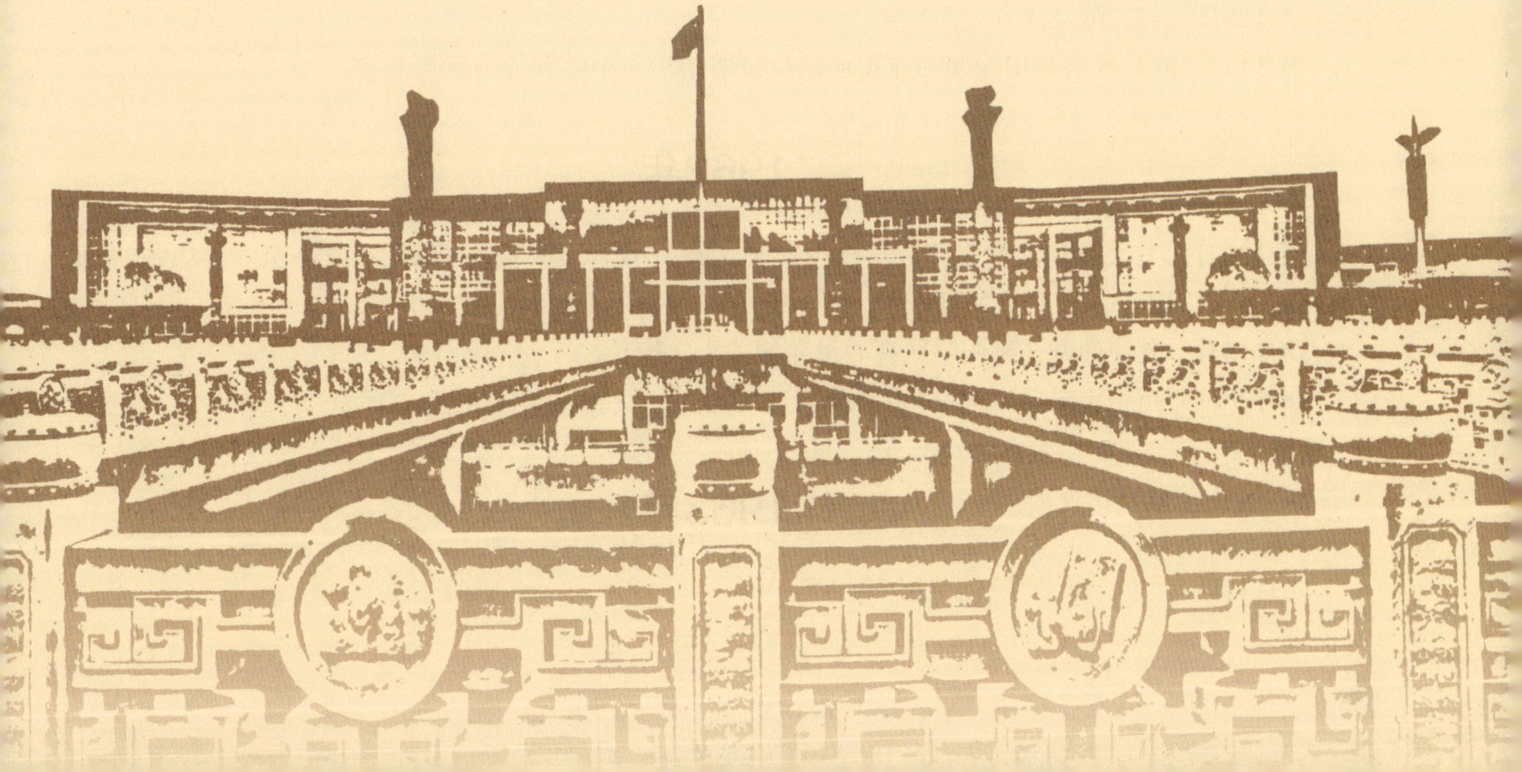

1958年

6月　县教育科、县交通科在县银盏乡银水寺筹建瓮安交通学校，夏坤仲任负责人。

8月27日　学校举行开学典礼，有教职员6人，2个教学班，学生约90人。

12月29日　瓮安、福泉两县合并，原福泉县交通学校师生40余人并入瓮安县交通学校，学校更名为瓮安工业交通学校，夏坤仲任负责人。

1959年

3月1日　学校由县银盏乡银水寺迁入县城西门河畔钢铁厂废旧厂址办学。

5月26日　学校停办。

7月　县文教局在瓮安工业交通学校址成立瓮安师范学校，卢光凡任校长。

9月1日　瓮安师范首次招初师一年级4个班新生182人。

1960年

2月　夏坤仲任瓮安师范副校长（主持工作）。

3月1日　瓮安师范一楼一底16间教室教学楼工程启动，师生自力更生开始建设。

8月25日　为了满足人民公社大办托儿所的需求，学校奉命将首届4个班一年级的女生集中编为2个幼师班，幼师班学生人数近80人。

1961年

3月1日　教学楼主体工程完工并投入使用。

5月25日　瓮安师范停办。

9月1日　县文教局利用停办的瓮安师范校舍举办30人小学教师进修班开学。

1962年

2月26日　县文教局在瓮安师范学校校址成立城关小学，学生来自雍阳小学一至六年级各2个班约560人，教职工15人，盛安平任校长。

8月15日　夏坤仲调任雍阳学区视导员兼城关小学校长。

8月28日　招一年级新生两班100余人。

1963年

3月1日　师生自己动手移丘填凼建操场。

3月6日　学校开展“学雷锋、创三好”活动。

8月27日　根据《全日制小学暂行工作条例》，学校更名为县城关二小。

1964年

3月5日　学校开展社会主义教育，防止修正主义。开展增产节约和“五反”运动。

6月6日　全校师生开始学习《毛主席语录》，组织背诵“老三篇”。

7—8月　全校教师在县城集中开展社会主义教育运动。

1965年

3月1日　启动在学校操场东边小山丘上建一栋共七套砖木结构瓦盖平房教师宿舍建设工程。

9月1日　上级部门将原县钢铁厂2号高炉车间改建的6个教室划给恢复办学的瓮安师范。

1966年

1月31日　历时三年，师生平整出一块南北长约160米、东西宽约60米操场。学校体育课、课外活动得以恢复。

6月1日　学校在“青坑农中”附近建“农学基地”。

10月　瓮安首批赴京“红卫兵”代表171人在天安门广场参加游行，随后，学校开始“停课闹革命”。

1967年

3月　“文化大革命”派系斗争波及学校，学校形成对立的两大派，各自为政。

4月12日　县成立革命委员会，学校斗争更加激烈。

1968年

1月　学校成立革委会。城关公社武装部部长张士兵任校革委会主任，陈银斌任校革委会副主任。

9月1日　学校“复课闹革命”。

1969年

3月5日　学校传达县革委《关于当前清理阶级队伍问题的决定》，对学校教职工开展工作。

12月1日　县“毛泽东思想宣传队”到学校办学习班，促进派系联合。

1970年

3月1日　县革委组织工人宣传队进驻学校。

8月15日　县革委组织工人宣传队从学校撤出。

9月1日　学校成立第一个“戴帽初中”班级，招收学生50人。

1971年

3月1日　县教育局调派玉山农中干部王天合接任学校工作组组长，负责学校全面工作。

9月1日　学校再设立“戴帽初中”，办一个初中班，招收学生45人。

1972年

5月21—24日　学校组队参加县少年田径、篮球运动会。

9月1日　学校“戴帽初中”继续招收初一新生45人。

1973年

3月10日　学校组织学习县教育工作会议精神。讨论教育教学、扫盲、落实知识分子政策等问题。

9月1日　学校更名为瓮安城关第二小学，王天合负责学校全面工作，“戴帽初中”班继续招生。

1974年

5月1日　学校组织学习中央关于“批林批孔”的指示精神。

9月1日　雍阳小学初中师生并入学校，学校加大初中教学力度。

1975年

3月5日　学校组织全校教职员工学习《中共贵州省委教育工作会议纪要》。

7月15日　学校组织教师参加县抗旱救灾活动，

9月1日　学校响应上级号召，实行开门办学，组织师生到白秧坪开垦荒地，创办学校农场。

1976年

7月16日　学校最后一届高小学生毕业。

9月1日　学校更名为雍阳中学，王天合任学校党支部书记，负责学校全面工作。

10月9日　学校组织游行，庆祝粉碎“王、张、江、姚”反革命集团的胜利。

1977年

3月1日　学校教育教学恢复正常秩序，注重教学质量提升。

9月10日　学校组织全校教师学习邓小平主持召开的全国科学和教育工作座谈会文件精神。

12月10—12日　全国举行恢复统一高考的首次考试。

1978年

7月26日　学校更名为贵州省瓮安第二中学。

9月8日　州革委正式批复设立贵州省瓮安第二中学，简称瓮安二中，吕庆松调任副校长。

10月4日　学校设立团支部，王国才老师任团支部书记。

1979年

4月7日　校舍遭受冰雹，损失严重，影响教学。

8月10日　学校启动新建厨房、宿舍、教学楼、厕所和礼堂工程。

9月16日　学校组织学生参加全县青少年“道德风尚良好月”活动。

1980年

9月1日　学校首招高中生，设二年制高一年级2个班，学生112人，学校成为完全中学。

12月15日　学校被提名、推荐为“全省教育系统先进集体”，后受外界干扰，未能出席“全省教育系统先进集体”表彰会。

1981年

7月1日　学校组织党团员学习《中国共产党中央委员会关于建国以来若干历史问题的决议》，并向全校教职员工传达相关精神。

8月26日　夏坤仲调任学校副校长。

9月30日　学校传达国务院《关于1981年调整部分职工工资的通知》、教育部《关于调整中小学教职工工资的办法》和《关于增加中小学民办教师补助费的办法》等调资文件，开展调资工作。

10月6日　学校成立调资领导小组，经过领导小组成员大量耐心细致工作，学校调资工作到年底圆满结束，获县教育局表扬。

1982年

3月1日　学校开展“讲文明、讲礼貌、讲卫生、讲秩序、讲道德、心灵美、语言美、行为美、环境美”为主要内容的“五讲四美”活动。

5月15日　高考招生开始实行预选制，学校首届二年制高中生经预选参加高考。

1983年

7月6—7日　因高中学制调整，学校高中部没有毕业生参加高考。

8月15日　共青团县委下文批准设立共青团瓮安二中团委。

9月1日　学校确定从是年高一起均实行三年制。

9月18日　学校新建的厨房、宿舍、教学楼、厕所和礼堂完工，建筑面积约2900平方米。

1984年

6月　张庆龙任校长，张永坤任学校党支部书记。

6月5日　学校贯彻县委、县政府多渠道筹集教育资金改善办学条件的决定，每位教职工捐资4元。

9月　学校执行县委、县政府《关于知识分子政策的补充规定》，落实相应政策，发放相应补贴。

1985年

4月　学校成立瓮安二中文教用品厂。

5月　王高翔任学校党支部书记。

7月　县委、县政府招聘的湖南籍教师到校工作，其家属安排为工人。

9月　学校师生参加县委、县政府组织召开的第一个“教师节”大会。

1986年

9月25日　学校组织全校教师学习省“加强理论学习问题”的文件，要求全校教师要加强政治理论和业务知识学习。

11月　学校教师参加中小学教师教材过关考试。

1987年

8月17日　学校领导参加全县中小学德育工作会议。

9月　马耀银任学校党支部书记。

10月　学校首次开展教师职称评聘工作。评聘高级教师8人，一级教师16人，二、三级教师38人。

1988年

5月　县教育局接管瓮安二中文教用品厂，由县教育局独办。

7月　学生陈恩波以全县理科第一名的成绩考入清华大学，为瓮安县恢复高考后考入清华大学第一人。

8月　黎师韩任校长。

1989年

6月　学校党支部、行政办公室组织全校师生学习中央文件精神，保持学校团结稳定，教学活动正常开展。

9月　县政府茶叶厂按政策规定移交学校作为校办企业，李奎忠任厂长。

10月　教师袁愈林获省“优秀教师”称号，出席在贵阳举行的表彰大会。

1990年

4月　学校结合《中学德育大纲》《中学生日常行为规范》等文件精神，制定学生管理条例。

9月　学校按省教委《关于在中学毕业年级进行国情教育的通知》，选用《国情教育读本》对学生开展国情教育教学工作。

1991年

9月　学校拆除危旧主教学楼，开始在原址上新建一栋四层20间教室及8间小办公室的砖、木、钢结构的全新的主教学楼，建筑面积约1200平方米，此为学校第一栋现代意义上的教学楼。

1992年

11月　州教学评估小组对学校校风、教风、学风等进行全面评估，认定学校达A类标准。

1993年

8月　县教育局副局长丁惠敏兼任校长。

10月　学校暂缺党支部书记，犹永俊以副支书的身份主持党务工作。

12月　校办企业茶叶厂停办。

1994年

3月　李庆忠任校长。

7月　刘元高同学获县高考理科第一名，考入清华大学。

1995年

9月　学校设立行政办公室，郑光黔任主任。

10月　学校支部换届选举，李庆忠被选为支部书记

1996年

7月　卿涛同学获县高考理科第一名，考入清华大学。

10月　根据县政府批转县房改办《关于进一步深化城镇住房制度改革的意见》，在学校小丘脊梁中间集资修建一栋坐东向西五层4单元共40户教职工宿舍大楼，总投资100余万元（其中教师集资69万元），建筑总面积3000平方米。

1997年

2月　教职工集资建设宿舍楼投入使用，40户教职工搬进新居。

6月　在学校操场西边，建一栋四层综合大楼（实验室、会议室、储藏室），每层大小各6间，共24间，建筑总面积2160平方米。

9月　学校教导处分为教务处和政教处，蔡华任教务处主任，谢静任政教处主任。

1998年

9月24日　学校召开全体党员大会，传达学习《贵州省第八次党代会会议精神》以及《县委书记李国庆同志在传达贯彻省第八次党代会精神大会上的讲话》。

10月　在学校东边校门处，建一栋坐东向西四层一单元共8户教职工集资房，建筑面积700平方米。

11月17日　学校召开全校党员会，总结1998年学校党建工作。发展5名教师加入中国共产党；通过评议，报机关党委表彰党员2人，报局总支表彰党员2人，学校支部表彰党员7人。

1999年

3月　学校在第二教学楼（二层）顶层加盖一层，增加教室7间，建筑总面积400平方米。

7月　徐仁义同学获县高考理科第一名，考入北京大学。

2000年

6月　经州政府批准，学校成为州首批四所大型独立高中之一。

7月　解忠敬获县高考理科第一名，考入北京大学。

9月　学校终止初中招生。

2001年

5月　学校团委荣获州“五四红旗团委”称号。

6月　学校修建一栋带办公室的厕所，一层为厕所，二三层为办公室，合计6间，建筑总面积300平方米。

2002年

6月　学校最后一届初中生毕业。同月，在县委书记王勇牵头下，学校向贫困地区小河山学校捐资8000元，用以改善小河山学校办学条件。

7月　张焕同学以673分全省第10名（理科综合科294分居全省第二名），全州理科第一名的成绩，考入清华大学。

10月　学校获县委政府“文明学校”称号。

11月　在县里组织的救灾活动中，学校教职工共捐资5000余元以支持灾民。

12月　学校被州文明办评为“州级文明单位”。

2003年

5月　学校团委荣获省“五四红旗团委”称号。

6月　在县里安排的“扶贫攻坚”工作中，学校向帮扶的一类贫困村——玉山镇大坪村派驻一名教师进行帮扶，并捐助1万余元建沼气池、购买良种猪、电视机及卫星电视接收器等。

7月　李治波同学以619分全省文科第五名、县文科第一名成绩，考入北京大学。

12月　学校被县委政府授以“文明单位”称号。

2004年

1月　教育局向县委、县政府提交《关于瓮安二中等校布局调整的报告》（瓮教呈〔2004〕1号），请求到县城北面征地百余亩新建二中。

3月　学校修建一栋带职工宿舍的学生食堂，一层至三层为学生食堂，四、五层为教师宿舍，建筑总面积700平方米。

5月20日　学校党支部召开全校党员会，共有54名党员参加会议。会议围绕机关工作作风整顿活动展开学习。

7月　学校在第一教学楼楼顶加盖一层活动板房，增加教室5间，建筑面积300平方米。

2005年

1月　学校荣获州教育局“黔南州普通高中教育教学质量奖”。

7月　学生吴冬、吴刚兄弟两人以681分、637分分别获县文、理科第一名。吴冬考入清华大学，吴刚考入对外经济贸易大学。

2006年

1月　学校荣获州教育局“黔南州普通高中教育教学质量一等奖”。

4月　学校荣获贵州省委、省人民政府颁发“精神文明建设工作先进单位”称号。

6月　学校荣获中共黔南州委颁发“先进基层党组织”称号。

2007年

2月　谢静任校长。

6月　县规划委员会审查同意二中搬迁县城北部建设新校设计方案。

9月　学校荣获县人民政府颁发的“先进学校”称号。

10月　成立中共二中党总支部委员会，余家品任党总支书记，谢静任总支部副书记。

11月6日　县政府召开二中搬迁县城北部建设新校拆迁补偿专题会议。

12月15日　校长谢静率部分行政领导和教师赴遵义南北中学交流学习。

2008年

2月　省体育局配送的体育器材运达学校。

3月　学校荣获共青团省委颁发“贵州团员青年抗灾救灾先进集体”称号。

4月21日　香港慈恩基金会劳国钊一行到学校发放助学金并考察学校建设情况。

5月16日　学校党政群团联合举行“抗震救灾、众志成城——为‘5·12’汶川大地震”全校师生募捐活动，募捐总额67410元。

5月　学校组织召开县城北面新校区建设研究会。

6月28日　“6·28”事件发生，学校立即采取应急措施，加强校园安全保卫工作。

6月30日　全校师生通过电视了解“6·28”打砸抢烧案件真相，接受遵纪守法教育。

10月20日　“广林”基金负责人卢广林先生到学校看望受助学生。

11月28日　学校组织45岁以下教师参加教师业务考试。

12月1日　“6·28”事件专案组到学校组织召开“6·28”事件参与学生座谈会。

12月2日　省政法委、公安厅到学校录制有关“6·28”事件节目。

12月4日　检察院到学校了解参与“6·28”事件学生在校表现情况。

2009年

9月30日　州委常委、县委书记龙长春，县长谢晓东，副县长张仁德等一行到学校实地考察改扩建工程的规划设计工作。

10月30日　学校的改扩建工程正式启动，拆除县教育局职工宿舍楼。

11月　学校荣获县政府颁发的“青少年帮教工作先进集体”称号。

12月11日　学校部分行政领导和教研组组长到桐梓一中开展教育教学经验交流学习活动。

12月27日　州委常委、县委书记龙长春，县长谢晓东，副县长张仁德等一行考察学校新教学楼工程建设启动情况，并作出加快二中改扩建的重要指示。

2010年

6月　学校新教学大楼投入使用。

7月　学校参加州“祖国好·家乡美·诵一章经典歌颂中华”诵读大赛，获一等奖。

8月　教职工集资建设宿舍楼投入使用，56户教职工搬进新居。

10月　黄俊松任校长。

2011年

1月5日　州委常委、县委书记龙长春一行到学校检查工作。

1月6日　县委副书记、县长谢晓东，副县长郑毅，县教育局局长谢静等领导到学校检查工作。

1月8日　州委书记黄家培一行到学校调研，州委常委、县委书记龙长春陪同调研。

3月29日　县委副书记、县长谢晓东一行到学校调研工程建设情况。

6月7日　县委书记陈昌旭率人大、政协等部门领导到学校巡视高考。

9月28日　黔南州普通高中思想政治新课程教学研讨会在学校举行。

12月9日　县委常委、组织部部长彭志伟出席学校领导干部会，并宣布县委决定：张明光任二中副校长（主持工作）。

12月　学校荣获“黔南州普通高中教学质量一等奖”。

2012年

4月28日　张明光任学校党总支书记、校长。

5月5日　遵义市教育系统的部分领导、教师到学校参观考察。

6月　全国高等教育学会授予学校“全国‘十二五’美育化教育教学实验基地”牌匾，并获得

“第五届全国美育工作先进单位”称号。

7月11日　山东天成教育集团应邀到学校开展教育教学交流活动。县人大副主任罗惠平在交流活动开幕式上致欢迎辞，县教育局局长谢静等领导参加交流活动，学校党总支书记、校长张明光发表题为《瞄准课改　决战课堂　提升质量》的讲话。

7月18日　学校军乐队成立。

8月　学校新建学生宿舍楼、食堂竣工投入使用。

9月3日　黔南师院教育教学实习见面会在学校召开，校长张明光，副校长丁丽娟、刘兰华等学校领导出席会议。

11月23日　学校党总支与金龙社区党建共建会在金龙社区召开，校长张明光、政教处主任陈斌等学校领导出席会议。

11月30日　学校组织召开学习贯彻党的十八大会议精神专题会，全校教职工参加。

2013年

1月6日　学校调整关工委组成人员，学校党总支书记、校长张明光兼任学校关工委主任。

3月15日　三都二中行政领导和教师代表到校开展校际交流活动。

3月20日　教务处主任王华松、教科处主任王强到对口帮扶单位重庆八中跟岗学习。

6月12日　《瓮安二中教师年度绩效考核方案》公布实施。

6月14日　召开新建学校利弊分析会，会议一致同意新建学校，为学校“申示”创造条件。

6月28日　北大学子王宥力一行回母校开展励志演讲活动。

9月13日　新校区总平面图方案甄别会召开，学校行政、工会、团委、教研组长、年级组长和两代表一委员等对新校区建设提出5条修改完善建议。

9月27日　县委、县政府下发成立二中新校区筹建工作指挥部的通知。

9月28日　全县中学生篮球运动会在学校举行。

10月31日　学校召开行政办公会，研究学校育才奖励方案的修订事宜。

11月2日　学校新校区开工仪式在工程项目点隆重举行。州委常委、副州长、县委书记蒋映生率县四家班子领导、相关职能部门领导出席开工仪式。校长张明光及学校部分领导和教师参加开工仪式。

12月9日　团县委纪念“一二・九”运动78周年暨“翰墨中国梦　书画瓮安情”现场书画活动在学校举行，副县长夏吉友等领导应邀出席活动。

12月13日　深圳道弘教育集团首席讲师孙剑到学校举行“打造卓越教师团队”培训会。

2014年

3月1日　召开学校第一届家长委员会成立大会，县委组织部副部长、老干局局长黎明当选二中家长委员会主任。

3月7日　学校共青团委员会召开换届选举大会。王立当选校团委书记，肖莉当选副书记。

3月19日　举行首届“春蚕杯”教职工篮球赛开幕式，校长张明光出席开幕式并致辞。

3月20日　召开“申示”动员大会，全校教职工参加。校长张明光在会上作了题为《凝心聚力　精心谋划　狠抓落实　确保成功》的“申示”动员讲话。

3月23日　学校领导率领学校各处室主要负责人和学校“申示”办公室工作人员赴普定中学、惠水民中参观学习。相关人员就如何做好“申示”资料等相关工作的相关问题进行了深入的学习和交流。

3月24日　成立“申示”工作领导小组，抽调邓永富、李家庆、罗鑫、葛丹到“申示”办公室工作。

4月18日　在县政府举行学校“申示”州专家评估组反馈会，副县长夏吉友等领导出席会议。

5月19日　副县长夏吉友、县教育局局长谢静陪同省教育厅法制处处长史开来到学校考察调研，并指导学校法制教育工作。

5月29日　首届“钻石联盟”杯才艺大赛暨高三毕业庆典举行，为高三毕业学生壮行。

6月1日　广州大学领导到学校参观，教育局局长谢静陪同。

11月9日　学校举行秋季田径运动会。县委宣传部部长曾薇，县政协主席陈博，县委常委、副县长夏吉友，县人大副主任张远军，县政协副主席郑毅，县教育局局长谢静及县城各中小学负责人应邀出席开幕式。

11月24日　校长张明光，副校长王华松、夏忠富等率部分行政领导和教师赴平塘民族中学交流学习。

12月26日　州委常委、副州长、县委书记蒋映生一行到学校新校区检查工程建设情况，校长张明光等学校领导陪同检查。

2015年

3月29日　县委副书记、县长黄桂林一行到新校区调研工程建设情况，推进工程进度。

4月30日　州委常委、县委书记蒋映生一行到新校区调研工程建设情况。

5月20日　省教育厅营养办主任周忆江一行到学校新校区考察学校建设，副县长夏吉友、校长张明光等领导陪同考察。

5月29日　学校举行第二届才艺展示暨高三毕业庆典。县委组织部副部长、老干局局长、学校家长委员会主任黎明，县人民政府教育督导室主任王登国，团县委书记王布云，团县委副书记汤玉洁，县文联副主席、县舞蹈家协会主席周敏，县城中小学负责人和学校名誉校长卢继勇、赵明昌等应邀出席庆典。

6月27日　学校新校区文化建设座谈会暨书画笔会在湖南长沙毛泽东文学院召开。中国作协党组副书记、中国散文学会会长王巨才，鲁迅文学院副院长白描，湖南省作协副主席王跃文、梁瑞郴，贵州省书协主席、贵阳市文联主席包俊宜，毛泽东文学院党委书记游和平等应邀出席座谈会。县委副书记、县长黄桂林，副县长夏吉友，县教育局局长谢静，校长张明光、办公室主任唐安林，总务处主任李昕艺参加座谈会。座谈会对学校新校区文化建设进行了规划。

8月4日　州委常委、县委书记蒋映生率县四家班子领导和教育局领导看望考入清华、北大的朱荣进、谢明扬和陈宾涵3位同学，校长张明光、教务处主任罗建明、教师袁刚等陪同。

9月29日　学校家长委员会召开第二次会议。

10月2日　州委常委、县委书记张文强一行到学校新校区调研工程建设情况，校长张明光等陪同调研。

10月6日　瓮安新闻播出《瓮安二中精心打造校园文化，教化育人润物无声》特辑，详细介绍并高度赞扬学校文化创新建设。

10月16日　六盘水一中校长、贵州省语文名师工作室主持人朱家彦率队到学校交流。

10月28日　校长张明光率学校部分行政领导、教师赴贵定中学交流学习。

10月29日　学校开展“倡导阅读·创建书香校园”读书活动，旨在加快图书管理改革，提升图书使用效益，倡导学生多阅读，读好书，充分发挥优秀图书的育人功能，全面提升学生综合素养。校长张明光出席活动仪式并致辞。

11月13日　州教育局到校为学校7个课题举行开题仪式。

11月15日　学校召开“申示”再动员、再部署大会。

11月19日　《人民日报》等多家媒体到学校采访。

11月23日　学校与贵定中学举行“同课异构”交流活动在学校举行。

12月1日　省级示范性高中评估专家、贵州师范大学附中校长王丽萍（组长）等一行到学校就申报创建省级示范性普通高中进行预评估，县人大副主任张远军、副县长夏吉友、州教育局副局长熊家荣、县教育局局长谢静及学校行政领导全程陪同。

12月9日　县高中政史地教研活动在学校举行，县教育局教研室组织一中、二中、草塘中学、珠藏中学政史地教师参加活动。

12月11日　在三都县委常委、组织部部长、三都民族中学校长严军的统筹部署下，三都民族中学常务副校长韦光明、三都二中校长潘明足等一行20多人到学校开展校际交流活动。学校副校长丁丽娟向客人详细介绍学校基本情况，双方就学校管理、教研教改、办学理念、校本研修、校园文化建设等内容进行广泛深入的讨论交流。夏忠富副校长及各处室主要负责人参加了交流活动。

12月12日　贵州师范大学专家到学校上示范课，帮助打造优质课。

2016年

1月9日　省示范性高中专家评估组在县政府会议室召开瓮安二中“申示”一评反馈会，专家组组长李植反馈了评估情况，并报请省教育厅通过二中“申示”一评。

1月18日　学校工会第九届第一次代表大会在学校大会议室召开。唐安林当选工会主席，邓永富当选工会副主席。

2月27日　校长张明光、副校长夏忠富、办公室主任唐安林一行前往省教育厅、教科院汇报学校工作，并邀请相关领导、专家到校指导“申示”工作。

3月22日　学校召开“申示”工作推进会，对“申示”工作进行再自查、再部署。

4月17日　学校组织部召开“申示”文艺会演初审工作会，政教处、团委及相关人员参加。

4月26日　搬迁新校，学校相关处室机构在新校办公。

4月27日　省教科院基教所副所长杨永明、赖胜蓉率省教科院语文、数学、英语、物理、化学等9个学科的专家组成员莅临学校指导教学工作。

5月3日　学校党总支召开“两学一做”学习专题会，全体党员参加。

5月10日　举行《心态决定成败　理想照耀前程》《高考必胜　励志心法》演讲，著名演讲家叶明粮主讲。

5月24日　由县教育局教研室牵头组织的学校语文骨干教师“送教下乡”活动在珠藏中学举行。

6月12日　学校整体搬迁完毕。

6月27日　省示范性普通高中评估组对学校“申示”进行第二次评估，贵州师范大学附属中学校长王丽萍任组长。

6月28日　申创“省级示范性高中”文艺会演在学校运动场举行。省评估专家组组长、贵师大附中校长王丽萍等评估专家组成员，州人大常委会原副主任、学校办学顾问王圣强，县委常委、宣传部部长曾薇，副县长夏吉友等观看了文艺汇报演出。

7月14日　州委书记龙长春一行到学校考察调研，副县长杨昌勇、建设局局长夏超、校长张明光等陪同调研。

8月31日　省教育厅下文（黔教基发〔2016〕219号）批准学校为省级示范性普通高中（三类），学校“申示”工作取得圆满成功。

11月1日　贵州省第六届高中数学优质课大赛开幕仪式在学校隆重举行。省教科院数学教研员朱龙及贵州师范学院教授、省数学协会副理事长项昕等5名专家评委、县教育局副局长罗明梅、县教研室主任张奎及100多名贵州省各学校参赛和观摩教师出席了开幕仪式，开幕式由县教育局教研室主任张奎主持。校长张明光在开幕式上作题为《依托活动　促进交流　助我发展》的讲话。学校教师邱瑜霞获省第六届高中数学优质课大赛一等奖。

11月29日　州教育局局长欧开灿一行到学校考察，县教育局局长谢静、副局长罗明梅、校长张明光等行政领导全程陪同。

12月6日　由县关心下一代工作委员会、县离退休干部工作局、共青团县委员会、二中、县“雍江之声”合唱团在学校演艺大厅联合举办纪念“一二・九”运动文艺会演，拉开了学校2016—2017学年度文体艺术节系列活动的序幕。

12月26日　县总工会、二中教师技能大赛（决赛）在学校C4—5会议室举行开幕式，省教科所副所长杨永明、教科院教研员罗敏、州教科所所长王荣芳、州教科所办公室主任兰成坤、县总工会副主席石毅、县教育局教研室主任张奎、校长张明光等领导及参赛教师出席开幕式。

2017年

1月5日　县政协原主席刘华江、原副主席曾佐藩等到学校参观调研，学校党总支书记、校长张明光等学校领导全程陪同。

1月11日　学校举行贵州省瓮安县智华中学揭牌仪式。香港智华基金会、福州慈善总会、福州为民再生资源利用有限公司、深圳善华科技服务有限公司等爱心企业在贵州省教育发展基金会秘书长周忆江先生的带领下远道而来参与揭牌仪式，并在学校举行捐赠，校长张明光在仪式上作题为《爱

心御严冬　温暖寒门子》的致辞。

2月8日　铜仁市委书记陈昌旭率铜仁市党政考察团到学校参观考察，州委书记龙长春率州委、州政府相关领导及县党政领导陪同考察。县教育局局长谢静，学校党总支书记、校长张明光及学校校级领导全程陪同。

3月2日　国家教育部教育管理信息中心推进办公室主任王红松同志一行到学校进行考察调研。副校长吴定龙向王红松主任一行介绍学校的工程建设、校园文化建设和教育教学情况。

3月11日　中国书法家协会副主席、省书法家协会主席包俊宜在县委常委、宣传部长夏吉友的陪同下到学校考察调研。

3月15日　县检察院、县司法局、县教育局、共青团县委、县妇联、县关工委到校联合开展校园法制宣传活动，预防和控制青少年违法犯罪活动的发生，帮助青少年树立正确的世界观，人生观，价值观。副校长吴定龙、王华松、夏忠富参加了座谈会及宣讲活动。

3月22日　副县长龚传海到学校参观考察。学校党总支书记、校长张明光等学校领导全程陪同。

3月25日　学校与雷山民族中学班主任交流座谈会在校举行，校长张明光、副校长王华松、夏忠富参加座谈会。

3月29日　浙江宁波易元爱心群捐资助学座谈会在校举行，校长张明光、副校长夏忠富、政教处主任王永念参加座谈会。

3月30日　省教育厅领导到学校检查教育信息化工作，并参观了学校校园文化建设。校长张明光、副校长王华松、夏忠富等陪同检查。

4月26日　校志编纂工作启动会在C4—5会议室召开，会议决定成立校志编纂委员会及校志办公室，张明光任校志编纂委员会主任，邓永富任校志办公室主任，吴昌松任校志主编。

4月28日　参加“洲际四国女篮争霸赛”的加拿大女队到学校参观，并开展交流活动。

6月4日　2017年毕业庆典暨首届园游会举行。党总支书记、校长张明光、副校长吴定龙、夏忠富、王华松等行政领导陪同县委常委、统战部部长孟先锋，县政协副主席、民进县主委符合，县关工委主任、原政协主席姚忠贞，县教育局党组书记、局长谢静，县文广局党组书记、局长张超，原校长夏坤仲，县关工委副主任、原校长李庆忠，学校名誉校长卢继勇、赵明昌，团县委副书记周甜，县文化宫馆长陈园及各兄弟学校领导参加活动。

6月30日　“瓮安县2017年高中历史优质课大赛”决赛在学校自动录播室举行。县教育局副局长罗明梅，县教育局教研室主任张奎，学校党总支书记、校长张明光等领导出席此次活动。

7月11日　省发改委铁建办副主任蒋映生率省发改委有关领导一行到学校考察指导工作。

9月13日　“黔南州2017年高中历史优质课大赛”在学校举行。州教科所教研员兰成坤、平塘教育局教研员亢会强、黔南师院孟学华、都匀一中张舰、都匀二中刘军、惠水民中蒋建君、剑河民中董娟、学校党支部书记、校长张明光、副校长王华松、吴定龙、夏忠富及各校参赛教师出席开幕式。

9月17日　贵州省智华中学2017年第一次校长联谊会在学校隆重举行。香港智华基金会顾问潘旭波先生、副县长桂国全、贵州省12所智华学校的校长及学校的相关领导、县教育局副局长陈松和部分县市的教育局局长及学校行政领导出席此次会议。学校党总支书记、校长张明光主持会议。

9月21日　县委统战部副部长吴正菊一行到学校检查指导创建民族团结进步示范校的相关工作。

学校党总支书记、校长张明光，副校长夏忠富、政教处主任王永念等陪同检查。

9月29日　学校举行以“烛光生辉·岁月长情”为主题的首次教职工集体生日聚会，45位9月过生日的教职工、临聘人员和学校相关领导参加了集体生日聚会。学校党总支书记、校长张明光在集体生日聚会上致辞。

10月11日　学校举行教育教学常规管理培训会，邀请州教科所所长张以航对全校教职工进行培训。

10月15日　学校第一期教职工户外拓展培训活动在龙里龙架山森林公园举行，学校全体行政、教研组组长和班主任参加培训。

10月25日　学校党总支书记、校长张明光率校领导班子前往中坪镇茶店村开展扶贫活动。

11月4日　江口县委书记杨华祥（原瓮安县委组织部部长）一行到学校考察指导工作。县政协主席陈博、县委副书记曾薇、县委统战部部长孟先锋等领导及学校副校长吴定龙、王华松、夏忠富，办公室主任唐安林，教务处主任罗建明，政教处主任王永念等陪同。

12月1日　十八届中纪委委员、国防科技大学副政委、少将李宁一行到学校考察指导工作。李宁对学校建设和取得的成果给予高度评价，并希望学校全体师生在优美的校园环境中努力工作和学习，推动教育事业的新发展。

12月23日　在学校C区一楼教职工大会议室举行“贵州省智华中学第三届教育创新研讨会”开幕式　。香港智华基金会顾问潘旭波，贵州省12所智华中学校长、县政协副主席符合，县教育局局长谢静，校长张明光及学校全体任课教师参加开幕式。

2018年

3月8日　石阡县教育局一行到学校参观，学校党总支书记、校长张明光全程陪同。

3月13日　为筹备学校60年校庆，校长张明光率副校长吴定龙、办公室主任唐安林前往都匀一中、福泉中学参观学习，认真听取了都匀一中校长胡立军、福泉中学校长罗绍良对建立校史陈列室的介绍。

4月4日　县委副书记、县长黄桂林，副县长桂国全，教育局局长谢静等领导到校进行高考调研。

4月11日　在学校党总支书记、校长张明光，副校长王华松的带领下，学校语文组部分教师赴福泉中学开展“示范课”“观摩课”交流学习活动。

4月15日　第二届民族团结园游会在学校操场举行。

4月18日　为纪念中共中央发布“五一口号”70周年，瓮安民进支部瓮安中学、瓮安二中小组座谈会在学校C区4—5会议室举行。

4月20日　香港慈恩基金会2018年春季贫困学生资助仪式在学校C4—5会议室举行。

4月21日　贵州省名校长张明光工作室启动会暨推进会在学校C4—5会议室举行。教育部中学校长培训中心副主任、华东师大教育学部沈玉顺教授，副县长桂国全，县教育局党组书记、局长谢静，香港智华基金顾问潘旭波先生，福建省陈碧云名校长工作室主持人陈碧云校长及其工作室团队，瓮安中学校长余家品，瓮安五中校长陈友华，瓮安二小校长田景文以及贵州省张明光名校长工作室全体成员、学员、学校全体行政人员和教研组长参加此次活动。

5月22日　县高中生物名师工作室启动仪式暨培训会在学校C4—5会议室举行。贵州师范大学硕士生导师李亚军教授、县教育局罗明梅副局长、校长张明光、副校长吴定龙、王华松、夏忠富及学校部分行政领导、名师工作室全体成员、学员代表参与此次活动。

5月24号　学校舞蹈社荣获县第五届中小学生（幼儿）文艺会演大赛中学组一等奖。

6月11日　县第四届“成长杯”在学校举行，县教育局党组书记、局长谢静，县教育局党组成员、副局长陈松，县教育局党组成员、副局长罗明梅，学校副校长吴定龙，瓮安四中副校长张良学，北京联合保险经纪公司经理黎琴，中国人寿保险股份有限公司瓮安支公司经理汪家丽，平安财产保险公司经理罗邦惠、经理刘章群等出席开幕式。

6月15日　党总支书记、校长张明光率校领导班子一行，到中坪镇水耳村看望学校脱贫攻坚驻村工作人员。

9月8日　“德彰甲子　才馥春秋”庆典活动在校艺术馆举行。学校原校长夏坤仲、李庆中，原副校长犹永俊，校党总支书记、校长张明光，副校长吴定龙、王华松、夏忠富，党总支副书记陈斌等领导及全校教职员工、部分学生参加。

10月25日　县文联主席杨俊松率县文联部分成员和县部分知名企业家一行到校考察调研。副校长吴定龙、政教处主任王永念、校团委书记杨松等行政领导陪同考察调研。

11月23日　学校民进新会员冯配金、杜洪伟、龚丽玲、张桂碧、王其一5人赴荔波参加民进州委“不忘初心跟党走”履职能力培训。

12月1日　县2018年中小学继续教育小学组、高中组县级集中培训在学校举行。县教育局副局长罗明梅、县招生办副主任魏德平、县教育局综合科科长张宇祥、县教研室主任张奎等领导参加培训活动。

12月27日　学校组织教职工参加党的十九大精神宣讲报告会。报告会由学校政教处副主任宋锡丽主讲，校党总支书记、校长张明光，副校长吴定龙、王华松、夏忠富出席会议。会议由党总支部副书记陈斌主持。

第一章　建　置

第一节 沿 革

1958年8月27日，贵州省瓮安第二中学前身——瓮安县交通学校在银盏乡银水寺创立，1959年4月迁县城西门河畔。2016年4月26日，迁县城南部新校区。在其60年的发展变化过程中，经历创建发展（1958—1977年）、完全中学（1978—1999年）、独立高中（2000—2018年）3个重要时期。

一、创建发展（1958—1977年）

1958年6月，县委书记马诚乙结合党中央“两条腿走路”办学方针和瓮安教育的实际情况，指示县教育科、县交通科于县银盏乡银水寺筹建瓮安县交通学校。8月27日，举行开学典礼，有教职员6人，两班学生90余人。12月29日，福泉县交通学校学生约40余人在老师带领并入瓮安县交通学校，学校更名为瓮安县工业交通学校，编成冶金、化工、交通3个班，学生146人，教职工8人。1959年4月，学校由银盏乡银水寺迁入县城西门河畔县钢铁厂厂址办学。7月，学校因自然灾害停办。1960年8月，县文教局遵照县委、县政府指示，在已停办的县初级工交中学校址上成立瓮安师范学校。9月，瓮安师范首招初师一年级新生180人，再加上瓮安一中、福泉中学转入的初师二年级2个班学生116人，共计296人，有教职人员21人，后调入11人，调出4人，停办时，教职人员为28人。1961年5月，瓮安师范停办，师生在尚未完工教学楼前分班合影惜别。9月，县文教局在已经停办的瓮安初级师范校舍举办一期约30人的小学教师进修班。

1962年2月，县文教局在瓮安师范学校的校址组建成立瓮安县城关小学。学生由雍阳小学一年级至六年级各分流2个班而来，共560人，时有教职工15人。8月下旬，招一年级新生两班100余人。1966年1月，全校师生历经3年艰辛劳动终于建成了1个南北长约160米、东西宽约60米（最宽处80米）的操场。1968年1月，学校成立校革委会。城关公社书记张士兵任校革委会主任，陈银斌任校革委副主任并主持学校工作。1971年3月，县教育局调派玉山农中干部王天合任学校工作组组长。王天合凭借自己多年在基层工作经验，遵照党的知识分子政策，依靠全体老师，着手解决学校当时最棘手的派系斗争、学校待遇、办学条件等几大难题，为学校发展打下坚实基础。9月，学校自留高小毕业生45人，首办“戴帽初中”班1个。

1973年9月，学校更名为瓮安县城关第二小学，由乡镇学校升级为县级学校。学校“戴帽初中”继续招初一新生。1974年9月，县教育局将雍阳小学附设的初中班师生全部并入瓮安县城关第二小学。

1976年9月，学校更名为瓮安县雍阳中学。时有初中教学班9个，学生405人，教职工28名。

二、完全中学（1978—1999年）

1978年5月，县革委提请将学校更名为贵州省瓮安第二中学。9月8日，州革委正式批复设立贵州省瓮安第二中学，简称瓮安二中。10月，学校设立团支部。学校时有11个初中教学班，学生共计506人，教职工35名。

1980年9月，学校首招二年制高中2个班，招收高一学生112人。至此，学校成为完全中学。时有16个初中教学班，学生925人。2个高中教学班，学生112人。全校共计18个教学班，学生1037人。教职工47人，临时工2名。与此同时，县教育局为增强学校教师队伍教学力量从各校抽调骨干教师，到1981年12月，学校有教职工60人，其中党员教师9人，团员教师3人。专任（职）教师44人（初中部38人、高中部6人）。其中，教师本科学历7人、专科学历15人、中专或高中学历22人。学校时有初、高中教学班18个，学生共计1109人，其中女生528人。学生团员72人，少数民族学生38名。学校初具规模。

1983年8月，学校成立共青团委员会。9月，学校招收3年制高一年级2个班，学生100人。时有初中部17个教学班，初中学生968人。3年制高一2个班，学生100人。2年制高二2个班，学生84人。高中学生184人。全校共计21个教学班，学生1152人。教职工75人。1985年4月，学校响应国家勤工俭学的号召，在主管部门的认可和支持下，成立贵州省瓮安二中文教用品厂，开展印刷和装订作业本业务，以缓解学校办学经费困难。同期在州教育局、县政府的支持下，借用已恢复办学的瓮安师范1间教室作为学校实验器材保管室。1988年5月上旬，贵州省瓮安二中文教用品厂转交县教育局独办。

1990年9月，学校有初、高中22个教学班，学生1707人。其中初中部教学班14个，学生1114人；高中部教学班8个，学生593人。教职工107人，其中高级教师8人，一级教师25人。学校占地面积17765平方米，建筑面积5700平方米，教学设施设备初具，但较为简陋。

1991年9月，学校在政府支持下，拆除操场北端2层16间教室的苏式老教学楼，新建一幢4层20间教室夹8个小办公室的砖木钢结构的新教学大楼，建筑总面积约1200平方米，这是学校第一栋现代意义建筑，学校于新教学楼正立面上镌刻“团结进取 勤奋求实”作为训示，校容校貌有了初步改观。

三、独立高中（2000—2018年）

2000年6月，经州政府批准，学校成为州首批四所大型独立高级中学之一。9月，学校停止初中招生。有教学班级41个，学生2270人，教职工147人。2005年12月，学校荣获“贵州省精神文明建设先进单位”称号。2006年1 月，学校荣获州“黔南州普通高中教育教学质量一等奖”，有教学班级46个，学生3590人。但校园占地面积19860平方米，生均5.53平方米。教育教学设施严重不足，出现了“在危房里上课、旗杆下开会”的现象，制约了学校的发展。

2009年9月，县委、县政府为解决学校办学困难，决定投资8000余万元对学校实施就地改扩建。2012年，学校经改扩建后，占地面积32016平方米，生均占地面积7.47平方米。至年底，有73个教学班，学生4478人，其中男生2254人，女生2219人，住校生1357人。教职工236人，其中专任教师 221人，高级教师51人，中级教师75人，高、中级教师占全校专任教师总数的57%，专任教师中大学本科学历以上217人（研究生5人），占专任教师98.2%。在职教师中受省级表彰 5人、州级表彰9人；省级优秀教师3人，州级骨干教师7人，县级骨干教师20人。虽具备了“申示”的软件条件，硬件条件仍显不足。

2013年3月，县委、县政府为优化教育资源配置，拉动城南经济发展，动议整体搬迁二中。11月2日拟投资2.5亿元新校区工程开工。

2014年4月18日，学校通过了州“申示”评估。经过一年的整改完善，2016年1月7日，学校通过省教育厅评估专家组“申示”一评。4月26日，学校启动搬迁新校区工作，至6月12日，整体搬迁完毕。6月27日，学校顺利通过“申示”二评。8月31日，学校接省教育厅（黔教基发 E2016—219号）通知，批准升级为“三类省级示范性普通高中学校 ”。2017年1月11日，贵州省瓮安县智华中学揭牌仪式在学校隆重举行，学校成为贵州省12所智华中学之一。 2018年4月21日，贵州省名校长张明光工作室启动会暨推进会在学校举行，此为学校第一个名师工作室。9月8日， “德彰甲子 才馥春秋”庆祝学校建校60周年庆典活动在校艺术馆举行。

1958—2018年学校基本情况统计表

表1—1

名称	年度	班级数	学生数	教师数
瓮安交通学校	1958年8月—1958年12月	2	90	6
瓮安工业交通学校	1958年12月—1959年7月	3	146	9
瓮安师范学校	1959年	6	280	21
	1960年	6	—	—
	1961年	6	—	28
瓮安县城关小学	1962年	12	560	15
	1963年	—	—	—
	1964年	—	—	—
	1965年	—	—	—
	1966年	16	750	24
	1967年	—	—	—
	1968年	—	—	—
	1969年	—	—	—
	1970年	—	—	—
	1971年	—	—	—
	1972年	—	—	—

续表1—1

名称	年度	班级数	学生数	教师数
瓮安县城关二小	1973年	—	—	—
	1974年	—	—	—
	1975年	—	—	—
瓮安县雍阳中学	1976年	9	409	28
	1977年	10	456	—
贵州省瓮安第二中学	1978年	11	506	35
	1979年	—	—	—
	1980年	18	1037	50
	1981年	18	1109	60
	1982年	17	1049	—
	1983年	21	1298	75
	1984年	—	—	71
	1985年	—	—	—
	1986年	—	—	—
	1987年	—	—	—
	1988年	—	—	—
	1989年	24	1777	93
	1990年	22	1707	92
	1991年	—	—	—
	1992年	—	—	—
	1993年	—	—	—
	1994年	33	2104	106
	1995年	34	2125	112
	1996年	34	2134	117
	1997年	34	2138	117
	1998年	35	2249	133
	1999年	36	2256	140

续表1—1

名称	年度	班级数	学生数	教师数
贵州省瓮安第二中学	2000年	41	2270	147
	2001年	45	2639	151
	2002年	48	2281	150
	2003年	49	2286	148
	2004年	49	2289	146
	2005年	50	2293	150
	2006年	53	2297	155
	2007年	55	3192	156
	2008年	59	3681	161
	2009年	56	3912	179
	2010年	58	4158	187
	2011年	62	4326	196
	2012年	68	4594	218
	2013年	70	4535	233
	2014年	72	4665	236
	2015年	64	4500	239
	2016年	65	4487	301
	2017年	78	4685	294
	2018年	75	4653	287

第二节　行政机构

瓮安第二中学是由县政府主办、县教育局主管的全民所有制学校。校长由县政府任命，并接受上级有关部门和组织的评议、监督和指导。

学校实行校长负责制。校长是学校的法人代表，对政府及教育主管部门负责，对学校工作全面负责。学校的决策机构是校务委员会，校务委员会由学校党总支书记、校长、副校长、副书记、工会主席及各处室主任等相关成员组成。校长定期召开校务委员会议，研究与决策学校重大事务与日常工作。学校实行分工负责，分级管理。副校长对校长负责，处室主任对分管副校长负责；各年级领导小组（简称年级部），全面负责本年级的教育、教学及其他工作，接受学校各处室的领导。截止2018年12月，学校内设机构为：教（导）务处、总务处、行政办公室、政教处、教学科研处、信息管理中心、督查室、年级部。

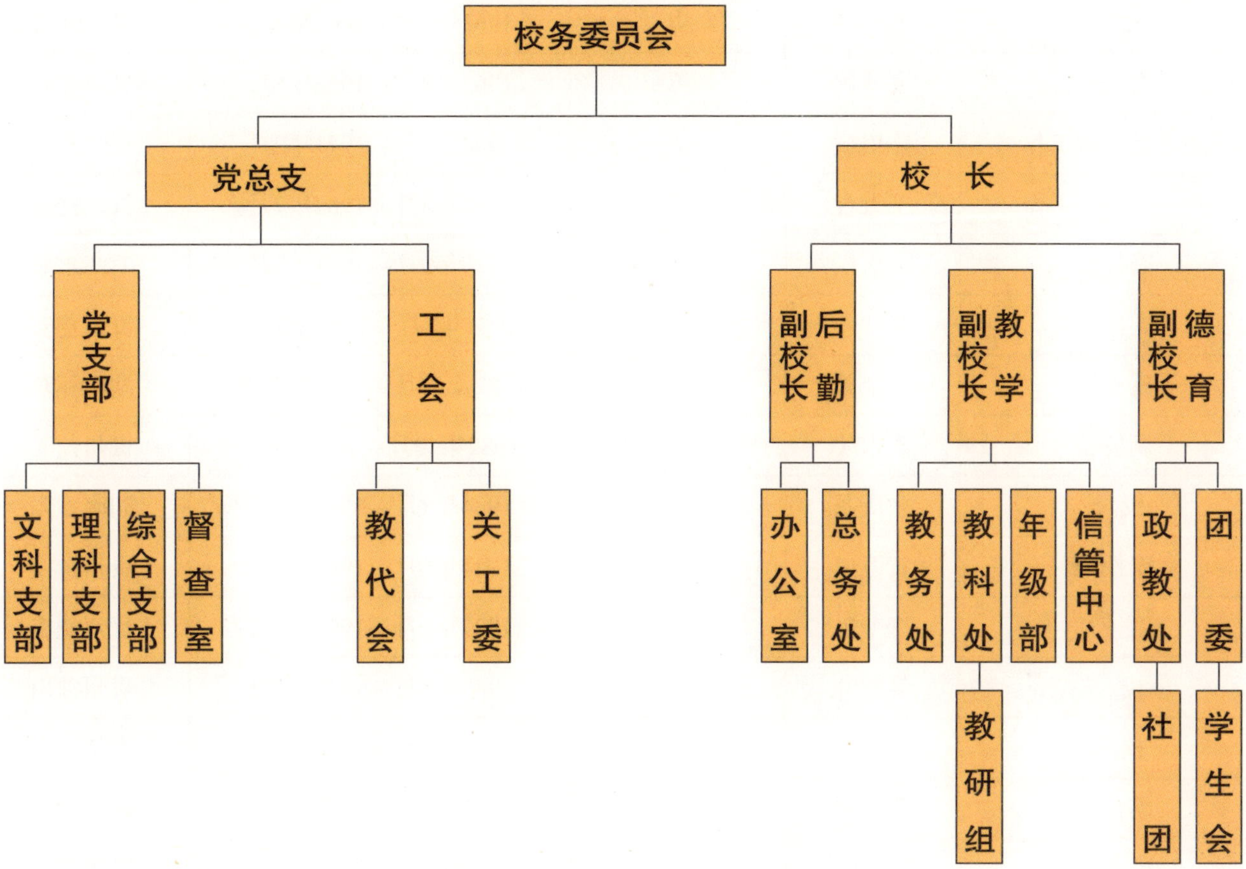

图1－1　贵州省瓮安第二中学组织机构图

一、校级行政

学校在60年的发展变化中，经历多任校级主要负责人的变化历程。

1958—2018年瓮安二中校长、副校长名录

表1—2

职务	姓名	性别	任职时间	籍贯
校 长	夏坤仲	男	1958年8月—1959年1月	贵州瓮安
校 长	夏坤仲	男	1959年1月—1959年7月	贵州瓮安

续表1—2

职务	姓名	性别	任职时间	籍贯
校 长	卢光凡	男	1959年8月—1960年2月	贵州瓮安
副校长主持工作	夏坤仲	男	1960年2月—1961年5月	贵州瓮安
校 长	盛安平	男	1962年2月—1962年8月	贵州瓮安
校 长	夏坤仲	男	1962年8月—1968年8月	贵州瓮安
副主任主持工作	陈银斌	男	1968年1月—1971年2月	贵州瓮安
党支书主持工作	王天合	男	1971年3月—1984年7月	贵州瓮安
副校长	吕庆松	男	1978年9月—1981年8月	浙江永康
副校长	夏坤仲	男	1981年8月—1984年6 月	贵州瓮安
副校长	邹金秀	女	1982年12月—1983年11月	湖南祁东
副校长	李吉才	男	1982年12月—1983年6月	贵州瓮安
校 长	张庆龙	男	1984年8月—1988年4月	湖南益阳
副校长	黄万成	男	1984年6月—1987年1月	贵州瓮安
副校长	李奎忠	男	1987年1月—1993年8月	贵州瓮安
校 长	黎师韩	男	1988年8月—1993年7月	贵州独山
校 长	丁惠敏	男	1993年8月—1994年2月	贵州瓮安
副校长	龚筑强	男	1993年8月—2007年8月	湖南汨罗
副校长	犹永俊	男	1994年2月—2007年8月	贵州瓮安
校 长	李庆忠	男	1994年3月—2007年2月	贵州瓮安
副校长	谢 静	男	2003年3月—2007年2月	贵州瓮安
副校长	余家品	男	2003年5月—2008年8月	贵州瓮安
校 长	谢 静	男	2007年3月—2010年4月	广西桂林
副校长	黄俊松	男	2008年8月—2010年4月	贵州瓮安
副校长	刘兰华	男	2008年8月—2013年4月	贵州瓮安
副校长主持工作	黄俊松	男	2010年4月—2010年10月	贵州瓮安
校 长	黄俊松	男	2010年10月—2011年12月	贵州瓮安
副校长	丁丽娟	女	2010年10月—2016年12月	贵州瓮安
副校长主持工作	张明光	男	2011年12月—2012年4月	贵州瓮安

续表1—2

职务	姓名	性别	任职时间	籍贯
副校长	戴德东	男	2011年12月—2012年7月	贵州瓮安
校 长	张明光	男	2012年4月—	贵州瓮安
副校长	王华松	男	2013年4月—	贵州瓮安
副校长	夏忠富	男	2013年11月—	贵州瓮安
副校长	吴定龙	男	2016年9月—	贵州瓮安

二、学校处室

教导（务）处 1958年12月，学校设立教导处，负责教学工作和思想政治教育两方面工作。1997年9月，教导处拆分为教务处和政教处。2008年9月，教务处拆分为教务处和教学科研处。2012年8月，教务处拆分为教务处和信息管理中心，教务处主要负责教学管理工作。教务处设主任1名，副主任1～3名，教务员2～5名。

总务处 学校创建之初，因学校规模较小，没有设立后勤保障机构，主要由党支部书记、校长负责后勤保障工作。1962年2月，组建瓮安县城关小学时，由老师兼管后勤工作。1976年9月，瓮安雍阳中学成立时，始设独立的总务处办公室，由专职人员任会计、出纳。1984年，学校正式设立总务处，设总务主任1名，工作人员2～5名，负责学校财务、基本建设、财产管理、生活服务、医务保障等后勤保障工作。2007年，增设总务副主任职位1名，总务处是学校财产和学校各类基础建设的组织者和管理者，其工作对校长和分管校长负责。每学期初拟出工作计划，期末写出工作总结。

行政办公室 1995年9月，设立学校行政办公室。设行政办公室主任1名。2013年4月，配副主任1名，办事员2名。2016年9月，配副主任2名，办事员2名。办公室负责行政协调、人事、教师职称评定、聘用和年度考核、档案及图书管理等有关工作。行政办公室在校长的直接领导下，根据学校的工作任务，每学期开始拟出工作计划，期末写出工作总结。

政教处 1997年9月，学校设立政教处，政教处设主任1名，副主任1名。办事员1～2名。2016年9月，增设副主任1名。政教处负责学校师生德育、清洁卫生、安全保卫工作，下设团委、学生会。

教学科研处 2007年9月，学校在招生办公室基础上，设立学校教学科研处。时设主任1名，副主任2名，办事员2名。教科处是学校进行教研教改、课题研究、校本研修、教法与学法、教学竞赛、学科竞赛等工作的组织者与管理者，对分管校长负责。每学期初拟出工作计划，期末写出工作总结。

信息管理中心 2012年8月，学校信息管理中心由教务处分离出来而成立，设主任1名，工作人员2名。其主要负责学生学籍管理、各种考试安排等工作。

督查室 2016年9月，学校设立督查室。设主任1名，副主任1名。督查室是学校对教育及教学管理工作进行全面检查、监督、评价的管理机构。

年级部 2016年9月，学校设立高一、高二、高三年级部，各年级部设主任1名，副主任1名。年级部是年级教学管理、协调的组织，负责该年级的教学常规纪律管理、教师学生思想工作及年级部内相关事宜的协调工作，同时负责年级的班风、班纪、学风的管理与建设，年级整体教学质量目标的实施。

1958—2018年学校内设机构负责人名录

表1—3

机构名称	职 务	姓 名	性别	任职时间	籍贯
教务（导）处	主任	李午亭	男	1958年9月—1962年1月	贵州瓮安
	主任	刘希尧	男	1962年2月—1976年6月	贵州瓮安
	主任	吴学林	男	1976年9月—1984年6月	贵州瓮安
	副主任	石明信	男	1978年9月—1984年6月	贵州瓮安
	主任	李奎忠	男	1984年6月—1987年9月	贵州瓮安
教务（导）处	副主任	李庆忠	男	1985年10月—1987年1月	贵州瓮安
	副主任	李学渊	男	1986年9月—1987年1月	贵州瓮安
	主任	李庆忠	男	1987年1月—1994年1月	贵州瓮安
	副主任	龚筑强	男	1987年7月—1993年8月	贵州瓮安
	副主任	犹永俊	男	1988年7月—1993年8月	贵州瓮安
	主任	犹永俊	男	1993年8月—1994年2月	贵州瓮安
	主任	蔡 华	男	1994年2月—2007年10月	贵州瓮安
	副主任	谢 静	男	1994年9月—1997年8月	广西桂林
	副主任	彭建元	男	1994年9月—2007年2月	湖南祁东
	副主任	余家品	男	2000年9月—2003年5月	贵州瓮安
	副主任	黄俊松	男	2003年3月—2007年10月	贵州瓮安
	副主任	丁丽娟	女	2006年9月—2008年8月	贵州瓮安
	副主任	李荣强	男	2006年9月—2010年8月	贵州瓮安
	主任	黄俊松	男	2007年10月—2008年7月	贵州瓮安
	主任	丁丽娟	女	2008年7月—2010年9月	贵州瓮安
	副主任	王华松	男	2008年9月—2012年8月	贵州瓮安

续表1—3

机构名称	职 务	姓 名	性别	任职时间	籍贯
	副主任	顾德贵	男	2008年9月—	贵州瓮安
	副主任	周汉英	女	2009年1月—2013年9月	贵州瓮安
	主任	李荣强	男	2010年9月—2012年8月	贵州瓮安
	主任	王华松	男	2012年8月—2013年4月	贵州瓮安
	主任	罗建明	男	2013年4月—	贵州瓮安
	副主任	王 虹	女	2016年9月—	贵州瓮安
总务处	主任	王振诗	男	1984年6月—1988年6月	贵州瓮安
	主任	袁中华	男	1988年6月—2012年1月	贵州瓮安
	副主任	李昕艺	男	2008年9月—2012年8月	贵州瓮安
	主任	李昕艺	男	2012年8月—	贵州瓮安
	副主任	张泰军	男	2012年8月—2016年7月	贵州瓮安
	副主任	王大军	男	2016年8月—	贵州瓮安
行政办公室	主任	郑光黔	男	1995年9月—1998年7月	贵州瓮安
	副主任	瞿远伏	男	1999年3月—2003年8月	贵州瓮安
	主任	瞿远伏	男	2003年9月—2007年8月	贵州瓮安
	副主任	刘兰华	男	2006年9月—2008年11月	贵州瓮安
	副主任	张宇祥	男	2009年1月—2011年8月	贵州瓮安
	主任	张宇祥	男	2011年9月—2012年10月	贵州瓮安
	主任	唐安林	男	2012年11月—	贵州瓮安
	副主任	周泽宏	男	2013年4月—2016年9月	贵州瓮安
	副主任	张泰军	男	2016年9月—	贵州瓮安
行政办公室	副主任	宋泽军	男	2016年9月—	贵州瓮安
	副主任	陆龙金	男	2016年9月—	贵州瓮安
政教处	主任	谢 静	男	1997年9月—2003年3月	广西桂林
	副主任	陈 斌	男	1997年9月—2003年3月	贵州瓮安
	主任	陈 斌	男	2003年3月—2016年9月	贵州瓮安
	副主任	王小勇	男	2006年9月—2016年8月	贵州瓮安

续表1—3

机构名称	职 务	姓 名	性别	任职时间	籍贯
	副主任	张泰军	男	2006年9月—2012年8月	贵州瓮安
	副主任	王永念	男	2012年9月—2016年8月	贵州瓮安
	主任	王永念	男	2016年9月—	贵州瓮安
	副主任	龙承华	男	2016年9月—	贵州天柱
	副主任	宋锡丽	男	2016年9月—	贵州瓮安
教科处	副主任	罗建明	男	2008年9月—2012年8月	贵州瓮安
	副主任	唐安林	男	2008年9月—2012年11月	贵州瓮安
	副主任	王 强	男	2009年1月—2013年4月	贵州瓮安
	主任	罗建明	男	2012年8月—2013年4月	贵州瓮安
	主任	王 强	男	2013年4月—	贵州瓮安
	副主任	周汉英	女	2013年9月—	贵州瓮安
	副主任	李昕波	男	2013年9月—	贵州瓮安
信息管理中心	主任	李荣强	男	2012年8月—	贵州瓮安
督查室	主任	王小勇	男	2016年8月—	贵州瓮安
	副主任	何崇玖	男	2016年8月—	贵州瓮安
高一年级部	主任	田文军	男	2016年8月—	贵州瓮安
	副主任	袁能洪	男	2016年8月—	重庆大足
高二年级部	主任	陆龙金	男	2016年8月—	贵州瓮安
	副主任	周凤学	男	2016年8月—	贵州瓮安
高三年级部	主任	宋锡丽	女	2016年8月—	贵州瓮安
	副主任	黎金坤	男	2016年8月—	贵州福泉

第二章　党群组织

第一节　党组织

一、组织创建

1958年，学校创建时，教职工较少。有周远程、夏坤仲2名党员。1962年3月，瓮安县城关小学成立，仅有校长盛安平1名党员。是年，校长盛安平调永和小学任职。新任瓮安县城关小学校长夏坤仲是城关小学唯一党员。

1971年，王天合调任瓮安县城关小学工作组组长，发展党员2名，有党员3人。到1976年9月，雍阳中学建立时设立党支部，王天合任党支部书记，有党员3人。1978年11月，校党支部成立，王天合任支部书记，吕庆松任党支部副书记。有党员9人。

1984年6月至1985年4月，张永坤任学校党支部书记，发展党员4人，党员人数增至13人。

1985年5月至1987年2月，王高翔任学校党支部书记时，其吸收4位教学人员为中共预备党员。调出党员2人，加上原有党员数，党员人数增至16人。

1987年9月至1993年9月，马耀银任校党支部书记，抓好党员和教职工的思想政治工作，组织党员学习、领会党的“一个中心，两个基本点”的基本路线要求，坚持党的基本路线不动摇，用党的基本路线指导自己的言行，学校整体仍保持稳定发展，积极做好发展新党员工作。

1993年10月至1995年9月，学校暂缺党支部书记，犹永俊以副支书的身份主持党务工作。1995年9月，校支部换届选举，李庆忠被选为支部书记，犹永俊为副支部书记。当时校支部通过调入和吸收党员，有47名党员，其中正式党员40名，预备党员7名。1995年9月至2007年10月，校党支部多次被上级党委评为先进基层党组织，多名党员被评为州县优秀党务工作者和优秀共产党员，还有3名党员被省评为中教特级教师。学校教育教学工作取得了突出成绩。其间党员队伍发展壮大，党员增至65名，其中正式党员64名，预备党员1名。

2007年10月18日，由于党员数不断增多，为了便于管理和开展工作，经县直机关党委批准，撤销中共二中支部委员会，成立中共二中总支委员会，选举副校长余家品为总支书记，校长谢静为副总支书记。下设行政、文科、理科、综合4个支部。2008年9月至2010年4月，校长谢静任校党总支书记。2010年5月至2011年12月，校长黄俊松任校党总支书记，副校长刘兰华任党总支部副书记。2012年，根据中共县直属机关工作委员会文件《关于〈中共贵州省瓮安第二中学总委员增选总支委员结果及相关事项的报告〉的批复》：张明光任二中总支书记，刘兰华任二中总支副书记。同时，学校党总支部成立党建办，周泽宏任主任。2015年，根据中共县教育工作委员会《关于同意中共瓮安二中总支成员充实和调整请示的批复》文件，增补二中副校长王华松、二中副校长夏忠富为二中党总支部委员。并对二中党总支部委员分工作出调整。

2016年3月，校党总支部举行总支委员换届选举。会议选举7名委员，张明光任党总支书记，陈斌任党总支副书记，夏忠富任组织委员，罗建明任纪检委员，王永念任宣传委员，王华松任生活委员，周汉英任群联委员。下设3个支部，陈斌任行政综合支部书记，王华松任文科支部书记，夏忠富任理科支部书记。同时报中共县教育工作委员会批准，由张泰军任党建办主任。

截至2018年12月，二中党组织在学校60年的发展历程中，逐渐发展壮大，二中党总支部有在职党员107人，在职党员占在职教职工总数36%。

二、组织建设

学校初创，几次经历变化和搬迁，其间周远程、夏坤仲两名党员发挥了先锋模范带头作用，使学校一切走向正轨，逐渐发展。

1962年2月21日，县教育科决定在学校原有基础上组建成立瓮安县城关小学，针对学校基础设施差、办学条件简陋、某些教师不安心工作等情况，党支部负责人决定先抓想想教育，结合整顿纪律，达到提高教学的目的。组织师生学习党的八届八中全会文件，提出“反右倾、鼓干劲、向科学文化进军”的口号。1965年，学校党组织根据党的实行两种劳动制度、两种教育制度的指示，投入三大革命运动。组织教师参加“四清”运动，请老工人、老贫农、老干部给师生作忆苦思甜报告，农忙假组织师生下乡锻炼，走与工农相结合的道路，在校内开展劳动建校活动，1966年，学校党组织遵照毛主席的“五·七”指示，组织师生在西门外约5千米的“青坑农中”交界处，选了一大片生产队撂荒多年的槽子梯形黄泥土，开垦出“学农基地”。师生通过参加劳动实践，在三大革命中得到锻炼，精神面貌焕然一新。

1968年，工农兵工作小组进驻学校，领导学校斗批改。成立了瓮安县城关小学革命委员会，城关公社书记张士兵任革委会主任，陈银斌任副主任负责学校日常工作，学校开始了“停课闹革命”运动。1972年，面对当时复杂的政治斗争局面，学校设立党支部，王天合任中共瓮安县城关小学支部书记，时有党员3人。4月至7月，党支部组织全校教师学习《全国教育工作会议纪要》，明确学校一切工作都是为转变学生的思想，教材要彻底改革。省、地、县委三级书记不管教育现象是不能容许的。12月26日，学校学习省革委政治部《关于贯彻执行全国教育工作会议纪要的意见》，坚持民主集中制，实行党的一元化领导，充分发挥校革委的作用，同时加强党对共青团的领导，发挥共青团的助手作用，学校工作开始恢复正常。粉碎“江青反革命集团”后，学校党支部按照中央、省、州、县指示精神进行拨乱反正工作，认真贯彻党的教育方针，团结广大教师，肃清政治流毒，化解派系斗争，调动一切积极因素，切实提高教育教学质量。是年9月，学校更名为瓮安县雍阳中学。

1978年5月，县革委向州革委提交将“雍阳中学”更名为“贵州省瓮安第二中学”报告。9月8日，州革委正式批复设立贵州省瓮安第二中学，简称瓮安二中，同时设立学校党支部。王天合任党支部书记。

1983年10月，校党支部认真学习、贯彻党的十二届二中全会关于整党的决定。1984 年，学校遵照县教育局《关于落实我县教育系统知识分子政策的意见》，校党支部认真开展党的知识分子政策落实活动，积极发展知识分子入党。同时，按有关精神，协助有关部门抓好对符合条件的知识分子家属农转非的办理工作。与此同时，学校组织全体党员学习了《中共中央关于整党的决定》《关于建国以来党的若干历史问题的决定》《中共中央关于科技体制改革的决定》《中共中央关于教育体制改革的决定》以及（中共中央〔1985〕1号文件）和胡耀邦等中央领导同志的有关讲话以及重要论述。这次整党是进入新时期后，我们党在改革开放条件下为加强自身建设而进行的一次重要探索和实践。当时，“文化大革命”导致的党的思想、作风、组织不纯，纪律松弛，软弱涣散等问题相当严重，而整个国家和社会生活又处于空前活跃和深刻变动之中，党的建设遇到了许多新情况、新问题。1987年5月，学校全面整党基本结束。党的十三大召开后，学校围绕十三大的有关文件精神，大力宣传建设有中国特色的社会主义的基本路线，以经济建设为中心，坚持“两个基本点”。组织全体党员及全校教职工通过收听广播、收看电视等学习十三大会议精神。学校班子带领全体党员及全体教职员工在抓教育教学质量上下功夫，以优异的成绩迎接和庆祝党的十三大。

1989年后，校党组织根据中共中央总书记江泽民所作的《爱国主义和我国知识分子使命》的重要讲话，对青年学生进行近代史教育、国情教育、形势教育，对青年学生要热情关怀。明白新时期爱国主义的特征和知识分子在社会主义现代化建设中的使命。结合学校校情，组织广大师生学习中国近代、现代史及国情教育。组织全体党员学习七届全国人大常委会第二十一次会议通过的《中华人民共和国未成年人保护法》。组织学习邓小平南方讲话精神，坚决拥护邓小平同志讲话。

1992年9月，党的十四大召开，学校及时组织全校教职员工学习党的十四大会议精神。当八届全国人大常委会第四次会议通过《中华人民共和国教师法》，校党支部组织全体党员同志和教职员工学习贯彻《中华人民共和国教师法》。1994年，国务院发出《关于〈中国教育改革和发展纲要〉的实施意见》，学校根据县委和县人民政府要求，组织全体党员和教职工认真学习《中国教育改革和发展纲要》。6月14—17日，党中央、国务院在北京召开改革开放以来第二次全国教育工作会议。会议的主要内容是：以邓小平建设有中国特色社会主义理论和党的基本路线为指导，贯彻党的十四大和十四届三中全会精神，进一步落实教育优先发展的战略，动员全党全社会认真实施《中国教育改革和发展纲要》，为实现20世纪90年代我国教育改革和发展的任务而奋斗。是年，根据中共中央发出《关于进一步加强和改进学校德育工作的若干意见》，对新时期学校德育工作提出具体要求，加强和改进学校德育工作的指南。学校党支部和学校行组织学生观看爱国主义教育影片，读爱国主义教育图书，学唱爱国主义歌曲等活动。

1997—1998学年，在党支部的领导下，学校试行“三制一管理”体制，即学校实行校长责任制、结构工资制、教师聘任制。第一学期根据学校具体情况开展初中教师和非教学人员的聘任。一年来的经验证明，教师聘任制可调动广大教职工的积极性，大家的工作干劲更大，责任心更强，全体教职工想方设法提高自己的业务素质，促进校风、学风和正常教学秩序的根本好转。学校“平安工程”通过验收，学校成为县教育系统的模范单位。通过了初中办学评估验收，对完中的评估，州督学程蓉生、县政府、县人大、县政协主管教育的领导，县教育局领导及各股负责及乡镇辅导站抽调的工作人员，通过两天的检查评估工作，最后学校评估分为972.4分，是全州当时已评估学校的最高分。

1998年9月24日，学校召开全校全体党员大会。传达学习省第八次党代会会议精神以及县委书记李国庆在传达贯彻省第八次党代会精神大会上的讲话，号召党员干部和教师认真学习、贯彻落实省第八次党代会精神，努力把学校的各项工作做好。11月17日，学校召开全校党员会，总结1998年学校党建工作。通过了5名（谢静、余家品、黄俊松、周泽宏、王华松）教师加入中国共产党的申请；通过评议，报机关党委表彰党员2人，报局总支表彰党员2人，学校支部表彰党员7人。

1999年4月23日，学校召开全校党员大会，会议讨论关于谢静、余家品、王华松、黄俊松、周泽宏、王春菊、陈建明7人转为正式党员问题。经校党支部大会充分讨论，一致同意7人按期转为中共正式党员。9月22日，学校召开全体党员大会，通报校支部 8月5日换届选举，机关党委8月26日批复文件。同时组织学习中共县委保密委员会〔1999〕6号文件关于组织学习新华社编发的《席世国被判处无期徒刑》《海南席世国窃密案纪实》2篇文章。还通报省委台湾工作办公室批复州对台办〔1999〕9号文件。

2000年，学校在经州委同意成为全州首批办独立高中的学校之后，随即确定为首批参加2000年高中办学水平评估的学校。为在评估中能获得好的成绩，学校在经济十分困难的情况下，筹集有限的资金做了学生宿舍的新建、教学楼加层改造及旧校舍的装饰、美化等。新建微机室、打印室。购置大量的教学仪器，充实学校各实验室。建高中办学水平评估陈列室，发动广大师生为评估工作做贡献等大量的工作。在较短时间内完善了几年来学校办学工作中的各种资料。为评估组了解学校的办学情况提供了充足而翔实的材料。通过评估组近20人两天的努力工作和核查，最后学校高中办学水平结论为优秀。通过长时期的考查、培养，有2人光荣加入中国共产党，党员人数增加至52人。

2002年，校党支部把师德师风教育放在首位，抓住用邓小平理论武装广大党员和群众这一根本，学校工作各方面都取得一定成绩。5月，接受省州“普实”工作检查，获“州级实验示范学校”奖，校团委获“全州五四红旗团委”奖。与消防中队、公安局巡警队结成精神文明共建单位。6月，在县委书记王勇牵头下，学校向贫困地区的小河山学校捐资8000元用以改善小河山学校办学条件。7月，请关工委及老干局来学校召开“建党80周年传统教育报告会”，由陈文清、田松茂、张光伦、宋泽高等老同志先后作报告。在师生中引起很大震动。全体教职员工视教学质量为学校的生命线，狠抓教育教学质量，高考、中考再创历史好成绩。在教师节，县委、县政府表彰的中考前10名学生，学校占了3名。表彰的中考教学能手6名，学校有3名。表彰高考教学能手10名，学校有7名。高考录取率居全县第一，其中录重点62名，本科以上301名，县理科前三名、文科第一名均在学校，州理科前10名中学校有4名。其中张焕同学以673分居全州第一名，全省第10名，还以综合科294分居全省第二名。学校获县委、县政府颁发的“文明学校”称号。11月，在县里组织的救灾活动中，学校教职工共捐资5000余元以支持灾区。12月，学校被州文明办评为“州级文明单位”，是县唯一获此奖项的中学。12月26日。召开全校党员民主评议会，采取无记名投票的方式对党员一年来的工作进行党员群众表决，评出优秀及合格党员，报县直机关党委表彰2人、报教育党组表彰3人、学校党支部表彰4人。

2003年，校党支部坚持把思想工作放在首位。在“三个代表”重要思想指导下，通过全体党员和全校教职工的共同努力，学校工作取得突出成绩，同时也得到了各级的肯定。5月，学校团委获“全省五四红旗团委”称号。6月，在县里安排的“扶贫攻坚”工作中，学校向帮扶的一类贫困村——玉山镇大坪村派驻一名教师进行帮扶，并捐助1万余元建沼气池，购买良种猪、电视机及卫星电视接收器等。7月，校党支部获县“先进党支部”奖。10月，邀请县委宣传部及文明委负责人到学校开展文明建设讲座，对师生加强精神文明教育。11月，派谢静（党员、副校长）担任县公务员班思想政治理论课教师，对培训干部职工进行思想政治理论教育工作。12月，学校被县委、政府授以“文明单位”称号，并被县文明委推荐参评州级“文明单位”。12月24日，组织全校党员评议大会，参加投票者43名，按得票多少评出优秀及合格党员，报机关党委表彰3人、学校支部表彰4人。

2004年，学校党支部一如既往地以邓小平理论和“三个代表”重要思想为指导，加强党的思想建设、组织建设、作风建设，发扬民主，发挥党组织的核心作用，全面贯彻教育方针，为培养全面发展的社会主义事业的建设者和接班人而努力。5月20日，校党支部召开全校党员会，共有54名党员参加会议，会议围绕机关工作风整顿活动开始学习。9月15日，学校召开全体党员会，54名党员参加会议，传达学习教育部关于发布《中小学生守则》和《中学生日常行为规范（修订）》，要求党员带头学习，以便能更好地对学生进行思想品德教育。9月，第20个教师节，学校教师获优秀教师2人，优秀班主任2人，高考成绩优秀奖10人，高中毕业会考成绩优秀奖3人。12月，学校党支部学校被评为先进党支部。被州文明办授予州级文明单位，被县授予文明学校称号。校工会被评为先进工会，校团委被授予省红旗团委，学校教育教学质量稳步提高，继续保持在州、县的领先地位。

2006年11月24日，学校召开全体党员会，共65名，其中正式党员64名，预备党员1名。组织学习胡锦涛总书记谈构建社会主义和谐社会文件精神。传达中共中央关于学习《江泽民文选》的决定，《江泽民文选》共3卷，收录了江泽民从20世纪80年代末到21世纪初的重要著作。

2007年5月10日，学校召开全体党员大会，共65名党员参会，其中正式党员64名，预备党员1名。会议传达上级关于党费收费及应交情况文件精神，文件要求县直属机关党委要求各党组织填写党员的月收入情况及党费应交比例，党费应交数额。8月24日，学校召开全体党员大会，正式党员69名，预备党员4名，共73人。主要议题是学校党组织的换届问题。由于党员人数增多，经请示县直机关党委批准将原学校党支部改建为党总支部。校党总支部建立后，下辖4个党支部（行政支部、文科支部、理科支部、综合支部）。行政支部：由学校行政的党员和非教学人员的党员组成；文科支部：由语文和政史地组党员组成；理科支部：由数学和理化生组党员组成；综合支部：由外语、音体美、信息技术组党员组成。退休党员按退休前的组属参加各支部活动。原党支部的支部委员多数年龄偏大，也必须换届。选举采用无记名投票，差额选举办法产生党总支成员。经过选举，余家品任党总支书记，谢静任党总支副书记。

2008年，校党总支部组织党员开展为期1年的“基层组织建设年”活动。建立活动领导小组，制定活动方案。活动分为感想、发动、学习调研、全面整改、总结提高4 个阶段。活动要求达到“强核心、强素质、强管理、强服务、强创新”5强目标， 要求党员树立“学习、团结、大局、服务、勤政、廉洁、责任”7种意识， 要求支部成员提高“学习、履行职责、合作共事、决策、解决实际问题”5种能力和成为“讲学习、讲政治、讲正气、讲创新、讲奉献”5讲模范。全面提升党支部组织建设水平。“5·12”汶川大地震发生后，学校党政群团联合举行“抗震救灾、众志成城”全校师生募捐活动，募捐总额67410元。9月，谢静校长任学校党总支书记。

2009年，学校党总支部按照县委统一部署，组织开展第三批深入学习实践科学发展观活动，建立以党总支书记为组长的领导小组，制定《瓮安二中学习实践科学发展观实施方案》，学习实践活动分为学习调研、检查分析、整改落实3个阶段。活动围绕“党员干部受教育，科学发展上水平、人民都众得实惠”总要求，以“提高思想认识，解决突出问题，创新体制机制、促进科学发展”为总目标，组织全体党员及教职员工认真学习领导小组指定内容，坚持人人做读书笔记，写心得体会。召开全校的教职工动员大会、党员大会、学习交流座谈会、阶段总结会等。学校党政领导班子多次召开专题会议，深刻剖析并撰写分析检查报告3篇，针对影响和制约学校科学发展有关突出问题，制定整改落实方案。提出“优化学校管理，改善办学条件，抓实德育工作，提高教育质量，突出校园文化”科学发展思路。开展 决战课堂，落实新课程理念；决战高考，实行领导挂班、党员帮班责任制；举办迎评文艺演练比赛等系列活动。9月，县委、县政府决定投资6000余万元对学校实施高起点、高标准的改扩建。2009年冬至2010年初，学校党总支部和行政在县委、县政府等四家班子的坚强领导和资金保障下，克服重重困难，破解各种难题，成功完成学校改扩建中搬迁工程，先后拆除县教育局原办公楼及3栋宿舍楼，县幼儿园和周边民房，校园改扩建工程全面启动。

2010年3月，校总支书记、校长谢静调任县教育局党组书记、局长。副校长黄俊松主持学校工作，兼任党总支书记。4月13日，学校召开2010年党建工作会议，会上，校总支书记黄俊松宣读了《学校2010年党总支部工作计划》，要求全体党员坚持理论学习，努力创建学习型党组织，提高党的凝聚力、战斗力，加强党风廉政建设，优化学校育人环境，推进校园文化建设，发挥工会、共青团等群团作用，开创工作新局面。5月20日，学校制定《瓮安二中开展‘忠实践行宗旨、勤政廉政为民’教育活动》实施方案，成立中共瓮安二中党总支部践行宗旨教育活动领导小组及办公室。6月15日，学校与草塘中学开展“手拉手 促发展”校际交流活动。6月25日，学校召开党员民主生活会，大家开展批评与自我批评，分析了学校当前存在的问题，明确了今后学校工作的思路。9月15日，学校邀请著名特级演讲师邓杰中到校作《天下良师的责任》主题演讲，增强了全校教职员工的责任意识。12月7日，学校为认真贯彻落实《中共贵州省委关于在全省领导干部中开展“四帮四促”活动，进一步做好新形势下群众工作的意见》（黔党发〔2010〕15号）文件精神，制定了瓮安二中落实“四帮四促”实施方案，成立了以黄俊松为组长的工作小组和办公室。12月12日，黄俊松校长、丁丽娟副校长带领工作小组成员到松坪乡金岱村开展“四帮四促”活动。

2011年1月5日晚，县委书记龙长春冒凝冻到学校视察，并对学校党建工作做了重要指示，要求加大抗凝冻力度，确保师生安全上课，要深化党组织创先争优活动。1月6日，县委副书记、县长谢晓东在副县长郑毅等相关负责人陪同下到学校了解学校情况，并送来4000元慰问金，希望解决好学校住校生取暖问题。学校党政立即行动，做好了凝冻期间安全和取暖工作，中央电视台对学校抗凝冻工作做了宣传报道，得到上级好评。2月24日，中央彩票公益金教育助学发放仪式在学校大会议室举行，学校183名品学兼优经济困难学生每人获助学金1000元，发放仪式上，副校长丁丽娟鼓励受资助的同学要心怀感恩，奋发图强，立志成才，以优异的成绩回报父母、母校、社会。9月，召开全校党员大会，回顾学校“四帮四促”“创先争优”活动情况，总结经验，为下一步工作打下基础。并对“一个党员一面旗帜”活动进行小结，要求全体党员发扬先锋模范作用，廉洁自律，做好师德师风的排头兵。

2012年，校党总支部和各个支部人员做了调整，根据中共县直属机关工作委员会文件，《关于

〈中共贵州省瓮安第二中学总委员增选总支委员结果及相关事项的报告〉的批复》，校长张明光任中共二中总支书记，刘兰华任中共二中总支副书记。学校新一届党政领导班子成立后，继续抓紧学校改扩建工作和教学工作。12月，学校改扩建工程在建工程全面竣工，但校园面积仍然严重不足，制约了学校的发展，特别是在申创省级示范性高中的问题上更是因为校园面积问题被一票否决。在县委、县政府提出搬迁瓮安职中、瓮安一中老校区等提议后，校党政领导立即实地调研，写出调研报告，报告指出瓮安职中、瓮安一中老校区的土地面积、教学设施设备均不能满足学校日益发展壮大的需求，县委、县政府采纳了学校意见，没有将学校搬迁。

2013年，校党总支部根据“2013年度党建工作要点安排”，带领组织各党支党员干部和党员，求真务实、开拓创新、扎实工作，积极发挥各级党组织和党员在学校建设、改革、发展中的战斗堡垒作用和先锋模范作用，党建工作取得了新成就，学校发展呈现新局面。按照上级部署，党总支从今年2月底开始全面组织开展以“为民务实清廉”为主要内容的党的群众路线教育实践活动，按照“照镜子、正衣冠、洗洗澡、治治病”的总体要求，结合本校工作实际情况组织开展了形式多样、富有成效的工作，党的群众路线教育实践活动平稳顺利推进。随着教育实践活动的深入开展，通过狠抓思想教育，提升了党员干部的思想自觉性，宗旨意识得到明显加强、全心全意为人民服务的使命感和责任感进一步增强，对作风方面存在的问题更加警醒，以高度的思想自觉对作风之弊、行为之垢来了一次彻底的大排查、大检修、大扫除。全体党员干部的工作作风与精神风貌明显提升，在教育实践活动中，学校广大党员干部的“心气神”得到全面提升，党群、干群关系明显改善。自从开展党的群众路线教育实践活动工作启动至今，除以党总支部名义印发了涉及有关开展活动的文件13期，撰写上报了活动工作动态30期，草拟、整理书面文字材料若干，形成档案卷宗11卷，悬挂校园宣传标语8幅等上述所列常规宣传手段以外，学校还灵活应用宣传手段，采取设置LED电子显示屏等新颖做法，确保活动家喻户晓、人人皆知，使宣传教育热在基层、热在群众。

2014年，校党组织深入学习贯彻党的十八大以来习总书记系列讲话精神，围绕学校党建工作要点及学校工作思路，突出思想建设、组织建设和作风建设3个重点，全面完成教育工委部署的各项工作任务，推进学校的规范化管理，进一步提升教育水平，进一步推动学校持续、稳定、健康发展。组织开展了全体教职工参加的教育普法知识考试。为提高教师的思想和业务素质，邀请了有关专家、名师到校讲座。党支部还积极做好党刊党报征订工作，让广大党员教师及时学到党的新理论，了解党的新动态。进一步健全党内制度，提高党内生活质量。认真落实“三会一课”制度、党费收缴制度、党员学习制度、党员发展制度等，以规范的制度管理，促进提高党内生活质量。进一步建立健全党建工作目标责任考核制度。每个党员根据年初制定的目标工作任务，做好相关工作，促进各项党建工作的开展，把党建工作落到实处。年终做好民主评议党员工作，通过党内外评议及支委会研究，评出各年度的优秀党员。进一步健全学校教职工代表大会制度。保障教职工参与学校民主管理、民主监督的权利和对学校重大事项决策的知情权、参与权。通过教职工代表暨工会代表大会，选出工会新班子，为加强民主管理、民主监督提供组织保障。进一步加强学校文化阵地和队伍建设。组织学生开展文体活动，组织教职工开展丰富多彩的业余活动，不断提升学校内部活力。

2015年，校党组织工作按照中央的统一部署和县教育工委的有关文件精神，认真开展学习型党组织建设、争创“五个好”先进基层党组织活动。学习形式不拘一格，有举行报告会、看录像、开辟专题宣传栏、印发问答题、进行自测、写学习心得体会、论文等。同时，把学习活动与学校工作有机结合，使学习活动扎实有效进行。在时间安排上，定为每周二晚上为学习时间。通过学习，使广大党员、教职工对实现伟大复兴中国梦充满信心。3月23日晚上，校党总支部举行了学习“两会”精神辅导报告会。4月20日，学校举行开展“师德建设年”活动动员大会。会上，党总支书记根据县教育工委的要求对本校开展“师德建设年”活动进行部署。结合师德建设年活动，实施党员“双育工程”（党性教育和能力培育），继续组织广大教师学习贯彻《中小学教师职业道德规范》《中华人民共和国教师法》等；积极开展教师“四德”（社会公德、职业道德、家庭美德、个人品德）教育活动，规范广大教师的教育教学行为，实行师德考核管理，引领广大教师依法执教。充分发挥学校优秀共产党员、模范教师的榜样和示范作用，采取在校园网、宣传栏、学校大会宣传先进事迹、优秀共产党员进行报告等形式，对教职工普遍进行师德师风教育，使一批优秀共产党员成为“三育人”师德标兵（教书育人、管理育人、服务育人），进一步促进广大教师提高职业道德水平。11月，邀请县公安局禁毒大队大队长、法院刑事庭副庭长，分别在会上作《珍爱生命远离毒品》《拒绝犯罪，青春之路畅通无阻》专题报告。邀请县委宣传部副部长到校，“就如何以科学发展观为指导，正确处理学校与社会、家庭、学生之间关系”做讲座；邀请了职业心理咨询师作心理健康讲座和师德报告。今年以来，对3名预备党员进行跟踪考察，把4名入党积极分子培养为发展党员对象，并召开接收预备会议，已上报到党委审批。同时又确定3名入党积极分子。

2016年，学校认真落实学习 “习近平系列重要讲话”精神，突出学校办学理念、办学特色及“自强不息，厚德载物”的校训精神，及时、高效完成上级部门部署的各项工作任务，推进学校的规范化管理，以党建促教育，以党建促学校发展，进一步推动学校持续、健康发展。校党总支部为了充分发挥党员先锋模范作用，于3月25日组织文科综合组送教到珠藏中学，党员教师并成为学习组、教研组交流发言的带头人。4月，校党总支部通过考察、推荐10名教师（丁丽娟、徐家海、唐安林、王其一、吴昌松、李国凡、蔡正忠、林艳、钟声利、安发光）加入中国民主促进会瓮安支部，为统战工作作出了贡献。5月27日，学校组织全体党员上党课，以“总支书记讲党课”的形式，带头学习感悟。张明光书记以“认真学习党章党规，做一名合格的党员”为题，结合学校目前实际，全面论述了全体党员模范遵守党规党纪、学好党章、争做合格党员的重要意义，并将“两学一做”学习教育扎实开展下去。组织全体党员学习30多次，为了便于党员学习，学校给党员配发《中国共产党章程》《习总书记系列讲话（2016年版）》《习总书记重要讲话文件选编》《十八大报告辅导读本》等，并在学校网站转载《中国共产党廉洁自律准则》《中国共产党纪律处分条例》《党员权利保障条例》《学习龙增刚同志的先进事迹》等，通过学习，党员做讲政治、有信念，讲规矩、有纪律，讲道德、有品行，讲奉献、有作为的合格党员，落实党员亮身份、比贡献，校党总支部多次组织党员送教下乡。5月28日，组织语文学科组送教到珠藏中学，促进了两校交流。7月，校党总支部组织学习陈敏尔书记7月24—25日在省委中心组学习研讨时的讲话精神。月底，为隆重纪念中国共产党成立95周年，回顾党的光辉历程，讴歌党的丰功伟绩，进一步激发学校党员干部激情，积极投身教学改革，努力提高学校教育教学质量，经校党总支部研究，学校党总支部组织全体党员利用假期参观革命圣地延安、西安等红色革命教育基地，回顾中国革命的光荣历史。在参观革命圣地延安时，组织全体党员聆听了严发祥教授的《努力坚持培育和践行社会主义核心价值观》专题报告会。9月22日，校党总支部举行中共县第十二届党代表候选人选举大会，由学校各支部推荐，经校党总支部讨论、党内投票，选举出席中共县第十二届党代表候选人3名，分别是：张明光、宋锡丽、肖最勇。9

月25日，组织全校党员参加了县委组织的“千名党员重温入党誓词”的活动，积极浓厚的学习氛围，让广大教师感知我们党内学习的严谨性，同时接受群众监督。9月28日，珠藏中学19名党员根据县委、县政府有关文件转入校党总支部，学校党员人数突破百人。11月，经校党总支部批准，杨松、候保国、陈皓三人成为预备党员。同月，经中共县教育工作委员会批准，由张泰军任校党建办主任。

2017年1月，校党总支部为继续推进“两学一做”“三会一课”的落实情况，决定每月25号检查各支部“三会一课”学习上传情况。4月13日，根据《中共黔南州委办公室关于印发〈全州机关基层党组织开展“晋级升星·好花更红”星级党支部创建工作方案〉的通知》（黔南党办发〔2017〕3号）精神，为确保学校“晋级升星·好花更红”星级党支部创建工作有效开展，结合实际，学校成立晋级升星支部工作领导小组，为星级支部的创建搭好平台，督促各支部做好晋级升星。5月25日，校党总支部根据省委《关于开展向黄大发同志学习活动的决定》（黔委〔2017〕30号）和县委党建办《关于在推进“两学一做”学习教育中开展“榜样1+1”主题活动的通知》（瓮党建办通〔2017〕17号）要求，根据学校实际，在全校党员中推送一批学习任务。依托大数据党建平台，通过“任务推送”功能，在线上推送“榜样1+1”主题活动任务，收集活动资料，学习结束后，要求各支部要在6月10日前内通过大数据平台上及时上传组织学习图片、学习简报，每名党员要撰写1篇以上的心得体会传到QQ邮箱。党总支书记张明光组织学习的《习近平告诫领导干部要敬畏什么》及在机关“如何与人搞好关系”等。6月7日，校党总支部印发《中共贵州省瓮安第二中学总支委员会关于推进“两学一做”学习教育常态化制度化的实施方案》的通知，为“两学一做”学习教育常态化落地生根。7月26日至7月31日，为深入学习、贯彻习近平总书记系列重要讲话精神，依托井冈山及周边地区丰富的教学资源，围绕加强党性修养，坚定理想信念，保持优良作风主题开展培训，教育引导党员按照“三严三实”和“两学一做”，进一步增强党性修养，坚守共产党人的精神追求，提高履职能力，学校组织全校党员100余人赴井冈山学习。8月25日，学校总支委员会颁布关于表彰2016—2017学年度优秀党员的通知。根据《中共贵州省瓮安第二中学总支委员会优秀党员评选方案》，充分发挥党员先锋模范带头作用，经各支部认真评选，校总支委员研究决定，对33名党员进行表彰。9月27日，校党总支部根据省委组织部《转发中共中央组织部办公厅〈关于规范党员佩戴党员徽章有关事宜的通知〉（组厅字〔2017〕25号）的通知》精神，结合学校实际，就做好规范党员佩戴党员徽章有关事项。同时还结合实际，制定文明校园党旗红创建实施方案。10月至11月，学校党总支部关于《开展“不忘初心·跟党走”学习贯彻十九大会议精神》系列活动。为深入学习贯彻党的十九大会议精神，引导全体党员、教职员工深刻领会十九大精神实质，学校决定组织开展“不忘初心·跟党走”学习贯彻十九大系列活动。11月，校党总支为热烈庆祝中华人民共和国成立68周年，喜迎党的十九大召开，进一步加强全校师生对《国歌法》的深入学习，激发师生的爱国热情，践行社会主义核心价值观，10月16日上午，学校开展了“升国旗 唱国歌 祖国在我心中 喜迎十九大”主题活动。11月17日全体党员在瓮安猴场“瞻仰革命遗址，重温入党誓词”活动。本学年还完成了3名新党员的入党转正工作。

截至2018年年底，学校校党总支部由行政综合支部、文科支部、理科支部三个支部组成，班子配备齐全，干部作用发挥好，工作开展正常。现有中共党员124名。其中，在职党员107名（其中3名党员已调离二中，1名党员组织关系没有转），占现有教职工人数（退休除外）1/3，党员在学校工作中起到了先锋模范作用。

1958—2018年历任党（总）支部书记、副书记名录

表2—1

职务	姓名	性别	任职时间	籍贯
支部书记	周远程	男	1958年9月—1960年8月	贵州瓮安
支部书记	王天合	男	1971年9月—1984年6月	贵州瓮安
支部书记	张永坤	女	1984年6月—1985年4月	上海
支部书记	王高翔	男	1985年5月—1987年2月	贵州瓮安
支部书记	马耀寅	男	1987年2月—1993年7月	贵州瓮安
副书记	犹永俊	男	1993年10月—2007年8月	贵州瓮安
支部书记	李庆忠	男	1995年9月—2007年10月	贵州瓮安
党总支书记	余家品	男	2007年10月—2008年8月	贵州瓮安
党总支副书记	谢　静	男	2007年10月—2008年8月	广西桂林
党总支书记	谢　静	男	2008年9月—2010年4月	广西桂林
党总支书记	黄俊松	男	2010年5月—2011年12月	贵州瓮安
党总支副书记	刘兰华	男	2010年5月—2013年4月	贵州瓮安
党总支书记	张明光	男	2012年3月—	贵州瓮安
党总支副书记	陈　斌	男	2012年3月—	贵州瓮安

第二节　教育工会

一、工会建立

1979年，学校教育工会建立。10月，召开首届教职工代表大会，教职工代表选举张玉珍老师任学校教育工会主席，黄育中老师任工会副主席。

1984年6月，学校教育工会组织召开教职工代表大会进行了第二次换届选举，会议选举李奎忠任工会主席。1985年9月至1991年8月，李奎忠主席负责筹建、经营瓮安二中茶厂，由夏坤仲负责学校工会工作。1991年，夏坤仲退休。李奎忠复任学校工会主席至1996年2月。

1996年2月，学校教育工会组织召开教职工代表大会进行第三次换届选举，会议选举袁中华任工会主席。其间工会配合学校开展了集资建房活动，建立了“五必访”制度。

2009年1月，学校教育工会组织召开教职工代表大会进行了第四次换届选举，会议选举陈斌任工会主席，邓永富任工会副主席。健全了组织机构。为工会工作的开展打下了基础。

2016年2月，学校教育工会组织召开教职工代表大会进行了第五次换届选举，会议选举唐安林任工会主席，邓永富任工会副主席。此次调整，更加规范了学校工会工作和教代会工作。

1979—2018年历任工会主席、副主席名录

表2—2

职务	姓名	任职时限
主席	张玉珍	1979年10月—1984年6月
副主席	黄育中	1979年10月—1982年6月
副主席	蔡华	1982年6月—1984年6月
主席	李奎忠	1984年6月—1985年9月
主席	夏坤仲	1985年9月—1991年8月
副主席	王复文	1984年6月—1987年6月
副主席	黄育中	1987年6月—1988年7月
主席	李奎忠	1991年8月—1996年2月
主席	袁中华	1996年2月—2009年1月
主席	陈斌	2009年9月—2016年1月
副主席	邓永富	2009年1月—
主席	唐安林	2016年2月—

说明：1988年至2009年未设工会副主席

二、工会活动

1987年夏，县名胜古迹仙桥山重修庙宇，县佛教协会的高僧长老到学校集资修庙，经学校领导和工会研究决定，捐资200元，同时将学校长期使用的1口铁铸大钟捐献给仙桥山庙宇。大钟是学校“镇校之宝”，从建校起一直放置学校，用于作息时间和集合操练的钟声信号，重五六百斤，钟体铸有佛教铭文，古色古香，钟声洪亮，绵长悠远，一直放置于仙桥山庙宇前的钟架上。

20世纪90年代，原县城的老旧设施和西门河需要改建，县城建设指挥部倡导社会各界人士捐资赞助，学校党政领导和工会委员慷慨解囊，率先捐资，带动全校教职工踊跃集资，每个人都捐资100

元，为建设家乡尽一份力量。

2003年，县政府号召一对一帮扶边远地区的贫困户，学校党政领导和工会干部动员教职工用自己微薄的工资为每户贫困家庭购买1袋米、1壶油、1包化肥、1块肉、1瓶酒“五个一”到银盏乡边远地区慰问贫困户。

2005年，本校学生中有初二女生身患白血病，家庭贫困无力支付高额医疗费，学校团委和工会立即在全校师生中发出倡议，为患病女生募捐筹集医疗费，共筹集善款8000多元，派专人送去善款，送去慰问和祝福，患者感激，家长感激。

2010年5月，通过了学校教工之家建设方案，建立学校教工之家。7月会同校总务处制定瓮安二中教职工宿舍分配方案，圆满完成分房任务。9月组织完成教师节教职工体检。10月重阳节召开退休教职工座谈会。

2011年1月，开展教职工春节慰问活动，走访和探望了贫困家庭以及教职工遗属，给他们送去党和学校的温暖。4月完成教职工工作服采购任务。9月完成教师节体检工作。12月16日召开学校教职工代表大会，大会应到代表75人，实到代表75人。会议听取并审议了张明光所作的《学校工作报告》，讨论并通过了《瓮安二中绩效考核实施细则（修订版）》。同时对学校领导进行了民主测评并公布测评结果。

2012年3月，校工会组织开展“三八”节女职工篮球比赛。4月建立学校工会会员信息台账，入会率100%。6月与县移动公司合作开展针对学校教职工的话费优惠活动。9月创建设立教工书屋。10月协助开展教师优质课大赛。11月建立学校私家车信息库。

2013年1月，开展春节特殊困难群体慰问活动，走访和探望了贫困家庭以及教职工遗属，给他们送去过年物资。5月制定《关于全面推进校务公开工作的实施意见》。6月修订学校教代会选举实施方案，并选举出校教代会代表76名。10月通过公开招标方式完成了对教职工职业装的采购，并组成教职工代表对服装进行验收。12月20召开2013年教职工代表大会。本次大会应到代表76人，实到75人，因事请假1人，本次会议听取和审议了张明光校长《2013年学校工作总结》报告及陈斌主席所作的《工会工作报告》，会议通过了《瓮安二中民主管理》相关制度。

2014年6月，学校工会协助学校总务处为学校教师宿舍办理了水、电一户一表安装手续并完成了安装，为教职工解决了用水、用电后顾之忧。9月，校工会副主席邓永富被县教育局工会评为“优秀工会工作者”。10月，完善教职工私家车车辆信息。

2015年1月14日，在学校会议室召开2015年第一次教代会会议，听取和审议了校长张明光所作的《正视成绩、趁势而上、努力实现瓮安二中发展新跨越》的工作报告，听取和审议了副校长丁丽娟代表学校所作的财经报告，听取和审议了学校工会副主席邓永富代表学校工会所作的工会工作报告。会议还审议通过了学校提交的《瓮安二中年度考核方案》和《2015年瓮安二中育才奖励方案》。9月完成工会会员花名册。10月到贵州银行办理工会会员服务卡。

2016年1月18日，在校大会议室召开校工会换届选举大会。本次大会应到会员代表80人，实到会员代表67人，因事因病请假13人。这次大会的任务有两项：一是听取和审议工会工作报告和财经工作报告；二是举行工会换届选举，本次大会选举唐安林为第九届工会主席，邓永富为工会副主席，冯配金为纪检委员，田文军为组织委员，杨松为宣传文体委员，袁刚为财经委员，宋锡丽为女工委员。6月，协助学校总务处完成了教师公租房分配任务。8月校工会协助总务处完成了教职工职业装采购。10月组织部分教职工参加县总工会组织的秋季全民健身徒步行活动。12月与县总工会共同举办教师技能大赛。

2017年，被县教育局评为“工会工作先进单位”。

第三节　关工委

2008年9月，学校关心下一代工作委员会（简称关工委）成立，校长谢静任校关工委主任，原校长李庆忠任常务副主任，原校长夏坤仲、副校长刘兰华任副主任，学校各处室负责人任委员。因学校处于改扩建中，关工委工作处于停滞状态。

2013年1月6日，学校对关工委成员进行调整，党总支书记、校长张明光任校关工委主任，原校长李庆忠任校关工委常务副主任，副校长丁丽娟、原副校长犹永俊任副主任，学校各处室负责人及部分“五老”人员任委员，委员会下设立办公室，校工会副主席邓永富兼办公室主任，负责日常工作，学校关工委工作进入常态化。为了搞好关工委的各项工作，关工委成员进行了分工，张明光负责关工委的全面工作并分管后勤保障工作，李庆忠分管青少年思想道德工作，丁丽娟分管青少年法制教育宣传工作，犹永俊分管教学辅导工作。

校关工委自工作进入常态化，领导高度重视，部门积极配合，组织建设到位。加强组织建设是做好关工委工作的关键，为此，学校高度重视，把关工委的工作列入重要议事日程。3月，建立“五老”人员基本信息台账。4月，启动创建县“五好基层关工委”活动。9月17日，县关工委常务副主任张永祥、县老干局局长黎明率队到学校就创建基层“五好关工委”进行验收，10月，县关工委领导授予学校“五好”基层关工委称号。10月29日，州人大常委会原副主任、时任关工委常务副主任孔繁英，州老干副局长胡明带队的州关工委一行到学校检查指导关工委工作，县政协原主席、县关工委主任姚忠贞，县人大常委会原副主任张永祥及县老干局、关工委其他领导陪同检查指导。10月30日，州关工委委员、原州委讲师团团长李庆祝到学校作伟大复兴“中国梦”——学习习近平同志重要讲话的宣传活动。12月4日，校关工委副主任夏坤仲向在校运会上打破校纪录的14名同学捐赠嵌名诗。

2014年3月，校关工委组织部分学生参加“瓮安县学习雷锋同

志，弘扬雷锋精神”活动，校关工委原校长夏坤仲参加活动。

2015年5月4日，习近平总书记在纪念中国共产主义青年团成立91周年大会上发表了鼓舞人心的重要讲话。充分体现了党对共青团和青年一代的亲切关怀。关工委配合学校政教处、团委组织对学生进行具体、生动的爱国主义教育和民族精神教育。通过多种形式和途径，找准切入口，开展学校喜闻乐见的教育活动，如读书、讲座、征文、板报、广播、文体和各种竞赛活动等，使学生认识到共产党好，社会主义好，改革开放好，懂得热爱家乡、热爱祖国、热爱共产党；让每个学生，特别是团员意识到不断加强学习，不断提高素质能力，充分发挥团员青年突击队和生力军作用，积极参与社会实践，在艰苦环境中经受锻炼。同时，做好“青蓝工程”，加强教师队伍建设，发挥老教师、骨干教师传帮带作用，促进青年教师在较短的时间内适应教育岗位的基本要求，使他们在教育教学方面得到提高。学校动员和组织富有领导管理能力、教育教学能力和班主任工作经验的老领导、老教师，同在职骨干教师一起与青年教师进行师徒结对等教育培养工作。发动广大离退休教师撰写教学经验文章，与青年教师进行交流。

2016年10月8日，县关工委主任姚忠贞、副主任李庆忠等一行7人到学校调研留守学生情况，校关工委主任张明光、副主任吴定龙等参加活动。2016年12月6日，校关工委与校团委联合举办“2016年文化艺术节暨‘一二·九’运动文艺会演”，县关工委主任、政协原主席姚忠贞等领导参加活动。2016年，学校关工委成功申创为县级“五好”基层关工委。

2017年5月，在由县关工委和县教育局共同举办的“老师你好，我的好老师”主题教育活动中，熊曼雪同学获演讲比赛一等奖。6月，在由县关工委和县教育局共同举办的“阳光校园，我们是好伙伴主题教育活动”中，罗积珧同学、谢达婷同学、何伶俐同学、刘福财同学、于海同学、汪信梅同学分获演讲比赛一、二、三等奖。7月，在由州关工委和州教育局共同举办的“老师你好，我的好老师”主题教育活动中熊曼雪同学获州级优秀奖。

校关工委带领“五老”人员参观猴场会议会址、冷少农故居等爱国主义教育基地，以加强五老人员的爱国主义情怀。组织关工委成员参观新校址，并积极为学校的发展建言献策。继续动员和组织广大离退休教师参加扶贫帮困工作。不仅要帮助生活上的贫困生，还要帮助学习上有困难的学生和行为上有偏差的学生，关心和帮助“弱势、特殊群体学生”。“五老”人员夏坤仲把学校的高三（21）和高二（13）班作为重点帮助班级，并每天深入课堂听课，以了解学生学习情况。还为侯礼国、侯礼洪两兄弟每月每人提供200元的生活费。充分发挥学校关工委的作用。根据学校的德育工作，积极参与到德育工作的各个领域。协助学校进一步做好留守学生教育工作。关工委制订好计划，组织退休教师到留守学生家庭开展帮教活动，为学生作讲座辅导，开展联谊活动，进行捐资捐物助学活动等，使留守学生教育质量不断提高。还积极参与团队教育活动。

老树乐为护花使，喜看桃李满枝头。学校历届关工委多年来对广大贫（特）困生的关怀、帮扶、支助从未间断，学校深入调研，有的放矢，走访亲历，互感互动，献智献力，余热不尽。为此，学校建立“帮扶贫困生圆大学梦献爱心陈列室”，将支助贫困生园大学梦的单位、个人逐年列表张挂或书写陈列，供全校师生参观学习，还可作为政治课的补充教材。

第四节　少先队与共青团

1962年，学校设立少先队大队部，选派优秀青年老师担任大队辅导员。1963年，党中央、毛泽东主席发出“向雷锋同志学习”的号召后，学校少先队开展了“向雷锋叔叔学习”的活动，读雷锋故事，和雷锋比童年，参观雷锋事迹展览，做针线包、节约箱、建光荣簿等，在校内外做了许多好事。

1967年2月4日，中共中央《关于小学无产阶级“文化大革命”的通知（草案）》提出“红小兵是少年儿童的一种很好的组织形式。它富于革命性、战斗性，有利于推动少年儿童的思想革命化”。“小学可以组织红小兵”。在小学校中取代少先队的少年儿童组织。作为法定的在小学范围内取代少先队的制度化的群众团体，红小兵作为少年儿童的群众组织，在以后的很多时间里，主要是响应中央的号召，配合小学教师中的红卫兵造反组织，参加学校、社会组织的批斗学校的走资本主义道路当权派大会，以及批判称作修正主义教育路线的执行者的部分教师。他们在“文化大革命”中是配合批判走资本主义道路当权派的运动；但它仍构成了当时“文化大革命”社会环境的一部分。参加红小兵组织也要按照惯例，贯彻“阶级路线”，“出身好”活动积极的孩子第一批参加组织，一般二、三年以后大部分学生都加入了红小兵；家庭出身“有问题”、社会关系“复杂”的少部分小学生，大约1个班一、二个人都会受到一定的限制，一般都会在学校毕业前的一段时间加入红小兵组织。其标志为印有“红小兵”字样、红底黄字的袖章。参加红小兵组织的小学生，其外貌特征同红卫兵。

1978年，共青团十届一中全会决议，少年儿童组织仍恢复中国少年先锋队的名称，撤销了红小兵称号。在恢复少先队的时候，凡是过去的红小兵，以及14周岁以下的红卫兵，都全部加入少先队。10月，学校成立团支部，由王国才、曾光灿、韩永珍三位老师组成，王国才任团支部书记。

1983年8月，设立共青团校团委，曾光灿任团委书记。在其任职期间多次召开团员代表大会。发展壮大了团组织。其间校团委多次被县政府授予县教育工作“先进团委”称号。

1997年9月，陈斌任共青团校团委书记。在其任职期间召开了10次团员代表大会。在每年清明节和“五四”青年节，组织学校团员青年到塔坡革命烈士陵园扫墓和到冷少农革命烈士故居举行庄严的入团宣誓活动。每年还定期组织学生志愿者打扫街道、清洁卫生，到福利院看望孤寡老人、孤儿等，培养学生人文关怀。期间，2001年5月，校团委获州“五四红旗团委”称号。2003年2月，校团委获省“五四红旗团委”称号。2006年6月，学校团委获州“先进基层团组织”称号。

2007年9月，王永念任共青团校团委书记。在其任职期间召开了5次团员代表大会。并且学校团委每年充分利用清明节、“五四”青年节等节日，组织学校团员青年到塔坡革命烈士陵园和冷少农革命烈士故居扫墓、敬献花圈花篮、接受革命教育。组织团员青年参加县纪念五四运动90周年大型志愿者活动“青春传递绿手袋　共建和谐新瓮安”启动仪式，组织学生志愿者发放宣传单，打扫街道清洁卫生。为贫困学生申请、联系、发放“爱希”助学金、“民政”助学金、“广林基金”“寸草心”助学金、福利彩票助学金、兴旺房地产助学金、南洋矿产助学金等，解决贫困学生的生活经济困难。2009年12月，组织团员参加县首届篝火晚会，参加纪念猴场会议75周年活动。在此期间，于2008年被共青团省委授予“抗震救灾先进集体”，被州教育局授予“抗冻救灾先进集体”，被县委、县政府授予“整脏治乱”先进单位。并组织全校师生为“5・12”地震灾区捐款。“6・28”事件后组织青年教师维护社会秩序，慰问武警官兵，对学生进行家访、教育、心理疏导等工作，并由学校团委负责学校帮教工作，成绩突出。2009年11月，学校被县委、县政府授予县帮教工作“先进单位”称号。2010年5月，校团委获得“全县五四红旗团委”荣誉称号。2012年2月，校团委获得“全省五四红旗团委”荣誉称号。2012年5月，校团委荣获县庆祝共青团建团90周年暨“五四运动”93周年系列活动二等奖。

2012年9月，王立任共青团团委书记。在其任职期间召开了4次团员代表大会。学校团委每年在清明节、“五四”青年节、“一二・九”运动纪念日等节日，组织团员青年到塔坡革命烈士陵园、冷少农革命烈士故居、猴场革命老区等地接受爱国主义教育，举行入团宣誓仪式。组织学校在清华就读的学生王宥力、知名高考励志演讲家滕召军、梦子等到学校进行演讲宣扬“今日我以学校为荣，明日学校以我为荣”的理念，进一步增强学生对母校的自豪感、认同感，进一步增加学校师生的凝聚力。2013年12月，学校被共青团县委授予“瓮安县青年书画文化培训基地”。2014年5月，校团委获得“瓮安县五四红旗团委”荣誉称号。2014年8月，学校获得“州2012—2013年度文明单位”荣誉称号。2015年5月，校团委获得“全州五四红旗团委”荣誉称号。

2016年10月，杨松任共青团团委书记。召开了1次团员代表大会。学校团委每年在清明节、“五四”青年节、“一二・九运动”纪念日等节日，组织团员青年到塔坡革命烈士陵园、冷少农革命烈士故居、猴场革命老区等地接受爱国主义教育，举行入团宣誓仪式以及成人礼宣誓仪式。组织开展丰富多彩的校园文化活动，如校园十佳歌手大赛、演讲大赛、青春杯篮球赛、高三毕业庆典等活动，极大丰富了校园文化生活，提升了校园文化底蕴，增强学生的集体荣誉感和团队协作精神。组织青年志愿者参加“纪念红军长征胜利80周年绿色中国行——走进美丽瓮安”大型文艺演出活动，参与中共贵州省宣传部、贵州电视台联合主办的“宣传干部上讲堂”国学成人礼视频录播，参加“2016年中国・瓮安国际山地户外运动挑战赛”的开幕式表演、2016年中国・瓮安雍江商城杯国际男篮巅峰争霸赛、2016年都匀毛尖（国际）茶博会、瓮安茶旅活动、州第四届运动会等多项活动。

2017年，学校团委参与、协助举办积极有益的文化体育交流活动，参与开展有益于学生德、智、体、美、劳五项素质提升的会议活动，并及时做好资料收集、分类、整理和宣传工作。并积极参加县里举办各项体育健身活动、文化宣传活动、摄影展览活动、书法绘画展览活动。10月，协助学校做好了学校2017年民族团结秋季运动会活动工作。12月，举行了2017年“不忘初心，牢记使命”纪念“一二・九”运动主题活动文艺会演活动，并协助学校举行贵州省智华中学第三届教育创新研讨会文艺晚会活动。

2018年4月3日，协助学校在瓮安县塔坡烈士陵园开展“缅怀革命先烈，弘扬民族精神”清明祭扫主题教育活动。进一步增强了青年团员们的爱国情怀和时代责任感，让青年团员感受到了身上肩负的重任。10月，协助学校举行2018年科技文体艺术节，带领学生参与积极有益的文化体育科技交流活动，开拓学生思想，加强交流协作。11月，团委书记杨松被共青团瓮安县委聘任为兼职副书记，更方便接受上级团组织的指导管理，及时传达精神思想有助于推动共青团改革。12月20日，学校团委在C区一楼大会议室开展“庆祝改革开放40周年 共享伟大革命丰硕成果”为主题的团日活动，让学生团员更加深刻认识到改革开放精神的伟大，体会到坚持跟党走思想的自豪，更懂得用科学知识武装自己，拼搏奋斗不息。12月21日，举行了2018年新团员入团宣誓仪式，带领学生团员重温入团誓词，坚定学生理想信念。

1978—2018年共青团瓮安二中团委书记、副书记名录

表2-3

职务	姓名	性别	任职时间	籍贯
团支部书记	王国才	男	1978年10月—1983年8月	贵州瓮安
组织委员	曾光灿	男	1978年10月—1983年8月	贵州瓮安
宣传委员	韩永珍	女	1978年10月—1983年8月	贵州瓮安
团委书记	曾光灿	男	1983年8月—1997年7月	贵州瓮安
团委书记	陈 斌	男	1997年8月—2007年7月	贵州瓮安
团委书记	王永念	男	2007年8月—2012年8月	贵州瓮安
团委副书记	王 立	男	2009年1月—2012年8月	贵州开阳
团委书记	王 立	男	2012年8月—2016年7月	贵州开阳
团委副书记	肖 莉	女	2012年8月—	贵州瓮安
团委书记	杨 松	男	2016年8月—	贵州瓮安

第五节　学生会

1985年9月至1997年9月，学生会由卫生部和宣传部组成，2部门在学校团委带领下通力合作，在监察校园卫生、宣传特色文化方面尽职尽责。在此期间，多次组织学生会成员学习先进思想精神，定期接受爱国主义和集体主义教育，时刻保持内部思想文化的先进性和纯洁性。在学校获得县教育工作“先进单位”称号中贡献了力量。

1999年9月，学生会成立学生会办公室、宣传部、学习部、文体部、生活部、纪检部。

1997年9月至2007年9月，学生会由生活部、宣传部和纪检部组成（增设纪检部门，并把卫生部更名为生活部）。期间，各部门分工逐渐明朗，各部门根据学校每个学期工作部署，并结合学生实际情况，制定针对性的工作计划，严格履行各项职责，开展工作。

在校团委的带领下，学生会代表在每年清明节和“五四”青年节参与塔坡革命烈士陵园和冷少农革命烈士故居扫墓活动，学习先进革命思想和艰苦奋斗精神。每年定期参与打扫街道清洁卫生，到福利院看望孤寡老人、孤儿等公益活动。

2007年9月至2012年9月，学生会由生活部、宣传部和纪检部组成。其间，学生会积极参与塔坡革命烈士陵园和冷少农革命烈士故居扫墓活动，接受革命教育。并参加了瓮安县纪念五四运动90周年大型志愿者活动“青春传递绿手袋 共建和谐新瓮安”启动仪式。积极参与组织学生志愿者发放环保宣传单，打扫街道清洁卫生。积极配合学校团委工作，在团委多次获得“先进集体”“五四红旗团委”荣誉称号中贡献了力量。

2012年10月至2016年9月，学生会由生活部、宣传部、纪检部和文体部组成（增设文体部门）。逢每年清明节、“五四”青年节、“一二·九”运动纪念日等重要日期，和学生青年代表一起到塔坡革命烈士陵园、冷少农革命烈士故居、猴场革命老区等地接受爱国主义教育，提高思想政治认知。其间，学生会积极配合学校团委工作，参与了学校运动会、毕业典礼、文化艺术节等文化体育活动的举办工作，保障了活动的顺利开展。协助校团委于2013年12月获得“瓮安县青年书画文化培训基地”，2014年5月获得“瓮安县五四红旗团委”荣誉称号，2014年8月获得“黔南州2012—2013年度文明单位”荣誉称号，2015年5月获得“全州五四红旗团委”荣誉称号。2016年10月，学生会由生活部、纪检部、文体宣传部组成（把宣传部和文体部合为一个部门）。学生会每年在清明节、“五四”青年节、“一二·九”运动纪念日等重要日期，和团员青年到塔坡革命烈士陵园、冷少农革命烈士故居、猴场革命老区等地接受爱国主义教育和革命教育。其间，协助学校团委组织开展了丰富多彩的校园文化活动，如校园十佳歌手大赛、演讲大赛、青春杯篮球赛、高三毕业庆典等活动，发挥着监督、联系、组织和宣传等重要作用。2017年10月，学生会成员作为志愿者参加了学校2017年民族团结秋季运动会活动工作。2017年12月，协助团委举行了2017年“不忘初心，牢记使命”纪念“一二·九”运动主题活动文艺会演活动。2018年10月，协助学校举行2018年科技文体艺术节，进一步锻炼了自身组织规划能力，更懂得如何参与活动开展，并善于总结反思，丰富完善自己。截至2018年年底，学校学生会人数达178人 。

学校团委带领学生会完成学校日常纪律检查、卫生监督等工作，并积极参与、协助举办积极有益的文化体育交流活动，为学校建设发展贡献了一份力量。学生会成员按时定期检查学校卫生，公平公正打分，并及时公示分数，确保了学校卫生保持良好状况。按时参与学校仪容仪表检查情况，以身作则，为学校师生建设良好形象起到带头作用。

第三章 德 育

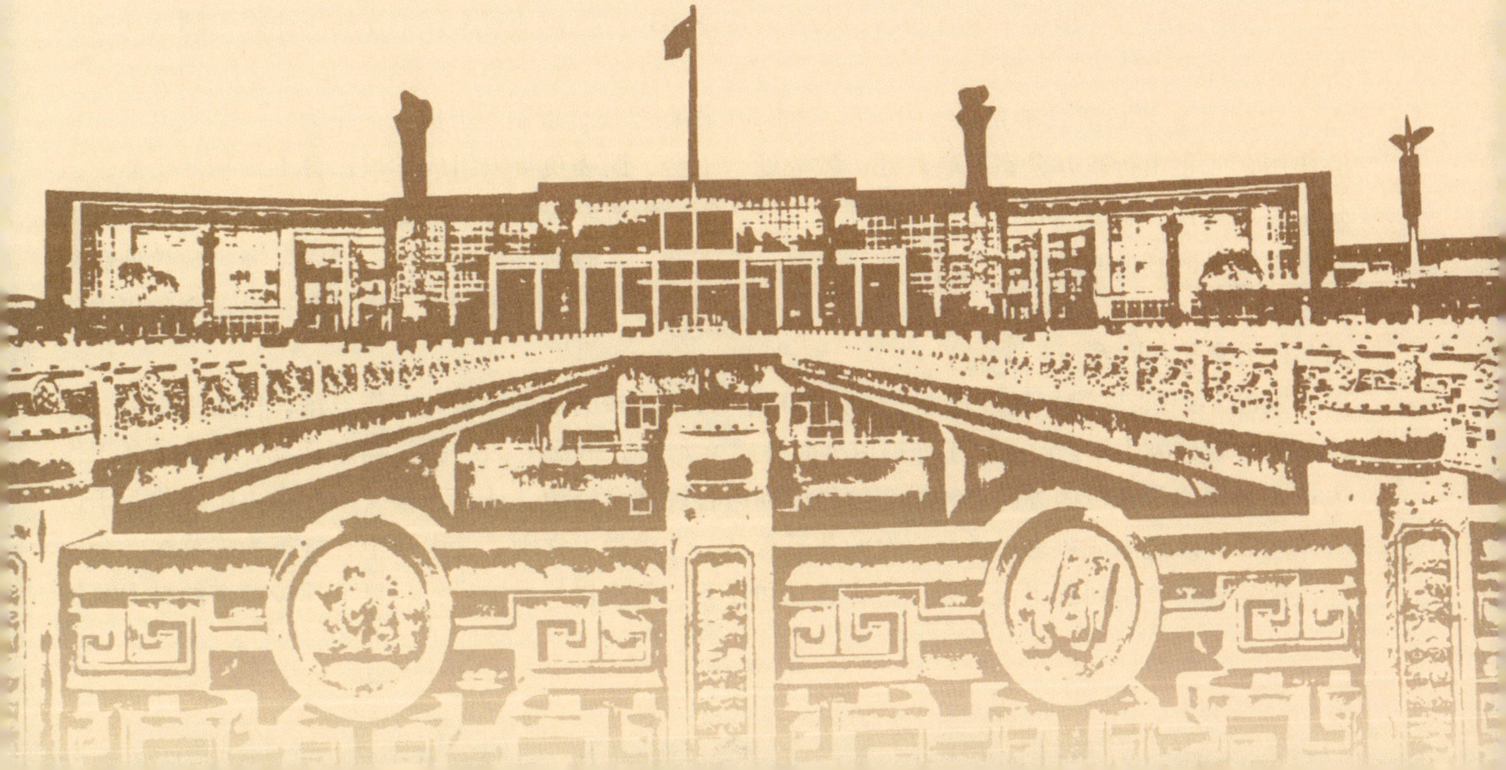

第一节　德育管理与实施

德育工作居于学校工作的首位，学校历来重视德育工作。在校党（总）支部和校长直接领导下，由政教处、团委、班主任、关心下一代工作委员会、家长学校及家长委员会、教师等德育组织或个人负责实施。

1958年8月，学校建立，通过选拔政治觉悟高、业务素质强的优秀教师担任班主任来进行德育管理与实施。其间，受政治斗争影响。班主任德育工作一度被削弱。

1978年，党的十一届三中全会后，师生思想统一，学校加强班主任工作管理，定期召开班主任工作会，组织班主任交流工作经验，培养有思想、有能力的优秀班主任来实施德育工作。1979年11月起，按国家规定，实行班主任津贴，完善各项班主任工作。1989年10月，担任班主任工作的袁愈林老师被评为贵州省优秀教师，出席在贵阳召开的全省表彰大会。1991年，根据国家教委规定，实行德育教育目标层次化。从初中到高中，根据学生的不同特点，制定不同的德育教育目标。赋予班主任考核学生的权利。根据学生思想品德不同表现，分别评定为优秀、良好、及格、不及格4个等级。

1997年，为贯彻执行中共中央《关于改革和加强中小学德育工作的通知》，国家教育委员会颁发《中学德育大纲》（试行稿）、《中学生日常行为规范》（试行稿）、《关于中学生思想品德评定的几点意见》（试行稿）、《中学班主任工作的暂行规定》，学校一改过去政、教合一的设置，设立政教处。谢静任政教处主任，陈斌任政教处副主任。负责全校德育工作，加强德育管理；指导班主任工作，做好青年班主任的培养工作；维护校风校纪，负责学校平安创建工作。学校德育工作实行校长全面负责，发挥党支部核心作用，以年级主任、班主任、团队干部、政治课教师为骨干，全体教师共同实施德育工作。分一名副校长主管德育工作，明确规定政教处工作职责。政教处主任在校长领导下，专职负责学校思想政治教育的组织管理工作。10月，陈斌老师荣获“贵州省1997年优秀班主任”称号，出席了全省的表彰大会。1998年10月，担任班主任工作的丁丽娟老师荣获1998年“贵州省优秀教师”称号。

2000年，学校成为独立高级中学后，德育工作在校长负责制下形成三大主力，一是党支部的核心作用，二是由行政办公室、政教处、教务处、工会、团委负责人组成学校德育工作领导集体，三是全体班主任、政治课教师为主组成德育工作队伍。形成学校教育、家庭教育、社会教育相结合的德育工作纵向和横向网络。纵向：学校行政、党支部、一政教处、班主任；横向：通过政教处联系学校各处室、团委、学生会、各教研组、学校各职能部门、家长委员会。通过家长委员会和班主任又与广大家长相联系。

2005年9月，陈斌担任政教处主任。2006年9月，学校为加强政教处工作力量，任命王小勇、张泰军为政教处副主任。政教处工作得以全面开展，尤其是2008年“6·28”帮教活动，政教处各工作人员通过课内外、校内外的各种教育途径，利用各种德育资源，认真贯彻《中共中央国务院关于进一步加强和改进未成年思想道德建设的若干意见》《中学生守则》《中学生日常行为规范》，全面深入地实施德育系列化工程，完成德育目标和任务，形成良好的校风，彰显了学校德育的魅力与特色。2011年1月，政教处以“抓基础、严管理、重过程、看实效”为指导思想，结合《贵州省瓮安第二中学德育工作“十二五”规划》，制定《贵州省瓮安第二中学德育工作实施方案》，明确今后德育的工作思路，确立德育的工作目标。2012年9月，学校对政教处工作再次做出调整。政教处主任陈斌负责政教处全面工作，学年（学期）工作计划、总结，“五五”普法教育，家长学校和家长协会，综治与创卫、宣传活动，学生违纪处理。政教处副主任王小勇主要负责体艺活动、体育节、艺术节。政教处副主任王永念主要负责校内安全、门卫、住校生管理，“做一个有道德的人”专项活动，男女生寝室卫生、食堂、常规考核、卫生责任区。校医，常规管理、检查、考核、评优、反馈，政教处其他工作人员廖祥、黄安兵、徐志荣、尹彩云等分管征订报刊、宣传栏、宣传、黑板报检查、材料传送、常规考核、广播信号、照相、卫生责任区、档案整理等工作。政教处围绕《国务院关于进一步加强和改进学校德育工作的若干意见》，以《中学生日常行为规范》教育为基础，结合学校实际，贯彻落实相关德育工作的具体实施方法。围绕学校中心工作和校园文化建设，开展各项教育和活动，培养学生的文明素质、道德品质和优良习惯。

2011年9月，学校根据《中小学班主任工作规定》，结合学校实际，政教处制定《班主任班级管理制度》对班主任的班级管理，一日管理（考勤管理、学习管理、清洁管理、两操管理）一周管理（升旗仪式、班会和主题班会、黑板报、大扫除）一学期管理（家长会、家长学校及家访、创新素质实践）。2012年1月，学校在《班主任班级管理制度》基础上制定《贵州省瓮安第二中学班主任职责》，明确班主任工作的主要职责有：在学校党政与有关部门的领导下，协同相关教师，对学生进行共产主义道德品质教育、理想教育和爱祖国、爱人民、爱科学、爱劳动、爱护公共财物的“五爱”的教育；加强与各科任课教师合作，帮助学生端正学习态度，改进学习方法，提高学习质量；重视学生心理健康教育，及时对有关学生进行心理辅导，帮助提高学生的心理素质；组织和指导学生做好自我服务性劳动，参加力所能及的社会公益劳动与生产劳动，培养学生的劳动观点，劳动习惯和学会一些劳动技能；关心学生的生活习惯和卫生习惯，同时做好安全教育工作；组织和指导学生班委会工作，指导共青团开展活动，努力建设一个尊师守纪、团结友爱、勤奋学习的班集体；做好家访工作，关心学生校外活动，并与社会有关方面取得联系，争取家庭、社会的积极配合，共同做好学生的思想工作；全面了解和掌握学生的思想品德、学习成绩、身体健康等方面的情况，做好操行评定，“优秀学生”“优秀学生干部”的评选，以及其他的奖励的评定工作；开学初，制定好班主任工作计划，注意经常向学校领导汇报本班学生的思想、学习、健康、生活情况，期末做好工作总结，发扬成绩，改进工作；努力做好学校分配的有关工作，大力提高学生的巩固率，控制学生的流失。

对学生进行思想政治教育。针对学生思想政治工作，2013年1月，制定《班主任思想政治十忌》，忌主观武断、不调查研究；忌家长作风、不平等待人；忌简单粗暴、不耐心指导；忌只抓读书、不抓育人；忌忽视身教，不以身示范；忌信口开河，不言出必行；忌感情用事，不能一视同仁；忌包办替代、不让学生自主；忌事务主义、不研究分析情况；忌故步自封、原地踏步。9月，根据《中共中央国务院关于进一步加强和改进未成年人思想道德建设的若干意见》，以科学发展观重要思想为指导，结合学校班主任全员校本培训活动的指导思想，以提高班主任的科研能力和创新能力为培训目标；展开为期1年的班主任培训活动；通过专题讲座、座谈研讨、自修自研、主题教育展示、论文（或教育案例、德育教案学案）交流评比等形式进行培训。2014年3月，制定《班主任名师工程方案》，以建设一支政治坚定、师德高尚、学识渊博、勇于创新、擅长科研、成绩出色的优秀班主任、教师队伍为目标，将瓮安二中在职的班主任、任课教师列为选拔对象，成立名师工程评选、考核领导小组，制定相关选拔标准。

2014年2月27日，为方便学校、学生与学生家长之间的相互沟通和联系，让家长能更多地了解学生在学校的学习和生活情况，由热心于学校工作和无私奉献精神的家长参加学校的教育管理工作，成立家长委员会。

第一届家长委员会名录：

刘长安、秦昌贵、陈开齐、万乾东、谢祥明、文敬发、李亨念、刘文祥、李文彩、龙杨、兰洁、谢早敏、周惠荣、张远平、李德强、刘成芬、文朝洪、邹瑜、彭盛贤、彭祥、黎明、周惠荣、王永怀、周泽敏、郭剑。

家长委员会以班级为单位，各班家长委员会由5名成员组成，设立主任1名、副主任1名、委员3名。采取多种形式听取、采集家长对学校工作的意见和建议，并及时向老师、学校反馈信息。对家长、学生、社会反映的问题，及时与学校进行沟通、协商，并向家长解释说明，以取得家长的理解和支持。

2014年3月1日，学校召开第一届家长委员会，会议一致认为：瓮安二中在办学条件和生源质量较差的情况下，办学思路清晰，建设措施有力，方略得当，成绩可圈可点，值得肯定。希望学校加强家校联系，强化教育教学常规管理，狠抓教学质量不放松，为瓮安二中搬迁、“申示”奠定坚实的基础。会议选举黎明任第一届家长委员会主任。

会议还听取和审议了《瓮安二中关于早晚辅导、双休日上课、月考的提案》《瓮安二中关于规范学生在校期间统一穿校服的提案》《瓮安二中关于严禁学生在校园内使用手机的提案》《瓮安二中关于定期召开家长会的提案》等一系提案，会议强调，全体家长要对加强学校管理，提高教育教学质量所采取的措施表示理解、支持和配合。加强学校的正面宣传，提升学校的美誉度；要做参与谋划瓮安发展，推动学校发展的主人。

校长张明光在家长委员会上做《千帆竞发东风助 正是扬帆远航时》的讲话，向家长委员会传达四点学校对二中学子及家长的期望。家长委员会委员参加2013—2014学年会议，目的是为了孩子一生的发展，共同营造学校、家庭、社会“三位一体”教育体系，拓展育人渠道，促进学校与家庭的沟通与配合，促进学生健康快乐成长，为学生的终身发展奠定基础。

副校长丁丽娟为家长委员会委员讲解《培养学生健全人格》，目的是引导家长们明白应该怎样培养孩子的受挫能力。《培养学生健全人格》要求教师、家长要引导孩子正确认识自我，了解自我；学生要用典型的事例进行自我能行的教育；家长要亲近孩子，教其反思；学生遇到困难，学会解决。家庭是孩子们生活的主要场所，父母是孩子的第一任老师，父母的行为，言谈举止，道德行为，对孩子成长具有决定性的影响，要想让孩子成长优秀，应对孩子进行一定的受挫能力的培养。引导孩子在受到打击时，学会面对。

工会副主席邓永富向家长委员会委员讲解《尊重本身也是一种教育》，目的是通过此次家长会，和家长进行沟通，互相理解学生校内校外的表现，以便及时、合理地对学生进行教育与指导；讨论教育方法，互相交换意见，为更好地教育孩子打基础。《尊重本身也是一种教育》着重强调家长要善于发现孩子的“闪光点”；不要贬低孩子；不要滥贴“标签”；要满足和引导孩子的表现欲；要重视孩子每次成功的经验；要注意扬长避短。

2015年9月30日，学校召开了第二届家长委员会会议，密切学校领导和各位家长交流，学校与家长的密切配合促使学生全面健康发展，取得了良好的效果。

2016年9月，学校对政教处工作人员安排做了调整，王永念任政教处主任，宋锡丽、龙承华任政教处副主任。

2018年10月5日，学校召开了第三届家长委员会会议。家长委员会的主要职责是在主任的协调带领下，全面负责家委会各项工作。编订家委会章程和家委会工作制度；定期汇报工作，向学校通报家委会工作；加强管理和规划，为学校发展出谋划策，并向学校反映家长心声；在服务于学校教学工作的基础上，组织各班级家委会，以班级家委会为单位开展好各项活动，并做好统筹协调工作；定期召开参加学校家委会成员会议和各班级家委会、年级家委会主任会议，适时增选家委会成员，增补家委会常委。

第二节　德育内容

一、德育工作相关文件

2012年8月，学校结合校情制定了德育相关工作制度，在具体工作中要抓好以校长—教导处—学科教师为主体的课堂教学主渠道工作主线、以校长—政教处—班主任为主体的德育工作主线、以校长—法制副校长—法制辅导员—班主任为主体的法制教育工作主线、以校长—党支部—共青团为主体的自我教育活动主线、以学校—家庭—社区为主体的三结合教育工作主线的五大工作主线，形成全员、全方位、全过程的管理机制。

学校全面贯彻党的教育方针，牢固树立了“育人为本、德育为先、注重实效”的德育管理理念。德育校长要重视计划调控，强化制度与档案建设，搞好德育工作的检查和考评；切实加强德育队伍建设，抓好德育骨干教师的培养，加强理论与业务的学习和研究，努力提高广大教师的德育工作水平和理论研究水平，较好发挥典型教师的榜样引领作用；通过课内外、校内外的各种教育途径，利用各种德育资源，认真贯彻《中共中央国务院关于进一步加强和改进未成年人思想道德建设的若干意见》《中学生守则》《中学生日常行为规范》，全面深入地实施德育系列化工程，较好完成德育目标和任务，形成良好的校风，彰显学校德育的魅力与特色。

德育工作制度实行全员负责制度，全体教职员工都是德育工作者，都要在不同的岗位上担负起育人的职责，围绕学校德育工作开展工作；以升降国旗为活动形式，培养学生的爱国意识；通过加强班集体建设、家长工作制度、参与建立社区教育委员会的工作，较好发挥各种教育阵地的作用，积极为未成年人开展活动创造条件；

以学校德育工作考核评价为主，对教师考核评价由学校考核领导小组，对学生的考核评价由班主任负责统一进行考核； 制定严格的班、团会制度，围绕学校德育工作的目标任务，根据德育系列化工程的框架体系，做到方案具体，目标明确，主题鲜明；认真落实《贵州省中小学班主任工作指导意见》，重视班主任的选拔、培养和培训工作，制定学校班主任培训计划和教师个人自修研训计划，全面提高班主任的专业化素质；完善社会实践活动制度，为学生上好社会实践课创设有效的活动载体，搭建实践发展的平台；充分利用重大节日、纪念日，适时开展主题教育活动，对学生进行中华传统美德和革命传统教育。

二、德育实施情况

2011年1月，学校制定德育工作“十二五”规划，以科学发展观为指导，全面贯彻党的教育方针，确立德育工作指导思想为“抓基础、严管理、重过程、看实效”，结合学校“十二五”发展规划，确立了进一步抓好德育的常规管理和制度建设；抓好德育队伍建设，努力实现思想教育全员化、班级管理常规化、养成教育经常化、行为习惯规范化、组织活动实效化、教育内容明晰化的战略目标；以增强学生的爱国主义情感、树立远大志向、规范行为习惯、提高基本素质为主要任务；以培养具有文明素养、社会责任感、民族精神、世界眼光和国际交往能力的新时代青少年为目标，全面推进学校的德育工作，全面提高学生的思想道德素质。

具体工作思路以专家指导为引领，坚持“育人先育德，育德品为本”的德育宗旨，通过多种主题教育活动和社会实践活动的开展，充分发挥育人功能，不断地整合教育资源，发挥社区和家庭独特的教育作用，形成教育合力。

中学德育目标是中学德育工作的核心，中学德育的基本任务是把学生培养成热爱社会主义祖国、具有社会公德、法制意识、文明行为习惯的“合格公民”。通过帮助学生了解宪法和公民依法享有的权利，树立依法履行公民义务的观念，教育学生自觉维护学校和班级的纪律及有关规章制度，养成自觉遵守纪律的习惯和品质，实现法纪素质目标；通过培养学生自尊、自爱、自立、自强、诚实正直、积极进取、开拓创新、坚强意志、耐挫能力等实现心理素质目标；通过培养学生确立为实现现代化、振兴中华而学习的动机，把爱国热情转化为祖国发奋学习的实际行动，实现思想素质目标；通过培养学生热爱社会主义祖国、热爱家乡、关心家乡的建设，了解祖国改革开放的前景和国际形势，实现政治素质目标。为深入学习贯彻党的十八大精神，坚持以科学发展观为指导，贯彻落实中共中央国务院《关于加强和改进未成年人思想道德建设的若干意见》精神，坚持育人为本、德育为先，立足常规、规范管理、追求实效、形成特色，促进德育工作实际效果的显现，积极营造大德育的氛围，推动学校德育工作再上新台阶。

2012年9月至2015年12月，阶段性师生德育工作主要以培养学生的养成教育为核心，开展以养成教育、博爱教育、红军精神教育为重点的活动评价体系，确定主题，开展有意义的活动，促进学生的习惯养成和良好道德品质形成，并通过红军革命精神教育，提高学生的意志力、耐力，培养学生坚强的性格。通过在教师中开展为人师表，无私奉献主题教育，增加学校管理正能量，造就一支讲团结、能奉献、有水平的优秀教师队伍加强教师职业道德教育。加强校干队伍建设，增强大局意识、责任意识、树立正气。该阶段主要加强组织领导，学校成立校长任组长，校委会人员为成员的德育领导小组，下设办公室，具体负责师德建设和学生德育工作。下设团委和主题教育办公室，分工负责青年教师和学生的德育工作；认真落实科学发展观，把社会主义核心价值体系融入德育工作中，加强理想信念和社会主义荣辱观教育，加强基本道德教育，开展弘扬和培育民族精神教育活动，组织开展各种德育实践活动；努力优化校风校纪，扎实抓好养成教育，抓好活动开展，加强德育管理，强化班主任队伍建设，加强教师职业道德建设，全面贯彻落实教育部新修订的《中小学教师职业道德规范》；建立和完善师生评价机制，调动师生的内在积极性，一要建立公平合理的教师师德评价体系，二要建立和完善学生学业成绩及综合素质评价制度；不断丰富内涵拓展外延，努力构建和谐教育，全面推进校园文化建设，学校将根据教育局《关于进一步加强学校校园文化建设的通知》的文件精神，认真规划，找准切入点，在特色建设上下功夫，积极开展校园文化建设；进一步加强心理健康教育。按照教育部《关于加强中小学心理健康教育的若干意见》和《中小学心理健康教育指导纲要》的有关精神，进一步加强制度建设、队伍建设，提高工作的创新性、科学性、针对性和实效性；扎实抓好安全、法制教育、加强德育网络建设，整合德育教育资源，充分发挥少先队、团委、妇联、工会等群体组织作用，建立学校、家庭、社会“三位一体”的立体德育网络，大力推进未成年人思想道德建设；重视德育工作研究，积极探索研究学校德育工作新模式，把德育“粗线条”的大道理的阐述、大范围的说教、大标语的渲染，落实到晓之以理、动之以情、导之以行的思想教育工作的艰苦反复的细节上，开展教师优秀德育论文评选，鼓励教师探讨德育问题，从事德育研究，及时把德育研究成果应用到实际工作中。学校在上级部门的正确领导和亲切关怀下，认真贯彻落实《中共中央国务院关于进一步加强和改进未成年人思想道德建设的若干意见》《中共中央宣传部、教育部关于印发〈中小学开展弘扬和培育民族精神教育实施纲要〉的通知》精神，坚持“以德育创新为动力，以行为养成教育为核心，以加强班主任队伍建设为重点，以强化班级管理为突破口，以丰富多彩的活动为抓手”，建立健全德育评价机制，圆满地完成了各项工作。

2012年9月至2015年12月，学生德育工作重在完善德育机制，形成工作合力。该阶段，学校根据学校的实际要求，广泛征求意见，成立了以德育副校长—政教处—班主任—学生；教学副校长—教研组长—教师—学生；党总支书记—团委—团支部—学生，“三线四级”的德育管理网络机制。

学校在加强教师队伍建设方面，十分注重教师自身素质的提高。完善各项规章制度；为加强教师的理论学习，定期召开全体教师会议，认真组织教职员工学习《中小学教师职业道德规范》《中小学教师十不准》《中华人民共和国义务教育法》等法律法规；暑假期学习期间，学校组织全体教师认真学习并做好学习笔记。

截止2018年，学校德育已形成一个多育并举的局面。学校把提高学生的思想品德教育、提升教师的师德修养作为学校德育的重点工作来抓，努力营造一个良好的育人环境，让学生在良好的环境中更健康、更全面的发展。

第三节 德育活动

一、组织保障

2012年9月，为保证学校德育活动的顺利开展，学校设立由校长任组长，分管德育工作的副校长任副组长，由政教处主任、教务主任、团委书记、各年级组长及班主任等相关人员组成的德育工作领导小组。以“抓基础、严管理、重过程、看实效”为德育工作的指导思想，制定相应的德育工作实施方案，展开学校德育工作。

德育工作领导小组组长全面负责学校德育工作，定期举行会议，研究、检查工作；加强学校德育的规范化建设，完善德育管理机制；加强师德师风建设；协助校长、书记开展好学校教育工作；抓好“两纲”落实到学校教学中的工作。政教处主任根据学校计划、制定学校德育工作计划、审查指导团总支、学生会、班主任工作计划并抓好落实；协助学校领导做好对团队干部、班主任选聘、培训、考核工作、定期召开德育工作会议，提高德育管理的科学性、实效性；组织管理好家长委员会，努力做好与家长的沟通、协调工作；组织协调好全校性大型性德育活动、社会实践活动，负责学校检查工作，做好住宿生的管理工作；妥善处理好学生中各类突发事件，及时做好学生的评优表彰和违纪工作。教务处主任协助政教处开展德育活动；负责教师德育及测评并做好分析总结；制定学科落实“两纲”教育的教案，并落实推进。团委书记协助政教处分管学校德育工作；负责好团委、学生会正常工作；负责好学生宿舍的管理，检查、评比和交流；开展组织好丰富多彩的学生活动；组织、加强对学生社团的领导和管理。年级组长及班主任协助教处分管年级的德育工作，指导年级教师有效开展工作；抓好本年级学生、班级的德育建设及常规管理；及时妥善处理年级中的各类突发事件，以电话家访等方式与家长加强沟通；做好各类资料的收集、上缴工作。

二、德育活动内容

（一）劳动教育

1958年9月，中共中央、国务院在《关于教育工作的指示》中提出：“党的教育工作方针，是教育为无产阶级的政治服务，教育与生产劳动相结合，教育的目的，是培养有社会主义觉悟的有文化的劳动者。”方针对于当时的学校教育教学影响深远。学校在建校之初就把学生参加劳动建设作为学校的一项重要工作来抓。

1960年3月，学校启动教学楼建设工程，为了节省修建资金，师生发扬“自力更生 丰衣足食”的精神，利用课外活动的时间完成挖基槽、烧石灰、筛煤灰、运砖瓦等任务。其间，夏坤仲校长、龚贵常等老师带领部分学生去珠藏镇铜锣公社大树子大队，每天由驻地至茶园伐木场往返约15千米运木板1次，历经十余天艰辛，共运木板约16吨。10月，夏坤仲校长、龚贵常老师等又带四五个学生去太文公社白溪大队，从水路放圆木几十棵到杜仲河，沿河漂流到公路桥边起岸，再搬运到回校。两天完成一趟，解决了建筑所需木材。1961年春，在学校师生的共同努力下，新教学楼（除门窗外）雏形初具。但是刚刚建成起步的学校因处于“困难时期”，于是年5月停办。该教学楼一直使用到20世纪90年代初，对学校发展起到重要作用。

1962年2月，县文教局在已停办的校址上组建成立瓮安县城关小学，学校成立周年之际，学校将平整操场列为首要任务。全体师生在“教育为无产阶级政治服务，教育与生产劳动相结合”的大幅标语的鼓舞下，以“愚公移山”为榜样，发扬“吃苦耐劳 努力拼搏”的精神，历时三年（1963年至1966年1月）的课外活动时间，将长约100米、宽约30米、高约2米的约6000立方米的土石山，挖运到距离30米至100米外的地方，将一大块约5米深度的炎凼烂田填平，拓展操场宽度。前后七届学生，共计出工288000小时，为国家节省开支36000余元。1966年1月，学校终于建成了一个南北长约160米、东西宽约60米（最宽处80米）的操场。至此，体育课、课外活动等活动才得以全面开展。

1966年，学校遵照毛泽东主席的“五七”指示，在西门外约5千米的“青坑农中”交界处，选了一大片生产队撂荒多年的槽子梯形黄泥土作为“学农基地”。学校借夏日放农忙假之机，组织全校几十个男女老师，携带镰刀、柴刀及午餐上山，将荒土四周的杂草、荆棘、小灌木等连割带砍扔在地上，让烈日暴晒数日。几日后，老师上山分成几组，每人手中拿着一根自备的五尺长的粗木棒带大叉的工具，将晒干的全部草木推到土中铺成均匀的一片，然后放火烧掉做肥料。“学农基地”的头道工序完成后，学校将荒地分到班上，班又分到组上，几百师生挥锄比拼，垦出连成片的层层梯土。种玉米的肥料提前安排，各班每次上山垦荒时，视学生劳动力，两人抬一桶、一箩、一撮箕；或二人至三人轮流挑半担肥，一挑小箩筐，一担小撮箕。班主任及科任老师（女教师挑半担）各担一挑挂上一把锄头，一前一后带队，前后呼应，时快时慢。到达目的地后，在土地中选适当之处，将箩筐及撮箕中尿窖灰倒在土地上，再将桶中粪便倒入灰中拌匀净，然后盖上茅草，草上盖泥密封待用。小麦苗出土后，各班松土除草时再施一道追肥。由于肥料充足，管理到位，小麦苗的长势十分喜人。次年夏天第一次就收条播小麦两千多斤，收了小麦后及时种上玉米，秋收脱粒晒干过磅，共收金灿灿的玉米约2000余千克。每次收的粮食，留足种子后，再留下少量的作为老师学农时的加餐补贴，余下的大部分全部卖给国家。卖粮返回的钱，学校留存一点统一支配，更多的是按贡献大小划拨给班上统一使用。缓解了当时办学经费的困难。师生的学农活动后因校长被打成“走资派”而停止了。

20世纪70年代初，原“学农基地”被公社的生产队收回去了。新来的王天合支书带领全校师生另辟一个学农基地，当年便见效。之后，城关小学师生继承开展的学农活动，直到20世纪80年代中期方才终止。

学校通过劳动教育来培养学生艰苦朴素、吃苦耐劳品格的这一优秀传统，在改革开放后，得以继续发扬，虽然没有了大规模、高强度的劳动活动，但每周两次的清洁卫生大检查，促使每个学生都投入到学校清洁卫生的劳动之中去，养成了人人爱卫生，个个爱劳动的好习惯。为此制定了《瓮安二中卫生管理制度》《瓮安二中教室、清洁区、厕所和寝室卫生评分细则》等制度条例。严格规范校园卫生日常工作、周工作、月工作和学期工作，实行班主任负责制，规范量化考核，评分一日一曝光，排名一月一公示。公正无私，奖罚分明。并大力实行全体师生相互监督的措施，致力于集师生之力、服众人之心。2010年，学校经过改扩建，校容校貌有了很大的改观，洁净优美的校园环境，让师生赏心悦目，整治工作初战告捷。学校管理、文明创建与时俱进，不断创新。

在2013年，学校又“逆流而动”，做出了清除校园垃圾箱，拉开了创建“无垃圾箱校园”的序幕。学校事前充分考量了“无垃圾箱校园”的现实可行性，当机立断，付诸行动，靠成效沟通心灵。在师生人人动手劳动的艰辛中，有效推进了“无垃圾箱校园”创建，促进了学校跨越发展。由于以上措施，学校校园整体卫生状况良好，师生文明卫生习惯已初步形成，校园内无垃圾堆积、无卫生死角现象，校园干净整洁，文明有序，“无垃圾箱校园”的建立，得到各级领导和各来访单位、个人好评。

（二）课堂教育

课堂教育是德育的重要实施地，1958年，学校按省教育厅党组《关于政治课的意见》，初一上学期讲授革命领袖和革命先烈事迹，下学期讲授社会主义建设总路线，初二上学期讲授国内国际形势，下学期讲授哲学常识，初三讲授《政治常识》。政治课每周均为2课时。1959 年初中三年级政治增加为3课时。这一时期，学校的政治思想教育工作主要由夏坤仲校长负责。

1962年，在原瓮安师范基础上，成立瓮安县城关中心小学。学校没有开设专门的政治课，学校的思想政治教育工作由学校领导督导。其间政治课教学内容以学习毛主席语录及革命大批判文章为主要内容。

1970年，瓮安县城关中心小学开设“戴帽初中”一个班，1971年，继续招收“戴帽初中”一个班。这个时期，“戴帽初中”的政治教学内容是《社会发展简史》《公民》和《法律常识》。1973年，学校更名为瓮安县城关二小。1976年，学校又更名为瓮安县雍阳中学，成为一个镇级中学。这期间，执行省颁教学计划，政治课教学内容为：《青少年修养》《政治常识》《社会发展简史》，每周4课时。1978年9月8日，黔南州革委正式批复设立贵州省瓮安第二中学，学校成为县级中学，这一时期的初中政治课主要开设《社会发展简史》《公民》《法律常识》。

1980年9月，学校开始招二年制高中。学校按照教育部《关于印发〈改进和加强中学政治课的意见〉的通知》。明确政治课是对学生进行马克思列宁主义、毛泽东思想基础知识教育，是思想政治教育的重要途径，是贯彻德、智、体全面发展的重要方面、是区分社会主义教育与资本主义教育的重要标志。政治课的任务是以马刘主义、毛泽东思想的基础知识武装学生，提高学生认识问题的能力和政治觉悟、培养学生共产主义道德品质，教育学生坚持又红又专方向、逐步树立无产阶级世界观和人生观，立志为人民服务，为实现祖国的社会主义现代化献身。提出改进政治课教学、提高教学质量要求，要结合学生的知识水平和接受能力，注意改进教学方法、防止照本宣读、空洞说教，改变学生死记硬背现象。坚持民主的方法，说服的方法。教师以身作则、言传身教。教师必须认真备课，努力钻研教材、课堂教学以教师讲授为主，适当组织学生，特别是高年级学生进行讨论，培养学生分析问题的能力；学校由党支部书记主管政治教研组、研究改进政治课教学工作。次年12月，县教育局转发省教育厅《关于加强中、小学校学生思想政治教育工作的意见》。规定中学政治课要进行考试。考试不合格而又表现不好的学生，毕业时不发毕业证书。

1983年，学校高中学制改为三年。1985 年3月，学校执行省教育厅规定，政治课列为会考科日，学科成绩按100 分计算。8月，中共中央印发《关于改革学校思想品德教育和政治理论课的通知》，强调政治课是学校思想政治教育的核心和重要途径。要把学生培养成有理想、有道德、有文化、有纪律的公民，对中学政治理论课的课程设置、教学内容和教学方法进行认真改革。初一开设《公民》、初二开设《社会发展简史》、初三开设《中国社会主义建设常识》、高一开设《共产主义人生观》、高二开设《经济常识》、高三开设《政治常识》，法制教育采用集中与分散相结合方式进行。

1988年8月，国家教委《关于中学生品德评定的几点意见》，规定中学生操行等级分为优秀、良好、及格、不及格4个等级。初一、初二、高一、高二各年级学生操行等级不及格者以试读生论处。初三、高三学生操行等级评为不合格者不予毕业，按肄业处理。初中学习成绩优良，操行连续三年评为优秀等级的学生可取得免试保送高中（含职业高中）资格。是月，国家教委印发《中学德育大纲》（试行），规定初中阶段德育基本内容为：《马克思主义常识教育》《爱国主义教育和国际主义教育》《理想教育》《道德教育》《劳动教育》《社会主义教育》《法制与纪律教育》《身心卫生与个性发展教育》。高中阶段德育主要内容为：《马克思主义常识教育》《爱国主义教育》《国际主义教育》《理想教育》《道德教育》《劳动教育》《民主、法制与纪律教育》《身心卫生与个性发展教育》。

1990年，执行省教委《关于在中学毕业年级进行国情教育的通知》，利用时事教育课时间对学生进行国情教育，教材采用国家教委审定的《国情教育读本》。学校探索德育途径，提出将思想政治教育渗透到各科教育之中，对各科教学如何进行思想政治教育提出了渗透要求。在这一阶段，县教育局陆续从县管区级中学、贵州师范大学、湖南省等学校和地区调入、招聘和分配一批学历高、能力强、思想正的教师到学校任教。这几位新进政治老师的加入，大大增强了学校的高中政治学科的教学力量，也极大地推动了学校高中政治学科的发展。

1991年5月，贯彻执行中发〔1991〕5号文件精神，结合课堂教学对学生进行禁毒宣传教育。是年秋，根据教育部规定，中学思想政治课由每周2课时改为3课时。其中1课时用于时事教育，使用国家教委委托中宣部杂志社编写的中学时事政策教育读物《时事》。高中在时事政策教育时进行人口教育。次年秋季起，各年级均使用全国统编的思想政治课教材。1992年度，学校政治教研组荣获黔南州高三政治学科优秀奖。

1995年起，实施国家教委2月27日发布的《中学教育大纲》，明确初中阶段的德育目标是：热爱祖国，具有民族自尊心、自信心、自豪感，立志为祖国的社会主义现代化努力学习；初步树立公民的国家观念、道德观念、法制观念；具有良好的道德品质、劳动习惯和文明行为习惯；遵纪守法，懂得用法律保护自己；讲科学，不迷信，具有自尊自爱、诚实正直、积极进取、不怕困难等心理品质和一定的分辨是非、抵制不良影响能力。高中阶段德育目标是：热爱祖国，具有报效祖国的精神，拥护中国共产党在社会主义初级阶段的基本路线；初步树立为建设中国特色社会主义现代化事业奋斗的理想志向和正确的人生观，具有公民的社会责任感，自觉遵守社会公德和宪法、法律；养成良好的劳动习惯、健康文明的生活方式和科学的思想方法，具有自尊自爱、自立自强、开拓进取、坚毅勇敢等心理品质和一定的道德评价能力、自我教育能力。

进入21世纪，学校成为黔南州首批四所大型独立高级中学之一。2001年，贯彻执行省全民国防教育、省教育厅文件精神，高中学生军事训练纳入社会实践课，执行《高级中学学生军事训练大纲》。把法制教育列为学生必修课，每学期不少于6课时。2007年9月，学校单独设立政治教研组。政治教研组根据学校有关决定，实行“老带新”帮扶制度。这一制度着眼于新教师的专业成长，在经验丰富的教师的指导下，新教师通过直接学习和借鉴老教师的教学经验和教学方法、技巧，可以在较短时间内适应职业发展的要求。在这些经验丰富的老教师的指导下，接受指导的教师成长很快，从而也使得整个政治教研组的教育教学工作迈上了一个新台阶。2010年9月，贵州省教育厅根据教育部颁布《基础教育课程改革纲要（试行）》，决定从2010年秋季开始全省高一实行新课改，全面启用新课改教材。高中政治学科新课程改革后，必修教材内容包括《经济生活》《政治生活》《文化生活》和《生活与哲学》。2011年11月，黔南州高中政治新课程改革经验交流会在学校举办。2013年9月，政治教研组根据学校安排开始建立具有自己特点的集体备课制度。集体备课制度着眼于提高课堂教学的质量和效率，其目的是促进学科组教师的专业成长和共同发展，以提高学科组的整体教学水平。2014年7月，学校政治组参加黔南州教育局组织的高考优秀模拟试卷评比活动，荣获政治学科二等奖。2016年6月，学校搬迁到新校区，政治教研组办公环境和条件有了极大的改善，调动了政治教师的积极性，政治课堂教学方式也发生了变化，教育效果日益突出。

（三）军训教育

2013学年县政协副主席郑毅宣布正式开训

上世纪80年代末学校就已开始军训，并且还有实弹射击项目。2001年，省全民国防教委、省教育厅颁发了《高级中学学生军事训练大纲》文件，要求将高中学生军事训练纳入社会实践课，但当时学校军训场地受限，故没能及时开展此项活动。

2005年9月，学校开始在新拓展了的场地开始新生军训活动，此后每届高一新生均必须接受为期一周军事训练。每年开学举行高一军训开训仪式暨入学教育动员会，均有县领导、县武装部部长、县消防大队队长等领导出席仪式。军训为期一周，在军训期间，新生不仅要学习军姿、军容、枪上肩转法、齐步行进与立定、正步行进与立定、齐步正步互换等常规项目，还将接受国防教育、文明礼仪教育及安全教育等。

经过一周的军事训练，新生必须举行军训会演，其目的在于磨砺高一新生的意志，起到了学前教育的促进作用，在军训中，学生们服从命令听指挥的军人意识增强，为今后的学习生活打下良好的基础。

（四）主题教育

2013年1月，学校根据《省教育厅关于在全省中小学开展“三生·四爱·五心”主题教育活动的通知》（黔教基发〔2012〕127号）和瓮教发〔2012〕26号文件精神，开展了以“三生·四爱·五心”为主题的德育实践活动。成立以校长为组长，学校行政人员、各教研组长及各班班主任为成员的活动小组。通过黑板报、校园宣传栏、校园广播、主题班会、组织学生听讲座、标语等形式宣传等具体措施加强“三生·四爱·五心”主题教育的宣传，同时还将“三生·四爱·五心”主题教育活动融入课堂教学；开展以“三生·四爱·五心”为主题的社会实践活动。是年9月，学校开展以“消防安全知识教育”为主题的班会，通过消防安全案例，增强学生消防安全意识；以学生讨论的方式，培养学生脱险能力。是年10月，学校开展以“道德与法制教育”为主题班会，在加强来自家庭、学校、社会保护的同时，学习法律知识，依法自律；正确对待父母和学校的教育；运用法律武器保护自己的合法权益结合相关内容；到当地派出所进行调查。11月，学校开展以与时俱进，纪念“12·9”为主题班会，活动通过介绍”一二·九“运动过程及意义，朗诵诗歌等形式，让学生懂得珍惜青春，引导他们树立正确的价值观。12月，学校开展以感恩教育为主题的班会，通过诗朗诵《拥有一颗感恩的心》等形式，展开互动活动：说出最让你感动的事，将自己对于感恩的感受抒发出来，积极影响身边的人也常常拥有一颗感恩的心。

2014年3月，学校开展以“知荣明耻”为主题的班会，中共中央总书记胡锦涛在全国“两会”上提出的“八荣八耻”对加强我们青少年社会主义荣辱观具有重要的意义，让“新弟子规”扎根在同

2015年开展感恩主题活动获奖师生

学心中，树立正确的荣辱观。是年4月，学校开展以“如何防控甲型H1N1流感”为主题的班会，重在让学生了解甲型H1N1流感的主要症状，了解甲型H1N1流感是可防可控的，掌握应对甲型H1N1流感的科学防护措施，注意个人卫生，养成良好的健康习惯。5月，学校开展以“拒吸一支烟，做不吸烟的新一代”为主题的班会，班会活动围绕为何禁止青少年吸烟；吸烟对身体健康的影响；二手烟的祸害等方面，让学生对吸烟有正确的认识和态度。6月，学校开展以“远离毒品，预防艾滋病”为主题的班会，讲解毒品与艾滋病的关系；重视艾滋病的宣传，不要后悔于无知，不要死于无知。9月，学校开展以“珍惜资源，从我做起”为主题的班会，通过解释资源，猜谜语等活动，让学生懂得如何去珍惜资源。

2015年，学校开展以“高三毕业生心理素质的培养”为主题的班会，活动通过介绍两位大学生的高三生活，让学生能正确疏解自己的心理压力。同年，为了传承中华民族的传统美德，学校确立以感恩教育为主题的德育工作目标。为弘扬中华民族的传统美德，通过感恩教育，让学生学会知恩图报，全面提升学生的思想道德素养；开展以“感恩从心开始，感恩从我做起”为主题的活动；“感恩教育”作为德育工作的切入点，对学生全方位的实施“感恩教育”，精心培育学校“感恩文化”。从而使我们人人都有一颗感恩的心，我们的校园、我们的社会也将会更加和谐。

2016年5月，学校开展以“我为二中申示做贡献”为主题的班会，通过班主任介绍创建省级示范学校意义，以学生演讲《二中创建，人人有责》为载体，让学生有责任意识。是年11月，学校以“高中生养成习惯教育”为主题的班会，以“养成教育”为核心，培养学生良好行为习惯的教育。12月，学校开展“学习《公民道德实施纲要》”的主题班会，让学生学会回报，给父母带去成功的喜悦，给老师带去心灵的慰藉，给祖国带去美好的明天！

2017年3月，学校开展“弘扬载人航天精神”为主题的班会，我们召开一次弘扬载人航天精神主题班会，对历代民族英雄做一盘点，向他们学习，继承前辈们的优良传统。

（五）“道德讲堂”教育

为进一步践行党的群众路线教育实践活动精神，响应中共贵州省委关于充分运用远程教育网络加强道德讲堂建设的通知，学校于2014年5月25日组织全体教职员工在大会议室在线观摩学习“贵州省道德讲堂总堂揭牌仪式暨首场讲座活动”。学校根据中共瓮安县委《关于进一步推进道德讲堂建设工作的实施方案》精神，按照瓮安县文明办的要求，针对学校师生学习、生活的实际情况和实际需求，为全面贯彻落实党的十八届四中全会精神，以邓小平理论、“三个代表”重要思想和科学发展观为指导，围绕贯彻落实《公民道德建设实施纲要》，制定《瓮安二中道德讲堂建设工作的实施方案》，并成立“道德讲堂”建设领导小组。是年6月至11月，全校各班广泛开展“道德讲堂”

2014年丁丽娟副校长在“道德讲堂”上发表讲话

活动。根据学校实际情况，“道德讲堂”的内容主要围绕五个建设：师生社会公德建设；家庭美德建设；个人品德建设；进一步加强校园道德文化建设；提高教师职业道德。以“我听、我看、我讲、我议、我选、我行”的主要模式，以“自我反省 、唱一首歌 、看一个短片 、读一段经典 、讲一个故事 、做一番评议 、送一份吉祥 、向德鞠躬” 为主要流程。以“身边人讲身边事，身边人讲自己事，身边事教身边人”为形式，充分发挥学校作为未成年人思想道德建设主阵地作用；突出强化思想道德建设内容，以班级德育课为主，全面推进“道德讲堂”建设， 营造“讲道德，做好人，树新风”的浓厚氛围；形成“好人好报”的社会共识，推动“知行合一”的道德实践，营造“崇德尚善”的浓厚氛围，通过对在校学生的思想道德教育，吸引和拉动学校、家庭、社会成员共同参与道德建设，努力达到“教育一代人，引导两代人，影响三代人”的目标。

（六）心理健康教育

1999年8月13日，教育部印发的教基〔1999〕13号文件，强调中小学开展心理健康教育，既是学生自身健康成长的需要，也是社会发展对人的素质要求的需要。《中共中央国务院关于深化教育改革全面推进素质教育的决定》明确指出，要“加强学生的心理健康教育，培养学生坚韧不拔的意志、艰苦奋斗的精神，增强青少年适应社会生活的能力” 。为全面贯彻落实党中央、国务院最近召开的全教会精神和《决定》精神，进一步加强中小学心理健康教育。

2013年6月，学校成立“瓮安二中心理健康教育工作领导小组” ，负责指导、协调学校学生心理健康教育工作，确保学校学生心理健康教育工作顺利开展。是年8月25组织全校进行教师和领导心理健康教育培训，根据培训的要求，学校制定心理健康教育培训方案，通过培训，使教师能以科学发展观为指导，以深化基础教育课程改革和实施为主线，以教师职业倦怠和中学生心理问题为重点，以增强教师开展学生心理健康教育的能力为核心，以提高中学生的心理素质，落实素质教育追求人的和谐健康发展为目标，培养老师健康的心理，增强适应社会生活的能力，健康快乐地成长。 以学校全体教职工为培训对象，通过集中培训的方式，主要以培训教职工在教学当中要联系中学生心理健康教育相关知识教学为内容。

2014—2015学年，学校结合校情，根据学生各阶段的心理特点，制订了相关的心理健康教育计划，要开展多种多样的心理教育的途径和方法，心理健康教育要有机渗透到学科教学，同时，开设心理健康活动课或专题讲座、心理辅导室，进行个别的辅导、建立测试档案、建立了心理健康 Email 和热线电话，对教师开展心理健康教育培训。

通过培训提高专、兼职心理健康教育教师的基本理论，专业知识和操作技能水平，定期聘请心理健康教育专家来校做报告，增强心理健康教育的责任意识，建立全体教师共同参与的心理健康教育的工作机制。

2013年11月，为了做好学校的学生安全工作，特别是加强女生自我防范意识，11月15日至19日，学校在大会议室举行“女生安全防范措施及心理健康知识辅导”专题讲座 。

（七）法制教育

法制教育是新时期思想政治教育的一项重要而艰巨的任务。自党的十一届三中全会以来，特别是随着改革开放的不断深入，法治教育，越来越显示出它在德育工作实践中的重要位置。用社会主义民主和法律的基础知识来教育学生，使他们从小就受到民主的训练和守法的教育，懂得和善于履行社会主义公民的权利和义务，增强法制观念，养成自觉遵守法律的行为习惯，是德育的内容之一。

2013年“女生安全防范措施及心理健康知识辅导”专题讲座

1986年，全国实施了第一个“五年普法规划”学校邀请了县司法局等政法干部到校做法纪报告，增强了学生的法律意识，懂得用法律保护自己。

1992年1月1日，国家颁布实施了《中华人民共和国未成年人保护法》，学校及时通过会议、政治课、黑板报等方式，向广大师生普及该法。

1999年12月，学校根据国家颁布实施的《中华人民共和国预防未成年人犯罪法》，组织全校师生联系实际学习该法，有针对性的教育学生要遵纪守法，杜绝违法犯罪。

2007年9月，学校聘请县公安局法制科科长王旭光、县检察院公诉科科长杨晓凤为兼职法制副校长，加强法制教育力度，法制副校长每个学期对全校师生进行法制教育讲座两次，同时协助处理学校出现的法律问题。起到了良好的法制教育效果。

2008年9月，学校为加强法制教育，与瓮安县公安局共同举办现身说法大会，提高了学生们的法律知识水平，强化了法律观念，使学生们在校遵守校纪校规，在校外遵守国家法律法规。

2011年9月，为加强德育工作，推进素质教育，有效开展中小学学科渗透法制教育工

2008年学校法制教育活动宣传现场

作，增强中小学生的法律意识，养成学法懂法、遵纪守法的良好行为习惯，根据国家《中小学法制教育指导纲要》和贵州省教育厅《关于在全省普通中小学实施学科教学渗透法制教育工作的通知》（黔教法发〔2011〕152号）文件精神，决定成立瓮安二中学科教学渗透法制教育工作领导小组，领导小组下设办公室在政教处。负责学校学科教学渗透法制教育的具体工作，并定期督促检查指导开展学科教学渗透法制教育工作，进行阶段性总结和年度总结。

2011年10月，学校组织学生在大会议室放映法制教育科教片。具体内容为：法制教育电影《关爱明天》《毒品致命的诱惑》等。

2012年9月，学校进行瓮安二中法制教育讲座，具体宣讲工作由瓮安县公安局法制室的朱俊同志向学校师生介绍法制相关内容，围绕以下话题展开：关于未成年人犯罪的法律责任；高中生当中或是身边几种比较常见的违法犯罪行为；从三个方面讲自我保护能力。

2014年4月，学校围绕法制教育，以展板的形式对全体师生进行宣传。

（八）卫生教育

2012年10月，学校为了规范学校寝室文明建设，提高学生文明程度，使学生养成良好的生活、卫生习惯，培养学生创造美、保持美的能力和习惯，促进良好校风、班风的形成，结合学校实际，制定《瓮安二中建设文明寝室评比方案》。

2014年8月，学校颁布《瓮安二中卫生管理条例》，旨在管理和维护好学校的校园环境卫生，学校卫生管理工作是学校管理工作的基础内容，学校卫生管理工作包括卫生责任区工作、检查评比工作等；卫生管理的日常工作由团委、学生会具体负责。

2015年9月，学校制定《瓮安二中卫生管理组织机构及职责》为切实搞好学校卫生管理工作，从源头防止食物中毒，食源性疾病、介水传染病等突发公共卫生事件的发生，为学校师生营造一个安全、卫生的环境，根据《中华人民共和国食品卫生法》《中华人民共和国传染病防治法》《生活饮用水卫生监督管理办法》《学校卫生工作条例》等有关规定，结合学校实际，特制定本管理制度并成立学校卫生工作领导小组。组长负责学校卫生工作的总体布置；副组长负责督促落实检查卫生；组员负责各卫生工作的具体实施；学校各部门卫生工作分工情况为总务处主要负责学校教学、建筑、厕所等环境质量及设备、设施达国家卫生标准，为学生提供必要的卫生设施，开展好“三管四灭”为中心的环境卫生整治工作。按照饮食、饮水卫生法律、法规的要求，负责学校食堂、饮水卫生管理工作，组织学生参加适当的劳动，并做好相应的安全、卫生防护工作；负责每天晨检工作，汇报学生常见疾病、传染病的预防和疫情情况。教科处主要负责学校体育卫生和教

2013年学校举行文明寝室颁奖大会

学卫生工作，合理安排学生学习时间，将健康教育纳入学校教学计划。定期组织对教师、学生体格检查，管理教学用房和教师办公室的室内卫生工作。政教处主要负责学校环境卫生的管理工作，加强卫生健康教育宣传和培养学生良好的卫生习惯，指导和管理卫生监督岗，定期安排教师学生常规体检工作，适时开展健康教育宣传、咨询工作和环境卫生管理工作。班主任主要卫生工作是每天加强晨检，发现学生缺课，及时与家长联系，确认学生缺课原因并向教务处汇报。一旦发现班级内有传染病发生，及时向总务处汇报，并与家长联系，做好教室消毒工作；每天到校后提醒学生开窗通风；加强卫生知识的宣传教育。

学校卫生人员包括校医田鲜、龙通美；专职保洁员廖万华；2007年3月招聘保洁员陈英；2012年3月招聘保洁员文光敏；2012年10月招聘保洁员李绍兰、伍崇慧，现有保洁员4人。

（九）安全教育

学校安全工作是顺利进行教育教学的基本保障。2012年12月，根据上级有关安全问题的文件精神，结合学校的实际情况，为确保师生在校人身安全，学校教学活动正常开展，营造文明、和谐、安全的育人环境。学校制定《瓮安二中安全防卫消防安全职责》，成立以校长为主要责任人的安全工作领导小组。

全校师生牢固树立“人人讲安全、安全人人抓”的思想，层层签订目标责任书，落实安全工作制度；完善学校安全工作的领导责任制和事故责任追究制，明确“谁主管、谁负责”的安全管理原则，落实各部门安全工作职责；进一步完善学校安全预警机制，坚持每月召开安全排查例会；密切关注特殊群体学生的思想动态，扎实做好师生结对帮扶工作，并有针对性的落实有关措施。

学校还加强校园消防安全防范，制定具体的安全防卫消防安全职责，建立消防档案，明确消防安全重点部位，设置防火标志，实行严格管理。收集和整理有关消防安全方面的信息，实行每日防火检查并建立巡查制度，为领导决策提供可靠的资料；定期检查学校的火灾隐患，督促火灾隐患的整改工作。对教职工进行消防安全培训。定期对消防设施器材的配置和维护工作，制定消防和应急疏散预案，定期组织消防演练。同时，协助公安消防机构做好火灾现场保护和火灾事故调查工作。在消防工作中成绩突出者和事故责任者以及违反消防安全规章制度者，提出奖惩意见。2015年，学校荣获“黔南州2014—2015学年度校园安全风险防范工作先进集体”称号。

为确保学校安全教育工作到位，安全制度健全，学校制定《突发事件应急预案》《消防安全预案》等，加上安全检查、排查隐患及时，近年来，学校无任何安全事故发生，学校各项教育教学工作秩序井然。

学校有专职保卫郎维新、木工兼门卫兰银山。2007年9月招聘保卫刘文祥、陈正剑、张荣华、陈达。2011年11月招聘保卫邹学爱、黄洪建；2012年3月招聘保卫廖军；2012年9月招聘保卫雷胜江；2013年5月招聘保卫彭万生、李发明；2014年5月招聘保卫龙绪涛；2014年7月招聘保卫严德旭；2015年3月招聘保卫刘明祥；2016年11月招聘保卫王光培；2017年8月招聘保卫肖岳松；2017年9月招聘保卫蔡德开、邓厚莲、王会、袁国权、朱榜兰，现有保卫共11人。

第四节　资助与奖励

一、资助

1958年8月，瓮安初级交通中学（后更名为瓮安工交初级中学）成立，时有学生92人，按贵州省教育厅教计财丑字第050号，《关于中学、师范1956 年人民助学金标准等问题的通知》，人助金比例为初中30%，应评28人，合计人助金156.8元。

1959 年，学校执行省委批转省教育厅党组《关于解决国家办全日制高等学校和中等学校学生供给问题的意见》，高中补助学生面40%，补助标准平均每人每月8元：初中补助学生面30%，平均每人每月7 元。人助金由学校统一掌握使用，在不增加总金额情况下，补助面可适当放宽，首先解决人民公社供给学生费用确有困难及家庭贫困的工农子女入学。是年7月，瓮安工交初级中学停办，9月，在瓮安工交初级中学基础上成立瓮安师范学校，时有学生280余人，人助金向经济困难的贫下中农学生倾斜。

1961年，根据县文教育局《关于公办中小学、幼儿园（班） 学杂费收支管理意见》，凡缴纳学杂费有困难或临时有困难的工人、农民、烈军属、少数民族子女，经家长申请，持公社、生产队、街道居民委员会和机关证明，学校可酌情减免学杂费之一部或全部，或缓期缴纳。学校减免比例为应收学杂费总额30%。5月，刚刚建成起步的瓮安师范停办，人助金工作停止。

1962年2月，在已停办的瓮安师范学校的校址上组建成立瓮安县城关小学，小学没有享受人助金资助，学校对缴纳学杂费有困难或临时有困难的工人、农民、烈军属、少数民族子女，经家长申请，持公社、生产队、街道居民委员会和机关证明，可酌情减免学杂费之一部或全部，或缓期缴纳。减免比例为应收学杂费总额30%，同时学校开展了劳动建校、劳动自助的方式来缓解学生和学校的经济困难。

1964年12 月，县人委转发省人委《关于贵州省公办中学、小学、幼儿园（班）学杂费收支管理办法通知》，要求切实做好学杂费减免工作，在规定的减免比例内，必须首先减免家庭困难的工人、贫农、下中农子女学杂费。减免比例控制在25%以内。

1973年，学校更名为瓮安县城关第二小学，没有享受人助金资助，但对家庭贫困学生仍按比例做好减免学杂费工作。同时仍然开展劳动助学活动。

1976年9月，由瓮安县城关第二小学初中部在原址组建成立瓮安县雍阳中学。时有初中教学班9个（初一至初三各3个班），学生405人，有122人享受人助金资助，发放人助金600余元。仍然通过劳动助学来缓解办学经济困难。

1978年7月，经瓮安县革委批准，原瓮安县雍阳中学更名为贵州省瓮安第二中学。是年9月8日，黔南州革委正式批复设立贵州省瓮安第二中学，简称瓮安二中。时有11个教学班级，根据省教育局、省财政局转发教育部《关于普通高等学校、中等专业学校和技工学校学生实行人民助学金制度的通知》，中学人助金按全年10 个月，每生每月3.50 元金额，由学校掌握评定使用。学校严格按此规定执行人助金政策。学生506人，人助金5000余元，由学校统一评定使用。劳动助学制度仍然实行，直到20世纪80年代初期方才终止。

1983 年，根据教育部、财政部文件规定，对人助金实施办法进行改革，将人助金制度改为人助金、奖学金并存，人助金制度1986年停止实行，1987 年开始实行奖贷助学金制度。

1985年9月9日，全国首个教师节来临之际，县水电局局长韩谷勇将其设计费1000元捐赠给学校，以助学校发展。

1993 年，由团中央倡导、中国青少年发展基金会组织实施“希望工程”，设立助学金，救助贫困地区失学少年重返校园。学校部分考入高等学校的考生和家庭经济困难学生得到“希望工程”助学金资助。

1995年3 月，学校制定《瓮安二中实施助学金、奖学金方案》。规定享受助学金、奖学金对象为取得瓮安二中学籍的非复读生。条件是：勤学守纪，尊师重教，乐于班级、学校工作，全面发展，各学科成绩合格，受同学和各任课老师好评。由班主任组织班团干部、全班同学推荐5 名，其一等1名，二等2名，三等2名，上报学校审核。学校按一等30元、二等25 元、三等20 元发给奖学金，如因家庭意外事故使学生求学困难又符合条件者，由本人提出申请，经班主任签字上报学校，学校酌情补助。

2001年5 月，国务院印发《关于基础教育改革与发展的决定》。提出各级人民政府要完善落实中小学助学金制度，从2001年开始，对贫困地区家庭经济困难的中小学生实行免费提供教科书的试点。同时采取减免杂费、书本费、寄宿费等办法，减轻家庭经济困难学生负担。

2005年9月，学校补助高一年级贫困生100余人，补助金额18000余 元：补助高三特困生50余人，金额8000 元；9月全免书学费10人，减免书学费10人，减免金额3800元。

1995—2009 年，全校共支付助学金50余万元。

2010年，浙江鑫硕矿业有限公司林华春等7位爱心人士到学校捐助贫困生20万元。在捐赠仪式上，林华春等爱心人士捐助现金20万元，解决了成绩优秀的贫困学生的生活中的燃眉之急，并鼓励他们好好学习，将来为社会做出自己的贡献。校长黄俊松对林华春等爱心人士的捐助表示感谢，并要求学生要学会感恩，顽强拼搏，以优异的成绩回报社会。

2012年5月20日，贵州双龙集团领导一行在县领导的陪同下到学校资助贫困生，为学生发放助学金。18名贫困生受资助，双龙集团领导详细了解他们的家庭情况和学习状况后，分别对他们资助1000元到2000元不等，共资助38440元。张明光校长代表学校对资助学校贫困

生的双龙集团表示感谢，希望同学们不忘感恩，心系社会，发愤图强，争取早日成才，回报社会。

2013年，瓮安南洋矿产开发公司资助学校3万元。他们为学校家庭贫困且品学兼优学生的成长、成才创造了条件。是年3月，学校根据《贵州省普通高中国家助学金管理实施细则（试行）》和有关文件规定，以及瓮安县学生资助管理中心的相关要求，制定《家庭经济困难学生资助工作管理办法》。资助标准如下：1.城市学生家庭人均月收入不超过250元（含250元）；2.农村及乡镇学生家庭月收入不超过200元（含200元）；3.孤残（失去双亲或双亲有严重残疾）学生；4.父母离异或丧父、丧母等原因造成家庭经济困难学生；5.革命烈士子女或社会优抚家庭学生；6.因家庭遭受自然灾害或突发事件导致家庭贫困的学生；7.少数民族学生；8.农村多子女绝对贫困学生；8.享受最低生活保障家庭学生。学校将按上级相关规定提取经费用于学生资助工作，并收集有关佐证材料存档；学校将规范受助学生档案管理，建立专门档案，并将有关资料长期保存；学校大力做好宣传普通高中国家助学金政策，营造良好的舆论氛围，确保党和政府的这项惠民政策家喻户晓、深入人心。是年10月，为做好学校贫困学生资助的工作，学校召开了“普通高中家庭经济困难学生资助工作”会议。会议主要根据“资助经费大”“资助面宽”“牵涉面广”“影响程度深”的特点，深入开展评审工作，提高资助工作效率，及时、准确地把各项资助工作落实到位，并就有关工作程序、贫困生的认定、资助评审办法等做了指导和说明。

2016年秋季，经瓮安县教育局批准，学校春晖班正式招生。招收家庭特困、品德优良、成绩优秀（中考全县前400名）56名应届初中毕业生。家庭特困主要指经济困难的单亲家庭、残疾家庭、无正常收入来源、家庭生活难以维持的家庭、由于特殊因素及自然条件所导致贫困的家庭和孤儿等。对这些家庭特困学生，学校对就读精品网络春晖班的中考成绩优秀且家庭特困的学生，免除三年学杂费和住宿费。并通过春晖行动，感召爱心人士对优秀学生进行一对一的精准资助，设立春晖助学、爱希助学、兴旺房地产助学、南洋矿产助学、映山红助学、香港慈恩助学等各类资助机构。

瓮安二中春晖班是“春晖行动”在学校的一个具体体现。“春晖行动”是2004年共青团贵州省委根据唐代诗人孟郊《游子吟》的感人意境，发起的一项大型社会公益活动。国家主席习近平在贵州考察指导工作时，高度评价了春晖行动。2016年9月，共青团瓮安县委、瓮安县关工委、瓮安县春晖团支部结合贵州省瓮安第二中学在前期进行试点的基础上，派出贵州省劳动模范、贵州省五一劳动奖章获得者、全国优秀春晖使者、中国春晖演讲团副秘书长、自信黔南青年人、瓮安县春晖团支部顾问、瓮安县青年致富带头人王得利担任名誉班主任，着力打造瓮安二中春晖班。旨在让学生在学习中沐浴春晖阳光，在春晖阳光的照耀下茁壮成长，成为对社会、国家真正有用的人。

瓮安二中2013—2016年普通高中国家助学金资助统计表

表3—1

年度	资助金额	资助人数	发放时间
2013年	667500元	890人	2013年7月15日
2014年	1329060元	1416人	2014年6月10日
2015年	425400元	1418人	2015年1月21日
	510480元	1418人	2015年5月19日
	1063500元	1418人	2015年6月17日
	127620元	1418人	2015年10月29日
2016年	981000元	1308人	2016年1月18日
合计	5104560元	9286人次	

2013—2015年“兴旺房地产”资助统计表

表3—2

年度	2013年9月	2014年9月	2015年9月	合计
资助金额	60000元	60000元	60000元	180000元

2013—2015年“南洋矿产”瓮安二中资助学生统计表

表3—3

年度	2013年9月	2014年9月	2015年9月	合计
资助金额	30000元	30000元	30000元	90000元

2012—2016年瓮安二中“爱希”助学资助统计表

表3—4

	2012—2013学年	2013—2014学年	2014—2015学年	2015—2016学年	合计
资助金额	35000元	34000元	45000元	75000元	189000元
资助人数	35人	34人	30人	50人	149人
资助金发放时间	2013年3月8日	2014年3月10日	2015年1月24日	2016年1月14日	
		2014年7月12—17日暑期上海夏令营活动12人	2014年12月19日召开资助学生座谈会	2015年9月29日召开资助学生座谈会	

2012—2016年瓮安二中“香港慈恩基金会”助学资助统计表

表3—5

	2012—2013学年	2013—20014学年	2014—2015学年	2015—2016学年	合计
资助金额	61000元	53000元	52200元	63700元	229900元
资助人数	33人	40人	40人	38人	151人
资助金发放时间	2013年3月29日	2014年3月10日和8月24日	2015年4月12日		
高考录取大学生资助	2013年高考资助及大学持续资助14人共103049元	2014年8月24日27名大学生助学金100500元	2015年8月10日10名2015年高考录取大学生76000元		279549元

2013—2015年学校收到捐资助学统计表

表3—6

年度	捐赠方名称	捐赠方所在地	捐赠项目名称	数量（人）	赠款资金（万元）
2013	瓮安县“兴旺房地产”开发有限责任公司	瓮安	捐资助学	30	6
2013	瓮安县“南洋矿产”有限责任公司	瓮安	捐资助学	15	3
2013	“爱希”助学	上海	捐资助学	34	3.4
2013	香港慈恩基金会	香港	捐资助学	47	16.4
2013	瓮安县农村计生女孩户助学金	瓮安	捐资助学	148	8.88
2013	映山红助学	苏州	捐资助学	4	2.4
2013	张明光	瓮安	捐资助学	2	0.174
2013	夏坤仲	瓮安	捐资助学	2	0.48
2014	瓮安县“兴旺房地产”开发有限责任公司	瓮安	捐资助学	30	6
2014	瓮安县“南洋矿产”有限责任公司	瓮安	捐资助学	15	3
2014	“爱希”助学	上海	捐资助学	30	4.5
2014	香港慈恩基金会	香港	捐资助学	67	15.35
2014	瓮安县农村计生女孩户助学	瓮安	捐资助学	150	9
2014	映山红助学	苏州	捐资助学	6	3.6
2014	张明光	瓮安	捐资助学	3	0.261

续表3—6

年度	捐赠方名称	捐赠方所在地	捐赠项目名称	数量（人）	赠款资金（万元）
2014	夏坤仲	瓮安	捐资助学	3	0.72
2015	瓮安县“兴旺房地产”开发有限责任公司	瓮安	捐资助学	30	6
2015	瓮安县“南洋矿产”有限责任公司	瓮安	捐资助学	15	3
2015	“爱希”助学	上海	捐资助学	50	7.5
2015	香港慈恩基金会	香港	捐资助学	103	32.095
2015	映山红助学	苏州	捐资助学	10	6
2015	瓮安县农村计生女孩户助学	瓮安	捐资助学	101	6.06
2015	张明光	瓮安	捐资助学	2	0.2
2015	夏坤仲	瓮安	捐资助学	6	0.98

二、奖励

1982—1990年，学校学生获全州“三好学生”“优秀干部”共31人次（1982年2人，1983年3人，1984年6人，1985年6人，1986、1987、1988年各7人）。1989年2月16日，国家教委、人事部、全国教育工会联合颁布了《嘉奖优秀教师和教育工作者暂行办法》。是年6月，学校初中部学生王国林、金延红，高中部学生石践、余红梅、舒进获州级三好生荣誉称号。10月，袁愈林老师评为贵州省优秀教师，出席在贵阳召开的全省表彰大会。

1992年10月26日，中华人民共和国国家教育委员会发布令第23号文件《教师和教育工作者奖励暂行规定》。取代了1989年发布的《嘉奖优秀教师和教育工作者暂行办法》。

1997年，陈斌老师荣获“贵州省1997年优秀班主任”称号，出席了全省的表彰大会。

1998年1月8日，教育部在1992年10月26日发布令第23号文件，在《教师和教育工作者奖励暂行规定》基础上，为了鼓励我国广大教师和教育工作者长期从事教育事业，奖励在教育事业中做出突出贡献的教师和教育工作者，依据《中华人民共和国教师法》，进一步完善《教师和教育工作者奖励规定》。是年10月，丁丽娟老师获1998年“贵州省优秀教师”称号。

2003年，李沿宗、范富东、黄培江、汤念、毛先胤、吴照勇、雷坤、张迪、赵炀获州“三好学生”称号，张绍珊、石梅、何开萍、卢焱、吕静、梁娟、张新洁、王国举获州“优秀学生干部”称号。

2008年，王义汉、张悦获州“优秀学生”称号。

2009年，杨欢、金安亚、田维超、曹娅麟获州“优秀学生”称号。

2010年，刘健、杨双飞、曹兴阳、李子蝶、蔡忠成获州“优秀学生”称号。冷洪香获州“优秀学生干部”称号。黄菊老师获“贵州省女职工建功立业标兵”称号。

2011年，梁彪、张明方、杨双喜、夏单城、孙楦获州“优秀学生”称号。蒋松清、帅琪获州“优秀学生干部”称号。

2013年，根据州、县教育局给学校下达的高考目标任务数，学校结合实际，对原《高考奖励方案》进行了调整和完善，以最大限度调动教职工工作积极性，体现多劳多得、高效多得原则。该方案一直沿用至今。

2013—2014学年度第一学期阶段性评价的优秀教师103人次；表彰参加学校优质课评比获奖教师10人；表彰参加学校2013中学生英语技能大赛获奖学生18人；表彰参加学校2013年历史知识竞赛获奖学生22人； 表彰参加学校2013年数学计算能力竞赛获奖学生21人；表彰2013—2014学年度第一学期“学习之星”175人次。

2013—2014学年度第二学期在教和学中取得优异成绩的教师和同学进行表彰，表彰2014级高一年级优秀学生87人；2013—2014学年度“学习之星”108人次；2013—2014学年度“校园星星”45人；2013—2014学年度“优秀学生干部”44人；2014年学生生物教具制作比赛获奖班级10个；2014年高考优秀班主任22人；2014年高考优秀教师59人；2013—2014学年度阶段性评价优秀班主任14人；2013—2014学年度阶段性评价优秀教师69人；2014学年度优秀教研组长、年级组长4人；2013—2014学年度第二学期政治组优质课获奖4人；2014年高考优秀教研组8个；2014年黔南州高考模拟试题命题评比获奖教研组5个；2013—2014学年度优秀工作者9人。

2014—2015学年度第一学期在教与学中取得优异成绩的教师和同学进行表彰，旨在表彰先进，树立榜样，传递正能量，在校园内营造比学养、比勤奋、比敬业、比成绩的良好氛围，以进一步提升学校教育教学质量和推动学校的发展。本次表彰阶段性评价优秀教师100人（次）；高一年级获奖星星73人（次）；高二年级获奖星星52人（次）；高三年级获奖星星49人（次）；同时还对2014—2015学年度第一学期瓮安二中经典国学知识竞赛中获奖的18名同学进行表彰。

2014—2015学年度第二学期在教与学中取得优异成绩的教师和同学进行表彰，表彰2015年高考优秀班主任14人、优秀教师41人（次）；阶段性评价优秀教研组长、年级组长4人；阶段性评价优秀班主任14人；阶段性评价优秀教师78人（次）；数学组同课异构优质课评比获奖7人；高一新生优秀生源奖励56人；高二年级获奖星星68人（次）；高三年级获奖星星54人（次）；学校2014—2015学年度优秀团干45人；学校2014—2015学年度“校园星星”48人（次）。该学年表彰发放奖金总额共计240230元，旨在表彰先进，树立榜样，传递正能量，在校园内营造比学养、比勤奋、比敬业、比成绩的良好氛围，以进一步提升学校教育教学质量和推动学校的发展。

2015—2016学年度第一学期在教和学中取得优异成绩的教师和同学进行表彰，表彰2015—2016学年度第一学期阶段性评价的优秀班主任19人；优秀教师88人（次）；表彰校园星星153人（次）。第二学期也分别表彰了优秀班主任、优秀教师、校园星星灯200多人（次），该学年表彰发放奖金总额为42630元。

2016年，学校用于奖励教师114800元，用于奖励学生187100元。2017年，学校用于奖励教师81640元，用于奖励学生19120元，获上级高考奖励421940元。2018年，学校用于奖励教师114800元，用于奖励学生33100元，获上级高考奖励566860元。

学校的奖励机制旨在表彰先进，树立榜样，传递正能量，在校园内营造比学养、比勤奋、比敬业、比成绩的良好氛围。

第四章　教学与教研

第一节　学制　课程　教材

一、学　制

1958年8月，瓮安县交通学校创办。12月，学校改名为瓮安工业交通学校。在招收的冶金、化工、交通3个教学班中，实行3年制半工半读教学模式。1959年7月，县工业交通学校停办。在原校址基础上改建成立瓮安师范学校。8月，开始招收初中毕业生，实行三年制初师教育。1961年5月。县师范学校停办。8月，招收30人的小学教师进修班，学习时间仅半年。

1962年3月，县师范学校小学教师进修班停办。学校改建为瓮安城关小学（由县城雍阳小学1~6年级各分两个班组成），统一实行6年制小学教育。1970年9月，据毛泽东主席“学制要缩短，教育要革命”的指示。城关小学开始实行“五年制”小学教育。1971年8月，学校附设初中（称戴帽初中），开始招收初中生，学制3年。1973年9月，学校更名为瓮安县城关二小。

1976年9月，由留瓮安县城关第二小学原址初中部师生组建成立瓮安县雍阳中学，学制三年。1978年9月，学校更名为贵州省瓮安第二中学，初中学制3年。1980年9月，学校首招二年制高中生。初中学制3年，高中学制2年。1983年9月，学校高中部开始招收3年制高一新生，初、高中均学制3年。2000年9月，学校停招初中生，成为黔南州首批大型独立高中。学制3年。

二、课　程

1958年8月至1959年7月，县工业交通学校因师资力量匮乏，教学设施简陋，在招收的三个教学班中，统一设置课程为：语文（汉语、文学），数学（平面几何、代数、三角），工业基础知识（结合实际为：采矿、选矿、烧炭、炼铁、测量），周课时20节。

1959年7月至1961年5月，县师范学校根据教育部相关规定，设置课程有：语文、数学、政治、音乐、体育、美术、书法，周课时30节。并从1960年3月起，学校学习苏联做法，在招收的学生中实行5级学分制。1961年9月，县师范学校小学进修班开办后，所设置课程有：政治、语文、数学（包括算术、代数、几何、三角），周课时30节。

1962年8月，县城关小学开始招收小学一年级新生。小学各年级课程设置均按照教育部及省教育厅下发文件规定执行。1966年至1969年，受“文革”影响，学校正常教学秩序被打乱，所有课程未能按教学计划施行。

1971年8月，县城关小学附设初中部招生。参照《贵州省国家办全日制（六年）城市中学、农村完全中学暂行教学计划》。初一年级设置课程为：政治、语文、数学、外语、物理、生理卫生、历史、地理、体育、音乐、图画，周课时32节。1972年8月，县城关小学附设初中部根据上级部门文件精神，贯彻执行毛泽东主席“以学为主、兼学别样”的指示，组织学生学习马克思列宁主义、毛泽东思想，上好社会主义文化课。同时组织学生学工、学农、学军。批判资产阶级，参加“三大”革命斗争实践。此期间课程设置为：政治、语文、数学、外语、物理、化学、生物、历史、地理、文体、班会，每周总课时初一、初二均30节。1973年9月，学校更名为瓮安县城关第二小学。1976年9月，由留县城关第二小学原址的初中部师生组建成立瓮安雍阳中学。实行3年初中学制。课程设置完全按照省教育厅《全日制城市中学、农村完全中学暂行教学计划》执行。设有政治、语文、外语、数学、物理、化学、生物（包括植物、动物、生理卫生）、历史、地理、体育、音乐、图画，共12学科。初二增设物理，初三增设化学。周课时初一、初二32节，初三33节。

1978年9月，雍阳中学更名为贵州省瓮安第二中学，根据所使用的教育部人教社统编初中教材，设置课程为政治、数学、英语、物理、化学、生物、历史、生理卫生、体育、音乐、美术，共12门学科。1980年9月，学校开办高中。首招2年制高一新生。初、高中实行“三・二”学制。初中课程设置与上年相同。高一课程设置则有：语文、政治、数学、外语、物理、化学、生物、历史、地理、音乐、体育、美术，周课时32节。1981年未招高中生，故1982年无高二年级。1983年9月，学校开始招收3年制高中生。执行教育部《全日制六年重点中学教学计划（试行草案）》。初中课程为：政治、语文、数学、外语、物理、化学、历史、地理、生物、生理卫生、体育、音乐、美术共13科。高中课程设置则为：政治、语文、数学、外语、物理、化学、生物、历史、地理、体育共10科。至此，学制与课程趋于稳定。1990年9月，学校遵照国家教委印发的《现行普通高中教学计划的调整意见》。高中课程设置为：政治、语文、数学、外语、物理、化学、生物、历史、地理、体育、劳动技术、社会实践活动、选修课、课外活动。每周课时高一38节，高二37节，高三36节。1991年9月，学校执行国家教委关于普通高中教学计划的“补充意见”，将思想政治课由每周2课时改为3课时，将其中1课时用于实施时政教育。旨在教育学生关心国家大事，增强爱国意识。1992年9月，学校在刚入学的高一年级开设世界史，在高二年级开设中国近代史、现代史，利用时事政策教育部分课时授课，并将人口教育作为必须内容。1993年9月，据国家教委颁发的《九年义务教育“六三”学制全日制小学、初中课程及安排表（试行）》，学校初中部课程设置有：思想政治、语文、数学、外语、历史、地理、物理、化学、生物、体育、音乐、美术、劳动技术共13科，活动课程有主题班会、班团活动、体育、文艺、科技活动、周课时总量37节。1995年4月，学校执行国家教委办公厅印发《实行每周40小时标准工作制后调整全日制中小学课程（教学）计划的意见》。初中部设置课程仍为13科，将活动类课程体育、文艺、科技合并为文体活动，周课时33节。高中课程设置政治、语文、数学、外语、物理、化学、生物、历史、地理、体育艺术、劳动技术、社会实践活动、选修课、课外活动，周课时34节。

2000年9月，学校初中部停止招生，成为独立高级中学。从2001年起，根据《贵州省普通高级中学课程计划（试行）》方案。高中课程设置：政治、语文、外语、数学、信息技术、物理、化学、生物、历史、地理、体育与保健、艺术（音乐、美术），共12科。综合实践活动有研究性学习、劳动技术教育、社区服务、社会实践。周课时34节。2010年秋至2018年，学校根据教育部《普通高中课程方案（实验）》《贵州省普通高中课程改革实验实施方案（试）》和《贵州省普通高中新课程实验瓮安排与管理指导意见（实行）》。设置高中课程有：语文、外语、数学、思想政治、历史、地理、物理、化学、生物、信息技术、通用技术、音乐、美术、体育与健康、研究性学习活动、社区服务、社会实践，每周课时，高一、高二年级均为33节，高三年级为35节。

三、教　材

1958年，县工业交通学校语文、数学采用1956年教育部新编初中课本作为文化课教材。工业基础知识则进行现场实践操作教学。

1959年9月，县师范学校统一使用教育部人教社编印的通行初中教材。

1961年8月，县师范小学教师进修班教材使用情况是：根据当时小学课程设置，教师与学员商议使用教材。

1962年，县城关小学成立后，使用人民教育出版社编印的十二年制（小学六年，初、高中分别为三年）小学课本。“文化大革命”开始后，教学秩序混乱，无统一的正规教材。

1972年，学校遵照“复课闹革命”的指示，逐步恢复正常教学秩序，开始使用省编教材。

1978年秋至2000年，学校高中部、初中部均使用人教社统编教材。

2010年秋，学校在高一年级全面实行高中新课程改革实验教学。使用人教社出版的全日制普通高中课程标准实验教材。

2012年至2017年，学校统一使用人教社统编新课程标准教材。

第二节　教学常规管理

1958年8月至1959年7月，县工业交通学校三个教学班共有146余人，教师有8人，学校实行半工半读教学模式。学生白天深入矿山、工地、田间，晚上学习文化。周一至周五按照教学计划安排教学时间，周六及周日则安排学生回家自带钱粮和衣物，学生食宿在校，严格作息请假制度。学生在校学习期间，学校恰当安排文化课知识阶段测试，对成绩优异者和劳动技能熟练者予以表彰。工交中学停办后，农村户籍学生全部回乡，居民户籍学生有12人被省地质队（时在江界河进行测勘）录用。

1959年8月至1962年2月，县师范学校以及后期举办的小学教师进修班，遵照教育部颁发的《中等学校暂行规程草案》，规范二次课堂教学为主的教学形式。学校以教育部统编初中教材为蓝本，结合当时政治经济形势，增删部分教材内容开展教学。要求教师根据教学计划及课程设置规定，充分掌握教材内容，运用正确的教学方法，按照一定进度循序渐进地进行有效教学。教师在教学过程中，根据学生的实际情况，注重启发、引导，激发学生学习的积极性和创造性。将讲授和作业练习结合，针对小学课程如何教学进行多方探讨，深切领会所学知识，并具体运用。

1962年2月，城关小学建立，同年9月开始招生。根据教育部相关文件精神，贯彻“教学为主”的原则。按照教学大纲设置课程，制定本年度教学计划，规定年度节假日时间，开展正常有序的，教学和管理工作。“文化大革命”开始后，学校正常教学秩序被打乱。教学常规及学校管理均处于无序混乱状态。

1972年，在党中央“复课闹革命”的要求下，学校逐步恢复正常教学秩序。次年，学校更名为瓮安县城关第二小学，

1976年。学校根据教育部早年印发《全日制中学暂行工作条例（草案）》，规定中学必须根据教育部统一的教学计划、大纲和教科书进行教学，学校制定出相应的教学管理常规。包括课程设置，统一教师学科教学进度，对各学科教师教学计划执行情况进行检查，期末或学年做全面总结。要求教师认真备好课，上好课，精心进行作业布置与批改，开展课外实践活动，加强辅导，抓好教学阶段测评。

1980年，学校招收第一届二年制高中生。为保证向高一级学校输送更多合格新生，学校将工作重心转移到提高教育教学质量上来。不断制定和完善各项规章制度。

1983年。学校开始招收三年制高中生。教导处进一步加强对教研组的工作指导，要求各教研组必须在每学期开学一周内制订出本学期或学年的教学计划。制订教学计划的依据是：教育部颁布的课程计划，课程标准，现行初、高中教材，本校教学条件和学生实际，学校同年级同学科教师须认真研读教学大纲钻研教材。教学计划内容包括：课程计划、课程标准、教材、教学条件、学生情况分析、本学期或本学年教学目标、单元或章节教学进度、教学措施、教学业务学习及有关教学活动的安排等。教学计划报教导处批准后，各任课教师即遵照执行。教导处还定时和不定时地对教师执行教学计划情况实施检查。包括业务学习，备课教案，课堂教学效果，批改作业的数量及质量，并对检查结果作出相应评价。在肯定优点的同时指出存在问题，推动教师改进工作，实现专业成长。

1985—1990年。学校全面提高教育教学质量，所有工作以教学为中心开展。教导处加大了对教学常规的管理力度，建立并健全教师教育教学质量评比制度。具体要求教师尽职尽责，为人师表。认真研读大纲，教材，制定切实可行的学科教学计划。认真备好每一堂课，写好教案（待查）。年轻教师必须写详案，老教师可写略案。同年级同学科必须统一教学进度，按时按质完成教学任务。教师在具体教学过程中，应注重启发学生思维，培养学生分析问题和解决问题的能力。学生作业批改及时认真，理科作业须全收全改。文科作业全面审阅，重点批改，作文则可重点批改（或轮换批改）。每学期学生作文应保证十次以上。所有各科作业老师批阅后，需及时讲评。教师在日常教学中应遵纪守时，不能私自调课、缺课、迟到、早退，早、晚自习辅导教师要耐心细致，深入了解学生学习的个体差异，切实做到因材施教。

1990—1995年。学校针对高中考试制度改革、开展会考的研究和会考信息资料的收集、整理。让师生全面了解会考的意义、目的以及与毕业升学的关系。加强各科教学，提高教学质量，提升会考合格率和A、B等级的百分率。各学科按新的教学大纲进行教学，认真学习、理解和执行新大纲规定的教学目的、要求，教学内容及原则。紧紧围绕“德育为首位，教育为中心”制订切实可行的教学计划。在备、教、改、辅、成绩考核、实验6个环节的教学活动中以“教师为主导，学生为主体”，增强教学的有效性。教研组各学科开展观摩教学及优质课评比活动，提升教师专业素养。初、高中毕业班则让富有教学经验的老师把关，指导复习迎考。培养学生应试能力，全面提升学生成绩。

1996年8月起。学校实行科学、系统、规范的教学常规管理。学校对教师备课、上课、作业布置、教学辅导、成绩考核、教案编写提出具体要求。统一印制教学备案本，明确教学目标，优化教

学结构，科学设计课程体系，着眼学生知识与能力的提升培养。

2000年，学校初中部停止招生，成为黔南州首批独立高中。教学模式进一步优化。致力于提高课堂教学效率，让学生当堂巩固课堂知识，学会、记牢、用好。坚持“教以学为主，学以练为主”，使学生学以致用，形成自己的知识结构。教师在教学中着眼于学生的能动发展，改进教法，指导学法，注重学生创新思维能力的培养与提高。各教研组同学科教师互相交流、学习、借鉴。教师的整体教学水平得以提高。

2002年，学校全面推行普通话教学，要求各任课教师课堂教学一律使用普通话。利用讲授、课外阅读，加大普通话训练力度，增强教师学习使用普通话的意识。教导处组织工作人员不定时巡查课堂。督促师生普通话表达交际能力。

2009年2月，学校根据瓮教发〔2009〕11号文件精神，在学校开始推行“星星校园”建设工作。是年8月，学校拟订出《瓮安第二中学教学过程管理措施二十条》。其主要内容有：积极推行高中教育教学目标责任制。对目标层层分解，落实责任，做到人人出力，个个尽责。加强与区域内外学校之间的交流与联系，互相沟通信息，交流管理经验，取长补短、相互促进提高。切实加强备课组活动的过程管理，将备课组活动制度化、专人化，落实具体的活动时间、地点、内容及主讲教师。将教法研讨，课改新理念的学习及资料使用作为备课组活动主要内容。学校组织人员对备课组活动进行督查指导。规定高一、高二教师每学期每人听课与被听课不少于15节，高三教师不得少于20节，每学期至少撰写一篇反思性教学总结。行政领导将对高中各年级，尤其是高三年级进行听课或课堂观摩，每位行政领导每学期听课或观摩不少于20次，并应及时提出相关的指导意见。

2010年3月，学校为全面提升学校教育教学质量，明确拟订出《瓮安二中任课教师工作职责》：要求各任课教师服从学校领导，遵守学校规章制度，按时上课、下课，参加集体活动，积极维护学校的正常教学秩序。按照新课标要求和教务处制订的教学进度计划，按时完成教学任务，教书育人，管教管导，加强对学生学习的目的性教育，提高学生学习的积极性，培养学生良好的学习习惯。遵循教学规律，贯彻教学原则，改革课堂教学，提高教学效率，积极进行教改实验，认真写出经验总结。按照教务处、教科组的统一安排，积极组织和辅导学生开展学科课外活动。开拓学生的知识视野，激发学生的学习兴趣，发展学生智能。是年5月，学校为保障教学工作的有序开展、确保教师各科教学任务圆满完成，特制定出《瓮安二中调课、代课管理制度》，制度规定：教师无正当理由不允许私自换课、顶课、代课或合并课程，学校教务处每周不定时巡查，如发现有与课程表或任课教师不相符的情况，则视为课程表计划中的当事人缺课（按旷课一节处理）。教师外出开会、学习、听课、赛课等因公出差，原则上由教师本人先自行调课，如部分课程确实无法调整，由教务处协调安排，并出具代课条，学校按5 元/节的标准补贴给代课教师。教师因私事请假，按规定履行请假手续，由当事人自行调课，安排好课务，并报教务处备案，当事人回来后再补上所缺课时，教务处不出具代课条，学校不给予代课教师补贴。教师因病请假的，凭请假条由教务处协调安排课务，并出具代课条，学校按代课标准补贴给代课教师。教师因突发事件请假，确实无法自行调课的，按规定履行请假手续，凭请假条由教务处协调安排课，并出具代课条，学校按代课标准补贴给代课教师。教师因公或因病请假缺课，在履行正常手续的情况下，不扣除任何费用。因私事请假，参照学校考勤制度和代课制度行。误课（未请假、迟到或早退10分钟以上），一经查实，从岗位津贴中扣20 元，取消满勤奖100 元。9月，学校根据《贵州省黔南州教育局普通中小学教学常规管理若干意见（试行）》和瓮安县教育局《关于加强中学教学常规管理的意见》的精神，制定《瓮安二中教学常规管理规定》。要求各科教师在新学期开学前应认真学习课程标准，并在整个教学过程紧扣《课程标准》进行教学，加以落实。10月，学校为了实施素质教育，加强教师管理科学化，依据《中华人民共和国教师法》和人事部《关于事业单位工作人员考核暂行办法规定》等有关法规，结合学校实际情况，在总结过去学校教师考核办法的基础上，制定出教学常规工作考核办法。考核内容：包括教师工作量，备课编写教案，作业批改情况，教学业绩，公开课教学，指导培养学生情况，辅导差生情况，教研组、集体备课组工作情况，课外活动开展情况，教研（科研）教改，指导培养教师情况等方面。考核原则：体现多劳多得，兼顾公平效率；考核导向要有利于教学常规管理，有利于教师业务成长；考核依据要侧重于考察教学工作任务的完成情况、教学常规材料的完成情况等。考核办法：教师教学常规每年综合考核一次，并按期公示。考核结果作为教师评优、评先、职务晋升和晋级的重要依据。

2011年3月15日。学校为保障教学的有效性，公平、公正评价教师和检验学生学习成绩，印发《瓮安二中严格考试制度的若干规定》，要求监考人员要认真布置考场，按学校统一要求摆放课桌椅，保证考场整洁、卫生。认真做好监督、检查、服务工作，对学生进行思想教育，维护考场纪律，确保考试顺利进行。在监考过程中，不准吸烟、阅读报刊、谈笑、批改作业。要关心，爱护学生，不准擅自改动考试时间，努力营造良好的应试氛围。是年9月，学校教务处制定学生作业布置与批改要求。其内容是：作业内容要有助于学生巩固与加深理解所学知识，并形成相应的技能技巧，符合新课程标准和教材的要求；作业要精心设计，力求少而精。教师不得布置机械重复和大量抄写的作业；难易要适度，有明确的目的。在设计、布置作业时尽可能地做到有梯度、有区分度，对优秀生、中等生和学困生提出不同的要求。引导学生养成独立思考，按时完成作业的习惯。要求学生作业书写工整，字体要规范，书写格式要统一，要求要一致，要及时改正作业中的错误。语文作业，作文每学期不少于7次，每次作文不少于800 字；课后练习、字词等作业每周两次；数学作业每周四次或每学期不少于40 次；物理、化学作业每周两次或每学期不少于20次；英语作业，每周四次或每学期不少于40次；政治、历史、地理、生物作业，每两周三次或每学期不少于12 次；毕业班进入复习阶段后，语文科的大作文每两周不少于1次，其他作业每周6 次，试卷每周不少于1份；数学作业每周不少于4 次，试卷每周不少于1份；英语作业，每周2次，试卷每周不少于1份；物理、化学、生物、政治、历史、地理作业每周2 次，试卷每周不少于1份。批改作业要求：作业的批改原则上要求全收全改。教师要认真及时地批改学生的作业，做到一般作业当天批改，作文一周内批改，以便及时检查教学效果和发现教学中存在的问题。严禁让学生代批作业。对少数特殊学生（包括尖子生和学习困难学生）专门布置的作业，尽可能面批。作业的批改要采用评语式、遵循启发、鼓励原则，促使学生的非智力因素向良好的方向发展。批改作业时，以鼓励为主，对作业中有创意的学生要进行表扬，要分析错误产生的原因，要有记录，作为课堂讲评或改进教学的依据。教师对学生改正的错误要及时给予批复，批改符号要规范。每次作业批改后，认真讲评，对错误集中的作业要集中订正。批改作业一律用红色圆珠笔或红色墨水钢笔。作业批改认真细致，准确无误，无漏批、错批现象。作业批改后，要签署时间，必要时可加批语。

10月，学校根据《基础教育改革纲要》和新课程标准要求，制定出《瓮安二中教学常规工作精细化管理实施方案》，方案以提升教育教学质量为核心，以实现精细化管理为目标，深入贯彻落实科学发展观，完善制度体系，强化责任意识，关注管理细节，重视管理过程，突出管理重点，落实管理目标。实现学校管理工作的“四个转变”，即由经验型向制度型转变、由粗放型向精细型转变、由片面型向总体型转变、由传统型向特色型转变，建立民主科学的管理机制，实现教学工作决策的民主化，为教师的发展和创造性工作营造民主、宽松和谐的环境和条件。

12月，学校根据省教育厅《关于加强全省中小学教学工作的指导意见》文件精神，对学校教学常规工作提出管理实施意见，要求教师备课要做到五备：备教材、备学生、备教法、备教学手段、备练习。备教材：要整体把握教材知识系统。弄清各部分在整体中的地位，明晰知识间的内在联系，确定各章节、各部分的教学目的、教学目标、教学重难点。要“用”好教材，一方面要充分挖掘课本范例的教学功能；另一方面，要跳出教材、超越教材，灵活处理教材的内容，及时关注时代发展的新动向，吸收生活中鲜活的素材，并整理、融合到自己的教学中。备学生：要细致了解学生的知识水平、学习能力及思想、情绪，要了解学生的学习方法、爱好和对教学的期望。备教法：针对不同年级不同班级的学生特点，设计科学的施教方案。教学环节设计要突出重点、突破难点。分清各个环节的先后、主次、指向目标之间存在的联系。教学情境设计合理，符合学生认知规律，能充分调动学生的学习兴趣，能为学生分析问题和研究问题服务。教学活动设计要坚持“以人为本”的宗旨，在设计中为学生的主动参与留下时间和空间，为教学的动态生成创造条件。要充分思考学生在学习过程中可能出现的问题、可能遇到的困难、可能出现的“独特见解”以及应在哪些方面加强学法指导。备例题与练习：要根据教材和学生实际精选例题、习题，突出例题、习题的针对性、目的性和有效性。备教学手段：根据需要选用各种教学手段，利用各种教学手段优化教学效果。积极倡导现代多媒体教学手段在课堂教学中的应用，40周岁以下教师每人每学期要应用多媒体开设一节公开课；40周岁以上教师每学年应用多媒体开设一节公开课（要求平时多参与课件制作和应用）。

2012年3月，学校认真贯彻落实《贵州省普通高中新课程计划》，要求教师教学工作计划的制订要具体、详细、操作性强，对各项教学工作有明确的要求和督查措施。也作为各教研组和任课教师制定计划的重要依据，内容包括：学情分析，教材分析、日教学目标、教学措施、日教学进度等。其中，教学进度安排应包括教学内容、课时计划及授课时间。课外辅导计划包含辅导对象、辅导内容、辅导成效分析等；复习计划包含复习目标、复习内容与进度、复习策略等。5月，学校在高三年级开展“培优”工作。对成绩突出，学有余力的学生，组织富有教学经验的教师利用课余时间或晚自习，不分班级开设“培优”课堂（学生自愿，教师不计报酬）。精心辅导学生，提升学生成绩。9月，学校进一步强化教师备课上课制度。要求教龄在五年以下，教师需写详案；五年以上者可写略案，但过程必须完整。10月，学校根据各年级班级学生成绩参差不齐的现状。经过调研讨论，决定在全校推行分层教学。出台实施分层教学方案。从根本上解决了能力强的学生“吃不饱”，能力欠佳的学生“吃不消”的难题。使各个层面的学生都得到了应有关注和最好的发展。11月，学校建立作业布置和批改的检查制度。学校每月对教师作业布置与批阅情况进行检查和考核评比，考核结果作为教师年终考核的依据。12月，学校要求各科任教师要按“分类指导”“抓两头促中间”的原则，把课外辅导与课堂教学纳入统一的教学计划之中，认真制定辅导计划，确定辅导对象，精心选择辅导内容，增强辅导的针对性，注重实效。

2013年1月，学校教务处推行诚信考试，检查教学效果、考查学生知识能力，衡量学生水平、督促学生学习。要求教师做好相关的考测工作，认真组织好每学期的单元、月考、期中、期末考试工作，单元考试由各教研组组织，月考、期中、期末考试由学校统一组织。每次考试的试题命制要以课标为纲，以教材为本，难易适度，分量适当、题意明确、文字确切、标点正确、图像清晰、字迹清楚。原则上基础题、中等难度与高等难度之比为7∶2∶1。考试结束，科任教师要认真地对试卷进行批阅和正确的评价。认真做好考后的总结和讲评工作。及时撰写书面质量分析，交教导处存档。每学期结束要对教师的考测工作进行全面的考核和评价。

2月，学校建立对学生“星”级评价和对教师阶段性评价制度。确立全面、全程、全员的“三全质量观”。不简单地以学生考试分数来衡量教师的工作业绩和教学质量高低。评价学生要以各门课程标准为基本依据，对学生的知识与技能、过程与方法、情感态度和价值观等进行评价，并要突出对创新精神、实践能力等方面进行检测和评价。重视过程性评价，采取阶段性评价和过程性评价相结合的方式考查和评价学生。要发挥评价的激励、反馈、调整和改进功能，使评价成为促进学生发展的重要环节，学校还建立学生成长记录袋，真实反映和促进学生的健康成长。学校定期检查，评出优劣，给予适当奖励。3月20日，学校为推进素质教育工作深入开展，全面提升教育教学质量，促进全体学生全面发展。根据学校实际，特制订瓮安二中培优辅差工作计划。其指导思想是：根据学生个体差异的客观存在，实施特殊教育计划，分层教学，让每个学生都在原有基础上得以提高发展。体验学习的快乐和进步的乐趣。达到全面提高素质教育的目的，从而使优生更优、差生不差，共享成功。

8月，学校制定教研组组长、备课组组长聘任管理办法。教研组组长聘任资格：能坚持四项基本原则，为人师表，教书育人，专业功底扎实，能起到示范引领作用，工作业绩突出； 具有三年以上教学经验，有一定的教育科研能力。有高三毕业班的任教经历和组织中高考备考经历，组织协调能力强，有责任心，师德表现好；身体健康，能够团结协作，善于协调，落实好学校各部门下达的任务。聘任时间：教研组组长任期两年，每两年重新聘任，优秀者可连任，原则上教研组组长年龄超过50周岁不再担任。行政人员、年级组组长原则上不兼任教研组长。教研组组长职责：制订教研工作计划，指导备课组制订学期教学进度计划。并上交教科处。每周有针对性地听本组教师一节课，并作好评价，及时反馈情况，指导本组新教师的教学， 每学期定时召开教研活动，并作好活动记载，协助教导处做好期中、期末教学检查。组织本组教师严格做好期中、期末考试的命题，把好命题签字关； 参与质量分析会，并指导备课组提出整改措施。 注意搜集学科的教学信息，重视学科资料的积累。完成学校交办的其他教学、教研工作。待遇：根据学校管理办法给予一定的津贴。在评先选好、晋升职称、岗位竞聘给予优先考虑。考核：每年进行一次优秀教研组的评选，一等奖1名、二等奖1名、三等奖1名。教研组组长在任职期间内有下列情况之一者，或自动申请离职，或学校给予免职。不履职：不能积极开展教科研组活动； 不能积极完成学校布置的各项教学科研任务；不能完成学校交办的其他任务。不适应：因能力水平等因素，上任后自感能力有限或教研组同事认为如此者； 因身体等因素无法正常开展工作者；在组内不能形成良好的教科研氛围，不能起模范带头作用者； 教研组工作无起色，且不听批评帮助，我行我素者。不作为：工作严重失职，渎职造成严重影响者； 严重违法违纪，并受到有关部门处理、处罚者。根据学科要求，学校共设置：高中语文、数学、英语、物理、化学、生物、政治、历史、地理、音体美、信息等教研组。9月，学校要求，每个教研组学期初要申报组内小课题，组内成员都要填写立项申报表，并形成小课题研究方案； 任课教师也可以根据平时教学中发现的教学问题确立自己的小课题，进行研究。学校将定期召开小课题分析、交流会；期末召开研究成果汇报会；对好的经验进行推广。

10月，学校根据《教学精细化管理方案》的要求，成立教学精细化管理工作领导小组，明确领导小组人员的工作任务和职责，细化各阶段工作任务，扎实组织开展有效教学活动，严格过程管理，抓实教学细节，提高工作质量，确保教学常规工作落到实处，见成效。加强学校对教研组、教师教学常规工作的督查考核。抓好每天的教学活动检查。同月，学校为保证完成上级教育主管部门下达的高考录取任务，印发《关于加强高三毕业班工作的若干意见》，实行领导成员分工负责任。协助班主任和任课教师加强对学生的思想政治教育。11月。学校为加强对课堂的管理，进一步规范教师教学行为，提高教学效益，依照州、县教育主管部门要求，特别制定《贵州省瓮安第二中学课堂督查制度》，成立课堂督查小组。督课小组成员每天分年级巡查课堂，抽查班级作业布置，教师教案。每月将各年级的课督查完成。对督课中问题出现较多的教师，督课组可进行多次督导，促进改进。

12月，学校对教师参与教研活动听课作出明确规定，每一位教师每学期至少听课12节以上。每节听课应有详细记载，要标明听课日期、授课人、教学班级、教学课题，还应有课堂评价或教学建议。大型公开课的听课，备课组长（或教研组长）要组织说课、评课活动。听课可随堂听课，可跨年级、跨学科进行。同月，学校还制定《瓮安二中学生评教制度》。其测评内容有以下几个方面：教学态度（20分）：治学严谨，为人师表，衣着整洁，遵守纪律，不随意调停课（10分）；备课充分，辅导答疑及时，批改作业认真，严格要求学生（10分）。教学内容（22分）：内容正确，条理清晰（10分）；信息量大，及时反映学科动态（6 分）；重点突出，详略得当，难度、深度适宜（6分）。教学方法（22 分）：教学方法灵活多样，生动有效（8分）；讲课熟练，富有启发性、艺术性（8 分）注重学生能力培养，鼓励创新（6分）。教学手段（18 分）：语言表达规范，讲普通话（6分）；板书工整，布局合理（6分）能根据课程需要运用先进的教学手段（6 分）。教学效果（18分）：学生能较容易的接受并掌握所授知识（6分）；课堂教学气氛活跃、互动积极（6分）；学生的相关能力和素质能得到提高（4分）；学生能获得优良治学风气的教育（2 分）。学生评教数据的统计分析由教务处负责。并印制《瓮安二中学评教问卷调查表》。将上述五项内容设计为17项评教项目。每一评教项目分为A（系数1）、B（系数0.7）、C（合格，系数0.4）三个等级。所得评教项目评分之和即为该教师综合评分。学校将以学生评教结果对教师进行教学质量评估及评先选优和高进评聘的重要依据。

2014年，学校进一步完善《贵州省瓮安第二中学阶段性评价方案及实施细则（试行）》。方案评价依据：以各学科学期考试的总成绩、名次、班总成绩名次达到或提高的幅度作为评价教师教学和班主任管理工作业绩的依据。各学期期末由学校教务处统一组织考试、评卷、测算成绩，确定各教师的获奖情况。评价标准则参照学科基准成绩〔学生参加中考 进入高一年级的成绩（原始分）〕。生物按理科综合成绩，地理按文科综合成绩测算。各学科全级前100名人数（一类），各级全300名人数（二类），全级前600名（三类）。根据以上基准成绩确定各班各科总成绩。插班生（休学、留级）转校生、外地中考的学生以在瓮安二中参加的第一次学校组织的统考成绩作为基准成绩。凡学科排名获奖的教师，学校均奖励教师300元现金，颁发“教学成果奖”荣誉证书。凡班级管理达标的班级、班主任，学校均颁发“优秀班主任奖”“优秀班级奖”，奖给班主任现金400元。

2016—2018两学年度，学校大力实行学校行政人员推门听课制度，要求所有行政人员每周必须听课2节以上，听课后要有点评记录和师生签字，听课记录要及时上交督查室检查，每月考查一次，并和行政人员个人的月绩效考核挂钩。推门听课制度的认真执行，促进了课堂教学质量的提高，提升了学生高考成绩，2017年，二本以上录取人数达1104人。2018年，学校超额完成县局下达的高考目标任务数。

第三节　招生与考试

一、招生录取

1958年，在“两条腿走路”的办学方针指导下。县人民委员会在银盏乡银水寺创办了瓮安交通学校。是年7月15日，按安顺专区转省教育厅文件，县人民委员会成立“瓮安县中等初等学校招生工作委员会”。学校接县招委要求招收两班高小毕业生，考试科目为语文、算术、口试，招收约90余名高小毕业生。8月27日举行开学典礼。12月29日，福泉、瓮安并县，原福泉县交通学校一个班学生约40余人，在老师带领下全部并入瓮安县交通学校，这次合并之后，学校更名为瓮安工业交通学校，合编成冶金、化工、交通三个班，学生146人，其中女生27人、少数民族3人。

1959年6月13日，县人民委员会出台《关于1959年我县教育事业发展计划安排的意见》。把工农业余教育摆在全县教育的首要位置，并且要求小学所有的适龄儿童均入学，对全县12 个区（包括福泉的5个区）下达1959年的小学招生任务，初小招新生13710人。是年7月，瓮安工业交通学校停办。县教育科结合县教育事业发展计划安排意见，在已停办瓮安工业交通学校校址上成立瓮安师范学校。8月，瓮安师范首次自主招初师一年级四个班新生180余人，再加上瓮安一中（原福泉中学）转入的初师二年级两个班学生100余人，共计296人。9月初举行了瓮安师范开学典礼。1961年5月，瓮安师范停办。

1962年2月21日，在已停办的瓮安初级师范学校校址上，组建成立瓮安县城关小学，学生约560人。1962年8月下旬，学校招一年级新生两个班100余人，以后逐年扩招一年级新生。

1964年7月6 日，县人民委员会设立“瓮安县招生委员会”，负责办理瓮安县各级各类学校招生事宜。

1966年5月16日，“文化大革命”开始，6月8日，教育部党组向党中央、国务院提交《关于改革高级中学招生办法的请示报告》，经党中央、国务院批准，废止了施行的招生考试办法。是年9月，学校有16个班级，学生约750人，教职工24人。

1967年，全国大中学校停止招生，瓮安县招生委员会解散，但小学招生未受影响。

1970年至1976年的招生工作，主要根据上级指示，采取推荐与考查的方式进行。

1971年秋，学校自留高小毕业生45人，首次办一个“戴帽初中”班。

1972年，再次自留高小毕业生45人办一个初中班。以后逐年扩大招收初一新生。

1973年，学校更名为瓮安县城关第二小学，继续招收小学一年级新生和“戴帽初中”初一新生50名。

1976年9月，由瓮安县城关第二小学的初中部师生，组建成立雍阳中学。时有教学班9个（初一至初三各三个班），学生405人。教职工28人。

1977年。国务院批转教育部意见，指出：“高等学校招生工作，直接关系大学培养高级专门人才的质量，影响中小学教育，涉及各行各业和千家万户，是一件大事。为快出人才，早出成果，尽快改变教育与社会主义事业发展严重不适应的情况，在20 世纪末把中国建设成为伟大的社会主义现代化强国，各地要加强对招生工作的领导，深入批判江青反革命集团的反革命修正主义路线，努力提高招收新生的质量，切实把优秀青年选拔上来。要认真总结经验，逐步健全和完善无产阶级的招生制度。”是年12月，全国恢复中断10年之久的全国统一高考。县委根据教育部文件精神立即成立瓮安县招生委员会办公室开展招生工作。

1977年9月，学校招收初一新生180人，共有10个初中班，学生约450人。

1978年7月，雍阳中学更名为贵州省瓮安第二中学，简称瓮安二中。

1978年9月，学校招收初一新生200人，共有11个初中班，学生约500人。

1980年9月，学校首次招收二年制高中2个班，学生112人。至此，学校成为完全中学。

1982年起，省高等学校、中等专业学校招生实行预选。把预选指标级下达到中学，由中学根据学生毕业考试成绩结合平时成绩，德、智、体全面考核，择优预选，参加全国统一考试。三好生、优秀学生干部、地区级以上体育竞赛获单项前五名或集体前3名主力队员如差3~5分可加5分达到预选合格线。贵阳、安顺、遵义市少数民族生照顾10 分，其他地区少数民族生照顾20 分。享受照顾加分的考生只能加一次，不能累计计算。是年学校第一届高中毕业生参加高考预选考试后，有67人参加7月的全国统一高考。

1983 年，全国高校招生规定：“从今年起，应届高中毕业生报考高等学校，必须具备高中阶段的档案。”有应届高中毕业生的学校须健全学生档案，对预选上线考生提供高中阶段的全面情况，包括学生各学期的操行评语、期末考试成绩、是否学生干部和好学生等； 有何特殊表现、爱好、特长、社会活动能力、受过何种奖励或处分；健康状况和既往病史健康卡片，体育达标情况等。应届初中毕业生的毕业考试，由州命题，用同一试题。对预选上线考生应立即进行政审和体检。

1988年5月，省招委、教委及公安厅根据国家教委“制止高分省的考生到低分省报考”的精神，结合全省实际，对普通高等学校、中等专业学校报考考生户口普查作出有关规定。限制外籍考生到贵州无条件参加高考。是年，学校高考录取率达57.6%。位列全县之首。

1989年，省教委规定，报考普通高等学校和报考招收高中毕业生的中等专业学校的考生必须经过预选考试（免试者除外），预选合格才能参加全国统考。凡报名参加预选考试的考生，必须符合报考条件，必须是省内的常住户口。借考问题，鉴于预选考试和统考都是使用省编实验教材，并由省统一命题，因此，凡在外省（区） 直辖市借读的应届届毕业生，原则上不办理借考手续，应在户籍所在地报名参加预选考试。省内跨地区跨县借读的应届高中毕业生可在就读学校参加预选考试，合格后持证回户籍所在地参加全国统一考试，往届高中毕业生，不论是跨省或省内跨地、县补习或复读的，一律回户口所在地报名参加预选考试。报考体育专业兼报理、工、医农和报考艺术兼报文史类的考生，必须参加文化预选考试，并与理科及文科的考生同线。单独报考体育专业或艺术专业的考生，只办理报名登记手续，可不参加文化预选考试，以专业成绩决定是否参加统考（这类考生只作统计，不占预选指标），预选考试中，对少数民族考生仍降分予以照顾，择优录取。对应届高中毕业生受地区及以上表彰的优秀学生干部，总分低于预选分数线10分以内的。可以照顾预选上线。对在少数民族（指自治州、自治县）连续工作15年以上的汉族干部和公办教师子女，总分低于预选控制分数区10分以内的，可以照顾预选上线。对应届高中毕业生，在高中阶段参加地区以上体育竞赛获单项前5名或集体前3 名的主力队员及获国家二级运动员称号的考生，总分低于预选控制线20分内的可给预选上线。

1992年，高考仍按文、理分科进行。还规定高中学生档案必须具备以下方面材料：《贵州省普通高中毕业生德、智、体考核情况登记表》；《贵州省普通高中毕业生政治思想品德考核表》及政治思想品德考核的有关记录；体育成绩情况登记表（卡）；毕业生登记表；《高中毕业证书》和“会考合格证书”；1992 届学生高三年级政治、语文、数学、外语四个会考科目的第一次补考及其余学科第二次补考，省统一时间、统一命题、统一参考答案和评分标准。会考成绩仍按A、B、C、D、E 五等划分。

1993 年，开始按优、良、及格、不及格四等划分。1993 届学生已会考地理学科成绩A 等转换“优”，B、C等转换为“良”，D等转换为“及格”，E等转换为“不及格”。1992年参加艺术类高考学仍需参加文化课考试，科目与文史类同。从1993年起，学籍和考籍均由州普教部门管理。学校招生工作开始由张儒伦老师专职负责。

1995年，在1994届高中毕业会考中，学校历史科会考成绩获全州第一名。物理会考成绩科获第二名。

1996年，学校按计划招收4个班初一新生240人，6个班高一新生336人。

1997年，学校按计划招收4个班初一新生248人，6个班高一新生356人。

2000年，学校按照贵州省教育委员会（2000）14号文件规定在高中毕业会考英语科中加试听力考试。是年9月，学校停止初中招生，成为独立高级中学。县教育局为规范高中生录取办法，采取瓮安中学、瓮安二中按考生成绩从高到低排列，一中、二中各1名依次录取高一新生办法。如遇特殊情况，在录取场内，经两校校长签字同意可以调换，但上录取册后一律不得私调。对违反纪律私招、私控、私调学生，影响学校正常教学秩序者，要严格查处学校领导及当事教师，校长当年年度考核为不合格，班主任和科任教师除年度考核为不合格外，调离所任学校安排到其他乡镇学校工作。未被高中正式录取而又要求就读高中的学生为计划外学生，必须在县教育局教育股报名，按学生自愿进行分配学校，需一次性交纳计划外费用1800 元，学生凭收费收据及通知书到校报到，并按学校正式学生收费标准交纳费用。正式录取生及计划外学生分别造册交教育股审查，报州教育局办理学籍。审查中如发现未按规定程序办理而私自上册者一律剔除，并按第二条办法查处当事人。高中开办补习班，一中、二中可开办文、理科各1个。补习班学生在县招办报名。按志愿进行分配，一次性缴纳费用。收费标准如下：高考成绩上重点本科线者按高三级正式生交费：上一般本科线者在正式生标准外加收300元（每学期）；未上一般本科线者加收500 元（每学期），补习结束，在县招办报名参加高考。补习生高考成绩不计入就读学校高考成绩，学生档案由原毕业学校负责提供。高中学生不许借读，外县籍户口学生就读必须到教育股办理相关手续学校才可以报名注册。该年度，学校招收8个班高一新生528人。

2002年，全国高考实行“3+1”考试：即语数外+文科综合或者语数外+理科综合。

2003年5 月，省招生委员会（2003）006号文件下发，实行高考生资格公示。公示内容有：姓名、报考号、所在学校、户口所在地，享受少数民族加分的考生族别，农村独生子女户的女孩，二女结扎户女孩，获省级以上科技发明创造奖，奥赛省区一等奖，重大国际比赛和全国性体育大赛前六名，获国家二级运动员称号的，归国华侨子女，军功烈属子女，在民族州、县工作15年以上的干部及教育卫生人员子女，高中阶段获地州及以上表彰的三好生和优秀学生干部，外省籍在贵州省正常报考或限考的考生也要公示。县级招办要在招生或考生所在学校张榜公示有关内容。是年9月，州下达给学校指令性计划招生800名；指导性计划招生200名。根据州局每生每学年收费上限不超过4000元的规定，结合当地实际及中考成绩的分数每生每学年收取420分以上600 元，410~419分700元，400~409分800元，390~399分900元，389分以下收1000元，389分以上考生按报名交费顺序录满为止；如录不满，再适当降低分录满但每生每学年缴纳教育成本补偿费不得越过1000元。将指导性招生计划纳入县招生计划，招生人数和收费标准，统一按分数择优录取。统一办理入学手续。学校不得擅自扩大招生比例，降低录取分数线，提高收费标准或在限定金额外收取其他任何有费用。对指令性录取新生严格按计划在被录取学校就读，不得擅自择校，各校不得擅自招收他校录取新生。

2004年9月，学校首次招收体艺特长班一个，报考考生参加全州统一中考，文化成绩可按学校录取分数线的80%录取，个别学生素质特别优异或省州级竞赛获取名次的考生特殊考虑，当年招收学生60人，其中体育特长生33人，美术12 人，音乐15 人。在社会上引起强烈反响，得到广大家长和学生的支持。

2005年9月，再次招收一个体艺特长班，广大考生踊跃报名，受名额限制，仅招收了60人，其中体育特长生27人。美术15 人，音乐18 人。这些文化底子差的学生，发挥他们的特长，经过三年高中学习和训练，考入高等院校，成为社会的有用之才。是年学校招收高一新生1000人。

2006年9月，学校高一总计划招生1050 人，其中指令性计划950人，择校生计划200人。

2007年9月，学校设立招生办公室。开始建立学籍信息电子化管理系统。是年，招收高一新生1080人。

2008年，学校按照黔南州普通高中招生计划安排，招收高一新生1064人，其中指令性计划招收958人，三限计划106人。

2009 年，黔南州教育局〔2009〕9号文件规定普通高中招生录取严格按照学生志愿、招生计划和学按学生志愿、招生计划和学业成绩排序。其中文化成绩占70%，专业测试成绩占30%，由州统一录取。调档按考生志愿，同一批次采取时间段中、按学业成绩排序录取。若成绩相同，则按综合素质择优录取。是年9月，学校招高一新生1100人，其中指令性计划880人，择校生计划220人。

2010年6月，学校招生工作由李文通老师负责。是年9月，学校招高一新生1250人。其中指令性计划1000人，择校生计划250人。是年学校有59个教学班，学生3638人。

2011年6月，州教育局〔2011〕2号文件对普通高中招生做出规定，报考普通高中同时可兼报五年大专、中专、中师和职业高中。全部为平行志感、按录取学校调档顺序（批次）确定志愿顺序。普通高中招生严格按学生志愿、招生计划、学业考试成绩和综合素质评价等级条件择优录取，由州统一办理录取手续。试行省级示范性高中招生配额制。体艺特长班招生按学业考试成绩加术科成绩，总分不低于本校统一招生录取分数线50 分，从高到低依次录取。少数民族应届考生加10 分计入总分。录取顺序为：配额生—统招生（一类示范性高中—二类示范性高中—三类示范性高中—其他高中）—特长生。是年9月，学校招高一新生：1526人。学校高一年级班级，由原来的19个班扩大为23个班。

2012年，学校招收高一新生1524人，其中统招生1173人，择校生351人。

2013年3月，学校电子学籍管理系统由葛丹老师负责。是年9月，学校招收高一新生1477人，其中统招生1286人，择校生191人。

2014年，学校招收高一新生1698人，其中统招生1443人，择校生255人。

2015年，由于招生政策调整和学校调整，学校仅招收高一统招生951人，取消了择校生的招收。

2016年，学校招收高一新生1472人。其中招收音体美特长生一个班60人（体育30人，美术20人，音乐10人）。

2017年8月，学校招生工作由李家庆老师负责。是年9月，学校招收高一新生1485人。其中招收音体美特长生一个班70人（体育50人，美术10人，音乐10人）。

2018年8月，学校招收高一新生1475人。其中招收音体美特长生一个班60人（体育40人，美术10人，音乐10人）。

二、考试考查

考试考查分学科成绩考试和操行成绩、体育成绩考查。

1954 年1月，贵州省教育厅修订1952 年颁发的《贵州省中等学校成绩考查办法》并下发，办法规定考查含学业成绩、操行成绩两个方面。

1955年7月，省教育厅规定自该学期起不再举行半期考试，学期成绩以平时成绩占50%，学期考试成绩占50%合并计算。

1958年，瓮安交通学校成立，按照省教育厅的这两项规定对学生进行考试和考查，实行5分制记分法。

1962年，学校改建为瓮安城关小学，县招生实行统一领导、分级管理的办法。对于全县报名考试做出统一规定。开始恢复实行百分制。小学考试科目为语文、算术。分半期考试、学期考试进行。

1971年秋，瓮安县城关小学自留高小毕业生45人，首次办一个“戴帽初中”班。由学校教学水平较高的老师担任初中课程的教学并组织考试。

1973年，瓮安县城关小学更名为瓮安县城关第二小学，瓮安县城关二小“戴帽初中”继续招初一50名新生。教师教学水平有所提高，教学质量有所上升。

1976年9月，由瓮安县城关第二小学的初中部师生，在原址组建成立雍阳中学。时有教学班9个，学生405人。调入了一批初中师资，教学质量有了较大提高，1976—1978年，雍阳中学3届初中毕业生的升学成绩保持高位稳定，录取率居全县第一。

1977年12月11日、12日，贵州省举行恢复全国高等学校招生统一考试后的首次高考。

1978年，全国统一高考时间规定为每年的7月7—8日。

1980年9月，学校通过招生考试首次招收二年制高中2个班，学生112人。

1981年，学校对成绩考核规定每学期都要按教学计划规定的课程举行。成绩考核，每学期都要按教学计划规定的课程举行半期、学期及平时考试，毕业年级举行毕业考试。考试成绩按百分制评定。学生学期及学年成绩通知家长。学期、学年、毕业成绩均记入学生档案。学期成绩按半期30%.平时20%、期考50%计算；学年及毕业成绩按上期30%、半期20%、期末（及毕业）50%计算。全学年体育缺课者，不评定体育成绩。

1982年，学校首届二年制高中班毕业，112人参加高考预选，80人上线（其中理科68人，文科12人）。

1983年，全国统一高考时间调整为7月15日至17日，学校无考生参加高考。

1984年，全国统一高考时间恢复为7月7—9日。是年7月，全县高考录取重点9人，学校占5人。其中，蔡彤获县高考文科第一名，考入武汉大学；李岚获县高考理科第一名，考入南京大学。是年9月，英语正式列入高考主考科目。学校开始加强英语教学工作。

1986年，邹志贤获1986年高考瓮安县文科第一名。

1987年，全县高考录取重点14人，学校占8人。

1988年，全县高考录取重点20人，二中占13人。胡立获高考县文科第一名，其数学成绩117分（满分120分）并列全省第一，考入中国人民大学；陈恩科获高考县理科第一名，考入清华大学，为瓮安恢复高考以来考入清华第一人。

1990 年12 月28 日，黔南州教育工作会议规定：初中毕业生升入高一级学校，要进行德育考核。实验课要开齐，使用好教学仪器，实验开出率达到85%以上，执行体育不合格不能参加中等升学考试。要克服“重复教育”。

1991年起，应届初中毕业生和往届初中毕业生考中专中师按7：3的比例进行录取，以后逐年增大应届生的录取比例。初三不得留级，成绩不合格者发给结业证书或肄业证书。其余年级留级率不得超过5%.实行初中会考制度，会考科目：1991年历史地理（初二年级），1992年生物（动、植物、生理卫生，初三年级）。会考不合格者不得参加全州中等升学考试。初中实行保送德智体全面发展的优秀毕业生免试进入普通高中，要特别保送优秀的学生干部和品学兼优的少数民族学生（区中学前3名，县中学前5名）。从1992年起，中考实行全省统一考试。是年7月，朱静获1991年高考县文科第一名，袁晓文获1991年高考县理科第一名。

1992年6月5日，省教委规定普通高中毕业会考科目为：高一年级地理；高二物理、化学、生物、历史及理、化、生三科的实验操作考查；高三政治、语文、数学、外语及劳动技术课的考查。会考由省教委统一命题、制卷，统一考试，考点设在县（市、区）所在地的中学，要选择环境安静、条件较好，便于管理，具备保密、保卫、监考等条件。评卷委托地（州、市）教委组织进行，评卷等分后，将会考成绩报省。因故未能参加当年毕业会考或参考未合格者，可参与当年省统一组织的补考，补考不及格高三毕业前可参加一次补考。高三会考科目不及格可于次年（学生离校后）参加下一届学生的补考。

1994年，学校高考录取重点10人，本科43人，专科76人，中专74人，合计203人。其中，卢珺获1994年高考县文科第一名；刘元高获高考县理科第一名，其数学成绩居全州第一，以630分的成绩被清华大学录取。

1996年，学校高考录取227人，其中重点11人，本科59人，专科130人，中专27人。兰成坤获高考县文科第一名，考入华东师范大学；卿涛获高考县理科第一名，考入清华大学。学校获州高考优秀奖，获奖金8480元。

1997年，学校高考录取203人，其中重点12人，本科41人，专科89人，中专61人。罗丕获高考县文科第一名，考入江西财经大学。

1999年，徐仁义获高考县理科第一名，考入北京大学。

2001年，贵州省教育厅下发的《关于改革和完善普通高中华业会考制度的意见》规定，“从2001年起，省级及省级以上示范性普通高中经申请批准，可免予参加全省统的毕业会考，毕业考试由学校自行命题，施考和评定成绩。学生成绩与全省会考成绩具有同等效力”。是年高考，全县600分以上13人，学校占8人。

2002年，黔南州高考理科前10人中，学校占4人。其中，张焕以673分居全州第一、全省第十，考入清华大学。

2003年，经国务院同意，教育部决定从2003年起将高考时间提前一个月，时间安排在每年6月7日、8日、9日，一直沿用至今。是年高考，李治波以619分居贵州省文科第五名，瓮安县文科第一名，考入北京大学。

2005年1月，学校荣获黔南州教育局“黔南州普通高中教育教学质量奖”。是年6月，吴刚、吴冬兄弟两人同时参加高考，分别以681分、637分获2005年高考县文、理科第一名。吴冬考入清华大学，吴刚考入对外经济贸易大学，兄弟二人同时夺魁，堪称奇迹。

2006年1月，学校与都匀一中并列荣获“黔南州普通高中教育教学质量一等奖”。是年，学校高考录取567人，其中重点65人，本科191人，专科311人。

2007年，学校为了保障考试的公正、严肃，考场开始使用手机信号屏蔽器。在高考中还开始使用金属探测仪进行安检。是年6月，张婷菲以高考文化分661分，成为瓮安县理科第一位女状元。

2008 年，学校健全考试评价和日常评估制度。全学年度毕业班考生月考10 次，一律实行单人单桌、双人监考、流水阅卷。数据分析指标细化，以求获得真实信息，为高考把脉。高一、高二半期和学期统考均采用高考模式，培养良好考试习惯。王顺获2008年高考县文科第一名，郑朝阳获2008年高考县理科第一名。学校超额完成州高考基本目标和奋斗目标，获州高考奖励21.1万元，为州高考奖励第一名。

2010 年，省教育厅下发的黔教基发（2010）32 号文件规定，2010 年起由省对2007—2009级普通高中学生统一组织实施普通高中毕业会考。2010年秋季入学的学生实施普通高中学业水平考试，考试科目为语文、数学、外语、思想政治、历史、地理、物理、化学、生物9科；考查科目为信息技术以及物理、化学、生物的实验操作，由学校组织实施，考查结果报省级教育行政部门。

2011年3月15日，学校为保障教学的有效性，公平公正评价教师和检验学生学习成绩。印发《瓮安二中严格考试制度的若干规定》，要求监考人员要认真布置考场，按学校统一要求摆放课桌椅，保证考场整洁、卫生。认真做好监督、检查、服务工作，对学生进行思想教育，维护考场纪律，确保考试顺利进行。在监考过程中，不准吸烟，阅读报纸，谈笑，批改作业。要关心，爱护学生，不准擅自改动考试时间，努力营造良好的应试氛围。是年，学校高考成绩，一本考取144人，二本考取

201人，合计345人，其中王顺同学获2011年高考县理科第一名。

2012年，学校配合县招办建立了标准化高考考点，设52个标准化考场，实行教育部考试中心、省级指挥中心、州级指挥中心、县级指挥中心、考点指挥中心“五级”联网视频监控，确保高考顺利进行。是年学校高考成绩有较大提升，一本上线154人，二本以上上线512人，比2011年增加120人，提升率达18.2%。其中王宥力同学以文科642裸分获黔南州文科第一名，被北京大学录取，成为瓮安县第一位考入北大的女学生。

2013 年，全国普通高考，是贵州省全面实施普通高中课程改革后的新高考。贵州高考科目的设置为“3+文科综合/理科综合”。报考体育类和艺术类的考生还应参加全省统一组织的专业考试，报考外语、外贸类院校及英语专业的考生应参加全省统一组织的英语口语考试。高考总分750分。语文考试时间150分钟、分值150分：数学（文、理）考试时间120分钟，分值150分：文科综合和理科综合考试时间150分钟、分值各300分。2013年、2014年英语笔试时间100分钟，分值135分，使用教育部统一命制的分值为120分试卷（折合成135分）听力考试时间20分钟，分值15分，使用教育部统一命制的分值为30分试卷（折合成15分）。

2014年，学校高考成绩有提升，二本以上录取人数581人。

2015年，学校高考有3人进入黔南州前10名。朱荣进同学以651的高分获全县理科第一名，考入清华大学，谢明扬、陈滨涵两位同学同时以优异的成绩考入北京大学，“一清二北”创学校奇迹。是年6月17—19日，县教育局为了在中考中引进高考机制，在学校设立61个中考考场，由高中教师和部分初中教师担任监考，考试程序完全按照高考程序进行，确保了中考成绩的真实有效和公正严肃。

2016年，学校在搬迁和“申示”中，仍然狠抓教学质量，学校高考二本以上上线人数突破900人大关，超教育局下达目标任务数近600人。

2017年，学校高考，一本上线213人，超预定150 人目标。二本上线829人，合计二本以上上线1104 人（含体艺录取考生），突破了本科上线人数千人大关，实现了学校制定的发展目标。

2018年，学校超额完成县局下达的高考目标任务数。由于2015年中考招生生源较差（总共录取831人），因而县局给学校的任务数是597人（二本以上）。2018年高考，二中二本上线近700人（不含特长生），是瓮安县2018年高考唯一完成任务数的学校；高考理科全县前10名，二中占5人。其中全县裸分前5名，二中4人（第一、二、三、五）；文科全县前5名，二中1人（第二名）。钟燏和侯锐同学高考裸分分别位列全州第一、第二名，其中钟燏同学以674分的成绩被清华大学录取，成为瓮安二中搬迁后第一位也是全县2018年唯一考入清华大学的学生。

第四节　实验与信息（电化）教学

一、实验教学

瓮安二中实验教学工作在学校困难时期师生自己动手因陋就简开展实验，随着学校办学条件的逐步改善，实验教学工作也能正常开展起来。

2001年，经黔南州“普实”工作检查组评审，授予学校“黔南州普及实验教学示范学校”称号。

2009年，学校获县教育局转分配的省教育厅捐赠的教学仪器一批。

2016年，学校搬入新校区后。理化生实验室更是按照6：6：6高标准配置，不仅能满足常规实验教学需要，还可满足学生探究性学习和奥赛实验培训之需求。

（一）物理实验教学

学校建校之初，没有专门的实验室管理人员，物理组每位任课教师都配有实验器材及实验室的钥匙，自己根据教学需要去拿实验器材和组织学生实验，这种情况一直持续到1984年。

1985年，付仕和老师开始管理物理实验室，对实验器材进行分类上柜和建账管理，实验室器材借还进行登记，学生分组实验教学进入较为规范的阶段。

1999年9月至2010年7月，黄胜华和付仕和一起管理物理实验室，直到付仕和老师退休。其间，他们对实验室进行了进一步的完善，相关管理制度逐渐建立和规范。

2010年9月，毛静接替黄胜华管理实验室，由于当时学校在进行校园改扩建，教室紧张，实验室被改为学生上课的教室，实验器材打包封存，实验器材室也进行过搬迁，物理实验教学工作被迫停止。直到2016年6月，瓮安二中整体搬迁在新校区后，物理实验教学工作才恢复。

2016年，毛静即将退休，张清昌开始协助毛静管理物理实验室。2016年11月，学校全新的实验器材到货，物理教学所需的演示实验及学生分组实验器材配备齐全，实验设备精良，完全符合国家高中理科教学仪器配备标准，彻底改善了学生实验条件。

2017年9月，周中兵开始协助张清昌管理物理实验室，现在已初步完成对新仪器的分类上柜工作，学生分组实验课逐渐恢复开展。

学校现有物理电学实验室3间、物理力学实验室2间、物理数字化探究实验室1间，每间物理实验室配有专门的实验器材室，实验教学环境发生翻天覆地的变化。

（二）化学实验教学

学校化学实验教学工作经历了自制教具化学实验—基础化学实验—高级中学实验—今天的现代化、数字化实验等阶段。

学校在1958—1978年间，没有化学实验室和器材设备，在教学中只能由化学老师在黑板上图形演示或就地取材自制一部分简单的教学仪器来进行演示。

1984年，政府和学校经多方面努力购进了一部分基础的实验器材和药品，这时老师和同学们终于走进了实验室。

1991年，上级按完中二类标准给学校调配和增补了教学仪器，学校同时也加大了实验室的投入建设，这时基本的教学实验才能开展。

2000年6月，经黔南州政府批准办成独立高级中学，又加大了对实验的投入建设，这时实验教学完全是按高级中学的要求开展。2016年迁入新校区，同时升为省级示范性高级中学后，实验按现代化、数字化的要求配备，化学实验室和药品器材保管室分别6间，其中化学普通实验室3间，实验仪器配备3套。化学通风实验室2间，实验仪器配备2套。化学数字化探究实验室1间，里面配备了投影仪、电脑和数字化的1套设备。

（三）生物实验教学

从1958年成立到1978年，瓮安二中的前身经历了20年的风风雨雨，在这20年的发展历程中，尽管那时在学校教育教学中要突出生物教育，但专业的生物教师队伍始终没有建立起来。恢复中考和高考制度后，学校生物课教育教学工作得以恢复并得到了应有的地位。1978年瓮安二中在原来初中部的基础上设立高中部，才有了真正意义上的生物教研组，并开设初中生物实验教学。升级为高级中学之后，王晓燕老师负责管理实验室到2007年，后由郑慧君老师管理，2009年后由蔡鸿老师管理，2009年由于器材、场地的限制，生物实验教学进入了瓶颈时期。2016年，在县政府的大力支持下，全校整体搬入新校区，高中生物实验教学才得以恢复。现有生物综合实验室5间，实验仪器配备3套，生物数字化探究实验室1间，配备了生物数字化教学器材1套。

二、信息教学

1999年9月，学校在办学经费紧张的情况下，投资20余万元，建成了学校第一个计算机室，共有30台兼容机，信息课教师则由数学老师易利亚、物理老师黄胜华、地理老师蔡正忠兼任。

2000年由于信息老师不足，数学教师黄碧凤改学科担任信息课教学工作。

2003年10月，学校将计算机室换成了无盘工作站模式，共有2间机房、无盘机100台。当时信息老师有黄碧凤、黄胜华、徐本权、蔡正忠。由于学校规模的扩大，从贵州大学和贵州师范大学招聘了费晓环和陈芬两位教师。

2009年3月，学校计算机更换成了长城电脑，共有100台计算机、2间机房，当时信息老师有黄碧凤、徐本权、陈芬、费晓环。

2010年，学校建成教育信息化“班班通”工程。

2011年3月，学校将计算机室搬迁至新的教学楼，成立了瓮安二中信息教研组，由黄碧凤任组长。组员有蔡正忠、费晓环、陈芬、熊影、王刚、王大军、尹彩云。是年9月19日，信息组教师黄碧凤主持的“黔南民族地区普通高中教育技术信息化的制约因素及对策研究”通过中央电教馆审批立项，同年12月由省电教馆专家任平组织专家组到学校开题，通过5年的实践研究，于2016年8月成功结题。

2015年，县政府专项融资为新建瓮安二中校区全部完成“班班通”、计算机网络教室、电子备课室、校园音响系统等建设。

2016年6月，学校整体搬迁至新校区，拥有了全新的教学环境和教学设备，共有3间计算机室、240台计算机，全部接入因特网，极大地满足现代化教育教学需求。费晓环老师担任教研组组长。组员有黄碧凤、蔡正忠、王刚、王大军、尹彩云。

2017年9月教研组组长更换为蔡正忠老师。信息教研组成立以来，现共有教师7人。

2016年新校区理科实验仪器配备统计表

表4—1

科目	实验室	实验仪器配备（套）
物理	物理电学实验室（3间）	3
	物理力学实验室（2间）	2
	物理数字化探究实验室（1间）	1
化学	化学普通实验室（3间）	3
	化学通风实验室（2间）	2
	化学数字化探究实验室（1间）	1
生物	生物综合实验室（5间）	5
	生物数字化探究实验室（1间）	1

第五节　教学成绩

一、历年教学成绩概述

20世纪五六十年代，学校历经艰辛，艰难发展，教学成绩逐年提升。1976年设立初中，1976—1982年，学校初中毕业生升学率处于全县第一。其中，1980年中考，州到瓮安选拔尖子生14人，二中就有12人入选。

1982—1993年，共录重点72人，本科198人，专科226人，中专189人，合计685人。高考录取率连续7年居全县第一。1982年，考生获1人全县理科第一；1984年，全县录取重点9人，二中占5人，其中，学生1人获全县理科第一名；1987年，全县录取重点14人，二中占8人；1988年，全县录取重点20人，二中占13人，理科考生1人被清华大学录取，文科考生1人，数学成绩119分（满分120分）并列全省第一。1982年、1983年、1985年、1986年、1989年中考录取率均居全县第一。

1994—2007年，录重点681人，本科2574人，专科3659人，中专404人，合计7318人，其中1994—2005年，二中录清华4人、北大3人（这一时期全县共录北大、清华12人），学生5人夺瓮安县理科第一名，学生3人夺瓮安县文科第一名。1994年，录取重点10人，本科43人，专科76人，中专74人，合计203人，其中，学生1人以630分的成绩被清华大学录取，其数学成绩居全州第一。2001年，全县高考600分以上的13人，瓮安二中占8人。2002年，黔南州高考理科前10人中，瓮安二中占4人，均超清华录取线，其中，考生1人居全州第一、全省第十。2003年，学生1人以619分居全州文科第一、全省第五。2004年，学生1人获全国“希望杯”数学竞赛金奖，是贵州唯一金奖获得者。2005

年，学生1人数学单科148分名列全省理科数学单科第二名，全县文理科第一名均在瓮安二中，与都匀一中并列获“黔南州教育教学质量一等奖”。2006年，重点本科上线率居黔南州前列，学生1人高考总分分别超过清华、北大录取线10分、17分。2007年，学生1人获全县高考理科第一名。

2008—2010年，共录重点301人，本科1078人，合计1379人。2008年，高考录取创造新纪录，学生2人分别获瓮安文理科第一名，学生4人分别获瓮安县理科第二、三、四、五名，学生3人分别获全县文科第二、四、五名。2009年，高考录取超额完成州、县下达的目标任务数，学校教师33人所任学科高考成绩超省平均总成绩，获“高考成绩优秀奖”，教师10人所带班级超额完成高考目标数，被评为“高考优秀班主任”。2010年，录取率超州、县下达的重点、本科高考指标数，被评为“完成教学目标任务”和“教学质量巩固提高”先进学校，全州理科600分以上有5人，瓮安二中占2人；全县理科前3人中，二中占2人；全县高考580分以上共21人，瓮安二中有11人。

2011年，高考全县理科600分以上的学生有4人，二中占3人，录取率超州、县下达的高考目标任务数，荣获全州高中教学质量提高奖一等奖和县完成高考目标任务奖。2012年，高考上线人数突破500人大关，学生成绩提升率创新高，学生1人进入全州前10名（居第一名）被北京大学录取，有4人进入全县前10名，有10人600分以上，二本以上上线512人，占全县1339人的38.2%。2013年，高考提升率达20%，居全州同级同类学校前列，超额完成州、县下达的高考目标任务。2014年，全县高考理科600分以上25人瓮安二中14人，全县前3名瓮安二中占2人，全县前10名瓮安二中占5人，全县前20名瓮安二中占11人，全县前100名瓮安二中占60人。2015年，高考全县理科前5名瓮安二中4人，

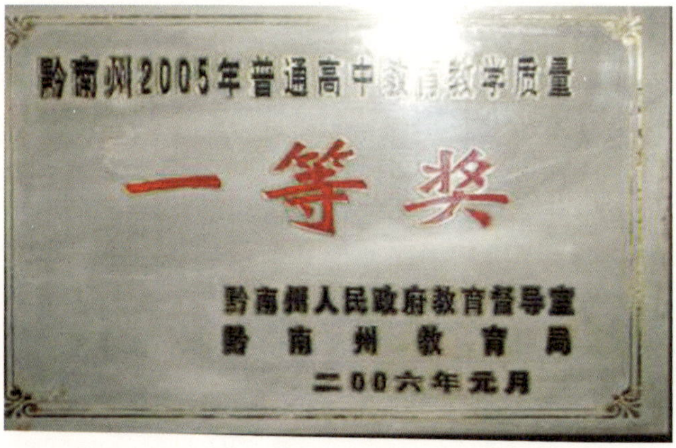

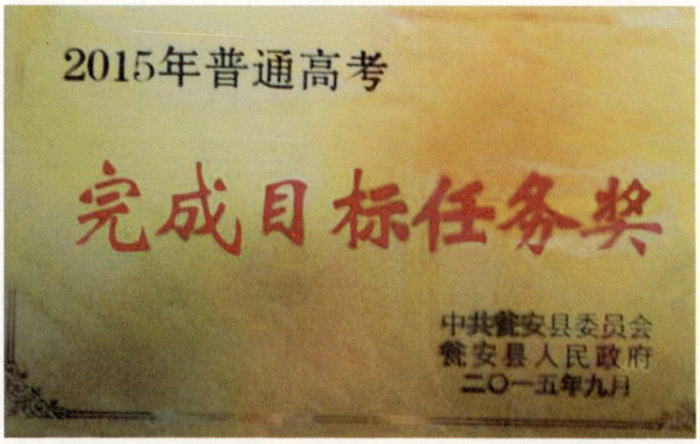

文科全县前5名瓮安二中2人，学生被北京大学录取2人、被清华大学录取1人。2015年，学校高考有3人进入黔南州前10名。朱荣进同学以651的高分获全县理科第一名，考入清华大学，谢明扬、陈滨涵两位同学同时以优异的成绩考入北京大学，“一清二北”创学校奇迹。2016年，学校在搬迁和“申示”中，仍然狠抓教学质量，学校高考二本以上上线人数突破900人大关，超教育局下达目标任务数近600人。2017年，学校高考，一本上线213人，超预定150 人目标。二本上线829人，合计二本以上上线1104 人（含体艺录取考生），突破了本科上线人数千人大关，实现了学校制定的发展目标。2018年，学校超额完成县局下达的高考目标任务数。二本上线近700人（不含特长生），是2018年全县高考唯一完成任务数的学校；其中有5人高考成绩位列理科全县前10名。其中理科全县裸分前5名，有4人（第一、二、三、五）；文科全县前5名，有1人（第二名）。钟燏和侯锐同学高考裸分分别位列全州第一、第二名，钟燏同学以674分的成绩被清华大学录取；成为全县2018年唯一考入清华大学的学生。

二、1988—2018年考入北大、清华学子名录

表4—2

序号	姓名	性别	年份	录取学校	班主任
1	陈恩科	男	1988	清华大学	彭建元
2	刘元高	男	1994	清华大学	彭建元
3	卿　涛	男	1996	清华大学	陈　斌
4	徐仁义	男	1999	北京大学	郑光黔
5	解忠敬	男	2000	北京大学	余家品
6	张　焕	男	2002	清华大学	黄俊松
7	李治波	男	2003	北京大学	丁丽娟
8	吴　冬	男	2005	清华大学	罗建明
9	王宥力	女	2012	北京大学	袁　刚
10	朱荣进	男	2015	清华大学	罗建明
11	谢明扬	男	2015	北京大学	袁　刚
12	陈滨涵	男	2015	北京大学	罗建明
13	钟　燏	男	2018	清华大学	罗建明

三、历届高考第一名名录表

表4—3

姓名	性别	年份	州/县	文/理	第一名
高 峰	男	1982	县	理	第一名
蔡 彤	女	1984	县	文	第一名
李 岚	女	1984	县	理	第一名
邹志贤	男	1986	县	文	第一名
胡 立	男	1988	县	文	第一名
陈恩科	男	1988	县	理	第一名
朱 静	女	1991	县	文	第一名
袁晓文	男	1991	县	理	第一名
卢 珺	女	1994	县	文	第一名
刘元高	男	1994	县	理	第一名
兰成坤	男	1996	县	文	第一名
卿 涛	男	1996	县	理	第一名
罗 丕	男	1997	县	文	第一名
徐仁义	男	1999	县	理	第一名
张 焕	男	2002	县	理	第一名
李治波	男	2003	县	文	第一名
吴 刚	男	2005	县	文	第一名
吴 冬	男	2005	县	理	第一名
张婷菲	女	2007	县	理	第一名
王 顺	男	2008	县	文	第一名
郑朝阳	男	2008	县	文	第一名
王 顺	男	2011	县	理	第一名
王宥力	女	2012	县	文	第一名
朱荣进	男	2015	县	理	第一名
钟 燏	男	2018	州	理	第一名

四、校友博士名录（部分）

表4—4

姓名	毕业年份	博士院校
倪祖尧	1975	多伦多大学博士后
杜兴忠	1991	博士
文永辉	1993	西南政法大学博士后
刘元高	1994	留英博士
孙 涛	1994	留美博士
冷光伟	1994	历史学博士
卿 涛	1996	清华大学博士
彭 晖	1998	解放军理工大学工学博士
陈开富	2000	中科院博士
陈佑伟	2000	中科院博士
刘盛遨	2002	留美博士
王义熙	2007	四川大学博士
陈 凤	2003	中科院博士
宋泽毅	2008	同济大学博士后
包礼渊	2008	哈尔滨工业大学博士
张洪军	2008	四川大学博士
邓 勇	2010	中国地质大学博士
罗大军	2010	贵州大学博士

第六节　教研教改

一、教研组织及活动

1961年，县师范学校根据所设置课程，用毛泽东主席提出的“我们的教育方针，应该使受教育者在德育、智育、体育几方面都得到发展，成为有社会主义觉悟的有文化的劳动者”指导学校的一切工作。在师生中开展“比、学、赶、帮、超”活动。强调教师周备课，同科互相听课，或到瓮安中学听课，取长补短，提高教学质量。做到“教学相长”，提出“灭二分、丢三分、超四分，争取到五分”的口号，激励师生进步。各班还建立理论学习小组、图书角、理发小组、小银行。提高思想觉悟，增长知识才干，培养勤俭美德和为人民服务的思想。是年5月，瓮安师范停办。7月，县文教局在师范校址举办小学教师进修班。根据教学内容和学科特点，实行主讲教师推荐制。主讲教师在钻研教材基础上写出教案，明确具体教学步骤，面对学员授课。县局教研室主任及本校相关教师随堂听课。课后召开评议会，肯定成绩，指出不足。

1962年2月，县文教局在师范校址组建成立瓮安城关小学，学校设立语文、算术、综合3个教研组。每组推荐骨干教师任组长，集体拟定每组教研活动计划。各教研组每两周集中一次，学习报纸刊上有关教育教学方面的文章，或相互交流教育教学方面的体会及相互听课的收获。语、算教研组每学期各组织一次大型的公开教学，邀请县教研室负责人及其他学校教师代表现场听课。课后组织座谈会，听取大家意见。总结出行之有效的教学方法。县教研室还特地召开了一次各级中心完小的大型教师会议，推广城关小学如何提高教学质量经验。

1964年，学校要求教师精心磨炼，借鉴古今教育学的经验，以博古通今的全面知识，根据教材内容及学生的接受能力编写教案，在授业解惑中画龙点睛。教学方法上强调“精讲多练”，用“启发式”代替“填鸭式”，吃透教材、深入浅出突出重点、难点。凡作业须全收全改，每学期集中优秀作业，分高、中、低三组展出，班主任及科任教师率学生参观。不定期组织语、算、音、体、美、书法竞赛，评出一、二、三等奖次，颁发奖状。

1966年10月，学校开始“停课闹革命”，学校正常教学秩序被打乱。

1971年秋，学校教学秩序逐步恢复正常。教学秩序围绕“教书育人”整肃教风学风，理直气壮抓纪律，抓教学质量，引导师生自觉批判“读书无用论”。

1978年，学校教研组工作开始回归以教学为中心，狠抓教学质量方面的主要办学思路。要求教师认真钻研教材，向45分钟要质量，对指导学生学习、参加中考提出高要求。力争向高一年级学校输送更多合格新生。

1979年，学校全面加强师风师德教育。着力建设一支具有先进教育理念，良好职业道德和坚实业务基础的高素质教师队伍，提出“以二流办学条件，创一流教学业绩”的口号。加强教研工作，交流经验，组织各学科组组长、骨干教师“深入课堂、了解学生、密切关注、教学相长”的具体进度。

1980年，学校根据各学科特点，推有教学经验丰富、有威信、热心教研工作的教师担任教研组组长。教导处制定教研工作制度，明确规定教研组组长的职责，统一安排教研组活动时间：每周一次、两课时。学校党政领导及教导主任分别深入各教研组参加教研活动，提出意见和建议。

1984年，学校开始规定教研组组长，直接负责组织本学科的教学和教研工作，要求教研组组长每学期开学前须制订出本组学科教学工作计划，在前期工作进行总结基础上，制定出新学期的学科教学计划。包括学习教学大纲，研讨教材教法，如何开展第二课堂教学活动，教研组会内容、时间安排，统一学科教学进度，检查教师教学计划的实施情况，定期召开组会，做好教师出、缺席教研会的记录。期末考试后，组织教师认真评卷，进行教学质量分析，总结教学得失，提出改进教学方法的措施和整改方案。同时鼓励在职教师脱产进修，提高知识水平和业务能力。是年有张慰、袁士庚、陈立志、刘瑾瑜4位老师脱产进修。

1987年，学校试行学生评课制。由分管教学的行政领导及评课座谈会代表学校教导处组织有教研组组长参与。学生对任课教师的授课情况进行意见收集和反馈。学生也可书面反映自己在某方面的求知渴求。希望任课教师注重相关知识传授及学习方法指导。教导处分别做好详细记录。通过教研组会展开讨论，探索行之有效的教学手段，增强教师的责任意识，加强业余学习，改进自己的教学方法。

1992年，学校根据学校各学科发展需要，选派优秀青年教师参加成人高考。赴贵州省教育学院、贵州师范大学进行在职或离职进修。教师学习或进修期间，享受工资待遇不变。

1996年，学校实行教师聘任制。学校根据教师业绩、能力及学生评价选拔任命班主任，班主任选聘本班科任教师，特殊情况由学校教导处进行协调。各教研组充分发挥教师在教学中的主体作用，开展定期或不定期的教学研讨，互相取长补短，交流借鉴教学经验、资源共享，发挥集体智慧的作用。

1997年10月，学校教导处根据《关于教师参加学术会议和优质课评比的规定》鼓励支持参加各级学会或教研会组织的学术性会议。凡参加学术性会议的教师，均按出差处理。到省州各地参加优质课评比、听学术讲座的教师，回校后须将所学经验及取得的成就在本校展示，推广运用。

1998年1月，学校教导处要求各教研组组织开展学习教学大纲，借鉴先进教学经验的专题研究。各任课教师将自己授课得失及心得体会总结成文，在教研组会上进行交流。

1998年5月，学校为提高作文教学的有效性，派出教师三人参加在兴义八中举行的由湖南籍教师杨初春主讲演示的快速作文法，完善充实语文学科教研内容，借鉴经验在全校推广。在作文教学中指导学生快速谋篇构思写作成文，试行学生互评互改，教师然后收集，分等次，进行评讲。

教研组组长还负责每学期期中、期末考试试题命制及写出质量分析报告，指导本组学科教师进行单元测试，协同配合教导处检查教师各科教案及作业批改情况，做好详细记录登记。发现问题及时与任课教师沟通，进行帮助指导，并组织学生参加各级各类知识竞赛。对新调入的年轻教师开展“一帮一”“一带一”的老带新工作，帮助新教师快速成长为业务骨干。

2000年9月，学校各教研组进一步强化教研工作。为使教研活动不流于形式，增强时效性，在各年级开展骨干教师主讲示范课，年轻教师上公开课，课后由教研组组长主持评议，找出差距，做好有关讨论、分析、总结的详细记载，每月进行一次至二次。要求上示范课和公开课的教师须做好课前充分准备。发挥自己的最大优势，使所有参与听课教师均能获益。

2001年，学校各教研组围绕“新大纲、新教材、新观念、新教法探讨”开展学习讨论。在教学过程中大胆尝试对学生进行探究式学习方法的引导，建立“以教师为主体，学生为主导”的教学程式优化作业布置。着力培养学生自己动脑动手的良好学习习惯。

2002年，学校认真贯彻落实《贵州省教育厅推进基础教育课程改革的实施意见（试行）》（黔教基〔2002〕59号），派出相关领导和教师参加省州学习培训，为课改做准备。与此同时，学校对教研组“老带新”工作提出了更高要求：负责“带新”的教师须写出“带新”的具体方案，教研组经讨论通过后报备教导处，被“带新”的年轻教师应随时将自己的备课教案交指导教师查看，汇报教学情况，虚心听取指导教师意见和建议，改进教学方法，提高教学业务水平。“老带新”期间，双方要定出具体帮带目标与计划，双方都要加强教育教学理论学习。深入实践，研究教学帮带，每学期互相听课不少于10节；互相研究讨论教育教学活动不少于5次。老教师应以自己良好的师德、严谨的态度和鲜明的教育教学风格指导新教师。切实做到诲人不倦，尽力指导新教师尽早成为教育教学有特色，业务素质过硬的教师。被帮带的新教师则应有积极的心态、虚心好学、勇于探索、大胆实践、努力创新。新教师每学期还需向学校开1次汇报课，写1篇教学心得。老教师给新教师教学心得写上指导意见。新教师在老教师指导下，1年后须完成有质量的教学论文1篇。

2005年，学校各教研组以抓教学质量为目标，积极开展“以研促教、以研兴教”的教学活动，鼓励教师撰写教学论文改进教法，推动教研工作上一个新台阶。通过优质示范课、公开课、自由听课等教研形式，整体提高教师授课水平。该学年度举行公开课32次，优质课18次，教研组互听课126次。

2009年开始，根据《瓮安第二中学提高教学质量的措施》，学校各教研组深化课堂教学研究气氛，推动课程实施，学习教材处理，教学设计。派出各教研组到山东曲阜中学学习交流；针对高三如何备考复习，派出高三任课教师代表到遵义县南白中学听课取经。凡是省里组织有关高考信息研讨会，学校教研组均积极选派教师参加，有效指导高三学生复习迎考。

2010年8月，学校进一步强化教研工作。在主管教学的校长和教务处主任直接领导下，明确和强化各学科教研组长工作职责。9月，学校贯彻落实《中国教育改革和发展纲要》。提升学校品牌，出台《瓮安二中教育科研课题管理实施方案》，确立研究方向：通过对学校管理的研究，使学校管理更具有规范化、科学化，建立素质教育的管理体系、使学校管理更适应社会和经济发展对高中教育的要求。通过对德育工作的研究，建立适应社会和经济发展的高中德育工作目标体系、评价体系，具体的方法、途径、操作设计体系。从整体上优化“教”与“学”，探索教育教学的规律，大面积提高教育教学质量。明确研究原则：教学常规研究和教育科研并重，教育科研与教学实践并重，坚持教育科研的实用和实效性原则。加强“科研兴教、科研兴校、科研强校”的意识，就如何在各学科开展好教研活动作出具体要求。在教研效果上体现“新、活、实”三个字。内容新——新课程理念，新课程标准的目标、教学方式和新型的师生关系； 方法活——采用反思教学、参与式讨论等（或利用网络讨论）；效果实——备课时要想到、教学中要做到、课后要反思到。在教研活动上要做到“三个有”，即有主题、有中心发言、有活动记录。11月，学校为提高教师教学整体水平，将集体智慧与教师个人特长有机结合，制定《贵州省瓮安第二中学教师集体备课制度（试行）》，建立健全集体备课组织，全体任课教师必须参加，各教研组按学校课表安排教研活动时间开展教研活动，督查领导对分管学科的教研活动情况进行督查。各教研组根据本组教师任课情况，建立健全年级学科备课组，负责集体备课的组织实施，每个年级备课组由一名责任心强、组织能力强的教师任备课组组长，制订具体的集体备课活动计划，作好集体备课活动记录。

2011年3月，学校为了深入开展课堂教学研究，增进教师之间的信息交流，规范教师听课评课行为，达到相互学习、取长补短、共同提高的目的，特制定出台学校听评课制度。制度规定：教龄不足3年的教师及行政领导每学年听课节数不能少于40节。行政人员、教研组长、备课组长、其余教师每学年不得少于20节。听课节数不含外出教研活动所听的课。行政领导听课要覆盖所有学科和所有年级。要求听课人听课前一定要先了解教材内容要求，要提前2~3分钟进入教室，不中途离场。听课人应与学生一起起立，以示对执教者的尊重。听课过程有记录，要标明日期、授课人、班级、课题、过程、板书、简评等。记录中要有课堂评价或教学建议。听课后要与授课教师交换意见。班主任有责任多听本班的课，任课教师以听本学科教师的课为主，年轻教师应主动多听老教师的课，以学习课堂教学实践经验。听课时要做到听、看、记、思有机的结合，关注学生学习状态：包括参与状态、交往状态、思维状态、情绪状态、生成状态。关注教师教学行为：包括组织能力、注意中心、教学机制、教学态度、教学境界。校级领导、中层行政人员、年级主任、教研组长、备课组长可随机听教师的课。

5月，学校教育科研领导小组根据上级下达的研究课题，结合学校实际，确定学校教育科研的主攻方向、重点项目和研究内容，组织申报课题。申报课题中不限条件；同一课题可一人申报进行研究，也可多人组织课题组申报进行；申请人即为课题组负责人，负责主持该课题的实际研究工作。凡申报课题者，对该课题的科学依据和意义、内容、研究方法、实施步骤、所需经费、预期成果等进行论证和设计，在此基础上填写研究立项申请书，经学校教育科研领导小组审核同意立项后，交教科室备案。凡立项的课题，参与者可优先获得科研咨询指导、培训、外出学习的机会。

9月，学校根据教科处的工作实际，选聘有丰富教学经验的人员作为兼职教研员。出台《瓮安二中兼职教研员聘用及管理办法（试行）》。兼职教研员选聘条件为：坚持党的基本路线，忠诚党的教育事业，模范履行教师职责，具有良好的师德修养，教书育人，为人师表，具有奉献精神；学科基础扎实，理论修养丰厚，教学能力过硬，具有丰富的教学经验，能胜任本学科的课题研究和实验，具备健康的个性心理品质；中级以上职称，在本校所任学科内享有较高的声誉；有较强的交往能力、教学管理能力、口头和书面表达能力及组织协调能力；身体健康，勤于思考，勇于实践，敢于创新，锐意进取。被聘用的兼职教研员有效期限为1学年。各学科每学年进行一次兼职教研员的重新评选聘用，由各教研组推荐，教科处负责初评，经学校批准后注册并颁发聘书。

10月，学校为加强对青年教师的培养，提高青年教师的专业素养，制定《青年教师业务考试实施方案》，方案规定：年龄在40周岁以下的所有任课教师须参加所任教的专业学科的所有内容考试。语文、数学、英语、物理、化学、生物、政治、历史、地理9个学科须参加学校高三年级每次模拟考试，教师插入学生中参考，与学生同堂考试。语文、数学、英语、物理、化学、生物、政治、历史、地理、体育、音乐、美术、心理健康每年必须参加瓮安县教育局组织的11月全县教师业务能力考试。在学校模拟考试中连续两次考试在85 分以上者，当年以后模拟考试免考，并作评先选优的重要依据。 连续两次考试在60 分以下（百分制）诫勉谈话。

2012年11月，学校各教研组参加了山东昌乐二中刘明主任到瓮安二中进行的高效课堂培训活动。学习主要内容为：高校课堂的构建理论及指导思想，课堂构建模式，操作流程，小组构建，导学案的编写

和使用。

2013年3月，学校进一步规范学校各教研组集体备课制度，出台实施《教研组集体备课方案（试行）》，具体要求如下：各教研组根据本组教师任课情况，建立健全年级学科备课组，负责集体备课的组织实施，每个年级备课组由一名责任心强、组织能力强的教师任备课组组长，制订具体的集体备课活动计划，作好集体备课活动记录；成立学校集体备课督查领导小组：组长 张明光（全面负责全校督查工作），副组长王华松（全面督查，重点负责历史组、地理组），夏忠富（全面督查，重点负责生物组、政治组），成员罗建明（负责英语组）、顾德贵（负责物理组）、何崇玖（负责数学组）、王强（负责语文组）、周汉英（负责化学组）、李昕波（负责体艺、信息组），每位行政督查人员根据其专业分到各教研组督查各教研组工作开展情况，负责备课组活动的指导和督促，并做好相关的集体备课情况的记录。9月，学校教研组根据《瓮安第二中学阶段性评比方案》《瓮安第二中学教学常规管理规定》，提出课堂教学“五个精心”的具体要求。即：教学精心设计、流程精心安排、问题精心反馈、辅导精心分类、反思精心梳理。科学有效强化教师备课授课对学生作业布置和批改、早晚自习、辅导及成绩评定。9月29日，为推进瓮安县高中思想政治新课程教育向前迈进，改革课堂教学方法，提高课堂教学质量，学校举办了黔南州普通高中思想政治新课程教学研讨会，参会代表有州人民政府督学何喜贵，黔南州教育学会秘书长周崇启，黔南州教育学会副秘书长曹德明，黔南师院政法经济学主任李远祥，瓮安县教育局党组书记谢静，瓮安二中校长及思想政治学科全体教师以及福泉、三都等中学的优秀教师。活动主要内容有示范课、专题讲座、评课研讨、高效课堂解读。在这次活动中，瓮安二中政治组老师汤江南作了课题为《消费及其类型》的示范课教学，按新课改要求，强化学生自主学习和探究交流，注重联系高考要求和时政热点进行有效探究。政治组教师彭长刚则作了《说课，点评》专题讲座，分别从九个方面进行了讲解，为解决教师在政治教学中的疑问提供了帮助。10月，学校教研组在教科处组织领导下，在学校推行生本课堂“双层六环”教学法。教师认真钻研教材基础、精心设计教案、主导教学流程，引导学生进行“自主—合作—探究”学习。并于同年12月12日在学校刊出“同课异构”简报第一期。11月，学校各教研组为适应时代发展需求，提高教师专业技能，全面促进教学教研活动开展，采取“走出去”“请进来”方式，积极开展教学研讨活动，都匀大坪中学语文、物理学科教师到瓮安二中参加教学研讨活动。活动设置观摩课，由瓮安二中李荣芝（语文）老师和毛飞（物理）老师执教。全校行政人员、语文组教师和物理组均参加观摩课活动，课后展开集体研讨，就展示课达成共识。12月31日，为努力提高课堂教学效率和质量，促进学生全面健康可持续发展。学校与石阡民中开展校际教研交流活动。学校行政人员及语文组、政治组、英语组全体教师参加了教学观摩研讨活动。瓮安二中教师刘有四（语文）、汤江南（政治）、王立（数学）及石阡民中教师（英语）执教观摩课。双方相互学习、研讨、协作和共享等方式推广先进经验，有效提高教育教学质量。

2014年6月，为全面提高教学质量，均衡各学科发展，学校化学科与平塘民中化学科教师在瓮安二中开展校际交流，进行化学学科教学研讨。就怎样提高化学科教学的质量和如何营造高效课堂展开讨论。学校教师王懿、陈贵春、骆品相3位教师分别执教观摩课。就相关教学得失展开全面深入细致的评议，总结经验予以推广。学校行政人员及化学科全体教师与平塘民中相关教师参与了这次活动。是年9月，学校为进一步提高有关教学课题研究，提升课堂教学效率，推动教师积极参与教学改革，全面实施高效教学活动，教科处出台“同课异构”教学活动方案。要求全校各年级以“同课异构”为载体，通过上课、评课、研讨、反思交流等形式，让教师密切合作，深度探讨，彼此分享经验，共同提升。并先后于2013年10月26—27日、2014年4月9—10日举行两次“同课异构”公开课教学活动。活动期间邀请县局领导临场观摩指导及进行校际交流学习。10月11日，学校为全面提升学生英语口语表达能力和学习英语的兴趣，清除学习英语的畏难情绪，达到快乐学英语的境界，学校邀请“李阳疯狂英语”讲学团陈磊老师到校进行讲学，让全校师生4500多人真切体验了疯狂英语的魅力，极大调动了学生学习英语的积极性。

2015年4月25日，学校语文组成立8人研修小组，召开研修小组第一次会议。在贵州省名师工作室朱家彦老师指导下，拟定了工作室瓮安修组计划及方案。于同年28日，召开研修小组第二次会议，讨论并确定了“数学基本证明法在语文议论文写作中的运用”这一研修主题。是年9月，张明光校长带领学校各处室、部分领导及教研组长和年级组长前往贵定中学进行教研教学交流，双方就如何构建高效课堂，促进教师学生成长，如何提高复习迎考的有效性和时效性及创新学校管理等问题进行了广泛交流。10月28日，贵州省名师工作室主持人朱家彦校长于百忙之中亲临瓮安二中对语文组课题研修小组进行工作指导。肯定瓮安二中语文组提出的研修课题，并对今后的研修工作及研修方向提出了具体的指导意见，鼓励全组成员认真完成研修课题。11月，贵定中学选派教师到瓮安二中开展同课异构教研活动，进行现场教学探讨。

2016年，学校围绕“申示”工作，成立了“优质课”工作领导小组，展开了全校打造“优质课”工作。是年4月27日，学校邀请贵州省教科院基教所副所长杨永明、赖胜蓉率省教科院语文、数学、英语、物理、化学等9个学科的专家组成员莅临学校指导“优质课”工作。通过专家批评、指正，全校教师课堂教学水平有了提高，在6月，“申示”二评中，学校“优质课”率到达92%，顺利通过评估验收。11月1日，贵州省第六届高中数学优质课大赛开幕仪式在学校隆重举行。贵州省教科院数学教研员朱龙及贵州师范学院教授、贵州数学协会副理事长项昕等5名贵州省数学专家评委、瓮安县教育局副局长罗明梅、瓮安县教研室主任张奎及100多名贵州省各学校参赛和观摩教师出席了开幕仪式，开幕式由瓮安县教育局教研室主任张奎主持。校长张明光在开幕式上作题为《依托活动 促进交流 助我发展》的讲话。学校教师邱瑜霞获贵州省第六届高中数学优质课大赛一等奖。12月26日，县总工会、瓮安二中联合举办教师技能大赛，全校各学科均派选手参加，进一步推动了学校的教育教学改革。

2017年6月30日，“瓮安县2017年高中历史优质课大赛”决赛在学校自动录播室举行。是年9月13日，“黔南州2017年高中历史优质课大赛”在学校举行。10月11日，学校举行教育教学常规管理培训会，邀请黔南州教科所所长张以航对全校教职工进行培训。10月15日，学校第一期教职工户外拓展培训活动在龙里龙架山森林公园举行，学校全体行政、教研组长和班主任参加培训。12月23日，在学校C区一楼教职工大会议室举行“贵州省智华中学第三届教育创新研讨会”开幕式 。香港智华基金会顾问潘旭波、贵州省12所智华中学校长、瓮安县政协副主席符合、瓮安县教育局局长谢静、校长张明光及学校全体任课教师参加开幕式。

2018年3月8日，石阡县教育局一行到学校参观交流。是年4月4日，县委副书记、县长黄桂林、副县长桂国全、教育局局长谢静等领导到校进行高考调研。 4月11日，在学校党总支书记、校长张明光，副校长王华松带领下，学校语文组部分教师赴福泉中学开展“示范课”“观摩课”交流学习活动。4月21日，贵州省名校长张明光工作室启动会暨推进会在学校C4—5会议室举行。教育部中学校长培训中心副主任、华东师大教育学部沈玉顺教授，副县长桂国全，县教育局党组书记、局长谢静，香港智华基金顾问潘旭波先生，福建省陈碧云名校长工作室主持人陈碧云校长及其工作室团队，瓮安中学校长余家品，瓮安五中校长陈友华，瓮安二小校长田景文以及贵州省张明光名校长工作室全体成员、学员、学校全体行政人员和教研组长参加此次活动。5月22日，县高中生物名师张泰君工作室启动仪式暨培训会在学校C4—5会议室举行。贵州师范大学硕士生导师李亚军教授，县教育局罗明梅副局长，校长张明光，副校长吴定龙、王华松、夏忠富及学校部分行政领导、名师工作室全体成员、学员代表参与此次活动。12月1日，瓮安县2018年中小学继续教育小学组、高中组县级集中培训在我校举行。瓮安县教育局副局长罗明梅、县招生办副主任魏德平、县教育局综合科科长张宇祥、县教研室主任张奎等领导参加培训活动。

瓮安二中2015—2016学年度教研组组长、备课组组长名录

表4—5

教研组	组长	高一备课组组长	高二备课组组长	高三备课组组长
语文	吴昌松	李兴全	卢清	李荣芝
数学	冯配金	陆龙金	彭方涛	徐刚
英语	田文军	周凤学	刘玥	包宏飞
物理	钟声利	谭力	宋锡丽	毛飞
化学	骆品相	安发光	骆品相	符猛
生物	邓实群	王仕兵	汪信	张全江
政治	王虹	黄哲	彭长刚	陈启红
历史	黎金坤	吴国财	黎金坤	陈大梅
地理	袁刚	周学文	刘文香	李亨志
音体美	张家祥	体育——张家祥	音乐——韦祎	美术——兰成兵
信息教研组	黄碧凤			

二、课程设置及新课程改革

（一）课程设置实施

1958年秋，瓮安工交初级中学成立之初，按教育部规定，将汉语、文学合并为语文科。从初一开始设外语（俄语），政治课改称为社会主义课，生产劳动正式列入教学计划。是年课程设置曾有语文（含写作）、数学、社会主义（政治）、生产基础知识。

1959年至1962年2月，瓮安县初级师范及小学教师进修班为适应瓮安县城乡小学的建立及发展需要，参照贵州省教育厅《全日制城市中学、农村完全中学暂行教学计划》设置课程。在学校开设政治、语文（包括讲读、作文）、数学（含三角、几何）、历史、地理、体育、音乐、国画，周课时28节。

1962年9月至1971年7月，城关二小一直依据教育部及贵州省教育厅有关规定设置小学教育课程。

1971年8月至1976年7月，城关二小附设初中班。其课程设置有：政治、语文、数学、物理、化学、历史、地理、外语（英语）、文体，每周总课时均为30节。由于正值“文化大革命”期间，学生除正常上课学习外，还得积极参加学工、学农、学生活实践。从1972年9月起，学校遵照毛泽东主席“以学为主，兼学别样”的指示，将政治课改为马克思列宁主义、毛泽东思想课，组织领导学生批判资产阶级。1976年8月，瓮安二中（时称雍阳中学）办成初级中学。已完全实行三年制初中教育，初中课程设置有：政治、语文、数学、外语、物理、化学、历史、地理、生物、生理卫生、农机体育、音乐、美术12门学科，周课时各年级均为32节。

1978年8月开始，学校统一使用教育部人教版统编初中教材。1980年8月，学校开办高中，使用教育部人教版统编高中教材（是年招收两个高中班）。初中部课程设置不变，高中班级课程设置有：语文、数学、政治、英语、物理、生物、历史、地理、体育、劳技共10科。

1989年秋季开始，学校在高中部开设劳动技术课。课时安排原则上以原教学计划中的劳动课时间调剂使用。

1990年9月，学校执行国家教委印发的《现行普通高中教学计划的调整意见》。高中设置政治、语文、数学、外语、物理、化学、生物、历史、地理、体育、劳动技术、社会实践活动、选修课、课外活动。每周课时高一38节，高二37节，高三36节。

1991年9月，学校执行国家教委关于调整意见的补充意见，将思想政治课由每周2课时改为三课时。其中1课时用于时事政治教育。从1992年秋入学的高一年级开始，高中一年级开设世界史，高二年级开设中国近代史、现代史，每周2课时，并从1992新入学的高一年级开始，将人口教育作为必修课内容，每学期授课时数8—12课时。授课时间占用高一上学期的地理课和时事政治教育部分课时，社会实践活动中的部分内容（社会生产劳动）在劳动技术课的时间里进行。平均每学期不超时一周时间。1993年9月，瓮安二中执行国家教委颁发的《九年制义务教育“六三”学制全日制小学、初中课程安排表（试行）》。初中部设置学科类课程有：政治、语文、数学、外语、历史、地理、物理、化学、生物、体育、音乐、美术、劳动技术共13门学科。

1995年3月，学校根据国家教委办公厅印发《实行每月40小时标准工作制度后调整全日制中小学课程（教学）计划的意见》。初中部课程仍然为13科，将体育、文艺、科技实践活动类课程并为文体活动课，周课时33节。高中课程设置政治、语文、数学、外语、物理、化学、生物、历史、地理、体育、艺术、劳动技术、社会实践活动、选修课、课外活动，周课时36节。

2001年9月，学校贯彻执行《贵州省普通高中课程计划（试行）》方案。高中课程设置：思想政治、语文、数学、外语、物理、化学、生物、历史、地理、体育、音乐、美术，增设信息技术、心理健康。信息技术课只在高一年级开设。学生进入高二年级时开始实行文理分科。文科班级设置课程主要为：语文、政治、数学、英语、历史、地理、音乐、体育、美术、心理健康（每两周一节）。理科班课程设置为：语文、数学、英语、物理、化学、生物、音乐、体育、美术、心理健康（每两周一节）。综合实践活动包括劳动技术教育、社会服务、社会实践。文科理科班级均相同。进入高三年级后，不设音乐、美术。文科班增设时事政治课；理科班则增设选修课。每周各一节，周课时均为37节。

2008年9月起，学校加强对学生的思想品德教育和心理健康咨询指导。在原高中设置课程不变基础上，每周增加一节法制教育课。教育学生认真学法，真正懂法，切实用法。设立心理咨询室，方便学生随时进行相关问题咨询解决。

2009年9月，学校根据教育部统编教材及相关规定，在高一年级开设课程：语文、数学、英语、政治、历史、地理、物理、化学、音乐、体育、美术、信息技术和心理健康。高二年级共开设语文、数学、英语、物理、化学、生物、政治、历史、地理、音乐、体育、美术、信息技术、心理健康、通用技术。高二文科班不开设物理、化学、生物；理科班不开历史、地理、政治。进入高三年级，文科班设语文、数学、英语、政治、历史、地理、体育、社会实践。理科班则设语文、数学、英语、物理、化学、生物、体育、综合实践（实验）。从2010年秋季开始，瓮安二中严格按照国家教育部统一制定的新课程标准，实施新教材教学。

2010年10月，学校根据教育部《基础教育课程改革纲要（试行）》（教基〔2001〕17号），《普通高中课程方案（实验）》（教基〔2003〕6号），《贵州省普通高中新课程实验安排与管理指导意见（试行）》（黔教办基发〔2010〕37号）等文件精神，结合学校实际，制定《瓮安二中新课程改革实施方案（修订稿）》。全面贯彻党和国家的教育方针，坚持以科学发展观为指导，紧密结合学校实际，目标明确，措施得当，步骤清晰，落实有力，积极稳妥地开展普通高中新课程实验。构建具有瓮安二中特色的、适应时代要求的、充满生命活力的课程改革实施体系。逐步建立起以校为本、与时俱进、具有学校特色的校本课程，进一步提升学校的办学质量和办学水平，把瓮安二中建设成为文化多元、内涵丰富、活力充沛、才艺双馨、教师专业优秀的名校。

2011年3月，学校根据上级各级教育行政主管部门颁布的《普通高中课程改革方案》的总体要求，全面贯彻《中共中央国务院关于深化教育改革，全面推进素质教育的决定》《国务院关于基础教育改革与发展的决定》和教育部《基础教育课程改革纲要（试行）》及《贵州省普通高中课程改革实施方案（试行）》精神，立足学校实际，借鉴课改实验省市的经验，采取各项措施积极推进学校的课改工作，力求成为贵州省普高课改的样本学校。5月，瓮安二中新课改工作领导小组成立，全面指导新课程实施工作，要求各教研组创造性地编排课程，形成科学的、有利于学生全面发展与个性发展、层次多、选择空间大的课程编排方案，既符合国家课程要求，又体现学校实际和地方特色。建立符合实际、灵活多样的课程体系。重视综合实践活动课程的研究和发展。着力开展好研究性学习、社会实践活动、社区服务等相关工作。6月，瓮安二中学生学业成绩评价领导小组成立，制定《学生学业成绩评价与管理细则》。检查了解任课教师对学生学业成绩的评价情况。设计学业成绩记录格式文本。指定专门工作人员登录学业成绩并给出相应等级和学分。向学生或学生去向单位提供学业成绩情况。确定学生是否达到毕业资格。学生学业成绩评价领导小组是学生学分认定的领导机构，制定学分认定标准，统一学分认定程序，认真监督学分认定过程中的各个环节，以确保学分认定的公正、公平、公开。学生学业成绩评价领导小组下设学分认定委员会，学分认定委员会为每个学生组建学分档案。8学分认定基本程序：A. 监督检查学分产生的全过程。包括学生出勤、检测、考试命题、监考、阅卷、评分等。B. 公示学分。接受公众的监督举报并负责调查处理。C. 认定学分并注册。D. 建立学生学分档案。9月，成立瓮安二中新课改办公室。办公室完成《瓮安二中课程管理制度》《瓮安二中学分管理细则》《瓮安二中学籍管理办法》《瓮安二中教师工作业绩评价条例》《瓮安二中学生综合素质评价办法》《瓮安二中选修课开设的指导意见》《综合实践活动课程的管理办法》等一系列的管理制度，同时修订与新课程标准体系相悖的现有各项管理规章制度，优化管理环境，促进和保证新课改的健康进行。11月，学校加大经费投入，改善办学条件。针对高中新课程标准的特点，完善和改进物质基础的建设，以保证课改工作的顺利实施。对理、化、生实验室、图书室和计算机室增添必要的器材和设备，以支持研究性学习所必需的物质条件；巩固和增加社会实践基地，以支持综合实践活动课程开展研究并建设网络平台，以支持教师电子备课和新课标下的学生学业成绩考核和课程建设方案；购置足够的器材，以支持艺术课和体育与健康课的选修项目正常开设； 购置必要的器材和相关资料，以支持通用技术课程；增加阅览室和图书室的图书和资料，为研究性学习提供必要的资料查询服务；此外，针对新课程中学生选修课多样化的特点，应考虑相应的师资队伍建设，以满足学生选修课的需要，给学生提供更大的选择空间，按照新课程实施要求，学校将不断优化物质教育资源，加大学校场馆、设施、信息化建设的力度，为新课程实施创造足够的物质条件。

2012年3月，学校制定出新课程社会实践教学目标和规划， 教学内容有军训、社会生产劳动、郊游、参观和调查等。教学方式是以活动体验获得直接的感性经验为主，以行政班或小组为单位进行。 时间安排上每学年1周，可集中在一周内进行、也可分散教学。高中三年中进行社会实践活动的学时总数不得少于两周。高一和高二各安排1周。学校在规划社会实践的方案之前，通过多途径综合考查学生班级、人数、经费、意愿以及能够提供的时间或服务机会，还要考虑其他支持开展社会实践的社会机构或社区团体等多种因素，以便制定可行的方案，有效利用当地的教育资源。

2013年10月，学校通过总结自2010年以来实施新课程改革工作经验，结合学校实际，制定第二个《贵州省瓮安第二中学新课程改革三年规划》。其主要内容如下：坚持高中新课程的目标和宗旨，为了中华民族的振兴，为了每一位学生的发展，实现学生学习方式的根本转变，促进学生的全面、主动和可持续发展。明确高中新课程实验的目标和宗旨，做好高中新课程实验工作的总体规划。以校本培训和校本研究为主，做好高中新课程师资队伍建设和促进教师专业成长工作。把提高教育、教学质量、提高教师素质作为高中新课程实验的重要目标，重视过程管理，做好各阶段的管理措施跟进、教研跟进、制度跟进、设备跟进等落实工作，推进教学管理现代化。做到统一认识，充分准备，落实措施，分步推进，适时调整，分步到位，抓住重点、突破难点，确保学校高中新课程实验的顺利实施。12月，学校创新教学管理机制，制定《学校课程计划编排办法》。

2014年5月，学校设立学分认定管理委员会，建立任课老师或指导教师档案。学校的学分认定工作接受学生、上级教育主管理部门和家长与社会的监督。参加省级以上学科竞赛且成绩特别优秀的学生，经个人申请，学分认定委员会批准，其相应学科的必修课程可以免除部分或全部学时，但不可免考。学生因学分认定考试成绩不合格而不能获得学分的，可以申请补考，补考时间由学校安排。补考仍不及格者，可申请重修、改修或放弃。重修要在接到不认定学分的通知后1年内完成，同一模块重修不得超过2次。由于休学等原因造成学习过程间断的，其学分及有关材料可连续计算或使用。学生因身体原因不能参加学校组织的某个学科类课程模块而不能获得相关学分的，应通过其他途径重修补足规定的学分。认定的学分分别记入学校学籍管理档案（包括纸质档案和电子档案）和普通高中学生成长记录手册。

（二）新课程改革

2010年10月，学校依据《贵州省普通高中课程改革实施方案（试行）》及黔教办基〔2010〕37号文件精神，启动瓮安二中新课程改革工作。为确保新课程改革工作的顺利实施。学校进行了相关课程改革工作的具体安排。首先组织全校教师进行培训，听取高中课改及贯彻落实瓮安普通高中课程改革工作电视电话会议精神，作好课改的充分准备。校长组织实施健全课改组织机构，明确职责分工，制订符合本校实际的课改整体规划和配套的实施方案或计划。具体包括组织机构建设、三年课改规划、课程编排方案、学分设定及管理办法、学生综合素质评价实施细则、校本教研制定、校本培训制度、综合实践活动课程建设与管理办法、校本课程开发办法、学生选课指导手册、综合资源开发及建设、舆论宣传及教育引导。在教师新课程培训中，要求培训方案具体、培训资料齐全，做到《课程方案》《课标》《课表解读》相关教师人手一套，相关行政人员须参培率高。新高一教师须做到全员培训上岗。为保障课改工作稳步推行，实施有效，学校加大相关经费投入，将教学仪器、设备等教学资源进行更新配置。对教师的通识培训、学科训练、交流学习及外出培训费用予以报销。在教师配备方面，要求各年级、各学科，特别是高一年级教师配备结构合理。要能全面适应新课程实施需要。在课程设置中，开足开齐各学科课程标准所要求内容，重视通用技术、音乐、美术和综合实践活动课程建设。严格执行普通高中课程方案。三级课程设置科学，编排合理有序，并建立符合瓮安二中学生实际的选课制度和方案。编排瓮安二中学生选课指导手册，具体落实指导老师。

2011年11月，学校稳步推行新课程改革工作。在课程开设与课程管理上，认真编制新课程规划，处理好必修和选修的关系。根据教育部《普通高中课程方案（实验）》和《贵州省普通高中的课程设置安排表》，瓮安二中各学科课程结构及开设意见如下：编制新课程规划，处理好必修与选修的关系。课程编排以先必修后选修为原则。高一年级上学期开设“必修”，语文、数学、外语三科适当开设选修课（一般应为必选）；高一年级下学期主设“必修”、适当安排“选修”；高二年级“必修、选修”协调并进：高三年级上学期完成“必修”和选修；高三年级下学期主要安排高考总复习。课程选择要处理好统一安排、自由选择与学校协调的关系。必修由学校统一安排，选修课以学生自选和教师自选为依据，学校针对师生自选的结果进行协调安排，一是确定教师的选教专业课程，二是确定选修专业课程的修习对象，三是确定选修课表。新课程实施后，学校实行教学班与行政班并存的班级管理模式。行政班是学校行政管理的基本单位，配备相对固定的班主任，开展班级集体活动。它是培养学生集体主义，开展学生团队精神和合作意识的重要机构。教学班是学生个性化学习的机构，任课教师是教学班的管理者，可以通过班委会或科代表来协助管理，主要负责学生的学习管理，培养学生的学习习惯和学习方法。教学班的科任教师要加强与行政班的班主任联系，及时反映学生的学习情况和具体表现，处理教学班授课期间的各种偶发事件。课程设置每学年52周，其中教学时间40周，社会实践1周，假期（包括寒暑假、节假日）11周。每学期分两段安排课程，每段10周，其中9周授课，1周复习考试。每个模块通常为36学时，一般按1周4学时安排，可在一个学段内完成。学生学习一个模块并通过考核，可获得2学分（其中体育与健康、艺术、音乐、美术每个模块原则上为18学时相当于1学分）。技术的8个必修学分中，信息技术和通用技术各4学分。综合实践活动中，研究性学习活动三年共15学分。每学年参加1周社会实践可获得2学分；三年内参加不少于10个工作日的社区服务，获得2学分；每个科目都在必修的基础上设置了若干个提高的选修模块，供学生根据自己的学习兴趣和未来发展需要选择；学生毕业资格由学校根据上级有关规定认定。凡具有本校高中学籍的学生三年内学生综合素质评价合格以上并参加并通过省级规定的学业水平测试可准予毕业。

2012年3月，学校为贯彻落实《中共中央国务院关于深化教育改革，全面推进素质教育的决定》，经学校相关处室领导充分讨论、调研，结合学校实际特制定《贵州省瓮安第二中学素质教育实施方案》设立实施素质教育领导小组：由校长张明光担任组长；副校长丁丽娟、刘兰华分别担任副组长；成员有各处室相关领导：陈斌（政教处）、罗建明（教务处）、李荣强（信息处）、王强（教科处）、李昕艺（后勤处）。领导小组负责全校学生素质教育的规划、指导、协调、检查与考核。保证素质教育工作的开展和实施。在学校党政统一领导下，各部门密切配合，齐抓共管，狠抓落实。是年7月，为进一步推进学校新课程改革工作，突破新课程改革中瓶颈，山东天成教育专家团来到瓮安二中传授课改经验，并进行示范课教学。8月，学校根据《贵州省普通高中新课程改革实验课程安排与管理指导意见》和《贵州省普通高中课程改革实验选课指导意见》的精神，结合瓮安二中《新课程改革工作实施方案》的要求，经过充分讨论研究，制定《瓮安二中综合实践活动课程实施方案》。方案明确学校对学科单科考查进行统一组织管理和实施。9月，瓮安二中为给学生提供个性发展空间，让学生能脱颖而出。特印发瓮安二中新课程改革《学生选课指导手册》，下放各年级任课教师及所有学生手中。要求学生认真阅读手册，在班主任学科任课教师指导下，选好选修课。依据学校实际和学生兴趣、潜能和发展需要，各科目分类别、层次设置若干模块，供学生选修。学生每学年在每个学习领域都必须获得一定学分。每个高中生至少必须获得144分以上方可毕业。10月，学校制定《瓮安二中校本课程开发和评价方案》。语文教研组率先开始编撰校本教材《国学经典选读》。

2013年3月，学校根据《普通高中课程方案》和《贵州省普通高中课程改革试验加强校本研修制度建设的指导意见（试行）》要求。为实现学校课程的创新，形成学校办学特色，提升学校办学品位，明确校本教材开发的整体思路。立足本校办学历史，突出学校“立德树人、自强不息、文化引领、才艺双馨”的办学特色。确立以学科组为单位的校本课程开发方向，评估学生对校本教材需求，确定课程开发重点。鼓励全体教师根据自己的爱好和特长开设校本课程。充分发挥校本教研的作用，整合各学科教师的特长和优势共同开发校本课程，学校对校本课程开发从硬件和软件两方面予以大力支持，科学安排场地，划拨经费作为校本课程专项基金，并动员家长社区等为校本结成提供支持。教科处和图书馆确保提供课程资源信息，定期汇编校本教材优秀案例，大力开展校本课程研修，9月，学校为满足学生三年间每人至少6个学分的校本课程选修，校本教材从高一入学开设，全程计划是：高一学年主要开设《入学规范教育》《瓮安二中校史》《法律读本》《国学经典选读》；高二年级主要开设《国学经典读本》《心灵掬水》《寻找瓮安红色足迹》《瓮安二中校本文化理念》《可爱的瓮安》《名曲书画作家作品欣赏》《冷少农传》；高三学年开设《职业规划教育》。学校对学生校本课程的学习纳入学分制管理，积极尝试档案袋评价，表现评价，自我评价，同伴评价，考核评价等多种评价方式。为防止学生出现分化现象，固定班级，定地点，定学生干部（班长、课代表、小组长），定时间等。建立学习活动记录手册，确保学生能认真尽心校本课程的学习。为确保“教学相长”，学校建立校本课程管理和教师考核制度。定期对各门校本课程教学质量进行评审，以改进校本课程的品质。评价依据教师的自我评价，同行评议，并参照学生的课程满意度调查和家长意见。引导教师在校本课程实施过程中自觉提升自身的专业能力和素质。学校对优秀校本课程和教师进行奖励。通过一段时间的实践，学校制定《校本课程专职教师资格的认定制度》，逐步使校本课程走上制度化和规范化。

2014年5月，学校为加强对学生学习新课程学分的认定工作的管理，成立学分认定工作领导执行小组，具体负责实施学分认定工作。各学科骨干教师、模块任课教师则负责指导学生本学科各模块学习。学生学分认定执行小组对学生普通共安装新课程模块学习采取综合评价办法，对学生学习过程中修习课时，修习过程的综合表现。模块考试考核项目，进行客观公正的评价。综合成绩在60分以上（含60分）的学生，予以学分认定，未达60分的不予认定。各项目评价具体要求是：修习课时需达10%，主要体现学生的参与程度。学校按照课程设置规定的课时开设课程，学生必须按规定参加课程修习。学生修习时间由授课教师登记。教务处核准建档。本项目评价结果分为合格和不合格。未经学校批准的课程模块修习时间低于固定学时数六分之五的，视为不合格（因病假、事假未能达到规定学时的，在课余时间通过补课达到要求的予以认定）。评价不合格的，该课程模块学分不予认定（获得免修资格的除外）。学生修习过程综合表现需达40%，主要包括学习过程中的情感态度。完成作业情况，参与课堂学习的活动情况。从事与修习内容相关的实验和实践活动及阶段性测试成绩等。改评价结果为A、B、C、D四级。C级以上者，该项评价为合格。评为D级的，不能获得该模块相应学分。对于必修模块未能获得学分的学生，可申请重考，获参加其他教学班相同学习模块的考试。重考合格者可获得学分，重考仍不合格，允许重修。

2015年9月，学校根据《教育部关于积极推进中小学评价与考试制度改革的通知》（〔教基2002〕26号），教育部《关于印发普通高中课程方案（实验）和15个学科课程标准（实验）的通知》（教基〔2003〕6号）等，制定学生综合素质评价实施办法设立评定领导小组。由学校政教处，教务处具体组织年级组长、班主任及家长代表，对学生和家长进行学生综合素质评价的宣传和培训。按评定程序指导学生做好原始数据收集整理。建立“成长记录袋”并妥善保管。评定领导小组负责对班级学生进行综合素质评定，处理评定过程中出现的问题，及时纠正评定过程中出现的不合理现象，并接受家长咨询和采访。

2015—2017年，学校为保证学校新课程改革顺利实施，促进学生全面而有个性的发展。根据《贵州省普通高中学分管理指导意见（试行）》及相关文件精神，进一步完善《贵州省瓮安第二中学学分认定方法与管理方案》。

第七节　教研组

教研组的全称是教学研究小组，是学校与教师的研发机构之一，它不但是教师专业能力增进的重要舞台，还是教师形成专业归属感与学科崇拜的发源地。教育部于1952年颁发的《中学暂行规程（草案）》中，早就明确规定“中学各学科设教学研究组。由各科教员分别组织之，以研究改进教学工作为目的”，其任务为讨论及制定各科教学进度，研究教学内容及教学方法。尔后，教育部于1957年还颁发《中学教研组工作条例（草案）》。

教研组工作的内容是：教师集体学习有关中学的教育方针、政策和指示；研究教学大纲（如今改为课程标准）、教材和教学方法；结合教学工作钻研教育理论和专业科学知识；总结、交流教学和指导课外活动的经验；保持与提高教学质量。处理学校给予教研组的行政事务，

一、语文组教研活动

1958年，学校初创时期，学生半工半读，语文课本使用由国家出版总署编审局编写出版全国统一使用的初级中学语文课本。

1959年，学校改建为瓮安师范，使用全日制初中语文课本。1961年5月，师范停办。1962年，在原瓮安师范基础上，成立瓮安县城关中心小学，使用由国家出版总署编审局编写出版全国统一使用的小学语文课本。

1963年—1966年，是瓮安县城关小学发展壮大兴盛的时段。1963年，教育部制定《中小学语文教学大纲（草案）》，为语文教学指明了方向。语文组成员先后有：石明信、戎家琳、吴殿珍、罗振亚、尹昌宗、熊兴楚、魏国琴、夏仲寅、张和宗、徐露、袁庆林、杨会、高庆怀、刘开荣、吴学模、王崇礼、刘昌珍、付碧珍、付国英、梅文碧，戎家琳任语文教研组组长。其间，语文组积极实行“启发式”教学，废止注入式教学。大抓“双基”（基本知识、基本技能）和“双主”（教师主导、学生主动）。发挥语文独具的特点，组织学生开展讲故事、诗朗诵、办板报、办手抄报、建图书角等活动，激发了学生学习兴趣，提升了教育教学成绩。五（2）班还办了大版面的《幼芽》半月刊，登载本班学生的文章和画作，做到学生动手、老师辅导、定时出版。受到学校和师生好评。1966年夏，“文化大革命”爆发，波及学校，县教育局派出的工作组进驻瓮安县城关中心小学，开始了政治运动，学生停课闹革命，老师停职做检查，1969年，中央发出了“抓革命 促生产”“要复课闹革命”的指示，学校教育教学秩序逐步恢复正常。此时的学生语文课本，政治内容居多。

1970年，学校开设“戴帽初中”（小学校里附设初中）一个班。1971年，继续招收一个“戴帽初中”。这个时期使用的语文教材是贵州省教委编写的“初中语文课本”。至此，学校教育教学基本恢复正常。

1973年，学校更名为瓮安县城关二小。1976年，学校更名为瓮安县雍阳中学，成为一个镇级中学。经过调整，时有语文教师：石明信、黄育中、王承谦、殷国生、王复文、尹昌宗、刘雨华、刘惠、杨文娟、张安英、杨乔书、谭居山、张慰、徐露等，杨乔书、黄育中先后任语文教研组组长。

1978年，教育部颁发《全日制十年制中小学教学计划试行草案》，统一规定全日制中小学学制十年，小学五年，中学五年。是年3月16日，《人民日报》发表了吕叔湘先生《当前语文教学中两个迫切问题》的文章，引起人们对语文教育的反思。同样激起了瓮安县雍阳中学语文教师的反思，他们在反思之余，开始了集体备课制，取长补短，共同进步，使语文教学成绩得以快速提高，1978—1980年的3届初中毕业生的语文平均成绩处于全县领先地位。

1978年7月，学校改名为贵州省瓮安第二中学。1980年9月，学校开始招二年制高中并使用全国统编第五套语文教材。1983年，高中学制改为三年。县教育局为充实学校教师队伍，相继从草塘中学、珠藏中学等学校调一批学历高、能力强、思想正的教师到学校，充实了语文教研组力量。

1988年9月，邹新生老师任语文教研组组长。同年，邹新生老师著《语文基础知识》，由贵州教育出版社出版，该书对学校语文教学起到了积极的推动作用，取得了较好的社会效果。

1992年9月，罗祖学老师任语文教研组组长。1994年6月，刘惠老师在《黔南民族师专学报》发表《浅谈比喻的语境设置》论文。是年9月，罗祖学老师在《黔南民族师专学报》发表《为“隐逸诗”一辩》论文。10月，吴昌松老师参加县初中语文优质课获二等奖。1996年，国家教委颁发了与九年义务教育课程计划相衔接的《全日制普通高级中学课程计划（试验）》，明确提出，普通高中课程结构由学科类课程和活动类课程组成。普通高中学科类课程分为必修、限定选修和任意选修三种方式。是年秋，学校高中语文开始使用新版必修课本教学。1997年8月，学校学生唐康在《作文成功之路》（高中版）发表《塔坡魂》作文。2000年教育部颁发的《全日制普通高级中学课程计划（试验修订稿）》，在1996年课程计划的基础上强化了课程结构的多样性，并在必修课中增加了“综合实践活动”，在选修课中加大了地方和学校的作用。基础教育课程经过多次改革，取得了令人瞩目的成果，初步实行一纲多本的教材多样化政策，打破了单一的课程结构，课程内容关注学生全面发展的经验，素质教育日益得到重视并逐步走进课堂，课程管理模式打破了过于集中的格局。学校语文教研组20余位教师，积极学习和探索新课程改革，2000年9月，语文组教师王小勇、吴昌松、周泽宏、刘兰华、李小忠、瞿远伏等考入贵州大学汉语言文学系在职进修。他们结合本校实际走出了一条适合自己的语文教学之路。

2005年9月，王其一老师任学校语文教研组组长。2007年11月，罗祖学老师在《中学语文》发表《“短歌行”探珠》论文。2008年09月，简良恩老师参加黔南州语文优质课大赛获二等奖。2011年5月，语文教研组在学校的支持下，成立“扬帆文学社”，徐燕老师担任文学社社长，全体语文教研组老师任编辑，负责审稿、改稿。6月，出版了校园文学刊物《扬帆》第一期。12月，学校语文教研组积极组织学生参加“文心雕龙杯”第四届全国新课标写作才艺大赛，学生多人次获奖。学校语文教研组获“优秀团体奖”称号。

2012年9月，吴昌松老师任学校语文教研组组长。10月，刘有四老师参加黔南州第四届中学语文优质课比赛获三等奖。同月，学校语文教研组在校长张明光的提议下，开始校本教材《国学经典选读》编撰工作。执行主编吴昌松编写出写作提纲，再经全体编写成员开会讨论编撰提纲，反复修改编撰提纲，明确分工职责，最后确定本书分入门篇、礼仪篇、习惯篇、品行篇、修身篇、励志篇、勤学篇、杂篇八篇，收集历代经典48章，分别从居家、在校、出门、会客等方面对学生进行教育。让学生了解做人最起码的礼仪、礼节，养成文明的习惯，使礼节贯穿于学生的生活中。使学生学习此门功课，除了用于待人、处世、接物上，还对于家庭和谐、子孝孙贤、尊敬尊长、净化社会风气，也有裨益。12月正式开始编撰。

2013年，语文教研组在全国中小学校园文学写作大赛中成绩优异，荣获“全国写作教学优秀团体”奖。7月暑假，经过执行主编吴昌松、副主编龙承华一个假期的反复修改和认真校对，《国学经典选读》一书初稿成型，在此基础上，吴昌松、王其一、周泽宏、龙承华等赴黔南民族师范学院，聘请黔南民族师范学院中文系教授，曲阜师范大学、贵州师范大学外聘研究生导师，贵州省重点学科“古典文献学”中国古代文学文献研究方向学科带头人、贵州省古典文学学会常务理事、贵州省红楼梦研究学会理事周健自先生作为本书顾问，周健自教授认真审阅了全书的初稿，指出存在的问题，做出修改，并为此书撰写序言。

2014年，《国学经典选读》初稿在学校部分班级开始试用。9月，经多次反复修改完善的《国学经典选读》初稿送湖南大学出版社，出版社提出了修改建议，执行主编吴昌松结合出版社建议，对初稿再次精心修改完善。11月，学校语文教师刘有四老师参加黔南州第五届中学语文优质课比赛获一等奖。12月，《国学经典选读》（书号：ISBN 978—7—5667—0751—2/K·93）正式面向全国出版发行。该书是学校第一本正式出版的校本教材，获得各方面好评。

2015年10月，《国学经典选读》一书被贵州省新闻出版广电局选为贵州省“农家书屋”必选书籍，印刷了6000余册，配发贵州省各个“农家书屋”，为学校赢得了荣誉。10月18日，贵州省名师工作室主持人、名校长工作室主持人、语文特级教师朱家彦亲临学校，对学校语文组教研工作进行工作指导，同时还召开了研修小组第三次会议暨研修小组自确立主题以来的第一次启动会议。会后，朱家彦老师在校长张明光、主任周泽宏、组长吴昌松以及部分语文组成员陪同下参观游览了草塘古邑和猴场会议会址。同月，语文教研组结合省州“申示”专家意见制定了打造优质课“人人参与 个个过关”实施计划。全组行动，积极参加“申示”优质课打造活动，全组共开展听课、评课60多节，取得了较好的效果。12月，吴昌松和兰树娇老师被瓮安县教育局聘为语文中心学科成员，吴昌松任瓮安县语文中心学科组副组长，同时被推荐为贵州省朱家彦名师工作室跟岗学员。该年度语文教研组获校“优秀教研组”称号。

2016年5月13日，贵州省教科所副所长杨永明深入学校语文教研组，开展听课、评课，结合学校老师的公开课就对如何打造高中语文优质课做出指导学校语文教师深受启发，推进了学校语文教育教学工作。6月，学校搬迁新校区，语文组办公环境和条件有了极大的改善。6月28—30日，贵州省教育厅组织专家组对学校申报省级示范性普通高中进行了第二次评估，其间随机听了语文组3位教师的语文课，均获好评。8月，县教育资源布局大调整，学校合并珠藏中学高中部，珠藏中学8位高中语文老师并入学校语文组，同时还招聘湖南师范大学硕士毕业生张桂碧任语文教师，张桂碧是语文组第一位硕士毕业的语文教师。9月，赵榜琰老师任语文教研组组长。

2017年5月6日，学校语文教研组荣获“第七届全国中小学生创新作文竞赛与教学研究活动”优秀组织奖。9月，彭华兰老师任语文教研组组长。10月，杜洪伟老师获2017“多彩贵州”好教育联盟第二季同课异构活动语文学科三等奖。

2018年5月18日，张桂碧老师荣获2018年黔南州高中语文优质课比赛二等奖。是年9月，庹杰老师任语文教研组组长。

截至2018年12月，语文教研组有专职教师40人，其中高级教师13人，一级教师9人，二级教师27人。其中硕士研究生2人。

二、数学组教研活动

瓮安二中1958年建校，一切均在兴建之中，由于国家对教育处于摸索阶段，数学组的建设也不例外，开始没有明确谁任组长。1978年，大家推举彭宗恒老师任数学教研组组长，他是学校数学教研组第一任组长，1982年9月，有彭宗恒、陈文礼、倪帮嘉、谢德美、任远智、刘石虎、蔡华、杜继刚、游晓黔、王观忠、犹永俊11位数学教师。

1983年8月，杜继刚老师任数学教研组组长。

1986年8月，袁愈林老师接任数学教研组组长，任职到2005年7月。这期间数学科的教辅资料渐渐的多起来，开始是四川资料，后接着黄冈密典，再后是河南、山东、江西的资料等。老师在备课上没有以前费力了。每次的考试，学生答卷是订成册的，评卷时全组老师集中评卷。

2005年8月，何崇玖老师接任数学教研组组长。在2005年至2010年间，学校从本科院校和中学招考进了17位中青年教师，从而使数学组力量得到了充实。

2011年至2014年数学组由李家庆老师任组长，在此期间数学组队伍又添加了3位老师。这些老师的加入，使数学组的队伍得到了壮大。

2014年至2016年，冯配金老师接任数学组组长工作，数学组在高考中成绩突出，被授予“优秀教研组”称号；同时在黔南州教育局教科所组织的考试命题活动中获二等奖；在2015年获得一等奖。同时，组织全组老师进行集体备课，集思广益，打造数学优质课课堂，不定时抽查教师的备课、批改作业等常规工作。全组老师为学校的“申示”工作做出了应有的贡献，共同努力，集体备课，多次试讲，打造了一批优秀的教师。在2015年的“申示”初评工作中，数学组邱瑜霞、陆龙金等老师获得省专家组的一致好评，为2016年的“申示”复评工作打下了坚实的基础。2016年6月学校迎来了期盼已久的学校整体搬迁新校区，数学组老师积极配合学校工作，并继续努力打造优质课，在“申示”复评工作中，数学组老师邱瑜霞、钟林获得专家组的更高评价。

2016年9月，徐刚老师接替数学组组长工作，在此期间，珠藏中学的高中部合并到学校，数学组又增添了10位老师，数学组继续发扬了集体备课制度，通过集体备课，集思广益，多次打造，老师们上课达到了更高实效，学生的数学成绩得到了提升。10月，贵州省第六届数学优质课评比大赛在学校举办，数学组全体老师积极配合学校和贵州省教科院领导一起完成数学优质课评比的安排和落实工作，通过三天的评比，学校数学组邱瑜霞老师在此次优质课大赛中获全省一等奖。11月，学校又举办了学校所有学科优质课评比大赛，数学组对陆龙金、钟林老师的课堂的多次听课打造，使钟林老师在此次优质课大赛中获得了理科组一等奖，陆龙金老师获得理科组二等奖。在2016高考中数学组取得了优异的成绩，有12位老师获得瓮安县政府及县教育局的表彰。

截至2018年12月，数学教研组有数学教师42人，其中高级教师16人，一级教师12人，二级教师14人，其中党员教师15人。

三、英语组教研活动

根据教育部1954年《关于初中不设外国语科的说明的通知》，学校在1958年创建时没有开设英语课程。

1970年，学校开设“戴帽”初中班一个班（小学校里附设初中班）。因为当时师资受限，再加之上级主管部门没有要求，英语课程没有得到重视。1973年，学校更名为瓮安县城关二小。仍然没有专职英语教师。1976年，曾光灿调入学校任英语教师，成为学校第一位专职英语教师，1977年，随着学校规模的扩大，急需英语教师，由语文教师王承谦老师兼任一年英语老师。其后从草塘中学调入英语教师有郭筑娟、林芬芬、张永坤，基本满足学校的英语教学需求。

1980年9月，学校开始招二年制高中学生，开设高中英语课程。从1981年8月起，学校开始通过接受分配和招聘进入了英语专业教师，其间由林芬芬老师任英语教研组组长。1988年，国家教委制订了《九年制义务教育全日制初级中学英语教学大纲（初审稿）》，初中英语按此大纲进行教学。

1990年，国家教委颁发了《全日制中学英语教学大纲（修订本）》，修订了1986年颁发的《全日制中学英语教学大纲》。修订后，大纲的教学要求适当降低，教学内容适当减少。在高中阶段，一、二年级英语为必修课，三年级为选修课。

1991年，丁丽娟任英语教研组组长。1993年，教育部制定了《全日制高级中学英语教学大纲（初审稿）》，其后1996年编订为《全日制普通高级中学英语教学大纲（供试验用）》。其明确提出，普通高中课程结构由学科类课程和活动类课程组成。普通高中学科类课程分为必修、限定选修和任意选修三种方式。是年秋，学校高中英语开始使用新版必修课本教学。1997年，邓永富老师获黔南州优质课评比高中组三等奖。2000年，教育部颁发《全日制普通高级中学课程计划（试验修订稿）》，此计划在1996年课程计划的基础上强化了课程结构的多样性，并在必修课中增加了“综合实践活动”，在选修课中加大了地方和学校的作用。基础教育课程经过多次改革，取得了令人瞩目的成果，初步实行一纲多本的教材多样化政策，打破了单一的课程结构，课程内容关注学生全面发展的经验，素质教育日益得到重视并逐步走进课堂，课程管理模式打破了过于集中的格局。学校英语教研组10余位教师，积极学习和探索参与新课程改革。

2003年9月，黄菊任学校英语教研组组长。从2006年起，学校从应届大学生里先后招聘10余位任英语教师。充实了英语教师队伍，缓解了师资紧张的局面。2011年12月，教育部印发了《义务教育英语等学科课程标准（2011年版）》。英语新课标已在2012年秋季在全国正式执行。学校英语也同期开始使用英语新课标高中英语课本。2013年8月，引进硕士研究生杜静秀到我学校任英语教师。

2014年8月，肖莉老师前往芬兰于韦斯屈莱大学（University of Jyvaskyla）攻读硕士研究生，2016年6月毕业返校工作，是瓮安县教育系统中第一位全日制海外留学的硕士研究生。12月，黄菊老师获瓮安县第一届“敬业奉献道德模范”称号。任安荣老师获贵州省第五届中小学优质课评选三等奖。

2015年6月，邓永富老师被黔南师院聘为硕士研究生（院外）指导教师。

2016年5月13日，贵州省教科院专家深入学校英语教研组，开展听、评课，并结合学校部分老师的公开课就对如何打造高中英语优质课做出指导。学校英语教师深受启发，推进了学校英语教育教学工作。6月，学校搬迁到新校区，英语组办公环境和条件有了极大的改善。6月28—30日，贵州省教育厅组织专家组对贵州省瓮安第二中学申报省级示范性普通高中进行了第二次评估，期间随机听了英语组三位教师的英语课，三位教师的课均获好评。

2017年1月，邓永富老师当选为政协瓮安县第十一届委员。杜静秀作为核心人员，参与申报省级课题“发展学生核心素养背景下高中学校德育顶层设计实施策略研究”成功。3月，侯保国老师任学校英语教研组组长。同月，杨洪宗老师获教育部国家留学基金委《贵州省西部连片贫困地区中学英语教师出国研修项目派出计划》派出资格（2018年派出）。

截至2018年12月，英语教研组有英语教师45人，其中高级教师12人，一级教师18人，二级教师15人，全日制研究生有3人（其中1人为海外全日制研究生回国），党员教师13人。

四、物理组教研活动

1958—1973年间，学校没有专职的物理教师，物理课由其他老师兼任。

1973年起，学校正式开设物理课程。 1978年学校正式更名为贵州省瓮安第二中学，学校的物理教学走入正轨，并逐步完善。1981—1984年，黄万成担任物理教研组组长，相继有张显忠、张和森、孙仲石、程嗣雍、王秀山等加入学校物理教研组。使学校物理教研组得以建立。

1984—1991年．程嗣雍任物理教研组组长，在此期间引进和招聘一批物理教师，加强了学校物理教学力量，在此期间，学校物理教学实现了历史性的突破，陈恩科成为瓮安恢复高考以来首位考取清华的理科学生。

1991—1993年，彭建元任物理教研组长，成员有张显忠、程嗣雍、周国华、申友林、刘平、陈斌、黄胜华、付仕和等。

1993—1997年，陈斌任物理教研组长，成员有张显忠、程嗣雍、周国华、申友林、彭建元、刘平、黄胜华、付仕和、毛静、罗晓露、顾德贵、张清昌、王警、王超等。在此期间，学校物理教学稳步发展，教学教研活动得到进一步丰富，培养了刘元高、卿涛等一大批优秀理科学生。教研组建立了以老带新培养计划和机制，新老师定期请老教师专题指导，老教师定时听取新教师的讲课，并提出改进意见。教研组始终坚持半期、学期和高三模拟考试全员统一改卷，流水作业评卷方式，使学生每次成绩真实、公平、公正，一把尺子量到底，大大地提高了教师教学质量可比性，学生学习成绩真实性，为全校物理学科在全县单科统考和全国高考中取得优异成绩提供了有力的保障。

1997—2007年，顾德贵任物理教研组组长，此期间新进教师有童剑、钟声利、杨家文、商露、王华、许鹏、宋锡丽、李瑞常等。调离教师有王超、申友林、罗晓露。退休教师有张显忠、程嗣雍。在此期间，学校教育飞速发展，同时大力开展校内物理竞赛，提高了物理教学质量，组织学生进行物理竞赛辅导，并在全国物理竞赛中获得优异成绩，为学校培养了徐仁义、解忠敬、李治波、张焕、吴冬5名清华、北大学生。在实验室建设方面，这期间实验室得到了较大的完善，由师范旧教室搬到了新建的学校综合楼，购置了大量的实验器材，实验条件得到了较大的改善，在付仕和老师的带领下，基本开足了演示实验和分组实验。教学方面，积极配合学校推行的推门听课制度，物理组制定了相应的推门听课制度，使得物理组年轻教师得到迅速的成长和提高。

2007—2016年，钟声利任物理教研组组长，此期间新进教师有周中兵、罗坤（已调离）、余敏（已调离）、杨通华（已调离）、张扬辉、谭力、李传江、毛飞、郭永峰（已调离）、曾杰、程义厚、张明光（现任校长）、宋泽军、顾星、彭长生。在此期间，结合教材培养学生的逻辑思维能力和创新能力，从理论联系实际，从实践中升华理论，为社会为国家培养了一大批创新型人才。物理教研组结合众家之长，对校内物理成绩优秀的学生进行竞赛辅导，在各类物理竞赛中取得了优秀的成绩，获奖学生有几十名之多，其中陈滨函、朱荣进等因此得以通过自主招生进入清华、北大。

通过个人和集体的有机结合，形成了有效的备课方式，在2009年拟订了高中物理学科统一的校本教材。围绕新课改要求，物理教研组集体打造课程。根据校情，在2012年打造出“双层·六环”教学模式，为二中的物理教育教学指引了方向。同时加强集体备课，培养教师的教学技能，在此基础上物理组毛飞、宋锡丽、谭力、曾杰等多位教师在优质课大赛上获奖。2009年、2012年、2016年物理教研组获“优秀教研组称号”。

2016年至今，由毛飞任物理教研组组长，此期间新进教师有丁强、李治、郑宏伟，退休教师有毛静。在学校“申示”期间物理组积极配合学校的工作安排，使得学校在2016年顺利“申示”成功。在课改方面，曾杰老师在黔南州2016年教学技能大赛中获得一等奖、谭力老师在贵州省优质课大赛中获得二等奖。周中兵老师积极参加实验室重建，使得实验教学重新得到落实，各年级学生积极动手做实验，提高了学生的动手能力和实验能力。教研方面，物理组积极申报省州级课题，部分课题相继结题，如王华老师、宋锡丽老师等。教研组文化建设也非常丰富，开展许多组内活动，例如拔河比赛、接力赛等。竞赛辅导方面，积极组织教师对学生进行竞赛辅导，取得了很好的成绩，多位指导老师获奖。

截至2018年12月，物理教研组有教师27人，其中正高级教师1人，高级教师11人，一级教师7人，二级教师8人，县级骨干教师2人。

五、化学组教研活动

1958年，学校开始办学，化学课本使用由国家出版总署编审局编写出版全国统一使用的中学化学课本。1959年，学校迁到瓮安县城西门河边，改建为瓮安师范，学校没有化学课程。1961年5月，瓮安师范停办。1962年，在原瓮安师范基础上，成立瓮安县城关中心小学。

1976年，学校更名为瓮安县雍阳中学。开始开设化学课程，但缺专职化学教师。

1978年7月，雍阳中学改名为贵州省瓮安第二中学。这一时期学校的化学教师有宋锡水、徐顺成、邓凡祚、付殿萍。

1980年9月，学校开始招二年制高中。1983年，高中学制改为三年。1984年调入李庆忠担任高中化学教师。1985年，徐家海调入学校，1986年8月，黄桂明贵师大毕业后分配到学校，这一时期由李庆中担任化学教研组组长。1989年，郑光黔贵师大毕业后分配进入学校。1990年余家品贵师大毕业后分配进入学校，由于这一时期的化学教师增多，化学组和生物组合并共称生化组。

1991年，郑光黔担任生化组组长。1991年肖大荣从黔南师专毕业后分配进入学校。1993年，朱正贵、周汉英调入学校。1994年，杨汉全由贵州省教院毕业调入学校。1996年郭雄杰调入学校。1997年，徐志荣分配进入学校，李荣强调入学校。

1998年，余家品担任生化组组长，2000年由于化学组严重缺老师，生物教师犹永春改上化学课，这一时期化学组和生物组仍然还是一家。

2000年，杨汉全担任生化组组长。2003年骆品相招考进入学校。2004年王兴传从银盏学校招考进入学校。2005年安发光被招入学校，2006年符猛被招入学校，2008年张铮荣被招入学校，其后于2010年调走。2009年张科凤被招入学校。2010年王懿、叶馨川、陈贵春被招入学校，陈贵春于2016年调走，2010年贾朝琴从玉山中学调入学校。2011年李正海从瓮安四中调入学校，唐艳山从草塘中

学调入学校，2013年，赵建、蒲启茂、谢礼梅被招入学校，

2014年，骆品相担任化学组组长。2015年詹皓琪被招入学校。2016年6月，学校搬迁到新校区，化学组办公环境和条件有了极大的改善。2016年6月28—30日，贵州省教育厅组织专家组对瓮安第二中学“申示”第二次评估，其间随机听了化学组老师的化学课，均获好评。2016年，学校和珠藏中学合并，肖华丽、余祥波、张显胜、刘畅、付家会、刘怀敏等随之入校，同时，刁达成被招入学校，王懿担任组长，2017年9月，王懿辞去教研组组长职务，安发光接任组长。

截止2018年12月，化学组有专职教师28人，其中高级教师9人，一级教师10人，二级教师9人，研究生2人，中高级教师占了全组教师的70%。

六、生物组教研活动

1958—1978年，学校教学中虽然有生物内容，但专业的生物教师队伍始终没有建立起来。恢复中、高考制度后，1980年，学校在原来初中部的基础上设立高中部，才有了真正意义上的生物教学，学校生物课教育教学工作得以真正恢复。

1980—1983年，学校的发展规模小，高中部每个年级只有两个班，初中部每个年级四个班。高中高二开设生物，初中生物开设植物学、动物学、生理卫生。所以生物学科教师队伍规模小，专业生物教师也不多。这一时期生物学科教研组的主要专业成员有张庆龙、马跃银、刘瑾瑜、谢德美老师等。高中生物课教学由张庆龙、马跃银任课。刘瑾瑜、谢德美老师主要从事初中生物、生理卫生课教学工作。

1983—1990年，学校规模有所发展，高中部每个年级增加到三个班，初中部每个年级增加到六个班。由于学校规模的扩大，教师队伍也在壮大，生物教研组的成员也有所变动，符合、张明林老师先后加入学校生物教学，符合老师，张明林老师主要任高中生物教学，刘瑾瑜老师、谢德美老师主要从事初中生物、生理卫生课教学工作。

1990年开始，是学校大发展的时期，也是生物教研组大发展的时期。学校在保持初中部相对稳定的同时，不断扩大高中部学生的招生，高中办学规模也越来越大，高中生物教师队伍也在不断壮大。这一时期，学校通过调动、招聘等方式，生物教研组有10位生物老师。

2000年，学校升级为独立高中，虽然有部分生物教师调离，但在应届大学生中招进10余位生物教师，更加充实了生物教研组力量。

2007年9月，邓实群任学校生物教研组组长。2012年12月，生物教研组获黔南州高三生物学科（理科）优秀奖。2014年 7月，生物教研组参加黔南教育局组织的高考优秀模拟试卷评比活动，获生物学科二等奖；是年10月，生物教研组被学校评为先进教研组。2015年5月，贵定中学生物教研组和化学组进行同课异构交流活动。

2015年9月，张志任学校生物教研组组长。2016年8月，瓮安县教育资源布局大调整，学校合并珠藏中学高中部，珠藏中学有4位高中生物老师并入学校生物组。

2016年9月，宋梦娇老师任学校生物教研组组长。2017年5月，福泉四中生物教研组与生物组进行同课异构活动。2017年9月，肖最勇老师任学校生物教研组组长。

截至2018年12月，生物教研组有专职教师21人，其中高级教师4人，一级教师9人，二级教师8

人；研究生2人。

七、政治组教研活动

学校于1958年成立，其前身为瓮安交通初级中学。1959年，瓮安交通初级中学改建为瓮安师范，校址迁到瓮安县城西门河边。1961年5月，瓮安师范停办。这一时期，学校的政治思想教育工作主要由夏坤仲校长负责。

1962年，在原瓮安师范基础上，成立瓮安县城关中心小学。小学期间学校没有开设专门的政治课，学校的思想政治教育工作由学校领导督导。

1967年8月，王国才老师分配到学校任政治教师，其间初中政治课教学开设有《社会发展简史》《公民》《法律常识》等课程。1970年，瓮安县城关中心小学开设“戴帽”初中一个班，1971年，继续招收一个“戴帽”初中。这个时期的“戴帽”初中的政治教学工作由夏坤仲、王国才老师负责。

1973年，学校更名为瓮安县城关二小。1976年，瓮安县城关二小更名为瓮安县雍阳中学，成为镇级中学。为了充实政治课的教学力量，调入袁礼芬任政治教师。

1978年9月8日，黔南州革委正式批复设立贵州省瓮安第二中学，学校成为县级中学，这一时期的初中政治课主要开设《社会发展简史》《公民》《法律常识》。

1980年9月，学校开始招二年制高中。1983年，高中学制改为三年。在这一阶段，校长夏坤仲、教导主任吴学林和王国才老师除了负责初中政治课教学外，还负责高中政治课教学工作。为了支持和促进学校高中办学的需要，充实学校的教师队伍，从1985年到1990年期间，县教育局陆续从县管区级中学、贵州师范大学、湖南省等学校和地区调入、招聘和分配一批学历高、能力强、思想正的教师到学校任教。这几位新进政治老师的加入，大大增强了学校的高中政治学科的教学力量，也极大地推动了学校高中政治学科的发展。1985年9月，欧阳玲从湖南省祁东县应聘到学校任政治教师，接替夏坤仲校长任政治教研组组长。

1989年9月，黄哲任政治教研组组长。进入20世纪90年代，随着学校教学质量的不断提高，学校的办学规模也随之扩大，政治教研组的规模也得到了发展，政治学科教师队伍力量的加强，促进了政治课教学质量和水平的提高。1992年度，学校政治教研组荣获黔南州高三政治学科优秀奖。进入21世纪之初，学校又迎来了一次跨越发展的大好时机，成为黔南州首批四所大型独立高级中学之一。到2003年，学校已经发展成为50个教学班级的独立高中了。面对学科教师的严重不足，从2000—2010年，瓮安县政府和教育局给学校分配和招聘了大量老师，这些老师的加入不仅充实了政治教师队伍，缓解了师资紧张的局面，也为学校的发展和学校政治教研组整体教育教学教研水平提高提供了有力的保障。

2007年9月，文科综合组解散，彭长刚担任政治教研组组长。从2007年9月开始，政治教研组根据学校有关决定，实行“老带新”帮扶制度。这一制度着眼于新教师的专业成长，在经验丰富的教师的指导下，新教师通过直接学习和借鉴老教师的教学经验和教学方法、技巧，可以在较短时间内适应职业发展的要求。在这些经验丰富的老教师的指导下，接受指导的教师成长很快，从而也使得整个政治教研组的教育教学工作迈上了一个新台阶。2010年9月，贵州省教育厅根据教育部颁布《基础教育课程改革纲要（试行）》，决定从2010年秋季开始全省高一实行新课改，全面启用新课改教材。高中政治学科新课程改革后，必修教材内容包括《经济生活》《政治生活》《文化生活》《生活与哲学》。2011年11月，黔南州高中政治新课程改革经验交流会在学校举办，黄哲、彭长刚两位老师在活动中介绍了学校实施高中政治课新课改经验。2013年9月，政治教研组根据学校安排开始建立具有自己特点的集体备课制度。集体备课制度着眼于提高课堂教学的质量和效率，其目的是促进学科组教师的专业成长和共同发展，以提高学科组的整体教学水平。2014年7月，学校政治组参加黔南州教育局组织的高考优秀模拟试卷评比活动，荣获政治学科二等奖。

2014年9月，王虹老师任政治教研组组长。2016年6月，学校搬迁到新校区，政治教研组办公环境和条件有了极大的改善。

2016年9月，林艳老师任政治教研组组长。学校合并珠藏中学高中部，珠藏中学有两位高中政治老师并入学校政治组。同时还招聘华北水利水电大学思想政治教育硕士研究生游先启任政治教师。调入政治老师吴定龙任学校副校长。

截至2018年12月，政治教研组现有专职教师17人（高级教师3人、一级教师5人、二级教师9人），其中研究生1人。

八、历史组教研活动

学校于1958年成立，学校自成立以来，由于条件限制，没有开齐学科，偶尔上历史课，多由文科老师担任。直到1978年恢复高考，1980年学校设立高中部，历史教学才走上正轨，成为常规性的教学科目。但由于师资有限，历史课仍由文科老师兼任。20世纪80年代，随着县政府对外招聘和大学分配，学校才有专任的历史教师，当时历史、政治、地理学科共同组成文科综合教研组，由张蔚老师任组长。

20世纪90年代，王华松、唐安林、简雪曼三位专业历史老师到学校工作。1993年的高二年级历史会考中，王华松老师任教班级的合格率和优分率居全州第一，在1994年高考中，任教班级的及格率为11.4%，超省及格率两个百分点，是当年全县唯一超省及格率的历史教师，1997—1999年连续三年获县“高考单科成绩优秀奖”。1998年，简雪曼老师荣获了高二年级会考优秀奖。

2000—2006年，简雪曼老师高考文综超省平均分、及格率，并荣获县“优秀教师”的称号。王华松老师高考教学成绩超省及格率居全县第一，多次获县“教学能手”“优秀教师”称号，并于2002年参加全县中学历史优质课选拔比赛，获全县第一，代表全县参加全州高中历史优质课比赛，荣获二等奖。

2007年，历史教研组正式成立，简雪曼老师担任历史教研组组长。在她的带领及学校的支持下，本组老师多次组织高一年级部分学生参观猴场会址、冷少龙故居等红色文化基地，让学生在红色文化的熏陶下，将爱国主义精神和对家乡的自豪感根植于心；并利用教研会开展组内成员互听互评的公开课活动，组织高级教师、教学能手、课改优秀教师以及骨干教师上示范课，把先进的教学理念和教学方法向全组教师推广，促进教师在学习观摩中提高自身专业素养，组上呈现和谐的赶学比超的奋进氛围。

2008年，在历史教研组的组织下，高一、二年级开展了“以秦始皇为例谈谈如何评价历史人物”的论文竞赛，该活动得到了学校师生的一致好评。

2009年12月，历史教研组为了调动学生的学习兴趣，组织了高一、二年级学生进行“纪念五四运动90周年”历史知识竞赛。

2010年，在全组成员的共同努力下，开展了高一、高二年级主题为“瓮安土司制度简介”的论文竞赛，并对获奖学生进行了表彰。

2011年12月，历史教研组在全校开展了主题为“纪念辛亥革命100周年”的历史知识竞赛活动，激发了学生学习历史的兴趣。

2012年3月，为了提高学生对传统文化的认知，在教研组组织下，对高一、高二年级学生开展了主题为“我的家谱”论文竞赛。5月，本组部分老师到贵阳参加“全国教育名家走进贵阳”的培训学习。6月，全组老师参加了瓮安第二中学与福泉中学高中历史新课程改革交流会。8月，本组部分成员到黔南民族师范学院参加普通高中新实验教材高一历史学科培训学习；9月，张丹荣获黔南州高中历史优质课一等奖。10月，张丹代表黔南州参加贵州省第四届中学历史优质课大赛荣获三等奖，为学校争得荣誉。11月，在县教育局的组织下，本组成员到草塘中学开展了送课下乡活动；

2013年4月，本组高三老师参加了在黔南师院举办的高三备考教学研讨会学习培训。

2014年3月，在历史教研组的组织下，高一、高二年级开展了题为“瓮安红色印记”的知识竞赛，将历史知识与乡土教材相结合。

2015年8月，黎金坤老师担任教研组组长。9月，在历史组的努力下，张丹老师相继荣获瓮安县教育局瓮安县高中历史优质课一等奖、黔南州教育局黔南州高中历史优质课一等奖、贵州省教育厅贵州省第五届中学历史优质课二等奖；陈大梅老师获瓮安县优质课评比二等奖。10月，本组高三老师到瓮安县教育局参加历史学科“高考新课标试题分析及普通高中教学改革研讨视频培训会”。

2016年8月，吴国财老师担任历史教研组组长。

2017年，在历史教研组全体人员成员的努力下，完成了校本教材高中历史人民版教材必修一、必修二、必修三及选修《历史上重大改革回眸》的集体备课教案等教研成果。6月，历史组部分老师参加了贵州省教科院组织的“2017年贵州省历史教师核心素养与青年教师专业成长”培训学习。是年9月，夏开芳老师担任历史组教研组组长。

截至2018年12月，历史教研组现有专职教师13人，其中高级教师4人，一级教师3人，二级教师6人；研究生1人。

九、地理组教研活动

学校于1958年成立，在经历了20多年的风雨沧桑后，于1980年成立了高中部，先后调进地理老师蔡仕秋、韩永珍、龚筑强。2003年取消原有的初中部，成为一所完全独立的高级中学。其间，历史、地理和政治学科共同组成了文科综合组，直至2007年学校将文综组拆分，学校地理教研组才正式成立。袁刚老师担任教研组组长。

2014年7月，地理教研组参加黔南教育局组织的高考优秀模拟试卷评比活动，荣获地理学科一等奖；9月，县教育局组织地理教研组部分教师到珠藏中学、草塘中学进行综合探究课教学交流。

2015年5月，地理教师周学文老师所带班级获得黔南州教育局“先进班集体”称号；10月，本教研组推荐袁刚老师参加瓮安县教研室主办的高考复习迎考教学经验交流下乡活动。11月李亨志老师在瓮安县教育局中心学科文科综合组“送教”中承担一节地理示范课。

2016年6月，学校搬迁到新校区，地理组办公环境和条件有了极大的改善。6月28—30日，贵州省教育厅组织专家组对瓮安县第二高级中学“申示”进行了第二次评估，其间随机听了地理组何晶老师的地理课，获得了专家的好评。8月，瓮安县教育资源布局大调整，学校合并珠藏中学高中部，珠藏中学有4位高中地理老师并入学校地理教研组。同时，招聘贵州师范大学硕士毕业生付超凡任地理教师，付超凡是我组第一位硕士毕业的地理教师。同月，王强老师主持的全国教育信息技术课题“高考背景下地理应用信息技术‘减负增效’的实验与研究”研究获准立项。9月，余勉老师任学校地理教研组组长。

截至2018年12月，地理教研组现有专职教师12人，其中高级教师1人，一级教师5人，二级教师6人，研究生1人。

十、音体美组教研活动

谭贤书老师从1980年起担任音体美教研组长，直到1983年，1983—2005年，梁家恒老师担任音体美教研组组长，2005年至今，张家祥老师担任音体美教研组长。

（一）体育教学

学校建校伊始，体育场地和设备诸方面非常缺乏，但仍然按照1952年中央人民政府教育部颁发的《中小学暂行规程》规定，对学生实施智育、德育、体育、美育等全面发展的教育，广泛开展各类体育活动，学校按学生性别、年龄和身体发育情况分别编成锻炼小组，并订出项目和标准进行锻炼。经常锻炼内容是：早锻炼、课间操、课外体育活动等。当时受办学条件限制，无法开展学校运动会，只能开展一些50米游泳比赛、爬山比赛，举办拔河比赛，踢毽比赛和班级小型运动会等。

1962年9月，在学校成立周年之际，学校将平整操场列为首要任务。师生利用课外活动时间，历时三年，1966年1月终于建成了一个南北长约160米，东西宽约60米（最宽处80米）的操场。体育课、课外活动等才得以恢复。

1963年，学校组织师生逐年平整完善场地，扩展了运动场，建成了一个用煤渣铺垫的60米直跑道5条、200米环形跑道5条的运动场，场内有沙坑1个、篮球场4个、乒乓球台3个，同时逐渐添置有铅球3个（6磅、8磅、12磅）、铁饼（女用）2个、手榴弹5个、单杠1副、双杠2副、跳箱2个、垫子3床、爬杆2个、皮尺1个、举重器2个、跳栏5个等体育器材。基本上可以满足体育课程需要。时有专职体育教师1人。

1965年6月，在县城举办的“六·一”运动会上，校体操队夺冠。1966年11月4—16日，学校组织秋季田径运动会，以班级为单位组队参加，按年级分组进行。比赛结果因为资料缺失而无法详细展示，但为学校定期开展秋季田径运动会开了一个好头。以后正常情况下。学校每两年举行一次秋季田径运动会，培养了一批运动健将。1973年5月，学校接县教育局、体育运动委员会文件，在全校推行第五套儿童广播体操，全校师生积极参与。

1990年，学校按照国务院颁发的《学校体育工作条例》展开体育教学工作。

1992年12月9日，学校在学校运动场举行全校第七套广播体操比赛。全校初中16个班、高中8个班，共24个班级参加参赛。比赛分年级抽签方式排序进行，每场比赛10分钟必须完成（进场3分钟，做操5分钟，出场2分钟）。各个年级取前3名，第一名奖20元及奖状，第二名奖15元及奖状，第三名奖10元及奖状。

1995年，学校根据上级文件要求，制定了对高、初中毕业班学生进行体育合格统一考试，对非毕业班进行体育统考的规定。体育统考工作在学校领导下，由教导处、体育教研组组织实施。统考时间在第二学期上半期。统考内容及方法：以田径和体操教材为主，同时各任课教师所制定的教学计划项目也列入考试内容。

1998年12月，学校举行全校第八套广播体操比赛。

2004年，学校首次招收体艺特长班1个，招收学生60人，其中体育特长生33人，在社会上引起强烈反响，得到广大家长和学生的支持。

2005年，再次招收一个体艺特长班，广大考生踊跃报名，受名额限制，也仅招收了60人，其中体育特长生27人。这些学生，发挥他们的特长，经过三年高中艰苦学习和训练，考入了高等院校，成为社会的有用之才。是年11月，学校3000多学生举行秋季运动会，除学校传统项目外，增加了班级团体4×200米接力赛和拔河赛等项目。团体赛增强了班级凝聚力和集体荣誉感。

2006年12月20日，《教育部、国家体育总局、共青团中央关于开展全国亿万学生阳光体育运动的决定》（教体艺〔2006〕6号）发布。决定要求：为全面贯彻党的教育方针，认真落实“健康第一”的指导思想，在全国亿万学生中掀起群众性体育锻炼的热潮，切实提高学生体质健康水平，教育部、国家体育总局、共青团中央共同决定，从2007年开始，结合《学生体质健康标准》的全面实施，在全国各级各类学校中广泛、深入地开展全国亿万学生阳光体育运动（以下简称阳光体育运动）。为此，学校加强了课外体育活动。有目的、有计划、有组织地开发学生体力，提高学生体育素养的教育活动，它对一个学生的阳光般的成长具有极其重要的意义。随着社会的发展，课堂教学已经不能满足社会和学生的需求，学校体育教学目标的多元化，课外体育锻炼是体育课堂教学的最好补充。学校课外体育活动课的开展历年来得到了各学校领导的大力支持，为广大学生提供了体育活动的天地，也为宁静的校园注入了生机和活力。学校课外体育活动丰富多彩，成立了田径，篮球、足球、乒乓球、健美操、裁判、骑行等社团，为学生提供了一个充分展现自己才华的平台。

2007年9月，学校有专职体育教师8人，但因为受学校运动场地限制，无法开展课间操活动，学校根据实际情况开展三个年级轮流出操的方法，一个年级在操场出操，另外两个年级就在教室做眼保健操，学校根据制定的《体育课堂教学常规》《早操、课间操、课外体育活动管理要求》《体育教师职责》《教练员工作制度和要求》《学校运动队队员守则》等一系列规章制度，按国家规定开足、开齐体育课程，保证学生每天1小时体育活动时间。适龄学生按照《学生体质健康》标准合格率达96%。

2008年，学校举办秋季田径运动会，田赛项目21个，径赛项目44个，59个班级，共600名运动员参加比赛，在运动会最后还增加了教职工4×200米接力赛，全校共11个教职工队伍参加比赛。

2009年6月，学校改扩建二期工程全面启动。体育训练无法正常开展，但学校将开展课外活动与“每天锻炼1小时，健康工作50年，幸福生活一辈子”的目标相结合，开展迎“五一”“五四”篮球运动会。高一、二年级28个班56支男、女球队分两个阶段进行，采取分组淘汰制，共进行了64场比赛。8月，1100名高一新生进行一周的军训，接受国防教育。9月全校56个班级的学生参加了学校全国第三套广播体操《舞动青春》比赛。

2010年，学校迎“五一”“五四”球类运动会，以班为单位，开展高一男女篮球，高一、高二男女乒乓球、羽毛球等六个项目的团体单项比赛。

2011年，县组织“三八”登山比赛，学校16名师生参加，有8人取得名次。该年学校3912名学生参加国家学生体质健康标准测试，优秀906人，良好1386人，及格1618人，不及格2人。

2012年，学校参加国家学生体质健康标准测试人数3854人，优秀963人，良好1180人，及格1709人，不及格2人。

2013年，黔南州第三届运动会，学校运动员获得良好的成绩，学校健美操队获健美操第三名。2013年瓮安县中小学生篮球赛中，学校获高中男子组第一名，高中女子组第二名。

2014年9月，学校改扩建工程结束，10月，在瓮安县田径运动会上，学校运动员取得优异成绩。11月，学校举行秋季运动会，全校72个班级的运动员参加，这是学校有史以来种类最齐全，规模较大的一次运动会。在新的运动场上，运动员奋力拼搏，打破了多项学校运动会纪录。

2015年，学校音体美组成功申报国家级课题“黔南民族地区中学体育信息化教学资源调查研究”。

2016年6月12日，学校整体搬迁新校区完毕。因学校搬迁，故该年未能开展校内体育活动和比赛。新校区的体育场地和设施有了极大的改善，新校区建有400×7标准塑胶跑道运动场一个；有长105米、宽68米标准足球场一个；有教师体育办公室2间、体艺陈列室1间、更衣室4间、器材室4间；有室外篮球场8个、羽毛球场4个、排球场2个；有室内体育训练场一个、室内篮球场三个、室内羽毛球场一个、室内排球场1个。羽毛球100副，篮球100个，足球50个，排球50个，跳高垫2床，跳高架二副，起跑器8副，铅球大小共30个，秒表17块，皮尺5块，体操垫10床，发令枪2把，接力棒10根，学生身体素质体育测试仪器二套。在此基础上，学校制定了学校五年体育发展规划。要求在体育项目训练中，能遵循青少年生长发育规生理、心理特点引入竞争机制，制定科学合理的训练步骤。运动员年龄结构合理、学习、生活、训练制度健全，有考勤、奖惩制度，常年对运动员的身体机能和运动水平测试数据进行储存和跟踪调查。

2016年10月，学校组建一支19人的田径队，参加瓮安县第五届中小学生田径运动会比赛。学校荣获瓮安县第二届成长杯足球赛男子第二名。瓮安县职工篮球赛第五名。在广大教师的努力下，学校的体育教学活动有了极大的改观，许多体育教师荣获表彰。

2017年4月，学校举行了盛况空前的春季田径运动会，本届春季田径运动会共有929名师生参与，分男女三个组别，11个比赛项目。在新的运动场地，运动员们展开激烈的比赛，打破多项校运会纪录。特别值得一提的是，各班运动员入场时，改变以往着运动服的传统，各自穿着各班有特色的服装，彰显了青年学生的个性与活力，给广大观众和学生留下深刻记忆。近年来学校学生体育达标合格率达92%以上，达到了贵州省示范性高中应有的标准。

（二）美术教学

学校自建校以来，均按照教学大纲要求，开足美术课程。但很长时间没有专职美术教师，只能选择具有美术特长的教师兼任美术教师。

1962年4月，接贵州省教育厅通知：“本学期新增音乐、美术课，其成绩作一门学科计算”。学校在困难环境下，通过抽调一些有音乐、美术特长的教师，开设了音乐、美术课程。1965年4月，接贵州省教育厅通知，收回和销毁了师生使用的音乐、美术教材。选用革命歌曲和美术作品作为教学内容。

1966—1977年，“文化大革命”时期，音乐、美术教学内容多为革命歌曲、革命美术作品，教学秩序受到严重干扰。

1977—1993年，学校在初中一、二年级每周设音乐、美术各一节，初三和高中部未设音乐、美术课程。当时仅有任开林一位美术教师担任全校的美术教学工作。

1994年，国家教委通知，在初中各年级每周开设音乐、美术各一节，在高中各年级每周开设音乐、美术欣赏课各一节，学校结合具体情况在高一、高二年级每周开设了音乐、美术欣赏课各一节。

1995年后，随着学校办学规模不断扩大，以及有学生考入音乐、美术等高等院校，学校加强了音乐、美术教学的力度，不断增加教学人员和教学设备、设施。学校同时要求音乐、美术教师按照教学大纲开好音乐、美术课程，现在美术教学主要内容有绘画基础·剪纸·工艺品制作等，有时也传授一些雕塑及鉴赏方面的知识，绘画主要学习临摹画，间或练习一些写生画。随着素质教育的不断推进，学校更加重视对美术教学的管理，开足了美术课程和课外活动，要求教师上好每一节美术课，对学生进行审美教育；认真组织学生参加各级各类的书画展和比赛；组织美术兴趣小组，开展美术绘画竞赛等，以提高学生的审美能力，促进学生的全面发展；还专门成立高考艺术科辅导班，进行高考艺术科培训。

2004年，学校首次招收体艺特长班一个，招收部分美术特长生，2005年，再次招收一个体艺特长班，广大考生踊跃报名，受名额限制，也仅招收了10位美术特长生。

2012年4月，瓮安县第二届中小学幼儿园现场书画大赛，学校共有6名学生参加，荣获高中组团体一等奖。是年6月，学校参加了第五届全国美育成果展，学校荣获2012年全国美育工作先进单位、全国美育化教育教学实验基地等荣誉称号。兰成兵老师荣获绘画作品一等奖、教育成果一等奖。参展学生绘画作品荣获特等奖9人，一等奖47人，二等奖41人，三等奖28人。

2013年4月，组织学生参加瓮安县第三届中小学生、幼儿书画比赛中学生多人获奖，并荣获高中组团体二等奖。是年12月，参加瓮安县纪念“一二·九”运动78周年暨“翰墨中国梦·书画瓮安情”活动中，学生多人荣获一、二、三等奖，学校被县团委授予瓮安县青少年书画培养基地。

2017年5月，组织学生参加瓮安县第五届中小学生、幼儿书画比赛中7人获奖，并荣获高中组团体二等奖。

学校现有专业美术教师4名，美术教室2间，美术教具30余件。

（三）音乐教学

学校自从建校以来就非常重视音乐教学，按照1952年教育部规定，在各年级每周开设音乐课1节，倡导“班班有歌声”。但因为师资缺乏，音乐课大多由班主任或有音乐爱好的老师兼任，所以音乐教学效果不理想。

1977年，学校调入专职音乐教师袁家伟，当时她一人担任全校音乐课教学工作，添置一台脚踏风琴，自制教具，教学生唱歌、欣赏曲目，并组织师生组队参加州、县合唱比赛，均获一等奖。

1980年，学校初二学生胡一梅被破格录取进中央音乐学院学习，引起全县轰动。

1995年7月1日，学校组织120人大合唱，当时县委书记、县长、宣传部长等领导参加了学校合唱队，登台表演，受到全县人民好评。

1997年，学校合唱队参加县庆祝香港回归活动，演唱《春天的故事》，获第一名。

1999年，音乐教师周敏调入学校。2000年10月，学校举行了全校合唱比赛。2002年，音乐教师韦祎调入学校。2004年购置了第一台钢琴，并开设了学校第一个音乐教室，办起了第一个音体美特长班，每年培养了10~20人进入音乐学院学习，在2002年全县中小学文艺会演中，学校文艺表演队获一等奖。

2004年，学校首次招收体艺特长班一个，招收学生60人，其中招收音乐考生15人，2005年，再次招收一个体艺特长班，招收了60人，其中音乐考生26人。同年11月，学校举行了盛况空前的学校文艺会演，全校50个班级都积极参与，经过初选，遴选出25个节目参与会演。

2008年，音乐教师黄沅作为瓮安唯一的歌手有幸与潘长江老师同台演出。

2009年1月，音乐教师韦祎获第五届《德艺双馨》中国文艺展示活动贵州赛区声乐成年组金奖。

2010年11月，学校所编排舞蹈《月亮山的木鼓声》获瓮安县2010中小学（中学组）文艺会演中学组第一名。

2012年7月，学校军乐团成立，田军老师担任团长，他们从零开始，刻苦训练，技艺逐渐成熟，在省州高中器乐交响乐比赛中屡获好成绩。现有大鼓、小鼓、萨克斯、小号、中号、大号、圆号、架子鼓、锣、镲、吉他、二胡、口琴、笛子等乐器若干。

2014年，在全县中小学文艺会演中，学校代表队获第一名。

2016年，音乐教师黄沅代表瓮安县参加了广州·黔南州建州60周年成就展开幕式，以及代表瓮安县参加2016重庆都市旅游节暨城际旅游交易会开幕式，并参加瓮安县委宣传部组织的歌唱瓮安歌曲专辑录制并演唱《瓮安·金色的家园》曲目。

2016年6月12日，学校整体搬迁新校区完毕。音乐教学设施得到了极大的扩展，新校区建有演艺大厅1个，音乐教室12个，舞蹈教室1个。有钢琴3台，每个教室都配备了多媒体教学设备，有利于音乐鉴赏教学的开展。

2017年12月1日，学校交响乐团赴贵定参加2017年黔南州高中交响乐展演，现场演奏了《八月桂花遍地开》《爱我中华》两支曲子。在13支参赛队伍中荣获三等奖。

学校在每年县委、县政府、宣传部、教育局等组织的大型文体活动中都发挥了重要的作用，积极组织教师、学生参加演出或比赛，成绩均名列前茅，受到领导和观众的好评。

音体美教研组现有专职教师24人，其中体育教师15人，美术教师4人，音乐教师5人。

十一、信息组教研活动

1999年9月，学校在办学经费紧张的情况下，投资20余万元，建成了学校第一个计算机室，共有30台兼容机，计算机教师由数学老师易利亚、物理老师黄胜华、地理老师蔡正忠兼任。

2000年由于计算机老师严重不足，数学教师黄碧凤改学科担任信息课教学工作。2003年10月，学校将计算机室换成了时下盛行的无盘工作站模式，共有2间机房、无盘机100台。当时计算机老师有黄碧凤、黄胜华、徐本权、蔡正忠。由于学校规模的扩大，从贵州大学和贵州师范大学新招聘了费晓环和陈芬2位新教师。

2009年3月，学校计算机室换成了长城电脑，共有100台计算机、2间机房，当时计算机老师有黄碧凤、徐本权、陈芬、费晓环。

2011年3月，学校将计算机室搬迁至新的教学楼，成立了学校信息教研组，由黄碧凤任组长。组员有蔡正忠、费晓环、陈芬、熊影、王刚、王大军、尹彩云。10月，信息组教师黄碧凤主持的《黔南民族地区普通高中教育技术信息化的制约因素及对策研究》通过中央电教馆审批立项，同年12月由省电教馆专家任平组织专家组来学校开题，通过5年的实践研究，于2016年8月成功结题。

2012年，王刚老师参与中国创意法教育研究“十二五”规划子课题“创意法教育下的英语教学中的小组合作学习的技能研究”研究与结题。

2014年，黄碧凤老师参与体育组龙惠清老师主持的国家级课题“黔南民族地区中学体育信息化教学资源研究”研究，该课题还在研究中。

2014年，王刚老师参与全国教育科学“十二五”规划教育部重点课题“学生自主能力培养研究”子课题“高中课堂教学学生自主学习能力培养研究”研究与结题。

2015年，王大军老师获瓮安县高中信息技术优质课评选活动三等奖。

2016年6月，学校整体搬迁至新校区，拥有了全新的教学环境和教学设备，共有3间计算机室、240台计算机，全部接入因特网，极大地满足现代化教育教学需求。由费晓环老师担任教研组组长。组员有：黄碧凤、蔡正忠、费晓环、王刚、王大军、尹彩云。

2017年1月，王刚老师荣获黔南州2015—2016年度基础信息化建设与应用优秀教师称号。是年9月，蔡正忠老师任信息教研组组长。

截至2018年12月，信息教研组现有教师7人，其中高级教师2人，一级教师2人，二级教师3人。

第八节　教研成果

截至2018年12月，出版校本教材1部，有国家级立项或结题课题7个，省级立项或结题课题3个，州级立项或结题课题12个，教师发表专业论文500余篇。经过不断实验，学校总结出具有本校特色的“双层·六环”教学法在全校推广实施。学校先后荣获“全国优秀传统文化进校园试点学校”“全国创意法教育实施优秀单位”“第五届全国美育工作先进单位”“全国地理教育科普先进单位”“黔南州科研样本校”等荣誉称号。

一、瓮安二中生本课堂“双层·六环”教学法

贵州省自2010年秋季实施普通高中新课程改革以来，高中教育更加重视"以人为本"的教育理念，倡导教师引导学生自主学习、合作学习、探究性学习的教学模式。学校作为一所县城中学，学生素质参差不齐，课堂教学中出现教师主导有余、学生主体不足、主动参与积极性不高，学生思维能力得不到有效的提升和发展，传统的“满堂灌”“一言堂”等教学模式已经不能适应学生的发展需要。

2012年11月，学校特邀昌乐二中老师到学校进行了高效课堂培训，一时间迸发出学校新课改的

火花，激发出老师们教学改革的热情。小组学习如何才能自主有条理的互助、合作，达到学会的最终目的呢？学校经过三年的探索与实践，将“以人为本”的教育理念应用于日常教育教学工作中，进一步转变了教与学的方式，在不断的实践探索中形成了瓮安二中生本课堂“双层·六环”教学法的基本模式。组内采用集体备课“65432”，着力打造“生本课堂”，统一教学指导思想、统一重难点、统一“双基”目标、统一考核要求、统一进度。在此过程中，定时间、定内容、定主备人、定参与对象；上课要求有教案、导学案，坚持双案并举。

生本课堂是一种“以学生发展为本”的教育理念。倡导以学生为主，以提高学生学习的积极性为导向，由教师引导学生进行自主学习、合作学习、探究性学习。

主要以知识与技能、以生为本。教师以平等、民主、和蔼的态度引领学生开展学习。教学以学生为中心，学生是学习的主人，教师以引导者、合作者、促进者的姿态出现，实现以生为本。在教学方法中实行分层教学，尊重学生差异、尊重学生个性。学校各班生源不同、学生生活环境、性格特征、兴趣爱好、目标志向都存在差异。因此教师因材施教、因人而教，实施个性培养，达到以学生发展为本。情感态度与价值观以生为本。在整个教学过程中从思想、行为上充分信任学生，发动学生，利用学生，发展学生，成就学生，以学定教，全员参与，全面发展。教学学科以生为本。根据人文学科、自然学科的不同特色采取不同的方法对待学生，达到以生为本。

“双层”是以导学案为引领，将学生的课堂学习分为两个层次，即基础知识的学习和深层问题的探究。学生的学习要求所有学生完全掌握基础知识，要求中等以上学生完成深层问题的探究，鼓励学困生积极参与。学科教学与生本德育两个层次，学校将国学文化融入学校管理，以国学经典为引领，以学生发展为本，把学生培养成为谦谦君子，让每一位学生都感受到成长的快乐和幸福。

“六环”是上课六个环节：导（课程导入）—悟（自主感悟）—探（合作探究）—展（展示评价）—归（归纳提升）—检（检测反馈）。

导入包括新课导入、目标出示、温故互查等内容，具体情况根据教学需要确定。好的开端等于成功的一半，新课导入要力求新颖，方法很多，比如复习、直接、典故、演示、事例、情景、悬念等。新课导入主要是为激发学生学习兴趣、帮助学生建立新旧知识间的联系，教师可以生活事例导入，也可用已学内容或巧设问题等形式导入。教学目标（明确、具体、可操作、可测评）出示主要是发挥教学目标的导向功能和激励功能，可以通过导学案直接出示，也可用多媒体展示。温故互查主要是了解学情、巩固反馈，以便为新知识的学习打下良好基础。

自主感悟是学生在导学案（指定学习内容、指明学习方法、分解学习任务，起到导学、导思、导练的作用）的引导下认真阅读教材文本（或其他指定材料），经过独立思考、自主探究，尽可能多地解决本环节出示的问题。教师要提供相应的学法指导，并且在学生中认真巡查，全面掌握自学情况；学生要动眼、动脑、动手，边阅读边做标记（圈、点、勾、划），理清需要合作交流的问题（包括新生成的问题）。任何改革，如果是以增加学生的负担为前提，注定就是失败的。所以，自主学习作为课堂教学的一个环节安排在课内进行，将其置于“教”之前。在自主学习中，有的问题学生学懂了，有的似懂非懂，有的完全不懂。学生看书就能懂的问题，老师不用讲，所以自主学习可以提高课堂的效率。

合作探究其核心是各小组成员在老师精心制作的导学案引领和小组组长的带领下，围绕本节重点、难点、高频考点进行合作学习，生生之间、师生之间相互交流探讨，合力攻关。

学生有了先学的基础，回到课堂，就可以进行小组讨论、交流。通过讨论、交流，学生能解决的问题，就让他们自己解决，老师只讲学生不能解决的问题，极大地提高了课堂的效率。当然，也不是每堂课都一定需要讨论。在学生合作探究过程中，教师要深入各小组巡查，参与讨论，以进一步了解学情、发现问题、挑起认知冲突，并随机辅导点拨。要鼓励小组中积极的交流、热烈的讨论、适当的辩论，指导学生在争辩中发现问题、理解问题、解决问题；要特别关注那些学困生和性格内向腼腆的学生，防止他们成为被人遗忘“局外人”；要运用各种技巧促进合作交流、激发探究欲望、调控合作氛围，不断提高合作学习的参与面和探究度。

展示评价是在小组交流之后，各个小组要对自己的讨论学习成果进行展示。一是对小组交流中已经学会的知识进行补充和分享，二是解决小组学习中存在的分歧、疑问和没有学会的知识。展示是学习成果的最直观暴露，是解决学习内驱力的最好手段，是教师学情调查的最直接途径，是促进学生成长的重要形式，是提升课堂文化的重要载体，是激发教学智慧的重要源泉，是课堂抵达“知识超市、生命狂欢”的重要保障。在学生展示的过程中，教师应认真倾听、细心观察，并及时予以引导、点拨、评价。教师还要注意适时总结，引导学生评价，要以富有启迪作用和富有情感的语言来打动学生的心灵，使评价确实评而有价。此步骤最显教师功力，也是教师个性化备课的重中之重，传道授业的核心所在。在课堂上，教师要时刻关注学生的表现、把握展示的时间，注意展示技巧和规范的训练养成。

归纳提升是在经过自主合作学习、师生互动探究之后，学生可能会沉浸在极度兴奋之中，甚至被“胜利”冲昏头脑，这时必须组织引导学生回归学习目标、梳理当堂内容、强调教学重点、总结方法规律。一般应先由学生归纳，如不到位，则由教师予以补充提炼，做到画龙点睛、提纲挈领。即教师要引导学生科学、准确地发现规律，生成科学、灵活的学习方法。

检测反馈，可分为课内检测与课外检测。教学内容完成后，还需要围绕目标进行达标测评。此时要组织学生完成导学案中的分层检测和巩固训练内容，学生必须独立完成，不得互相讨论启发，更不得抄袭。其中基础部分要求人人完成，其余部分要求相应层次的学生能够完成，如果时间不足，能力提升和巩固训练内容可以放在课后解决。完成后还要及时进行评价、反馈、纠错，可以采取组内互评互纠，也可在全班释疑纠错。

本模式主要以导学案为依托，即教师在课前必须精心备课，导学案以课本为立足点，以重点、难点、高频考点精心选择问题导学，一般包括学习目标、自主学习、合作探究、高考链接、总结反思、课外探究等内容。讨论、交流应该是教师在课前的备课中预设的。要具备对学生课前预习、课中研讨、课后巩固的指导作用。

总的来说，导学案要围绕教学目标，紧扣教材。要具有启发性，讨论、交流设在重点、难点、疑点处。要具有层次性、梯度性，使学生意识到解决“导学案”的问题不看书不行，看书不看详细也不行，光看书不思考不行，思考不深不透也不行。

应满足不同层次学生的需求。设计流程概括为“提前备课、轮流主备、集体研讨、力求精品。”以微课为载体，是以视频为载体，反映了某个知识点（重点、难点、考点、练习题的特色内容等）教学过程的情景化、网络化课程资源包。微课可以是视频资源，也可以是现场微课，在生本课堂小组合作学习中有着很好的辅助作用。微课的特点是精、美。精是内容精简，浓缩了老师要教内容需要突破的重难点（或学生自主学习的知识点）或考点或练习题的解题思路等。美，是指视频图文并茂，用立体、动感的手段，让学生在愉悦的感官视觉中学习。

微课制作需要选题，编写教案，制作课件，教学实施与拍摄，后期制作，撰写教学评价反思。

上好一节微课，精心取舍课题内容，突出教学重点。既然上的是一种微课，那势必不可能像正常课堂那样大容量的教学，要在有限的短时间内完成教学任务。首先精选课题内容，课题切入很小、很具体，这样，上课直接按照课题要求分析探讨就行，这种方式比较适用于数学、科学等学科；如果课题只是一个课文题目，如语文学科，那么，就要对教学内容进行适当取舍，不能就作者、背景、字词、朗读、背诵、思想感情、写法等等都面面俱到，那样时间肯定不允许，教学效果也不会理想。要根据教学重点和文本特色确定教学内容，这样既能在有限的时间内完成教学任务，又收到了良好的教学效果。构建完整的课堂结构，教学过程要精炼。微课一定要有自己独特的亮点。这个亮点，可以是深入浅出的讲授，可以是细致入微的剖析，可以是激情四溢的朗诵，可以是精妙完美的课堂结构，可以是准确生动的教学语言等，微型课教学有了自己独特的亮点，就能提升微型课的水准。

讲授人表现要干练，语言要准确。语言的准确简明是教学基本功的一个重要方面，而在微课中，由于受时间的限制，语言的准确简明，显得更为突出重要。它并不是语速的快捷；相反，它就如盛夏美丽的涧泉，流淌中有舒缓和急流，表现为抑扬顿挫，口齿清晰，干净利落。尽管这在于日常的训练，但在备课的过程中，把自己将要讲述的内容结合要说的话语，以及将要采用的表达方式、手势、表情，其中要注意关键字、关键词的应用，能在自己的脑海中过一遍，这是很有必要的，其实，这也是平时的训练方法。在语言要求生动，富有感染力的同时，更要求做到准确，逻辑性强，简单明了。

以小组为抓手，以形成更好的良好学习氛围，在每个班里，都成立了学习小组，每组6人，每个小组都有自己的组名，组规、口号、组牌、组歌、奋斗的目标，通过小组文化的建设，促进学生的自我学习与管理。在抓好小组文化建设的同时，更要抓好班级文化建设，可以说两者是相辅相成的。制定合理、可行的评价机制，并在实践中不断创新，不断改进。

班级学习小组建设首先是分组，要考虑的因素很多，每个组在综合数据和实力上要平衡，要协调，像一家人过日子，如男女比例、学习成绩、潜能生的拆分、班委的分配、特殊学生的照顾（近视、小矛盾等）。只有综合考虑，合理分组，才能保证公平，这是活动的关键所在。

其次是活动规则的制定，内容分德育和学习两大块。在学习方面注重加分，在德育方面更多的是扣分。德育方面，包括纪律（迟到、旷课、玩手机、看小说、自习、课间等）、卫生；学习方面，每天每节课的学习情况及月考成绩。加分扣分有执行者、监督者，有记录，有总结。

班级管理小组，每组设立学习组长1名，设记录员1名，每组分配1名班委，总体协助组长抓好本组工作。设值日班长1名，每人轮流当1天班长，即值日班长轮流制，真正实现人人当班长。值日班长负责当天加分、减分统计。做到一天一总结。负责当天自习课的纪律管理，负责班级日常管理等等。每周竞选1次值周班长，即值周班长竞选制。值周班长负责对一周7个值日班长进行培训，负责班级各项工作正常开展，负责总结一周加分、减分情况的统计并公示。结束时对一周工作进行总结。设常务班长1名，在本班学生中选定一名综合素质最高的学生为常务班长，即常务班长任命制。常务班长综合协调班级各项工作的开展，带头搞好本班学习，确保各项工作正常开展。培养学生良好的合作学习习惯，要培养学生独立思考的习惯。

合作学习是为了让每一位学生参与学习的全过程，给每一位学生提供展示的空间，使学生能够充分表达自己的观点，通过组内的交流、探讨，使学生不断完善自己的观点，不断地产生新的想法。但是，这一切成立的基础就是：学生的独立思考。合作学习不是自己不用动脑筋，大家一块儿解决问题，学生应在自己独立思考的基础上参与小组学习，获得不同程度的发展。由于学生长期受“教知识”习惯的影响，学生只能处于被动接受状态，他们不习惯也不会主动思考，不知从何想，更不知从何说，难于用语言表达。这就要求教师在平常的教学中应耐心扶助，注意解题思路、思考方法的指导，与学生一起分析思考的方向，激发学生思考的欲望，培养学生思考的习惯。创设便于学生思考的情境，激发学生的动脑欲望，逐步形成动脑、动口的习惯，使学生在小组合作中敢想、敢做、敢说。

要培养学生分工合作的习惯，合作学习不是一种个人的学习行为，而是一种集体行为，这就需要学生有足够的团队意识。因此，合作学习要想成功开展，建立分工合作的意识是必不可少的。

要培养学生正确交流的习惯，在小组合作学习中经常会出现这种现象，当一个学生发言时，其他学生并没有认真听，而是一味地举手，不住地喊“老师，我来、我来”。有的学生干脆一副“事不关己，高高挂起”的模样。其结果是形似而神不似，这样就不能达到合作学习的目的，因此，培养学生的交流习惯显得尤为重要。如何让学生更有效地进行交流呢?

首先培养学生学会表达自己的见解。表达自己的见解，就是“说”，就是将自己的观点通过语言准确地表达出来，让别人理解。这种“说”的能力包括：思维的逻辑性、语言的组织能力等，这不是一朝一夕就可以养成的，这需要教师在教学中甚至生活中不断地为学生提供练习的机会。

其次要培养学生认真倾听的习惯。合作学习中除了要独立思考，敢于发表自己的见解外，还应具有认真倾听他人发言的习惯。不仅要让学生肯听，更要让学生会听，能够听出别人说的重点、问题，才能重视并采纳他人意见，达到优势互补，共同提高。

再次要培养学生善于肯定别人优点，也敢于质疑的习惯。善于肯定别人的优点和敢于质疑都是良好的合作品质，这两方面有利于合作学习小组成员博采众长，取长补短，也有利于深入探究问题，培养创造性思维能力。

最后要培养良好的组织纪律性。合作学习尽管是小组化学习，人数不多，但也必须在一定的组织纪律约束下进行，避免不必要的吵闹和争论。当然这里所指的纪律约束并不是把学生管死，不给学生自主学习、自主活动的自由，而是通过一定的纪律要求，让学生在“合作”中活而不乱。

要培养学生积极实践、动手操作的习惯，开展有意义的社会实践活动。通过小组活动，每个学生有了归属感，班级有了活力，每个组有了向心力。学生在互相帮助和竞争中成绩和综合表现整体上扬，从而带动了整个班级的综合表现不断完善，不断提升。以自学为基础，用思想引领课堂。一节课不管是传统的还是非传统的，都要体现一定的思想高度，一些课堂看似热闹，但喧哗过后，教学重点没有突出，教学难点没有突破，其结果是“形似而神不似”！因此，以“问题”为中心，环环相扣，用自己的思想把学生真实的思想唤醒，点燃学生内在的学习热情，即一堂优质课应当是学生思想上而不仅仅是形式上踊跃参与。以能力为核心，在课堂教学中，要注意对学生价值观的培养，注意渗透法制教育、爱国主义教育，理想教育，升华德育目标。以发展为目标。润物细无声，用激情唤醒学生沉睡的心灵。每堂课都力求启迪心智，真正做到以学生发展为本。

探索构建生本课堂教学模式，推行生本教育，但又不能被模式束缚，模式是方法的集合，但是它里边有两个核心元素，一是思想或者理论，二是方式方法，最好的办法是一切从实际出发。任何教育只有转化为自我教育才能真正达到教育的效果。生本教育就是以生命为本的教育，就是以激扬生命为宗旨，为学生终身发展奠基！

路漫漫其修远兮！在课改的道路上，有许多新的问题等待老师去探索。相信，只要全体师生携手共进，坚持课改之路不动摇，学校的教学质量就会不断地提升，教育事业会变得更加的有意义。学校培养的学生一定是正知、正念、正能量的仁德之人，是对家庭、对学校、对社会、对国家真正有用的人！

二、国家级课题“黔南民族地区普通高中教育信息化的制约因素及对策研究”

（一）课题基本信息

2011年5月，根据中央电教馆文件《关于开展全国教育信息技术研究“十二五”规划2011年度课题组织申报工作的通知》进行了本课题的申请准备工作。同年9月，经中央电教馆批准同意，将本课题立为全国教育信息技术研究“十二五”规划2011年度专项课题，立项号114130300。课题负责人黄碧凤，课题主要研究人员有：宋忠荣、简雪曼、徐本权、黄胜华，蔡正忠；课题参加者有刘兰华、姚仕芳、罗建民、王刚、黄俊松、邓实群、卢清、丁丽娟。2011年12月，贵州省电化教育馆、黔南州教育局电化教育馆和瓮安县教育局的部分领导和专家莅临瓮安二中召开了现场开题会。经过四年多的努力，课题组于2016年3月申请结题，并于同年8月通过结题鉴定审核，成功结题，结题号：电教馆研鉴〔2016〕167号。

（二）选题的意义

本课题通过对黔南民族地区部分普通高中的信息设施与设备、信息技术课程、信息技术教学应用、管理信息化、信息化规划与政策等方面进行系统化的研究，找出制约该地区教育技术信息化的因素，从而提出符合实际的建设策略与措施，为地方政府和教育行政部门提供第一手决策依据和政策建议，对少数民族地区教育技术信息化建设进行有益的理论探索。同时，通过本课题的实施过程，锻炼和培养一支有志于少数民族地区样本研究的老师科研队伍和形成具有特色的教育信息化科研组织管理机制和程序，加快提升老师的教育教学科研水平。

（三）课题开展的过程

1. 2011年4月，主持人（黄碧凤）与5位主要研究人员（简雪曼、宋忠荣、蔡正忠、徐本权、黄胜华）讨论课题研究内容及研究方案，确定其他研究人员。当年6月在全组人员的共同努力下向中央电教馆提交了课题评审申请书。

2. 2011年9月，根据课题成员的研究专长将成员分为四个小组，每组分别设立负责人1名。各研究小组结合本组的研究内容，制订出相应的研究计划及问卷调查表；由各小组长写出小组研究计划和研究报告。

3. 2011年12月，在省、州、县电教馆领导的指导下，该课题顺利开题，在贵州省瓮安第二中学举行了开题仪式。

4. 2011年11月至2012年6月，各小组分别在黔南地区的各类高中学校（都匀二中、三都民中、惠水民中、荔波民中、独山民中、龙里中学、瓮安二中、福泉中学等），对部分师生进行了问卷调查。

5. 2012年7月，各小组对回收的调查问卷进行统计分析，并对结果进行汇总，分别写出分析汇总报告。

6. 2012年8月至2013年3月，各小组根据分析汇总报告，找出该地区教育信息化的制约因素，并根据相应的制约因素研究相应的对策。

7. 根据中央电教馆的统一安排，课题组于2014年4月对本课题的研究作了中期自查。

8. 2012年至2016年在整个研究过程中，小组各成员不断总结，并根据各自的研究心得写出数篇论文并发表在不同的刊物。

9. 2015年9月至2016年3月，课题组主要研究人员结合各小组的研究成果，写出“黔南民族地区普通高中教育信息化的制约因素及对策研究”研究报告。

10. 2016年3月，课题组提交结题报告，申请结题鉴定审核。同年8月通过结题鉴定审核，成功结题。

（四）取得的成果和荣誉

1. 取得的成果。2012年以来，课题组成员公开发表了《浅谈黔南民族地区学生信息素养对教育信息化的制约》《多媒体技术在高中英语跨文化交际能力培养中的作用》《多媒体辅助教学与农村高中英语教学的优化整合》《教育技术信息化条件下中学历史课堂有效性初探》《黔南民族地区普通高中教师信息素养现状调查报告》《浅议高中信息技术教学如何培养学生的创新能力》《高中信息技术教学设计与反思》等等与课题研究相关的多篇论文，撰写的研究报告《黔南民族地区普通高中教育信息化的制约因素及对策研究 》也公开发表。在课题研究过程中，课题组在瓮安二中、惠水中学和荔波中学进行了实践。

2. 获得的荣誉（1）2016年12月被瓮安二中评为教育科研一等奖。（2）2017年9月被瓮安县教育局评为教育科研一等奖；同年12月被贵州省教育厅评为贵州省第三届教育科学研究优秀成果三等奖。

三、省级课题“农村高中学生行为习惯养成教育探究”——针对黔南州地区

该课题编号：2014B065，在2014年6月申报，根据《省教育厅办公室关于2014年贵州省教育科学规划立项课题的通知》以及（黔教办科〔2014〕484号）文件要求，于2014年11月3日立项实施研究。

（一）课题组员与分工

1. 组长：夏忠富，负责统筹课题研究全局，指导课题开展工作，课题组的外出考察、交流、专家咨询、宣传、与上级科研部门的联络等工作进行组织、联系并提供课题研究必要的保障；课题经费使用、记录管理等。

2. 副组长：谢礼梅，负责课题资料收集整理，相关数据的处理，日常课题工作开展管理及撰写课题总结报告。

3. 组员：李洪琼、王永荣、王永念、李小忠、何崇玖、杜天福、卢清明、夏锦富。其中李洪琼王永荣负责调查问卷设计制作、发放、回收；师生访谈记录、个案分析。

（二）课题研究规划

课题研究主要活动设计，分为以下三个阶段来完成本课题：

1. 课题准备阶段：2014年4月25日—2014年8月9日

2. 课题实施阶段：2014年11月13日—2016年9月1日

3. 课题总结阶段：2016年9月1日—2017年10月30日

（三）研究变更情况

根据前期咨询和开题报告专家的建议，结合本学校、本地区发展的需要和原课题组主要成员的特殊原因，对课题“农村高中学生行为习惯养成教育探究——针对黔南州地区”（课题编号：2014B065）的成果内容和课题组主要成员特作以下变更：

1. 本课题计划于2016年11月结题，但是在撰写论文和后期梳理过程中发现有些内容还需要更深入的研究，数据分析还不够透彻。因此提出申请，将课题结题时间延长到2017年11月。

2. 由于课题组原研究人员李荣芝请产假、工作太忙等原因未能参与课题的研究工作，特将主要研究人员李荣芝变更为谢礼梅，其他成员未做变更。

四、省级课题“基于‘微课’的高中化学教学策略研究”

“基于‘微课’的高中化学教学策略研究”是贵州省瓮安第二中学化学组唐艳山结合教学实际于2014年6月提出并申报的课题。于2017年8月通过了省级鉴定，所取得的成果将为教育现代化的发展起到积极的促进作用。

（一）课题准备阶段：2014年4月25日—2014年9月9日

经过多次反复讨论，确定研究课题，组建课题组，撰写课题实验方案草案，课题组对实验课题和研究方案进行充分论证并提出建议，再根据讨论意见，多次修改最终定下课题和方案，做好参与课题研究人员的培训。

（二）课题实施阶段：2014年9月1日—2016年9月1日

1. 对师生进行问卷调查，对回收到的数据进行分析，了解教师、学生对微课程的认识情况。

2. 针对调查的结果，结合微课程发展，开展专题培训，尤其是录屏软件和视频处理软件使用的培训，解决教师们实现微课程设计过程中遇到的技术困难。

3. 教师进行微课程设计制作，在设计制作过程中掌握微课程在不同环节设计要领；同时，不定期开展微课程研究论坛，交流各自关于微课程的思考。

4. 组织化学教师积极参与各级教育行政部门举办的微课程比赛，在教师中间培养一批微课程设计制作能手，诞生了一批优秀的微课程作品和成功的教学案例。

5. 每学期制定课题活动计划，定每周星期四上午第二、三节为课题活动研究时间。

6. 每学期末做好资料归档、总结交流活动。

（三）课题总结阶段：2016年9月1日—2017年6月1日

1. 处理数据资料，整理研究成果。

2. 召开有关专题研讨会，成果展示会。

3. 总结老师们在微课程设计、制作、应用中遇到的问题，分析原因，汇编课题研究资料，提交课题结题报告。

4. 结题鉴定。

5. 在本地区内推广成功的经验和做法。

五、国培课题“高中化学‘翻转课堂’的教学策略研究”

由化学老师宋旭华主持的2014年国培课题：“高中化学翻转课堂的教学策略研究”于2014年12月20日立项，课题编号：2014GZ051，已经于2017年1月1日顺利结题，证书号：2014GP48。课题组成员：唐艳山、周汉英、王懿、曹正轩、符猛、陈贵春、张科凤、张明光、杨汉全、安发光、王光先、王兴传、贾朝琴、骆品相。

（一）研究目的

探索基于“翻转课堂”的中学化学“微课”的教学设计的有效原则。探索制作化学“微课”更有效的方法与途径，以制作出优秀的适用于“翻转课堂”的微课，以期为一线教师提供参考依据。探究基于“翻转课堂”背景下学生自主学习途径和方法；总结在教学中如何实施翻转课堂，并研究应用的实效性，进行评价反思。寻求提高教师专业水平的方法和途径；探索与“翻转课堂”相适应的教师信息化素养，寻求提升教师信息化素养和专业成长的方法和途径。

（二）研究过程

1. 理论学习阶段：2014年5月—2014年8月

2. 课题准备阶段：2014年8月—2014年10月

3. 课题实施阶段：2014年11月—2016年3月

（1）对师生进行问卷调查，对回收到的数据进行分析，了解教师、学生对翻转课堂的认识情况。

（2）针对调查的结果，结合“微课”发展，开展专题培训，尤其是录屏软件和视频处理软件使用的培训，解决教师们在“微课”设计过程中遇到的技术困难。

（3）教师进行“微课”设计制作，在设计制作过程中掌握“微课”在不同环节设计要领；同时，开展“翻转课堂”研究，交流各自关于“翻转课堂”的思考。

（4）组织化学教师积极参与各级教育行政部门举办的“微课”比赛，在教师中间培养一批“微课”设计制作高手，诞生一批优秀的“翻转课堂”作品和成功的教学案例。

4. 课题总结阶段：2016年3月—2016年10月

对课题研究资料进行整理、分析、归类、比较，总结老师们在“微课”“翻转课堂”设计、制作、应用中遇到的问题，分析原因，汇编课题研究资料，举行课题结题报告会。

（三）研究内容

1. 高中化学（必修1、必修2、选修4）的“微课”建设，以高中化学知识点或专题为标签，建设一个适合本校、本县、本地区需要的高中化学“微课”资源库。编写适合“翻转课堂”、适合本地区学生使用的导学案。

2. 具体内容：

高中化学（必修1、必修2、选修4）的“翻转课堂”建设及应用策略的研究。

（四）成果

微课视频的录制与运用：由张科凤、王懿、曹正轩、陈贵春、赵建 、蒲启茂、詹皓琪、谢礼梅（后4位老师不是课题组成员）8位老师录制的必修一、必修二、选修四的微视频。利用学校的多媒体，课余时间和晚自习学生通过观看微视频掌握化学知识。由宋旭华、唐艳山、周汉英编写的必修一、必修二导学案运用于教学中，深受学生欢迎，深受同仁称赞。

表4—6

二、2011—2017年课题统计表

课题名称	审批立项部门	级别	课题负责人	立项时间	立项号	结题时间	结题号
基于“微课”的高中化学教学策略研究	贵州省教育科学规划办公室	省级	唐艳山	2014年11月	2014B051		
农村高中学生行为习惯养成教育探究（针对黔南州地区）	贵州省教育科学规划办公室	省级	夏忠富	2014年11月	2014B065		
高中化学“翻转课堂”在黔南少数民族地区的教学策略研究	“国培”研修项目	省级	宋旭华	2014年12月	2014GZ051	201701	2014GP048
新课程背景下初高中英语教学衔接问题的现状调查及对策研究	黔南州教育局	州级	任安荣	2015年9月	2015B057		
高中数学课堂有效教学的研究	黔南州教育局	州级	李家庆	2015年9月	2015B058		
高中历史乡土教材在瓮安的开发与运用研究	黔南州教育局	州级	唐安林	2015年9月	2015B059		
减轻中小学生课业负担的有效途径及方法研究	黔南州教育局	州级	王梅	2015年9月	2015B060		
新课程背景下初高中化学教学衔接研究	黔南州教育局	州级	唐艳山	2015年9月	2015B061		
高中政治课开展学生社会实践的方法与途径研究	黔南州教育局	州级	林艳	2015年9月	2015B325		
生本课堂的模式与应用研究	黔南州教育局	州级	李瑞常	2015年9月	2015B326		
高考背景下地理应用信息技术“减负增效”的实验与研究	全国教育信息技术研究课题领导小组	国家级	王强	2016年9月	164133274		
教育信息化地“分层走班教学”中的运用	全国教育信息技术研究课题领导小组	国家级	李绍龙	2016年9月	164123682		
瓮安红色文化在中学教学中的渗透教育研究	黔南州教育瓮安县教育局	州级	王维荣	2017年2月	2016B142		
“实践型”教学模式在高中地理教学中运用的研究	瓮安县教育局	县级	徐林海	2017年5月	2017XBJYKT0089		
中学生课业负担现状调查及对策研究	瓮安县教育局	县级	刘怀敏	2017年5月	2017XBJYKT0090		
高考视角下高中美术核心素养的培养策略研究	瓮安县教育局	县级	兰成兵	2017年5月	2017XBJYKT0088		

三、1994—2017年教师发表论文统计表

表4—7

姓 名	论文名称	发表刊物名称	发表时间 / 期号 / 刊号
刘 惠	浅谈比喻的语境设置	黔南民族师专学报	1994年6月
罗祖学	为‘隐逸诗’一辩	黔南民族师专学报	1995年9月
	“短歌行”探珠	中学语文	2007年11月
刘作诗	浅说指事和会意 会意和形声字的区别	贵州教育	2002年12月
王其一	高中语文教学应注重培养学生创新思维	基础教育研究与探索	2011年12 ISSN 1065—0415 CN 11—5522/G4
	从高中语文教材谈教师素质	教育研究	2014年2月 ISSN 1002—5731 CN 11—1281/G4
王小勇	语文教学中人文内涵的强化	学苑新报	2011年8月13期 CN 13 —152
	高三语文教学的反思	新天地	2011年9月 ISSN 1673—7857
	儒教之于何教	东方企业文化	2013年5月 上半月ISSN 1672—7355
	浅谈结合当地民族文化进行高中语文教学的意义	时代教育	2015年12月下半月 ISSN 1672—8181
	浅谈优化高中语文教学设计的具体做法	知音励志	2016年11月11期 ISSN 671—1483
	理·面·礼 ——凤姐泼醋泼出的角色系列	山海经	2017年1月上 ISSN 1002—6215
吴昌松	中学语文“一课一得”浅议	黔南教育学院院报	1992年第21期
	高中语文教学朗读刍议	教育学术月刊	2007年第6期 ISSN1674—2311
	从高考角度说高中语文新课程教学	教育新思路文萃	2010年10月 ISBN978—7—104—03382—0
	国学经典选读（副主编）	湖南大学出版社	2014年11月 书号：ISBN 978—7—5667—0751—2/K·93
	语文考点知识手册（副主编）	光明日报出版社	2016年5月 书号：ISBN 978—7—5112—2807—3
	浅谈如何进行高中语文国学文化的渗透	汉字文化	2017年第2期 ISSN1001—0661 CN11—2597/G2
	刍议高中语文教学课堂中课内外阅读的结合	优秀作文	2015年第16期 ISSN1008—5165
周泽宏	在诗歌的评鉴教学中提升高中语文的教学效率	留学	2015年第24期 ISSN2095—6940
	浅谈婉约词中的感伤美	报刊荟萃	2017年10月（上）CN61—1431
	诗人政治家屈原	中外教学研究	2006年第6期
刘兰华	《归去来兮辞》之一、二、三	教学交流	2007年第8期

续表4—7

姓 名	论文名称	发表刊物名称	发表时间 / 期号 / 刊号
刘兰华	异曲同工巧用“空”字	教育科研	2005年第1.2合期
	华老栓形象之一、二、三	教育教学研究	2005年第4期
	《2013高考语文精编模拟16套》	（任主编）	贵州人民出版社
	导学教程	（任副主编）	济南出版社2009年3月
	以乐景写哀情举偶	东方青年教师	2011年第2期CN37—1370/Z
	借助想象抒写思乡之情	学园	2011年第7期CN53—1203/C
	春江化泪愁恨悠悠	黔南日报	2015年1月20日　CN52—0019
	多种形式培养学生学习语文兴趣	教育探索	2015年2月　CN23—1134/G4
	语文教学中语感培养及教学策略	教学与研究	2015年2月　CN11—1454/G4
	《墨翁传》《伯夷颂》	国学经典选读	湖南大学出版 ISBN978—7—5667—0751—2
	对语文课运用班班通的几点思考	新课程	2016年11月　CN14—1314/G4
	《爱莲说》中君子形象探究	教研周刊	2018年7月　CN44—0088
	浅谈初中校长学校管理策略	读与写	2018年11月　CN31—1650/G4
龙承华	解析自主学习在高中语文写作教学中的策略	教研周刊	2017年9月第41期ISSN1007—6160
	浅谈高中语文阅读鉴赏	教育科学研究	2014年11月第11期CN11—4573/D
	高中语文小说教学中情境教学的运用	汉字文化	2017年6月，总第176期 刊号：ISSN1001—0661
唐成香	让语文课乘着情境的翅膀飞翔	学苑新报	2010年10月第18期 CN13—0037
赵榜琰	对高中学生漠视语文现象的思考	学苑新报	2010年11月第20期 CN13—0037
	高中语文教学中散文的“移情”	教育新思路文萃	2010年12月ISBN 978—7—104—03382—0
	高中语文写作教学的训练方法	教育新思路文萃	2011年2月ISBN 978—7—104—03382—0
	探索高中语文阅读教学的有效方法	教育科学研究	2014年第11期ISSN1009—718X CN11—4573/D
	刍议电子白板在高中语文中的应用	同行	2015年9月ISSN1671—6868 CN34—1253/C
	刍议电子白板在高中语文中的应用	山海经.教育前沿	2016年1月号（下） ISSN1002—6215 CN33—1032/I
	探究新课改下高中语文学生自主学习能力的培养	教育周刊	2017年10月第46期CN44—0088
陈　镖	探析高中语文写作能力的提高方法	教育周刊	2017年10月第46期CN44—0088
彭华兰	作文教学的几点体会：感悟、积累、修改	读写算素质教育论坛	2014年8月第32期ISSN 1002—7661
	高中语文教学应注意培养学生的科学素养	教育科学研究	2015年5月第5期ISSN 1009—718X

续表4—7

姓 名	论文名称	发表刊物名称	发表时间 / 期号 / 刊号
叶丹	民族地区汉语词汇教学方法浅谈	教育探索	2014年7月第4期 1CN44—0088
何伊梅	高中语文教学中学生科学素养的培养	教育科学研究	2014年12期总第300期CN11—4573/D
王传兵	探究高中语文教学模式的创新	教育前沿	2016年2月号总第429期CN33—1032/I
	浅谈教学中的批评艺术	当代教育	2007年12月第四册 ISBN 978—7—81104—803—2
简良恩	失街亭，谁之过?	黔南民族师范学院学报	2008年增刊第28卷 总第136期CN52—1133/Z
	如何提高高中语文教学中的诗歌教学效率	新课程	2015年第35期CN14—1324/G4
	探究高中语文选修课存在的问题与对策	才智	2016年4月中旬刊第11期ISSN 1673—0208
	试析高中语文教育中创新思维能力的培养	教育科学研究	2014年12月ISSN1009—718X
兰树娇	基于高考改革背景下的高中语文教学改革研究	山海经	2015年10月ISSN1002—6215
	浅谈人物特征的描写	光明日报、教育学	2011年10月ISSN1001—2869
	浅谈语文教学中的美学教育	中学教学参考	2010年5月总第49期 ISSN 1674—6058
王忠俊	在错误中发现学生的闪光点——班主任工作点滴	吉林教育	2010年6月总第553期 ISSN 05290252
	试析课外活动与作文的联系	博览（科海故事）	2010年3月 ISSN 1007—0745
	如何提高语文课堂教学质量	博览（科教创新）	2013年6月总第399期 ISSN 1007—0745
	中学生不良心理行为的分析与管理	教育学	2013年12月 ISSN 1001—2869
	试论高中语文教学中的文言文教学	关爱明天	2015年12月ISSN2095—6878 CN 51—1749/D
	浅谈如何提高高中语文的教学效率	课堂教学研究	2016年第14期 ISSN2095—3089 CN15—1362 G4
刘根棒	高中语文小说教学中情景教学的运用	知音励志	2017年第2期 ISSN1671—1483 CN42—1805/GO
刘有四	如何提高高中语文阅读教学质量	教育前沿	2015年9月ISSN1002—6215 CN33—1032/I
	新课程下农村高中语文教师的角色转变	教育新思路文萃	2011年6月 ISBN 978—7—104—03382—0
卢　清	高中语文自主作文教学初探	教育新思路文萃	2011年4月 ISBN 978—7—104—03382—0
	浅谈高中语文教学中多媒体资源的有效运用	中国教师教学论坛	2016年4月 ISSN1991—1815 CN11—1676/G4
	试论文学创作中的情感因素	贵阳金筑大学学报	2002年9月总第47期第3期 CN52—5022/G4

续表4—7

姓名	论文名称	发表刊物名称	发表时间/期号/刊号
李荣芝	浅论素质教育中的班主任	当代教育	2007年8月 ISBN 978—7—81104—608—3
	高中语文单元教学探讨	教育科学研究	2014年12期ISSN1009—718X CN11—4573/D
	开展习惯教学法 构建生本课堂	教育前沿	2012年2月ISSN1002—6215 CN33—1032/I
	试论高中语文阅读教学的有教途径	教育科学研究	2015年6月ISSN1009—718X CN11—4573/D
李兴全	高中语文探究性教学高效实行策略	教育前沿	2015年9月下 ISSN 1002—6215
	《离骚》与政治家屈原	黔南民族师范学院学报	2009年第29卷 ISSN1674—2389CN52—1133/Z
杨梅	异曲同工写思乡之情	黔南日报	2009年4月16日 CN52—0019
	高中语文阅读教学的点滴思考	课程·教材·教法	2014年第10期 CN11—1278/G4
	化虚为实，流水传情	考试指南报	2012年12月22日 CN42—0094
	浅谈模仿——教学生从课文中学写作	中国教育改革与创新杂志	2009年第2期 ISSN 1819—9682
张正军	浅谈朗读在高中语文教学中的意义	教育科学研究	2014年第11期 ISSN 1009—718X
	高中语文教学中法制渗透的意义	山海经	2016年2月下4期 ISSN 1002—6215
	初中语文新教材课后练习的优化处理	现代教育改革与发展	2011年12期，CN11—14743/G4
李绍龙	教师强制编排座位并不好	考试	2012年10期，CN11—2939/G4
	学生趴桌上睡觉的危害	时代青年	2012年5期，CN41—1003/C
	课前三分钟演讲是提高学生口语表达能力的好捷径	读与写	2012年8期，CN51—1650/G4
	对初中语文教学听说训练的思考	贵州教育报	2015年19期，CN52—1030/G4
	初中语文教学中的多元化教学	贵州教育	2015年24期，CN52—1030/G4
	农村中学语文课堂多媒体教学的误区	都市教育	2011年第18期，CN36 —1276/G4
谢祥群	高中语文课程教学艺术性探究	基础教育课程	2013年，CN11—5187/G
	高中语文教学反思	素质教育	2014年，CN11—4350/4G
	浅谈心理教育在高中语文教学中的渗透	课程教育研究	2016年第14期，CN15—1362/G4
	高中语文阅读教学的点滴思考	中小学教育	2014年4月，第四期，CN411—4299/G4
陶荣华	浅谈高中语文课堂中的“愉快教法”	科学教育研究	2014年第10期 CN11—4573/D
	让情感教育之花绽放于高中语文课堂	教育学	2014年4月，第四期，CN11—4297/G4

续表4—7

姓 名	论文名称	发表刊物名称	发表时间 / 期号 / 刊号
陶荣华	探究高中语文作文教学方法	教育前沿	2017年3月号上 总第455期ISSN1002—6215
	探究高中语文作文教学方法	教育前沿	2017年3月号上 总第455期ISSN1002—6215
	适当变化，事半功倍	教学大世界	1999年第11期
袁愈林	一道常见最值函数模型的建构和启示	贵州教育学院学报	1999年第4期
	浅谈建构思想对数学教学的启示	贵州省教育学会论文三等奖	2002年10
	新课程标准下高中数学作业设计探索	读写算	2012年第17期ISSN1002—7611
何崇玖	浅谈中学数学学法指导	素质教育	2012年9期ISS1005—4197
	浅谈高中数学研究性学习活动	教育研究	2013年第5期ISSN1002—5731
	高中数学课如何实施研究性学习	基础教育课程	2013年第5期ISSN1672—6715
	高中数学教学高中生数学素养的培养	教研周刊	2016年第23期ISSN1007—6160
	探索情景教学在高中数学教学中应用	教研周刊	2016年第24期ISSN1007—6160
	谈农村高中生畏惧数学的心理	赤子	2017年11月第436期ISSN1671—6035
	影响农村高中生良好习惯养成的因素	赤子	2017年12月第438期ISSN1671—6035
	如何在高考复习中引导学生突破知识瓶颈	山海经	2019年4月ISSN 1002—6215
	高中数学教学中如何培养学生学习能力	读书文摘	2015年4 月 ISSN 1671—7724 CN 42—1672/G2
冯配金	在小组合作中体验高中数学的独特魅力	山海经・教育前沿	2016年1月 第二期
黄　枫	谈新课改中的数学教学	名师教育论文选集	2006年6月
罗　亮	课堂改革与数学中的创新教育	教育天地	2008年6月
	高中数学新课程教学中的有效教学	教育艺术杂志	2012年5月
	怎样做好新时期的数学教师	中国学校教育论文点萃	2012年11月
	浅谈如何提高高中数学成绩	学苑新报	2017年2月第67期　CN13—0037
	高中数学分层教学浅析	学苑新报	2017年7月第2期　CN13—0037
	浅谈高中生数学解题能力的培养	山海经教育前沿	2017/8月号 ISSN 1002—6215
陈文祥	高中数学教学中怎样提高课堂效果	中国教育研究学会	2013年11月；第11期：ISSN0257—2826
何开兵	影响高中数学成绩的原因及解决方法	学苑新报	2016年6月、教研第27期、CN13—0037

续表4—7

姓名	论文名称	发表刊物名称	发表时间/期号/刊号
陆龙金	高中数学应加强学法指导	教育前沿	2017年9月（上）总第467期、CN33—1032/I
	二次函数在高中数学中的应用	教研周刊	2017年9月（上）
	反常规，巧解题	黔南师院学报	2007年增刊
刘兴东	用函数的凹凸性解高中数学竞赛题	贵州大学学报	2008年增刊
	如何实施高中数学“分层教学”	教育科学研究	2014年04期
	高中数学教学如何落实“育人为本”教育理念	教学与研究	2014年04期
	农村高中数学教学中哲学思想渗透的意义及价值	高考	2017年总第255期
	关于现代中学数学教育的思考	云南科海故事博览画报社	2008年5月CN53—1103/N ISSN1007—0745
雷胜宇	运用类比法中“数形结合法”巧求函数最值	全国教育教学研究论文选刊杂志社	2009年3月ISSN 2080—2043 CN44—2569/G
	高中数学教学中确立学生的主体地位	学苑新报社	2017—2018学年度第62期 刊号：CN13—0037
	高中数学教学的立体化	学苑教育	2014年12月 23期CN13—1386/G4
杨华	基于远程教育信息技术的高中数学课堂教学提升构建	教研周刊	2015年10月 43期CN44—0088
	浅谈初高中数学教学的衔接策略及思考	学苑新报	2015年4月 79期CN13—0037
	谈谈高中数学中的素质教育	学苑新报	2015年10月 31期CN13—0037
	高中数学课堂的“高效性”初探	教育科学	2017年11月 第02期
贾家富	浅谈创新教学在高中数学中的应用	南风	2016年10月第407期刊号CN52—1016/1
何明荣	求函数解斜式的几种方法	学苑教育	2013年第3期CN13—1386/G4
	试议如何在高中数学教学过程中提高学生的自主学习能力	小作家选刊	2017年第10期刊号 CN22—1329/I
	浅谈如何提高高中数学教学质量	知音励志	2017年2月 第479期 CN42—1805/GO
何贤勇	浅谈“一标多本”下的高中数学教学	课程 教材 教法	2015年3月 第393期 CN11—1278/G4
	浅谈高中阶段数学教学方法	知音励志	2016年12月 第473期 CN42—1805/GO
彭方涛	浅谈高中数学教学如何更好地培养学生	教育前沿	2017年6月 ISSN1002—6215 CN33—1032/I
何宗永	浅谈高级中学数学课堂教学中如何挖掘素质教育功能	魅力中国	2009年12月，第12期。CN41—1390/C

续表4—7

姓 名	论文名称	发表刊物名称	发表时间 / 期号 / 刊号
邵　勇	浅述高中数学教学几点反思	魅力中国	2010年1月，第1期。CN41—1390/C
	多媒体课件在高中数学教学中的应用	现代教育报	2010年1月，第11期。CN11—0265
	高中数学说课的实践与探索	学苑新报	2016年8月，第18期。CN13—0037
	用法向量求解二面角	中国教育科研与实践	2008年06月 ISBN 987—7—5073—2429—7
张崇仪	求函数最值的几种方法	世界家苑	2016年2月，第257期 CN22—1337/G0
徐　刚	浅谈微课在高中数学中的应用	学苑教育	2016年1月，第169期 CN13—1386/G4
邱瑜霞	运用电教手段，开启学生数学思维	中国教育新思路文萃	2011年4月
卢清明	高中数学课堂教学的设计要点	新教育时代	2014年3月
	农村学生养成习惯在数学中的应用	教育前沿	2016年3月
	浅谈高中数学教学中创造思维能力的培养	教育	2017年3月
	如何在高中数学中运用数学思想	山海经	2016年22期 ISSN：1002—6215 CN：33—1032/I
李昕波	利用函数性质巧证不等式	学苑教育	2013年01期 ISSN：1674—179X
	浅析如何以生活为出发点实现高中数学教学	知音励志	2016年08期 ISSN：1671—1483
	谈高中数学的课堂教学	新课程研究（教师教育）	2009年9月 ：ISSN1671—0568 ：CN42—1778/G4
王永念	如何利用高中新教材全面推进素质教育	贵州教育报	2009年11月20日第47期（总第985）黔01—B90号
	目标教学法在高中数学课堂教学中的新模式	中国教育创新	2010年3月ISSN1815—4778 ：CN11—4111/G4
	排列组合解题技巧探索	黔南民族师范学院学报	2011年增刊：ISSN1674—2389 ：CN52—1133/Z
	高中数学课堂教学导入艺术初探	教育研究	2014年第6期 ISSN1002—5731 ：CN11—1281/G4
	多媒体技术在高中数学教学中的运用	教学与研究	2014年第7期ISSN0257—2826 CN11—1454/G4
	浅论高中数学对学生行为习惯养成教育的作用	中学生报（教研周刊）	2017年第34期：ISSN1007—6160 ：CN44—0088
	如何学好高中数学初探	学苑新报	2017—2018学年度第25期：CN13—0037
	浅谈高中数学学生思维障碍的成因及突破	教育艺术	2011年6月 ISSN1002—2826 CN11—2632/G4
牟天伟	小组合作学习在高中数学教学中的运用	教学与研究	2012年7月 ISSN0257—2821 CN11—1454/G4
	诱导公式与同角三角函数关系的联用	发表在当代中学报	2011年7月 CN36—0059/G4
	整合“时效性资源”优化高中英语教学	中学生报.教研周刊	2016年44期ISSN1007_6160

续表4—7

姓 名	论文名称	发表刊物名称	发表时间 / 期号 / 刊号
包宏飞	英语单词高效记忆教学探索	当代教育探索	2013年4月第4期CN_1038457
	初高中英语教学的现状调查及衔接问题的解决	中学生报.教研周刊	2017年第38期ISSN1007—6160
	转化后进生之我见	贵州教育	2012年10月 第10期 ISSN0451—0038
陈跃琴	高中英语写作教学浅谈	教育学	2013年6月 第6期 ISSN1001—2869
	如何有效进行初高中英语教学衔接	教育前沿	2017年4 月 第7期 ISSN1002—6215
	如何在高中英语教学中减轻学生课业负担	学苑新报	2017年6月 第101期 CN13—0037
	浅谈中学英语教学中学生创新能力的培养	黔南民族师范学院学报	2008年6月 第28卷 总136期
陈志全	浅谈英语素质教育与学生创新能力培养	贵州师范大学学报	2008年6月（增刊）
	中学生英语自主学习能力的培养	学苑新报社	2016年12 月 第46期A2版
	高中英语教学方法总结	中国学校教育论文点萃：琢玉春秋	2012年11月 ISBN978—7—80215—550—3/G.121
邓永富	论高中英语学习中能力的培养	素质教育	2012年11月 ISSN1005—4197 CN11—4350/G4
	高中英语新课改的思考	学苑新报	2016年5月 第87期 CN13—0037
	高中英语阅读教学探究	民族地区基础英语教学改革理论与实践	2016年4 月 书号：ISBN978—7—5—5194—0634—9
	怎样调动学生英语探究性学习的积极性	民族地区基础英语教学改革理论与实践	2016年4月 书号：ISBN978—7—5—5194—0634—9
	贵州少数民族地区城乡结合的高中影响学生英语学习效率的因素调查	教研周刊	2016年3月 ISSN 1007—6160 CN 44—0088
杜静秀	高中英语互动合作学习教学模式的实施策略研究	校园英语	2017年7月 ISSN 1009—6426 CN 13—1298/G4
	浅谈高中英语如何进行有效阅读教学	教育前沿	2017年6月号（上） ISSN1002—6215 CN33—1032/I
冯福晟	浅谈高中英语完形填空的解题技巧	中国教育新思路文萃	2011年2月 ISBN978—7—104—03382—0
龚丽玲	高中英语写作能力的提高途径	中国教育新思路文萃	2011年2月 ISBN978—7—104—03382—0
	探究性学习在高中英语教学中的应用思考	校园英语	2016年1月 ISSN1009—6427
	浅议情景教学法在初中英语课堂教学中的应用	教育探索	2014年第6期。 ISSN1002—0845
何国宇	如何上好高中英语试卷讲评课	学苑新报	2016年3月 第53期第C2版面 CN13—0037

续表4—7

姓 名	论文名称	发表刊物名称	发表时间 / 期号 / 刊号
侯保国	高中英语课堂中的几个新问题	现代教育改革与发展	2012年11月 ISSN 1035—0119 CN 11—4743/G4
	高中英语任务型教学模式的应用	民族地区基础英语教学改革理论与实践	2016年4月 ISBN978—7—5—5194—0634—9
	高中英语书面表达的辅导方法和注意事项	教育新思路文萃	2010年12月 ISBN978—7—104—03382—0
田文军	高中英语阅读理解的常见问题与对策	教育新思路文萃	2011年1月 ISBN978—7—104—03382—0
	黔南地区中学生英语口语现状分析及策略	民族地区基础英语教学改革理论与实践	2016年4月 ISBN978—7—5194—0634—9
	少数民族地区高中英语朗读教学出现的问题与策略	教研周刊	2016年第12期 ISSN1007—6160
	借助思维导图开展高中英语写作教学的探究	教研周刊	2018年第5期 ISSN1007—6160
	巧计形容词	初中生之友	1989年3月第3期（总171期）（CN52—1029）
	话说英语教学中的情感教育	英语周报	2011年4月高中总第681期（CN14—0705/F）
	浅议高中英语教学中学生创造性思维能力的培养	中国学校教育论文点翠	2012年7月（ISBN978—7—5151—0247—4）
黄 菊	探究式学习在高中英语阅读教学中的应用	基础教育研究与探索	2012年8月（CN11—5522/G4 ISSN1065—0415）
	高中英语写作错误分析及成功对策	现代教育改革与发展	2012年9月CN11—4743/G4 ISSN1035—0119
	浅谈如何教好高中英语	中国学校教育论文点翠	2012年11月（ISBN978—7—80215—550—3）
	高中英语教学中的书面表达训练策略的初探	学院新报	2016年2月，教研第62期总第5077期（CN13—0037）
	少数民族地区课标高中英语教学课堂延伸探究	学院新报	2016年2月，教研总第5095期（CN13—0037）
	高中英语阅读教学中的探究式学习	英语周报	2016年5月，高中第46期总第945期（CN14—0705/F）
	高中英语阅读理解的解题方法和技巧	教育新思路文萃	2010年12月 ISBN978—7—104—03382—0
李国凡	例谈高中英语修辞格式的理解和运用	教育新思路文萃	2011年2月 ISBN978—7—104—03382—0
	提高自身素质，做好班级管理工作	教育新思路文萃	2011年3月 ISBN978—7—104—03382—0
	思维导图在高中英语复习课中的应用效果分析	高考	2015年10月 CN22—1372/G4
	高中英语小组合作学习实效性的研究	校园英语	2016年1月 CN13—1298/G4
	农村中学生文明礼仪习惯的养成	教育前沿	2016年1月 第2期 ISSN1002—6215

续表4—7

姓 名	论文名称	发表刊物名称	发表时间 / 期号 / 刊号
李洪琼	论初中英语与高中英语的衔接教学	教育前沿	2017年6月　第9期　ISSN1002—6215
	浅谈初中英语趣味教学	中小学教育	2013年4月　总第44期　ISSN10015—2982
李平珍	初中英语高效课堂的创设探索	关爱明天	2015年12月　第12期　ISSN2095—6878
	贵州地区高中生英语听力障碍分析以及针对高考的听力对策	教研周刊	2016年3月　第十二期 CN44—0088
李贤军	浅谈英语语言教学	教育艺术	2014年10月　第14期 CN11—0788
刘万平	诌议高中英语写作困难的成因及对策	素质教育	2014年1月　第8期 ISSN1005—4197
	初高中英语单词教学存在的问题与对策	教育探索	2014年6月　第6期 CN23—1134/G4
	浅析高中英语阅读教学	教学交流	2008年7月　ISSN1004—1097
刘　玥	高一英语写作中的常见错误探析	中国基础教育研究与探索	2012年10月　ISBN978—7—5106—1333—3
	在高中英语教学中的点滴体会	当代教育科学研究	2012年12月　ISSN 1326—5786
	高中英语写作合作学习策略分析	校园英语	2016年1月　ISSN 1009—6426
	过程法在高中英语写作教学中的运用	教育研究	2013年12月　ISSN1002—5731
罗雪峰	新课程标准下的高中英语阅读理解教学初探	教师教育研究	2013年6月　ISSN 1672—5905
	对高中英语课堂减负问题的探讨	教育前言	2017年4月　ISSN 1002—6215
	浅谈中小学教师应该如何面对“新课程改革”	中国当代教研	2007年6月，总 第3期 刊号：ISSN1818—4782
饶兴模	培养后进生对英语的学习兴趣	当代中小学教育文刊	2009年6月、总第42期　刊号：ISSN 1057—5635
	如何在英语教学中激发学生的学习动机	基础教育研究与探索	2012年4 月，总第138期 刊号：ISSN 1065—0415
	高中英语学科核心素养在课堂中的实践探究	中学生报・教研周刊	2018年1月总第3815期 ISSN1007—6160/CN44—0088
	浅谈初高中英语衔接的重要性及策略	知音励志	2016年11月　ISSN1671—1482
任安荣	灵活设计导入，激活英语课堂	教育新思路文萃	2011年3月 第1版 ISBN 978—7—104—03382—0

续表4—7

姓 名	论文名称	发表刊物名称	发表时间 / 期号 / 刊号
任京华	掌握设疑技巧，培养英语学习能力	教育新思路文萃	2011年1月第2版 ISBN 978—7—104—03382—0
	精读和泛读相结合，培养英语阅读能力	教育新思路文萃	2010年12 月第1版 ISBN 978—7—104—03382—0
	谈高中外语阅读在书面表达中的运用	教育科学	2017年1月　第7卷 ISSN1671—5551
	高中外语教学中学生自学能力的培养策略	教育	2017年2月　第1卷 ISSN 1671—5861
	培养学生创新精神　提高英语交际能力	新闻天地	2008年5月　ISSN1009—9298 CN43—1334/G2
宋忠荣	高中英语教学中跨文化意识的培养	黔南民族师范学院学报	2008年9月　ISSN1674—2389 CN52—1133/Z
	多媒体辅助教学与农村高中英语教学的优化整合	教育技术研究	2012年4月　ISSN1672—6111 CN11—5152/J
	改革创新教学方法　提高英语教学质量	科学导报	2012年5月　CN14—0015
	构建有效教学模式　优化高中英语教学	高考	2015年10月 ISSN1673—6265　CN22—1372/G4
	黔南民族地区普通高中教师信息素养现状调查与分析	校园英语	2016年1月　ISSN1009—6426　CN13—1298/G4
	作为合著人撰写图书高中英语语法通霸2017版	浙江大学出版社出版	2017年7月　ISBN 978—7—308—15251—8
	新课程背景下高中英语作业分层设计的实践探索	中小学教育	2017年8月　ISSN1001—2982　CN11—4299/G4
	高中英语教学中的文化教学思考	校园英语	2016年1月　CN13—1298
唐巧连	高中英语作业布置与语感培养关系思考	西部素质教育	2016年2月　第2期　ISSN2095—6401
王　梅	立足英语课堂教学减轻高中学生过重的课业负担	教育前沿	2017年5月　第9期　ISSN1002—6215
	浅谈情感资源在高中英语教学中的应用	小作家选刊	2017年2月，第3期 刊号：ISSN1671—0487
夏嘉宏	浅谈中学英语教学中的研究性学习	基础教育研究与探索	2012年10月　第147期 ISSN1065—0415
肖新梅	高中英语有效教学阅读策略初探	教学与研究	2014年1月　第1期　ISSN0257—2826
	高三英语复习教学诌议	教育科学研究	2014年2月　第2期　ISSN1009—718X
	浅议高中学英语听力策略	学院新报	2016年1月　第56期　CN13—0037
	浅析初高中英语教材衔接问题及对策	中外交流	2017年6月　第24期　ISSN1005—2623
	高中英语写作教学中的激发思维训练	学苑教育	2015年2月　第4期　ISSN 1674—179X

续表4—7

姓名	论文名称	发表刊物名称	发表时间/期号/刊号
谢云群	怎样在高中英语教学中实施素质教育	教研周刊	2015年10月 第41期 ISSN 1007—6160
	高中英语减负提质教学策略研究	教研周刊	2017年10月 第47期 ISSN 1007—6160
	引入词根教学词汇	英语周报	2005年10月8日 第15期 CN14—0705/（F）
杨洪宗	一般现在时的具体教学操作	英语周报	2008年5月17日 总第529期 CN14—0705/（F）
	高中英语教学中提高阅读能力的方法	教育新思路文萃——琢玉时光	2011年4月 ISBN 978—7—104—03382—0
	重视词汇教学，提高英语运用能力	教育新思路文萃——桨橹情韵	2011年6月 ISBN 978—7—104—03382—0
	高中英语提高学生写作能力的方法和策略	教育探索	2014年7月 第07期下ISSN1002—0845
	高中英语书面表达存在的问题及策略	素质教育	2014年7月 总第72期ISSN1005—4197
	关于高中英语口语教学的探索分析	中学生报教研周刊	2016年11月11日 总第3480期CN44—0088
	浅谈初高中英语衔接	学苑新报	2016年1月27日 第60期总第5071期CN13—0037
	立足新课改背景下的高中英语教学中的问题及解决措施	学苑教育	2017年2月15日 总第196期ISSN1674—179X
	浅谈高中英语的兴趣教学	中小学教育	2013年1月 总第41期 ISSN 1001—2982
张德宇	浅谈如何通过教材改善高中英语写作教学	教研周刊	2016年第12期CN44—0088
周凤学	高中英语教学中阅读能力的培养	新课程	2016年第3期上CN14——1324/G4
朱红梅	在英语教学中如何减轻学生的课业负担	学苑新报	2017年第90期上CN13——0037
	高中英语有效课堂教学法初探	当代教育探索	2013年12月第12期 ISSN1598—4281
宋正红	浅谈在英语阅读理解中减轻学生负担	教育前沿	2017年3月上/总第455期 ISSN1002—6215
	伏安法测电阻中内外接法的探究	教学交流	2008年第5期ISSN1004—1079 CN14—1025/C
张明光	类比法在电场教学中的应用	中国基础教育研究	2008年第5期 ISSN1562—3890
	等效法在物理解题中的妙用	贵州教育	2008年第11期 ISSN0451—0038
	养成教育研究与实验（主编）	中国言实出版社	2009年9月
	国学经典选读（主编）	湖南大学出版社	2014年11月 书号：ISBN 978—7—5667—0751—2/K·93
	浅议高考物理二卷评卷规则及应试策略	中国校外教育	2015年第2期 ISSN1004—8502
	高中物理问题中核心素养的探讨	山海经教育前沿	2017年6月 ISSN 1002—6215、CN33—1032/I
丁　强	两段一样重吗?	中学生数理化	2008年7月 ISSN 1003—2215 CN 41—1098/0

续表4—7

姓 名	论文名称	发表刊物名称	发表时间 / 期号 / 刊号
毛　飞	消除高一学生物理学习障碍的对策	中小学教育	2013年4月 ISSN1001—2982 CN11—4299/G4
	浅谈高中物理学习中的抽象思维能力	素质教育	2013年7月 ISSN1005—4197 CN11—4350/G4
	浅谈课标下高中物理教学中学困生的转化	学苑新报	2015年9月 CN13—0037
	课堂小结在高中物理教学中的运用	山海经教育前沿	2016年1月 ISSN 1002—6215
	探究高中物理中实验课教学策略	知音励志	2016年4月 总第449期 刊号：ISSN1671—1483
	探究高中物理教学中如何运用新教材	课程・教材・教法	2014年3月 总第381期 刊号：CN11—1278/G4
张扬辉	新课程下学习高中物理的几点建议	学苑新报	2014年3月 总第4492期 刊号：CN13—0037
	走进新课程高中物理教学看物理学史	学苑新报	2014年10月 总第4678期 刊号：CN13—0037
	高中物理课堂教学学生学习方案设计与研究	教育研究	2014年11月 总第301期 刊号：CN10—1281/G4
	高中物理教学应以提高学生抽象思维能力为主	学苑新报	2014年10月 总第4681期 刊号：CN13—0037
	高中生物理学习习惯养成教育	山海经教育前沿	2016年2月 总第429期 刊号：ISSN 1002—6215
李传江	怎样才能学好高中物理	学苑新报	2015年11月 总第5017期 刊号：CN13—0037
	运用传感器创新高中物理教学	中国教育新思路文萃	2010年9月
王　警	运用研究课题，培养物理探究意识	中国教育新思路文萃	2011年2月
	高中物理新课程教学中实验教学的转变	学苑新报	2012年1月
	谈高中物理教学“习题讲练”的有效性	课程・教材・教法	2015年8月
	谈高中物理教学“小组合作学习”	教学与研究	2015年8月
	浅谈高中物理生本课题的构建	教育前沿	2017年5月
	高中物理教学中实验教学的有效性措施	山海经教育前沿	2016年2月 刊号：ISSN 1002—6215
谭　力	高中物理教学中尝试法的应用探讨	中国教育新思路文萃	2010年12月
	怎样让学生跨过初高中物理的台阶	中国教育新思路文萃	2011年3月
	谈高中物理教学中的质疑训练	中国教育新思路文萃	2011年3月

续表4—7

姓名	论文名称	发表刊物名称	发表时间/期号/刊号
童　剑	运用图像法推进高中物理新课改	中国教育新思路文萃	2011年2月
	新课程背景下怎样激发学生学习物理的兴趣	中国教育新思路文萃	2013年3月
	中学物理教学中怎样培养学生的科学素质	中国教育教学论坛杂志	2017年4月
	重视细节教学，提高物理课堂质量	中国教育新思路文萃	2011年2月
宋锡丽	高中物理实验教学的创新与实践	中国教育新思路文萃	2011年3月
	新课程背景下高中物理生活化教学实践	现代交际	2016年9月 总第439期
	消除心理障碍，培养物理学习能力	中国教育新思路文萃	2011年3月
李瑞常	高中物理实验内容与教学方法的改革	中国教育新思路文萃	2011年2月
	提高高中物理实验教学有效性的研究	现代交际	2016年10月 总第441期
	基于小组合作学习的高中物理高效课堂的策略	人生十六七	2017年2月 总第452期
王　华	如何在高效课堂中突出学生的主体地位和发挥教师的主导作用	基础教育课程	2014年3月
	如何引导学生质疑和对抗	课程教材、教法	2014年3月第34卷第3期
	课堂教学中“主导”与“主体作用的发挥”	黔南民族师范学院学报	2011年6月第157期 刊号：CN52—1133—Z
商　露	浅谈物理科学方法教育在教学中的运用	黔南民族师范学院学报	2011年6月 总第157期 刊号：CN52—1133—Z
	浅谈高中物理教学中的图像法	学苑新报	2013年 第30期
	高中物理教学中演示实验的改革措施	中国教育新思路文萃	2011年6月 刊号：ISBN978—7—104—03382—0
	新课程背景下的高中物理实验教学初探	中学生报——教研周刊	2016年8月刊号：总第3425期 刊号：CN44—0088
	在高中物理教学中如何提高学生的抽象思维能力	中学生报——教研周刊	2016年9月刊号：总第3430期 刊号：CN44—0088
	高中物理实验教学的现状及探究性物理实验教学设想	考试周刊	2011年第70期　刊号：ISSN1673—8918
黄胜华	如何调整青春期学生心态——论学习物理信心的建立	考试周刊	2012年第4期　刊号：ISSN1673—8918
	浅议中学物理电学实验仪器及实验电路的选择	中国基础教育研究与探索	2012年9月　书号：ISBN978—7—5106—1333—3
	情感教育与高中物理	学苑新报	2012年第17期　刊号：CN13—0037

续表4—7

姓名	论文名称	发表刊物名称	发表时间/期号/刊号
黄胜华	新课程标准下高中物理教学的基本原则	学苑新报	2012年第18期　刊号：CN13—0037
	高中物理实验仪器有关读数问题浅析	轻音乐	2014年第1期　刊号：ISSN1007—2233
	探究式教学在高中物理课堂中的实践	教研周刊	2015年第51期A　刊号CN44—0088
	浅析物理教学中如何培养高中学生的创新能力	素质教育	2012年第90期　刊号：CN11—4350
顾德贵	如何有效导入高中物理课堂教学初探	读与算	2012年第17期　刊号：CN42—1078
	高中物理教学之我见	教育研究	2015年第6期　刊号CN11—1281
	高中物理教学中兴趣培养的重要性	课程·教材·教法	2015年第6期　刊号CN11—1278
	新课改下学习高中物理的几点建议	学苑新报	2015年第13期　刊号：CN13—0037
	浅谈高中物理教学中的图像法	学苑新报	2015年第10期　刊号：CN13—0037
	高中物理生本教材的模式与应用研究	中学生报——教研周刊	2015年第47期　刊号CN44—0088
	浅谈班主任在工作中应扮演的六个角色	华人时刊·中外教育	2011年第2—3期 刊号：ISSN1006—0278CN32—0001/Q
周中兵	加强图像情景教学，培养物理应用能力	中国教育新思路文萃	2010年12月 刊号：ISBN978—7—104—03382—0
	精心设计教学，培养物理思维能力	中国教育新思路文萃	2011年3月 刊号：ISBN978—7—104—03382—0
	高中物理生活化教学的应用	教育前沿	2016年3月 总第432期 刊号：ISSN 1002—6215
	浅谈物理学习兴趣的养成	黔南民族师范学院学报	2005年6月 总第115期 刊号：CN52—1133—Z
杨家文	运用物理图像 提高解题能力	中学物理教学参考	2009年第01期　刊号CN61—1033/G4，ISSN1002—218X
	例说整体法与隔离法在平衡问题中的运用	中学物理教学参考	2010年第05期　刊号CN61—1033/G4，ISSN1002—218X
	浅谈新课程背景下的高中物理教学	素质教育	2014年9月　刊号：ISSN：1005—4197
	浅谈高中物理探究性教学策略	教育研究	2014年9月　刊号：ISBN：1002—5731CN：11—1281/G4
	探讨高中物理教学中的实验教学	教育科学	2017年11月刊号：ISSN 1671—5691CN50—9221/G
	探究高中物理生本课堂的模式与应用	魅力中国	2018年1月刊号：ISSN 1673—0992CN：41—1390/C
	高中化学中对化学平衡原理的巧用研究	学苑教育	2017年9期　CN13—1386/G4　ISSN1674—179X
安发光	动用尽可能多的手段提高课堂教学效率	中学生报（教研周刊）	2016年/9月第161版 ISSN1007—6160 CN44—0088
	如何进行化学实验探究性质源的二度开发	课程·教材·教法	2014年5月 ISSN1000—0186 CN11—1278/G4

续表4—7

姓 名	论文名称	发表刊物名称	发表时间 / 期号 / 刊号
骆品相	浅谈微课在高中化学教学的运用	教研周刊	2015年7月 第29期 ISSN1007—6160 CN44—0088
	运用问题连激趣，实现魅力化学课题	中学化学教学参考	2017年2月下半期 ISSN1002—2201 CN61—10341/G4
	法制教育在高中化学中的有机渗透	考试周刊	2017年6月 第45期 ISSN1673—8918 CN138/G4
	支架式教学法在高中化学教学中的应用探微	教育前沿	2016年2月 第2期 ISSN—0088
谢礼梅	论高中化学教学中的美育培养	教育研究	2014年总第10期
王兴传	高中化学教学中问题情境的作用	新教育时代	2013年第9期
	高中化学教学中渗透法制教育的实践与研究	教研周刊	2017年第37期 CN44—0088
	氢氧燃料电池设计	全国教育教学研究论文选刊	2008年总第2期 CN37—2569/G
	化学方程式的几种常见配平方法及技巧	新教师教学	2011年第五期 中文科技期刊数据库
	解读三类方程	当代中学生报	2011—2012学年度第21期 CN36—0059
刘怀敏	高中化学课堂教学中如何培养学生自主学习	基础教育研究与探索	2012年第4期 CN11—5522/G4
	对高中化学课堂改革的认识	教学与研究	2013年第5期 CN11—1454/G4
	新课标下的初中化学教学设计初探	未来英才	2016年 第13期 ISSN2095—4549 CN12—1433N
刘 畅	高中化学新课程实施中自主性学习的再思考	学苑新报	2013年3月 第74期 刊号：CN13—0037
李正海	新课改下的高中化学教学	学苑新报	2014年9月 第15期 刊号：CN13——0037
	高中化学教学中扩展性思维的培养浅析	教研周刊	2016年3第10期 刊号：CN44—0088
	高中化学中翻转课堂教学的作用	教研周刊	2016年12月26日 第54期 CN44—0088
宋旭华	高中化学“翻转课堂”的教学反思	贵州教育科研	2016年4月第2期 黔新出2015年内资准字Z22号
	微课在高中化学教学中的应用	教研周刊	2016年12月27日 第53期 CN44—0088
	基于高中化学翻转课堂的教学反思	教育前沿	2016年1月 第1期 ISSN1022—6215
	互动教学模式下的高中化学教学	教育前言（山海经）	2016.1 ISSN1002—6215 CN33—1032/I
符 猛	浅谈高中化学教学有效性的提升	教育前沿	2017年6月（上）总第461期
王 懿	瞧这一家子	中学生物教学	2005年7—8期

续表4—7

姓 名	论文名称	发表刊物名称	发表时间 / 期号 / 刊号
张泰军	浅析高中生物教材中的无丝分裂	中学生物教学	2010年第1—2期
	有丝分裂中细胞质是如何分配的?	现代教育科学研究	2011年月第4期
	二分裂是无丝分裂吗	现代教育科学研究	2011年10月第5期
	关于有氧呼吸“底物”的解析	中学生物教学	2014年第12期
	抗原—抗体知识盘点	课程教育研究	2015年第04期
	浅谈如何使用好高中生物新课程教材	现代教育改革与发展	2012年9月ISSN1035—0119 CN11—4743/G4
郑慧君	生物教师应如何面对创新教育初探	素质教育	2012年10月ISSN1005—4197 CN11—4350/G4
	略谈高中生物探究性实验设计的一般思路	教学与研究	2014年4月第4期ISSN0257—2826 CN11—1454/G4
	探究香烟烟雾处理与酶的活性的关系	中学教学参考	2010年3月 ISSN1674—6058 CN45—1372/G4
犹永春	谈新课改下的高中生物探究性教学	新课程研究	2009年12月 ISSN1671—0568 CN42—1178/G4
	浅议开发生物多媒体教学资源	21世纪	2010年2月 ISSN1005—2984 CN11—3284/C
	浅谈高中生物教学中涉及的几种育种方法	读书文摘	2016年2月，CN 42—1672/G2 ISSN 1671—7724
张全江	谈高中生物实验的创新	才智	2016年5月，CN 22—1357/C ISSN 1673—0208
	高中生物教学中存在的问题与对策研究	才智	2016年5月，CN 22—1357/C ISSN 1673—0209
	贵州荔波洞穴蜘蛛初步研究	贵州师范大学学报·自然科学版	刊号：ISNN 1004—557 CN 52—5506/N
邓实群	浅谈高中生物学中几种育种方法	中学生物教学	刊号：ISSN 1005—2259 CN 61—1256/G4
	贵州董背洞内动物群落机构的初步研究	黔南师范学院学报	刊号：ISSN 1674—2389 CN 52—1133/Z
	如何进行高中生物课堂改革	教育前沿	2016年1月1日 ISSN1002—6215 CN33—1032/I
杨凤芝	高中生物教学中的德育教育方法	高考	2016年1月 第221期 ISSN 1673—6265
肖最勇	高中生物教学中环境教育及其法制教育的渗透	科教前沿	2017年3月 CN14—0060
	浅析高中生物教材中的无丝分裂	中学生物教学	2010.01 ISSN 1005—2259
邹光萍	浅谈在高中生物教学中如何巧用概念图	知音励志	2016年2月 ISSN：1671—1483 CN：42—1805/G0
王仕兵	浅谈高中生物实验专题复习策略	教育	2016年7月 ISSN 1671—5861 CN50—9238/G
	生态系统的能量流动和物质循环	教学视点	2008年第7期ISSN 1009—4276 CN46—1058/G4

续表4—7

姓 名	论文名称	发表刊物名称	发表时间 / 期号 / 刊号
夏忠富	在高中生物教学中使用课件教学所存在的问题与思考	贵州教育	2008年9月　编号：704021
	生物课改必须转变对学生的培养方式的几点探讨	科教导刊	2011年4月 ISSN 1674—6813　CN42—1795
	谈高中生物课的教学设计与认知结构	中国教育 新思路文萃	2011年4月　编号：020102
	改进教学方法，培养生物创新能力	中国教育新思路文萃	2011年6月　编号：021335
	我愿“丹心化作春雨洒，换来桃李满园香”——浅谈抓好班级管理的三大切入点	贵州教育	2011年7月　编号：704574
	浅谈高中班主任的几点管理艺术	贵州教育	2012年7月　编号：DY2012112
	浅谈如何加强高中生良好行为习惯的养成教育	教研周刊	2017年6月 ISSN 1007—6160　CN44—0088
	如何优化高中生物实验教学	学苑教育	2014年18期 ISSN 1674—179x　CN13—1386/G4
	关于商品价值量的计算问题	中学政治教学参考	2009年第8期。ISSN1002—2147
吴定龙	对后进生的转化要变“管到”为“引导”	《贵州职业教育研究》	2006年8月ISBN7—221—07354—6/G.2458
	浅谈高中思想政治课教学的审美性	《基础教育研究与探索》	2015年182期ISSN1065—0415CN11—5522/G4
	促老区教育智华情深援古邑建校高演义重	《兴学路上播清香》	2015年11月 福建省人民政府办公厅文印中心印刷
	用红色文化推进校园文化建设	《教研周刊》	2017年9月CN44—0088
黄　哲	看似寻常最奇崛——简析2010年高考文综卷Ⅱ第24题的命题思路	中学政治教学参考	2010年第12期。ISSN1002—2147
	新课改下高中政治教学中的角色转换	教育新思路文萃	2011年第2期
	培养问题意识，促进政治课研究性学习	教育新思路文萃	2011年第3期
	从高考命题立意看需求曲线的教学	当代中国教育文论	2011年第3期
	对“探究活动”教学的探究	教育学	2013年第10期。ISSN1001—2869
	《高中政治新课程综合探究的有效性研究》问卷分析	课程教材教法	2014年第4期总382期。ISSN1000—0186
	综合探究的课堂教学方法	课程教材教法	2014年第9期总387期。ISSN1000—0186

续表4—7

姓 名	论文名称	发表刊物名称	发表时间/期号/刊号
黄　哲	浅论实施“综合探究”课教学的困境及其突破	教学与研究	2014年第9期总431期。ISSN0257—2826
	浅析实施“综合探究”教学中的问题	才智	2015年第12期总35期。ISSN1673—0208
	浅谈数学知识在政治课教学中的运用	教育	2016年第7期。ISSN1671—5861
	开展学生社会实践活动的价值	知音励志	2016年第12期总473期。ISSN1671—1483
	开展社会实践活动应遵循的原则	知音励志	2016年第11期总470期。ISSN1671—1483
	综合把握社会历史发展动力的几点思考	文化创新比较研究	2016年10月第28期。ISSN2096—4110
	浅论辩证的否定在唯物辩证法中的地位	才智	2018年5月中旬刊总14期。ISSN1673—0208
	高考政治常见计算题解析	中学政治教学参考	2007年第9期。ISSN1002—2147
彭长刚	浅谈抓关键词在高中政治学科中的应用	黔南民族师范学院学报	2008年第6期
	《政治生活》易错知识点归类探析	中学政治教学参考	2011年第12期。ISSN1002—2147
	经济生活有关价值量计算的归类探析	教育学	2013年第4期。ISSN1001—2869
	浅析新课标下如何进行政治课教学	素质教育	2013年第6期
	高中政治《经济生活》高考重点难点归类探析	教育研究	2013年第12期
	新教材《政治生活》高考主观题答题技巧	中小学教育	2014年第3期
	试论探究活动课的价值	教学与研究	2014年第5期。ISSN0257—2826
	浅论高中政治课与社会实践的关系	中学生报.教研周刊	2015年第12期。ISSN1007—6160
	浅谈文综政治表格类材料题信息的提取方法	杂文月刊.教育世界	2015年第12期
	《文化生活》高考主观题答题技巧例析	才智	2015年第12期
	学生社会实践活动的评价	教育	2016年第11期。ISSN1671—5861
	个人所得税几种计算方法的例析	经营管理者	2017年第10期
	《贵州中考》——思想政治教学丛书		2011年
林　艳	高中政治课学生社会实践活动的依据和价值	小作家选刊	2017年第20期。ISSN1671—0487
	哲学的人生功能	当代中学报	2012年12月19日。CN36—0059

续表4—7

姓 名	论文名称	发表刊物名称	发表时间 / 期号 / 刊号
陈兴军	新课改下高中政治课教学的思考	新教育时代	2013年10月。ISSN1632—2601
	社会实践活动中教学目标的实现	赤子	2017年第11期总第423期。ISSN1671—6035
	高中政治课社会实践模块构建	知音励志	2017年第2期总第479期。ISSN1671—1483
汤江南	黔东南苗族水文化研究	华北水利水电大学学报	2015年第4期。ISSN：1008—4444
游先启	构建新生代农民工的企业文化归属感	速读（中旬刊）	2015年第8期
	我国农村小学素质教育问题研究——以贵州省织金县普翁小学为研究对象	华北水利水电大学学报	2016年第5期
	中学政治情感教育初探	《中学生报》的《教研周刊》	2017年5月第19期。ISSN1007—6160
王 莉	用“生本理念”指导高中政治教学	课外阅读	2012年第7期。ISSN1009—9514
	高中思想政治课教学的再认识	中小学教育	2013年第10期
王 虹	怎样做到高中政治兴趣教学	素质教育	2013年第10期
	探究生活化教学在高中政治教学中的开展	山海经教育前沿	2016年第1期总第428期。ISSN1002—6215
	《文化的继承性与文化发展》复习概要	当代中学报	2016年1月第25期。CN36—0059
	高中政治教师开展人文教育的策略探析	赤子	2017年7月总第423期。ISSN1671—6035
	浅议高中政治教学中的情感教学	知音励志	2017年第2期总第479期。ISSN1671—1483
王鹤飞	试述历史教学创新及学生能力的培养	中华教育科研与实践	2003年12月；书号ISBN 7—80163—673—2/Z·077
王华松	一种必需的自我审视和转换	当代教育	2004年6月；书号ISBN 7—221—06585—3/G·2293
	浅谈高中历史教学改革中的学法指导	琢玉时光	2011年4月；书号ISBN 978—7—104—03382—0
	把握跨度和深度，上好历史复习课	落英物语	2011年5月；书号ISBN 978—7—104—03382—0
	高中历史教学中实施情感教育的探索	中小学教育	2013年9月；刊号CN11—4299/G4；期号NO·09

续表4—7

姓 名	论文名称	发表刊物名称	发表时间 / 期号 / 刊号
王华松	高中历史新课程改革探析	教学与研究	2013年10月；CN11—1454/G4；期号NO · 10
	高中历史教学初探	中学课程资源	2009年4月总31期ISSN1673—2636
唐安林	高中历史教学方法论	西部开发报	2009年7月22日CN52—0002
	新课标下高中历史教学实践	素质教育	2014年12月总77期ISSN1005—4197
	高中历史教学融入德育的有效探索	新课程	2015年第12期ISSN1673—2162
简雪曼	中学历史课多媒体教学的功能及作用	贵州工业大学学报社会科学版增刊	2007年第9卷，CN52—5014/C ISSN 1009—0509
	情景教学在历史教学中的运用	当代教育	2007年No.2，刊号：ISBN 978—7—81104—975—6
	走进学生心灵，做好良师益友	黔南民族师范学院学报增刊	2009年第29卷，CN52—1133/Z ISSN 1674—2389
	教育信息化条件下中学历史课堂有效性初探	考试周刊	2012年第32期，CN22—1381/G4 ISSN 1673—8918
	历史学习巧记忆	教育探索	2014年第11期，CN23—1134/G4 ISSN 1002—0845
王维荣	创新教育与历史教学	黔南教育	2016年第3期，总第117期，
	瓮安县中学生信息素养现状调查报告	教学与研究	2013年　第10期　ISSN 02572826
张　丹	高中历史课堂教学技巧初探	未来教育家	2013年　第4期　ISSN 2095—4514
	翻转课堂在高中历史教学的应用	知音励志	ISSN1671—1483　CN42—1805/GO 02旬刊 2017.1
陈大梅	高中历史乡土教材开发出现的问题与反思	教育前沿	ISSN1002—6215 2017年8月第15期
	高中历史情境创设教学法应用	山海经教育前沿	2016年2月ISSN：1002—6215 CN：33—1032/I
黎金坤	如何构建高效有序的高中历史对话教学	现代交际	2017年5月ISSN1009—5349 CN 22 —1010/c
	案例教学法在高中历史教学中的具体做法	教育前沿	2016年2月1 第3期 ISSN 1002—6215

续表4—7

姓 名	论文名称	发表刊物名称	发表时间 / 期号 / 刊号
韦 贤	瓮安县农业地理	贵州省地理学会优秀论文	1986年9月
龚筑强	中学地理教学改革势在必行	贵州省地理学会论文三等奖	1989年10月
	发挥地理学科的教育功能	贵州省地理学会优秀论文	1994年10月
	关于学生意志品质的培养	中国教育理论与实践研究	1998年12月
	中学地理教学艺术漫谈	中学地理教学参考	2002年5月
	“3+文综”高考模式下地理教学的基本策略	贵州师范大学学报	2004年第4期
	高考地理的基本做法	贵州省地理学会论文二等奖	2005年10月
袁 刚	地理学科在社会实践中的应用	山海经教育前沿	2016—01 总第427期 ISSN 1002—6215 CN 33—1032/I
	高中地理图像分类及图像教学模式分析	才智	2016—02 ISSN 1673—0208CN 22—1357/C
	思维导图在高中地理教学中的运用	才智	2016—03 ISSN 1673—0208CN 22—1357/C
	论教师在社会实践活动中的角色分析	山海经教育前沿	2017—07 总第457期 ISSN 1002—6215 CN 33—1032/I
李亨志	高中地理教学方法的探索	时代青年	2013\10ISSN 1003—3483 CN41—1003/c
	从新课改浅谈高中地理教学	素质教育	2013\10 CN 11—4350/G4
	微课程辅助高中地理课堂教学有效性研究	才智	1905年7月
	论文强化信息技术在高中地理课堂的利用实效	教育艺术	201203第一期CN11—2632/G4
谢云均	喀斯特洞穴滴水Ca、Mg离子特征与降雨、温度相关研究—以贵州安顺石将军洞为例	地球环境学报	2013年06期 ISSN：1674—9901
付超凡	洞穴系统对地表环境变化的响应机制研究探讨	科教导刊（电子版）	2013年10期 ISSN：1674—6813
	改变中学地理教学观	教研周刊	2017年19期 CN：44—0088
	新课改背景下地理教育改革的沉思	教育科研	2011年第52期 CN43—0044
王 强	浅谈在高中地理教学中学生学习兴趣的培养	基础教育研究	2011年第11期 ISSN1065—0415
	高中地理备课小组建设出现的问题及解决措施	中国校外教育	2015年第12期 ISSN1004—8502

续表4—7

姓 名	论文名称	发表刊物名称	发表时间 / 期号 / 刊号
王　强	浅谈新课程背景下如何进行高中地理教学	教育现代化	2016年第1期 ISSN2095—8420
	利用多媒体教学手段优化高中地理教学	知音励志	2017年1月1日 ISSN1671—1483 CN42—1805/GO
周学文	高中地理教学资源中网络教学的运用	教育科学	2017年8月1日 CN 50—9221/G
	高中体育中的有效教学分析	知音励志	2016年4 449期 ISSN1671—1483 CN42—1805/GO
张家祥	新课标背景下高中体育信息化教学	山海经 （教育前沿）	2016年6月 11期 ISSN10021—6215 CN33—1032/I
	谈谈体育教学中中学生心理障碍的成因及克服对策	中小学教育	2013年4月44期ISSN 1001—2982
周子伦	探索高中体育教学中的素质拓展训练	艺术	2016年6月ISSN 1002—2821
	论中学美术教育	全国教育教学研究论文选刊	2008年第21期：ISSN 2080—2043 CN 37—2569/G
兰成兵	浅谈高考美术教学中色彩的基础训练	现代教育实践与研究	2012年第5期ISSN1481—1241 CN11—2186/G4
	高中体育教学中具体高效实行游戏教学手段的方法	山海经教育前沿	2015年9月ISSN1002—6215 CN33—1032/I
袁能洪	初中体育教学中如何发挥学生的主体的有效性	小作家选刊	2017年2月 第六期 CN22——1329/I
黎显福	浅谈如何提升现代高中体育教学质量	教育前沿	2007年8月（上）总第465期
王晓韩	让学生在体育课中享受快乐	山海经—教育前沿	2016年1月ISSN 1002—6215 CN 33—1032/I
罗　鑫	新课标背景下浅析高中体育教师的能力素养	知音励志	2016年11月ISSN1671—1483 CN42—1805/GO
	如何在体育课中实施快乐教学	文苑教育与教学	2006年3月 CN15——1336/GO
龙惠清	如何在体育学科中渗透健康心理和人格教育	成功教育	2007年7月 CN 42.1560/C
	新课程背景下信息技术与体育教学的整合	考试周刊	2010年第20期 CN22——1381/G4
	黔南民族地区中学体育信息化教学现状与分析	课程教育研究学法教法研究	2016年2月 CN15——1362/G4
	黔南民族地区中学体育教师信息素养现状调查与对策研究	课程教育研究学法教法研究	2016年3月 CN15——1362/G4

续表4—7

姓名	论文名称	发表刊物名称	发表时间 / 期号 / 刊号
龙惠清	浅谈信息化体育教学对学生体育素养的影响	未来英才	2016年　第10期　CN12—1433/N
任朝莲	浅谈分层教学法在高中体育教学中的有效运用	未来英才	2016年20期　ISSN 2095—4549　CN12—1433/N
杨　松	现代信息技术应用于高中健美操教学的优势探索	世纪之星	2016年2月　ISSN 2312—9727　CN11—9221/G
	浅谈高中体育舞蹈教学工作的开展	教育前沿	2017年6月　ISSN 1002—6215 CN33—1032/I
杨　帆	简论网络与教育信息化的关系	考试周刊	2008年7月　第六期
黄碧凤	如何运用现代信息技术手段提高高中体育教学教学质量	课程教育研究	2016年3月　第三期
	把握信息生活元素提高学生信息素养	读写算	2012年12月　第21期 ISSN1002—7661
蔡正忠	谈中学信息技术教学的情景创设	教育科学	2017年3月 第2期 CN 50—9207/6
	谈中学信息技术课程的探究性学习	大东方	2017年3月　第2期 CN 44—1610/G0
	多媒体技术在高中信息技术教学中的应用	山海经（教育前沿）	2015年12月　总第425期
费晓环	如何实现传统教学和多媒体的最优化组合	基础教育课程	2013年10月　总第118期
	打造高效课堂，让高中信息技术课堂生意盎然	教学与研究	2013年7月　总第417期
	浅析高中信息技术教学改革方法	中国信息技术教育	2014年9月　总第195期
	浅议高中信息技术教学中如何有效实施“自主学习”	素质教育	2012年11月　总第102期
	浅议高中信息技术教育中学生信息素养的培养	时代青年教育	2013年5月　第5期（中旬刊）
	浅谈高中信息技术教学中的“任务”设计	现代教育改革与发展	2012年11月　总第151期
	高中信息技术课堂教学效率的有效探究	中小学教育	2013年2月 总第124期
王　刚	高中信息技术教学设计与反思	中国信息化	2013年2月　ISSN1672—5158　CN11—5119/TP
	高中信息技术课整合方法探索	素质教育	2014年01月 ISSN1005—4197　CN11—4350/G4

第五章　后勤与建设

第一节　后勤建设

一、组织与职责

学校创建之初没有独立的后勤保障机构，主要由党支书、校长负责后勤保障工作。1962年2月21日，在原有基础上组建瓮安县城关小学时，由周武老师兼管后勤工作。1976年9月，瓮安雍阳中学成立，由袁庆麟任会计、刘希尧任出纳，开始有了独立的总务处办公室。1984年，瓮安二中正式设立总务处，王振诗任总务主任，负责学校财务、基本建设、物业管理、生活服务等后勤保障工作。1988年，袁中华接任学校总务主任，杨昌荣任会计，刘金碧任出纳。李林任工作人员。2007年，增设总务副主任职位，由李昕艺任总务副主任，负责学校改扩建工作。李林、廖强、王大军任工作人员。2012年，李昕艺接任学校总务主任，徐本权任会计，秦大勇任出纳。学校总务处提出了要"围绕一个中心，搞好两个服务，做好三个确保。"来开展后勤工作，一个中心，即总务后勤工作要始终围绕学校中心工作。两个服务，即一是搞好为教育教学的服务，为教育教学创造良好的条件；二是搞好为师生生活的服务，优化师生生活、工作与学习环境，提高师生幸福生活指数。三个确保是：确保校园建设、基础设施建设及教育教学、办公生活用品的维护、维修、采购、保管、供应及时到位；确保学校财务管理规范、精细，账物相符；确保学校水电、饮食的安全卫生，杜绝事故的发生。使学校总务后勤工作步入规范化、精细化管理。

2013年3月，为申创省级示范性普通高中，经学校申请，县人大、县政协调研，县委、县政府同意在县城南部选址迁建瓮安二中。是年9月27日，中共瓮安县委办公室、瓮安县人民政府办公室联合发出《成立瓮安二中（新校区）筹建工作指挥部的通知》，指挥部办公室设在瓮安二中总务处，由副县长夏吉友兼任办公室主任，教育局局长谢静、二中校长张明光同志兼任办公室副主任，办公室工作人员由丁丽娟、王华松、冯杰、唐安林、李昕艺、廖祥、李林、王大军组成，专职负责实施瓮安二中（新校区）筹建工作。10月16日，中共瓮安县委办公室、瓮安县人民政府办公室联合发出《成立瓮水中学建设工作领导小组的通知》（瓮委办字〔2013〕86号），由县委常委、县人民政府副县长邓忠学任组长，县人民政府副县长夏吉友任常务副组长，县人大常委会副主任张远军、县政协副主席郑毅和王建军、县金融办主任陈廷高任副组长，领导小组下设办公室在瓮安二中，由张明光同志兼任办公室主任，负责领导小组的日常工作，按领导小组的决定组织实施并做好相关协调工作，对重大事项、重大问题提出具体处理意见、建议报领导小组决定，及时向领导小组报告瓮水中学建设实施的进展情况，完成领导小组交办的其他工作。11月2日，瓮水中学（瓮安二中新校区）建设项目开工建设。

2016年6月，在县委、县政府的高度重视和建设工作领导小组积极推动下，学校整体搬迁进入瓮安二中新校区。同年，通过了省级示范性高中专家组的评估，成功跻身贵州省示范性普通高中。

（一）人员职责

总务处主任：在校长及分管校长领导下开展工作，带领全处干部和职工积极完成总务处的各项工作。

总务处副主任：在总务主任领导下开展工作，主要负责学校设施设备、班级和各处室的校产、水电等日常管理工作。

总务处干事：协助总务处领导做好办公室的管理工作。

会计：负责统一管理学校会计工作。

出纳：按照国家有关现金管理和银行结算制度的规定，办理现金收付和银行结算业务。

票据管理员：负责学校各种行政事业性收费票据的开具、保管、整理及保管。

基建管理员：在总务主任领导下负责学校的基建工作。

采购员：在总务主任领导下负责学校的物资采购。

校产管理员：在总务主任领导下严格执行验收、入库、领发、保管、登记、借用等制度。做到家底清楚，账物相符，物尽其用。

绿化管理人员：根据学校规划为美化校园提供方案。

卫生保健员：贯彻《学校卫生工作条例》和上级卫生部门有关指示，做好学校卫生保健工作。

图书管理员：做好图书的分类、编目，保管好各类报纸、杂志，便于师生查找。

供电保障员：在总务主任领导下负责学校的电力保障。

供水保障员：在总务主任领导下负责学校的供水保障。

总务处是在分管后勤校长领导下，负责学校总务后勤工作的职能部门。

（二）校产管理

为加强校产的管理，做到科学规范、物尽其用，防止校产的流失和损坏，确保校产的使用性和完整性，结合学校实际，2012年，特制定《贵州省瓮安第二中学校产管理规定》明确校产管理的范围、建立校产账户设置结构、校产实行台账式管理、规定校产入账程序、建立校舍的资料档案、制定校产赔偿制度、校产的维修和保养制度、

（三）采购审批

根据《中华人民共和国政府采购法》《省人民政府办公厅关于印发贵州省政府集中采购目录及限额标准的通知》（黔府办发〔2015〕46号）等文件的精神，以及我县财政部门对学校财产管理的具体要求，结合学校实际，2013年制定《贵州省瓮安第二中学采购审批制度》，明确物品采购的范围、建立物品采购的申报、审批、采购程序、物品的验收入库管理、物品的领取使用管理等。

（四）验收入库

根据《国务院关于改革和完善国有资产管理体制的若干意见》（国发〔2015〕63号）、《财政部关于开展2016年全国行政事业学校国有资产清查工作的通知》（财资〔2016〕2号）精神，以及我县财政部门对学校财产管理的具体要求，结合学校实际，2013年制定《贵州省瓮安第二中学验收入库制度》。

（五）调配、领用及借用

学校严格按照制定的相关制度对校产的调配、校产的领用、校产借用进行管理。

（六）报修、报损和报废

校产的管理是合理、有效地使用教学经费不可忽视的环节，是保证教育教学任务完成的基础。对学校建设和发展起到积极的作用，为加强校产的管理，保证教育教学工作顺利进行，制定《贵州省瓮安第二中学报修、报损和报废》。

（七）损坏赔偿

为了规范校产管理，保证校产的安全完整，防止流失。学校根据“谁损坏，谁赔偿”“照价赔偿”“有意损坏，从重赔偿”的原则，为使校产损坏赔偿有章可循，2013年制定《贵州省瓮安第二中学损坏赔偿制度》。

二、财务管理

（一）财务管理制度

学校财务工作遵守财务制度和财务纪律，以《中华人民共和国会计法》为准则，合理地、有计划地管好、用好各项资金和物资，为适应学校发展和财务管理的需要，统一规范会计核算标准，加强内部管理，为教育教学服务，为培养人才服务。学校财务活动在校长的领导下，实行分级管理，按照亮证收费，严格按照物价部门审批的收费标准亮证收费，一切财务收支，各种业务往来款都必须全部纳入学校财务部门统一管理，会计核算必须以实际发生的经济业务，以及证明经济业务发生的会计凭证为依据，加强经费预算管理，财务人员要负责学校的预、决算编制，协助领导“当好家、理好财”，积极起到反馈、监督的作用。学校对钱、账、物严格实行公开管理，设置会计、出纳、财产保管、采购等专职人员，实行定岗、定责，会计人员要持证上岗，每年要定期参加业务培训。

财务专用章与法人章设专人分开保管。出纳人员不得兼任稽核、会计档案保管和收入、支出、费用、债权债务账目的登记工作。严格执行现金管理条例。

（二）学校专项资金管理制度

为了加强专项资金管理，提高资金使用效益，更好地为教学、教研及学校发展服务。根据国家的有关法律、法规的有关规定，结合学校实际情况，2013年制定《贵州省瓮安第二中学专项资金管理制度》。

（三）学校财务报销制度

为规范学校财务管理和经费开支，更好地为学校教育教学工作服务，根据上级有关文件精神，2013年制定《贵州省瓮安第二中学财务报销制度》。

（四）学校票据管理办法

为规范学校收费行为，加强收费票据管理，保证学校收入安全、完整，根据《贵州省行政事业性收费收据管理办法》的规定，结合学校工作实际，2012年制定《贵州省瓮安第二中学票据管理办法》。

三、基建管理

（一）基建维修制度

根据学校规模和学校长远规划，从实际出发，着眼发展，编制校园规划。2012年，制定《贵州省瓮安第二中学基建维修制度》。

（二）基建招标实施规定

根据《贵州省瓮安第二中学基建维修制度》，2013年，学校制定《贵州省瓮安第二中学基建招标实施规定》

四、后勤其他管理制度

（一）校园绿化管理制度

2016年，为了绿化美化校园环境，为全校师生营造一个良好的学习、工作和生活环境，制定《贵州省瓮安第二中学校园绿化管理制度》。

（二）学校医务室工作制度

2008年，为提高学校医务室的服务功能，从学生的身体健康出发，制定《贵州省瓮安第二中学医务室工作制度》。

（三）学校电教设备维护维修管理制度

2007年，为了更好地管理计算机设备，提高计算机设备的使用率，延长计算机的使用寿命，充分发挥计算机设备更好地为教育教学服务，结合学校实际，制定《贵州省瓮安第二中学电教设备维护维修管理制度》。

（四）学校水电管理制度

2010年，为了节约能源和节约学校资金，牢固树立安全用电、节约用水意识，养成良好的用水用电习惯，保证学校教学秩序井然进行，结合学校实际，制定《贵州省瓮安第二中学水电管理制度》。

（五）图书借阅管理制度

2016年，为加强对图书借阅行为的管理，提高图书利用率，鼓励人们多读书、读好书，制定《贵州省瓮安第二中学图书借阅管理制度》。

学校后勤工作从无到有，从粗放管理到精细管理，历经了多次变化。逐渐明确了后勤保障工作各个岗位的职责和工作范围，建立了后勤工作的相关制度。

第二节　校园建设

一、校园建设起步

1958年8月，学校在县银盏乡废旧寺庙银水寺创建。银水寺坐北朝南，木质瓦盖，四合院布局。正殿4立3间，长约15米，宽约8米，高约6米。两侧均为3立2间厢房，上下2层，可住人。东面厢房之东配有2间厨房。与正殿相对应的下殿，结构与正殿相似，正殿、下殿为教室，两侧厢房为住宿。办

2015年，据当年学校负责人夏坤仲回忆绘制出1960年时校园情景

学条件极其简陋艰苦。是年12月29日，福泉县交通学校并入，学校更名为瓮安县工业交通学校。

1959年4月，学校由银盏乡银水寺迁入县城西门河畔县钢铁厂移交的厂址厂房（即瓮安二中旧址）办学。该厂址在县城西门城墙脚外，由当时钢铁厂工人在荒芜的山坡地开垦而来。在其东面建有约70米长的“厂”字形一层单间土墙瓦盖的住宿及生活区。在其北面建有一号高炉房（用来冶炼生铁）。在其西面建二号高炉房（用来炼钢，未使用）。这两个高炉房均为“一”字形，南北走向，各长约36米，高约10米。另在其东西连接处依地势砌坎墙建了两个露天高炉。存放铁矿石、硅石、焦煤等料场。学校迁入后改造原厂房为教室和宿舍开始办学。是年7月，学校停办。

1959年7月，县文教局在已停办的瓮安县初级工交中学的校址上成立瓮安初级师范。瓮安初级师范创建之初将长约36米、宽约5米的原瓮安县钢铁厂2号高炉房整体10间，改造成一楼一底共6间教室；将高炉房左前边约10米长的拖檐，改造成4间小宿舍；将高炉房右前边的独立2间2房，改造成上下共4间小宿舍；将高炉房正中前1间独立工房改造成1个小办公室。以上项目及课桌、板凳、木床等，由瓮安县建筑社承包，均于1959年8月底基本完成。

1960年3月，由李午亭主任设计的一楼一底共16个教室的教学楼工程启动，该楼造价约人民币五万余元。为了节省修建资金，师生发扬“自力更生 丰衣足食”的精神，利用课外活动的时间完成挖基槽、烧石灰、筛煤灰、运砖瓦等任务。其间，校长夏坤仲及龚贵常等老师带领师二学生去珠藏镇铜锣乡大树子村，每天由驻地至茶园伐木场往返约15公里运木板1次，历经10余天艰辛，共运木板约16吨。10月初，校长夏坤仲、老师龚贵常等又带4~5人去太文乡白溪村，从水

1961年4月，瓮安初级师范幼师全体同学及老师合影，背景为1961年在瓮安初级师范师生的共同努力下，新建的教学楼

路放圆木几十棵到杜仲河，沿河漂流到公路桥边起岸，再搬运回校。2天完成一趟，解决了建筑所需木材。历时2年，在学校师生的共同努力下，新教学楼（除门窗外）雏形初具。但是刚刚建成起步的瓮安初级师范因“困难时期”，只得于1961年5月停办。学校师生未曾享受到自己的劳动成果，只好在新教学楼前分班合影惜别。

1961年5月10日，瓮安初级师范停办老师临别合影。背景为在建的学校食堂和学生宿舍

二、校园建设发展

1962年2月21日，县文教局从雍阳小学划拨一至六年级各2个班和教师，在已停办的瓮安县初级师范学校的校址上组建成立瓮安县城关小学，学校时有一栋由二号高炉车间改造成的有6间教室的教学楼和一栋砖木结构瓦盖的一底一楼共16间教室（门窗未装玻璃）的教学楼，八间单人宿舍，一个小会议室，一个简陋的厕所，无办公室、操场。

1962年8月下旬，学校将平整操场列为首要任务。把土石山分为八大块。带高年级的八位班主任去工地，分派任务，任务落实到班主任头上。全体师生在“教育为无产阶级政治服务，教育与生产劳动相结合”的大幅标语的鼓舞下，以“愚公移山”为榜样，发扬“吃苦耐劳 努力拼搏”的精神，历时三年（1963年至1966年1月）的课外活动时间，将平均长约100米，宽约30米，高约2米的约6000立方米的土石山，挖运到距离30至100米外的地方，将一大块约5米深度的落凼烂田填平，拓展操场宽度。移丘填凼变操场，好比一场接力赛。前后七届学生，最多的挖了六个学期，最少的挖了一个学期。全校每天约400学生出工，一周约2400人次，每学期约48000

1971年，瓮安二中（原瓮安城关小学）部分教师。后排左起：谢德美、杨惠、王承谦、黄育中、王万华；前排左起：夏仲寅、王天合、康长顺。背景左为两层苏式教学楼，后为校东部小山坡，右角系小青瓦房教师宿舍

1972年，瓮安城关小学第二届“戴帽初中”班部分学生，左起：王秀峰（后为贵州煤矿设计院总工程师）、徐东森（后为瓮安县环保局局长）、周家华、朱进民（后为解放军军官）。背景左为校园南部缓坡，右为原西门铁厂炼钢车间改成的部分教室及教师宿舍，高大树木为当年师生亲手栽种

人次，六个学期约288000人次。按每人每天出工一小时计算，共计出工288000小时。按8小时1个工作日计算，折合36000个工作日。按1元一个工作日核计，为国家节省开支36000元。1966年1月，学校终于建成了一个南北长约160米，东西宽约60米（最宽处80米）的操场。至此，体育课、课外活动等活动才得以开展。是年春，学校在操场东边小山丘上建一栋共七套的砖木结构瓦盖平房，每套前后两小间，每间只能做一个单身寝室，约半数的县城老师仍居住在狭窄的私宅里。是年秋，原2号高炉车间改建的6个教室和操场被划给恢复的瓮安初级师范招生上课。1970年，学校在操场东面土坡上动工修建了一幢二层砖混结构教学楼，建筑面积862.58㎡，学校才有了8间正规的教室，改善了学生读书环境。

1973年，学校更名为瓮安县城关第二小学。“戴帽初中”继续招初一新生。1974年9月，瓮安县教育局将雍阳小学附设的初中班师生全部并入瓮安县城关第二小学。1976年9月，由留瓮安县城关第二小学原址的初中部师生组建成立瓮安县雍阳中学。其间校容校貌没有变化。

1978年7月，学校更名为贵州省瓮安第二中学。是年9月，为解决教师住房困难，在校园东段顺土丘脊梁背上建一幢8套砖木结构瓦盖的职工宿舍，建筑面积约304平方米。

1979年至1981年期间，学校在西面与环城马路交界处，建一座砖木结构瓦盖的大礼堂，建筑面积约200平方米。在大礼堂的北墙之处，沿着环城公路接壤空地，建一小座两层共4套一进两间砖木结构职工住房，建筑面积50平方米。在校园北端处，建一个约100平方米的砖、木、钢结构且空间很大食堂，内有锅炉、汽甑、蓄水池、蒸笼、炒菜锅、大案板等配套设备。接食堂之地又建约100平方米的带职工宿舍的厨房保管室，上下两层，共8间。

1983年秋，学校有教职工75人，支书王天合为解决一线教师的住宿问题，以个人名义向瓮安县社队企业局所属玉华磷矿借款6万元，在校园土丘北端顺山势建一幢坐东向西的三层4单元共24套职工宿舍，建筑总面积约1152平方米。职工宿舍建成后，学校成立分房小组，他在小组会上率先表态不参与分房，要把宿舍分给一线教师。他的高风亮节，使24套宿舍顺利分配，也让全校教职工深深敬佩，传为美谈。同时，接1970年修建的教学楼处第二次修建二层砖混结构教学楼438.26平方米，增加了4间教室。

1984年10月8日，经过多次磋商，瓮安教育局代表李吉才、胡祥专，瓮安二中代表张庆龙、黄万成、袁庆龄、王振诗、黄亚华，与瓮安县雍阳镇东村平坝、坡脚生产队代表金丙祥、刘福清、李玉福、陈玉芳、聂中友、付清国等人签署了征用40亩土地协议书。在此基础上，1984年10月11日，瓮安县教育局向贵州省人民政府、黔南州人民政府、瓮安县人民政府提交申请征用土地新建瓮安二中的请示报告。1984年12月，瓮安县计划委员会（瓮计〔1984〕16号）下发了《关于下达瓮安二中自筹基建计划的通知》。接通知后，瓮安二中立即请瓮安县城建局勘测设计新建二中征用40亩土地平面图和建筑设计图，于1985年开始筹备动工新建二中的工作。但因资金问题新建瓮安二中工程迟迟未能动工，征用土地被校园周边单位和个人蚕食，影响了学校的发展，令人扼腕叹息。

1987年，瓮安二中学生在操场听报告情景，左上角为坐东向西的4层2单元共16套职工宿舍，右上角为两层的砖木结构的苏式教学楼

1985年，为了满足日益发展的教学基本需要，学校只能在操场东侧接1970年修建的教学楼第三次修建一幢二层砖混结构教学楼，建筑面积328.55平方米。至此，操场东侧教学楼经过三次修建建筑面积为1629.23平方米，勉强满足了学校教学的基本需要。

1985年4月，学校响应国家勤工俭学的号召，同时也为了解决学校办学经费困难的问题，在主管部门的认可和支持下，成立“贵州省瓮安二中文教用品厂”，开展印刷和装订作业本业务。同期在黔南州教育局、瓮安县政府的支持下，借用瓮安初级师范1间教室作为学校第一间实验器材保管室。

1986年，学校在学校操场西端修建一幢4层2单元共16套720平方米的职工住房。

1988年5月，瓮安二中文教用品厂转交教育局独办。学校借用瓮安初级师范1间教室组建瓮安二中第一间实验器材保管室。8月，将保管室的仪器、标本、药品分送到物理、化学、生物实验室保藏并使用。时有物理设备3889元，化学设备2940元，生物设备6000元，体育设备7081元，图书4549册。因实验室太小，一个教学班要分几次才能完成实验任务。

1993年9月，瓮安二中开学典礼，正面大楼为新建一幢四层20间教室夹8个小办公室的砖木钢混结构建筑总面积约1200平方米的新教学大楼

1991年秋，学校拆除操场

北端1961年土法修建的两层16间教室的苏式老教学楼，新建一幢四层20间教室夹8个小办公室的砖木钢结构的新教学大楼，建筑总面积约1200平方米。此为学校第一栋现代意义建筑。

1995年，在瓮安二中小丘脊梁中间建一栋坐西向东五层四单元共40套教职工集资大楼，每户集资1.5万元，建筑总面积3000平方米。1996年竣工。

1997年6月，在瓮安二中学校操场西边，建一栋四层综合大楼（实验室、会议室、储藏室），每层大小各6间，共24间，建筑总面积2160平方米。

1998年，在瓮安二中东边老校门处，建一栋坐东向西四层一单元共8户教职工集资房，建筑面积700平方米。

2000年6月，黔南州政府批准，瓮安二中成为黔南州首批四所大型独立高级中学之一。是年秋，终止初中招生。是年7—8月，在经过三次修建而成的第二教学楼顶层加盖一层，增加教室8间，建筑面积738.87平方米；

2001年6月，修建一栋带办公室的厕所，一层为厕所，二三层为办公室，合计6间，建筑总面积300平方米；

2004年1月，县教育局向县委、县政府提交《关于瓮安二中等校布局调整的报告》（瓮教呈〔2004〕1号），请求到县城北面征地百余亩新建瓮安二中。与此同时，学校动工修建一栋带职工宿舍的学生食堂，一至三层为学生食堂，四层为宿舍，建筑总面积700平方米。是年7月，在第一教学楼加盖一层，增加教室5间，建筑面积300平方米。

2005年，瓮安二中老校区情景，正面为1991年修建，2004年在顶部加盖一层的第一教学楼。左面为1997年修建的综合大楼。右面为从1970年起历经4次修建而成的第二教学楼

2005年2月，学校第二教学楼经瓮安县房地产管理局房屋安全鉴定为C级危房，建议不再作为教学楼使用，但学校现有教室无法解决第二教学楼27个班2000余学生就学要求，只能采取对第二教学楼加固的措施进行安全防护，师生在危房中教学和读书。“危楼里上课，旗杆下办公”成为当时学校一奇特景象。

三、校园改扩建

2008年，学校有59个教学班级，学生近4000人。学校教学设施严重不足。为此，学校多次向县领导汇报这一问题，引起州常委、县委书记龙长春和县长谢晓东的高度重视。2009年9月15日，学校向县委、县政府呈送《瓮安二中扩建规划报告》。县委、县政府通过讨论决定瓮安二中在原址改扩

建。是年10月，学校在县委、县政府等四家班子的坚强领导和资金保障下，先后拆除县教育局原办公楼及三栋宿舍楼，县幼儿园和周边民房，完成了学校改扩建中搬迁工程，校园改扩建工程启动。12月7日，县建设局向学校颁发了“建设用地规划许可证”（地字第520000200 818828号）明确瓮安二中改扩建工程用地面积34097平方米，建筑面积31249平方米。

2010年3月6日，县发改局下达《瓮安县规划委员会关于二中校园规划等建设项目的规划审查意见》（瓮规发〔2010〕1号），同意瓮安二中改扩建规划。通过了投资学校就地改扩建工程项目。3月30日，瓮安县国土资源局向瓮安二中颁发了《国有建设用地划拨决定书》（编号：522725—2010—HB—0004），明确用地总面积7164.17平方米，为科教用地。是年6月17日，瓮安县审计局下达了基本建设投资项目开工前审计意见书（瓮审投字〔2010〕1号）。同意瓮安二中按程序办理开工手续。

该改扩建工程项目投资6000多万元，对学校老校区教学楼、实验楼、行政办公楼、图书馆、体育馆、学生食堂和学生宿舍楼、运动场及运动场看台、校门等实施高起点、高标准的改扩建。学校聘请深圳市星月坊建筑工程设计咨询有限公司郑竹设计团队（郑竹，学校高中毕业生，后考入清华大学，研究生）到学校进行扩建规划工作。他们按县领导班子的指示进行总体科学规划设计。学校领导班子多次与专家郑竹研究商讨校园规划蓝图，请州委常委、县委书记龙长春和县长谢晓东等县主要领导与规划专家共同讨论规划方案，达成总体规划理念为“以人为本，彰显文化；注重细节，雕琢经典；立足现代，面向未来”。并注重“环境优先”及合理的功能分区，有安全、便捷的交通组织，有充满文化韵味的景观和建筑设计。制定集教学楼、实验综合楼、图书综合楼、体育馆、学生宿舍和餐厅、绿化带一体的科学规划蓝图。

新教学大楼作为改扩建一期工程，2009年11月开工建设，边施工，边办理相关手续，2010年5月，新教学大楼主体工程竣工。6月，投资1600余万元，拥有80间教室和30间教师办公室的新教学综合大楼，投入高考作为考场使用。新教学大楼设施一流，所有教室均配备监控系统多媒体设备和消防设施，安全应急通道齐全。教室和办公室的采光、通风、隔音好，三四千学生集中在这栋教学大楼里学习，互不干扰和影响。8月，新教学综合大楼全面正式投入使用。8月31日，学校向瓮安县委、县政府呈送了关于校园改扩建工程进展情况的报告（瓮二中呈〔2010〕34号）。汇报工程进展情况和存在的问题，有关部门及时给予解决，使得改扩建二期工程得以顺

经改扩建后的瓮安二中老校区全貌

利开展。同月，总建筑面积约4500平方米的一栋七层四单元56户教职工集资住房竣工。2011年3月，投资90余万元的学校西大门启用。是年4月，投资90万元的露天会场综合台投入使用。11月，投资1600余万元的学生宿舍楼正式开工建设。2012年8月10日，可容纳2500学生宿舍楼工程提前两个月竣工验收并投入使用，确保了新学期学生入住，进一步改善了瓮安二中办学条件。2013年5月，学校开工建设校园环境景观工程，是年8月竣工投入使用，总建筑面积3844平方米。同年7—8月，学校为加大对校园环境改造和安全隐患的排除，投资近150万元改造教学楼及门窗、厕所搬迁以及教学楼前地块的硬化，修建文化休闲广场和文化墙。投资近300万元修建塑胶跑道和篮球场、羽毛球场、乒乓球桌等运动设施。

至此，学校校园经多次改扩建，占地面积已达32016平方米，生均占地面积7.47平方米；校舍建筑面积24000 平方米，生均建筑面积5.60平方米。学校绿化总面积2400平方米，生均绿化面积 0.56平方米。

四、整体搬迁与新校建设

2012年3月，瓮安县委、政府根据“加快教育均衡发展，调整县城学校规划布局，着力优化教育资源配置，加快推进学校标准化建设”的总要求，计划将学校整体搬迁至老职校。为此，学校高度重视，积极准备搬迁事宜。同时组织行政和教师代表对瓮安职校进行实地调研。

2012年5月，学校领导在经过近两个月实地调研和思考的基础上，向瓮安县委、政府提交了《瓮安二中关于搬迁工作的调研报告》。该调研报告引起瓮安县委、政府高度重视。经过多次开会讨论，改变将瓮安二中整体搬迁至老职校（瓮安职中）的计划，计划将学校整体搬迁到瓮安四中（原瓮安中学），并令学校再次实地调研，作出搬迁报告。到2012年，学校教学班级到达70个，学生人数4535人，教职工233人，学校老校区虽经过改扩建后，有了一定的改观，但仍然无法满足日益增长的教学需求，生均面积仅为7.05平方米，拥挤不堪，严重制约学校的进一步发展，更达不到申办示范性高中的基本要求。特别是近年来，随着县工业化、城镇化建设的加快，大量人口向城镇集中，造成学龄人口增加，根据学校所在地覆盖人口数、学生入学率及未来发展需要等具体情况，预计2015年学校在校生人数为4500人，按照国家的相关建设标准，需要100个教学班才能满足需求。

2013年新年伊始，县教育局根据《贵州省人民政府办公厅转发省教育厅关于进一步推进全省中小学布局结构调整指导意见的通知》（黔府办发〔2012〕26号）精神，结合县城乡总体规划和城镇化建设进程，按照“小学分散，初中集中，高中聚集”和《瓮安县教育资源整合和布局调整方案》的总体要求，着手组织县“两代表一委员”开展在县城新建瓮水中学（瓮安二中）的调研。经“两代表一委员”调研，他们一致认为，在县城南部新建瓮水中学（瓮安二中）符合“小学分散，初中集中，高中聚集”的中小学布局结构特点，有利于缓解城镇化建设扩容后外来人口增多和进城农民转市民所带来的学龄人口增加的入学压力；有利于满足县城广大群众对优质教育需求；有利于促进教育公平，进而促进社会公平。因此，在县城南部新建一所大型的、较高规格的义务教育学校迫在眉睫。是年6月5日，校长张明光在向州委常委、州政府常务副州长、瓮安县委书记蒋映生汇报瓮安二中整体搬迁到瓮安四中（原瓮安中学）的准备工作和困难时，蒋书记做出了学校建设应该有前瞻性、长远性，应该考虑新建一个瓮安二中的指示。6月29日，学校结合瓮安县委、政府的指示精神向县教育局呈送《贵州省瓮安第二中学关于在城南选址新建校园的请示》（瓮二中呈〔2013〕25号）报告书。6月30日，县教育局在瓮安二中报告的基础上向瓮安县人民政府呈《瓮安县教育局关于在城南新建瓮水中学的请示》（瓮教呈〔2013〕45号）报告书。7月1日，瓮安县人民政府十六届第17次常务会议在县长尹德俊主持下召开，审议并原则同意在县城南部选址迁建瓮安第二中学，并提请县委常委（扩大）会议研究（瓮府常议〔2013〕6号）。7月20日，中共瓮安县委十一届第33次常委（扩大）会议在州委常委、州政府常务副州长、县委书记蒋映生主持下召开。纪要（十一届〔2013〕12号）会议审议并同意在县城南部选址新建瓮水中学。会议要求，由副县长夏吉友同志牵头，组织县教育局等相关部门认真论证提出方案。7月30日，县教育局向县发改局提交《瓮安县教育局关于新建瓮安县瓮水中学校园项目立项申请的函》（瓮教函〔2013〕99号）。8月19日，县发改局对瓮安县教育局提交的瓮水中学建设项目立项申请作了批复，下达了《瓮安县发展和改革局关于瓮水中学建设项目立项的通知》（瓮发改〔2013〕445号）。9月初，在州委常委、副州长、县委书记蒋映生、县人民政府副县长夏吉友等领导带领下，县教育局、学校、瓮水街道办事处等相关部门领导一同到县城南部新城区为瓮水中学选址进行考察。选中县城南部新城区瓮水街道办事处所属广场社区盆水井西侧，花桥社区钉耙寨以北，鼓楼社区龙水坝以南作为新建瓮水中学的地址。9月27日，县委、县政府联合发出《关于成立瓮水中学建设项目筹建工作指挥部的通知》，成立了由县委常委、县人民政府副县长邓忠学任指挥长，县人大常委会副主任张远军、县政协副主席郑毅和喻松、县金融办主任陈廷高任副指挥长，县人民政府副县长夏吉友为执行指挥长，县相关部门负责人和瓮安二中校长张明光为成员的瓮水中学建设项目筹建工作指挥部。指挥部下设办公室，由夏吉友兼任办公室主任，谢静、张明光同志兼任办公室副主任，办公室设在瓮安二中总务处，专职负责实施瓮安二中（新校区）筹建工作。瓮水中学的新建正式拉开帷幕。10月初，县教育局又分别向县城乡规划局、县国土资源局提交了《瓮水中学建设项目建设规划申请报告》《瓮水中学建设项目用地预审申请报告》。10月7日，县城乡规划局颁发了瓮安县瓮水中学《建设项目选址意见书》（选字第520000201304580号 瓮规选2013〔28〕）、《建设用地规划许可证》（地字第520000201304567号 瓮规地2013〔28〕）和《瓮安县瓮水中学建设用地规划红线图》。拟用地面积173505平方米，拟建设规模110500平方米。10月9日，县国土资源局对瓮水中学建设项目用地预审申请报告作了批复（瓮国土资函〔2013〕300号），同意瓮水中学项目建设用地173505平方米预审申请。10月10日，副县长夏吉友、县政协副主席王建军在瓮水街道办事处主持召开了涉及瓮水中学规划红线范围内的社区群众征地拆迁工作动员大会，同时在涉及瓮水中学规划红线范围内的社区张贴《拟征收土地公告》，副县长夏吉友、县政协副主席王建军出席会议并对在规划红线范围内的群众作动员讲话。10月11日，由瓮水街道办事处牵头组成的征地拆迁工作组，开始对涉及瓮水中学规划红线范围内有土地的农户进行入户调查，摸清土地权属情况，为下一步土地征收打下基础。从10月12日至10月16日，经过征地拆迁工作组的努力，共丈量269户土地310亩，其中苗圃场114亩、110户，耕地196亩、159户。征地拆迁丈量工作基本完成。瓮水中学共征地约310亩，向人民医院借工程贷款资金1000万元支付了征地补偿费。征地补偿款及时兑现到被征土地农户手中。至此，完成了新建瓮水中学（瓮安二中）的建设项目土地征收工作，取得了173505平方米建设用地的使用权。10月17日，县人民政府十六届第23次常务会议同意“瓮水中学”建设项目立项，新建一所可容纳5000名高中学生的现代化学校，建成后将瓮安二中整体迁入新学校。同日，县教育局在瓮安县人民政府网站发布《瓮安县瓮水中学建设项目垫资代建谈判公告》，至10月24日止。有湖南省娄底市建设工程有限公司、贵州瑞和建筑工程有限公司两家单位报名响应。10月27日瓮水中学建设项目垫资代建谈判领导小组在政府B栋4楼会议室召开了垫资代建谈判会议。经谈判领导小组比选，拟定由湖南省娄底市建设工程有限公司垫资代建瓮水中学建设项目，提请县人民政府核准。10月29日，瓮安县人民政府对瓮安县教育局呈报的《关于瓮水中学建设项目确认垫资代建单位的请示》作出批复（瓮府函〔2013〕367号），同意由湖南省娄底市建设工程有限公司垫资代建瓮水中学建设项目。11月2日上午，瓮水中学建设项目举行开工仪式。州委常委、副州长、县委书记蒋映生，县长尹德俊、县人大主任潘玉华、县政协主席陈博等县领导，县直部门和各乡镇、办事处主要领导，瓮水街道办事处主要领导，业主单位瓮安县教育局主要领导，施工单位湖南娄底建设工程有限公司李山荣总经理、蔡建文副总经理，瓮水中学校长张明光等出席开工仪式。在开工仪式上，瓮水街道办事处主任犹永全同志介绍了瓮水中学建设项目的征地拆迁情况，并代表瓮水街道办事处表示将大力支持瓮水中学建设项目。瓮水中学建设项目领导小组办公室主任、瓮水中学校长张明光介绍了瓮水中学建设项目的工程概况、设计理念和布局特点。施工单位代表李山荣总经理作表态发言。瓮安县人民政府县长尹德俊对项目建设作出要求，并肯定了瓮水中学建设项目在瓮安经济社会发展中的作用。

新建瓮水中学项目，从县委、县政府动议开始，到2013年11月2日开工，在短短的三个月时间就完成了新校区的立项审批、项目规划、征地拆迁、招标代理和一些前期建设项目的招标工作，争取项目资金4500余万元，为新校区的顺利建设奠定了基础。瓮水中学建设工程开工后，得到县委、县政府的高度重视，在瓮水中学建设工作领导小组正确领导下，工程得以快速推进。

2014年8月19日，县委主要领导、分管领导和建设、规划部门到瓮水中学现场办公，在现场办公会上，学校提出为扩大学校规模，请将学生宿舍以西，河西大道以东，老兰寨大道以北地块规划为学校用地，修建体育馆（初步设计已完成，后因故取消，现为绿化用地）的请求，并提出了不采取集资建房方式建教师宿舍，校园内只能建公租房建议。县委、县政府同意了学校的请求和建议。之后县委主要领导又同意将高三教学楼西北面地块划拨给学校，用于安装体育设施及修建篮球场，以方便学生课间锻炼身体，增加了绿化面积17466平方米及其他相应工程量。9月12日，学校领导向县分管领导汇报将教师宿舍改为公租房，并按农民市民化建设模式的相关事宜。9月13日，县委主要领导原则同意学校建设公租房事宜，并要求按套房设计，共计建设500套公租房，折合套房250套，同时要求及时与住建部门对接，完善手续。2014年12月8日，建设工作领导小组会议（〔2014〕4号）同意将“瓮安二中教师生活区项目”变更为“瓮安县2015年花桥公共租赁房项目”。12月27日，瓮安县花桥公共租赁房项目规划评审专题会（〔2014〕12.27）同意设计方案，并调整规划，增设地下停车场，增加建筑面积15656平方米（总建筑面积达38420平方米），步梯房变更为电梯房，工程造价增加约200元/平方米，估算增加投资3430万元，并作出取消公租房负二层停车场的决定，以减少公租房资金投入。

2015年2月，瓮安县委、县政府明确提出2015年建成瓮水中学，要求倒排工期、抢抓工程进度。是年4月30日，县委主要领导到瓮水中学项目地调研，解决施工过程中存在的问题和困难，提出必须按省级示范性高中，高起点、高质量、高标准建设，校园道路建议全部采用沥青铺设，室内地面由水磨石变更为地板砖或花岗岩，塑钢门窗全部变更为铝合金门窗，图书馆正立面采用花岗岩干挂及低辐射镀膜玻璃幕墙，室外地面采用花岗岩或者同档次材料。5月13日，瓮水中学建设工作领导小组召开会议（〔2015〕01号）原则同意，瓮水中学建设项目采取“边设计、边施工、边完善”的方式进行。6 月20 日，县委主要领导到瓮水中学项目地调研，再次明确提出2016 年高考在新校区进行，对前期未完成设计的校门、围墙、室内装饰装修、玻璃幕墙、道路、运动场地、景观绿化、校园文化建设等项目由施工方提供具体设计方案，提交建设领导小组审议。7 月13 日，黔南州州委书记龙长春在瓮安县委、县政府相关领导的陪同下到瓮水中学项目实地调研，明确指示校园要增加绿化面积，提升园林绿化及文化的品质品位。9 月16日，建设工作领导小组（〔2015〕12 号）同意将外墙用条形面砖，室内水磨石变更为地板砖，过道、楼梯水磨石变更为花岗岩，三座人行桥栏杆由不锈钢变更为花岗岩等。9 月30 日，县政府主要领导及分管城建领导现场调研瓮水中学建设项目及市政规划相关事宜，要求在学生宿舍以西修建人行桥，在学生宿舍河对面、高三教学楼西地块修建亭子。12月8 日，建设工作领导小组会议（〔2015〕3号）原则同意施工单位提供的设计方案实施。

2016 年3 月，县委、县政府要求学校在3 月底搬迁。是年4月6 日，校长张明光向政府主要领导汇报相关工作时，建议将主桥（启智桥）和德正广场的栏杆花岗岩变更为汉白玉，提升学校建筑品位。4月26日，学校在老校区启动搬迁至瓮安县城南新校区工作，当日学校行政搬迁到新校区办公。4 月28日，县政府主要领导和分管领导到学校调研时强调，主桥（启智桥）和德正广场是学校的门面，要注重建设品位、建设档次，并明确将主桥和德正广场的栏杆变更为汉白玉栏杆，在德正广场增加钢木结构的仿古风雨廊架，抓紧文化产品的建设。6月12日，学校整体搬迁完毕。7月21日，县分管领导组织召开调概专题会议（〔2016〕专议），会议对瓮水中学因规划设计调整，新增工程项目、变更增加工程量进行了清理，要求相关部门作好概算把关，提交建设工作领导小组会议审定，校长张明光就清理情况汇报如下：

项目立项批复内，建设工程规模调整、品质提升增加工程量5330万元（其中①绿化工程提升品质及增加工程量1900万元；②公租房建设规模调整增加工程量3430万元）。

不在项目立项批复内，新增工程项目增加工程量8722万元（其中①完善建筑工程设计增加1774万元；②室外铺装及道路工程1006万元；③运动场工程1697万元；④东西大门及围墙工程707万元；⑤校园文化建设工程1840万元；⑥其他工程合计1698万元）。

以上两项超概算共计14052万元，该概算已经相关部门初核，最终以审计决算为准，恳请县级财政支出。

2017年4月19日，瓮安县政府召开专题会议（瓮府专议〔2017〕号），研究瓮水中学等建设项目增加建设资金相关事宜，会议听取了校长张明光关于瓮水中学等建设项目增加建设资金情况汇报，原则同意对瓮水中学新增项目、规划调整和变更、设计调整和变更后增加工程量调概。并原则同意将瓮安河二中段河道改扩建未建工程纳入瓮水中学建设项目，确保瓮安二中校园整体景观效果。

至此，一个总投资超过5亿元，占地400亩，总建筑面积约113500平方米，可容纳学生5000人，按照“多才播南 灵秀书院”的设计理念，融合尚古文风与现代风格，以省级示范性高中为标准，高起点规划、高质量建设、高标准配置，各项教学设施设备先进完备，历时两年艰辛建造完成的瓮安二中新校区终于展现在人们眼前。瓮安二中新校区择山水胜地，规划科学合理，将传统书院灵魂与现代建筑风格相融合，玉带环腰，置以流动的院落空间，构建南北流动灵气兼具活力的书院园林式校园。承千年之尚文古风，再造名流学府之精髓。校容校貌庄重典雅，别具匠心。

瓮安二中新校区建成后，学校围绕“校舍校园精品化、仪器设备精品化、课堂教学精品化、教研教改精品化、立体激励精品化、教育质量精品化”的精品化战略构想，向省级名校迈进。

新校区教学及教学辅助用房功能说明表

表5—1

单位：平方米

功能分区	占地面积	建筑分类	楼栋个数	占地面积	建筑面积	房间类型	房间个数
教学区	13209.34	教学楼	3	5792.01	22497.78	高一教室	27
						高二教室	26
						高三教室	28
		实验室	2	1449.06	4992.62	理化生实验室	18
						器材室	6
						准备室	6
						实验员室	3
						生、化药品室	2
						化学危险药品室	1
		图书馆	1	3922.78	11335.38	学生阅览室	8
						教师阅览室	3
						图书室	10
						心理咨询室	1
						医务室	1
						音乐专用教室	3
						美术专用教室	3
						通用技术教室	3

续表5—1

功能分区	占地面积	建筑分类	楼栋个数	占地面积	建筑面积	房间类型	房间个数
教学区	13209.34	行政办公	2	2045.49	8051.28	校长办公	5
						教研组办公	20
						处室办公	44
						教工之家	6
		体育馆	1	8307.21	11257.62	篮球场	2
						羽毛球场	2
						其他设施	若干
学生生活区	36685.06	食堂	1	3153.7	9213.1	就餐位	2600
						演艺厅位	1300
		学生宿舍	2	4031.75	23162.34	男生宿舍	263
						男生人数	2104
						女生宿舍	214
						女生人数	1712
		单身宿舍	1	757.3	4309.62	房间套数	71

瓮安二中新校区理科实验仪器配备统计表

表5—2

科目	实验室	实验仪器配备（套）
物理	物理电学实验室（3间）	3
	物理力学实验室（2间）	2
	物理数字化探究实验室（1间）	1
化学	化学普通实验室（3间）	3
	化学通风实验室（2间）	2
	化学数字化探究实验室（1间）	1
生物	生物综合实验室（5间）	5
	生物数字化探究实验室（1间）	1

瓮安二中新校区（瓮水中学）校园绿化面积统计表

表5—3

总占地面积（平方米）	校园绿化面积=（总面积—建筑物及河道占地面积）×60%	学生人数（人）
173505	54836.33	4500

瓮安二中新校区校园占地面积及生均校园面积统计表

表5—4

功能划分	占地面积（平方米）	占地总面积（平方米）	在校学生总人数（人）	生均校园面积（平方米）
行政教学区	13209	173505	4500	38.6
生活服务区	59449			
体育运动区	31686			
校园绿化区	51820			
河道	17341			

瓮安二中新校区校舍建筑面积及生均校舍建筑面积统计表

表5—5

校区	建筑分类	楼栋个数	建筑面积（平方米）	校舍总建筑面积（平方米）	学生总人数（人）	生均校舍建筑面积（平方米）
新校区	教学楼	3	22775.56	103755.31	4500	23.05
	实验楼	2	5224.4			
	图书馆	1	9522.49			
	行政办公楼	2	1723.3			
	地下体育馆	1	9948.54			
	食堂及演艺厅	1	9370.6			
	学生宿舍	2	23545.52			
	运动场、看台及器材室	1	25907.12			

第六章　学校人事

第一节　教师构成

1958年8月下旬，瓮安县交通学校成立时，有教师周远程、夏坤仲、袁良楷、袁美善、郑开荣、李万钧6人。是年12月29日，福泉县交通学校李午亭、邓木森、池尉全3名老师带一班学生约40余人并入瓮安县初级交通中学，学校更名为瓮安县初级工交中学，合编成冶金、化工、交通三个班，教师增至9名。

瓮安县初级工交中学于1959年7月初停办，只留下10余人，由夏坤仲带到驻扎地江界河犹家坝对面花龙口的贵州省地探铀矿队学习。7月24日成立瓮安师范，相继有教职工卢光凡、周远程、李午亭、夏坤仲、龚贵常、华天谷、姚永明、徐达、宋泽元、汪宗淦、王高翔、池尉全、李先熙、朱某某、阮居敬（女）、吴殿珍（女）、周素云（女）、许琼坤（女）、李吉相、邓南林、王大鹏、莫运春、谢绍明、罗德喜、张吉安（总务）、樊仕钧（总务）、张丽娜（女）、陈凤华（女）、刘正坤（女）、甘培厚、邹翠娥（图书室）、魏顺珍（校医）等人到校工作。1961年5月瓮安师范停办，留王大鹏守校。

1962年2月下旬，雍阳小学校长盛安平率15名教职工从雍阳小学带领一至六年级各2个班，在已停办的瓮安师范的校址上组建瓮安县城关小学，教职工有盛安平、刘希尧、罗应录、戎家琳、王大鹏、聂佩玮、周武（兼后勤）、王崇礼（女）、吴学模（女）、高庆怀（女）、杨慧（女）、周冰琳（女）、吴殿珍（女）、梅文碧（女）、刘昌珍（女）等15人。1962年8月下旬，夏坤仲调任城关小学校长兼学区视导员，开学不久调入副校长石明信，后增加教职工9名。1967年9月，教职工共25人。其后学校教职工人数变动较小。1973年9月，学校更名为瓮安县城关第二小学。

1976年9月，学校更名为瓮安雍阳中学，王天合任党支部书记主持学校工作，王万华、石明信为副教导主任。雍阳中学成立时，教职工队伍由城关小学、雍阳小学及其他小学教师合并而成，有任远智、倪帮嘉、杨文娟（女）、刘雨华（女）、袁家伟（女）、张显忠、王承谦、杨昌华（女）、陈文礼、蔡仕秋（女）、宋锡水、谢德美（女）、聂传德、黄奇文、任开铃、张玉珍（女）、黄育中、王国才、刘石虎、蔡水森、王复文、徐露（女）、倪帮远、曾光灿、袁庆麟（会计）、刘希尧（出纳）等28人。1977年，从草塘中学调入英语教师郭筑娟、林芬芬等2人。

1978年秋，学校更名为贵州省瓮安第二中学，简称瓮安二中，时有教职工35人。期间学校人员通过调动、分配、招聘等方式得以快速增加，到1990年秋，在编人员增加至107人，其中高级教师8人，中级教师增加至45人。1998年开始，分配到学校的本科毕业生逐渐增多。至1999年12月，教职工共计149人。

2000年以前学校教师学历以大专为主，其后随着时代的需求，学校大专学历的教师大部分通过成人考试到贵州师范大学、贵州大学或贵州省教育学院进修本专业本科课程，并毕业。

2005年，学校认真学习贯彻《瓮安县深化中小学人事制度改革的实施方案》，加强编制管理，规范学校机构和岗位设置。积极推行校长聘任制。全面推行教职工聘用制。改革和完善分配制度，建立与学校制度相适应的分配激励机制。调整优化教职工队伍结构。开始招聘研究生，大学本科毕业生到学校任教人数逐渐增多。至2006年12月，教职工共计166人，其中，高级教师41人，中级教师49人，初级教师63人，后勤管理人员13人。

2009年9月，县编制委员会结合学校发展实际情况，下发瓮编[2009]33号文件，增加学校事业编制85名，学校编制由169名增加到254名。

2010年8月，学校新进17名大学本科毕业生，是招聘教师最多的一年。是年12月，教职工人数达202人。2011年8月，学校开始新进免费师范生。2013年8月，学校开始新进研究生教师3名，至12月，教职工总人数为235人。

截至2018年12月，学校教职工总人数为286人，其中专任教师282名，正高级教师1人，高级教师71人，中级教师74人，研究生11人。在职教师中受省级表彰28人，受州级表彰36人；有贵州省级优秀教师3人，州级骨干教师19人，县级骨干教师38人。

1958—2017年曾在学校工作教职工统计表

表6—1

姓名	性别	出生年月	籍贯	民族	毕业院校	在校时间	备注
聂佩玮	男	1897年9月	贵州瓮安	汉	云南讲武堂	1962年9月—1968年5月	
华天谷	男	1907年9月	江苏无锡	汉	大专	1960年9月—1962年7月	
李奇谋	男	1909年6月	贵州福泉	汉	贵阳师范	1961年9月—1962年7月	
罗应禄	男	1918年2月	贵州瓮安	汉	中师	1962年8月—1971年8月	
高庆怀	女	1919年9月	贵州瓮安	汉	中师	1962年8月—1974年8月	
何知剑	男	1920年3月	贵州瓮安	汉	初中	1962年8月—1971年8月	
王崇礼	女	1920年9月	山东人	汉	简师	1962年8月—1975年8月	
刘昌珍	女	1922年1月	贵州黄平	汉	中师	1962年8月—1975年8月	
黄可经	男	1922年9月	贵州瓮安	汉	中师	1977年8月—1982年8月	
周远程	男	1925年8月	贵州瓮安	汉	初中	1958年9月—1960年8月	
刘希尧	男	1926年9月	贵州瓮安	汉	高中	1962年2月—1986年8月	
王承谦	男	1927年6月	贵州瓮安	汉	高中	1976年8月—1987年8月	
姚永明	男	1927年12月	贵州瓮安	汉	中师	1959年8月—1988年10月	
刘雨华	女	1927年12月	湖南浏阳	汉	高中	1976年9月—1982年7月	
石明信	男	1928年3月	贵州瓮安	汉	高中	1962年8月—1988年3月	
吴学林	男	1928年1月	贵州瓮安	汉	安顺师范	1978年4月—1989年10月	

续表6—1

姓名	性别	出生年月	籍贯	民族	毕业院校	在校时间	备注
卢光凡	男	1928年12月	贵州瓮安	汉	高中	1959年8月—1960年2月	
郣登伦	男	1930年8月	贵州瓮安	汉	初中	1971年3月—1984年8月	
黄奇文	男	1930年8月	贵州瓮安	汉	高中	1963年8月—1977年9月	
吴学模	女	1930年9月	贵州瓮安	汉	初中	1962年8月—1972年8月	
夏坤仲	男	1931年7月	贵州瓮安	汉	高中	1958年9月—1991年9月	
杨文娟	女	1931年7月	贵州瓮安	汉	中专	1976年8月—1988年8月	
徐官中	男	1931年8月	贵州瓮安	汉	高小	1971年3月—1974年8月	
袁愈生	男	1931年11月	贵州遵义	汉	本科	1986年8月—1991年11月	
戎家琳	男	1932年5月	贵州瓮安	汉	高中	1962年2月—1965年8月	
张庆龙	男	1933年2月	湖南益阳	汉	湖南师范大学	1982年8月—1988年8月	
盛安平	男	1933年4月	贵州瓮安	汉	初中	1962年2月—1962年8月	
吴可兴	男	1933年8月	贵州黄平	汉	西南师大	1984年8月—1986年8月	
王天合	男	1933年11月	贵州瓮安	汉	小学	1971年3月—1984年9月	
袁庆林	男	1935年8月	贵州瓮安	汉	初中	1962年8月—1985年8月	
吕庆松	男	1936年7月	浙江永康	汉	山东师范学院	1978年8月—1981年8月	
邹新生	男	1936年8月	湖南祁东	汉	师专	1985年8月—1993年3月	
黎师韩	男	1936年9月	贵州独山	汉	贵阳师院	1988年8月—1993年8月	
吴殿珍	女	1937年6月	贵州榕江	汉	师专	1959年8月—1976年8月	
王振诗	男	1937年7月	贵州瓮安	汉	贵定师范	1984年8月—1997年8月	
谢德美	女	1937年7月	四川人	汉	中师	1958年8月—1992年7月	
杨大钊	女	1937年8月	贵州瓮安	汉	中师	1962年1月—1975年8月	
彭宗恒	男	1938年3月	贵州镇远	汉	师专	1978年8月—1990年5月	
徐顺成	男	1938年4月	贵州瓮安	汉	贵州师范大学	1982年8月—1985年8月	
付国英	女	1938年6月	贵州瓮安	汉	初中	1965年8月—1974年8月	
梅文碧	女	1938年6月	贵州瓮安	汉	小学	1962年8月—1974年8月	
宋泽源	男	1938年6月	贵州瓮安	汉	中师	1959年2月—1961年8月	
王大鹏	男	1938年8月	贵州瓮安		中师	1960年8月—1964年8月	

续表6—1

姓名	性别	出生年月	籍贯	民族	毕业院校	在校时间	备注
杨　惠	女	1938年9月	贵州瓮安	汉	小学	1962年8月—1976年8月	
黄万成	男	1938年11月	贵州瓮安	汉	贵州大学	1980年8月—1987年1月	
汪宗淦	男	1939年1月	贵州贵定	汉	中师	1959年3月—1961年8月	
李奎忠	男	1939年12月	贵州瓮安	汉	贵阳师院	1981年8月—1993年10月	
邹金秀	女	1940年3月	湖南祁东	汉	贵阳师院	1982年12月—1983年11月	
付碧珍	女	1940年6月	贵州瓮安	汉	初中	1965年8月—1971年8月	
罗振亚	男	1940年6月	贵州都匀	布依族	初师	1962年2月—1975年8月	
陈文礼	男	1941年1月	贵州瓮安	汉	高中	1976年8月—2001年8月	
黄育中	男	1941年2月	贵州贵阳	汉	中师	1965年8月—1988年8月	
蒋锦荣	女	1941年7月	湖南祁东	汉	初中	1985年8月—1993年3月	
张和忠	男	1941年11月	贵州瓮安	汉	贵州大学	1963年8月—1971年8月	
陈银斌	男	1941年12月	贵州福泉	汉	高中	1964年8月—1972年4月	
魏国琴	女	1942年1月	贵州福泉	汉	高中	1963年8月—1973年8月	
张明初	男	1942年4月	贵州瓮安	汉	高中	1984年8月—2002年8月	
尹昌宗	男	1942年4月	贵州瓮安	汉	高中	1963年8月—1983年8月	
宋锡水	男	1942年6月	贵州瓮安	汉	高中	1975年8月—1985年8月	
倪邦嘉	男	1942年7月	贵州瓮安	汉	高中	1975年8月—2003年10月	
马耀银	男	1942年12月	贵州瓮安	汉	贵州农学院	1987年8月—1993年8月	
熊兴楚	男	1943年2月	贵州瓮安	汉	高中	1962年8月—1970年8月	
夏仲寅	女	1943年7月	贵州瓮安	汉	高中	1962年8月—1973年8月	
袁家伟	女	1943年1月	贵州瓮安	汉	高中	1973年8月—1998年8月	
张显忠	男	1943年1月	贵州福泉	汉	高中	1975年8月—2003年10月	
杨乔书	男	1944年4月	贵州瓮安	汉	贵州师范大学	1980年8月—1983年8月	
李吉才	男	1944年8月	贵州瓮安	汉	贵州大学	1982年12月—1983年6月	
袁愈林	男	1945年1月	湖南隆回	汉	贵州大学	1983年8月—2007年4月	
付仕和	男	1945年12月	贵州瓮安	汉	高中	1993年8月—2006年4月	
熊俊生	男	1946年2月	贵州瓮安	汉	初中	1989年8月—2006年2月	

续表6—1

姓名	性别	出生年月	籍贯	民族	毕业院校	在校时间	备注
张明林	男	1946年2月	四川绵阳	汉	渝州大学	1985年8月—2006年8月	
王复文	男	1946年4月	贵州瓮安	汉	中师	1967年8月—2006年4月	
蔡水生	男	1946年7月	贵州瓮安	汉	中师	1968年8月—1980年8月	
王忠永	男	1946年1月	湖南祁东	汉	高中	1985年8月—2006年8月	
余志荣	男	1947年1月	贵州贵阳	汉	高中	1993年8月—2003年5月	
倪帮远	男	1947年2月	贵州瓮安	汉	中师	1966年8月—2007年2月	
王国才	男	1947年2月	贵州瓮安	汉	中师	1966年8月—2007年2月	
匡春秀	女	1947年3月	湖南祁东	汉	初中	1985年8月—2002年3月	
刘兴贵	男	1947年6月	贵州瓮安	汉	初中	1965年8月—1975年8月	
犹永俊	男	1947年11月	贵州瓮安	汉	贵州大学	1982年8月—2007年8月	
杜继刚	男	1947年6月	贵州瓮安	汉	黔南师专	1980年8月—1986年3月	
刘石虎	男	1947年8月	贵州瓮安	汉	中师	1968年8月—2007年8月	
蔡　华	男	1947年1月	贵州瓮安	汉	贵州师范大学	1976年8月—2007年10月	
张玉珍	女	1948年4月	贵州瓮安	汉	都匀民师	1973年8月—1988年8月	
段君林	男	1948年5月	贵州瓮安	汉	黔南师专	1980年8月—2008年5月	
康长顺	男	1948年5月	贵州瓮安	汉	简师	1968年8月—1975年8月	
胡玉华	女	1948年6月	贵州瓮安	汉	中师	1966年8月—1985年8月	
周国华	男	1948年6月	湖南祁东	汉	衡阳师专	1985年8月—1995年2月	
石昌礼	女	1948年9月	贵州瓮安	汉	初中	1965年8月—1975年8月	
张安英	女	1948年9月	贵州瓮安	汉	中师	1965年8月—1980年8月	
李庆忠	男	1948年1月	贵州瓮安	汉	黔南师专	1984年8月—2008年10月	
程嗣雍	男	1948年12月	贵州瓮安	汉	西南师大	1973年8月—2008年12月	
彭建元	男	1948年12月	湖南祁东	汉	衡阳师专	1985年8月—2009年7月	
杨昌荣	女	1949年2月	贵州瓮安	汉	高中	1984年8月—2004年2月	
刘金碧	女	1949年3月	贵州瓮安	汉	初中	1975年8月—2001年3月	
任远智	男	1949年3月	贵州瓮安	汉	中师	1972年8月—2009年8月	
刘瑾瑜	女	1949年5月	湖南浏阳	汉	遵义师专	1978年8月—1991年8月	

续表6—1

姓名	性别	出生年月	籍贯	民族	毕业院校	在校时间	备注
徐 露	女	1949年6月	贵州瓮安	汉	初中	1965年8月—1984年8月	
丁惠敏	男	1949年7月	贵州瓮安	汉	贵州省教育学院	1993年7月—1994年3月	
商典章	男	1949年8月	贵州瓮安	汉	初中	1981年05月—2009年8月	
王绍农	男	1950年1月	贵州贵阳	汉	电大	1981年8月—2010年6月	
何玉春	女	1950年11月	贵州瓮安	汉	小学	1985年8月—2001年3月	
张儒伦	男	1950年1月	贵州瓮安	汉	瓮安师范	1989年8月—2010年10月	
白合会	女	1950年6月	四川	汉	高中	1985年8月—2005年8月	
梁家恒	男	1950年1月	贵州贵阳	汉	贵阳师院	1982年8月—2011年10月	
任开林	男	1951年4月	贵州瓮安	汉	都匀民师	1977年8月—1992年8月	
朱正贵	男	1951年7月	贵州瓮安	汉	中师	1993年8月—2011年8月	
韩永珍	女	1951年12月	贵州瓮安	汉	贵州师范大学	1980年8月—2006年12月	
张绍芳	女	1951年12月	贵州瓮安	汉	初中	1982年8月—2007年4月	
袁中华	男	1951年12月	贵州瓮安	汉	高中	1986年8月—2011年12月	
付世珍	女	1952年4月	贵州瓮安	汉	初中	1986年8月—2008年4月	
龚筑强	男	1952年4月	湖南汨罗	汉	西南师大	1981年8月—2012年8月	
陈顺娥	女	1952年5月	湖南祁东	汉	初中	1985年8月—2007年8月	
肖跃生	男	1952年5月	湖南祁东	汉	师专	1985年8月—2013年8月	
刘作诗	男	1953年1月	贵州贵阳	汉	贵州师范大学	1996年8月—2013年9月	
胡烈学	女	1954年4月	贵州瓮安	汉	中师	1994年8月—2009年4月	
郎维新	男	1954年11月	贵州瓮安	汉	瓮安中学	1978年8月—2014年11月	
张应凤	男	1954年12月	贵州瓮安	汉	贵定师范	1995年8月—2014年12月	
李 林	男	1955年3月	贵州瓮安	汉	瓮安中学	1977年8月—2015年3月	
陈维英	女	1955年5月	贵州瓮安	汉	初中	1983年8月—2007年8月	
鞠传能	男	1955年6月	贵州瓮安	汉	中师	1982年8月—1994年8月	
罗祖学	男	1955年8月	贵州瓮安	汉	贵州省教育学院	1985年3月—2015年8月	
陈立志	男	1956年1月	贵州瓮安	汉	黔南师专	1980年8月—1989年12月	
张桂兰	女	1956年2月	贵州瓮安	汉	贵州师范大学	1983年8月—2011年2月	

续表6—1

姓名	性别	出生年月	籍贯	民族	毕业院校	在校时间	备注
赵桂英	女	1956年3月	贵州安顺	汉	中师	1969年8月—1976年8月	
王六九	男	1956年6月	贵州瓮安	布依族	黔南师专	1986年8月—1995年8月	
檀居山	男	1956年6月	河北邯郸	汉	黔南师专	1980年8月—1987年8月	
刘世君	男	1956年7月	贵州瓮安	汉	贵州师范大学	1983年9月—1984年7月	
张玉兰	女	1956年8月	湖南祁东	汉	初中	1988年3月—2006年8月	
曾光灿	男	1956年9月	贵州瓮安	汉	贵定师范	1976年8月—2007年2月	
蒙顺仙	女	1957年8月	贵州三都	布依族	中师	1983年9月—1988年4月	
毛　静	男	1957年9月	贵州瓮安	汉	贵州师范大学	1994年8月—2017年9月	
廖万华	男	1958年4月	贵州瓮安	汉	党校专科	1980年1月—2018年4月	
刘　惠	女	1958年4月	贵州瓮安	汉	贵州省教育学院	1980年08月—1994年7月	
曹会琴	女	1958年5月	贵州瓮安	汉	黔南师专	1999年8月—2013年5月	
郭筑娟	女	1958年6月	贵州贵阳	汉	黔南师专	1982年8月—1987年8月	
张　蔚	女	1958年11月	贵州龙里	汉	贵州大学	1981年8月—2013年11月	
杨雨前	男	1959年4月	贵州瓮安	汉	贵州师范大学	1975年8月—1985年8月	
肖　笙	男	1959年6月	马来西亚	汉	高中	1979年3月—1980年10月	
付殿平	女	1959年9月	贵州瓮安	汉	贵州师范学院	1984年8月—1989年8月	
黄亚华	男	1960年1月	贵州瓮安	汉	高中	1982年12月—1989年3月	
石　明	男	1960年2月	贵州瓮安	汉	贵州师范大学	1983年8月—2002年8月	
孙仲时	男	1960年9月	贵州瓮安	汉	黔南师专	1982年8月—1987年8月	
杨国菊	女	1961年6月	贵州瓮安	汉	瓮安师范	1989年8月—2016年6月	
丁丽娟	女	1961年9月	贵州瓮安	汉	扬州师院	1981年8月—2016年9月	
王燕翔	女	1961年12月	贵州瓮安	汉	黔南师专	1988年8月—2016年12月	
刘　平	男	1962年1月	贵州瓮安	汉	黔南师专	1985年8月—1993年8月	
符　合	男	1962年3月	贵州瓮安	汉	贵州农学院	1984年8月—2000年3月	
张玲莉	女	1962年5月	贵州瓮安	汉	贵州省教育学院	1983年8月—2004年2月	
金邦立	男	1962年9月	贵州瓮安	汉	电大	1990年8月—2018年6月	病休
张和森	男	1962年12月	贵州瓮安	汉	黔南师专	1981年11月—1985年10月	

续表6—1

姓名	性别	出生年月	籍贯	民族	毕业院校	在校时间	备注
王观忠	女	1962年12月	贵州瓮安	汉	黔南师专	1982年8月—1991年8月	
王秀山	男	1963年1月	贵州瓮安	汉	黔南师专	1984年8月—1985年8月	
王晓君	男	1963年3月	贵州瓮安	汉	贵定师范	1981年8月—1985年4月	
雷雪松	男	1963年8月	贵州瓮安	汉	贵阳师专	1983年8月—1985年3月	
刘 毅	男	1963年1月	贵州瓮安	汉	贵州师范大学	1982年8月—1994年8月	
毕 军	男	1963年1月	四川自贡	满族	黔南师专	1985年8月—1991年8月	
李炳萍	女	1964年1月	贵州瓮安	汉	初中	1995年8月—2014年2月	
祁连州	男	1964年4月	贵州瓮安	汉	黔南师专	1983年8月—1984年8月	
黄桂铭	男	1964年5月	广西玉林	壮族	贵州师范大学	1986年8月—2000年8月	
宋建华	男	1964年9月	贵州瓮安	汉	中师	1985年8月—1989年8月	
陈 立	男	1964年1月	贵州瓮安	汉	高中	1984年8月—2001年8月	
黄俊松	男	1964年12月	贵州瓮安	汉	黔南师专	1992年8月—2012年8月	
邹志云	男	1966年4月	湖南祁东	汉	高中	1988年8月—2018年6月	病休
郑光黔	男	1966年5月	贵州瓮安	汉	贵州师范大学	1989年8月—1998年8月	
蒙小红	女	1966年6月	贵州瓮安	汉	黔南师专	1986年8月—1990年8月	
童家贵	男	1966年9月	贵州瓮安	汉	贵州省教育学院	2004年8月—2007年8月	
龚丽娟	女	1966年9月	贵州瓮安	汉	黔南师专	1985年8月—1992年6月	
余家品	男	1966年11月	贵州瓮安	汉	贵州师范大学	1990年8月—2008年8月	
汪礼春	男	1967年2月	贵州瓮安	汉	贵州省教育学院	1991年8月—1994年7月	
龚晓宏	男	1967年3月	贵州瓮安	汉	黔南教育学院	1991年8月—1996年3月	
杨昌珍	男	1967年8月	贵州瓮安	汉	初中	2013年11月—2017年8月	
谢 静	男	1967年8月	广西桂林	汉	贵州师范大学	1989年8月—2010年4月	
袁仁敏	女	1967年9月	贵州瓮安	汉	贵州省教育学院	1992年8月—2002年8月	
杜向阳	男	1967年1月	贵州瓮安	汉	贵州大学	1992年8月—1996年8月	
成荣江	男	1967年12月	贵州瓮安	汉	贵州师范大学	1991年8月—2001年8月	
李水舰	男	1968年2月	贵州瓮安	汉	贵州省教育学院	1995年8月—2005年8月	
周泽宏	男	1968年2月	贵州瓮安	汉	贵州大学	1993年8月—2016年8月	

续表6—1

姓名	性别	出生年月	籍贯	民族	毕业院校	在校时间	备注
戎 怡	女	1968年4月	贵州瓮安	汉	黔南师专	1990年8月—2003年8月	
陈 曼	女	1968年7月	贵州瓮安	汉	华东师大	1991年8月—1999年12月	
刘兰华	男	1968年8月	贵州瓮安	汉	贵州大学	1996年8月—2013年4月	
曹护国	男	1968年11月	湖南祁东	汉	湖南师范大学	1992年9月—2002年8月	
陈 钧	男	1968年11月	贵州瓮安	汉	泰国苏兰拉里理工大学	1991年8月—1996年8月	
王绍仙	女	1968年11月	贵州瓮安	汉	黔南师院	2003年8月—2014年8月	
罗玉贵	男	1969年11月	贵州瓮安	彝族	黔南师专	1991年8月—1996年8月	
左世洪	男	1969年11月	贵州瓮安	土家族	黔南师专	1993年8月—2010年1月	
伍 平	男	1970年9月	广西金秀	汉	黔南师专	1994年3月—2000年8月	
瞿远伏	男	1971年4月	贵州瓮安	苗族	黔南师专	1999年3月—2007年11月	
李叶梅	女	1971年1月	贵州瓮安	汉	黔南师专	1993年8月—2001年8月	
张 琼	女	1971年1月	贵州瓮安	汉	贵州师范大学	1994年8月—2004年2月	
罗晓露	女	1972年7月	贵州瓮安	汉	贵州师范大学	1994年8月—1999年8月	
张宇祥	男	1972年9月	贵州瓮安	汉	贵州省教育学院	1998年8月—2012年11月	
谢 茜	女	1973年1月	贵州瓮安	汉	贵州师范大学	2000年8月—2004年8月	
谢建明	男	1973年12月	贵州瓮安	汉	贵州省教育学院	2003年8月—2004年8月	
犹 佳	女	1975年11月	贵州瓮安	汉	黔南师院	1999年8月—2011年8月	
徐林海	男	1979年1月	贵州福泉	汉	贵州师范大学	2005年8月—2017年8月	
熊 影	男	1982年12月	贵州瓮安	汉	黔南师院	1999年8月—2014年8月	
王 立	男	1983年7月	贵州开阳	汉	贵州师范大学	2006年8月—2016年8月	
雷永莲	女	1984年11月	贵州石阡	汉	贵州师范大学	2006年8月—2014年8月	
徐 燕	女	1985年1月	贵州贵定	布依族	云南大学硕士	2009年8月—2012年3月	
罗 坤	女	1985年1月	贵州福泉	汉	黔南师院	2006年8月—2010年8月	
张峥嵘	女	1985年3月	湖南怀化	汉	贵州民族学院	2007年8月—2009年8月	
杨 珽	女	1985年9月	贵州瓮安	汉	贵州师范大学	2009年8月—2015年8月	
陈贵春	男	1987年2月	广西玉林	汉	黔南师院	2010年8月—2016年8月	

续表6—1

姓名	性别	出生年月	籍贯	民族	毕业院校	在校时间	备注
何冬梅	女	1991年12月	四川达州	汉	重庆师范大学	2013年8月—2014年8月	
邓凡祚	男		江苏南京	汉		1980年8月—1984年8月	
邓建军	男						
贺思荣	女						
黄 静	女						
李尚卿	男		湖南祁东	汉	大学	1985年8月—1989年8月	
李茂霞	女						
林芬芬	女		上海	汉	大学	1980年8月—1985年4月	
彭其元	男		贵州麻江	汉	贵州大学	1982年8月—1984年8月	
邱耀建	男						
申友林	男						
谭远志	男						
王 超	男						
王春菊	女						
王高翔	男		贵州瓮安	汉	师专	1959年8月—1961年8月 1985年8月—1987年2月	
王万华	男		四川	汉	高中	1975年8月—1980年4月	
谢承宇	男						
杨正仙	女						
袁仕庚	男		贵州瓮安	汉	黔南师专	1980年8月—2003年8月	
张永坤	男		上海	汉	上海外国语学院	1980年8月—1985年4月	
周 武	男		贵州瓮安	汉	初中	1962年2月—1965年9月	
欧阳玲	女		湖南祁东	汉	大学	1985年8月—1989年8月	
谭贤书	男		贵州贵阳	汉	贵州师范大学	1980年8月—1985年9月	
金正菊	女						
蔡仕秋	女		贵州瓮安	汉			
李荣珍	女						
游晓黔	男						

续表6—1

姓名	性别	出生年月	籍贯	民族	毕业院校	在校时间	备注
李明英	女						
殷国森	男		贵州长顺	汉	黔南师专		
聂传德	男						

注：因为历史资料缺失，名单只能通过老教师回忆和其他资料查询获得，不能保证名单的完整和准确。将在历史档案中查找到的学校各个时期相关人员原始名单附录如下：

瓮安县交通学校成立时，有教师周远程、夏坤仲、袁良楷、袁美善、郑开荣、李万钧6人。瓮安师范时期，先后有教职工卢光凡、周远程、李午亭、夏坤仲、龚贵常、华天谷、姚永明、徐达、宋泽元、汪宗淦、王高翔、池尉全、李先熙、朱某某、阮居敬（女）、吴殿珍（女）、周素云（女）、许琼坤（女）、李吉相、邓南林、王大鹏、莫运春、谢绍明、罗德喜、张吉安（总务）、樊仕钧（总务）、张丽娜（女）、陈凤华（女）、刘正坤（女）、甘培厚、邹翠娥（图书室）、魏顺珍（校医）等人到校工作。

瓮安县城关小学成立时，教职工有盛安平、刘希尧、罗应录、戎家琳、王大鹏、聂佩玮、周武（兼后勤）、王崇礼（女）、吴学模（女）、高庆怀（女）、杨慧（女）、周冰琳（女）、吴殿珍（女）、梅文碧（女）、刘昌珍（女）15人。

雍阳中学成立时，教职工有王天合、王万华、石明信、任远智、倪帮嘉、杨文娟（女）、刘雨华（女）、袁家伟（女）、张显忠、王承谦、杨昌华（女）、陈文礼、蔡仕秋（女）、宋锡水、谢德美（女）、聂传德、黄奇文、任开铃、张玉珍（女）、黄育中、王国才、刘石虎、蔡水森、王复文、徐露（女）、倪帮远、曾光灿、袁庆麟（会计）、刘希尧（出纳）29人。

第二节　教师管理

1958年建校至“文化大革命”爆发前，学校在极其艰难的环境中生存发展。在学校领导的带领下，积极开展教育教学工作和政治思想的探讨交流，全体教职工不断积累教育教学经验并推广，在没有任何报酬的情况下，教职工自己设计教学楼和教师宿舍，并自带劳动工具自觉利用课外活动的时间开展挖基槽、烧筛石灰和煤灰、挑砖运土等工作，全校师生上下一心，积极参加教学楼、教师宿舍和学校操场的建设，使学校的办学条件不断得到改善。

“文化大革命”爆发后，学校形成对立的两大派，各有后盾，各自为政。学校教育教学工作遭到严重破坏。

十一届三中全会后，全国开展拨乱反正高潮，学校大力提倡老师以“教书育人”为己任的教风，学生以“尊师重教”为荣的学风，全校师生把两风建设逐步推向新高潮，学校教育教学工作步入正轨。

1978年后，在县教育局的直接领导下，历届学校领导班子认真贯彻落实党的路线、方针、政策和县委、县政府的安排部署，坚持以教学为中心，以育人为本，德育为先的理念，以科学发展观统领学校全局，强化教学管理目标，更新教育观念，深化教学改革，实施教育公平，建立教学档案，狠抓教学质量，加强师风师德教育，校容校貌得到极大改观。

进入20世纪90年代，改革开放的进一步深入，学校紧紧围绕提高教育教学质量积极开展制度建设。1997年，学校根据县委瓮发〔1997〕28号文件精神，试行校长负责制、教师聘任制、结构工资制为主要内容的学校内部管理体制改革。充分调动教职工工作的主动性和积极性。1998年，为了体现多劳多得的社会主义分配原则，学校开始实行逐步推行课时工资制度；2000年，为了确保生源质量增强学校竞争力，学校出台了招生奖励制度，要求全体教职工参与高一招生工作，对为招生工作做出贡献的教职工给予相应的奖励。

进入21世纪后，学校发展面临长久以来办学硬件设施严重不足、经费运行十分紧张、生源质量较差等困难，学校领导班子一方面想方设法筹集资金解决教职工的课时津贴，另一方面身先士卒抓高考、抓招生，全校教职工积极参与学校建设，助推学校发展。2013年，县委政府提出要加快推进教育均衡发展，重新规划调整县城中小学布局，整体搬迁瓮安二中。为此，学校提出了加强教职工管理办法：

一是严把教师招聘、引进入口关，确保招聘优秀二本以上毕业生和引进名优教师到学校任教。

二是多层次抓教师的培训提高，通过请进来和走出去的方式拓宽教师的视野，提升教师的专业水平。

三是启动名师培养工程。完善名师评价考核办法，造就一支师德高尚、敬业乐业，学识渊博、勇于创新、擅长科研、成绩出色的名师团队，引领和带动教师队伍的整体发展。

四是在教师队伍管理中建立科学公正的师德师风考核评价机制，加强师德师风教育，弘扬严谨治学、实干敬业和自强不息的拼搏的精神，倡导科学、进取、合作的精神，增强教师工作的责任心，培养优良的教风、学风和校风。

五是遵循“规范化、民主化、精细化、高效化”的原则，重细节，重时效，提高课堂教学效益。积极开展以完善奖励性绩效工资和校内津贴分配考核办法为主要内容的校内分配制度。将教师相关待遇与实绩挂钩，适度拉开收入差距，最大限度地从内部激活教师的工作热情和潜能。

六是建立校本教研目标责任制，从校本教研的方法及评价考核、奖惩等方面加以规范。健全备课、听课、评课、教学反思、课例分析等基本教研制度，从制度上保证和激励教师积极参与校本教研活动。扎实开展“老带新”“推门听课”互帮互学活动，促进青年教师的快速成长和教师整体素质的提升。建立与完善抓高考质量的工作机制。

七是组建一支经验丰富、学科齐全、业务精湛的教研队伍，研究考试大纲、考试说明、高考动向，切实发挥教研对教学工作的指导和提升作用。建立高考信息采集网络，做好高考信息的收集、研究、整理和交流工作，力争在高考总量和质量上有新的突破。

八是按照学科管理需要及能力要求，坚持“定岗定责、公开公平、择优选能、优化组合、侧重教学”的原则，科学制定聘任方案，促进教学资源的重新配置和教师结构的优化，减轻教师工作强度，缓解教师工作压力。

九是规范资金管理和使用。开发外部资金来源，完善内部资金节流机制，将有限的资金最大限度地用于改善教职工待遇，调动教职工积极性；最大限度地用于改善学校的办学条件，实现学校可持续发展。突出管理效能，努力在用人机制及管理体制上取得新突破。

第三节　教师学习

1958年至1960年，学校按照上级指示精神开展整风运动和反右派斗争，1960年2月5—20日，学校全体教职员工参加瓮安县文教局组织的全县中小学教师集中政治学习。

1962 年，学校按照州教育局要求，组织全校教职员工学习《农村人民公社工作条例（修正草案）》，通过学习，全校教职员认清了形势，明确了方向，受到了巨大的鼓舞。同时还利用寒暑假进行国际主义、爱国主义和社会主义教育，通过学习，进一步提高师生的政治思想觉悟。1964 年，学校组织请“四老”对全体师生作报告，使大家受到一次生动而深刻的教育，利用集中劳动时间组织师生下乡访贫问苦，参加集体劳动、参加“忆苦思甜”的等教育活动。同时开展学习“老三篇”（《毛泽东选集》里的《为人民服务》《纪念白求恩》《愚公移山》3篇文章）活动。

1965年12 月，学校组织全体教师学习中共贵州省委宣传部陈副部长关于认真学习毛泽东主席著作的报告和州委宣传部刘部长代表赵书记作的当前形势报告，着重学习领会毛主席“七・三”指示精神。1966 年1月，学校全体教职工贯彻执行毛主席“七・三”指示精神，以贯彻执行毛主席“七・三”指示为中心开展教学活动。在教学改革中，注重反对故步自封保守思想和等待观望、畏缩不前的消极情绪，提倡敢于实践、敢于创造、敢于胜利的革命精神，提倡有所发现、有所发明、有所创造、有所前进的英雄气概。在方法上采取“边学、边议、边改”“再学、再议、再改”的方法。在形式上，通过创建“学农基地”来贯彻落实指示精神。6月29日至8月19日，县文教科奉令将雍阳小学、城关小学及县幼儿园的全部老师集中在雍阳小学开展50天的全封闭政治运动。1966—1976年，学校教职工正常的政治、业务学习受到“文化大革命”严重干扰，正常的教育教学秩序被打乱、业务学习被中断。

1977年起，学校正常政治、业务学习逐渐恢复。在县委和教育局的统筹下，掀起了批判“两个估计”的高潮，联系教育战线的实际进一步搞清十个问题。抓住受“文化大革命”、江青反革命集团思想影响最深，危害最大的问题，有针对地联系学校实际，扎扎实实，讲求实效的边学边批，务求在理论、政策、作风等方面划清是非界限，端正认识，拨乱反正，恢复正常。业务学习以教研组为单位，开展集体备课、上示范课、公开课等教研活动，推动和提高教师业务水平。

进入20世纪八九十年代，学校全体党员和教职工，利用每周五政治学习时间，集中学习邓小平同志关于目前形势和任务和十一届五中全会公报内容。通过学习，大家明确认识到：全党工作重点转移到经济建设上来，思想政治工作不但不能放松，而且必须进一步加强。1981年，《关于建国以来党的若干历史问题的决议》成为学校政治学习的重要内容。通过学习《决议》，全校教职员工对于“文化大革命”有了清楚的认识。1983年，贵州省教育厅决定在是年10月中旬对本省部分小学、初中教师进行“教材过关”考试，学校选派部分教师参加了教育局在瓮安中学举办的“教材过关”培训班，通过20天的培训，参加培训的教师“教材过关”考试全部合格。1986年，学校组织全校教职员工学习《中华人民共和国义务教育法》。同年还参加“一五”普法学校考试。1988年，学校组织学习十三大会议精神，领会“社会主义初级阶段”的理论、方针、政策，确保做好新时期的学校工作。1989年3月，学校根据贵州省教委（黔教师字〔89〕第30号）文件，组织部分教师参加《专业合格证书》考试。春夏之交　北京和其他一些城市发生政治风波。学校党支部、行政立即组织教师学习中央关于平息北京反革命暴乱的重要讲话，旗帜鲜明地反对动乱，坚决禁止一切扰乱学校正常次序的行为，维护了学校的根本利益，保证了学校安定团结。1991年11月，学校组织学习中宣部、教育部联合下发的《关于加强和改进中学干部、教师思想政治工作若干问题的通知》。学校结合通知精神制定了学校政治学习计划。1993年3月，学校结合贵州省教委下发《贵州省初中教师学历培训工作的实施意见》（黔教师通358号），选派王复文、付仕和参加为期三年的“三沟通卫电初中师资班”学习。是年9月，学校组织全体教师学习《中华人民共和国教师法》和《中国教育改革和发展纲要》。1996年，学校结合《中国教育改革和发展纲要》《中华人民共和国教师法》，组织全体教职员工学习《中华人民共和国教育法》《中华人民共和国义务教育法》《中华人民共和国未成年人保护法》。让大家树立依法执教的意识，维护自己合法权益，同年还参加了“二五”普法学习活动。1997年，学校按照省教委（黔教通〔1997〕350号）文件，组织全校教职员工深入学习《贵州省教师条例》。同时开始“三五”普法学习。

世纪之交，广大教师深刻认识到提高自己文化知识及现代科技的迫切性，积极投身到业务知识和文化水平学习中，1998年，学校按照贵州省教育委员会《关于贵州省教育系统公务员专业技术人员参加计算机应用培训、考核的实施办法》精神，组织中青年教师参加了教育局在瓮安中学举办的培训班的学习。同年，学校还组织全校教职员工学习《建设有中国特色社会主义若干重要理论问题》等中央文件。2000年，学校升级为独立高中，广大教师为了适应学校变化，积极参加成人高考。大专毕业的教师大部分通过成人考试到贵州师范大学、贵州大学、贵州省教育学院进修本科文凭。是年有王小勇、吴昌松、刘兰华、周泽宏、瞿远伏、李小忠等考入贵州大学进修学习。2001年，学校组织教职员工学习“三个代表”重要思想、《毛泽东邓小平江泽民论社会主义道德建设》。同时开展了“四五”普法学习考试，教师还参加了普通话水平等级考试，大部分教师取得了对应岗位的普通话等级证书。次年，学校按照教育部要求组织全校教师参加“中继教”学习，学校结合实际，选派精干教师担任“中继教”辅导教学工作，同时，为了学以致用，还分科开展实际教学的研讨工作，促进了教学质量的提高。2003年7月，学校组织全校教职员工学习贯彻《黔南州教育局关于规范教师行为的六条规定》，进一步提高教师师德师风。是年11月，全校教师参加了贵州省“中继教”《中小学教师职业道德规范》和《课程改革》考试。2004年，学校围绕总书记胡锦涛讲话精神，开展社会主义荣辱观学习活动。把“八荣八耻”精神贯彻落实到广大师生的学习、工作、生活之中。同年4月，学校组织45岁以下教师参加了2004年贵州省高考适应性考试。6月，参加“中继教”学习的教师还通过了瓮安县中小学教师继续教育工程办公室组织的贵州省中小学继续教育《信息技术基础》考试。2005年，有28名教师参加黔南州2005年高考信息会，21名教师参加贵州省、市教育主管部门举办的新教材培训。

2006—2009年，教师业务培训除坚持常规性培训外，着力于对青年教师业务指导，理、化、生实验教学及操作技能的培训，高中教师专业合格、任职资格的考核认定等。针对公开招考调入学校任课的青年教师及原有学校需培训的青年教师，学校制定青年教师培训计划和“老带新”工作制度，采取“以老带新、一帮一”的培训措施。聘请30 名指导教师，每人指导2~3 名，被指导的青年教师每学期拟订学习计划，每周坚持听课2 节，坚持写教学反思笔记，半期、学期各作1次书面总结。 指导教师拟定指导计划，坚持每月对被指导教师的备课、讲课、作业、试卷批改等提出指导意见，期末对被指导者业务提升签注评语。经双方签字后交教研组长审查，再送教务处主任审核。至2009年，新进教师教材过关考试全部合格，部分青年教师已成为学科骨干。2009年，在高中教师资格认定学习培训考核中，全校专任教师，教材过关120人，专业合格146人，学历达标165人，取得高中教师资格证170 人。

与此同时，学校注重与外地兄弟学校观摩学习和上级教育业务部门的会议培训、经验交流等活动，2005—2011年，学校与重庆八中、遵义南北中学、龙里中学等学校开展联合教研10 余次。全校到外地学习69 人次，培训52人次，交流29人次。2010年，学校把贯彻落实全国教育工作会议精神和《教育规划纲要》作为主要学习任务。采取集中学习、个人学习相结合的方式，在全校教职员工参加的全县教育系统学法用法和《教育规划纲要》考试中，取得了全部合格的成绩。是年8月，学校选派8名教师参加黔南州教育局举办的高中新教材培训。2011年8月，学校选派46名青年教师参加黔南州举办的高中新教材培训学习。是年9 月，学校组织全校教职工学习《创新能力开发与培养》，并组织本单位的专业技术人员参加测试（开卷考试）。

2012年1月，学校成立“十二五”（2011—2015年）教师继续教育工程领导小组，分学科开展组内学习，各学科骨干教师担任主讲教师。是年2月，学校组织高三教师25名到贵阳参加贵州省教科所举办的2012年高考研讨会。是年7月，学校开展暑期教师全员培训工作，全校教师以学科为单位，分批次赴都匀参加了由黔南州教育局组织的高一、高二、高三年级学科任课教师新课程培训。同月有23名教师参加了在贵阳举行的全国中小学德育管理与班主任工作创新研修班学习。是年8月，196人参加由瓮安县教育局组织的“一德四新及专业知识”培训。12月，组织全校教职员工学习党的十八届一中全会公告以及习近平总书记十八届一中全会讲话精神。2013 年6 月，瓮安县教育局印发《关于印发〈瓮安县2013年“十二五”教师继续教育县级集中培训实施方案〉的通知》，将全县在职中小学教师及幼儿和特殊教育教师（含教育局机关专业技术人员）列为培训对象，把“公共学科”（“一德四新”即：师德、新理念、新知识、新方法、新技能，心理健康教育）和“专业学科”作为培训学科。该实施方案在全县共设47 个培训点，按乡镇中心校和中学分学科进行，全员短期集中培训。8月25日，由教育局牵头，瓮安中学承办的高中教师县级集中培训在瓮安中学举行，生物教师张润琴主讲“生物教学研究与案例”，政治教师彭长刚主讲“走进高中思想教学现场”，历史教师曹植铭主讲“历史教学研究与案例”，地理教师张元忠主讲“地理教学研究与案例”，音乐教师韦祎主讲“走进高中音乐教师现场”，体育教师吴定祥主讲“体育教学研究与案例”，美术教师罗定欣教师主讲“走进高中美术教学现场”，信息技术教师潘池育主讲“走进高中信息技术教学现场”。学校210人参加了该培训。2014年7月，学校216人参加由瓮安县教育局组织在瓮安中学举行的“一德四新及专业知识”培训。王华松主讲新理念，王强主讲新知识，何崇玖主讲高中数学教学，黄菊主讲高中英语教学，钟声利主讲高中物理教学。

2015年5月，学校216人参加由学校组织的高考备考研讨会培训。是年7月，全校216人参加由瓮安二中组织的校本培训“一德四新及专业知识”培训。同月，学校选派21名教师参加2015年“广州对口帮扶黔南教育”普通高中学科教师培训学习。是年12月，学校218人参加“国培2015”贵州省六盘水市、黔南州区域性教师网络研修项目培训学习。该项目持续学习至2016年8月。

2016年7月，学校选派49名教师赴青岛培训。43名党员教师赴西安开展“两学一做”活动。10月，学校派10名新参加工作的教师参加瓮安县2016事业单位新进人员初聘培训。12月，学校26名教师参加由瓮安县教育局组织的教师信息技术应用能力提升培训。280名教师在线学习“大数据”培训。该培训持续至2017年2月。该年学校用于教师培训经费达341404元。

2017年3月12—16日，由校长张明光带领14名学校骨干教师赴四川绵阳市名校学习高考培优工作成功经验。5月，280名教师参加了由学校组织的 “2017年春季学期校本培训”。7月，280名教师参加由学校组织的 “2017年暑期校本培训”。10月19—22日，副校长吴定龙带领10名教师参加在榕江一中举办的“多彩贵州”好教育联盟语文优质课比赛。11月2—5日，教科处主任王强带领11名教师参加在桐梓二中举办的“多彩贵州”好教育联盟地理、数学优质课比赛。11月6日，全校教职员工参加在龙里举行的户外拓展训练。11月16—19日，教科处副主任田文军带领10名教师参加在桐梓二中举办的“多彩贵州”好教育联盟英语、历史优质课比赛。12月，组织全校教职员工学习党的十九届一中全会报告和习近平新时代中国特色社会主义思想，以及近平总书记在参加贵州代表团讨论时的讲话和指示。本年度还有108名教师参加了各级各类学校培训，培训经费达247640元。

第四节　教师任聘

1958年，学校成立之时，国家实行“统招统分制”。所有人员的安置均由教育行政部门统一调配安排部署，学校无权对于人员做出安排。所进人员主要从其他学校调配和大专院校师范专业毕业生分配而来。此状况一直持续到改革开放初期。

1984年，瓮安中学、瓮安二中、草塘中学等校有20余名教师流出到贵阳等发达地区学校，严重影响了瓮安县这几所中学正常教学，造成各中学一些科目无法开课。为此，县委、县政府加快《关于贯彻落实知识分子政策暂行办法》的实施，挽留了部分教师。同时迅速成立县人才招聘办公室，由分管文化教育、体育、卫生、计生、科技等方面工作的瓮安县人民政府副县长邹金秀任办公室副主任主持工作，招聘办公室制定出“对县内外、省内外，有真才实学的知识分子和通过自学有一技之长的人才实行重金招聘，可不受工资、户口、粮食、编制等方面限制”等招聘政策。

1985年，副县长邹金秀带队奔赴省内外招聘各类人才，先后招聘省内22人、省外（主要是湖南）54人到瓮安县各中学工作。其中安排到学校工作的湖南籍教师有5人。这些教师的到来为学校的稳定发展和提升起到了积极作用。是年9月，县举行第一个教师节庆祝活动，学校教师感到欢欣鼓舞，教师队伍更加稳定。

1987年10月21日，县教育局下发《贵州省中小学、幼儿园教师任职条件考核办法（试行）的实施细则》（瓮教职改字〔1987〕5号），学校按照细则成立了由校长张庆龙任组长的教师职称评定工作领导小组，启动学校首次教师职称评定工作，按照政治思想、考核时限、专业知识、教育教学能力、工作成绩、履行职责等方面对参评人员进行考评。全校具备专业技术职称申报条件参评人员75人。评定工作通过学习领会文件精神，按照个人申报、实绩证件审核、评议、报批等程序进行。高、中级职务由地区评审委员会审定，县人民政府任命； 初级教师职务由县评审委员会评定，县教育局任命。

1988 年10 月，经相关部门审定，张庆龙、马耀银、袁愈林、石明信、王承谦、吴学林、邹新生、欧阳玲等8名教师评为高级教师，16名教师评为中教一级教师，38名教师评为中教二、三级教师，任期均为3 年。

1993年12月，经相关部门审定，龚筑强、犹永俊、蔡华、周国华、彭建元5名教师评为高级教师，王小勇、陈斌、王其一等12名教师评为中教一级教师，9 名教师评为初级教师。是年，建立职称考评制度，重点考核任职人员履行职务实绩，建立考核档案，并作为职务、晋升、续聘、解聘或低聘的重要依据。聘后职务与工资挂钩。至此，职称评聘工作转入经常化、制度化。

1995 年，经相关部门审定，李庆忠、张明初、罗祖学、王绍农、韩永珍5 人为中教高级教师。

1996年，县教育局成立“瓮安县中小学教师职务评审小组”和“教师资格认定领导小组”，负责全县教师职称和资格评审工作。是年9月，学校对于任课教师试行聘任制。采取学校聘任班主任，班主任聘任科任教师的办法来进行学校教学工作管理。

1997年，经县职称改革领导小组审核，任命学校任远智、徐家海、张明林、梁家恒、曹会琴5人为中学高级教师，谢静、郑光黔、杜向阳、顾德贵4人为中学一级教师。

1998年3月，学校开始实行课时工资制度；是年8月，《瓮安二中教师聘任暂行办法》出台，该暂行办法获学校教职工代表大会通过。9月，国家实行的“统招统分制”停止，对于新进教职工实行公开招考、招聘制。

1999年3月，犹永俊被省人民政府授予特级教师称号。

2001年2月，袁愈林被省人民政府授予特级教师称号。

2002 年，县教育局、县人事劳动和社会保障局、县机构编制委员会办公室、县财政局联合印发《瓮安县关于2002 年公开招考录用教师的实施办法》，通过考试、考核，从全日制大学四年本科毕业生中考录教师，从乡镇中学考调教师。经县教师招考录用工作领导小组审核后决定：是年8月，5位教师通过招考调入学校工作。

2003年6月，李庆忠被省人民政府授予特级教师称号。

2007年6月，学校废除原黔人通〔1999〕53号文件，执行黔人通〔2007〕86号《贵州省中学中、高级教师职务任职资格申报评审条件》文件，学校评聘职称工作较以往公平公正、规范有序，得到广大教职工认可、称赞。

2010 年，按照县机构编制委员会所核学校编制数，在县教师招考录用工作领导小组的统一安排下，学校教师招考录用工作相关人员，分赴重庆、长沙、贵阳等地招考教师。经县教师招考录用工作领导小组审核后决定，有17名全日制大学四年本科毕业生招聘到学校工作。7名教师通过招考调入学校工作，为学校招聘、招考录用教师人数最多的一年。

2013年6月28日，学校制定《贵州省瓮安第二中学关于教师职称评定量化考核方案（暂行）的通知》，并于当年开始执行。

2015年5月8日，学校教代会审议通过《贵州省瓮安第二中学教师职称评定量化考核（修订）方案》，将教师职评条件分为获奖类、年度考核类、教研教改论文类、指导学生参赛类、班主任及教研组职责类等分项量化。对照考核评分，综合领导、群众测评积分确定晋职。同等条件下出满勤、超工作量、民主评议高分、大龄教职工优先。

2018年9月，张明光被省人民政府授予特级教师称号。12月，其被评为中学物理正高级教师。

1988—2019年高级专业技术职称人员名录

表6—2

序号	姓名	性别	出生年月	学历	参加工作时间	职称	工作单位	备注
1	姚永明	男	1927年11月	大专	1949年11月	中学语文高级	瓮安二中	退休
2	王承谦	男	1927年12月	高中	1949年12月	中学语文高级	瓮安二中	已故
3	吴学林	男	1928年8月	专科	1949年11月	中学政治高级	瓮安二中	已故
4	石明信	男	1929年3月	高中	1949年12月	中学语文高级	瓮安二中	已故
5	袁愈生	男	1931年9月	专科	1950年11月	中学英语高级	瓮安二中	退休
6	张庆龙	男	1933年2月	本科	1957年8月	中学生物高级	瓮安二中	已故
7	邹新生	男	1934年8月	专科	1951年2月	中学语文高级	瓮安二中	退休
8	张明初	男	1942年4月	高中	1960年3月	中学语文高级	瓮安二中	已故
9	马耀银	男	1942年12月	本科	1967年8月	中学生物高级	瓮安二中	调离
10	袁家伟	女	1943年12月	中专	1963年8月	中学音乐高级	瓮安二中	退休
11	袁愈林	男	1945年10月	本科	1967年9月	中学数学高级	瓮安二中	已故
12	犹永俊	男	1947年9月	本科	1972年9月	中学数学高级	瓮安二中	退休
13	李庆中	男	1948年10月	本科	1973年9月	中学化学高级	瓮安二中	退休
14	丁惠敏	男	1949年7月	本科	1966年9月	中学语文高级	瓮安二中	调离
15	梁家恒	男	1951年10月	大专	1970年1月	中学体育高级	瓮安二中	退休
16	龚筑强	男	1952年4月	本科	1970年5月	中学地理高级	瓮安二中	退休
17	刘作诗	男	1953年1月	本科	1974年9月	中学语文高级	瓮安二中	退休
18	肖跃生	男	1953年7月	本科	1974年8月	中学英语高级	瓮安二中	退休
19	罗祖学	男	1955年8月	本科	1975年8月	中学语文高级	瓮安二中	退休
20	张桂兰	女	1956年5月	大专	1975年9月	中学历史高级	瓮安二中	退休
21	毛　静	男	1957年9月	本科	1977年12月	中学物理高级	瓮安二中	退休
22	曹会琴	女	1958年5月	大专	1974年8月	中学政治高级	瓮安二中	退休
23	王其一	男	1958年10月	本科	1977年8月	中学语文高级	瓮安二中	退休
24	张　蔚	女	1958年11月	本科	1981年8月	中学历史高级	瓮安二中	已故
25	徐家海	男	1959年5月	大专	1977年7月	中学化学高级	瓮安二中	退休
26	杨国菊	女	1961年6月	本科	1981年8月	中学政治高级	瓮安二中	退休

续表6—2

序号	姓名	性别	出生年月	学历	参加工作时间	职称	工作单位	备注
27	丁丽娟	女	1961年9月	本科	1981年8月	中学英语高级	瓮安二中	退休
28	王燕翔	女	1961年12月	本科	1981年8月	中学语文高级	瓮安二中	退休
29	陈　斌	男	1962年9月	本科	1983年8月	中学物理高级	瓮安二中	在聘
30	李小忠	男	1963年1月	本科	1986年8月	中学语文高级	瓮安二中	在聘
31	黄　菊	女	1963年3月	本科	1981年8月	中学英语高级	瓮安二中	退休
32	李文通	男	1963年9月	本科	1984年8月	中学数学高级	瓮安二中	在聘
33	王小勇	男	1964年1月	本科	1984年8月	中学语文高级	瓮安二中	在聘
34	黄　喆	男	1964年3月	本科	1985年7月	中学政治高级	瓮安二中	在聘
35	聂棋槐	男	1964年8月	本科	1986年8月	中学数学高级	瓮安二中	在聘
36	程义厚	男	1964年8月	本科	1986年8月	中学物理高级	瓮安二中	在聘
37	黄俊松	男	1964年10月	本科	1984年8月	中学数学高级	瓮安二中	调离
38	何崇玖	男	1964年10月	本科	1985年8月	中学数学高级	瓮安二中	在聘
39	杨汉全	男	1964年11月	本科	1986年8月	中学化学高级	瓮安二中	在聘
40	张清昌	男	1964年12月	本科	1987年8月	中学物理高级	瓮安二中	在聘
41	胡天燕	女	1965年2月	本科	1982年12月	中学语文高级	瓮安二中	在聘
42	夏锦富	男	1965年6月	本科	1987年7月	中学数学高级	瓮安二中	在聘
43	吴昌松	男	1966年1月	本科	1985年8月	中学语文高级	瓮安二中	在聘
44	李洪琼	女	1966年1月	本科	1989年8月	中学英语高级	瓮安二中	在聘
45	顾德贵	男	1966年2月	本科	1988年8月	中学物理高级	瓮安二中	在聘
46	宋旭华	男	1966年3月	本科	1984年8月	中学化学高级	瓮安二中	在聘
47	黄碧凤	女	1966年3月	本科	1984年8月	中学信息高级	瓮安二中	在聘
48	张泰军	男	1966年9月	本科	1986年8月	中学生物高级	瓮安二中	在聘
49	余家品	男	1966年11月	本科	1990年9月	中学化学高级	瓮安二中	调离
50	张明光	男	1966年12月	本科	1991年8月	中学物理高级	瓮安二中	在聘
51	戴德东	男	1967年2月	本科	1986年8月	中学英语高级	瓮安二中	已故
52	唐安林	男	1967年3月	本科	1991年8月	中学历史高级	瓮安二中	在聘
53	李国凡	男	1967年5月	本科	1985年8月	中学英语高级	瓮安二中	在聘

续表6—2

序号	姓名	性别	出生年月	学历	参加工作时间	职称	工作单位	备注
54	谢　静	男	1967年8月	本科	1989年9月	中学政治高级	瓮安二中	调离
55	李荣强	男	1967年9月	本科	1989年8月	中学化学高级	瓮安二中	在聘
56	周汉英	女	1967年9月	本科	1989年8月	中学化学高级	瓮安二中	在聘
57	王华松	男	1967年10月	本科	1991年8月	中学历史高级	瓮安二中	在聘
58	周泽宏	男	1968年2月	本科	1988年8月	中学语文高级	瓮安二中	调离
59	王　警	男	1968年2月	本科	1991年8月	中学物理高级	瓮安二中	在聘
60	黄胜华	男	1968年2月	本科	1991年8月	中学物理高级	瓮安二中	在聘
61	胡孔刚	男	1968年3月	本科	1986年8月	中学语文高级	瓮安二中	在聘
62	龙惠清	女	1968年7月	本科	1990年8月	中学体育高级	瓮安二中	在聘
63	刘兰华	男	1968年8月	本科	1986年8月	中学语文高级	瓮安二中	调离
64	邓永富	男	1968年8月	本科	1991年8月	中学英语高级	瓮安二中	在聘
65	郭雄杰	男	1968年10月	本科	1990年8月	中学化学高级	瓮安二中	在聘
66	王绍仙	女	1968年11月	本科	1991年8月	中学数学高级	瓮安二中	调离
67	张正军	男	1969年10月	本科	1989年8月	中学语文高级	瓮安二中	在聘
68	罗建明	男	1969年11月	本科	1989年8月	中学英语高级	瓮安二中	在聘
69	兰裕晖	女	1970年6月	本科	1992年8月	中学数学高级	瓮安二中	在聘
70	简雪曼	女	1971年3月	本科	1996年8月	中学历史高级	瓮安二中	在聘
71	周凤学	男	1971年4月	本科	1995年8月	中学英语高级	瓮安二中	在聘
72	谢祥群	男	1971年10月	本科	1995年8月	中学语文高级	瓮安二中	在聘
73	杨　梅	女	1971年11月	本科	1992年8月	中学语文高级	瓮安二中	在聘
74	张宇祥	男	1972年9月	本科	1990年8月	中学语文高级	瓮安二中	调离
75	彭长刚	男	1972年9月	本科	2000年8月	中学政治高级	瓮安二中	在聘
76	冯配金	男	1973年4月	本科	1995年8月	中学数学高级	瓮安二中	在聘
77	王　华	女	1973年7月	本科	1996年8月	中学物理高级	瓮安二中	在聘
78	宋忠荣	女	1973年10月	本科	1994年8月	中学英语高级	瓮安二中	在聘
79	任京华	女	1973年11月	本科	1995年8月	中学英语高级	瓮安二中	在聘
80	张全江	男	1973年11月	本科	1998年8月	中学生物高级	瓮安二中	在聘

续表6—2

序号	姓名	性别	出生年月	学历	参加工作时间	职称	工作单位	备注
81	简良恩	女	1974年1月	本科	1994年8月	中学语文高级	瓮安二中	在聘
82	雷成刚	男	1974年7月	本科	1994年8月	中学数学高级	瓮安二中	在聘
83	刘兴东	男	1974年9月	本科	1998年8月	中学数学高级	瓮安二中	在聘
84	杨洪宗	男	1974年10月	本科	1996年8月	中学英语高级	瓮安二中	在聘
85	商　露	女	1974年10月	本科	1996年9月	中学物理高级	瓮安二中	在聘
86	李绍龙	男	1975年1月	本科	1994年8月	中学语文高级	瓮安二中	在聘
87	唐艳山	男	1975年1月	本科	1997年9月	中学化学高级	瓮安二中	在聘
88	王永念	男	1975年3月	本科	1997年8月	中学数学高级	瓮安二中	在聘
89	犹永春	男	1975年3月	本科	2000年8月	中学生物高级	瓮安二中	在聘
90	张家祥	男	1975年5月	本科	1995年8月	中学体育高级	瓮安二中	在聘
91	杨家文	男	1975年6月	本科	2000年8月	中学物理高级	瓮安二中	在聘
92	陶荣华	男	1975年8月	本科	1996年8月	中学语文高级	瓮安二中	在聘
93	姚仕芳	男	1975年8月	本科	2000年8月	中学数学高级	瓮安二中	在聘
94	卢清明	男	1975年11月	本科	1999年8月	中学数学高级	瓮安二中	在聘
95	黎显福	男	1975年12月	本科	1998年8月	中学体育高级	瓮安二中	在聘
96	牟天伟	男	1976年3月	本科	1998年8月	中学数学高级	瓮安二中	在聘
97	何明荣	女	1976年3月	本科	2000年8月	中学数学高级	瓮安二中	在聘
98	罗　亮	男	1976年5月	本科	1999年8月	中学数学高级	瓮安二中	在聘
99	李昕波	男	1976年9月	本科	1999年8月	中学数学高级	瓮安二中	在聘
100	王永荣	女	1976年9月	本科	2000年8月	中学数学高级	瓮安二中	在聘
101	王　强	男	1976年10月	本科	1995年8月	中学地理高级	瓮安二中	在聘
102	陆龙金	男	1976年12月	本科	1996年8月	中学数学高级	瓮安二中	在聘
103	韦　祎	女	1977年1月	本科	1996年8月	中学英语高级	瓮安二中	在聘
104	谢云群	女	1977年5月	本科	1998年8月	中学英语高级	瓮安二中	在聘
105	陈德菊	女	1977年12月	本科	2001年8月	中学历史高级	瓮安二中	在聘
106	刘　玥	女	1978年1月	本科	2003年8月	中学英语高级	瓮安二中	在聘
107	邓实群	女	1978年6月	研究生	2006年3月	中学生物高级	瓮安二中	在聘

续表6—2

序号	姓名	性别	出生年月	学历	参加工作时间	职称	工作单位	备注
108	骆品相	男	1978年8月	本科	2003年8月	中学化学高级	瓮安二中	在聘
109	毛　飞	男	1979年3月	本科	2002年9月	中学物理高级	瓮安二中	在聘
110	周学文	男	1979年6月	本科	2004年8月	中学地理高级	瓮安二中	在聘
111	罗　鑫	男	1979年11月	本科	2004年9月	中学体育高级	瓮安二中	在聘
112	宋锡丽	女	1980年1月	本科	2005年8月	中学物理高级	瓮安二中	在聘
113	卢　清	男	1981年7月	本科	2006年6月	中学语文高级	瓮安二中	在聘
114	安发光	男	1983年6月	本科	2005年8月	中学化学高级	瓮安二中	在聘

第五节　教师参政议政

人民代表大会制度是中国人民民主专政的政权组织形式，是中国的根本政治制度。县、不设区的市、市辖区、乡、民族乡、镇的人民代表大会代表由选民直接选举。1984年4月，学校教师黄万成当选为县九届人大代表，并任常委会委员出席瓮安县第九届人民代表大会。1996年4月，学校教师韩永珍（女）当选瓮安县第12届人大代表，2002年3月，韩永珍再次当选瓮安县第13届人民代表。2006年3月，丁丽娟（女）当选为黔南布依族苗族自治州第12届人民代表。2018年1月，韦祎（女）当选为贵州省第13届省人大代表。

政治协商制度（政协制度），是指在中国共产党领导下，各政党、各人民团体、各少数民族和社会各界的代表，以中国人民政治协商会议为组织形式，经常就国家的大政方针进行民主协商的一种制度。1982年至1990年4月，邓凡祚当选为瓮安县政协委员，并任常务委员会二、三、四、五届政协副主席。1987年4月，黄育中当选为瓮安县政协常务委员会第四届政协常委。1992年4月，张显忠当选为黔南自治州政协常务委员会第七届州政协委员。1993年4月，罗祖学当选为瓮安县政协常务委员会六届政协常委。1997年4月，张显忠当选为黔南布依族苗族自治州政协常务委员会第八届州政协委员。2001年4月，韩永珍老师（女）当选为瓮安县政协常务委员会第八届政协常委。2006年4月，徐家海当选为瓮安政协常务委员会第九届政协常委。2011年4月，丁丽娟（女）当选为瓮安县政协常务委员会第十届政协常委。谢静（男）被选黔南布依族苗族自治州政协常务委员会第十一届州政协委员。2017年1月，唐安林当选为黔南布依族苗族自治州政协第十二届政协委员。邓永富老师当选为瓮安县政协第十一届政协委员。

第六节　教师荣誉

因为资料缺失，故主要统计在职教职工及部分退休教师提供的所获县级以上奖项（含县教育局奖项），所统计奖项有教学奖、教师辅导奖、参加优质课竞赛奖、参加各级各类教研奖、政府部门颁发奖。计1000余项。按姓氏首字母排列。

1990—2018年教师荣誉统计表

表6—3

姓名	奖项	颁奖单位	时间
安发光	高中化学竞赛指导学生获三等奖	贵州化工学会	2011年7月
包宏飞	高考教学优秀奖	瓮安县教育局	2009年9月
	师德师风学习标兵	瓮安县教育局	2009年9月
	全国中学英语教师教学技能大赛二等奖	基础教育研究中心	2010年12月
	高考教学优秀奖	瓮安县教育局	2012年9月
	教学能手	瓮安县人民政府	2017年9月
蔡正忠	优秀论文、优秀课件、优质课二等奖	黔南布依族苗族自治州教育局	2009年12月
	黔南布依族苗族自治州中学计算机学科骨干教师	黔南布依族苗族自治州教育局	2011年7月
陈启红	学案设计一等奖	黔南布依族苗族自治州教育局	2010年12月
	黔南布依族苗族自治州预选赛优质课二等奖	黔南布依族苗族自治州教育局	2013年5月
	高中思想政治优质课一等奖	瓮安县教育局	2013年5月
	优秀教师	瓮安县教育局	2013年9月
	基础教育教学、教研成果三等奖	黔南布依族苗族自治州教育局	2015年1月
	教育教学科研论文及教学设计评选三等奖	贵州教育学会	2015年7月
	教学能手	瓮安县人民政府	2015年9月
	高中政治优质课一等奖	瓮安县教育局	2016年4月
	高中政治学科优质课二等奖	黔南布依族苗族自治州教育局	2016年5月

续表6—3

姓名	奖项	颁奖单位	时间
	教学能手	瓮安县人民政府	2016年9月
	现代远程教育优秀论文、优质课、课件二等奖	黔南布依族苗族自治州教育局	2016年12月
	先进工作者	瓮安县教育局	2017年2月
陈兴军	教育教学科研论文二等奖	贵州教育学会	2011年7月
	基础教育学术作品评选活动中获二等奖	中国当代教育学会	2011年3月
	全国优秀论文评选活动获一等奖	中央教育科学研究中心	2013年10月
	高考教学优秀奖	瓮安县人民政府	2013年9月
	教学能手	瓮安县人民政府	2014年9月
	教学能手	瓮安县人民政府	2015年9月
	教学能手	瓮安县人民政府	2016年9月
	优秀工作者	瓮安县教育局	2016年9月
	教学能手	瓮安县人民政府	2018年9月
	高考优秀教师	瓮安县人民政府	2018年9月
陈镖	教学设计二等奖	贵州省教育科学院	2015年7月
陈皓	优秀组织奖	瓮安县团委	2014年12月
	优秀奖	黔南布依族苗族自治州委宣传部	2015年9月
	优秀工作者	瓮安县教育局	2016年9月
	教学能手	瓮安县人民政府	2017年9月
陈静	教学设计三等奖	贵州省教育科学院	2009年7月
	教师技能大赛三等奖	黔南布依族苗族自治州教育局	2016年4月
陈雨杭	教学设计二等奖	贵州省教育科学院	2015年7月
	黔南布依族苗族自治州实验教学方案设计论文二等奖	黔南布依族苗族自治州教育局	2015年7月
	黔南布依族苗族自治州第九届远程教育优质课三等奖	黔南布依族苗族自治州教育局	2016年1月
	论文一等奖	黔南布依族苗族自治州教育局	2016年1月
	黔南布依族苗族自治州科技创新大赛科技辅导员二等奖	黔南布依族苗族自治州教育局	2017年2月
	贵州省科技创新大赛科技辅导员三等奖	贵州省教育厅	2017年6月
	瓮安县科技创新大赛科技辅导员一等奖	瓮安县教育局	2017年9月

续表6—3

姓名	奖项	颁奖单位	时间
陈跃琴	2004—2005学年度优秀教师	瓮安县人民政府	2005年9月
	全国中学英语教师教学技能大赛一等奖	国家基础教育中心	2006年12月
	全国中小学教师说课活动说课稿一等奖	中国教育电视协会	2010年7月
	高考优秀教师	瓮安县教育局	2010年9月
	全国中学英语教师教学技能大赛三等奖	国家基础教育中心	2010年12月
	英语风采大赛黔南赛区决赛二等奖	黔南布依族苗族自治州教育局	2016年6月
	教师技能大赛文科组一等奖	瓮安县总工会	2016年12月
陈志全	“瓮水杯”英语技能大赛指导教师	瓮安县教育局	2012年11月
邓实群	高考成绩突出奖	瓮安县教育局	2009年9月
	优秀科技辅导员	瓮安县教育局	2010年9月
	高考教学优秀奖	瓮安县教育局	2011年9月
	高考教学优秀奖	瓮安县教育局	2012年9月
	瓮安县十佳教师	瓮安县人民政府	2013年9月
	高考教学优秀奖	瓮安县人民政府	2014年9月
	高考教学能手	瓮安县教育局	2014年9月
	优秀辅导员	瓮安县教育局	2015年1月
	教学能手	瓮安县教育局	2016年9月
	教学能手	瓮安县人民政府	2017年9月
邓永富	优秀班主任	瓮安县人民政府	2004年9月
	高中教学成绩优秀奖	瓮安县人民政府	2007年9月
	“关爱学生”先进个人	黔南布依族苗族自治州教育局	2009年9月
	骨干教师	瓮安县教育局	2009年9月
	优秀教师	瓮安县教育局	2011年9月
	优秀工会工作者	瓮安县教育局	2014年9月
	黔南布依族苗族自治州骨干教师	黔南布依族苗族自治州教育局	2015年9月
	黔南布依族苗族自治州优质课评比高中组三等奖	黔南布依族苗族自治州教育局	2017年9月
丁强	高中物理教师技能大赛二等奖	黔南布依族苗族自治州教育局	2016年4月

续表6—3

姓名	奖项	颁奖单位	时间
杜洪伟	“多彩贵州”好教育联盟优质课三等奖	黔东南州教育局	2017年1月
杜静秀	优秀工作者	共青团瓮安县委	2016年9月
	优秀课件三等奖	黔南布依族苗族自治州教育局	2016年9月
	优秀工作者	共青团瓮安县委	2017年9月
	研究报告三等奖	贵州省教育科学院	2017年9月
	教学设计二等奖	贵州省教育科学院、	2017年9月
费晓环	优秀工作者	共青团瓮安县委	2016年9月
冯福晟	优秀辅导教师	黔南布依族苗族自治州教育局	2016年6月
	优质课二等奖	黔南布依族苗族自治州教育局	2017年9月
冯配金	教学能手	瓮安县人民政府	2002年9月
	优秀班主任	瓮安县人民政府	2007年9月
	高考教学优秀奖	瓮安县人民政府	2011年9月
	高考教学优秀奖	瓮安县人民政府	2013年9月
	高考命题活动二等奖	黔南布依族苗族自治州教育局	2014年7月
	教学能手	瓮安县人民政府	2014年9月
	高考命题活动一等奖	黔南布依族苗族自治州教科所	2015年12月
	教学能手	瓮安县人民政府	2017年9月
符猛	辅导学生竞赛一等奖	贵州省化学化工学会	2014年7月
	教学设计二等奖	贵州省教育科学院	2015年7月
	优秀论文、优质课及优秀课件三等奖	黔南布依族苗族自治州教育局	2016年1月
付家会	优秀教师	瓮安县教育局	2014年9月
	教学能手	瓮安县人民政府	2016年9月
龚筑强	先进工作者	册亨县委、县政府	1977年12月
	优秀科技人员	瓮安县委、县政府	1992年9月
	优秀科技人员	瓮安县委、县政府	1993年9月
	教研工作成绩显著	黔南布依族苗族自治州教育局	1992年9月
	先进中函辅导教师	瓮安县教育局	1995年9月

续表6—3

姓名	奖项	颁奖单位	时间
	优秀共产党员	中共瓮安县委	1998年10月
	高教教学成绩优秀	瓮安县人民政府	2002年9月
	高教教学成绩优秀	瓮安县人民政府	2004年9月
	高教教学成绩优秀	瓮安县人民政府	2005年9月
龚丽玲	英语教师教学技能大赛高中组二等奖	外语教育中心组	2010年9月
	优秀教师	瓮安县教育局	2010年9月
	高考教学优秀奖	瓮安县人民政府	2013年9月
	优秀教师	瓮安县教育局	2014年9月
	教学能手	瓮安县人民政府	2016年9月
	优秀志愿者	共青团瓮安县委	2016年9月
	优秀课件二等奖	黔南布依族苗族自治州教育局	2016年9月
	教学能手	瓮安县人民政府	2017年9月
何崇玖	瓮安县十佳优秀班主任	瓮安县人民政府	2002年9月
	高中会考成绩优秀奖	瓮安县人民政府	2004年9月
	高考教学优秀奖	瓮安县人民政府	2008年9月
	高考教学优秀奖	瓮安县人民政府	2009年9月
	高考教学优秀奖	瓮安县人民政府	2010年9月
	高考教学优秀奖	瓮安县人民政府	2011年9月
	高考教学优秀奖	瓮安县人民政府	2012年9月
	高考教学优秀奖	瓮安县人民政府	2013年9月
	高考教学能手	瓮安县人民政府	2014年9月
	高考教学能手	瓮安县人民政府	2015年9月
	高考教学能手	瓮安县人民政府	2016年9月
	高考教学能手	瓮安县人民政府	2017年9月
	黔南布依族苗族自治州考试命题活动一等奖	黔南布依族苗族自治州教育局	2014年5月
	指导学生参加全国数学联赛二等奖2人次	贵州省数学学会	2016年9月
	指导学生参加全国数学联赛三等奖2人次	贵州省数学学会	2016年9月

续表6—3

姓名	奖项	颁奖单位	时间
何崇玖	指导学生参加全国数学联赛三等奖3人次	贵州省数学学会	2018年12月
	指导学生参加全国数学联赛三等奖2人次	贵州省数学学会	2018年12月
何国宇	瓮水杯辅导奖	瓮安县教育局	2014年9月
何晶	论文三等奖	贵州省教育科学院	2014年7月
	高中优质课评比二等奖	瓮安县教育局	2015年4月
	工业的区位选择教学设计二等奖	贵州省教育科学院	2015年7月
何开兵	数学竞赛优秀辅导员	“希望杯”组委会	2010年6月
	数学竞赛优秀辅导员	“希望杯”组委会	2011年6月
	优秀教师	瓮安县教育局	2012年9月
	教学能手	瓮安县人民政府	2016年9月
何茂华	优秀工作者	瓮安县人民政府	2015年9月
何明荣	论文二等奖	中国教育教学研究会	2013年2月
	高中数学优质课评比活动获二等奖	瓮安县教育局	2013年4月
	二十三届“希望杯”数学竞赛优秀辅导员	“希望杯”组委会	2013年6月
	优秀课件三等奖	黔南布依族苗族自治州教育局	2013年12月
何松莉	教学设计三等奖	中国教育学会	2017年2月
何宗永	教学能手	瓮安县人民政府	2016年9月
侯保国	全国中小学优质课电视展示活动二等奖	中国教育电视台	2014年6月
	全国高中英语优质课评比活动一等奖	国家基础教育中心	2014年6月
	教学设计一等奖	贵州省教育科学院	2014年7月
	教学设计三等奖	贵州省教育科学院、	2015年7月
	论文三等奖	贵州省教育科学院	2016年6月
胡孔刚	2008年“农行杯”作文竞赛指导奖	瓮安县教育局	2008年5月
	高考教学优秀奖	瓮安县人民政府	2013年9月
	教学能手	瓮安县人民政府	2017年9月
黄　波	优秀教师	瓮安县人民政府	2010年6月
	优秀教师	瓮安县教育局	2010年9月
	高考教学优秀奖	瓮安县人民政府	2013年9月

续表6—3

姓名	奖项	颁奖单位	时间
黄　枫	教学能手	瓮安县人民政府	2016年9月
黄惠轸	教学设计二等奖	中国教育学会	2017年2月
黄　菊	指导学生高二年级组一等奖	中国教育学会	2001年9月
	指导学生二等奖。	中国教育学会	2003年9月
	黔南布依族苗族自治州英语教育学会论文评选一等奖	黔南布依族苗族自治州教育局	2004年9月
	高考教学成绩奖	瓮安县人民政府	2004年9月
	指导学生竞赛高三年级组一等奖	外语教育中心	2005年9月
	指导学生竞赛高三年级组二等奖	外语教育中心	2005年9月
	获高考英语科教学成绩三等奖	瓮安县教育局	2006年9月
	全国中学英语教师教学技能大赛二等奖	外语教育中心	2006年9月
	优秀共产党员	瓮安县机关委员会	2007年1月
	指导学生竞赛高三年级组二等奖。	外语教育中心	2009年9月
	贵州省女职工建功立业标兵	贵州省总工会	2010年9月
	指导学生竞赛高一年级组优胜奖。	外语教学研究会	2011年7月
	高考教学优秀奖	瓮安县教育局	2011年9月
	高考教学优秀奖	瓮安县教育局	2012年9月
	敬业奉献道德模范	瓮安县精神文明办	2014年9月
	教学能手	瓮安县人民政府	2017年9月
黄胜华	中小学探究实验教学方案成果一等奖	瓮安县教育局	2011年5月
	全国中青年教师优质课大赛二等奖	中国基础教育研究会	2011年12月
黄　沅	瓮安县高中音乐优质课三等奖	瓮安县教育局	2014年12月
黄　喆	黔南布依族苗族自治州高三政治学科（理科）优秀奖	黔南布依族苗族自治州教委	1992年12月
	高考单科成绩优秀奖	瓮安教育局	1993年11月
	政治科教学优秀奖	瓮安教育局	1999年12月
	高考政治超省及格率奖	瓮安教育局	1999年12月
	教育教学科研论文、教学设计三等奖	贵州教育学会	2011年7月
	高考优秀模拟试卷评比政治学科二等奖	黔南布依族苗族自治州教育局	2014年7月

续表6—3

姓名	奖项	颁奖单位	时间
黄　喆	教育教学科研论文、教学设计三等奖	贵州教育学会	2014年7月
	教学能手	瓮安县人民政府	2014年9月
	基础教育教学科研成果三等奖	黔南布依族苗族自治州教育局	2015年1月
	教育教学科研论文、教学设计三等奖	贵州教育学会	2015年7月
	教学能手	瓮安县人民政府	2016年9月
贾家富	教学能手	瓮安县人民政府	2016年9月
简良恩	黔南布依族苗族自治州中学语文优质课高中组二等奖	黔南布依族苗族自治州教育局	2008年9月
	师德模范	瓮安县教育局	2010年9月
	优秀班主任	瓮安县教育局	2010年9月
	瓮安县中学语文学科骨干教师	瓮安县教育局	2011年4月
	高考教学优秀奖	瓮安县教育局	2011年9月
	高考教学优秀奖	瓮安县教育局	2012年9月
	“十佳”科技人才	瓮安县人民政府	2013年3月
	师德标兵	瓮安县教育局	2014年9月
	教学设计二等奖	贵州省教科院	2015年7月
	教学能手	瓮安县人民政府	2015年9月
	高中组演讲比赛辅导奖	瓮安县教育局	2017年4月
简雪曼	多媒体教学课件评比二等奖	贵州省教科所	2008年7月
	瓮安县中学历史学科骨干教师	瓮安县教育局	2011年4月
	教学科研论文、教学设计评选二等奖	贵州省教科所	2011年7月
	优秀教师	瓮安县教育局	2012年9月
	黔南布依族苗族自治州中小学州级骨干教师	黔南布依族苗族自治州教育局	2014年1月
	论文、教学设计评选三等奖	贵州省教育科学院	2014年7月
	2014年高考优秀模拟试卷评比三等奖	黔南布依族苗族自治州教育局	2014年7月
	师德标兵	瓮安县教育局	2014年9月
	科研论文、教学设计评选二等奖	贵州省教育科学院	2015年7月

续表6—3

姓名	奖项	颁奖单位	时间
林　艳	教育教学科研论文、教学设计评选三等奖	贵州教育学会	2010年7月
	教育教学科研论文、教学设计评选一等奖	贵州教育学会	2011年7月
	教学能手	瓮安县人民政府	2014年9月
	教学能手	瓮安县人民政府	2016年9月
	先进班集体	黔南布依族苗族自治州教育局	2017年6月
	教学能手	瓮安县人民政府	2017年9月
兰成兵	优秀指导教师奖	中国美院委员会	2016年9月
	优秀教师辅导奖	瓮安县教育局	2017年5月
兰树娇	第四届省中小学生作文写作大赛辅导二等奖	贵州省教育厅	2014年4月
	论文大赛三等奖	贵州省教育科学院	2016年6月
	第七届全国中小学生长春高新作文大赛辅导三等奖	中国教育学会	2017年5月6日
	高考教学能手	瓮安县人民政府	2016年9月9日
	黔南布依族苗族自治州学宪法演讲比赛优秀教师指导奖	黔南布依族苗族自治州教育局	2018年8月
黎金坤	教学能手	瓮安县人民政府	2014年9月
	高考教学能手	瓮安县人民政府	2015年9月
	先进工作者	瓮安县教育局	2017年7月
	教学能手	瓮安县人民政府	2017年9月
黎显福	优秀教练员	瓮安县教育局	2009年5月
	优秀教练员	瓮安县人民政府	2010年5月
	优秀教练员	瓮安县教育局	2013年1月
	中考教学优秀奖	瓮安县人民政府	2013年9月
	优秀体育工作者	瓮安县人民政府	2013年12月
	优秀裁判员	瓮安县宣传部	2014年9月
	教学能手	瓮安县人民政府	2014年9月

续表6—3

姓名	奖项	颁奖单位	时间
黎显福	优秀裁判员	州运动会组委会	2015年8月
	教学能手	瓮安县人民政府	2015年9月
	优秀体育工作者	瓮安县教育局	2016年6月
	教学能手	瓮安县人民政府	2016年9月
	优秀体育工作者	黔南布依族苗族自治州教育局	2017年1月
李庆忠	优秀科技人才	瓮安县人民政府	1992年9月
	贵州优秀教育工作者	贵州省教育厅	1995年9月
	黔南布依族苗族自治州师德标兵	黔南布依族苗族自治州教育局	1999年9月
	优秀校长	瓮安县教育局	2002年9月
	中学化学特级教师	贵州省人民政府	2003年6月
	优秀校长	黔南布依族苗族自治州教育局	2004年9月
	州关协先进个人	黔南布依族苗族自治州关协	2006年9月
	教育特别贡献奖	瓮安县人民政府	2007年9月
李传江	实验教学方案成果一等奖	黔南布依族苗族自治州教育局	2013年7月
	科研论文、教学设计三等奖	贵州省教育科学院科	2013年7月
	实验教学方案成果（论文）三等奖	黔南布依族苗族自治州教育局	2016年1月
	课件二等奖	黔南布依族苗族自治州教育局	2016年12月
	瓮安县高中通用技术优质课比赛二等奖	瓮安县教育局	2017年3月
	黔南布依族苗族自治州实验教学技能创新大赛三等奖	黔南布依族苗族自治州教育局	2017年7月
李国凡	中考单科成绩优秀奖	瓮安县人民政府	2005年9月
	辅导学生竞赛获三等奖	外语教育中心	2009年12月
	辅导学生竞赛获奖	中国教育学会	2010年12月
	辅导学生竞赛获奖	中国教育学会	2012年1月
	全国创意法教育实施优秀教师	全国创意法课题组	2012年12月
	课题获奖	瓮安县教育局	2016年9月
李亨志	考试命题一等奖	黔南布依族苗族自治州教育局教科所	2016年5月
	教学能手	瓮安县教育局	2016年9月

续表6—3

姓名	奖项	颁奖单位	时间
	教学能手	瓮安县人民政府	2017年9月
李洪琼	县教育局“三个文明”建设优秀教师称号	瓮安县教育局	1994年1月
	《如何提高中学生英语写作》	黔南布依族苗族自治州教育局	2006年1月
	《如何指导中学生进行英语背诵》	黔南布依族苗族自治州教育局	2007年1月
	高考优秀教师	瓮安县人民政府	2008年1月
	高考优秀模拟试卷二等奖	黔南布依族苗族自治州教育局	2014年9月
李平珍	中考教学质量优秀	瓮安县人民政府	2013年9月
	优秀教师	瓮安县人民政府	2016年1月
李荣芝	高考教学优秀奖	瓮安县人民政府	2013年9月
	现代远程教育优秀论文优质课三等奖	黔南布依族苗族自治州教育局	2013年12月
	教学能手	瓮安县人民政府	2014年9月
	黔南布依族苗族自治州优秀课例及优秀课件三等奖	黔南布依族苗族自治州教育局	2014年12月
	教学能手	瓮安县人民政府	2015年9月
	论文一等奖	黔南布依族苗族自治州教育局	2016年1月
	教学能手	瓮安县人民政府	2016年9月
李瑞常	全国中青年教师优质课大赛二等奖	中国基础教育研究会	2011年12月
	教学科研成果三等奖；	黔南布依族苗族自治州教育局	2015年1月
	教学设计一等奖	贵州省教科院	2015年7月
	命题一等奖	黔南布依族苗族自治州教科所	2015年12月
	高中物理教师技能大赛三等奖	黔南布依族苗族自治州教育局	2016年4月
	考试命题一等奖	黔南布依族苗族自治州教育局教科所	2016年5月
	实验教学方案设计二等奖	黔南布依族苗族自治州教育局	2016年1月
	优质课二等奖	瓮安县总工会	2016年12月
李绍龙	1998年度中考语文单科成绩“优秀奖”	瓮安县教育局	1998年11月
	1999年中考中获语文科全县第五名	瓮安县教育局	1999年12月
	教具评比二等奖	瓮安县教育局	2004年1月
	2010年中职招生“先进个人”	瓮安县教育局	2010年9月

续表6—3

姓名	奖项	颁奖单位	时间
李绍龙	2009—2010学年度“优秀校长”	瓮安县教育局	2010年9月
	课件二等奖	黔南布依族苗族自治州教育局	2010年12月
	黔南布依族苗族自治州优秀科教人才奖	黔南布依族苗族自治州人民政府	2011年3月
	贵州边远山区“优秀教师”	贵州省教育厅	2011年5月
	2010—2011学年度“先进个人”	瓮安县人民政府	2011年9月
	2010—2011学年度“优秀校长”	瓮安县教育局	2011年9月
	2012—2013学年度“优秀校长”	瓮安县教育局	2013年9月
李贤军	高考模拟命题比赛二等奖	黔南布依族苗族自治州教育局	2014年5月
	教学能手	瓮安县人民政府	2015年9月
	年度考核优秀	瓮安县人社局	2016年3月
	命题活动一等奖	黔南布依族苗族自治州教科所	2016年5月
	教学能手	瓮安县人民政府	2017年9月
李昕波	贵州省数学竞赛优秀辅导员	贵州省数学学会	2005年11月
	全国数学希望杯优秀辅导员	“希望杯”组委会	2006年9月
	全国数学希望杯优秀辅导员	“希望杯”组委会	2007年6月
	全国数学邀请赛优秀辅导员	贵州数学学会	2007年9月
	优秀班主任	瓮安县委、县政府	2009年6月
	师德师风先进个人	黔南布依族苗族自治州教育局	2009年9月
	优秀教师	瓮安教育局	2009年9月
	全国数学希望杯优秀辅导员	“希望杯”组委会	2010年6月
	教学能手	瓮安县人民政府	2010年6月
	优秀教师	瓮安教育局	2010年9月
	黔南布依族苗族自治州优秀教师	黔南布依族苗族自治州人民政府	2011年7月
	十佳教师	瓮安县人民政府	2011年9月
	高考学科成绩突出奖	瓮安教育局	2012年9月
	高考教学优秀奖	瓮安县人民政府	2013年9月
李昕艺	优秀教育工作者	瓮安县人民政府	2016年9月

续表6—3

姓名	奖项	颁奖单位	时间
李兴全	高考教学优秀奖	瓮安县人民政府	2013年9月
	教学能手	瓮安县人民政府	2014年9月
	教学能手	瓮安县人民政府	2015年9月
	教学能手	瓮安县人民政府	2016年9月
梁国顺	高考教学质量优秀奖	瓮安县人民政府	2011年9月
	高考教学优秀奖	瓮安县人民政府	2012年9月
	高考教学质量优秀	瓮安县人民政府	2013年9月
刘兰华	教学能手	瓮安县教育局	2001年8月
	高考语文科第一名	瓮安县委县、人民政府	2004年9月
	高考单科成绩奖	瓮安县委县、人民政府	2005年9月
	优秀教师	瓮安县委县、人民政府	2005年9月
	全国优秀教师	中语会	2006年12月
	优秀知识分子	瓮安县人民政府	2007年3月
	师德标兵	瓮安县教育局	2007年9月
	十佳校长、优秀校长	瓮安县人民政府	2009年9月
	高考教学优秀奖	瓮安县教育局	2011年9月
	高考教学优秀奖	瓮安县教育局	2012年9月
	贵州省优秀培训者	贵州省教育厅	2016年7月
	黔南布依族苗族自治州语言文字工作专家	黔南布依族苗族自治州教育局	2016年9月
	十佳校长、优秀校长	瓮安县人民政府	2017年9月
	瓮安县首批名校长工作室主持人	瓮安县教育局	2017年11月
	第三届教育科学研究优秀成果三等奖	贵州省教育厅	2017年12月
	贵州省省级教学名师	贵州省教育厅	2018年1月
	黔南布依族苗族自治州优秀教师	黔南布依族苗族自治州委州政府	2019年5月
刘　畅	辅导学生三等奖	贵州省教科所	2011年5月
	论文三等奖	贵州省教育学会	2011年6月
	实验创新优质课一等奖	瓮安县教育局	2014年6月

续表6—3

姓名	奖项	颁奖单位	时间
	实验创新优质课大赛二等奖	黔南布依族苗族自治州教育局	2014年7月
	教具制作二等奖	黔南布依族苗族自治州教育局	2016年4月
刘贵先	教学能手	瓮安县人民政府	2014年9月
刘怀敏	教具制作三等奖	瓮安县教育局	2008年1月
	教具制作二等奖	黔南布依族苗族自治州教育局	2008年11月
	论文二等奖	黔南布依族苗族自治州教育局	2009年7月
	论文三等奖	贵州省教育学会	2010年7月
	优秀教师	瓮安县教育局	2010年9月
	论文三等奖	贵州省教育学会	2011年7月
	教具二等奖	瓮安县教育局	2011年9月
	教学能手	瓮安县人民政府	2014年9月
	教学能手	瓮安县人民政府	2017年9月
刘　佳	黔南布依族苗族自治州高中生物教师技能大赛三等奖	黔南布依族苗族自治州教育局	2016年4月
	教学能手	瓮安县人民政府	2016年9月
刘清波	教学能手	瓮安县人民政府	2014年9月
	教学能手	瓮安县人民政府	2015年9月
刘万平	优秀班主任	瓮安县人民政府	2004年9月
	瓮安县第一批中学骨干教师	瓮安县教育局	2008年11月
	十佳班主任	瓮安县人民政府	2011年9月
	高考教学优秀奖	瓮安县人民政府	2012年9月
	“瓮水杯”辅导奖	瓮安县教育局	2012年11月
	高考教学优秀奖	瓮安县人民政府	2013年9月
	州级骨干教师	黔南布依族苗族自治州教育局	2014年9月
	教学能手	瓮安县人民政府	2015年9月
	教学能手	瓮安县人民政府	2016年9月
刘兴东	论文评比二等奖	黔南布依族苗族自治州教育局	2010年6月
	辅导竞赛二等奖	贵州省数学学会	2010年6月

续表6—3

姓名	奖项	颁奖单位	时间
刘兴东	优秀共产党员	瓮安县机关党委	2011年7月
刘垠椿	优秀辅导奖	共青团瓮安县委	2014年12月
	教学能手	瓮安县人民政府	2015年9月
	学生诗歌散文创作大赛辅导奖	瓮安县教育局	2016年12月
刘有四	黔南布依族苗族自治州第四届语文优质课三等奖	黔南布依族苗族自治州教育局	2012年9月
	书画大赛优秀辅导教师	瓮安县教育局	2013年4月
	写作创新大赛优秀辅导教师二等奖	贵州省教育厅	2014年4月
	教学设计二等奖	贵州省教科院	2014年7月
	黔南布依族苗族自治州第五届语文优质课一等奖	黔南布依族苗族自治州教育局	2014年11月
	高考教学能手	瓮安县人民政府	2015年9月
	优秀教师	瓮安县人民政府	2015年9月
	优质课二等奖	黔南布依族苗族自治州教育局	2016年1月
	教学能手	瓮安县人民政府	2016年9月
	高中组演讲比赛辅导奖	瓮安县教育局	2017年4月
刘　玥	论文一等奖	中国基础教育学会	2012年4月
	2014获瓮安县优质录像课一等奖	瓮安县教育局	2014年6月
	论文、教学设计三等奖	贵州省教科院	2014年7月
	优秀教师	瓮安县教育局	2014年9月
	研究性学习优质录像课竞赛二等奖	黔南布依族苗族自治州教育局	2014年9月
	黔南布依族苗族自治州高中英语优质现场课二等奖	黔南布依族苗族自治州教育局	2014年11月
	教学科研论文三等奖	贵州省教育科学院	2015年7月
	教学能手	瓮安县人民政府	2017年9月
龙承华	教育局优秀通讯员	瓮安县教育局	2010年11月
	先进个人	共青团瓮安县委	2015年5月
	演讲比赛优秀指导教师奖	黔南布依族苗族自治州教育局	2016年4月
	先进团干部	瓮安县团委	2016年5月
	法制教育先进个人	瓮安县教育局	2017年3月

续表6—3

姓名	奖项	颁奖单位	时间
龙惠清	教学设计二等奖	贵州省教科所	2008年7月
	优秀裁判员	瓮安县教育局	2011年1月
	县级骨干教师	瓮安县教育局	2011年4月
	教学设计一等奖	贵州省教科所	2011年7月
	优秀裁判员	瓮安县教育局	2012年11月
	优秀体育工作者	瓮安县人民政府	2013年12月
	教学设计二等奖	贵州省教科院	2014年7月
	优秀裁判员	州运动会组委会	2015年8月
卢　清	高考教学优秀奖	瓮安县人民政府	2013年9月
	教学能手	瓮安县人民政府	2014年9月
	优秀课件评选三等奖	黔南布依族苗族自治州教育局	2016年1月
卢清明	十四届希望杯“数学竞赛优秀辅导员”	“希望杯”组委会	2010年6月
	十五届希望杯“数学竞赛优秀辅导员”	“希望杯”组委会	2010年6月
	贵州省数学竞赛优秀辅导员	贵州省数学学会	2010年6月
	十七届希望杯“数学竞赛优秀辅导员”	“希望杯”组委会	2010年6月
	瓮安县第一批中学骨干教师。	瓮安县教育局	2010年6月
	贵州省数学竞赛优秀辅导员	贵州省数学学会	2011年7月
	贵州省数学竞赛优秀辅导员	贵州省数学学会	2011年7月
	优秀教师	瓮安县人民政府。	2011年7月
	贵州省数学竞赛优秀辅导员	贵州省数学学会	2011年7月
	高中教学成绩优秀	瓮安县人民政府。	2011年7月
陆龙金	数学优秀教师	瓮安县人民政府	2008年9月
	瓮安书法大赛优秀奖	瓮安县宣传部	2016年4月
	高考教学能手	瓮安县人民政府	2016年9月
	教师技能大赛	瓮安县总工会	2016年12月
	数学奥林匹克竞赛辅导奖	贵州省数学学会	2016年12月
	贵州省文联党章抄写收藏奖	贵州省文联	2016年12月

续表6—3

姓名	奖项	颁奖单位	时间
	瓮安山歌歌词创作大赛优秀奖	瓮安县宣传部	2017年1月
	瓮安山歌歌词创作大赛本地调三等奖	瓮安县宣传部	2017年2月
	数学奥林匹克竞赛辅导奖	贵州省数学学会	2017年11月
罗 亮	数学奥林匹克竞赛辅导奖	贵州省数学学会	2010年12月
	数学奥林匹克竞赛辅导奖	贵州省数学学会	2011年11月
	数学奥林匹克竞赛辅导奖	贵州省数学学会	2013年11月
	教学能手	瓮安县人民政府	2014年9月
	教学能手	瓮安县人民政府	2017年9月
罗 鑫	六盘水市高中体育“优质课”一等奖	六盘水市教育局	2010年9月
	中小学体育“优质课”三等奖	贵州省教育厅	2010年12月
	先进体育工作者	瓮安县教育局	2014年1月
	瓮安县高中体育“优质课”一等奖	瓮安县教育局	2014年11月
	黔南布依族苗族自治州高中体育“优质课”二等奖	黔南布依族苗族自治州教育局	2014年12月
	贵州省教科院评选的《教学设计》二等奖	贵州省教科院	2015年6月
	黔南布依族苗族自治州第四届运动会“优秀裁判员”	黔南布依族苗族自治州运动会组委会	2015年8月
	教学能手	瓮安县人民政府	2015年9月
	继续教育工程“优秀学员”	瓮安县教育局	2015年12月
	“光盘优质课”三等奖	黔南布依族苗族自治州教育局	2016年1月
	教学设计一等奖	贵州省教科院	2016年6月
	优秀教练员	瓮安县教育局	2016年11月
	优秀裁判员	瓮安县教育局	2017年5月
罗南松	高考优秀模拟试卷评比政治学科二等奖	黔南布依族苗族自治州教育局	2014年7月
	考试命题一等奖	黔南布依族苗族自治州教育局	2015年12月
	考试命题一等奖	黔南布依族苗族自治州教育局	2016年12月
	教学能手	瓮安县人民政府	2016年9月
罗雪峰	瓮安县英语歌曲大赛辅导学生一等奖	瓮安县教育局	2014年12月
骆品相	黔南布依族苗族自治州首届高中化学教师技能大赛二等奖	黔南布依族苗族自治州教育局	2007年11月

续表6—3

姓名	奖项	颁奖单位	时间
骆品相	辅导学生竞赛二等奖	贵州省化学化工学会	2010年7月
	辅导学生竞赛一等奖	贵州省化学化工学会	2011年7月
	辅导学生竞赛一等奖	贵州省化学化工学会	2014年7月
	“教学能手”	瓮安县人民政府	2014年9月
	现代化远程教育优秀论文、课、课件二等奖	黔南布依族苗族自治州教育局	2015年1月
	教学能手	瓮安县人民政府	2015年9月
	黔南布依族苗族自治州高中化学教师技能大赛获三等奖	黔南布依族苗族自治州教育局	2015年9月
	29届中国化学奥林匹克（初赛）组织贡献奖	中国化学会	2015年10月
	辅导学生竞赛二等奖	贵州省化学化工学会	2016年7月
	辅导学生竞赛三等奖	贵州省化学化工学会	2017年7月
	教学能手	瓮安县人民政府	2017年9月
	教学能手	瓮安县人民政府	2018年9月
毛　飞	论文二等奖	平坝县教育局	2008年7月
	平坝县优质课评选活动中荣获一等奖	平坝县教育和科技局	2010年5月
	论文三等奖	贵州省教科院	2010年7月
	全国中青年教师优质课大赛二等奖	中国基础教育研究会	2011年12月
	论文一等奖	中国教育研究学会	2013年4月
	优质课三等奖	瓮安县教育局	2014年6月
	教学设计评选三等奖	贵州省教科院	2014年7月
	黔南布依族苗族自治州高中物理优质课二等奖	黔南布依族苗族自治州教育局	2014年9月
	优秀教师	瓮安县教育局	2014年9月
	教学科研成果三等奖	黔南布依族苗族自治州教育局	2015年1月
	优秀科研成果三等奖	黔南布依族苗族自治州教育局	2015年11月
	高中物理教师技能大赛三等奖	黔南布依族苗族自治州教育局	2016年4月
	先进工作者	瓮安县教育局	2017年2月
	教学能手	瓮安县人民政府	2017年9月
孟　瑞	教学设计二等奖	贵州省教科院	2014年7月

续表6—3

姓名	奖项	颁奖单位	时间
孟　瑞	教学设计二等奖	贵州省教科院	2015年7月
	教学能手	瓮安县人民政府	2015年9月
	优质课二等奖	黔南布依族苗族自治州教育局	2016年1月
	论文一等奖	贵州省教科院	2016年6月
	辅导学生二等奖	贵州省数学学会	2016年9月
牟天伟	全国数学希望杯优秀教练	“希望杯”组委会	2010年6月
	高考教学优秀奖	瓮安县教育局	2010年6月
	优秀共产党员	瓮安县人民政府	2010年6月
	“十佳”教师	瓮安县人民政府	2010年6月
	高考教学优秀奖	瓮安县教育局	2011年7月
	优秀教师	瓮安县教育局	2011年7月
	优秀主任	瓮安县教育局	2011年7月
	高考教学奖优秀奖	瓮安县人民政府	2011年7月
	教学能手	瓮安县人民政府	2011年7月
	教学能手	瓮安县人民政府	2011年7月
	教学能手	瓮安县人民政府	2017年8月
潘红艳	公民科学素质知识竞赛获“优秀奖”	瓮安县教育局，	2014年1月
	作文辅导高中组三等奖	瓮安县教育局	2015年12月
	教学能手	县人民政府	2016年9月
彭方涛	演讲比赛“优秀奖”	瓮安县教育局	2014年6月
	教学能手	瓮安县人民政府	2017年9月
彭华兰	全国第二届书香“三八”读书征文二等奖	国家总工会	2014年12月
	优秀课件评选三等奖	黔南布依族苗族自治州教育局	2016年1月
	教学能手	瓮安县人民政府	2016年9月
彭长刚	高中教学成绩优秀奖	瓮安县委县人民政府	2007年9月
	黔南布依族苗族自治州优秀教师称号	黔南布依族苗族自治州教育局	2007年9月
	指导学生论文奖一、二等奖各一次	黔南布依族苗族自治州教育学会	2009年12月

续表6—3

姓名	奖项	颁奖单位	时间
彭长刚	优秀教师	瓮安县教育局	2010年9月
	高考教学优秀奖	瓮安县教育局	2011年9月
	高考教学优秀奖	瓮安县教育局	2012年9月
	先进班集体称号	黔南布依族苗族自治州教育局	2013年9月
	十佳班主任称号、高考教学优秀奖	瓮安县人民政府	2013年9月
	论文三等奖	贵州教育学会	2013年7月
	高考优秀模拟试卷评比政治学科二等奖	黔南布依族苗族自治州教育局	2014年7月
	教学能手	瓮安县人民政府	2014年9月
	基础教育教学科研成果三等奖	黔南布依族苗族自治州教育局	2015年1月
	论文二等奖	贵州教育学会	2015年7月
	教学能手	瓮安县人民政府	2015年9月
	教学能手	瓮安县人民政府	2016年9月
	先进工作者	瓮安县教育局	2017年2月
	教学能手、优秀教师称号	瓮安县人民政府	2017年9月
邱瑜霞	数学竞赛优秀辅导员	“希望杯”组委会	2012年6月
	高考教学优秀奖	瓮安县人民政府	2013年9月
	教学设计一等奖	黔南布依族苗族自治州教育局	2015年7月
	示范教学一等奖	黔南布依族苗族自治州教育局	2015年9月
	教师技能培训获教学设计一等奖	黔南布依族苗族自治州教育局	2015年9月
	优质课三等奖	黔南布依族苗族自治州教育局	2016年1月
	高中数学优质课二等奖	黔南布依族苗族自治州教育局	2016年5月
	教学能手	瓮安县人民政府	2016年9月
	贵州省优质课高中数学一等奖	贵州省教育厅	2017年4月
瞿琳珊	优秀工作者	瓮安县团委	2016年9月
饶梦云	教学能手	瓮安县人民政府	2017年9月
任安荣	优质课一等奖	中国基础教育学会	2013年6月
	全国中青年教师优质课大赛二等奖	中国基础教育学会	2013年11月

续表6—3

姓名	奖项	颁奖单位	时间
任安荣	黔南布依族苗族自治州研究性学习优质课一等奖	黔南布依族苗族自治州教育局	2014年5月
	贵州省第五届中小学优质课评选三等奖	贵州省教育厅	2014年12月
	教学设计二等奖	贵州省教育科学院	2015年7月
	黔南布依族苗族自治州第九届三优评选活动三等奖	黔南布依族苗族自治州教育局	2016年1月
	英语风采大赛黔南赛区教师组二等奖	黔南布依族苗族自治州教育局	2016年12月
	英语风采大赛黔南赛区听写决赛一等奖	黔南布依族苗族自治州教育局	2016年12月
任朝莲	优秀体育工作者	瓮安县人民政府	2013年12月
	先进体育工作者	瓮安县教育局	2014年9月
	优秀体育工作者	瓮安县教育局	2015年1月
	优秀工作者	瓮安县人民政府	2015年9月
任京华	师德师风“学习标兵”	瓮安县教育局	2009年9月
	先进个人	瓮安县人民政府	2009年11月
	家访日记评为二等奖	黔南布依族苗族自治州教育局	2010年6月
	教学能手	瓮安县人民政府	2017年9月
商　露	全国中青年教师优质课大赛二等奖	中国基础教育研究会	2011年12月
	论文、教学设计评选一等奖	贵州省教育科学院	2013年7月
	优秀课件二等奖	黔南布依族苗族自治州教育局	2013年12月
	教学科研成果三等奖	黔南布依族苗族自治州教育局	2015年1月
邵　勇	第十四届希望杯获数学竞赛优秀辅导员	“希望杯”组委会	2011年7月
	高中数学成绩优秀奖	瓮安县人民政府	2011年7月
沈桃艳	黔南布依族苗族自治州实验教学技能创新大赛二等奖	黔南布依族苗族自治州教育局	2017年9月
沈亚莉	教师技能大赛中荣获文科组二等奖	瓮安县总工会、瓮安二中	2016年12月
石再银	考试命题一等奖	黔南布依族苗族自治州教科所	2015年12月
	教学能手	瓮安县人民政府	2016年9月
宋梦娇	教学能手	瓮安县人民政府	2016年9月
	教学能手	瓮安县人民政府	2017年9月
宋锡丽	优秀班主任	瓮安县教育局	2011年9月

续表6—3

姓名	奖项	颁奖单位	时间
宋锡丽	全国中学物理教学大赛三等奖	中国物理学会	2011年11月
	全国中青年教师优质课大赛三等奖	中国基础教育研究会	2011年12月
	班级获黔南布依族苗族自治州先进集体	黔南布依族苗族自治州教育局	2014年4月
	瓮安县优质课大赛二等奖	瓮安县教育局	2014年4月
	“十佳”班主任	瓮安县人民政府	2014年9月
	教学能手	瓮安县人民政府	2014年9月
	主持《生本课堂的实践研究》获三等奖	黔南布依族苗族自治州教育局	2015年1月
	推进会现场展示二等奖	黔南布依族苗族自治州教育局	2015年4月
	教学设计一等奖	贵州省教科院	2015年7月
	优秀科研成果三等奖	黔南布依族苗族自治州教育局	2015年11月
	教学方案设计、论文三等奖	黔南布依族苗族自治州教育局	2016年1月
	教学能手	瓮安县人民政府	2017年9月
宋旭华	教学成果二等奖	贵州省教育厅	2013年7月
	黔南布依族苗族自治州科技创新大赛科技辅导员二等奖	黔南布依族苗族自治州教育局	2015年6月
	科技创新大赛科技辅导员二等奖	瓮安县教育局	2015年1月
	科技创新大赛科技辅导员三等奖	贵州省教育厅	2015年1月
	教学能手	瓮安县人民政府	2016年9月
	教学能手	瓮安县人民政府	2017年9月
宋忠荣	瓮安县高中英语优质课二等奖	瓮安县教育局	2008年5月
	论文二等奖	贵州省教育学会	2008年9月
	论文三等奖	黔南布依族苗族自治州教育局	2008年11月
	优秀课件	黔南布依族苗族自治州教育局	2008年12月
	指导学生三等奖	国际英语教师协会	2009年12月
	教学优秀奖	瓮安县教育局	2011年9月
	论文二等奖	中国基础教育研究会	2011年12月
	高考教学优秀奖	瓮安县教育局	2012年9月
	论文一等奖	黔南布依族苗族自治州教育局	2014年9月

续表6—3

姓名	奖项	颁奖单位	时间
	教学能手	瓮安县人民政府	2014年9月
	州优质课指导奖	黔南布依族苗族自治州教育局	2014年11月
	教学能手	瓮安县人民政府	2017年9月
谭　力	全国中青年教师优质课大赛二等奖	中国基础教育研究会	2011年12月
	辅导学生三等奖	中国物理学会	2014年1月
	优秀课件二等奖	黔南布依族苗族自治州教育局	2016年9月
	辅导学生物理竞赛二等奖	中国物理学会	2016年1月
	教学方案设计一等奖	黔南布依族苗族自治州教育局	2016年1月
	优秀课件三等奖	黔南布依族苗族自治州教育局	2016年12月
	县高中通用技术优质课比赛一等奖	瓮安县教育局	2017年3月
	州高中通用技术优质课比赛一等奖	黔南布依族苗族自治州教育局	2017年3月
	教学能手	瓮安县人民政府	2017年9月
	高中通用技术优质课二等奖	贵州省教育厅	2017年1月
汤江南	高中思想政治优质课二等奖	瓮安县教育局	2013年5月
	黔南布依族苗族自治州预选赛优质课评选二等奖	黔南布依族苗族自治州教育局	2013年5月
	教育教学科研论文、教学设计评选三等奖	贵州教育学会	2015年7月
	高中政治优质课二等奖	瓮安县教育局	2016年4月
	现代远程教育优秀论文、课、课件一等奖	黔南布依族苗族自治州教育局	2016年12月
	教学能手	瓮安县人民政府	2017年9月
谭雯苊	高考教学优秀奖	瓮安县教育局	2012年9月
	教学能手	瓮安县人民政府	2017年9月
唐安林	高考成绩教学奖	瓮安人民政府	2002年9月
	优秀班主任	瓮安县人民政府	2005年9月
	高中教学优秀奖	瓮安县人民政府	2011年7月
	高考教学优秀奖	瓮安县教育局	2011年9月
	高考教学优秀奖	瓮安县教育局	2012年9月
	教学能手	瓮安县人民政府	2014年9月

续表6—3

姓名	奖项	颁奖单位	时间
唐安林	州教育教学、科研成果二等奖	黔南布依族苗族自治州教育局	2015年1月
	教育系统信息宣传“先进个人”	瓮安县教育局	2015年1月
	优秀教育工作者、教学能手	瓮安县人民政府	2015年9月
	州考试命题一等奖	黔南布依族苗族自治州教科所	2015年12月
	教育系统信息宣传“先进个人”	瓮安县教育局	2016年1月
	教学能手	瓮安县人民政府	2016年9月
	2016年度教书育人“先进个人”	中国民主促进会黔南布依族苗族自治州委员会	2016年9月
	教学能手	瓮安县人民政府	2017年9月
	2017年度参政议政“先进个人”	中国民主促进会贵州省委员会	2017年12月
唐巧连	高考模拟命题比赛二等奖	黔南布依族苗族自治州教育局	2014年5月
唐艳山	化学教师技能大赛二等奖	贵州省化学化工学会	2007年11月
	高中教师优质课三等奖	贵州省教育厅	2008年11月
	论文《物质的量教学设计》二等奖	贵州省教育厅	2008年12月
	《浅谈高中化学有效教学》二等奖	贵州省教科所	2010年7月
	教具《多功能环保气体发生器》三等奖	黔南布依族苗族自治州教育局	2011年5月
	教具三等奖	贵州省教育厅	2012年3月
	论文二等奖。	黔南布依族苗族自治州教育局	2012年9月
	高中化学优质课评选二等奖	黔南布依族苗族自治州教育局	2012年11月
	论文二等奖	黔南布依族苗族自治州教育局	2013年2月
	论文二等奖	贵州省教育厅	2014年1月
	论文二等奖	黔南布依族苗族自治州教育局	2014年8月
	教具二等奖	黔南布依族苗族自治州教育局	2015年6月
	指导学生一等奖	贵州省化学化工学会	2016年7月
	“高中理综中心学科组”先进工作者	瓮安县教育局	2017年1月
	指导学生一等奖	贵州省化学化工学会	2017年7月
陶荣华	高考教学优秀奖	瓮安县教育局	2011年9月
	高考语文科优秀评卷教师	贵州省招生委员会	2013年6月

续表6—3

姓名	奖项	颁奖单位	时间
童　剑	辅导学生一等奖	全国物理竞赛委员会	2010年1月
汪　信	黔南布依族苗族自治州第六届探究实验教学方案二等奖	黔南布依族苗族自治州教育局	2012年6月
	瓮安县教学方案成果评选二等奖	瓮安县教育局	2012年6月
	全国中学生生物奥赛辅导教师三等奖	瓮安县教育局	2012年6月
	瓮安县教学方案成果评选二等奖	瓮安县教育局	2013年6月
	黔南布依族苗族自治州第七届探究实验教学方案二等奖	黔南布依族苗族自治州教育局	2013年7月
	黔南布依族苗族自治州生物优质课评选三等奖	黔南布依族苗族自治州教育局	2014年9月
	瓮安县优质录像课二等奖	瓮安县教育局	2014年9月
	黔南布依族苗族自治州研究性学习优质课二等奖	黔南布依族苗族自治州教育局	2014年11月
	全国天煌杯自制教具比赛 优秀奖	教育部装备中心	2016年1月
	科技创新大赛辅导员三等奖	贵州省教育厅	2016年4月
	2016年优秀自制教具评比一等奖	黔南布依族苗族自治州教育局	2016年4月
	高中生物技能大赛	黔南布依族苗族自治州教育局	2016年4月
	2016年黔南布依族苗族自治州考试命题一等奖	黔南布依族苗族自治州教育局	2016年5月
	第九届贵州省优秀自制教具评比二等奖	贵州省教育厅	2016年5月
	科技创新大赛辅导员二等奖	黔南布依族苗族自治州教育局	2016年6月
	黔南布依族苗族自治州中小学教师实验技能大赛三等奖	黔南布依族苗族自治州教育局	2016年8月
	瓮安县科技创新大赛辅导员一等奖	瓮安县科协 教育局	2016年8月
	教学能手	瓮安县人民政府	2017年9月
王传兵	教学优秀奖	瓮安县人民政府	2013年6月
	教学能手	瓮安县教育局	2014年9月
	教学优秀奖	瓮安县教育局	2015年9月
王　宇	教学能手	瓮安县人民政府	2017年9月
	教学能手	瓮安县人民政府	2018年9月
王大军	高中信息技术优质课评选三等奖	瓮安县教育局	2015年5月
王　刚	优秀辅导教师	瓮安县教育局	2013年9月
	论文三等奖	贵州省教育学会	2014年7月

续表6—3

姓名	奖项	颁奖单位	时间
王　刚	高中信息技术优质课评选二等奖	瓮安县教育局	2015年5月
	高中信息技术优质课评选一等奖	黔南布依族苗族自治州教育局	2015年9月
	论文二等奖	黔南布依族苗族自治州教育局	2016年1月
	优秀工作者	瓮安县教育局	2016年9月
	基础信息化建设与应用优秀教师	黔南布依族苗族自治州教育局	2017年1月
王　华	优秀教案二等奖	贵州省教科院	2009年12月
	探究实验教学方案成果活动二等奖	黔南布依族苗族自治州教科所	2010年6月
	课件二等奖	黔南布依族苗族自治州教科所	2013年12月
	科研成果奖三等奖	黔南布依族苗族自治州教育局	2015年11月
王华松	高考单科成绩优秀奖	瓮安县人民政府	2005年9月
	高中历史优质课壹等奖	瓮安县教育局	2006年9月
	优秀班主任	瓮安县教育局	2008年9月
	学科成绩突出奖	县教育局	2009年9月
	教学能手	瓮安县教育局	2010年6月
	历史优质课二等奖	黔南布依族苗族自治州教育局	2010年6月
	优秀班主任	瓮安县教育局	2010年9月
	优秀教师	瓮安县教育局	2010年9月
	高二历史会考一等奖	黔南布依族苗族自治州教育局	2011年7月
	高三历史单科成绩优秀奖	瓮安县教育局	2011年7月
	高考成果奖	瓮安县教育局	2011年7月
	县历史优质课第一名	瓮安县教育局	2011年7月
	高考教学优秀奖	瓮安县教育局	2011年9月
	高考教学优秀奖	瓮安县教育局	2012年9月
	十佳科技人才	瓮安县委、政府	2014年3月
	教学能手	瓮安县人民政府	2015年9月
	优秀校长	瓮安县人民政府	2016年9月
	教学能手	瓮安县人民政府	2016年9月

续表6—3

姓名	奖项	颁奖单位	时间
	教学能手	瓮安县人民政府	2017年9月
王　虹	高中思想政治优质课二等奖	瓮安县教育局	2013年5月
	教育教学科研论文、教学设计评选三等奖	贵州教育学会	2013年7月
	“创新杯”科技论文评选活动一等奖	中国教育学会	2013年10月
	全国中青年教师论文大赛一等奖	中国教育学会	2013年10月
	远程教育优秀论文、课例、优质课件三等奖	黔南布依族苗族自治州教育局	2013年12月
	教育教学科研论文、教学设计评选一等奖	贵州教育学会	2014年7月
	高中研究性学习优质活动课竞赛一等奖	贵州教育学会	2014年10月
	教育教学科研论文、教学设计评选二等奖	贵州教育学会	2015年7月
	继续教育工程“优秀学员”	瓮安县教育局	2015年12月
	命题一等奖	黔南布依族苗族自治州教育局	2015年12月
	现代远程教育优质课一等奖	黔南布依族苗族自治州教育局	2016年1月
	优秀班主任、教学能手	瓮安县人民政府	2016年9月
	教学能手	瓮安县人民政府	2017年9月
王　警	教学能手	瓮安县人民政府	2008年9月
	优秀教师	瓮安县教育局	2011年9月
	教学能手	瓮安县人民政府	2013年9月
	教学能手	瓮安县人民政府	2014年9月
	教学能手	瓮安县人民政府	2017年9月
王　梅	全国中学英语教师技能大赛三等奖	外语教育研究中心	2006年12月
	全国中学英语教师技能大赛三等奖	外语教育研究中心	2008年12月
	优秀教师	瓮安县教育局	2010年9月
	教学设计二等奖	贵州省教育科学院	2014年7月
	教学能手	瓮安县人民政府	2015年9月
	研究报告一等奖	贵州省教育科学院	2016年7月
	英语大赛指导教师二等奖	黔南布依族苗族自治州教育局	2016年7月
	教师技能大赛文科组一等奖	瓮安县总工会	2016年12月

续表6—3

姓名	奖项	颁奖单位	时间
王　梅	研究报告二等奖	贵州省教育科学院	2017年7月
	教学设计三等奖	贵州省教育科学院	2017年7月
王其一	“文心雕龙杯”辅导二等奖	“文心雕龙杯”组委会	2012年6月
	教学能手	瓮安县人民政府	2016年9月
王　强	教学能手	瓮安县人民政府	2013年9月
	论文三等奖	贵州省教育科学院	2014年7月
	优秀主任	瓮安县人民政府	2014年9月
	教育科研成果三等奖	黔南布依族苗族自治州教育局	2014年1月
	高考优秀模拟试卷评比一等奖	黔南布依族苗族自治州教育局	2015年7月
	优秀主任	瓮安县人民政府	2015年9月
	课件三等奖	黔南布依族苗族自治州教育局	2016年1月
	教学设计三等奖。	贵州省教育科学院	2016年6月
	教学能手	瓮安县人民政府	2016年9月
	优秀教育工作者	瓮安县人民政府	2017年9月
王仕兵	教学方案成果二等奖	瓮安县教育局	2013年6月
	论文三等奖	贵州省教科院	2013年7月
	论文三等奖	黔南布依族苗族自治州教育局	2013年7月
	优秀教师	瓮安县教育局	2013年9月
	辅导员二等奖	瓮安县教育局	2014年6月
	高中生物学科三等奖	瓮安县教育局	2014年9月
	课件三等奖	黔南布依族苗族自治州教育局	2014年12月
	论文三等奖	贵州省教育科学院	2015年7月
	优质课三等奖	黔南布依族苗族自治州教育局	2015年7月
	教学能手	瓮安县人民政府	2017年9月
王小勇	优秀主任	瓮安县教育局	2010年9月
	十佳主任	瓮安县人民政府	2011年9月
	教学能手	瓮安县人民政府	2014年9月

续表6—3

姓名	奖项	颁奖单位	时间
王小勇	优秀辅导奖	黔南布依族苗族自治州教育局	2018年5月
王　懿	优秀课件三等奖	黔南布依族苗族自治州教育局	2016年12月
	课堂实录高中组一等奖	瓮安县教育局	2018年4月
	教学能手	瓮安县人民政府	2018年9月
王永念	数学竞赛优秀辅导员	“希望杯”组委会	2008年6月
	贵州省数学竞赛优秀辅导员	贵州省数学学会	2008年11月
	贵州省数学竞赛优秀辅导员	贵州省数学学会	2009年9月
	2009年度“全州优秀共青团干部”	共青团黔南布依族苗族自治州委	2010年5月
	全县“十佳”班主任	瓮安县人民政府	2010年9月
	青少年帮教工作“先进个人”	中共瓮安县委、县政府	2010年11月
	论文三等奖	贵州省教科所	2011年7月
	政法、信访工作“先进个人”	瓮安县委、县人民政府	2012年2月
	全贵州省优秀共青团干部	共青团贵州省委	2012年5月
	学生资助工作“优秀工作者”	瓮安县教育局	2012年9月
	高考教学优秀奖	瓮安县教育局	2012年9月
	消防安全工作“先进个人”	黔南布依族苗族自治州安全委员会	2013年3月
	论文二等奖	贵州省教科所	2013年7月
	高考教学优秀奖	瓮安县人民政府	2013年9月
	学生资助先进工作者	瓮安县教育局	2013年9月
	安全管理“先进个人”	瓮安县教育局	2014年1月
	消防安全工作“先进个人”	瓮安县人民政府	2014年1月
	校园安全风险防范“先进个人”	黔南布依族苗族自治州教育局	2015年8月
	教学能手	瓮安县人民政府	2015年9月
	优秀班主任	瓮安县人民政府	2016年9月
	教学能手	瓮安县人民政府	2016年9月
	优秀工作者	瓮安县教育局	2016年9月
	优秀联络员	映山红助学联合会	2017年8月

续表6—3

姓名	奖项	颁奖单位	时间
王永荣	数学优质课一等奖	瓮安县教育局	2010年1月
	数学优质课二等奖	黔南布依族苗族自治州教育局	2010年1月
	全国高中青年数学教师优秀课二等奖	贵州省数学学会	2012年11月
	骨干教师	瓮安县教育局	2013年1月
	黔南布依族苗族自治州高中数学微课评比二等奖	黔南布依族苗族自治州教育局	2014年1月
	教学能手	瓮安县教育局	2016年9月
王玉美	优质录像课三等奖	黔南布依族苗族自治州教育局	2012年9月
	优质课件二等奖	黔南布依族苗族自治州教育局	2013年9月
	第九届探究实验方案设计二等奖	黔南布依族苗族自治州教育局	2015年9月
	优质课二等奖	黔南布依族苗族自治州教育局	2016年9月
王忠俊	高考成绩突出奖	瓮安县教育局	2011年7月
吴定龙	职业技术教学优秀奖	瓮安县委、政府	2004年9月
	中考单科成绩优秀奖	瓮安县委、政府	2005年9月
	全县十佳优秀班主任	瓮安县委、政府	2005年9月
	全县关心下一代工作先进工作者	瓮安县关工委	2007年3月
	优秀知识分子	瓮安县委、政府	2007年3月
	州级优秀教师	黔南布依族苗族自治州委、政府	2007年9月
	优秀校长	瓮安县委、政府	2011年9月
	十佳校长	瓮安县委、政府	2014年9月
	教学能手	瓮安县委、政府	2015年9月
	优秀工作者	瓮安县委、政府	2015年9月
	优秀校长	瓮安县委、政府	2018年9月
吴昌松	论文二等奖	贵州省教科院	2006年12月
	黔南布依族苗族自治州“学府杯”征文大赛辅导奖	黔南布依族苗族自治州教育局	2010年3月
	瓮安县高中语文学科副组长	瓮安县教育局	2015年12月
	瓮安县辞赋大赛二等奖	瓮安县文联	2016年1月
吴国财	教学能手	瓮安县人民政府	2017年9月

续表6—3

姓名	奖项	颁奖单位	时间
吴国财	高考优秀模拟试卷评比历史学科三等奖	黔南布依族苗族自治州教育局	2014年7月
	科研论文及教学设计二等奖	贵州省教育科学院	2015年7月
夏坤仲	黔南布依族苗族自治州交通系统先进工作者	黔南布依族苗族自治州人民政府	1958年12月
	瓮安县第二届科学代表大会代表	瓮安县人民政府	1979年12月
	瓮安县第四次党员代表大会代表	瓮安县委	1981年6月
	“老有所为”先进个人奖	瓮安县人民政府	1990年10月
夏嘉宏	英语技能大赛辅导奖	瓮安县教育局	2014年11月
夏开芳	历史课件一等奖	黔南布依族苗族自治州教科所	2016年12月
	历史优质课大赛一等奖	黔南布依族苗族自治州教育局	2017年1月
	历史优质课大赛一等奖	瓮安县教育局	2017年6月
夏忠富	贵州省中小学优秀班主任	贵州省教育厅	2008年2月
	优质课教学案例一等奖	黔南布依族苗族自治州教育局	2013年7月
	黔南布依族苗族自治州第七届实验教学方案设计二等奖	黔南布依族苗族自治州教育局	2013年8月
	黔南布依族苗族自治州探究实验教学方案设计二等奖	黔南布依族苗族自治州教育局	2014年9月
	县级骨干	黔南布依族苗族自治州教育局	2014年9月
	州级骨干	黔南布依族苗族自治州教育局	2015年6月
	在2015年黔南布依族苗族自治州考试命题活动中获一等奖	黔南布依族苗族自治州教育局	2015年12月
	黔南布依族苗族自治州优秀班主任	黔南布依族苗族自治州教育局	2017年9月
肖　莉	现代远程教育 优质课一等奖	黔南布依族苗族自治州教育局	2013年12月
	贵州省第七届远程教育优质课三等奖	贵州省教育厅	2014年2月
	国际男篮巅峰争霸赛 优秀翻译志愿者	共青团瓮安县委	2016年7月
	山地户外运动挑战赛 优秀工作者	共青团瓮安县委	2016年9月
	大型主题公益活动 优秀工作者	共青团瓮安县委	2016年9月
	“新春徒步走，青春健康行”优秀工作者	共青团瓮安县委	2017年1月
	世界民主青年联盟访问瓮安 优秀工作者	共青团瓮安县委	2017年3月
	全县优秀共青团干部	共青团瓮安县委	2017年5月
	全省优秀共青团干部	贵州省人社厅、共青团贵州省委	2018年5月

续表6—3

姓名	奖项	颁奖单位	时间
肖新梅	2014年高考优秀模拟试卷评比二等奖	黔南布依族苗族自治州教育局	2014年7月
肖最勇	英语大赛贵州赛区优秀辅导教师二等奖	贵阳市教育局	2014年11月
	英语风采大赛黔南赛区辅导教师三等奖	瓮安县教育局	2016年6月
	优质课评选三等奖	黔南布依族苗族自治州教育局	2016年12月
	教学能手	瓮安县人民政府	2014年9月
谢　静	高考成果奖	瓮安县人民政府	2001年9月
	瓮安县“教学能手”	瓮安县人民政府	2001年9月
	高考政治单科成绩优秀奖	瓮安县人民政府	2003年9月
	高考政治单科成绩优秀奖	瓮安县人民政府	2004年9月
	高考政治单科成绩优秀奖	瓮安县人民政府	2005年9月
	全县“十佳”校长	瓮安县委、县政府	2005年9月
	州级骨干教师	黔南布依族苗族自治州教育局	2005年9月
	优秀知识分子	瓮安县委、县政府	2007年12月
	“关心下一代工作”先进工作者	瓮安县委、县政府	2007年12月
谢祥群	优秀辅导教师	黔南布依族苗族自治州教育局	2016年6月
	课件二等奖	黔南布依族苗族自治州教育局	2016年12月
	优质课三等奖	黔南布依族苗族自治州教育局	2016年12月
	先进工作者	瓮安教育局	2017年2月
	辅导学生一等奖	全国生物竞赛委员会	2017年7月
	优秀班主任	瓮安县人民政府	2017年9月
	教学能手	瓮安县人民政府	2017年9月
	优秀班主任	瓮安县人民政府	2005年9月
谢云均	教育创新标兵	瓮安教育局	2009年9月
	县级骨干教师	瓮安教育局	2011年9月
	优秀班主任	瓮安县教育局	2012年9月
	州级骨干教师	黔南布依族苗族自治州教育局	2014年4月
谢云群	教学优秀奖	瓮安县人民政府	2010年9月

续表6—3

姓名	奖项	颁奖单位	时间
谢云群	教学优秀奖	瓮安县人民政府	2011年9月
	州级骨干教师	黔南布依族苗族自治州教育局	2011年12月
	高考教学优秀奖	瓮安县人民政府	2012年9月
	论文三等奖	贵州省教育科学院	2014年7月
	高考教学优秀奖	瓮安县教育局	2011年9月
徐　刚	师德标兵	瓮安县教育局	2013年9月
	教学能手	瓮安县人民政府	2014年9月
	优质课二等奖	黔南布依族苗族自治州教育局	2016年9月
	获黔南布依族苗族自治州“先进班集体”称号	黔南布依族苗族自治州教育局	2016年9月
	教学能手	瓮安县人民政府	2016年9月
	教学能手	瓮安县人民政府	2017年9月
	教学能手	瓮安县人民政府	2014年9月
徐本权	优秀课件三等奖	黔南布依族苗族自治州教育局	2016年12月
	教学能手	瓮安县人民政府	2017年9月
	优秀教育工作者	瓮安县人民政府	2017年9月
徐旖竟	教育科学研究三等奖	贵州省教育厅	2017年12月
	优秀组织奖	共青团瓮安县委	2014年12月
杨　梅	2009—2010年度优秀教师	瓮安县教育局	2010年9月
	高考教学优秀奖	瓮安县教育局	2012年9月
	教学能手	瓮安县人民政府	2014年9月
	教学能手	瓮安县人民政府	2017年9月
杨　丹	演讲比赛三等奖	瓮安县教育局	2015年11月
	优秀工作者	共青团瓮安县委	2016年9月
	教学能手	瓮安县人民政府	2018年9月
杨　华	优秀共青团干部	共青团瓮安县委	2016年4月
	数学优秀辅导员	贵州省数学学会	2011年7月
杨　帆	优秀指导老师	瓮安县教育局	2013年1月

续表6—3

姓名	奖项	颁奖单位	时间
杨凤芝	优秀指导教师	瓮安县教育局	2014年5月
	先进工作者	瓮安县教育局	2014年11月
	先进工作者	瓮安县教育局	2015年1月
	优秀辅导员	瓮安县教育局	2015年5月
	优秀教练员	州运动会组委会	2015年8月
	优秀工作者	瓮安县人民政府	2015年9月
	优秀工作者	瓮安县教育局	2016年9月
	最佳裁判员	黔南布依族苗族自治州教育局	2016年11月
	州优质课件一等奖	黔南布依族苗族自治州教育局	2009年9月
杨洪宗	教学设计二等奖	贵州省教育科学院	2014年7月
	教学设计三等奖	贵州省教育科学院	2015年7月
	州优质课二等奖	黔南布依族苗族自治州教育局	2016年12月
	州英语优质课评比三等奖	黔南布依族苗族自治州教育局	2004年9月
杨　楠	优秀共产党员	瓮安县机关委员会	2009年6月
	教学成绩优秀奖	瓮安县人民政府	2010年6月
	中小学英语教师技能大赛二等奖	贵州省教育厅	2011年7月
	全国中小学英语教师技能大赛二等奖	外语教育研究中心	2011年7月
	大赛一等奖，获县政府奖金一万元	外语教育研究中心	2011年7月
	高考教学优秀奖	瓮安县教育局	2011年9月
	教学能手	瓮安县人民政府	2014年9月
	优秀教师	从江县人民政府	2012年12月
杨　松	黔东南州2013年生物学科一等奖	黔东南州教育局	2013年12月
	黔东南州2013年教学质量班级团队奖	黔东南州教育局	2013年12月
	教育科研论文、教学设计三等奖	贵州省教育科学院	2014年7月
	优质课件二等奖	黔南布依族苗族自治州教育局	2016年12月
	黔南布依族苗族自治州优质课二等奖	黔南布依族苗族自治州教育局	2017年2月
	辅导学生一等奖	全国生物竞赛委员会	2017年7月
	优秀指导老师	瓮安县人民政府	2012年5月

续表6—3

姓名	奖项	颁奖单位	时间
杨家文	高考教学优秀奖	瓮安县教育局	2009年9月
	师德师风标兵	瓮安县教育局	2009年9月
	高考优秀教师	瓮安县教育局	2010年9月
	高考教学成绩奖	瓮安县教育局	2011年9月
	指导学生竞赛获省级二等奖（28届）（2人次）	中国物理学会	2011年10月
	所带班级获黔南布依族苗族自治州“优秀班级”	黔南布依族苗族自治州教育局	2012年5月
	优秀班主任	瓮安县教育局	2012年9月
	高考教学优秀奖	瓮安县教育局	2012年9月
	高考教学能手	瓮安县人民政府	2014年9月
	指导学生竞赛获省级一等奖（32届）	中国物理学会	2015年10月
	指导学生竞赛获全国三等奖（铜牌）（长沙）	中国科协，中国物理学会	2015年11月
	高考教学能手	瓮安县人民政府	2016年9月
	高中中心学科组先进工作者	瓮安县教育局	2017年1月
	先进工作者	瓮安县教育局	2017年2月
	高考教学能手	瓮安县人民政府	2017年9月
	指导学生竞赛获省级二等奖（35届）（2人次）	中国物理学会	2018年10月
姚仕芳	优秀指导老师	瓮安县教育局	2013年1月
	优秀指导教师	瓮安县教育局	2014年5月
	先进体育工作者	瓮安县教育局	2014年11月
	优秀体育工作者	瓮安县教育局	2015年1月
	优秀指导老师	共青团瓮安县委	2015年4月
	优秀教练员	州运动会组委会	2015年8月
	优秀工作者	瓮安县人民政府	2015年9月
	州优秀共青团干部	共青团黔南布依族苗族自治州委	2016年5月
	优秀裁判员	瓮安县教育局	2016年11月
	春晖行动优秀工作者	共青团瓮安县委	2017年1月
	县优秀共青团干部	共青团瓮安县委	2017年5月
	数学竞赛优秀辅导员	贵州省教育学会	2005年2月

续表6—3

姓名	奖项	颁奖单位	时间
姚仕芳	数学竞赛优秀辅导员	贵州省教育学会	2005年12月
	全国高中数学竞赛辅导员	贵州省数学会委员会	2008年11月
	数学竞赛优秀辅导员	“希望杯”组委会	2009年6月
	高考优秀教师	瓮安县教育局	2009年9月
	数学竞赛优秀辅导员	“希望杯”组委会	2010年9月
	全国高中数学竞赛辅导员	贵州省数学会	2010年12月
	数学竞赛优秀辅导员	“希望杯”组委会	2011年6月
	优秀班主任	瓮安县教育局	2011年9月
	数学竞赛优秀辅导员	“希望杯”组委会	2012年6月
	高考优秀教师	瓮安县教育局	2012年9月
	高考优秀模拟试卷评比二等奖	黔南布依族苗族自治州教育局	2014年7月
	教学能手	瓮安县人民政府	2014年9月
	优秀教师	瓮安县人民政府	2015年9月
	教学能手	瓮安县人民政府	2015年9月
	教学能手	瓮安县人民政府	2017年9月
尹彩云	第一届高中心理健康教学优质课三等奖	黔南布依族苗族自治州教育局	2016年9月
犹永俊	德育先进工作者	黔南布依族苗族自治州人民政府	1990年9月
	优秀科技人才	黔南布依族苗族自治州州委、州政府	1993年9月
	优秀科技人才	瓮安县人民政府	1994年9月
	中教数学特级教师	贵州省人民政府	1999年12月
犹永春	教学成绩优秀奖	瓮安县人民政府	2007年9月
	全州高中生物教师技能大赛一等奖	黔南布依族苗族自治州教育局	2008年12月
	全国生物联赛获二等奖1人、三等奖3人	省生物竞赛委员会	2009年9月
	师德师风教育活动获教育创新标兵	瓮安县教育局	2009年9月

续表6—3

姓名	奖项	颁奖单位	时间
犹永春	优秀教师	瓮安县教育局	2010年9月
	全国高中生物联赛	省生物竞赛委员会	2011年7月
	优秀教师	瓮安县教育局	2011年7月
	高中论文大赛一等奖	瓮安县教育局	2012年6月
	高中论文大赛一等奖	黔南布依族苗族自治州教育局	2012年6月
	优秀班主任	瓮安县教育局	2012年9月
	高中生物知识竞赛一等奖	省生物竞赛委员会	2013年5月
	高中教学优秀奖	瓮安县人民政府	2013年9月
	辅导员一等奖	瓮安县教育局	2014年6月
	全国高中生物联赛一等奖	省生物竞赛委员会	2014年7月
	教学能手	瓮安县人民政府	2015年9月
袁愈林	优秀共产党员	瓮安县委	1989年4月
	优秀教师	贵州省教育厅	1989年9月
	优秀科技人才	瓮安县人民政府	1992年9月
	优秀科技人才	瓮安县人民政府	1994年9月
	优秀科技人才	黔南布依族苗族自治州人民政府	1996年9月
	中学数学特级教师	贵州省人民政府	2001年12月
袁　刚	高考教学成绩优秀奖	瓮安县委县政府	2004年9月
	高中教学成绩优秀奖	瓮安县委县政府	2007年9月
	全县高中地理优质课二等奖	瓮安县教育局	2007年10月
	优秀共产党员	瓮安县直机关工作委员会	2009年6月
	十佳优秀教师	瓮安县委、政府	2009年9月
	高考教学成绩优秀奖	瓮安县教育局	2009年9月
	县级骨干教师	瓮安县教育局	2011年4月
	高考教学成绩优秀奖	瓮安县教育局	2011年9月
	年度优秀教师	瓮安县教育局	2012年9月
	年度优秀教师	瓮安县教育局	2013年9月

续表6—3

姓名	奖项	颁奖单位	时间
袁　刚	2014年黔南布依族苗族自治州考试命题活动一等奖	黔南布依族苗族自治州教育局教科所	2014年5月
	2014年高考优秀模拟试卷评比一等奖	黔南布依族苗族自治州教育局	2014年7月
	教学能手	瓮安县政府	2014年9月
	瓮安县第二届中小学中心学科组成员	瓮安县教育局	2014年12月
	州级骨干教师	黔南布依族苗族自治州教育局	2015年8月
	教学能手	瓮安县政府	2015年9月
	优秀班主任	瓮安县政府	2015年9月
	2015年黔南布依族苗族自治州考试命题活动一等奖	黔南布依族苗族自治州教育局教科所	2015年12月
	教学能手	瓮安县政府	2016年9月
	先进工作者	瓮安县教育局	2017年2月
	教学能手	瓮安县政府	2017年9月
	教学能手	瓮安县政府	2018年9月
袁能洪	第七届全国中青年教师（基教）优质课大赛三等奖	中国基础教育研究会	2011年12月
	高考教学优秀奖	瓮安县人民政府	2013年9月
	优秀体育工作者	瓮安县人民政府	2013年12月
	教育教学设计三等奖	贵州省教育科学院	2014年7月
	黔南布依族苗族自治州第四届运动会网球男子双打第一名	黔南布依族苗族自治州第四届运动会组委会	2015年8月
	黔南布依族苗族自治州第四届运动会“优秀工作者”称号	瓮安县委、县人民政府	2015年9月
	教学能手	瓮安县人民政府	2016年9月9日
叶　丹	党的群众路线教育实践活动演讲比赛优秀奖	瓮安县教育局	2014年6月
	瓮安县第四届书画比赛高中组辅导奖	瓮安县教育局	2015年4月
	教学设计《短歌行》一等奖	贵州省教育科学院	2015年7月
	征文活动高中组辅导奖二等奖、三等奖	瓮安县教育局	2015年12月
	教学设计二等奖	贵州省教育科学院	2016年6月
	黔南布依族苗族自治州第十届中小学现代教育活动一等奖	黔南布依族苗族自治州教育局	2016年12月

续表6—3

姓名	奖项	颁奖单位	时间
张明光	全国教育科研先进个人	教育部教师发展基金会	2012年1月
	国家教师科研基金百强校长	教育部教师发展基金会	2012年7月
	论文二等奖	贵州省教育科学院	2015年7月
	优秀校长	瓮安县人民政府	2015年9月
	贵州省教育工作先进个人	贵州省教育厅	2017年9月
张宇祥	瓮安县优秀教师	瓮安县人民政府	2004年9月
	高中教学成绩优秀奖	瓮安县人民政府	2007年9月
张桂碧	黔南布依族苗族自治州高中语文优质课二等奖	黔南布依族苗族自治州教育局	2018年5月
张崇仪	数学竞赛优秀辅导员	“希望杯”组委会	2011年6月
张德宇	教学优秀奖	瓮安县教育局	2012年9月
张全江	优秀教师	瓮安县人民政府	2015年9月
	高中教学成绩优秀奖	瓮安县人民政府	2007年9月
张泰军	优秀辅导员	省生物竞赛委员会	2009年9月
	优秀辅导员	省生物竞赛委员会	2010年6月
	优秀科技辅导员一等奖	瓮安县教育局	2010年9月
	高中教学优秀奖	瓮安县教育局	2012年9月
	优秀辅导员	省生物竞赛委员会	2013年1月
	科技辅导员一等奖	瓮安县教育局	2013年9月
	教学能手	瓮安县人民政府	2014年9月
	论文评选活动中荣获二等奖	黔南布依族苗族自治州教育局	2016年1月
	瓮安县骨干禁毒专任教师称号	瓮安县禁毒委员会	2016年1月
	优秀辅导员	省生物竞赛委员会	2016年7月
	教学能手	瓮安县人民政府	2016年9月
	优秀科技辅导员一等奖	瓮安县教育局	2016年9月
	教学能手	瓮安县人民政府	2017年9月
	优秀教师	瓮安县人民政府	2004年9月

续表6—3

姓名	奖项	颁奖单位	时间
张扬辉	高考教学成绩优秀奖	瓮安县人民政府	2004年9月
	黔南布依族苗族自治州中学生物学科骨干教师	黔南布依族苗族自治州教育局	2005年4月
	优秀教师	瓮安县人民政府	2005年9月
	高考单科成绩优秀奖	瓮安县人民政府	2005年9月
	优秀教师	瓮安县教育局	2010年9月
	高考教学优秀奖	瓮安县教育局	2011年9月
	黔南布依族苗族自治州高级中学骨干教师	黔南布依族苗族自治州教育局	2011年12月
	高考教学优秀奖	瓮安县教育局	2012年9月
	“十佳”教师	瓮安县人民政府	2014年9月
	教学能手	瓮安县人民政府	2014年9月
	指导学生三等奖	中国物理学会	2012年1月
张　志	“三优”评选活动三等奖	黔南布依族苗族自治州教育局	2013年12月
	教学设计三等奖	贵州省教育科学院	2014年7月
	黔南布依族苗族自治州研究性学习优质课二等奖	黔南布依族苗族自治州教育局	2014年1月
	实验教学方案设计论文评选一等奖	黔南布依族苗族自治州教育局	2015年6月
	科研论文、教学设计三等奖	贵州省教科院	2015年7月
	优秀科研成果三等奖	黔南布依族苗族自治州教育局	2015年9月
	优质课一等奖	黔南布依族苗族自治州教育局	2016年1月
	优秀教师	瓮安县人民政府	2016年9月
	教学能手	瓮安县人民政府	2016年9月
	教学设计二等奖	贵州省教科院	2009年7月
张　丹	黔东南州2013年高中生物学科一等奖	黔东南州教育局	2011年12月
	黔东南州2013年高中班级团队奖	黔东南州教育局	2011年12月
	县人民政府授予优秀班主任	从江县人民政府	2012年12月
	辅导学生一等奖	全国生物竞赛委员会	2017年7月
	黔南布依族苗族自治州优质课大赛一等奖	黔南布依族苗族自治州教育局	2012年10月

续表6—3

姓名	奖项	颁奖单位	时间
赵榜琰	贵州省第四届中学历史优质课大赛三等奖	贵州省教育厅	2013年3月
	瓮安县“高考教学能手”	瓮安县人民政府	2013年9月
	瓮安县第三批骨干教师	瓮安县教育局	2014年4月
	瓮安县“中小学优质课教学奖”	瓮安县人民政府	2014年9月
	瓮安县教育局历史优质课大赛一等奖	瓮安县教育局	2015年5月
	黔南布依族苗族自治州教育局历史优质课大赛一等奖	黔南布依族苗族自治州教育局	2015年9月
	贵州省第五届中学历史优质课大赛二等奖	贵州省教育厅	2015年12月
	高考教学能手	瓮安县人民政府	2016年9月
	优秀教师	瓮安县人民政府	2016年9月
	黔南布依族苗族自治州教育局“三优评选”课件一等奖	黔南布依族苗族自治州教育局	2016年12月
	瓮安县第一批教学名师	瓮安县教育局	2017年12月
	先进教育工作者	瓮安县教育局	2017年3月
	黔南布依族苗族自治州州级骨干教师	黔南布依族苗族自治州教育局	2018年7月
	贵州省第一届微课大赛二等奖	贵州省教育厅办	2018年12月
	高考教学优秀奖	瓮安县人民政府	2013年9月
郑慧君	演讲比赛优秀指导教师奖	瓮安县教育局	2015年11月
	高中组征文活动比赛二等奖	瓮安县教育局	2015年12月
	高中组征文活动比赛三等奖	瓮安县教育局	2015年12月
	现代远程教育优秀课件评选三等奖	黔南布依族苗族自治州教育局	2016年1月
	高中组演讲比赛优秀指导教师奖	瓮安县教育局	2016年1月
	中学组演讲比赛辅导奖	瓮安县教育局	2016年5月
	教学能手	瓮安县人民政府	2016年9月
	高中组征文比赛辅导奖	瓮安县教育局	2017年4月
	教学能手	瓮安县人民政府	2017年9月
	课件三等奖	黔南布依族苗族自治州教育局	2014年12月

续表6—3

姓名	奖项	颁奖单位	时间
周泽宏	高考教学能手	瓮安县人民政府	2015年9月
	高考教学能手	瓮安县人民政府	2016年9月
周凤学	教师技能大赛理科组三等奖	瓮安县总工会	2016年12月
	论文二等奖	黔南布依族苗族自治州学术年会	2008年11月
周汉英	2011—2012学年度“优秀班主任”	瓮安县教育局	2012年9月
	高考教学优秀奖	县人民政府	2013年9月
	教学能手	瓮安县人民政府	2016年9月
	英语教师技能大赛三等奖	外语教育研究中心	2016年12月
	考试命题一等奖	黔南布依族苗族自治州教育局	2014年5月
周学文	论文三等奖	贵州省教育学会	2014年7月
	教学能手	瓮安县人民政府	2014年9月
	十佳主任	瓮安县人民政府	2014年9月
	教学科研成果二等奖	黔南布依族苗族自治州教育局	2015年1月
	指导学生三等奖	贵州省化工学会	2015年1月
	教学设计一等奖	贵州省化工学会	2016年6月
	教学能手	瓮安县人民政府	2016年9月
	师德标兵	瓮安县教育局	2012年9月
周子伦	州先进班集体	黔南布依族苗族自治州教育局	2015年5月
	教学能手	瓮安县人民政府	2015年9月
	教学能手	瓮安县人民政府	2016年9月
	课件一等奖	黔南布依族苗族自治州教育局	2016年12月
	教学能手	瓮安县人民政府	2017年9月
	优秀教练	瓮安县人民政府	2010年5月

续表6—3

姓名	奖项	颁奖单位	时间
邹光萍	高考教学优秀奖	瓮安县人民政府	2013年9月
	优秀工作者	瓮安县人民政府	2015年9月
	黔南布依族苗族自治州高中生物教师技能大赛二等奖	黔南布依族苗族自治州教育局	2016年4月
	教师技能大赛理科组三等奖	瓮安县总工会	2016年11月
	实验教学方案设计论文评选三等奖	黔南布依族苗族自治州教育局	2017年4月
	黔南布依族苗族自治州科技创新大赛科技实践活动三等奖	黔南布依族苗族自治州教育局	2017年6月
	黔南布依族苗族自治州青少年科技创新大赛辅导教师	黔南布依族苗族自治州教育局	2017年6月
	贵州省科技创新大赛实践活动二等奖	贵州科创组委会	2017年6月
	瓮安县科技创新大赛一等奖	瓮安县教育局	2017年9月

第七章　校园文化

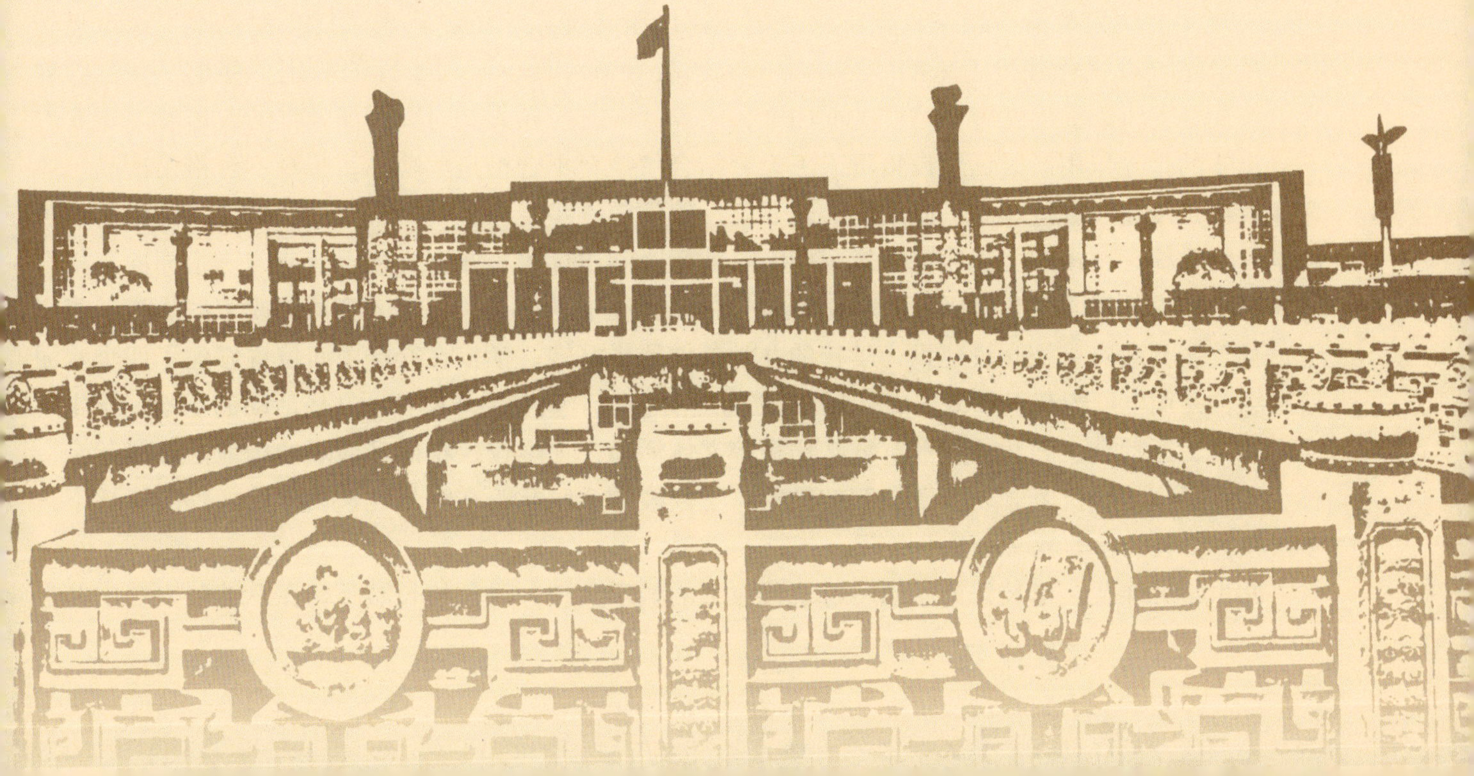

文化是一所学校的灵魂。学校建校伊始就十分重视文化精神高地的构建，紧紧围绕党的教育方针，积极践行“立德树人、追求卓越”价值体系，校园文化体系日渐完善，学校文化的引领和激励作用得到有效发挥。

第一节　文化建设

一、老校区校园文化建设

建校之初，学校按照中共中央《关于教育工作的指示》提出的：“党的教育工作方针，是教育为无产阶级的政治服务，教育与生产劳动相结合；教育的目的，是培养有社会主义觉悟的有文化的劳动者。”带领全校师生自力更生，艰苦奋斗，大力改造厂房，平整操场，新建教学楼，添置教学设施。劳动光荣、无私奉献、又红又专成为当时校园文化的主旋律。

“文化大革命”期间，中共八届十一中全会通过《中共中央关于无产阶级“文化大革命”的决定》，提出：“在这场“文化大革命”中，必须彻底改变资产阶级知识分子统治我们学校的现象。在各类学校中，必须贯彻执行毛泽东同志提出的教育为无产阶级政治服务、教育与生产劳动相结合的方针，使受教育者在德育、智育、体育几方面都得到发展，成为有社会主义觉悟的有文化的劳动者。”整个“文化大革命”期间，学校成为重灾区，不仅教育方针受到歪曲篡改，未能得到正确理解和贯彻执行，而且林彪、江青反革命集团还提出“宁要没有文化的劳动者，而不要有文化的剥削者、精神贵族”。大批所谓“智育第一”“白专道路”“业务挂帅”，提倡“白卷英雄”，鼓吹要培养“头上长角、身上长刺”的“反潮流”战士，这使得教育事业受到严重干扰，校园文化建设停滞不前。

直至“文化大革命”结束，党中央决定不再以阶级斗争为纲，作出了把全党全国工作重点转移到社会主义现代化建设上来的战略决策，党的教育方针发生了根本性的变化。邓小平在全国教育工作大会上讲话提出教育要“三个面向”，培养“四有”新人。对新时期教育的改革和发展起着十分重要的指导作用。时任学校负责人王天合结合“德育不合格是危险品，智育不合格是次品，体育不合格是废品”管理理念，团结广大教职工，使学校逐步走向正轨，日益发展壮大。但由于经济困难，物质缺乏，校园文化建设依然只能因陋就简，利用标语、橱窗、板报营造“三个面向”培育“四有”新人的校园文化氛围。20世纪80年代中期，在中共中央《关于教育体制改革的决定》指引下，县委、县政府重视学校建设，学校的办学条件逐步好转。学校在操场中间位置修建了四个水泥篮球场，并用电厂废弃煤渣铺垫出有5条跑道的运动场，学生有了开展各项文体活动的场地。学生广播操比赛、运动会、教师“红歌”歌咏比赛等文体活动，在学校狭小而又简陋的场地上开展起来，整个校园呈现出生机勃勃、欣欣向荣的景象。学校教师合唱队，在陈文礼、袁家伟老师的指挥下，多次在瓮安县的各类歌咏比赛中夺冠。

20世纪90年代，学校修建了第一栋现代意义的教学大楼，时任校长黎师韩在总结瓮安二中办学历史的基础上，集思广益，结合实际，于瓮安二中新建的第一教学大楼上镌刻了“团结进取，勤奋求实”这八个大字，这是学校校园文化精神的提炼和体现，彰显了学校文化精髓，传承了学校锐意进取的精神。1995年，《中华人民共和国教育法》颁布，该法规定：“教育必须为社会主义现代化建设服务，必须与生产劳动相结合，培养德、智、体等方面全面发展的社会主义事业的建设者和接班人。”它明确了教育的法定地位、培养方向和目标，为我国教育发展产生了重大而深远的影响。围绕这个方针，时任校长李庆忠提出了 “生产队”的管理模式，以亲情、友情调动教师积极性，以“家长式”严格管理学校，狠抓教学质量，教育质量逐年上升。

20世纪末21世纪初，在全校师生共同努力下，学校成功晋升为黔南州高级中学，办学条件得到进一步改善，各项文体活动有效开展。学校校园文化建设持续推进。伴随党的教育方针的调整，学校更加重视文化建设。2006年9月，学校在原《招生简报》的基础上，创办了校报《瓮安二中》，校园文化生活更加丰富。学校更加重视人文关怀，时任校长谢静提出了“事业留人、待遇留人、感情留人”人性化管理理念，在教育教学中“以人为本”，实现了低进优出、优进高出的教学目标。校园文化活动日益丰富。2007年，学校按照《贵州省教育厅关于加强中小学校园文化建设的通知》（黔教基发〔2007〕88号）文件精神，进一步提高对校园文化的重要性认识，不断深化校园文化建设，加强校风、教风、学风、班风建设，重视校园文化设施建设，组织开展丰富多彩的校园文化活动，校园文化建设取得了实效。

2009年，学校在改扩建过程中，意识到校园文化建设对于学校推动工作、促进发展、提高质量、提升品位的重要作用，设计规划时就加入校园文化建设元素。学校聘请郑竹设计团队（郑竹，瓮安二中毕业生，后考入清华大学研究生）到学校进行改扩建规划工作。他们按县领导班子的指示进行总体科学规划设计。经与县领导、学校领导多次讨论，达成“以人为本，彰显文化；注重细节，雕琢经典；立足现代，面向未来”的总体规划理念。设计出注重“环境优先”及合理的功能分区，有安全、便捷的交通组织，有充满文化韵味的景观和建筑设计。制定集教学楼、实验综合楼、图书综合楼、体育馆、学生宿舍和餐厅、绿化带一体的科学规划蓝图。学校改扩建之际，收到校友卿涛（清华大学团委干部、国防班政治辅导员）转交来的清华大学校长顾秉林为学校的亲笔题词。其为卿涛在与导师顾秉林书信交流时，顾秉林先生有感于瓮安二中师生自强拼搏的精神和学子报答母校的拳拳真情，欣然亲笔书写贵州省瓮安第二高级中学校名，并书写清华大学校训“自强不息，厚德载物”八字赠给卿涛，由其转交学校。得此殊誉，全校师生欢欣鼓舞，将其手迹镌刻于教学楼上，成为师生共同遵守的校训，一直沿用至今。

2010年6月，教师龙承华、徐燕结合学校帮扶参与“6·28”事件学生的事迹，共同编导主演了话剧《把爱洒在学生心坎上》，代表学校参加2010年“多彩贵州”小品大赛瓮安赛区选拔赛，并获三等奖。该小品以帮教为题材，结合瓮安实际，融入学校工作，谱写了一曲青少年阳光成长的时代篇章，收到社会的广泛关注和一致好评。是年9月，学校富有江南庭院风味与现代建筑风格的教学大楼启用，校友郑竹赠送价值20余万元两面大钟安装在教学大楼顶，其寓意瓮安二中高高耸立，勉励学弟、学妹们珍惜时光，刻苦读书。

2011年3月，投资90余万元的新校门启用，新校门横梁上镌刻了顾秉林校长题写的“贵州省瓮安第二中学”九个鎏金大字，端庄典雅，提升了校园文化品位。同月，语文教研组在学校的支持下，成立“扬帆文学社”，徐燕老师担任文学社社长，全体语文教研组老师任编辑，负责审稿、改稿。是年4月，投资90万元的露天操场综合看台投入使用，为广大师生开展文体活动提供了舞台。6月，“扬帆文学社”编辑出版了校园文学刊物《扬帆》第一期。

2012年7月18日，学校投资20余万元的瓮安二中管乐团正式成立。是年9月，学校总结50多年的办学经验，制定、通过了《瓮安二中校本文化理念》《瓮安二中校园文化建设活动方案》。10月，瓮安二中语文教研组在学校的提议下，开始校本教材《国学经典选读》编撰工作，由主编张明光校长提出编撰方针和方向，执行主编吴昌松提出编撰提纲，经全体编写成员开会讨论编撰提纲，反复修改编撰提纲，明确分工职责，最后确定该书分入门篇、礼仪篇、习惯篇、品行篇、修身篇、励志篇、勤学篇、杂篇八篇，收集历代经典48章，分别从居家、在校、出门、会客和对众等方面对学生进行教育。让学生了解做人最起码的礼仪、礼节，养成文明，使“礼”贯穿于学生的生活中。学生学习此门功课，除了用于待人、处世、接物上，对于家庭和谐、子孝孙贤、尊敬尊长、净化社会风气，也有裨益。11月，党的十八大提出了“坚持教育为社会主义现代化建设服务、为人民服务，把立德树人作为教育的根本任务，全面实施素质教育，培养德智体美全面发展的社会主义建设者和接班人，努力办好人民满意的教育”的教育方针。“立德树人”为学校的校园文化建设进一步指明了方向。学校围绕这个方向制定了“给学生提供合适的教育，让每一位学生都有成功的机会，为学生的终身发展奠基，为教师的职业幸福添彩”的办学目标。12月，学校继续抓紧瓮安二中校园改扩建工程和学校校园文化建设工作过程。经过调整之后，进一步提炼出“立德树人 追求卓越”的办学理念。在此理念引领下，学校开发并完善墙体、楼梯、展板、浮雕等校园文化载体体系。在教学楼主体墙镶刻了文化名人名言（其中大多数内容为国学经典）。拆除校园西侧综合大楼，修建校园文化广场，广场建有读书长廊和亭台，其西侧构筑了两版浮雕，浮雕内容为部分儒家文化精髓。

与此同时，学校为了进一步丰富文化载体，2013年3月，在教学楼楼梯上用红漆印刷了全校师生共同选编的国学名言近百条。并在校园教学楼下设置两块“品读国学经典 成就精彩人生”展板，每月定期更新展板内容，营造文化氛围，丰富学生知识，拓展学生视野，收到良好效果。与此同时，“扬帆文学社”开展多次国学专题讲座，其中包括“诗经中的爱情”“中国古代节日概述”等专题。是年7月暑假，经过执行主编吴昌松、副主编龙承华一个假期的反复修改和认真校对，《国学经典选读》一书初稿成型。在此基础上，学校聘请黔南民族师范学院中文系教授，曲阜师范大学、贵州师范大学外聘硕士研究生导师，贵州省重点学科“古典文献学”中国古代文学文献研究方向学科带头人，贵州省古典文学学会常务理事，贵州省红楼梦研究学会理事周健自作为本书顾问。周健自教授认真审查了全书的初稿，指出了存在的问题，并提出修改意见和序。9月，瓮安二中为营造良好的书香校园环境，投资近150万元改造教学楼及门窗、厕所以及教学楼前地块的硬化，修建文化广场。还争取项目资金近300万元修建塑胶跑道和篮球场、羽毛球场、乒乓球桌等运动设施，改造教工宿舍立面，完善了办学功能，美化了校园环境。10月开始，学校在每个班设置国学品读感悟板块图书角，由学生自行对感兴趣的国学篇目进行选编，每位同学捐出书籍建立班级图书柜，供全班同学交换阅读。每个班一个月编写两期。学生累计编写的品读国学黑板期刊已达300余期，建立班级图书角60多个。

2014年3月，学校把《国学经典选读》纳入教学计划，在高一年级开设了“品读国学经典”这一课程，每班每周一节课，不设定固定老师，每节课都由在这一节课有专长和兴趣的老师引领学生品读国学经典篇目。9月，经反复修改完善的《国学经典选读》初稿送湖南大学出版社，出版社提出了

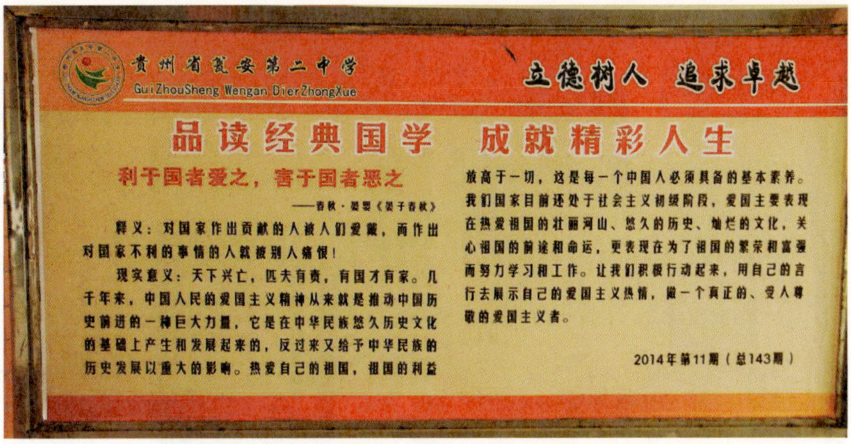

2014年国学经典品读展板

浮雕内容为部分儒家文化精髓

楼道文化一

楼道文化二

修改建议，主编吴昌松和副主编龙承华、周泽宏、王小勇等人结合出版社建议，对初稿再次精心修改完善。2014年11月，《国学经典选读》（书号：ISBN 978—7—5667—0751—2/K·93）正式面向全国出版发行。该书是学校第一本校本教材。2015年10月，《国学经典选读》被贵州省新闻出版广电局选为贵州省“农家书屋”必选书籍，印刷了6000余册，作为贵州省各“农家书屋”藏书。是年12月，校刊《立德树人》创刊出版第一期。该刊面向校内外教师和专家，是推动学校可持续发展、提升校园文化品位、提高教师教学教研水平、丰富校园文化生活的一张新名片。

学校校园经多次改扩建后，校容校貌有所改善，学生在校园文化的熏陶下，素质得到了进一步提高，学生内涵品质、精神面貌大有改观，典雅书香的校园环境已初步形成。

在此期间，学校学生在“才艺双馨”方面取得了优异的成绩。2011—2013年，学校在音乐、体育、美术方面取得了丰硕的成果，学校高考特长生录取人数逐年增加，2011年为93人，2012年为95人，2013年为98人。学校学生2012年获得县级以上奖85次。多位老师在州级比赛中获得指导奖。2012年，学校被授予“全国第五届美育成果展”基地。

二、新校区校园文化建设

（一）校园建设始末

2013年伊始，县委、政府组织“两代表一委员”开展在县城搬迁瓮安二中新建瓮水中学的调研。经县人大代表和县政协委员的调研，一致认为，在县城南部新建瓮水中学符合“小学分散，初中集中，高中聚集”的中小学布局结构特点。是年7月20日，中共瓮安县委十一届第33次常委（扩大）会议纪要（十一届[2013]12号）同意在县城南部选址新建瓮水中学。在州委常委、县委书记蒋映生等领导大力推进下，11月2日，瓮安二中新校区在瓮水办事处中心社区盆水井西侧破土动工。

新校区建设方案由重庆大学规划设计院设计。在设计期间，县委、政府、学校多次与重庆大学规划设计院设计师进行沟通，校长张明光将其所撰写的《瓮安二中新校区校园文化建设的思考》一文发给设计师参考，经过瓮安县委、政府、瓮安二中、重庆大学规划设计院等单位的多次商讨，最终确定设计方案按照“多才播南 灵秀书院”的理念来设计施工。

“多才播南 灵秀书院”，多才播南：瓮安者，播州之南；播州者，番之有才。择山水胜地，立毓秀学府。承千年之尚文古风，育万世之多才学子。灵秀:巧借山川形胜之大美，再造名流学府之精髓。木秀兴文运，灵水秀佳木，水清而木秀，尽善而尽美。将园林环境蕴含诗画情趣，把千秋功名化作书香满园。书院:青林翠竹，鸟语花香，无市井之喧，有泉石之胜，真群居讲学，遁迹读书之所。因地制宜，尊礼重道，置以流动的院落空间，构建灵气兼具活力的书院园林式校园。

整个设计将传统书院空间的灵魂与现代建筑的演绎完美地结合起来。背山面水，玉带环腰，沿中轴层层展开，抑或沿河展开，主轴附带次轴，营造南北流动的校园空间。着力打造出“文厚景怡、品位高雅”的文化校园，融合尚古文风与现代风格，以省级二类示范性高中为标准，高起点规划，高质量建设，高标准配置。力使各项教学设施设备先进完备。新校区择山水胜地，规划科学合理，将传统书院灵魂与现代建筑风格相融合，玉带环腰，置以流动的院落空间，构建南北流动灵气兼具活力的书院园林式校园。承千年之尚文古风，再造名流学府之精髓。校容校貌庄重典雅，别具匠心。

2014年，瓮安二中新校区设计效果图

在推进学校新校区硬件建设的同时，2015年6月27日，县委、县政府在湖南长沙毛泽东文学院召开了“瓮安二中文化建设研讨会”。县委、政府邀请文化巨匠王巨才、白描、谭谈等把脉瓮安二中校园文化建设，进一步丰富了学校特色文化内涵，提升新校区建设文化品位。县委副书记、县长黄桂林作了题为《学校植根文化 文化引领教育》的致辞。

2016年4月26日，学校启动搬迁，6月12日，整体搬迁完毕。至此，一个总投资超过5亿元，占地400余亩，总建筑面积约13万平方米，可容纳学生5000人，历时2年建造完成的新校区终于展现在人们眼前。它成为瓮安教育的一张名片，也成为了全县一个标志性文化殿堂。

（二）校园文化简介

新校园整体用一轴、一带、四区、十园布局。一轴指以学校东大门到西大门为学校中轴来组织。一带是指以南北向雍江为景观带来展开，雍江河以玉带为形，环绕校园而过，恰似古人玉带缠腰。寓意二中学子将成长为富贵之人，富于学识，贵于人品。沿河而行，风景秀美。从南至北依次为生命之光、源远流长、天生我才、大美瓮安四个主题景观。沿河设十园四区，四区依次是学校教学办公区、教师生活区、学生食宿区、操场运动区。十园是分布在四区里的十个庭院的合称。

学校东大门为学校的主入口，东大门宽58米，寓意二中1958年建校；高16米，寓意二中2016年搬迁，门额上镌刻有清华大学校长顾秉林亲笔题写的“贵州省瓮安第二中学”九个鎏金大字，左右悬挂中国著名书法家王祥之为学校题写的书法作品：

沐古邑祥光　映瓮水波光　桃李争春涵黔韵
依根基底气　接人文地气　师生追梦开纪元
其寓意二中新校承上启下，继往开来，在贵州教育绽放光彩。

从东大门进校后，前行50米，迎面正中间有“放飞希望”主题雕塑。雕塑以参天大树为形，寓指二中“立德树人，追求卓越”的办学理念，又像数字“1”，寓指二中人自强不息，永争第一的拼搏精神。上有展翅欲飞的鲲鹏，寓指二中学子，胸怀宏志，放飞希望；还寓意十年树木，百年树人，二中学子，振翅飞翔。树冠上以正反、倒顺、虚实等方式，雕刻了学校主题文化。雕塑也融入了“自强不息，厚德载物” 的校训元素。塑有万世先师孔子和科学巨匠爱因斯坦等中外文化巨匠的肖像，寓指二中人不忘先贤，继承传统，海纳百川，放眼世界。雕塑上的“德正”，意指德正广场。雕塑基座是“百德图”，彰显瓮安二中校园文化以“德”文化为基石，育德于心，成德于行。

与“放飞希望”雕塑相连的是启慧桥、明德桥。启慧桥、明德桥两边用汉白玉为桥栏杆，取汉白玉：“君子谦谦，温文如玉”之意。在汉白玉栏杆雕刻中融入瓮安二中校训、校徽、国学经典文化内容，以国学文化为主体。

启慧桥、明德桥连接学校德正广场，德正广场之“德”者，意指“德才兼备，以德为先”，“正”字寓意为人治学务必端庄雅正，人格正、学风正、言行正。广场中央是升旗台，旗杆高19.49米，与天安门广场旗杆等同，意指二中学子热爱学习，立志报国。桥、广场两侧各安置紫铜文化柱六根，每根柱子基座是地方文化、中外文化等浮雕，中间是文化图腾浮雕。顶部是铸昂首向上铜牛一头，既寓意瓮安二中师生昂扬向上、自强不息之精神，又寓意二中人勇“执牛耳”之意。广场占地1万平方米，为了表现德正广场的轴线景观，广场南北两侧建有以“厚德”“养正”为主题文化长廊。校园主入口的布局严谨、规整、空间疏朗；营造出浓郁、大气的文化景观氛围。

德正广场西面为学校图书馆——玉书楼，“玉书楼”寄寓二中学子饱读诗书，成为“君子如玉”之人，语出《礼记·聘义》：“夫玉者，君子比德焉。温润而泽，仁也；栗而理，知也；坚刚而不屈，义也；廉而不刿，行也；折而不挠，勇也；瑕适并见，情也；扣之，其声清扬而远闻，其止辍然，辞也。故虽有珉之雕雕，不若玉之章章。诗曰：‘言念君子，温其如玉。’此之谓也。”还取瓮安历史文化名人傅玉书之名而来。“玉书楼”共11万平方米，藏书25万册，电子图书50万册，涵盖科技、人文、学科、地理、历史、天文、中外名著、工具书等。图书阅览室可容纳1000人，电子阅览室可容纳500人，书吧可容纳300人。丰富的书籍资源为同学们的课余时间增添乐趣，帮助老师巩固课堂知识，拓宽学生视野。

德正广场与启慧桥、明德桥、玉书楼融为一体，精美别致的汉白玉桥栏杆与德正文化走廊、文化主题雕塑、现代图书馆浑然一体，汉白玉桥栏杆上雕刻有诸子百家名言警句，供师生步行时观赏阅读。凸显学校的厚重与恢宏。德正广场为学校主广场，入之宜人，同学们穿行其中，熏陶人心，积淀文学素养，提升自我。

德正广场之下是一座拥有可容纳1000人的室内体育馆，馆内有室内篮球场、羽毛球场和健身房等，是师生室内活动场所。

穿过德正广场西面图书馆大楼，是教学大楼C区行政楼的中庭德行园，命名德行园，取瓮安二中办学宗旨：“立德树人 追求卓越”之“德”，彰显瓮安二中人人格正、学风正、言行正之品行。庭院中放置日晷雕塑一座，日晷又称“日规”，是我国古代利用日影测得时刻的一种计时仪器，置入校园中庭，警示师生珍惜时间，勤勉奋进。

德行园之下是学校会议室，该会议室可容纳500人，现代化的会议设备较为齐全。

以德行园为中心，向南依次为A区教学楼的敏行园、B 区教学楼知行园。向北依次为D区教学楼的慎行园、励行园，E区教学楼的笃行园。

敏行园取意：指勉力修身。语出：《论语·里仁》：“君子欲讷于言而敏于行”和《汉书·东

方朔传》：“此士所以日夜孜孜，敏行而不敢怠也。”

知行园取意：读书与实践。语出明王守仁《传习录》卷上：“知而不行，只是未知，圣贤教人知行，正是要复那本体，不是着你只恁的便罢。”

慎行园取意：行为谨慎检点。语出《孝经·感应》：“宗庙致敬，不忘亲也。修身慎行，恐辱先也。”

励行园取意：励行，就是鼓励同行；培养良好的品行或改过励行。语出清陈田《明诗纪事甲签·周祚》：“诚以惜时不如立名，慕德不如励行。”

笃行园取意：努力践履所学，使所学最终有所落实，做到“知行合一”。语出《礼记·中庸》：“博学之，审问之，慎思之，明辨之，笃行之。”

以上六个庭院通过楼道小径相勾连，形成流动的院落空间，构建起灵动兼具活力的瓮安二中书院园林式校园主体。

C区行政楼一楼是学校各社团办公室和军乐队排练大厅、舞蹈社排练大厅。音乐舞蹈排练设施齐全，有力地支持了学校各类文艺活动的开展。

从德行园步行可达C区行政楼2楼大厅，2楼大厅宽敞明亮，其东壁有一大型木雕嵌入灰色大理石墙面，木雕取王羲之等先贤兰亭聚会场景，流觞曲水，古韵浓郁，与大厅各类绿色植物搭配，更显古朴之风。

穿过C区行政楼2楼大厅可到达学校次入口西广场乐学广场，乐学广场，取“独乐乐不如众乐乐”（《孟子·梁惠王下》）和“学而时习之，不亦说乎?”（《论语·学而》）之意，寓意学校是个大家庭，大家同心同德，共同学习，在快乐中学习，在学习中享受快乐。广场两侧也各布置紫铜文化柱三根，与德正广场遥相呼应，更加凸显校园文化特点，与周边绿化设施搭配，显得庄重典雅。

乐学广场西侧是学校西大门，西大门连通新区大道，依东大门样式，按比例缩小建造，其宽33米，高13米，是学校车辆出入的主要通道，东、西校门遥相对应，构成了瓮安二中校园东西轴线的起始点。两座校门恢宏大气、端庄典雅。

在A区教学楼南面，隔河依次修建有膳食及演艺综合楼、女生公寓楼、男生公寓楼、单身教师公寓楼。

膳食及演艺综合楼，一、二楼为学生食堂，配置了现代化的餐饮厨具，可容纳4500人就餐。三楼是投资150余万元修建的演艺大厅，其中舞台装修精美，灯光音响俱全，是师生展示才艺的极佳场所。

男女生公寓楼与膳食及演艺楼综合楼隔路相对，男女生公寓楼各自独立，男生公寓楼有房间225间，可容纳1800名男生入住。女生公寓楼有房间267间，可容纳2136名女生入住。两座公寓楼倚江而建，环境优美，空气清新。公寓二至六楼为学生寝室，室内有专用书桌、衣柜、独立卫生间，24小时供应热水。一楼为住校生课余研修室。

男女生公寓楼之间是种满花草等绿色植物的庭院，该庭院命名为谊园，取意为：同学们来到学校，同学同乐，互相帮助，结下深厚的情谊。

女生公寓楼后花园命名为暗香园，暗香语出宋王安石的《梅》：“墙角数枝梅，凌寒独自开。遥知不是雪，为有暗香来。”喻指二中女子品性高洁。

男生公寓楼后花园命名为凌霄园，语出：晋陆机《遂志赋》：“陈顿委於楚魏 ，亦凌霄以自濯。”喻指二中男生志存高远。

在膳食及演艺楼综合楼、女生宿舍楼、男生宿舍楼、单身教师公寓楼正前方，是学校标准田径运动场和篮球场，田径运动场按国家标准建设，场内有长105米，宽68米标准足球场一个；400米标准塑胶跑道7条；教师体育办公室2间、体艺陈列室1间、更衣室4间、器材室4间、室内体育训练场1个；在运动场东侧还建有主席台1个和可容纳2000名观众看台2个；可供全校举行大型运动会。与田径运动场一路相隔的是6个标准灯光篮球场,8个羽毛球场，2个排球场。完备的体育运动场地和设施，为师生提供了良好的学习、生活、运动环境。

在膳食及演艺综合楼、女生宿舍楼、男生宿舍楼、单身教师公寓楼正后方，隔河而建有供师生读书、休闲、赏景的景观植物园——求索园，求索园取意：“路漫漫其修远兮，吾将上下而求索。”意指瓮安二中学生刻苦努力，在求知的道路上不断探索、前进。求索园里乔木以银杏、广玉兰、桂花为主，低矮乔木以桃花和红叶李为主，意取“桃李满天下”。地被植物以龙柏、丰花月季、金叶女贞成图案片植，此区以常绿珍贵树木为主，色彩对比强烈，风格活泼。亭台花谢、石阶小径、雕刻小品等点缀其间。该园依山傍水，鸟语书香，无市井之喧，有泉石之胜，漫步其间，更觉瓮安二中乃群居讲学、遁迹读书之所。

与求索园相对应的是E区教学楼北侧的毓秀园。毓秀园取意：凝聚了天地间的灵气，孕育着优秀的人物。亦指山川秀美，人才辈出。语出晋左思《齐都赋》：“幽幽故都，萋萋荒台，掩没多少钟灵毓秀！”毓秀园在花草树木、建筑小品布置等方面与求索园类似，与之形成呼应，扩展了师生读书、休闲、赏景的空间。在毓秀园东侧建有运动健身场一个，篮球场两个，供师生读书、休闲、赏景之余锻炼身体。

毓秀园东侧，隔河而建有教师宿舍楼三栋，可容纳240余户教师家庭入住，高大的朱红色楼体与绿色的雍江河相映成趣。

在校园周边是古典与现代相结合的围栏，墙墩采用古城墙墩柱体，在米黄色墩柱顶安置方形宫灯一盏，供夜景照明。墩柱上端嵌有用黑色大理石雕刻“仁义礼智信，忠孝廉耻勇”中任意一金色字体

一块。“仁义礼智信,忠孝廉耻勇”系中国人向来讲究的“四维八德”。墩柱之间用紫铜色铁栅栏相连接，围栏造型融合古典与现代风格，别致典雅，色彩搭配和谐，端庄大气，凸显了瓮安二中“文厚景怡、品位高雅”的文化定位。

在占地面积173505平方米、绿化率达39.8%的瓮安二中校园里，处处可以看到雕刻小品、石刻小品等文化饰物，处处可以感受到充满灵气、活力的书院园林式浓郁的传统文化氛围，处处可以感悟到二中人“自强不息 厚德载物”厚重的精神。

第二节　理念文化

瓮安县地处黔中腹地，是汉族居民占主体的地区，它曾隶属遵义（播州），深受黔北、巴蜀文化影响，是中原儒家文化与地方文化交汇融合形成的汉文化特色较为鲜明的地区。瓮安历史文化悠久、人文荟萃。宋有进士犹道明执政为民，清有傅玉书著《鸳鸯镜传奇》和《桑梓述闻》，更有王梦旭、王梦尧和王士俊被誉为“一朝三翰林”。厚重的历史文化底蕴培养了瓮安人崇文尚礼、勤奋好学的社会风尚。

1958年8月，应时代之需，瓮安二中始建。后随时代变革，数迁其址，几经易名，从银水寺到西门河畔，从县城西隅到城郭南端，从瓮安交通学校到瓮安第二高级中学。校园萃人文精华，濡历史厚韵，以得天下英才而教育之为己任。在艰苦奋进的征程中，学校忆往昔峥嵘伟绩，感今朝重任在肩，乃承教育远志，誓创黔中名校。2012年9月，学校总结50多年的办学经验，制定和通过了《瓮安二中校本文化理念》。

一、瓮安二中校本文化理念

学校文化是学校特色的重要表征，是学校重要的教育资源，是催生教师专业成长和学生生命发展的深厚土壤，是学校人文传统和优良校风的根本之源。为了进一步加强校园文化建设，全面推进素质教育，特制定以下总体方案，以开创、谱写学校校园文化建设的新篇章。

（一）指导思想

以党的十八大的重要思想为指导，按照教育方针和上级有关精神要求，着力体现“自信是成功的基石，是健康人格的显著特征，是推动人不断进取的动力系统和心理支撑”这一根本规律，在“扬起自信的风帆”教育理念引领下，构建并不断完善与时俱进、具有浓厚育人氛围和鲜明办学特色的校园文化体系。

（二）内容

1. 制定校本文化理念：

校名：

贵州省瓮安第二中学简称“瓮安二中”

办学宗旨：

立德树人　追求卓越

校训：

自强不息 厚德载物

校风：

团结进取 勤奋求实

教风：

严谨治教 敬业爱生

学风：

致知穷理 知行合一

学校精神：

求索精神：众志成城　勇于拼搏

务实精神：抓铁留痕　踏石成印

办学目标：

给学生提供合适的教育，让每一位学生都有成功的机会，为学生的终身发展奠基，为教师的职业幸福添彩；将学校打造成“管理严，教风正，学风浓，校风优，质量高”的省级一流示范性高中，办人民满意的教育。

办学原则：

“德治”与“法治”并举，科学治校；“五育”并进，德育为先；教学与科研并重，教学为中心；树质量强校观，走可持续发展路。

办学特色：

立德树人，自强不息，文化引领，才艺双馨。

九大教育体系：

经典国学教育，感恩励志教育，公民道德教育，心理健康教育，学科知识教育，体艺教育，劳动教育，科技教育，职业生涯规划教育。

六大培养方向：

文化、体育、美术、书法、音乐、竞技

七大战略构想：

校舍校园精品化、仪器设备精品化、课堂教学精品化、教研教改精品化、多元激励精品化、教育质量精品化、文化建设精品化。

师生荣辱观：

以爱国爱校为荣，以辱国辱校为耻；

以敬业爱生为荣，以亵渎师德为耻；

以勤奋诚信为荣，以懒惰舞弊为耻；

以端庄儒雅为荣，以怪异低俗为耻；

以团结友爱为荣，以自私冷漠为耻；

以勤俭节约为荣，以铺张浪费为耻；

以爱护公物为荣，以损坏公物为耻；

以遵纪守法为荣，以违法乱纪为耻。

“五有”师德：

教师要心中有爱。爱是人间的春风，爱是生命的源泉，爱是成功的基石，只要人人都献出一点爱，学校将会更加美好。

教师要腹中有墨。教师要做终身学习的表率，努力提高自身专业水平和文化素养，以文化人，做学生的良师益友。

教师要胸中有识。教师要识大体，顾大局，有胆量，有见识，知事理，明是非，低调做人。

教师要肩上有担。教师要有事业心，有责任感，要自我施压，勇于担当，不动摇，不懈怠，不折腾，踏实做事。

教师要目中有人。教师只有目中有人，才能带来课堂的真正变革，带来课堂的生机与活力，才能构建高效课堂；教师只有目中有人，才能相互尊重与信任，从而相互搭台，相得益彰，铸就坚不可摧的教师团队。

集体备课“六五四三”：

六备：备课标、备考纲、备教材、备学情、备教法、备学法；

五统一：统一教学指导思想、统一重难点、统一“双基”目标、统一考核要求、统一进度；

四定：定时间、定内容、定主备人、定参与对象；

三有：有地点、有主持、有领导参与；

课堂教学“五精心”：

教学精心设计、流程精心安排、作业精心选择、问题精心反馈、辅导精心分类。

2. 创设校园文化氛围

（1）营造健康优美的校园文化环境。

从净化、绿化、美化入手整治校容校貌，设计和规划校园环境建设：

思想道德：名人宣传栏（每月一名人）、评比栏、校园新闻、警示牌（节水、卫生、爱护花草）；

文化素质：英语走廊、教学动态展示栏、英语伴你成长

科技教育：科学家挂像、班级图书角、学校大门、操场围墙图文。

心理教育：知心小屋；

安全教育：警示牌、宣传栏。

（2）组织丰富多彩的校园文化生活

坚持开展符合学生特点、引导学生全面成才、深受广大同学喜爱和支持的校园文化活动。

学校：学校每年要举办1～2次全校性的大型文化艺术教育活动，倡导学生参加，使广大学生的艺术素质得到普遍提高，引导校园文化向健康高雅的方向发展。如读书节、艺术节。

各部门：要积极开展各种健康有益的课外文化活动，占领学生的业余生活阵地。

教务处、教科处：古诗诵读比赛、朗读比赛、演讲比赛。

政教处：五四青年节、“一二·九”运动以及各种重大节日的庆祝活动。

音体美组：秋季运动会、各单项赛。

各班主任：要利用德育课，经常组织学生开展各种小型的文化娱乐活动，活跃学生的课余文化

生活，让全校学生自主参与，丰富第二课堂内容。

（3）建设良好的校风

结合本校实际，通过制定校训、校徽，穿校服、佩戴校园出入证等形式，形成自己的特色，使全体教师、学生在认识自我、改变自我、超越自我，在校训的引导下，逐步确立校风，促进学生思想品德素质和文化素质的不断提高。

3. 开展校园文化教育

（1）运用学生喜闻乐见的形式进行教育

组织学生观看爱国主义教育片；利用各种纪念日，组织开展读书宣传活动；新队员宣誓；举办各种知识竞赛或演讲会等活动，使学生从中受到直观熏陶和潜移默化的教育。

（2）抓好学生日常行为规范教育

制定规章制度，把学生的操行评定与评比三好学生、优秀班队干部挂钩，并开展评选文明班级等评比活动，用先进事迹激励学生健康发展。通过开展学生值周，增强学生自我教育、自我管理、自我服务、自我约束能力，从而养成自觉遵规守纪的良好行为，打造良好的校园风貌。

2012年9月，该方案由瓮安二中发展历程中衍生而来，凝练出“立德树人，追求卓越”的办学宗旨和“自强不息，厚德载物”的校训，从办学治校理念、顶层设计来引领文化建设。将文化建设摆在全局工作的重要位置，贯穿于党建工作中，列入学校年度工作计划和考核指标体系；列入学校“十二五”发展规划；制定了文化建设五年规划。坚持促进学生全面发展与个性发展，推动科学精神与人文精神融合。在广大学生中广泛开展以践行社会主义核心价值体系为主题，以立德树人为根本，以价值目标、学业目标、健康目标和职业目标为基本内容的目标教育与实践活动。举全校之力，承前人之神，集今人之智，展望未来，确立以“立德树人 追求卓越 ”为办学宗旨的高品位校园文化。

二、学校核心文化理念解读

（一）〔办学宗旨〕立德树人，追求卓越

立德树人：“立德”语出：《左传·襄公二十四年》：“大上有立德，其次有立功，其次有立言，虽久不废，此之谓不朽。” 故，立：树立。德：德业。立德者，树立德业也。学校以“立德”为基本要求，就是要求学校干部要修“政德”，教师要修“师德”，学生要修“品德”。“树人”语出：《管子·权修》：“一年之计，莫如树谷；十年之计，莫如树木；终身之计，莫如树人。”故，树：培植，培养。人，人才。树人者，培养人才也。其彰显学校以“德”文化为基石，育德于心，成德于行。

立德是中华优秀的传统文化，国无德不兴，人无德不立。道德之于个人、之于社会，都具有基础性意义，做人做事第一位的是察德修身。人生最高的境界是立德有德、实现道德理想,其次是建功立业，再次是有知识有思想、著书立说。这三者是人生不朽的表现。“立德”居于人生“三不朽”之首。青少年学生时代，是逐步形成人生观、世界观、价值观的关键时期，树立德业非常重要。树人是学校的根本任务，培育学生成为优秀的人才，体现着教育的使命感和责任感。瓮安二中建校以来，肩负教育的光荣使命，继承历史的厚重积淀，莘莘学子遍布神州大地，成为祖国的有用之才，

恰是“为天地立心，为生民立命，为往圣继绝学，为万世开太平”抱负的真实写照。以此为旨激励教师完善知识结构，提升教学水平，构建发展平台，挖掘学生潜能，成为行业精英；激励学生坚定“天下为己任”之志向，锤炼“兼济天下”之情怀，成为国家中流砥柱。将“立德树人”作为瓮安二中教育的办学宗旨，有着特定的内涵和时代的意义，这对增强民族的认同感、文化的归属感有着极大的提升作用。2015年，教育部印发《关于全面深化课程改革落实立德树人根本任务的意见》，正是对这个问题进一步的深化。

追求卓越：卓越不是一个标准，而是一种境界。它不是优秀，它是优秀中的最优。它是将自身的优势、能力，以及所能使用的资源，发挥到臻于至善的一种状态。《大学》：“大学之道，在明明德，在亲民，在止于至善。”古人由“止于至善”而演绎出“臻于至善”一语，这是一种古已有之，奉行者甚众的事业理念；是一种以“卓越”为核心要义的境界追求。臻于至善昭示的是一种永不止息、进取超越的“进取”心态，是一种对完善、完美的境界孜孜不倦追求的崇高精神。也是瓮安二中人精神的真实写照。

“立德树人”是践行“追求卓越”的有力保障，“追求卓越”是“立德树人”的内在动力。瓮安二中以“立德树人 追求卓越”为宗旨，倾力打造校园文化，并以此形成校园的文化特色，不断提升校园的办学品位，最终实现学校全面提升。

（二）〔校训〕自强不息，厚德载物

“自强不息，厚德载物”作为我国传统文化的重要内涵，体现了一种健全的人格。它集刚健和柔顺两种不同的特质于一身，标志着人格发展上的一种全面性。其语出自《周易》中的卦辞：“天行健，君子以自强不息；地势坤，君子以厚德载物”。其意义为，天（即自然）的运动刚强劲健，相应于此，君子应刚毅坚卓，奋发图强；大地的气势厚实和顺，君子应增厚美德，容载万物。然后从对乾坤两卦物象（即天和地）的解释属性中进一步引申出人生哲理，即人生要像天那样高大刚毅而自强不息，要像地那样厚重广阔而厚德载物。

瓮安二中在其60年的发展过程中，瓮安二中人始终保持了“自强不息 厚德载物”的精神。建校伊始正值“大跃进”，师生跋山涉水，伐木烧炭炼钢，师生不顾双肩、双足磨破，血汗交加，咬紧牙关，强忍剧痛，相互勉励修建校园。1960年由于办学条件严重不足，校园无法正常开课，师生响应“自己动手，丰衣足食”的号召，利用课余时间，自己设计教学楼、挖基脚、烧石灰、搬砖运瓦，整整花了一年的时间完成了教学楼的建设，却因困难时期，校园停办，师生留影惜别。在“文化大革命”期间，教师被批斗，忍受着精神上的折磨，肉体上的创伤，在“交白卷上大学”的浪潮中，仍然心系学生，情牵教育，坚信知识能改变命运，责任成就未来。1978年，校园正式更名为贵州省瓮安第二中学，1980年设立高中部。教师克服文凭低、没有高中教学经验的困难，卧薪尝胆，终一鸣惊人，高考创佳绩。世纪之交，教师冒着在危房中教学的生命危险，在夹缝中求生存，在困境中谋发展。面对不均衡的办学条件和招生政策，他们克服一切艰难险阻给每一位学生提供合适的教育，让每一位学生都有成功的机会，为学生的终生发展奠基。在曲折而辉煌的历程中发展壮大，为国育才。为高等校园输送了数以万千学子，先后有13名学子被北大、清华录取。黔南州人大常委会原副主任王圣强如是说：“瓮安二中在危房中上课，国旗下开会，并在危房中飞出了金凤凰，与都匀一中、二中和瓮安中学齐名成为黔南高中教育的四面大旗，教育质量与瓮安中学在伯仲之间，难能可贵，值得钦佩。”

2010年4月，瓮安二中校园改扩建进行之际，投资1600余万元的新教学楼即将竣工投入使用，新校门、新学生宿舍等工程即将开工建设，校园面貌焕然一新，学校迎来了一个发展的春天。1996年考入清华大学的校友卿涛获知母校情况后非常高兴，向他的老师、清华大学顾秉林校长写了一封长信，请顾校长为瓮安二中题字。全信原文如下：

尊敬的顾校长：

您好！

我叫卿涛。1996年进入清华大学学习，2007年1月博士毕业。在校期间曾担任过精仪系国防班的政治辅导员，多次聆听过您的教诲。

毕业后，我进入航天五院（中国空间技术研究院）502所（北京控制工程研究所）工作，从事卫星控制系统执行机构的设计工作。我这次给您写信，是有事情要麻烦您。

我中学毕业于贵州省黔南布依族苗族自治州瓮安二中。这是一所既普通，又不普通的中学。普通是因为她没有健全的设施、没有堂皇的大楼，比起发达地区的中学来，甚至是破旧的、落后的；但她在我心目中却又是不普通的，因为那里有默默无闻的老师、自强不息的学子，就是在这样一个看起来破旧、落后的中学，从恢复高考到现在，已先后有5名学子考入清华（很荣幸，我也是其中的一员），还有3名学子考入北大。这对发达地区的中学而言，不能算什么成绩，但作为一所落后省份的少数民族自治地区的县级中学，这是绝无仅有的成就。清华、北大在当地的内涵，可能已经远远超出了一所全国最高学府的本意，特别是清华，在当地还被赋予了科学的象征和自强奋斗的精神内涵。而这样一所普通县级中学的师生们追求理想和知识而自强奋斗的精神，与清华自强不息的校风精神，又是何其相似。

2009年年底瓮安县政府对瓮安二中原落后的校舍进行了改扩建，新校门也即将落成。春节由于工作原因，我没有回老家，但中学母校的老师联系上了我，想通过我能否请一位清华的科学家题写校名："贵州省瓮安第二高级中学"，以此作为瓮安二中师生们的激励。对于清华和瓮安二中而言，我都只是一名很普通的校友，但因为都是我的母校，使中学母校的师生们会很自然想到我并有了更多善良、渴望的憧憬。我感激中学母校对我的培养，作为曾经的一名学生，我当然能深深体会到中学母校师生们善良憧憬的内涵。我感触很多，于是首先想到了顾校长，我博士学位的证书还是顾校长亲手颁发给我的，还有合影。顾校长是中国科学院院士，著名物理学家、教育家。物理这门科学对中学而言又是师生们心目中的最能代表科学的学科。因此，如果能有顾校长的墨宝题写校名，那将是多大的荣誉和激励。

我只是一名极其普通的清华大学校友，还没有做出什么能给清华添彩的业绩，在祖国的航天事业中也只是一颗螺丝钉。本不该冒昧向顾校长奢求题字，但当中学母校师生们纯朴渴望的眼神在我眼前浮现，加之现在贵州遭遇百年一遇的大旱，中学母校的师生们正处于极度的困境中，我无力给他们带去什么改变，但希望能通过顾校长的题字在这最困难的时刻能给他们信心和斗志，于是我这才厚颜向顾校长写了这封叨扰长信。我真心恳请顾校长能考虑满足中学母校师生们的愿望。

此致

敬礼！

学生：卿涛

2010年3月25日

顾秉林校长阅信后，有感于学校师生自强拼搏的精神和学校学子报答母校的拳拳真情，2010年4月，欣然提笔书清华大学校风“自强不息，厚德载物”八字赠给卿涛，由其转交时任瓮安二中校长谢静。得此殊誉，全校师生欢欣鼓舞，将其手迹镌刻于教学楼上，成为师生共同遵守的校训。

自强不息，表明的是瓮安二中人永不放弃的工作姿态。是对瓮安二中发展历史的存储，是对现在的精彩展现和对未来的美好憧憬。它记录了60年来瓮安二中人追求发展的坚定信念，它展现了60年发展壮大期间瓮安二中人不断进取，实现自我的精彩表现，它更表明了瓮安二中人奋发有为，勇创一流高中的决心。

自强不息，表明的是瓮安二中人齐心协力，共创辉煌的凝聚力，是 “立德树人 追求卓越”共同宗旨的深刻体现。它将员工的发展和学校的发展，将员工的价值实现和学校的价值实现融为了一体，在共同价值观下，展现出了瓮安二中精神。

自强不息，彰显的是瓮安二中人的气魄，是瓮安二中人精神的寄托，是瓮安二中人“气”之所在，是强大生命力的象征。自强不息，体现了瓮安二中人不断探索发展的坚强勇气，是瓮安二中持续发展的动力源泉

厚德载物，是瓮安二中的立足之本。以德为先是瓮安二中长足发展之保障。它决定了瓮安二中发展的方向。

厚德载物，是瓮安二中人朴实无华性格特征的真实体现。宽厚待人、有教无类、宽进严出的精神不但给予了瓮安二中人勇于拼搏的信心，更赋予了瓮安二中人朴实无华的性格。瓮安二中的发展正是因为有了这些勤奋、埋头苦干的人才取得了今天的成就。

厚德载物，是瓮安二中人持之以恒，用之不竭精神的具体表现，他体现了瓮安二中“以人为本”的核心管理理念。它承载了瓮安二中“关爱师生，成就师生”的博爱精神，它凝聚着瓮安二中始终将师生的发展放在学校发展首要位置的博爱情怀。

厚德载物，表明的是瓮安二中人宽宏大度、体谅包容、和谐共存、协调并进的态度，是瓮安二中人共同追求和崇高境界。

（三）〔校风〕团结进取　勤奋求实

校风即学校的风气，是一个学校各种风气的总和，是学校在办学过程中长期积淀而成的具有行为和道德意义的风气，是在校内乃至社会上具有极大影响并被普遍认可的思想和行为风尚。1991年，时任校长黎师韩在总结学校办学历史、集思广益、结合实际的基础上，在瓮安二中新建的第一栋教学大楼上镌刻了“团结进取 勤奋求实”这八个大字，它显现了二中文化精神，传承着二中锐意进取精髓，它取意久远又充盈的现代精神，既有丰厚的文化底蕴，又有深刻的现实意义。

团结，是力量的源泉，也是事业成功发展的前提。 孟子说：“天时不如地利，地利不如人和。”在学校这一团体中，只有团结起来，将这种力量凝聚达到一定程度，才能共同完成和实现教学任务和培养目标。瓮安二中校风里的“团结”，继承发扬瓮安二中人的文化精神，并赋予新的时代精神，与其他学校的校风内涵迥然不同。二中人备受其他学校的交口称赞的一点精神就是团结，瓮安二中人无论在面对大自然的危害，还是学校生存发展困难，总是团结协作，共同战胜一切艰难险阻。团结互助，也是学校发展壮大的重要原因之一。建校之初，来自各地的优秀人才，组成新的教职工大家庭，学校要健康、顺利、快速地发展，团结自然就成为首要因素。团结的理念使来自各地的新老教职员工形成一种新型的和谐关系，从而充分调动广大师生员工的积极性，集思广益，众

志成城。

进取，意为努力上进，有所作为，与时俱进，追求新高。清·梁启超《饮冰室合集·文集》：“希望也，故进取。”进取，就是解放思想，大胆探索，开阔视野，奋发进取；激发灵感，发展个性，努力形成自己的教育风格，摆脱旧有的条条框框的束缚，用全新的思路来创造全新的业绩。进取是学校发展壮大最核心的因素。进取已成为学校校园文化精神的集中体现，成为学校改革发展的主旋律。它孕育了二中人敢冒风险、敢为人先、吃苦耐劳和善于应变的精神特征，这所在“大跃进”年代迅速崛起的学校。在党和政府的大力支持下，历经初级交通中学—师范—小学—初中—完中—大型独立高中的演变，2016年6月，学校顺利通过贵州省教育厅示范性高中专家组评估验收，学校办学特色和成绩得到专家们的高度肯定，评估专家组有专家称赞瓮安二中“在50多年的办学中，走过了其他学校100多年走过的道路”。2016年9月，学校华丽转身，成为了贵州省省级示范性高中之一。在其办学的60年里取得了令人瞩目的成就，已经成为在办学理念、管理模式和师资团队等方面现代化学府。

勤奋，是瓮安地方文化崇文尚礼、勤奋好学精神的再现，具有自身特色。它凝聚了瓮安人的传统精神、蕴含着瓮安二中自身发展的要求。瓮安人在长期的生活奔波拼搏中，形成崇文尚礼、勤奋好学性格特质。这种崇文尚礼、勤奋好学的秉性，也造就了一大批在历史上赫赫有名的人物：宋有进士犹道明，清有著有《鸳鸯镜传奇》和《桑梓述闻》的傅玉书，还有“一朝三翰林”（王梦旭、王梦尧和王士俊）。据统计，瓮安宋代至明、清时期，就有16人进士及第，104人高中举子。只要看看这些先贤的历程，我们就不难从中解读出瓮安二中人的勤劳拼搏的秉性。今天，二中人以其勤奋好学的学习精神，秉持追求进步态度，誓将这所仅60年历史的学校建成“有特色、受人重视的现代化学校”，正是因为勤奋，学校才能在短短的60年内取得了其他同类学校无法企及的骄人成绩。

求实：就是讲求实际，一切从实际出发，准确定位，科学决策，认认真真搞工作，踏踏实实做学问。求实也蕴涵解放思想，实事求是；活跃学术，严谨扎实；注重实践，学以致用。学校是培养人才的，不仅要让受教育者能掌握技能知识，更要让受教育者具有良好的职业道德，成为一名“真人”。学校校风中的求实既是对勤奋进一步的深化，也是办成具有二中特色的学校的内在要求，是瓮安地域文化务实求实精神意识的体现。在经济生活、政治生活、文化生活和社会生活中，瓮安人重实惠、求实用、讲效益。不尚虚，唯求实，特别是不搞空头政治。学校目前正在积极与各级各类学校、机构合作探究提升学校办学水平，拓展学校为地方政府服务的渠道，提高服务水平，发现并解决地方和社会实际需要的应用性问题。同时，学校也正在依托地方政府、各级教育部门，促进学校向黔中名校目标迈进，为人民提供优质教育，为当地提供发展动力，2016年学校挂牌“智华中学”，依托香港智华基金集团，努力拓展学校办学渠道。这些举措都是务实求实精神的最好体现。

地方文化有着独特的文化底蕴和精神内涵，对办学理念的形成往往起着潜移默化的作用，学校作为一个地方性普通高中，充分利用地方文化的地方性、典型性、直观性和生动性等优势，其校风排除不当的文化偏见，充分吸收当地商贾文化、书院文化、红色文化等精髓，是对学校师生道德准则、人格品质、精神境界、工作作风、学习态度的要求，体现了瓮安二中特有的办学理念与文化精神内核。

综上所述，瓮安二中校风是对学校长期办学实践和教学活动的总结，高度概括了学校教育理念、治学风格、育人目标和校园文化，秉承了二中文化之精髓，传承着历代二中人艰苦创业之精神，涵盖了学校教学、科研、管理和学习等各方面的价值追求，是瓮安二中办学的思想、精神和灵魂，是对师生道德准则、人格品质、精神境界、工作作风、学习态度的训示，体现了瓮安二中特有的办学理念与文化精神内核。解读校风真实、准确的含义，可以发现校风的核心是“进取”，“进取”是校风的逻辑起点，“勤奋、求实”是继而推出的理念；而“团结”提倡和谐环境和集体协作精神，这是价值体系的外层；“勤奋、求实”是行动，是进行进取的关键所在，整个校风包含十分丰富的内涵，既有丰厚的地域文化底蕴，又有深刻的时代意义。在21世纪的今天，以新时代的眼光审视瓮安二中的校风，它对于瓮安二中全面推进素质教育，培养有理想、有道德、有文化、有纪律的社会主义新人，具有十分积极的现实意义。

（四）〔校徽〕

校徽是校园的视觉形象识别标志，是校园办学理念、办学特色的标志形象和精神形象的集中体现，是校园悠久历史和优良传统的高度浓缩，也是校园文化建设的重要内容。

瓮安二中校徽在其办学的历程中，出现过多种版本，但因为种种原因各种版本都未能流传下来，始终没有一个固定的版本。

2015年3月，学校为了规范办学，提升学校和校园文化品位，特邀重庆交通大学毕业的设计师谢飞为瓮安二中设计新校徽，谢飞结合瓮安二中历史、办学宗旨、校训以及中国古典文化、书法，经过反复思考，设计出了新版的瓮安二中校徽方案如下：

该校徽秉持瓮安二中“立德树人，追求卓越”的办学宗旨，将“立德”二字篆书演化为一口象形大钟，亦像“人”，又像“大”，兼具“仁德”之韵 、“二中”之形。蕴含瓮安二中育仁德之人，树栋梁之材，必将声名远扬。

“1958”为校园创建之年；“中、英文校名”寓意瓮安二中兼收并蓄，放眼世界；“绳环”彰显二中人“拧成一股绳，心往一处想，劲往一处使”的“自强不息，厚德载物”之校风精神。朱丹红富涵庄重典雅，白色象征君子风范。校徽整体构图与校园文化和谐统一，厚重恢宏。

为保证瓮安二中校徽标志的正确使用，学校特作如下规定：

瓮安二中校徽使用规定

1.本校徽图是瓮安二中唯一的校徽标志。

2.根据相关法律法规，校徽标志是一种无形资产，瓮安二中为该标志的权利人。

3. 瓮安二中校徽标志标准图样版本由瓮安二中党总支部宣传部制作发布并履行使用管理职责。

4.任何机构或个人在任何情况下，均不得将该标志采用拆分歪曲、篡改等方式进行变形或变相使用，亦不得将该标志作为其他图案的组成部分使用。

5.未经瓮安二中许可，任何机构或个人均不得为商业目的（含潜在商业目的）使用该标志。将该标志用于非商业目的时，须明显区别于商业行为，并不得与商业广告相邻使用。

6. 瓮安二中校徽标志使用管理部门对以下违规使用瓮安二中校徽标志的情况有权责令其整改或停止使用：

（1）误用、滥用校徽标志。

（2）在使用校徽标志时不按比例放大或缩小，字迹模糊，标志核心元素不完整及变形或变相使用。

（3）在使用机构印发的任何资料中发现有校徽标志的不正确宣传，或利用校徽标志误导公众认为覆盖范围外的管理体系、产品、服务项目并影响瓮安二中的声誉。

（4）使用机构或个人将校徽标志在与瓮安二中无关的各类业务及各类宣传媒体上进行误导宣传。

（5）其他有损于瓮安二中形象的使用方式或行为。

7.本校徽标志的使用权归瓮安二中，著作权归设计师谢飞。

8. 瓮安二中校徽使用规定自本文发布之日起实施。

（五）〔校歌〕

《二中之歌》词作者张明光是瓮安二中校长，高级教师，贵州省教育学会德育专业委员会理事，贵州省心理学会理事，贵州省名校长工作室主持人。其工作之余，笔耕不辍，撰写了大量有关教学和校园管理文章。2014年3月，在工作之中有感于学校曲折的发展历史、自强不息的精神风貌、一脉相承的文化传统，创作了《二中之歌》，经广泛征求意见，成篇之后，报县委、县政府，得到时任州委副书记、县委书记陈昌旭赞扬。

《二中之歌》曲作者是著名作曲家杜兴成。杜兴成，贵州绥阳人，中国人民解放军八一电影制片厂师级作曲家，中国音乐家协会会员，中国电影家协会会员，中国电视音乐研究会会员，中国散文学会会员。他的音乐创作旋律优美，手法简练，深情感人；创作题材广泛，具有浓郁的民族风格，能从每一个音符间感触到作者心灵深处迸发出来的声音，不觉丝毫的虚情假意。其成名作《战友之歌》于1979年1月发表，曾获文化部、中国音协“全国第一届音乐作品奖”和总政首届“中国人民解放军文艺奖”等，歌曲流传广远，影响甚大。他接到《二中之歌》歌词后，经仔细阅读和吟唱，为了便于传唱，提出自己的修改建议，并和词作者多次沟通交流，反复酝酿修改，历时三月，于2014年7月完成为《二中之歌》谱曲工作，并为《二中之歌》灌制合唱、独唱、伴奏音乐作品。该作品传到瓮安二中，全校师生听后，受到极大震撼和鼓舞，得到师生一致认可和好评，广为传唱。

二中之歌

1=C $\frac{2}{4}$

中速行进 充满朝气地 ♩=108

张明光 词

杜兴成 曲

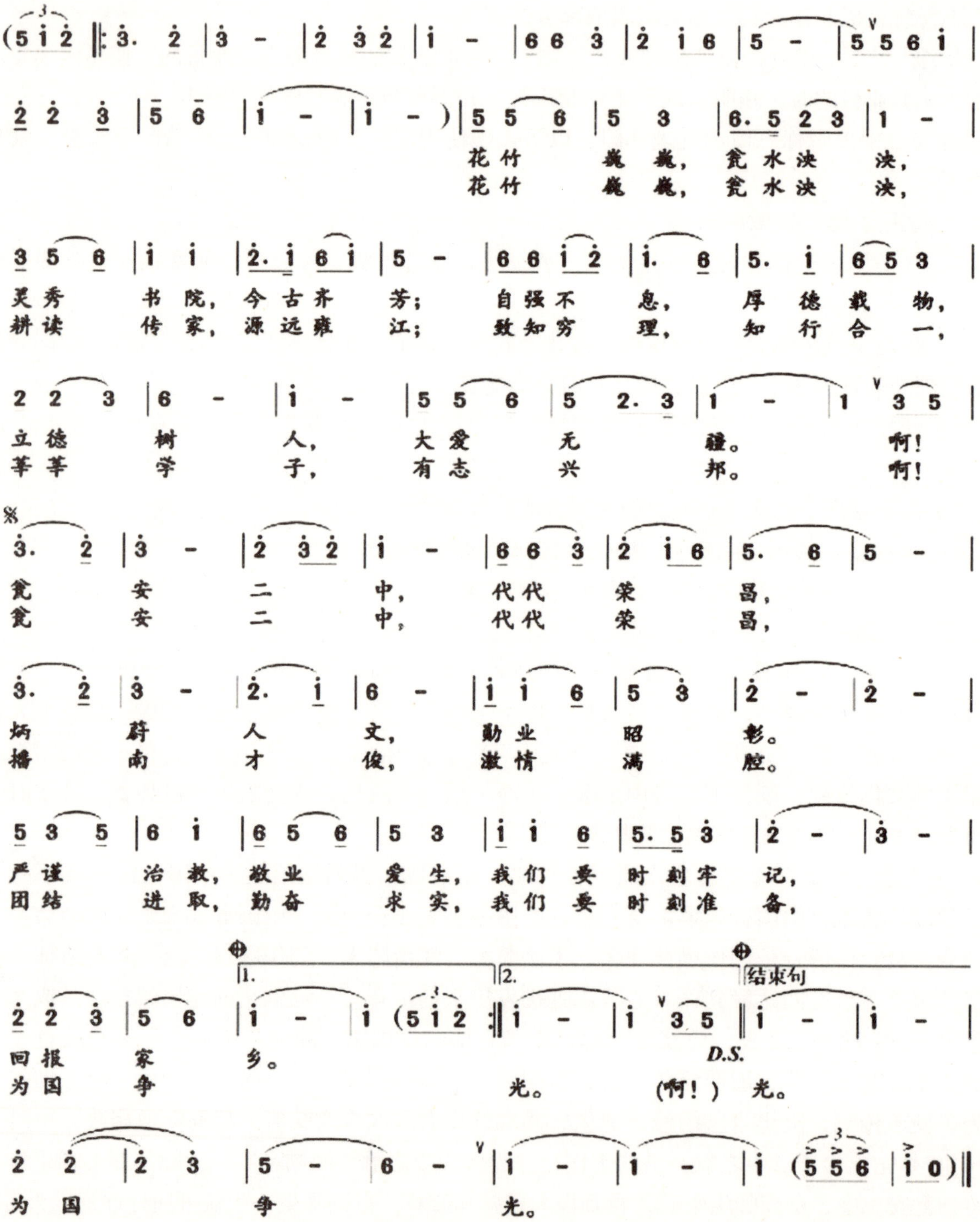

第三节　体艺工作

学校历来重视音体美的教育教学。中小学的音体美课堂就是体育、美育的主阵地。体育在于通过运动和锻炼，提高人们的身体素质，增进人的健康水平，使健全的精神寓于健康的身体。美育则是从人与现实的审美关系的角度，通过审美实践陶冶性情、美化心灵、丰富人的精神生活，启发人的自觉性，提高对于美的感受、鉴赏和创造的能力。因此，音体美课程对全面提高学生的素质、培养学生兴趣特长和审美能力以及丰富学生生活有特殊的教育功效，是其他课程无法代替的。

课程发展变化：音体美教育是国家教育内容的有机组成部分，是学校教学工作的重要内容，是实施素质教育的重要途径，对促进学生强健体魄、磨炼意志、陶冶情操、团结合作以及弘扬民族精神，增强爱国主义和集体主义观念；对培养学生的道德品质、审美素养，促进智力发展；对丰富学生精神世界、发展形象思维、激发创新意识，促进健康成长，都具有极其重要的作用。加强音体美教学，是全面贯彻党的教育方针、全面实施素质教育的必然要求，是深入贯彻中共中央、国务院《关于深化教育改革，全面推进素质教育的决定》《贵州省普通中小学管理基本规范》和落实全省素质教育工作会议精神的重要举措。近年来，学校音体美教学得到了稳步发展，全部开设了模块教学，进一步对新课程改革有了很好的认识，充分调动了学生的积极性，丰富了学生的文体生活，在开展文体活动方面取得了较好的成绩。

组织机构发展变化：1980年起，谭贤书担任音体美教研组组长，直到1983年；梁家恒1983年至2005年担任音体美教研组组长；2005年张家祥担任音体美教研组组长。

人员发展变化：1990年有体育教师5人，音乐教师1人，美术教师1人，随后陆续调入和分配了一些音体美教师。现有音体美教师24人，其中体育教师15人，美术教师4人，音乐教师5人。

一、体育教学

1958年建校伊始，体育场地和设备诸方面非常缺乏，但仍然按照1952年中央人民政府教育部颁发的《中小学暂行规程》规定，对学生实施智育、德育、体育、美育等全面发展的教育，广泛开展各类体育活动，学校按学生性别、年龄和身体发育情况分别编成锻炼小组，并订出项目和标准进行锻炼。经常锻炼内容是：早锻炼、课间操、课外体育活动等。当时受办学条件限制，无法开展学校运动会，只能开展诸如50米游泳比赛、爬山比赛、拔河比赛、踢毽比赛等班级小型运动会。

1962年9月，学校将平整操场列为首要任务。师生花了3年（1962年至1966年1月）的课外活动时间，将平均长约100米、宽约30米、高约2米的约6000立方米的土石山，挖运到距离30~100米外的地方，将一大块约5米深度的落凼烂田填平，于1966年1月终于建成了一个南北长约160米、东西宽约60米（最宽处80米）的操场。体育课、课外活动等才得以恢复。

1963年，学校组织师生逐年平整完善场地，扩展了运动场，终于建成了一个用煤渣铺垫的60米直跑道5条、200米环形跑道5条的运动场，场内有沙坑1个，篮球场4个，乒乓球台3个，同时逐渐添置有铅球3个（6磅、8磅、12磅）、铁饼（女用）2个、手榴弹5个、单杠1副、双杠2副、跳箱2个、垫子3床、爬杆2个、皮尺1个、举重器2个、跳栏5个等体育器材。基本上可以满足体育课程需要。时有体育教师1人。

1965年4月，学校组织几名青年男教师下到学校西侧县磷肥厂抽水机房河段，摸排河中情况，划定危险区并拉上警戒线，确定出适合游泳河段，由水性好的男教师负责指导全校三年级以上学生分男女两个游泳区练习游泳。培养了一批游泳运动员，有的选手后来还参加了全国青少年游泳赛的广州分赛区比赛。是年在县城举办的“六・一”运动会上，校体操队以动作划一有力且服装简约整齐而夺冠。

1966年11月4—16日，学校组织秋季田径运动会，以班级为单位组队参加，按年级分组进行。竞赛项目有男、女50米、100米、200米、800米赛跑，4×200米接力，跳高，跳远，铅球，男子标枪，男子1500米赛跑等常规项目。每班男、女运动员10人，每队领队1人（班主任兼）。各组运动员经报名后不能调换。运动员每人限报两项，可兼报接力。接力赛运动员必须在本队运动员中产生。比赛使用国家体委规定的最新田径竞赛规则。单项记分取前六名，按7分、5分、4分、3分、2分、1分记入团体总分。男子1500米加倍记入团体总分，接力赛每组的第一名、第二名按14分、10分记入团体总分。单项取前六名，团体按甲、乙、丙组分别取前三名给予精神和物质奖励。团体每组按总分取前三名，若总分相同，以获单项第一名多者列前，若获单项第一相等，再以单项第二名多者列前，以下类推。这为学校定期开展秋季田径运动会开了一个好头。以后正常情况下，学校每两年举行一次秋季田径运动会，培养了一批运动健将。

1973年5月，学校接县教育局、县体育运动委员会文件，在全校推行第五套儿童广播体操，全校师生积极参与。

1983年，黔南布依族苗族自治州中小学生田径运动会在都匀举行。学校女子运动员彭贵兰在女子铅球比赛中以7.68米的成绩荣获第一名。

1984年，黔南布依族苗族自治州中小学生田径运动会在都匀举行。学校女子运动员王咏梅在女子800米比赛中以2′45″50的成绩荣获第一名；在女子1500米比赛中，王咏梅又以5′45″16的成绩夺冠。

1986年，黔南布依族苗族自治州中小学生田径运动会在都匀举行。学校男子运动员胡廷举以1.57米的成绩获男子跳高比赛第三名

1987年，瓮安县召开中学生田径运动会，学校学生莫静以14″40获女子100米第一名，还以30″90获女子200米第一名。兰江获铅球第一名。

1988年4月，黔南布依族苗族自治州举行中小学田径运动会：学校女子运动员李坤会以14″15获女子100米第一名。

1990年，国务院颁发《学校体育工作条例》。这个条例包括体育课教学、课外体育活动、课余体育训练和体育竞赛等内容。学校按照新的工作条例展开体育教学工作。

1990年7月，赵守群、周永祥、叶宏等参加全州在黔东南（凯里）举办的运动会。赵守群以2′09″40获女子800米第一名，周永祥以4′32″77获男子1500米第二名，叶宏以11.65米获男子铅球

第三名。

1992年12月9日，学校在学校运动场举行全校第七套广播体操比赛。全校初中16个班、高中8个班，共24个班级参赛。比赛分年级抽签方式排序进行，每场比赛10分钟必须完成（进场3分钟，做操5分钟，出场2分钟）。每班按报名注册的实际人数（残疾生除外）组队参赛，领队由班主任兼，领操员1人。评委打分，每个评委以10分制评分，最小评分单位为0.1分，去掉最高分和最低分，最后累计总分。整体印象占4分。人数齐、服装统一2分，（少1人扣总分的0.5分），入场不超过规定时间并列队整齐0.5分，领操员的指挥与队形变化创新0.6分，出场不超过规定时间并队列整齐0.6分。动作规范程度6分。每个队员完成每节操的动作部位、路线正确2分，动作节奏与音乐的配合和每节操之间有衔接性2分，全队做操整齐一致，动作有力，有精神2分。各个年级取前3名，第一名奖20元及奖状，第二名奖15元及奖状，第三名奖10元及奖状。

1991年7月，学校运动员赵守群参加在都匀举行的黔南布依族苗族自治州中小学田径运动会，以5′34″40获女子1500米第一名。

1993年7月，学校运动员葛明开在黔南布依族苗族自治州中小学田径运动会上，以2′09″40的成绩获男子800米第一名。

1994年7月，学校运动员冯小峰在黔南布依族苗族自治州中小学田径运动会上，以25″40的成绩获男子200米第一名。

1995年，学校根据上级文件要求，制定了对高、初中毕业班学生进行体育合格统一考试，对非毕业班进行体育统考的规定。体育统考工作在学校领导下，由教导处、体育教研组组织实施。统考时间在第二学期上半期。统考内容及方法：以田径和体操教材为主，同时各任课教师所制订的教学计划项目也列入考试容。

1996年7月，学校运动员彭学华被选入黔南布依族苗族自治州代表队，参加贵州省运动会男子5000米比赛，以17′54″67的成绩获第三名。

1997年3月，学校体育组对初、高中毕业班学生进行体育统一考试。考核内容为速度、耐力、弹跳力、投掷力。

1998年12月，学校举行全校第八套广播体操比赛。

2002年7月4日，国家教委教体艺〔2002〕12号发布《学生体质健康标准》（以下简称《标准》）及《实施办法》。《标准》测试项目：初中以上各年级（含大学）测验项目为六级，其中身高、体重、肺活量为必测项目。选测项目三项：从50米跑、立定跳远中选测一项；男生从台阶试验、1000米跑中选测一项，女生从台阶试验、800米跑中选测一项；男生从坐位体前屈、握力中选测一项，女生从坐位体前屈、仰卧起坐和握力中选测一项。测试与评分标准：《标准》中的选测项目由各地市级教育行政部门在测验前随机确定。考虑到城乡的不同情况，《标准》台阶试验测试，《标准》中的身体形态、身体机能、身体素质的测验方法按人教版的《学生体质健康标准（试行方案）解读》中的有关要求进行。等级评定与登分：各个项目的得分之和为《标准》的最后得分，根据最后得分评定等级：86分以上为优秀，85~76分为良好，75~60分为及格，59分以下为不及格。每学年评定一次成绩并记入《学生体质健康标准等级卡片》；“学生毕业年级的等级评定，按毕业当年的成绩占50%和其他学年平均成绩占50%之和评定”。《标准》的实施工作在教育部、国家体育总局的领导下，由各教育行政部门管理，体育行政部门指导，学校负责组织实施。在校长领导下，由教务处、体育教研组、校医务室、班主任协同配合共同组织实施。测试应与学生的健康体检有机结合，避免重复测试。各测试项目的成绩由体育教研组汇总，并按照《标准》的要求评定成绩、确定等级，记入“学生体质健康标准登记卡”，在毕业时放入学生档案。对《标准》测试成绩不及格者，在本学年度准予补考一次，补考仍不及格，则学年评定成绩不及格。学生毕业时《标准》成绩达到60分为及格，准予毕业：不及格者，按肄业处理。因病或残疾学生，可向学校提交免于执行《标准》的申请，经医生证明、体育教研室（组）核准后，可免于执行《标准》，所填表格存学生档案。

2004年，学校首次招收体艺特长班一个，招收学生60人，其中体育特长生33人，在社会上引起强烈反响，得到广大家长和学生的支持。

2005年，再次招收一个体艺特长班，广大考生踊跃报名，受名额限制，也仅招收了60人，其中体育特长生27人。这些文化底子差的学生，发挥他们的特长，经过三年高中艰苦学习和训练，考入了高等院校，成为社会的有用之才。是年11月，学校3000多学生举行秋季运动会，除学校传统项目外，增加了班级团体4×200米接力赛和拔河赛等项目。

2006年4月，在都匀举行的黔南布依族苗族自治州中小学田径运动会上，学校获一等奖2人，二等奖3人，三等奖2人，四等奖1人，五等奖1人。学校获甲组团体总分第5名，教师张家祥获优秀教练奖。学校在县举办“青年文明号”杯篮球赛中女子球队获第五名，男子球队获第三名。9月，高一年级16个班千余名学生举行第二套广播体操“时代在召唤”竞赛。

2006年12月20日，教育部、国家体育总局、共青团中央发布《关于开展全国亿万学生阳光体育运动的决定》（教体艺〔2006〕6号）。决定要求：为全面贯彻党的教育方针，认真落实“健康第一”的指导思想，在全国亿万学生中掀起群众性体育锻炼的热潮，切实提高学生体质健康水平，教育部、国家体育总局、共青团中央共同决定，从2007年开始，结合《学生体质健康标准》的全面实施，在全国各级各类学校中广泛、深入地开展全国亿万学生阳光体育运动（以下简称阳光体育运动）。为此，学校加强了课外体育活动。有目的、有计划、有组织地开发学生体力,提高学生体育素养的教育活动,它对一个学生的阳光般的成长具有极其重要的意义。随着社会的发展,课堂教学已经不能满足社会和学生的需求，学校体育教学目标的多元化。课外体育锻炼是体育课堂教学的最好补充。学校课外体育活动课的开展历年来得到了各学校领导的大力支持，为广大学生提供了体育活动的天地，也为宁静的校园注入了生机和活力。学校课外体育活动丰富多彩，成立了田径，篮球、足球、乒乓球、健美操、裁判、骑行等社团，为学生提供了一个充分展现自己才华的平台。

2007年9月，学校有教学班级55个，学生3192人，专职体育教师8人，但因为受学校运动场地限制，无法开展课间操活动，学校根据实际情况开展三个年级轮流出操的方法，一个年级在操场出操，另外两个年级就在教室做眼保健操，学校根据制定的《体育课堂教学常规》《早操、课间操、课外体育活动管理要求》《体育教师职责》《教练员工作制度和要求》《学校运动队队员守则》等一系列规章制度，认真检查学校体育工作计划落实情况和各项目标的完成情况。对体育教师在政治、工作、晋级，生活等方面与其他教师一视同仁。学校按国家规定开足、开齐体育课程，保证学生每天1小时体育活动时间。适龄学生按照《学生体质健康标准》合格率达96%。

2009年11月，学校每年定期进行学生体质健康标准的测试并及时上报国家数据库。每年春季举行教职工球类比赛和学生球类比赛各1次，每年秋季举行全校大型田径运动会一次。丰富师生校园文化生活，强化全民健身效果，推进学生素质教育。体育课程以“健康第一”为指导思想，以学生为主体、发挥体育与健康学科的综合功能，关注学生的个体差异和不同要求，确保每生都有机会练习自己喜爱的运动项目，挖掘和发挥学生在专项上的运动潜力。

2008年6月9日，教育部、卫生部、财政部制定《国家学校体育卫生条件试行基本标准》（教体艺〔2008〕5号），对学校体育教师、场地器材、教学卫生、生活设施、卫生保健室配备及学生健康体检等方面作出最基本的要求。《标准》规定：体育教师必须经过体育专业学习或培训，获得教师资格证书，学校应当按照教学计划中体育课授课时数和开展课外体育活动的需要配备体育教师，高中每8~9班需配备1名体育教师。《标准》还规定了体育场地、器材配备等标准。

2008年，学校举办秋季田径运动会，田赛项目21个，径赛项目44个，59个班级，共600名运动员参加比赛，在运动会最后还增加了教职工4×200米接力赛，全校共11个教职工队伍参加比赛。

2009年6月，学校改扩建二期工程全面启动。体育训练无法正常开展，但学校将开展课外活动与“每天锻炼1小时，健康工作50年，幸福生活一辈子”的目标相结合，开展迎“五一”“五四”篮球运动会。高一、二年级28个班56支男、女球队分两个阶段进行，采取分组淘汰制，共进行了64场比赛。8月，1100名高一新生进行一周的军训，接受国防教育。9月全校56个班级的学生参加了学校全国第三套广播体操“舞动青春”比赛。

2010年，学校迎“五一”“五四”球类运动会，以班为单位，开展高一男女篮球，高一、高二男女乒乓球、羽毛球等六个项目的团体单项比赛。

2011年，县组织“三八”登山比赛，学校16名师生参加，有8人取得名次。该年学校3912名学生参加国家学生体质健康标准测试，优秀906人，良好1386人，及格1618人，不及格2人。

2012年，学校参加国家学生体质健康标准测试人数3854人，优秀963人，良好1180人，及格1709人，不及格2人。

2013年，黔南布依族苗族自治州第三届运动会，学校运动员获得良好的成绩，段怀龙获男子200米第二名，男子团体获4×400米第一名。女子运动员简良月200米第二名，周福会获400米第三名，女子团体获4×400米第一名，学校健美操队获健美操第三名。学校体育教师杨松在黔南州第三届运动会中被授予“优秀体育工作者”称号。学校体育教师袁能洪被瓮安县人民政府评为高考“教学能手”。

2013年瓮安县中小学生篮球赛中，学校获高中男子组第一名，高中女子组第二名。

2014年9月，学校改扩建工程结束，修建一新的塑胶运动场展现在全校师生眼前。2014年11月，学校举行秋季运动会，全校72个班级的运动员参加，这是学校有史以来种类最齐全，规模较大的一次运动会。在新的运动场上，运动员奋力拼搏，打破了多项学校运动会纪录。是年10月，在瓮安县田径运动会上，学校运动员也取得优异成绩。径赛方面：柏姣同学获女子组100米第四名；潘龙军同学获男子组200米第一名，杨潇同学获男子组200米第二名；柏姣同学获女子组200米第二名；潘龙军同学获男子组400米第一名，黄晋桦同学获男子组400米第二名；宋江莎同学获女子组400米第一名；宋江莎同学获女子组800米第一名；田应金同学获男子组1500米第二名且破县纪录；蔡黎同学获女子组1500米第二名；蔡黎同学获女子组3000米第三名；田应金同学获男子组5000米第三名；男子组团体获4×100米第一名；女子组团体获4×100米第三名。田赛方面：周杰同学获女子组跳高第二名；

王小红同学获男子组跳高第三名；牟鑫鑫同学获女子组跳远第一名；孟士杰同学获男子组铅球第一名；体育教师张家祥荣获瓮安县人民政府“教学能手”称号，袁能洪被瓮安县人民政府评为“优秀工作者”称号。

2015年，第四届黔南布依族苗族自治州运动会，学校运动员取得如下成绩：王力宏获男子4×400米第一名、男子4×100米第三名、男子200米第四名。陈延露获女子4×400米第一名，女子400米第五名、女子跳高第八名。在新增项目陀螺比赛中学校二位同学分别获得第二名和第三名。学校体育教师袁能洪获黔南布依族苗族自治州第四届运动会网球男子双打冠军，袁能洪还因在第四届黔南布依族苗族自治州运动会中带队表现突出被瓮安县人民政府评为“优秀工作者”称号。体育教师杨松被黔南布依族苗族自治州第四届运动会授予“优秀体育工作者”称号。在瓮安县第三届中小学生篮球运动会，学校代表队获男子组第二名，女子组第三名。杨松在瓮安县第三届篮球运动会比赛活动中被评为“优秀体育工作者”。在瓮安县庆元旦万人长跑中，学校10人获第一名，9人获第二名，10人获第三名。在瓮安县首届成长杯足球赛；男子组获第三名。是年，学校音体美组成功申报国家级课题“黔南民族地区中学体育信息化教学资源调查研究”。

2016年6月12日，学校整体搬迁新校区完毕。因学校搬迁，故该年未能开展校内体育活动和比赛。新校区的体育场地和设施有了极大的改善，新校区建有400×7标准胶跑道运动场一个；有长105米、宽68米标准足球场一个；有教师体育办公室2间、体艺陈列室1间、更衣室4间、器材室4间；有室外篮球场8个、羽毛球场4个、排球场2个；有室内体育训练场1个、室内篮球场3个、室内羽毛球场1个、室内排球场1个。有羽毛球100副、篮球100个、足球50个、排球50个、跳高垫2床、跳高架2副、起跑器8副、铅球大小共30个、秒表17块、皮尺5块、体操垫10床、发令枪2把、接力棒10根、学生身体素质体育测试仪器2套。在此基础上，学校制定了五年体育发展规划。要求在体育项目训练中，能遵循青少年生长发育规律，生理、心理特点引入竞争机制，制定科学合理的训练步骤。运动员年龄结构合理、管理制度、训练制度健全，有考勤、奖惩制度，常年对运动员的身体机能和运动水平测试数据进行储存和跟踪调查。

2016年10月，学校组建一支19人的田径队，由袁能洪、罗鑫带队训练。于2016年11月3日至11月6日参加瓮安县第五届中小学生田径运动会比赛。领队：王永念。教练员：袁能洪、罗鑫。运动员（16人）：（男）肖铕柱、唐型虎、杨凯、江朝舟、罗德阳、雍良滔、刘荣榜、黄沅杰（女）、杨柳、杨丽萍、何敏、吴梦洁、潘德敏、柏姣、刘曼、汤徐琴。经过4天的比赛，学校获得团体总分第二名。其中各个运动员取得的成绩如下：刘曼获女子200米第二名、女子400米第一名并破县纪录。柏姣获女子800米第一名、女子200米第二名。汤徐琴获女子800米第二名、女子1500米第二名。杨丽萍获女子铅球第二名并破县纪录。吴梦洁获女子跳远第一名并破县纪录。杨柳获女子3000米第三名。女子团体4×100米第二名并破县纪录、4×400米第二名。江朝舟获男子200米第二名并破县纪录、男子400米第二名。罗德阳获男子跳远第二名、男子铅球第三名。雍良滔获男子100米第三名。唐型虎获男子1500米第二名。男子团体4×100米第二名并破县纪录、4×400米第二名。

2016年，学校荣获瓮安县第二届成长杯足球赛男子第二名。瓮安县职工篮球赛第五名。在广大教师的努力下，学校的体育教学活动有了极大的改观，许多体育教师荣获表彰，张家祥荣获瓮安县人民政府2016年“优秀体育工作者”称号，任朝莲在庆祝第32个教师节表彰大会暨学生素质展示中被评为2016年“优秀工作者”，黎显福获瓮安县人民政府2016年“教学能手”称号，杨松获瓮安县人民政府评为“教学能手”称号。

2017年4月，学校举行了盛况空前的春季田径运动会，本届春季田径运动会共有929名师生参与，分男女三个组别、11个比赛项目。在新的运动场地，运动员们展开激烈的比赛，打破多项校运会纪录。特别值得一提的是，各班运动员入场时，改变以往着运动服的传统，各自穿着各班有特色的服装，彰显了青年学生的个性与活力，给广大观众和学生留下深刻记忆。张家祥荣获瓮安县人民政府2017年“教学能手”称号。

近年来学校学生体育达标合格率达92%以上，达到了贵州省示范性高中规定的标准。

学校田径运动会历届最好成绩统计表

表7—1

高一年级组　　　　　　　　　　　　　　　　　　　　　　　　2018年3月1日统计

序号	项目	成绩 男	成绩 女	姓名 男	姓名 女	地点 男	地点 女	时间 男	时间 女
1	100米	11″ 97	14″ 40	黄继勇	莫　静	二中	都匀	2004年	1987年
2	200米	24″ 37	28″ 87	罗雪飞	刘　曼	二中	二中	2017年	2017年
3	400米	57″ 69	1′ 11″ 91	罗雪飞	刘　曼	二中	二中	2017年	2017年
4	800米	2′ 19″	2′ 45″ 50	向子伟	王咏梅	二中	都匀	2013年	1984年
5	1500米	4′ 54″ 79	5′ 45″	周桂权	王咏梅	二中	都匀	1992年	1984年
6	3000米		13′ 25″ 06		兰远菲		二中		2004年
7	5000米	18′ 28″ 89		周桂权		二中		1992年	
8	4×100米	00′ 49"73	00′ 59"44	高一（14）	高一（8）	二中	二中	2017年	2018年
9	4×400米	04′ 02"57	05′ 00"78	高一（5）	高一（14）	二中	二中	2017年	2017年
10	铅球	9.7米	7.68米	兰　江	彭贵兰	都匀	二中	1987年	1983年
11	跳高	1.73米	1.26米	陈兴隆	陈　羽	都匀	二中	2017年	2017年
12	跳远	5.6米	4.20米	余代毅	牟鑫鑫	二中	二中	2018年	2013年

学校田径运动会历届最好成绩统计表

表7—2

高二年级组　　　　2018年3月1日统计

序号	项目	成绩 男	成绩 女	姓名 男	姓名 女	地点 男	地点 女	时间 男	时间 女
1	100米	11″ 48	14″ 27	刘正杰	刘娇	二中	二中	2017年	2018年
2	200米	23″ 52	27″ 89	刘荣榜	刘曼	二中	二中	2017年	2017年
3	400米	56″ 07	1′ 08″ 20	刘荣榜	刘曼	二中	二中	2017年	2017年
4	800米	2′ 16″ 38	2′ 49"76	惠增阳	蒋昕伶	二中	二中	2017年	2018年
5	1500米	4′ 57″ 02	5′ 59″ 00	田应全	蒋昕伶	二中	二中	2014年	2018年
6	3000米		13′ 33″ 06		李 敏		二中		2006年
7	5000米	18′ 51″ 55		吴宏武		二中		2006年	
8	4×100米	00′ 47"27	00′ 58"95	高二（14）	高二（14）	二中	二中	2017年	2017年
9	4×400米	03′ 52"80	04′ 47"98	高二（5）	高二（14）	二中	二中	2018年	2017年
10	铅 球	11.65米	7.21米	叶 宏	卿雯	都匀	二中	1990年	2017年
11	跳 高	1.65米	1.24米	陈兴隆	胡玉蝶	二中	二中	2018年	2018年
12	跳 远	5.57米	4.13米	雍良滔	牟鑫鑫	二中	二中	2017年	2014年

学校田径运动会历届最好成绩统计表

表7—3

高三年级组　　　　2018年3月1日统计

序号	项目	成绩 男	成绩 女	姓名 男	姓名 女	地点 男	地点 女	时间 男	时间 女
1	100米	11″ 26	13″ 20	李隆乾	杨柳	二中	二中	2017年	2017年
2	200米	24″ 32	28″ 10	肖铕柱	刘曼	二中	二中	2017年	2018年
3	400米	54″ 05	1′ 07″ 37	刘荣榜	刘曼	二中	二中	2018年	2018年
4	800米	2′ 09″ 40	2′ 46″ 69	葛明开	郭梅	都匀	二中	1993年	2017年
5	1500米	4′ 32″ 77	5′ 34″	周永祥	赵守群	都匀	都匀	1990年	1991年
6	3000米		12′ 53″ 04		兰远菲		二中		2006年
7	5000米	17′ 54″ 67		彭学华		贵阳		1996年	

续表7—3

序号	项目	成绩 男	成绩 女	姓名 男	姓名 女	地点 男	地点 女	时间 男	时间 女
8	4×100米	47"70	00′ 58"00	高三（14）	高三（14）	二中	二中	2018年	2018年
9	4×400米	03′ 44"89	04′ 55"52	高三（14）	高三（14）	二中	二中	2018年	2018年
10	铅球	11.81米	7.87米	吴　蕴	王　娇	二中	二中	2004年	2018年
11	跳高	1.56米	1.28米	王小红	陈　羽	二中	二中	2014年	2018年
12	跳远	5.7米	4.65米	冯国桥	牟鑫鑫	二中	二中	2014年	2015年
13	4×100米（职工组）	00′ 55"00		音体美组		二中		2017年	

学校（2012—2018）体育高考本科上线人数统计表

表7—4

序号	年届	本科上线人数（人）
1	2012	30
2	2013	32
3	2014	50
4	2015	52
5	2016	60
6	2017	80
7	2018	75

二、美术教学

美术教学，学校自建校以来，均按照教学大纲要求，开足美术课程。但很长时间没有专职美术教师，只能挑选具有美术特长的教师兼任美术教师。

1962年4月，接贵州省教育厅通知：“本学期新增音乐、美术课，其成绩作一门学科计算。”学校在困难环境下，通过抽调一些有音乐、美术特长的教师，开设了音乐、美术课程。

1965年4月，接贵州省教育厅通知，收回和销毁了师生使用的音乐、美术教材。选用革命歌曲和美术作品作为教学内容。

1966—1977年，“文化大革命”时期，音乐、美术教学内容多为革命歌曲、革命美术作品，教学秩序受到严重干扰。

1977—1993年，学校在初中一、二年级每周设音乐、美术各一节，初三和高中部未设音乐、美术课程。当时仅有任开林一位美术教师担任全校的美术教学工作。

1994年，国家教委通知，在初中各年级每周开设音乐、美术各一节，在高中各年级每周开设音乐、美术欣赏课各一节，学校结合具体情况在高一、高二年级每周开设了音乐、美术欣赏课各一节。其后，随着学校办学规模不断扩大，以及有学生考入音乐、美术等高等院校，学校加强了音乐、美术教学的力度，不断增加教学人员和教学设备、设施。现有专业美术教师4名，美术教室2间，美术教具30件。学校同时要求音乐、美术教师按照教学大纲开好音乐、美术课程，现在美术教学主要内容有绘画基础、剪纸、工艺品制作等，有时也传授一些雕塑及鉴赏方面的知识，绘画主要学习临摹画，间或练习一些写生画。随着素质教育的不断推进，学校更加重视对美术教学的管理，开足了美术课程和课外活动，要求教师上好每一节美术课，对学生进行审美教育；认真组织学生参加各级各类的书画展和比赛；组织美术兴趣小组，开展美术绘画竞赛等，以提高学生的审美能力，促进学生的全面发展；还专门成立高考艺术科辅导班，进行高考术科培训。

2004年，学校首次招收体艺特长班一个，招收学生60人，在社会上引起强烈反响，得到广大家长和学生的支持。2005年，再次招收一个体艺特长班，广大考生踊跃报名，受名额限制，也仅招收了60人。2007年8月，学生宋居杭、姚珍燕在兰成兵老师指导下，参加在贵州举办的放飞梦想·2007青少年儿童优秀艺术人才选拔活动全国总决赛，并分别荣获书画类绘画专业青年组银奖 、绘画青年组三等奖。兰成兵2007年被中共瓮安县委、县人民政府授予“优秀知识分子称号”。

2012年4月，瓮安县第二届中小学幼儿园现场书画大赛，学校共有6名学生参加，6名学生均获不同奖项，学校荣获高中组团体一等奖，是年6月，学校参加了第五届全国美育成果展，学校荣获2012年全国美育工作先进单位、全国美育化教育教学实验基地等荣誉称号。9月，在黔南州举办的“祖国好·家乡美”书法、美术、摄影大赛中，学校有6名学生参加比赛，其中刘瑶参荣获美术类一等奖，雷青云荣获美术类二等奖，陈洪荣获美术类二等奖，段正超获美术类三等奖，段仲春荣获美术类三等奖，杨茂清获美术类三等奖。12月，学校学生段正超在2012年贵州省举办的全省中小学“祖国好·家乡美”主题活动中荣获“多彩家乡”摄影绘画大赛（中学组）三等奖。同月，在黔南州举办的学府书店杯·寻找家乡的美丽主题活动中，学校有11位学生参加，其中宋庆明绘画作品《乡野》荣获中学组一等奖；罗薇绘画作品《盛夏》荣获中学组二等奖，敖德凤绘画作品《朵云潭》、陈古霞绘画作品《后山的一抹绿》荣获中学组二等奖，胡莎莎绘画作品《秋染》荣获中学组二等奖，张德美绘画作品《花海》荣获中学组三等奖，代余俊绘画作品《山涧流水》荣获中学组三等奖，李维绘画作品《家》荣获中学组三等奖，李正欣绘画作品《乡土》荣获中学组三等奖；余俊绘画作品《晨曦》荣获中学组优秀奖，简正兵绘画作品《蓝花瓶》荣获中学组优秀奖。兰成兵老师荣获优秀辅导教师称号。

2013年4月，学校组织学生参加瓮安县第三届中小学生、幼儿书画比赛中学生多人获奖，并荣获高中组团体二等奖。是年12月，参加瓮安县纪念“一二·九”运动78周年暨“翰墨中国梦·书画瓮安情”活动中，学生多人荣获一、二、三等奖，学校被县团委授予瓮安县青少年书画培养基地。

2015年4月，瓮安县第四届中小学生、幼儿书画比赛，学校共7名学生参加比赛，荣获高中组团体一等奖。

2017年5月，组织学生参加瓮安县第五届中小学生、幼儿书画比赛中7人获奖，并荣获高中组团体二等奖。

学校历届美术高考本科上线人数统计表

表7—5

序号	年届	本科上线人数（人）
1	2008	55
2	2009	95
3	2010	72
4	2011	68
5	2012	64
6	2013	67
7	2014	60
8	2015	64
9	2016	65
10	2017	76
11	2018	62

三、音乐教学

音乐是一门艺术类学科，其具有一定的趣味性，能够培养学生的审美能力及鉴赏能力，也能够培养学生的艺术素养，实现学生长远发展。学校自从建校以来就非常重视音乐教学，按照1952年教育部规定，在各年级每周开设音乐课1节，倡导“班班有歌声”。但因为师资缺乏，音乐课大多由班主任或有音乐爱好的老师兼任，所以音乐教学效果不理想。

1977年，学校调入专职音乐教师袁家伟，当时她一人担任全校音乐课教学工作，添置一台脚踏风琴，自制教具，教学生唱歌、欣赏曲目，并组织师生组队参加州、县合唱比赛，均获一等奖。1980年，学校初二学生胡一梅被破格录取进中央音乐学院学习，引起全县轰动。

1994年，国家教委通知，在初中一、二、三年级设音乐、美术各1节，在高一、高二年级开设音乐欣赏、美术欣赏各一节。1995年7月1日，学校组织120人大合唱，瓮安县委书记、县长、宣传部部长等领导参加了学校合唱队，登台表演，受到全县人民好评。1997年，学校合唱队参加瓮安县庆祝香港回归活动，演唱《春天的故事》，获第一名。1999年，音乐教师周敏调入学校。2000年10月，学校举行了全校合唱比赛。2002年，音乐教师韦祎调入学校。2004年购置了第一台钢琴，并开设了学校第一个音乐教室，办起了第一个音体美特长班，每年培养了10~20人进入音乐学院学习，在2002年全县中小学文艺会演中，学校文艺表演队获一等奖。

2004年，学校首次招收体艺特长班一个，招收学生60人，其中招收音乐考生15人，在社会上引起强烈反响，得到广大家长和学生的支持。2005年，再次招收一个体艺特长班，广大考生踊跃报名，受名额限制，也仅招收了60人，其中音乐考生26人。这些文化底子差的学生，发挥他们的特长，经过三年高中艰苦学习和训练，考入了高等院校，成为社会的有用之材。

2005年，学校举行了第一次文艺会演，全校50余个班级都积极参与，经过初选，遴选出25个节目参与会演。2010年11月，学校所编排舞蹈《月亮山的木鼓声》获瓮安县2010中小学（中学组）文艺会演中学组第一名。学校音乐教师韦祎获评“优秀指导教师”，并被评为瓮安县“先进文艺工作者”。2012年7月，学校军乐团成立，田军老师担任团长，他们从零开始，刻苦训练，技艺逐渐成熟，在省州高中器乐交响乐比赛中屡获好成绩。现有大鼓、小鼓、萨克斯、小号、中号、大号、圆号、架子鼓、锣、镲、吉他、二胡、口琴、笛子等乐器若干。2014年，在全县中小学文艺会演中，学校代表队获第一名。

2016年6月，学校整体搬迁新校区完毕。音乐教学设施得到了极大的扩展，新校区建有演艺大厅1个，音乐教室12个，舞蹈教室1个。有钢琴3台，每个教室都配备了多媒体教学设备，有利于音乐鉴赏教学的开展。

2017年12月1日，学校交响乐团赴贵定参加2017年黔南布依族苗族自治州高中交响乐展演，现场演奏了《八月桂花遍地开》《爱我中华》两支曲子。在13支参赛队伍中荣获三等奖。

现在有专职音乐教师6人，其在每年县委、县政府、宣传部、教育局等组织的大型文艺活动中都发挥了重要的作用。积极组织教师、学生参加演出或比赛，比赛均名列前茅，受到领导和观众的好评。

学校近年音乐高考本科上线人数统计表

表7—6

序号	年届	本科上线人数（人）
1	2012	9
2	2013	11
3	2014	13
4	2015	16
5	2016	17
6	2017	22
7	2018	18

第四节　社团工作

瓮安二中学校社团是学校为了实现学生的共同意愿和满足个人兴趣爱好的需求、自愿组成的、按照其章程开展活动的群众性学生组织，是校园文化建设的重要载体。在提升高中生核心素养方面，社团起到了很重要的作用。

学校社团必须自觉接受学校团委的领导，必须遵守宪法、法律以及学校各项规章制度。社团活动不得妨碍学校各类正常工作和教学、生活秩序。学生社团的会员应当是具有正式学籍的在校学生，学生社团不得从事以营利为目的的经营性活动。学生社团的基本任务是：适应社会发展需要，适应教育改革及学生成长成才的需要，积极开展健康有益、丰富多彩的课外科技文化艺术活动，促进学生德、智、体、美、劳全面发展，提升学生核心素养。

学生社团的活动以保证完成学生的学习任务和不影响学校正常教学秩序为前提；以有益于学生的健康成长和有利于学校各项工作的进行为原则。学生社团组织和活动的目的是活跃学校的学习氛围，提高学生的自主管理能力，丰富学生的课余生活。学生社团可以根据学校的不同情况利用学生的课余时间开展各种形式的活动，以交流思想，切磋技艺，互相启迪，增进友谊。

学校社团形式多种多样，如学科方面、文化方面、艺术方面等方面，具体可包含文学艺术、体育、音乐、美术、影视等方面组成的活动小组，比如文学社、棋艺社、摄影社、美术社、歌唱队、戏剧社、篮球社、足球社、数学社、物理社、化学社、微影社等。现有社团46个。

一、“校园之声”广播站

瓮安二中广播站发展至今历经多次沿革，学校一直以来都重视广播站在传播积极能量，沟通师生心灵中的作用，对提高学校德育工作的针对性和实效性起着良好的推动作用，瓮安二中广播站积极参与过许多有纪念意义活动的主持与宣传，同时多次获得荣誉嘉奖。

1985年9月至1997年9月，张桂兰总体负责“学校广播站”工作，在此期间，广播站成员主要负责学校日常通知宣传工作，同时负责学校举办的大型文化体育娱乐活动的主持工作，并多次参与县里举行的文化活动并获得荣誉嘉奖。

1997年9月至2007年9月，韩永珍负责“学校广播站”管理工作，做好了广播站日常通知工作，每逢重要节假日，广播站积极宣传沟通，成员多次参与学校重要活动的主持工作，并积极参与社会文化活动，曾获得“瓮安县第七届青年主持人大赛一等奖”“瓮安县1988年咏春朗诵比赛三等奖”等。

2010年7月，学校召开行政会议，决定校园广播站恢复播音，由校团委书记王永念牵头，徐燕老师具体负责相关工作的筹备。一周后，《学校校园广播站恢复播音方案》定稿，播音室暂设于校团委办公室，命名为“校园之声”，以“生活没有彩排，每天都是现场直播”为固定导语。每天设播音档3个，每周一至周五播音，内容包括时事政治、校园新闻、娱乐播报、名校推介、英语角等。

同年9月，徐燕组织在全校学生中公开征召广播站工作人员，共征召了播音员、编辑、记者、后勤、技术顾问等站内工作人员53人，站外特约记者、编辑共76人，经过为期一周的培训，同年10月正式开播，徐燕担任广播站站长，经过一个月的播音工作后，站内通过自我推荐、民主投票的方式产生各部部长、各栏目组长，杨冬青同学在副站长公开竞职演说中得票最高，当选为副站长，对站长负责，管理站内日常事务。同年11月，广播站开始执行各组定期见面、全站定期培训、每周召开例会等规定，并完成工作证的制作与配发。同年12月，广播站自校团委办公室搬迁至广播站专用办公室。至此，学校“校园之声”广播站步入规范化管理进程。

2012年3月，徐燕调离学校，广播站工作移交给刘有四。其间学校广播站更名为“瓮安二中‘校园之声’广播站”，参加了瓮安县首届篝火晚会的主持工作，参加纪念猴场会议75周年活动的主持工作，获得“2011年瓮安县优秀团体二等奖”。

2012年10月至2014年9月，宋锡丽管理广播站日常工作，积极做好广播站整体工作，使广播站充分发挥了其联系师生、心灵宣传的重要作用。并在每年重要日期，组织宣传主持丰富多彩的文体活动，广播站多个成员于2013年12月被共青团瓮安县委授予“瓮安县优秀青年主持人”。2014年5月，广播站获得“瓮安县先进主持团体”荣誉称号。

2014年10月至2016年9月，“瓮安二中‘校园之声’广播站”由肖莉总体负责，积极负责日常通知宣传管理工作，指导广播站成员在多次丰富多彩的校园文化活动中参与主持，如校园十佳歌手大赛、演讲大赛、青春杯篮球赛、高三毕业庆典等活动。同时广播站成员参与了2016年都匀毛尖（国际）茶博会、瓮安茶旅活动、黔南州第四届运动会等多项活动项目的主持工作，受到了社会各界的好评。2016年9月至2017年9月，徐旖竟老师主要负责广播站具体事务。2017年9月至今，付超凡老师负责管理学校“校园之声”广播站。

二、扬帆文学社

扬帆文学社，是学校以学生为活动主体，由老师指导成立的文学创作性质社团，主要负责学校部分刊物的编辑及各类文学创作活动，以《扬帆》为主要刊物。

2011年，学校的校园文化进入蓬勃发展期，校报和广播站的投稿强烈激发了学生的书写和表达欲望，学校决定成立扬帆文学社。3月23日，副校长刘兰华组织语文组全体教师和各科室负责人在一楼大会议室召开文学社成立筹备会，会议决定由张宇翔牵头全面工作，徐燕担任文学社社长，具体负责成立筹备事宜，统筹文学社日常事务和出刊工作。副校长刘兰华强调，文学刊物是校园文化的凝结，语文组全体教师担任指导教师，各科室要全力支持，让文学社在学校的发展史上添上绚烂一页。同年4月，成立方案得到学校批准，预定文学刊物为半年期刊，命名“扬帆”，内设情感篇（至爱亲情/师恩无限/青春风铃/大爱无疆）、成长篇（成长笔记/心灵视窗）、校园篇（诗思/随笔/悦读/故事）、哲思篇（尘世走笔/滴水藏海/感悟人生）、教师文苑、校外采风六个版块；文学社与之同名。5月17日，文学社社员公开征召工作全面完成，编辑组、采访组、宣传组、信息组、作者组等社内人员共计77人，并有社外特约作者156人。经历为期一周多的岗前培训后，2011年5月26日，学校召开扬帆文学社成立大会，会议由文学社社长徐燕主持。会上，学校行政办主任、文学社组织策划张宇翔就文学社全面工作进行安排，并宣布了首届文学社组委会和文学社刊《扬帆》编委会成员名单和首期社员名单。语文组组长王其一宣读了扬帆文学社章程，副校长刘兰华宣布文学社正式成立，并对文学社工作进行指导，提出要求。至此，学校扬帆文学社的发展步入正轨，在二中的校园生活中绽放着文学之花。正如两天后出版的学校校报2011年第5期的报道所说："文学社的成立，标志着学校校园文化建设取得了新的突破。这对繁荣校园文化，扩展学生知识视野，具有深远的意义。"2011年8月，贵州省瓮安第二中学扬帆文学社社刊《扬帆》第一期正式出版。

2012年3月，徐燕调离学校，文学社工作移交给刘有四。是年9月，在刘有四的主持下，"扬帆"文学社副社长、各组长在教学楼四楼语文组办公室召开了文学社第四周例会。会议针对"在新学期内如何开展文学社工作"这一问题进行了讨论，确定了为"扬帆"文学社的发展方向和社团机制以下几点："扬帆"文学社招新工作将于9月18日后开展，会议对招新的具体措施进行了讨论，同时明确规定了各社长、组长的职责；已读高三年级无意再继续任职的组长可推举本组高一、高二年级的成员为新任组长；对文学社本学期内将进行的"文学讲座""现场作文大赛""文学采风""文学写作规范"等活动进行了讨论；文学社将新增宣传委员、文娱委员、组织委员等职位。

2012年10月16日，唐成香接任文学社社长一职。同时在学校大会议室召开扬帆文学社2012—2013学年上学期第一次全体社员大会。原文学社社长刘有四参加了此次会议，会议由文学社社长唐成香主持。会议主要有四项内容：原社长刘有四宣读《扬帆》文学社全体成员名单，文学社学生干部名单；社长唐成香对文学社近期工作进行介绍；文学社新社员代表王一霖同学发言；文学社现场选举学生干部。会议依次进行，嘉宾刘有四老师宣读了文学社第三期全体社员、学生干部名单之后，社长唐成香老师就本学期的工作进行了安排，并对社员应尽的职责和工作效率问题提出了要求，新代表王一霖同学发言后，刘有四老师在社员的欢送声中离开了会场。在会议上，文学社现场进行学生干部竞选，现场竞选的职务是根据《扬帆》章程中"在原则上不改变原有学生干部，因特殊原因可以改选"而定。竞选采取现场即兴演讲，演讲后全体社员举手表决，择优录取的方式进行。竞选结果如下：张雪接替原副社长李显静职位；任静为文学社组织委员；赵崧池接替原第二组组长曾令清职位；范信琨接替原第七组组长陈艳职位；徐福娣接替原第九组组长王红职位。是年11月，为活跃校园生活，丰富课余生活，同时为广大爱好文学和喜欢写作的同学提供一个施展才华的舞台，加强广大爱好文学和写作爱好者之间的交流，提升同学们的文化素养和文学素质。学校扬帆文学社在一楼大会议室举行现场作文大赛。在比赛之后，经过语文组所有评委老师们的共同努力，作文大赛评出高二（20）班兰朝凤、高三（10）班唐洪艳获一等奖，高一（4）班罗航等三位同学获二等奖，高一（11）班宋河林等20位同学获优秀奖。

2013年10月，学校扬帆文学社组织全体社员到下司石林风景区进行文学采风活动，文学社的全体社员带着饱满的热情来到教学楼集中，各组组长组织起本组的社员安排好自己所带的食品，同学们其乐融融，满脸的期待开始了这次采风活动，各个小组都发挥出自己的特长，制作了可口的野外饭菜。整个活动持续到下午6时，全体社员带着疲惫而满意的笑容一起留下了这美好的时刻。本次活动既提高了扬帆文学社社员写作水平及素养，积累素材，感受自然，贴近自然，放飞心灵，又积累了文学社团组织活动的经验，为全体成员提供文学作品创作和交流的平台，也为《扬帆》期刊第五期发表积累作品，激发了广大师生的创作激情。

2014年，"扬帆文学社"作为成绩突出、有影响力的文学社团被收录入2014版《瓮安县志》。

是年10月，陈皓老师接替文学社社长一职。召开扬帆文学社2013—2014学年上学期第一次全体社员大会暨文学社社庆大会暨表彰大会。原文学社社长唐成香老师参加了此次会议，会议由文学社社长陈皓老师主持。会议主要有以下内容：一是原社长唐成香老师宣读《扬帆》文学社全体成员名单，文学社学生干部名单；二是社长宣布大会开始；三是祝贺文学社成了三周年；四是由唐成香对上学年表现优异的同学进行表彰；五是社长陈皓老师对文学社近期工作进行介绍；六是文学社新社员代表李茂义同学发言；七是文学社现场选举学生干部。会议现场进行学生干部竞选，现场竞选的职务是根据《扬帆》章程中“在原则上不改变原有学生干部，因特殊原因可以改选”而定。竞选采取现场即兴演讲，演讲后全体社员举手表决，择优录取的方式进行。竞选结果如下：刘鑫接替原副社长张雪职位；任静仍为文学社组织委员；徐福娣接替原第九组组长王红职位。2015年9月，杨丹老师接替文学社社长一职。2017年9月，叶丹老师接任文学社社长一职。

三、管乐团

瓮安二中乐团是一支由学校组织成立，政教处和团委管理，由音乐教师负责指导的管乐队，成立于2012年6月，初创时为军乐团，成员共有30余人，军乐团在学校的资助下购买第一批军乐团行进乐器，其中包括：打击乐器如大军鼓、小军鼓、军镲；铜管乐如小号、中号、圆号、长号、大号；木管乐如长笛、单簧管、萨克斯；电声乐如雅马哈爵士鼓、电吉他、电贝斯、电钢琴。第一批乐器总计花费6.8万元

2012年至2018年，军乐团一直负责学校升旗仪式现场奏乐。2012年12月，军乐团在纪念“一二·九”文艺会演中演奏《红星歌》《抗日军政大学校歌》，这是军乐团成立之后的第一次演出。2014年5月，军乐团在学校第一届才艺展示及毕业庆典中演奏歌曲。2015年5月，军乐团在学校第二届才艺展示及毕业庆典活动中演出节目师生联唱《铃儿响叮当》《我不想说再见》。是年11月，学校军乐团于瓮安中学参加黔南布依族苗族自治州首届高中生交响乐（器乐）展演活动，作为表演乐队献曲《爱我中华》，演奏得到专家一致好评。

2016年6月，学校军乐团参加学校申创省级二类示范性高中文艺会演，演奏《欢迎进行曲》《爱我中华》等曲子。是年10月，为了参加黔南州第二届高中交响乐（器乐）展演大赛，提升演奏水平，将军乐团提升为管乐团，学校投入20万余元购进定音鼓、交响鼓、康加鼓、大管、双簧管、雅马哈次中音萨克斯等乐器。成员增加到60余人。为了提升管乐团演奏水平，学校聘请黔南州歌舞团吕继忠等七位老师到学校专门指导乐队。随着学校搬迁，管乐团训练场地搬迁到学校新校区c区一楼军乐团办公处，共有四间训练场地。是年12月，管乐团赴贵阳参加贵州省省级示范性中学交响乐（器乐）展演活动，演奏《康定情歌》《music from shrek》。同月，管乐团到长顺少年宫参加黔南州第二届高中生交响乐（器乐）展演活动，现场演奏曲目《康定情歌》《music from shrek》。

2017年6月，管乐团在学校第四届才艺展示及毕业庆典中演奏《阿拉尔汗》《爱我中华》。12月，管乐团赴贵定参加黔南布依族苗族自治州第三届高中交响乐（器乐）展演活动，演奏《八月桂花遍地开》《爱我中华》，荣获三等奖。

四、舞蹈社

舞蹈社是由热爱舞蹈的业余舞蹈爱好者加入组成的非营利性质组织的社团。2012年3月，学校舞蹈社正式成立。社团确定了口号：“活力无极限，青春任我行”，明确了“丰富学校在校生活，为多才多艺的你提供一个广大的平台”的社团宗旨，明确了舞蹈社团是在校团委监督管理下的本校学生组织。

2012年5月，校团委组织健美操社团与舞蹈社团成员代表学校参加瓮安县“五四”舞动青春弘扬民族精神活动，本次比赛中，舞蹈社演出节目表现突出，并荣获二等奖。是年12月9日，舞蹈社参加了学校纪念“一二·九”运动文艺会演。2013年舞蹈社团和健美操社团组队代表瓮安县参加黔南州第三届运动会并荣获第五名。2014年，健身操社团和舞蹈社团配合学校参加瓮安县第三届田径运动会开幕式表演。是年4月，舞蹈社团联合健身操社团组队参加瓮安县第二届中小学幼儿文艺会演。5月，舞蹈社团和健身操社团参加学校高三毕业庆典表演。9月，学校舞蹈社团和健身操社团参加瓮安县十佳青年歌手比赛的开幕式表演。2015年5月，学校舞蹈社团和健身操社团配合学校参加瓮安县第四届中小学生田径运动会开幕式。6月，学校团委组织舞蹈社团到草塘（旗山书院）开展“道德讲堂”社会实践活动。舞蹈社团和健身操社团代表学校参加瓮安四中毕业庆典联谊表演。舞蹈社团成员参加瓮安县2015年度青春舞蹈大赛。舞蹈社团成员参加学校2015届高三毕业庆典表演。2015年9月，学校舞蹈社团和健身操社团组队代表瓮安县参加全国健身操舞大赛。2015年10月，学校舞蹈社团和健身操社团指导教师与部分成员参加黔南州第四届运动会健美操比赛。

五、艺路书画社

瓮安二中“艺路”书画社团，于2012年筹备成立，社团由兰成兵老师、张明琴老师、何茂华老师等人筹备组织。学生社团活动为本校学生提供一个自我展示、锻炼成长的平台。社团致力于推出一系列积极的活动来使同学们调整心情，展示自己的书画才能，使每一个参与社团的同学都能够在艺术的殿堂找到属于自己的一片天地。

2012年6月社团代表学校参加第五届全国美育成果展，代表学校荣获2012年全国美育工作先进单位、全国美育化教育教学实验基地。参赛学生绘画作品荣获：特等奖9人，一等奖47人，二等奖41人，三等奖28人。是年9月，黔南布依族苗族自治州举办的“祖国好·家乡美”书法、美术、摄影大赛中，社团共有6名学生参加。其中刘瑶参荣获美术类一等奖；雷青云荣获美术类二等奖，陈洪荣获美术类二等奖，段正超荣获美术类三等奖，段仲春荣获美术类三等奖，杨茂清荣获美术类三等奖。12月，社团成员段正超在2012年在贵州省举办的全省中小学“祖国好·家乡美”主题活动中荣获“多彩家乡”摄影绘画大赛（中学组）三等奖。同月，在黔南州举办的学府书店杯·寻找家乡的美丽主题活动中，社团成员共11位学生参加，其中宋庆明绘画作品《乡野》荣获中学组一等奖；罗薇绘画作品《盛夏》荣获中学组二等奖；敖德凤绘画作品《朵云潭》荣获中学组二等奖，陈古霞绘画作品《后山的一抹绿》荣获中学组二等奖，胡莎莎绘画作品《秋染》荣获中学组二等奖，张德美绘画作品《花海》荣获中学组三等奖，代余俊绘画作品《山涧流水》荣获中学组三等奖，李维绘画作品《家》荣获中学组三等奖，李正欣绘画作品《乡土》荣获中学组三等奖，代余俊绘画作品《晨曦》荣获中学组优秀奖，简正兵绘画作品《蓝花瓶》荣获中学组优秀奖。

2013年，社团全体成员到瓮安郊区参加寻找家乡的美丽写生活动，活动期间，全体社员细致观察、热情创作，画出了瓮安的美景。是年4月，社团部分成员参加瓮安县第三届中小学生、幼儿书画比赛，多人获奖，并荣获高中组团体二等奖。12月，瓮安县举办纪念“一二·九”运动78周年暨“翰墨中国梦·书画瓮安情”活动，社团成员多人荣获一、二、三等奖，学校被县团委授予瓮安县青少年书画培养基地。

2015年4月，瓮安县第四届中小学生、幼儿书画比赛中，社团共7名学生参加。其中廖拂锟荣获高中组绘画第一名；曹国颖荣获高中组软笔第二名；冉文印荣获高中组硬笔第二名；欧阳晨荣获高中组绘画第三名，兰远红荣获高中组绘画第三名，刘德婷荣获高中组绘画第三名，郭国衡荣获高中组软笔第三名；学校荣获高中组团体一等奖。是年11月28日，在瓮安县“瓮水长歌·大地商业广场杯”文化节之青少年儿童现场书画大赛中，社团成员王玉星荣获青年组绘画一等奖；王芝婷荣获青年组绘画二等奖；鄢杨婷荣获青年组绘画二等奖；张洋铭荣获青年组绘画二等奖，张鹏怡荣获青年组绘画三等奖，蒋世然荣获青年组绘画三等奖，毛晶霖荣获青年组绘画三等奖，林雯荣获青年组绘画三等奖，廖拂锟荣获青年组绘画三等奖。

2017年5月，社团组织成员参加瓮安县第五届中小学生、幼儿书画比赛，其中7人获奖，并荣获高中组团体二等奖。6月，书画社组织并参与了学校“丹青流韵·翰墨生辉”书画现场比赛暨成果展。

瓮安二中社团名录

表7—7

序号	社团名称	成立时间	指导老师
1	“校园之声”广播站	1985年	付超凡
2	扬帆文学社	2011年	叶　丹
3	舞蹈社	2012年	杨　松
4	军乐团	2012年	田　军
5	艺路书画社	2012年	兰成兵
6	同心信息社	2016年	王　刚
7	风影跆拳社	2016年	袁能洪
8	妙言演讲社团	2017年	叶　丹
9	追风骑行社	2017年	毛　飞
10	“朗读者”朗诵社	2017年	陈　皓
11	创新作文研究社	2017年	卢　清
12	春晖社	2017年	宋锡丽

续表7—7

序号	社团名称	成立时间	指导老师
13	听雨合唱团	2017年	韦　祎
14	篮球裁判社	2017年	任朝莲
15	篮球社	2017年	杨再梅
16	历史社	2017年	陈大梅
17	美食社	2017年	谢礼梅
18	油腔滑调戏剧社	2017年	杜洪伟
19	社会政治特点问题社	2017年	罗南松
20	春秋学社	2017年	黎金坤
21	乒乓球社	2017年	王　懿
22	红豆杉生物社	2017年	汪　信
23	阳光英语社	2017年	王　梅
24	艺馨书社	2017年	陆龙金
25	英语经典名著阅读社	2017年	杜静秀
26	英语口语社	2017年	包宏飞
27	英语朗读者社	2017年	陈跃琴
28	英语听说社	2017年	谭雯苠
29	影视欣赏社	2017年	王天智
30	语文研究性学习社	2017年	彭华兰
31	知立行实践社	2017年	汤江南
32	轻羽飞扬羽毛球社	2017年	李贤军
33	英语影视欣赏社	2017年	田文军
34	我爱DIY社	2017年	宋梦娇
35	捭阖辩论社	2017年	丁　强
36	高一生物实验社	2017年	张全江
37	英语词汇文化社	2017年	刘万平
38	美术社	2017年	向武练
39	棋进社	2017年	谭　力

续表7—7

序号	社团名称	成立时间	指导老师
40	古风社	2017年	刘　佳
41	清音雅韵社	2017年	张桂碧
42	英语话剧社	2017年	任安荣
43	青年志愿者社	2017年	肖最勇
44	奇妙理学社	2017年	张科凤
45	雅艺音乐社	2017年	杨　柳
46	兴趣数学社	2017年	徐　刚

第五节　体艺成绩

学校历来重视校园文化活动，在20世纪50年代办学伊始，就积极组织师生参加州、县各项文体活动，且屡创佳绩。在60年代，学校因陋就简开展了学校体育比赛，选拔和培养一批运动员参加省、州中小学田径运动比赛，屡有斩获。1978年学校正式命名贵州省瓮安第二中学后，学校音体美教师力量得到了加强，全校的文化活动更是开展得有声有色，在音乐教师袁家伟组织下，瓮安二中合唱队多次在州、县合唱比赛中获一等奖。1980年，瓮安二中初二学生胡一梅被破格录取进中央音乐学院学习，更引起全县轰动。进入20世纪90年代后，学校办学条件逐步好转，能够举办两年一次的秋季田径运动会。还经常参加县举行的书画、音乐、舞蹈比赛，均有收获。1994年，学校结合国家教委通知和学校实际情况，在初中一、二、三年级设音乐、美术各1节，在高一、高二年级开设音乐欣赏、美术欣赏各一节。1995年7月1日，学校组织120人“红歌”大合唱，当时县委书记、县长、宣传部部长等领导参加了学校合唱队，登台表演，受到全县人民好评。1996年7月，学校运动员彭学华被选入黔南州代表队，参加贵州省运动会男子5000米比赛，以17′54″67的成绩获第三名。1997年，学校合唱队参加瓮安县庆祝香港回归活动，演唱《春天的故事》，获第一名。

世纪之交，学校成为黔南州大型高级中学，办学条件得到进一步改善，对校园文化建设也更加重视。1999年，音乐教师周敏调入瓮安二中。2000年10月，学校举行了全校合唱比赛。2002年，音乐教师韦祎调入瓮安二中。2004年购置了第一台钢琴，并开设了学校第一个音乐教室，2004年，学校首次招收体艺特长班一个，招收学生60人，其中招收音乐考生15人，在社会上引起强烈反响，得到广大家长和学生的支持。2005年，再次招收一个体艺特长班，广大考生踊跃报名，受名额限制，只招收了60人，其中音乐考生26人。是年10月，学校首次举行文艺会演。全校50多个班级积极参与，经过初选，遴选出25个节目参与会演。2006年6月，学校音乐教师韦祎参加贵州省首届“激情乌江”青年歌唱大赛获优秀奖。其在2007年7月，获黔南州首届“本土歌曲”歌唱大赛三等奖。2008年，学校青年音乐教师黄沅作为瓮安唯一的歌手与潘长江老师同台演出。2009年1月，学校音乐教师韦祎获第五届“德艺双馨”中国文艺展示活动贵州赛区声乐成年组金奖。2010年11月，学校编排的舞蹈《月亮山的木鼓声》获瓮安县2010年中小学（中学组）文艺会演中学组第一名。学校音乐教师韦祎获评“优秀指导教师”，并被评为瓮安县“先进文艺工作者”。2011年6月10日，学校音乐教师黄沅荣获2011“多彩贵州”歌唱大赛都匀赛区选拔赛民族唱法优秀奖。

在美术方面，学校也得到了发展，2007年8月，美术教师兰成兵借调入二中，瓮安二中学生宋居杭、姚珍燕在兰成兵老师指导下，参加在贵州举办的放飞梦想·2007青少年儿童优秀艺术人才选拔活动全国总决赛中，分别荣获书画类绘画专业青年组银奖，绘画青年组三等奖。

2011年9月，学校在第一届全校文艺会演的经验和基础上，决定将形式单一的文艺会演改为融音乐、舞蹈、绘画、书法、体育部分项目的校园文化艺术节，2011年12月5—11日，瓮安二中举办了盛况空前的第二届校园文化艺术节，此次校园文化艺术节的主题是“多彩校园·闪亮青春”，内容包括：瓮安二中校园现场书法大赛；瓮安二中文艺展演。活动安排分四个阶段，历时两个多月。第二届校园文化艺术节让学生有了展示才华的空间，有力地促进了校园文化的建设。为今后举办校园文化艺术节举办打下了基础。

2012年4月，瓮安县第二届中小学幼儿园现场书画大赛，学校有6名学生参加，荣获高中组团体一等奖。是年6月，学校参加了第五届全国美育成果展，荣获2012年全国美育工作先进单位、全国美育化教育教学实验基地等荣誉称号。兰成兵老师荣获绘画作品一等奖，教育成果一等奖。参展学生绘画作品荣获：特等奖9人，一等奖47人，二等奖41人，三等奖28人。7月，学校管乐队成立，管乐队师生从零基础开始，刻苦训练，技艺逐渐成熟，在省、州高中器乐交响乐比赛中屡获好成绩。在学校日益发展的同时，学校更加深刻地意识到校园文化建设对于学校推动工作、促进发展、学生全面成长的重要性，9月，学校制定了《瓮安二中校园文化建设活动方案》，对瓮安二中校园文化建设作出了科学的规划。是年11月12日—12月9日，瓮安二中举办了第三届校园文化艺术节，本次校园文化艺术节活动主题：弘扬民族精神。活动内容：书法绘画比赛、素质拓展“十二人、十三足”比赛、感恩演讲比赛、文艺节目汇演比赛。活动时间分四个阶段，历时两个多月。第三届校园文化艺术节在第二届的基础上，丰富了内容，办出了特色，推动了校园文化建设。

2013年4月，学校组织学生参加瓮安县第三届中小学生、幼儿书画比赛，多人获奖，并荣获高中组团体二等奖。是年6月，兰成兵被县委宣传部授予瓮安县宣传思想文化工作“先进个人”称号。9月9—30日，瓮安二中举办了第四届校园文化艺术节，此次活动主旨：面向全体学生，重在人人参与；搭建一个平台、提供一次机会、展示一技之长、培育一代新人。活动主题：展青春风采，建和谐校园。活动内容：书法绘画比赛、拔河比赛、板报比赛、英语书法比赛、文艺节目汇演比赛。此次校园文化艺术节增加了拔河比赛、板报比赛、英语书法比赛，丰富了活动内容。参与者越来越多，在学生中的影响力越来越大，不仅为广大学生筑就了施展才华的空间与舞台，更为广大师生传承了一批特色活动，营造了浓厚的文化氛围。10月，招聘了美术教师何茂华，增强了师资队伍。12月，学生参加瓮安县纪念“一二·九”运动78周年暨“翰墨中国梦·书画瓮安情”活动，多人荣获一、二、三等奖，学校被县团委授予瓮安县青少年书画培养基地。

2014年9月3日，学校制定了《第五届校园文化艺术节系列活动方案》。此时正值瓮安二中改扩建和“申示”之际，所以活动时间跨度较长，为2014—2015整个学年。此次活动宗旨：面向全体学生，重在人人参与；搭建一个平台、提供一次机会、展示一技之长、培育一代新人。活动主题：“多彩校园·闪亮青春”活动内容：书法绘画比赛、校园十佳歌手比赛、“一二·九”演讲比赛、高三毕业庆典文艺会演比赛、英语书法比赛。这届校园文化艺术节时间跨度长、参与人数多、比赛作品和节目质量高，为学校“申示”打下了良好的基础。同月，美术教师张明琴调入瓮安二中，充实了美术教师师资队伍。

2015年4月，在县第四届中小学生、幼儿书画比赛中，学校共7名学生参加比赛，荣获高中组团体一等奖。是年9月，学校开始全力准备“申示”评估检查工作，成立了瓮安二中“申示”工作领导小组。其中又针对校园文化建设工作和“申示”文艺晚会，成立了以校长张明光为组长，政教处、校团委、音体美教研组、语文教研组部分成员为核心组员的校园文化小组。着力打造和完善校园文化建设工作和“申示”文艺晚会。

2016年3月2日，学校在老校区小会议室召开“申示”文艺会演筹备会，会议确定文艺会演节目由瓮安二中师生自己创编，展现学校师生的文艺才能和创造力。参加汇演的学生人数不得少于全校学生人数的10%。作为“申示”二评的三大要素之一，要有瓮安二中特色，在师生打造的基础上，请专家进行指导和完善。3月28日，“申示”文艺会演筹备会议在瓮安二中老校区小会议室召开，会议通了节目选拔情况和汇演节目的框架，明确了每个节目的负责人。4月23日，通过招投标，学校确定“申示”文艺会演由贵州省中亚文化传媒有限公司作为合作单位，全面参与文艺节目的打造和排练。6月29日晚，经近一年时间打造，耗资20余万元，由瓮安县委、县政府主办，瓮安县教育局、瓮安二中承办的瓮安二中申示文艺晚会正式登台展演，整台文艺晚会由5个环节，10个节目构成。第一环节：序幕—瓮安二中军乐团演奏《欢迎进行曲》。第二环节：第一篇章——峥嵘岁月。1.《鼓舞》，瓮安二中舞蹈社、健身操社等表演。2.《堂堂正正一辈子》，瓮安二中演讲社、天音合唱团、礼仪社等表演。3.《足迹》，瓮安二中舞蹈社、学生会文体部等表演。第三环节：第二篇章——魅力校园。1.《活力校园》，瓮安二中舞蹈社、篮球社等表演。2.《书琴画艺》，瓮安二中教师兰成兵、陆龙金、蔡正忠和瓮安二中书画社等表演。3.《老师，我想你》，瓮安二中教师韦祎、杨柳和瓮安二中天音合唱团、舞蹈社等表演。第四环节：第三篇章——放飞梦想。1.《今天》，瓮安二中教师兰成兵和学校艺术团等表演。2.《二中情韵》，瓮安二中教师吴昌松、杜洪伟、杨梅、陈皓和瓮安二中演讲社、广播站等表演。第五环节：尾声——大合唱《二中之歌》，瓮安二中合唱团及全校师生。整台晚会集中展现了瓮安二中校园文化的精髓，得到了观看晚会的领导、评委、观众的一致好评，为学校“申示”成功做出了贡献，同时也提升了学校校园文化建设的水平。

2017年5月，学校组织学生参加瓮安县第五届中小学生、幼儿书画比赛，7人获奖，学校荣获高中组团体二等奖。是年6月4日，学校举办了瓮安二中首届民族团结园游会暨高三毕业庆典校园文化活动。本次活动是为充分展现瓮安二中多民族学子充满活力的新青年思想和朝气蓬勃的划时代精神，为优秀学子提供一个展示能力、拓展素质的交流协作平台，提高青年学生在实际活动中组织规划和实践操作能力，展示瓮安二中民族团结、与时俱进、兼容并包和有教无类的教育理念。高一、高二各个班级通过活动展示自己生动活泼、别出心裁的文化活动，完美契合了不同民族优秀青年学生的思想理念。在迎来高三毕业之际，“园游会”的开展有着独特的创新性和必要性，对送别高三学子、密切民族情感有着积极意义。

校园文化建设荣誉统计表

表7—8

序号	荣誉名称	颁发时间	颁发单位
1	全州“五四红旗团委”	2001年5月	共青团黔南布依族苗族自治州委
2	瓮安县文明学校	2002年9月	瓮安县人民政府
3	全县中学生文艺表演团体第一名	2002年10月	瓮安县教育局
4	全省五四红旗团委	2003年2月	共青团贵州省委员会
5	瓮安县文明单位	2003年12月	黔南州精神文明建设指导委员会
6	瓮安县文明单位	2004年1月	瓮安县人民政府
7	瓮安县文明单位	2005年2月	中共瓮安县人民政府
8	瓮安县文明单位	2005年12月	黔南州精神文明建设指导委员会
9	瓮安县文明单位	2006年1月	瓮安县人民政府
10	精神文明建设工作先进单位	2006年4月	贵州省人民政府
11	瓮安县首届“青年文明号”篮球赛精神文明奖	2006年5月	中共瓮安县委宣传部 共青团瓮安县委
12	教育信息宣传报送工作三等奖	2009年2月	瓮安县教育局
13	青少年帮教工作先进集体	2009年11月	瓮安县人民政府
14	瓮安县庆“三八”好红花舞蹈比赛三等奖	2010年3月	瓮安县妇联
15	全县“五四红旗团委”	2010年5月	共青团瓮安县委
16	“诵一章经典歌颂中华”诵读大赛节目《祖国万岁》一等奖	2010年7月	瓮安县教育局
17	中小学文艺会演（中学组）一等奖	2010年11月	瓮安县教育局
18	两个精神文明建设工作共驻共建先进单位	2011年1月	金龙社区委员会
19	中小学、幼儿园书画大赛组织奖	2011年3月	瓮安县教育局
20	瓮安县教育系统庆祝建党九十周年红歌赛二等奖	2011年6月	瓮安县教育局
21	纪念建党九十周年、辛亥革命一百周年红歌大赛三等奖	2011年7月	瓮安县人民政府
22	中小学篮球运动会高中男子组季军	2011年10月	瓮安县教育局
23	瓮安县中小学生篮球运动会高中女子组亚军	2011年10月	瓮安县教育局
24	瓮安县第二届中小学生幼儿书画大赛高中组集体一等奖	2012年4月	瓮安县教育局
25	庆祝共青团建团90周年暨五四运动93周年系列活动二等奖	2012年5月	瓮安县人民政府
26	全国“十二五”美育化教育教学实验基地	2012年6月	全国高等教育学会
27	第五届全国美育工作先进单位	2012年6月	中国高等教育学会
28	“喜迎十八大　瓮水长歌颂”国庆歌咏大赛优秀奖	2012年9月	瓮安县人民政府

续表7—8

序号	荣誉名称	颁发时间	颁发单位
29	瓮安县第二届中小学生田径运动会体育道德风尚奖	2012年11月	瓮安县教育局
30	瓮安县第二届中小学生田径运动会组织奖	2012年11月	瓮安县教育局
31	瓮安县2013教职工篮球比赛第六名	2013年4月	瓮安县人民政府
32	瓮安县第三届中小学生（幼儿）书画大赛高中组团体二等奖	2013年4月	瓮安县教育局
33	心中的歌献给党“七一”歌咏活动组织奖	2013年7月	瓮安县人民政府
34	瓮安县第二届中小学生篮球运动会女子高中组第二名	2013年10月	瓮安县教育局
35	瓮安县第二届中小学生篮球运动会男子高中组第一名	2013年10月	瓮安县教育局
36	黔南州第三届运动会体育工作先进单位	2013年12月	瓮安县人民政府
37	瓮安县五四红旗团委	2014年5月	共青团县委
38	瓮安县2014年职工篮球比赛第五名	2014年5月	瓮安县委县人民政府
39	瓮安县中小学生幼儿文艺会演一等奖	2014年5月	瓮安县教育局
40	瓮安县第四届中小学生田径运动会“组织奖”	2014年10月	瓮安县教育局
41	瓮安县第四届中小学生田径运动会高中组第二名	2014年10月	瓮安县教育局
42	瓮安县第二届“瓮水杯”团体二等奖	2014年11月	瓮安县教育局
43	中国教育学会“传统文化进校园”	2014年12月	中国教育学会
44	“州四运会”女子组“第三名”	2015年4月	瓮安县教育局
45	中小学幼儿书画比赛“一等奖”	2015年4月	瓮安县教育局
46	全州五四红旗团委	2015年5月	共青团黔南州委
47	“成长杯”校园足球赛高中组季军	2015年6月	瓮安县教育局
48	黔南州2014—2015学年校园安全风险防范工作，先进单位	2015年8月	黔南州教育局
49	州运动会“先进单位”	2015年9月	瓮安县人民政府
50	县篮球运动会高中组女子季军	2015年10月	瓮安县教育局
51	县篮球运动会高中组男子亚军	2015年10月	瓮安县教育局
52	瓮安县2014年公民科学素质知识抢答赛	2014年10月	瓮安县教育局
53	优秀传统文化进校园试点学校	2014年8月	中国教育学会
54	2014年校园文化建设“优秀学校”	2015年1月	瓮安县教育局

业成绩排序，由州统一拟录。省级示范性高中录取严格按省教育厅（2008）1号文件执行，不得突破招生计划，严格执行“三限”政策。体艺生的录取做到公开、公平、公正、防止徇私舞弊。

第八章　艺文选录

第一节 楹联、诗文

一、楹联及格律诗

夏坤仲

（一）楹联

瓮安二中老校门门联：

公心在瓦，凭热血一腔，二类生源成大器；

学子埋头，沐春风十载，中天教业奠宏基。

瓮安二中新校门联：

瓮苑春风化雨，润物细无声，直至千红万紫，

群芳斗艳竞芬菲，敬业焉能二意；

安原学海扬帆，凝神勤荡桨，横穿万水千山，

百舸争流奔锦绣，飞舟岂可中游。

园丁精神：

乐育千桃万李，直飞亿缕银丝，两袖清风常律己；

轮回九夏三冬，呵护满园锦蕾，一腔热血总浇花。

师生共创辉煌：

园丁敬业，琢石剔瑕，着意雕成美玉；

学子扬眉，开科试笔，飞书告慰寒窗。

（二）格律诗

争朝夕

易逝韶光当倍惜，芬芳桃李正逢时。

春风浩浩翻新意，夏日炎炎环墨池。

秋性浓浓抒壮志，冬宵漫漫悟禅机。

殷期学子争朝夕，锦绣前程任尔驰。

摘顶珠

饱读诗文称学富，荒疏课业误前途。
功亏一篑未成曲，梦醒三思已切肤。
少壮年华勤迈步，宵寒卷冷苦攻书。
秋闱试笔开贤路，国考扬名摘顶珠。

园丁颂

一腔心血精培栋，两字德才细育梁。
三寸舌头开智慧，四高素质点寒窗。
五更伏案苦中乐，六月浇花炎里香。
七步诗才酬学子，八分粉笔舞英堂。
九章勾股高标唱，十载风霜斗志昂。
百尺竿头还迈步，千辛皓首献余光。
万丝银发织春景，亿份情怀托太阳。
默默无闻倾大爱，孜孜不倦谱华章。
甘当老圃扶苗俏，乐效先师坐帐忙。
盛夏挥鞭嫌昼短，寒冬展卷乐宵长。
桃花烂漫神州壮，李蕾芬芳教业昌。
继往开来铺锦绣，与时俱进铸辉煌。

大表彰

九月金秋天气爽，艳阳普照共和疆。
园丁沥血献才智，绛帐倾情培栋梁。
普九建功基础固，高三录大誉声扬。
群英聚会庆师节，教绩辉煌大表彰。

（三）贺《扬帆》创刊（三首）

之一

学海扬帆欣启碇，书山举步乐披荆。
程门立雪拜师表，铁杵磨针学典型。
十载蟾宫谁夺冠，一朝国榜我扬名。
平分秋色争先进，共沐春风系友情。

之二

书山勤做范，学海好扬帆。
奋勇登高岸，从容品卷餐。
秋围挥掾笔，国考赐金鞍。
百俊飞文采，群英誉校刊。

之三

学海扬帆登伟岸，蟾宫折桂载荣刊。
他年作栋轻杂念，大众之忧重泰山。

二、二中的春天

罗祖学

一

乌江欢腾花竹笑，喜迎亲民领路人。
重树新风顺民意，瓮安天朗地又清。
红土地上酣众愿，长征路上再长征。
书记县长绘蓝图，四家班子同操心。
啊老城转转城美，百业开举教育兴。
二中扩建气魄伟，千秋大业赤子情。

二

二中再振雄风起，百花吐蕊万象新。
发展步入快车道，庆功不忘护航人。
龙舞艳阳颂今朝，和谐瓮安万年庆。
满园桃李总是春，满园桃李总是春。

三、楹联集锦

张明光

2014年春节春联：
教为本　德为先　自强不息　励精图治铸精品名校
生是源　师是魂　厚德载物　呕心沥血育俊才兴国
横批：立德树人　追求卓越

兴教研　构课堂高效　严谨治教铸名师
尚传道　悟韩愈师说　栉风沐雨育桃李
横批：敬业爱生

2014年秋开学对联：
强师资　纳英才　塑品牌　齐心协力创示范　自强不息书今朝奇迹
重课改　育栋梁　绘蓝图　众志成城建新校　立德树人铸明日辉煌

2015年（羊岁）春联：
大门对联：
明礼知耻　崇善向善　彰显遵道秉义品质
重教兴研　尊才育才　诠释立德树人内涵

侧门对联：
严谨治教　育教有方孕桃李
果行修德　达德为要铸师魂
横批：治教育人　修德立范

2016（猴）年春联：
一脉传承　立德树人　学子卓然成大器
数载求索　自强不息　夙愿成真开纪元
横批：夙愿成真　万象更新

新校门联：
沐古邑祥光　映瓮水波光　桃李争春涵黔韵
依根基底气　接人文地气　师生追梦开纪元

四、二中赋

吴昌松

多才播南[①]，灵秀书院。泮泂[②]源远，文儒荟萃。啜瓮水晶莹，品花竹灵韵。申庠序要义，继旗山[③]大端。瓮安二中，峨峨兮屹立城郭坤隅[④]，赫赫兮名扬黔中杏坛。

戊戌之秋，应时代之需，承乡梓厚望，二中肇创。建校伊始，土砖布瓦，室昏舍狭，风扬扬而尘起，雨沥沥而渗漉。历届师生得社稷之助，发弘毅之志。不甘落后，呕心图强。凌风霜，拓荒土。修黉[⑤]舍，育俊杰。克难关，气轩昂。国旗台下谋发展，陋危堂上授真知，风雨兼程数十载，桃李芬芳遍五湖。万千师生溢美名，十二俊魁[⑥]占鳌头。遂得秉林[⑦]之勉励，二中声誉愈芬芳。

今之二中，逢国家之强盛，沐盛世之春风，继国学，拓新篇。弘“自强不息、厚德载物”之精神，扬“立德树人，追求卓越”之宗旨，建新校，迁雅苑。端端黉门，烁古今之道义；熠熠黉舍，纳黎民之俊杰。红墙绿树，丹芳郁郁。楼阁相连，曲径通幽。嘤嘤鸟鸣，琅琅书声。清涟湖旁，九曲河畔，亦歌亦咏，亦思亦学，咸为佳处。济济良师，敬业至诚，吐哺孺子，焚膏继晷。莘莘学子，韶华自珍，志存高远，蟾宫折桂。

噫兮唏！瓮水汤汤，滋兰树蕙，创教化之辉煌；花竹穆穆，墨洒锦书，彰礼仪之风尚。石巩仙桥⑧，霞蔚云蒸。巍巍二中，穆穆皇皇。水清木秀，竹绝嚣尘。玉带环腰，云亭耀光。洗濯磨淬，立创名校，举樽放歌，文脉永昌。

公元贰零壹陆年　岁至丙申初夏

注解：

①播南：瓮安者，在播州之南，故为播南；播州，元代土官管辖的行政区之一。居民主要是苗族。古为夜郎国地，汉属牂柯郡。唐贞观十三年（639）置播州，因境内有播川得名。

②牂牁：（zāngkē）。古地名及郡县名，含今瓮安。

③旗山：指清代猴场旗山书院。今于猴场重建。

④坤隅：西南方。

⑤黉：（hóng）〈古〉称学校。

⑥十二俊魁：指学校考入北大、清华的12名学生。

⑦秉林：顾秉林（1945—），中国科学院院士，著名的物理学家和材料科学家，原清华大学校长。2010年4月，时任清华大学校长顾秉林先生亲自题写并赠送清华大学校训“自强不息，厚德载物”勉励瓮安二中师生奋发有为，再创佳绩。

⑧石巩仙桥：仙桥山位于瓮安二中西南。雄峙于南北伸展的长岭之巅。山顶有一长方形穿洞，远望似一面中天明镜，又若仕女发髻上的一匹玉簪。因其是山峰顶上的透光穿洞，与一般低处的“天生桥”不同，故旧志称“石巩”。

新二中赋

沈　波

黔中腹地，乌江中流，西门河畔，人杰地灵，鸟语花香。瓮安二中，宏立于此，历经沧桑六十载，风雨兼程共进济，师生共乘人文地气，同开瓮邑新纪元，谱写瓮邑教育新篇章。

乙未六月，两千学子，同战沙场，揽黔南之桂冠，一清二北，家喻户晓，桑梓兴邦。丙申仲夏，革故鼎新，伴祥云瑞气，南搬于花桥，谋求发展，迎省专家，评估申示，焕发荣光。得知行者好评，荣登省示范榜。同类庠序之典范，名扬四域八方。

美哉！若夫新庠前眺，琼楼玉宇，各抱地势，廊腰缦回，旗杆高耸，红旗飘扬。至于德正广场，参天神树，西门而立，雄伟壮观，似引梦想灯塔，观灯柱于两旁，上有瓮安名人之简介，人生事迹，所作所为，此教育成才之高标，治学行为之榜样。若踏琼楼之上，阡陌成巷，示曲暖响，春光融融，让人精神抖擞，心驰神往，观室内之学子，力致钻研，勤学好问，含英咀华谦请于师，为梦而逐，永追梦想。绕行校一周，食堂公寓，拔地而起，矗立井然，宏伟壮观，喜气洋洋。

壮哉！仰望历史于春秋，先师孔子弟子三千耳，七十二圣贤。看我今朝二中，新苑新楼新气象，学习之气，蔚然成祥。万千学子，奋勇拼搏，成之栋梁，桃李满天下；无数健儿，养才育能，为校争光。

妙哉！清华大学，卿涛学长，写信诚邀，秉林校长，题清华之校训：自强不息，厚德载物。赠予吾校，师生共勉，立之校训，弘扬精神，发扬光大，永放光芒。

嗟呼！庠序之美，岂可言抒之。

（沈波，瓮安二中2017届毕业生）

瓮安二中赋

佚　名

多才播南，灵秀书院。桃李兴园，精诚护圃。危房授真知，旗山留范簿。先贤楷典籍，自强标厚土。

数载星转成校风，百年哲人镶德牖。自古能人，均为寒窗苦读之士。常炼精气，易成松筋梅骨。息时常思，誓追先贤。德济西南，龙翥庠序。诞圣贤之雏凤。栽秉林之大树。

九曲河畔，书声琅琅，碧水云轻，莺唱盈盈。历代师生，卓越已成蓝图。基因二中，养德长入礼薮。若夫泛舟学海，校有尧水汤旱之贤师。磨剑霜成，人人励志当北大清华之雏凤。蓬观讲台，蕙风兰露。天禄而渠，黔中恩舟。花园名校，多出奇才。燃薪映雪，文思三上。

尔乃翠幕青坛，绀辕缥轭。四旗扬旆，杨柳俱飘。观乌江之水质，神养学界之冰心；睹瓮安之名流，当数教坛之骄子。不来斯园，不知花木之异芳。不临二中，哪晓耕耘之寒苦。师为青衫，则岁岁勤勉而怀忧天下之鸿志。生成金线，则年年自笑而笑人间不学之庸人。

美哉瓮安，德善兮二中！

五、散文

（一）望江楼记

瞿远伏

丙申年，黔南州府有如印之高楼建成，中书协会员满人李慧应聘，书“望江楼”三字。至此，楼与山水亭阁结缘，与天地人同气，秀立于匀城之东南郭，与文峰园、南沙洲、马鞍山相望。匀城又增一秀，黔南又添一景，世人又得一休息胜地。

登此楼，看黔南大地，日新月异，闻赞誉声声。昔人尝曰，建功立言，当获天时地利人和之便，然智者因利乘便，愚者错失良机，故有异人异功异誉之果。此，虽千古未变，于我仍多感慨。

登望江楼，一窗佳景入画来，顿感从来美景都有情，非只敬亭山，相看两不厌。马鞍山在侧，楼秀山美，绿树葱茏，云缭雾绕，因楼生色，更臻画境。观亭，如浮青山之巅，如悬云深之处，又若天外飞来仙人伞，欲赠佳人，学那丁香诗客，彳亍雨巷，可惜不结连理，只结愁怨。看水，望江楼下，剑江水远，百子桥脚，风雨桥下，文峰塔畔，江水依依。南沙洲浮水有情，大桥小桥，古楼缈缈，横接天地，纵联古今，回首望江楼，风动更绰约，顾盼越多情，挥手自兹去，影留江心里，古今多少情，都化江流水。

登望江楼，推窗览胜，情由景生，比如雨天，雨骤，则剑江洪波滚滚，如人生之洪运势不可挡，激情勃发；缓则，细雨点点，烟漫江头，纵清澈无物仍不见其礁其石，忧从中来。是故，虽同景同人，此时彼时，仕子忧怀，心情不一：达则，望万里关山而怀千古豪情，仰，登马鞍山似可一鹤冲天；俯，入剑江龙潭似可擒龙捉鳖。穷则，望千山万水，凭轩无言，倍感韶华如飞，沉浮由人，际遇由天，一山才过一山拦，一水才过一水横。回首望江楼，独立天地，感慨万千：人间多所望，失落如江水。

登望江楼，傍晚时分，望剑江水远而话青春年华之故事，残阳如血，云霞辉映，剑江南去，水天相映，河面泛珠，杨柳如丹青妙手勾勒，江边情侣，几成金人，可惜风华虽茂，年少不知愁滋味。夜色乍来，望重楼参差而话油盐茶米之琐碎，万家灯火俱眼前：排排街灯，幢幢金屋，路路行人，东邻西舍，吃住行游，乐天顺命，畅叙天伦之乐趣。回首望江楼，遗世独立，他日行人，哪有曾经的自己？

登此楼，大有处黔南要地，据十二县市中枢，傍马南山，豪气干云之感。东出匀东站经贵广高铁，上达省府而通四海，黔南长、惠、龙等县尽得省城地缘之优；下达广、深、港、澳，连海上丝绸之路，登高望远。北出瓮福，旱经高速下渝而连天府之国，水出乌江，饮马长江而入东海。南出独、荔、平、罗，经红水河，入珠江，达南海，东盟尽收眼底……

然高楼虽美，憾王勃不在，空有滕王阁之水天丽影；高楼虽高，惜范公已去，空有岳阳楼心忧天下之雄姿！江山代有人才出，千年一圣，五百年一贤，好在地杰则人灵，佳景既配，秀色倍增，高楼既起，终有时日，当应望江楼之灵气，出巨擘鸿儒，激扬文字，就千古文章，佳配古人“五百年后看，云贵胜江南”之殷殷期盼！

人无豪气，非人之初心；无欲无喜，非生命带来。虽则道儒佛心之更换，全因岁月之搓磨，然外物之左右更缘于本心之抗御！今登望江楼感怀于此，无非一念之生。至于此楼，登楼之人虽去，望江楼雄姿犹在，其定当应四时之景，穿岁月烟尘，风雨如磐而不负建楼者造福黔南之初心！

呜呼！登此楼，失意者忽生反躬自省，革新自我，继往开来之心；得意者恰有逝者如斯，只争朝夕之感！能不登乎？

是为此记，丙申年戊戌月戊辰日。

（原瓮安二中教师，贵州省作家协会会员）

（二）青云湖记

瞿远伏

时值残秋，独行青云湖，放情山水，思及人生，唏嘘感怀，是为此记。

丁酉年秋，独出匀城，伫立青云湖山口，举目四顾，两眼茫茫，周围寂寂，茕茕孑立，感“青云湖”名，顿生天、地、人形影相吊之意。

放眼青云湖，秋风肃杀，草木凋零，四围山巅之外，彩云已走，蓝天不见，天空灰暗，万里苍茫，如画师负气，重重涂抹之丑图，却定昭君出塞之人生；似王母生嗔，袖手一挥之渺渺天河，却断牛郎织女幸福之未来。然细思因果，不唯人间，但看天上，虽画师王母之行，终究本我之因，不为己所不为，当承不为之果，又有何怨？仕途多艰，历数上下五千年，翻开二十四史，遍览神州内外，穷及东西南北四夷，有几人不凭风御力而遂青云之志？

置身青云湖，随四季迁移，感受不一。忆及春时，桃花艳艳，梨花如雪，游人如织，牵枝傍树，人景相美，天地人合一，灵犀互达，心宽意远。夏来，湖如翠玉，白云远来，水天相映，顾盼多情；四围山色，绿意欲滴，蜻蜓起落，鸟鸣声声。今残秋至此，万籁俱寂，山色憔悴，听老树枝头残叶与秋风对语，谁能与知？湖耶？人耶？隆冬将至，其时之青云湖，枝秃叶落，百鸟遁形，人迹罕至，天地湖默然相对，谁能于严冬之际，静心归一，洞察春之萌发，而生青云之志？

置身青云湖，游者随年龄而景情不一。儿童随尊长至此，或因一花一叶，流连于后，或因一鸟一蝶，嬉戏于前，观山则乐满于山，看湖则乐满于湖；青少年至此，因学习成绩之牵绊，青春萌动之烦恼，理想爱情之憧憬，或意气飞扬，或“为赋新词强说愁”；中年至此，人生畅达者，春夏美景正可饮酒畅谈，秋冬湖水正好抒怀写意；偶有时运不济者一二至，心系红尘之事，无意四时之景，但得片刻之静心宁意，无非舔舐孤独落寞，收捡人生惆怅失落。老年至此，如暮鸟投林，心态恬适，虽存些许健身延年之思，更多返璞归真之道法自然。综观四者，“青云”岂不一时？

出青云湖，天还是那个天，湖还是那个青云湖，人还是那个人，之所以观者心境不一，眼底景色有异，无非天有云有雾，地有草有木，人有贫有富，因四时变化，时位移人，观者为心所蒙蔽，为眼所遮挡，为情所左右。

但于己而言，残秋至此，无非暂离案牍，偷得片刻闲暇，寻求天地人合一，牢守本真，以便置身红尘，面对世俗如面对青云湖，唯愿人生多些天地悠悠之空蒙与寄寓！

出青云湖，又置身城市喧嚣，回望来路，青云湖早挡于重重高山之后，越加唏嘘，感怀青云湖：既存身四围山中，不接红尘地气，又何须心意辽远，冠那“青云”二字，重蹈千古潦倒者之宿命？

（原瓮安二中教师，贵州省作家协会会员）

六、大美二中（快板词）

（一）

说瓮安，道瓮安　咱们瓮安不一般
风光秀丽胜江南　人文荟萃誉黔中
诗情画意十分美　人人伸手把它夸
勤劳朴实瓮安人　热情好客心地宽
城镇建设面貌改　高楼林立披新装
且看今日新二中　景色宜人百花放
走进二中新校园　优美环境映眼帘
教学楼，真壮观　气势磅礴吞河山
纵观学校新面貌　绿荫炙景来环绕

（二）

草儿绿，花儿艳　园丁辛勤来浇灌
高效课堂已达标　积极向前步步高
谁说女孩见识少　其实我们很自豪
手抄报，黑板报　黑板内容真奇妙
网络资源共分享　电化教学驻课堂
形象直观多方便　创新教学天天见
人之初，性本善　经典诵读增内涵
浓浓书香满校园　精彩活动说不完

（三）

各项工作做得好　全靠咱们校领导
高瞻远瞩向前看　决策制定全局观
遇到问题不拖延　求真务实好典范
办学目标方向明　与时俱进行得通
领导骨干身先行　综合实践展技能
各项工作呈一流　全校上下齐争先

（四）

学校教师就是牛　教育教学是高手
工作踏实有佳绩　锐意改革创奇迹
想方设法建校园　如今旧貌换新颜
全体师生都实干　可喜佳绩在眼前

学校热情空前高　师生人人有高招
奔高校 学高招　四环教学心中装
树名师 创名校　培养优秀好少年
教师发奋创名师　学校声誉人人知
老师学生齐奋斗　二中明天更美好

（五）

战斗号角已吹响　高三同学正武装
废寝忘食有拼劲　焚膏继晷斗志昂
不畏艰苦激情盛　精神抖擞歌飞翔
理想大学不遥远　抛开烦恼向前闯
坚定信念不放弃　立即行动有希望
挫折时　不悲伤　大树被砍一样长
超越极限赢自己　未到彼岸誓不休
清清楚楚看现在　模糊未来别担忧
心灵激情一直在　困难一定会击败
凡事没有不可能　努力实践别等待
要为成功找方法　莫为失败寻理由
冲刺拼搏迎高考　胜不骄傲败不燥
志存高远永不懈　全力以赴得分高
再苦再难任坚持　不悔青春曾荣耀
我自信　我出色　我挑战　我快乐
积跬步　致千里　积小流　成江河
三年苦读磨一剑　气定神闲上战场
势如破竹捣黄龙　千帆齐发凯歌吼
豪气冲天不畏惧　成竹在胸争荣光
问鼎逐鹿群雄在　拔剑出鞘傲风霜
待到金榜题名日　欢声笑语映脸庞
二中学子齐努力　共创二中新辉煌新辉煌！

七、熊焱的诗

（一）最优秀的诗篇

再斗大的字，她也不识一筐
再经典的诗篇，她也不曾翻阅一卷
这一生，她从不懂得意象和节奏

更不懂得语感和结构
她只知道要在春分后播种，在秋分前抢收
要在繁杂时除草，在荒芜时施肥
几十年里，她种植的一垄垄白菜、辣椒和黄瓜
比所有诗句的分行都要整齐有序
她收获的一粒粒玉米、大豆和谷子
比所有诗句的文字都要饱满圆润

三亩薄地，是她用尽一生也写不透的宣纸
在她的心中，偶尔也有小文人燕舞莺歌的柔腔
有大鸿儒指点江山的激扬
可胸中太多的话，她从不擅于表达
只有一把锄头最能知晓她的诗心
只有一柄镰刀最能通达她的诗情
她以掌心的茧、肩膀上的力
把土地上的每一缕春天的绿，每一抹秋天的黄
写成了粒粒生动的象形会意，和起承转合的语法修辞
全都在字里行间奔涌出波澜壮阔的诗意
那些种子破土的声音、麦苗拔节的声音
稻子灌浆的声音、豆荚熟透时爆裂的声音
与满坡的风声、蛙鼓、虫吟，以及牛哞马嘶
一起押最深远的韵

这就是我的母亲，我们乡下的母亲
我们的穷苦的农民的母亲
她不是诗人，却写下了一个时代最优秀的诗篇

（二）我是如此迫切

如果你是女儿，我的孩子
在前世，我们就是恩爱的情侣
吟诗作赋，饮酒抚琴
三千绚烂的光阴
都是星星的钻石碰响月光的水晶
只是，只是私奔的路上
我跑快了一步
三十二年了，我将在霞光中等来你露水的脸

我的孩子，假如你是男儿
在前世，我们就是义结金兰的兄弟
八千里江湖，十万片天下
我们用好酒灌醉春天
用鲜血换取美名
只是，只是风声紧，雨点急
我转身的瞬间，就丢失了你的背影

你是背着哭声来找我的
我准备，还给你温暖的怀
还给你一场滂沱的泪雨

我准备还给你滚烫的血、善良的心
还给你腰板上那一根坚韧的骨节
我准备还给你天空庇护湖泊
还给你大地庇护粮食

哦，原谅我，原谅我
我的孩子，原谅前世我的不辞而别
只为了今生这漫长的路上
我多一分颠沛，你就少一分流离

（三）一张白纸就是我的故乡

想老家的时候，就把一缕炊烟搬到纸上
要有低矮的瓦屋、藤蔓缠绕的篱笆
要有布谷催耕，玉米的芽孢在谷雨中破土
还要有蛙鸣浮动，在月光下叫碎我的孤独

哦，一张白纸就是我的故乡
我在纸上写下的每一颗文字
就是田间的小麦和水稻、地头的野花和杂草
它们开清淡的香，结饱满的果
生长着一卷卷恬静的时光

如果卷一卷纸角，抖一抖纸张

我会看到狗在吠，鸡在叫
牛犊在撒欢，马匹在飞跑
河水淌啊淌，流远了多少人一曲曲的柔肠

在这张白纸上，分散的亲人们团聚了
死去的先人们回来了
连远来的客人，也都成为我的乡亲了
我走在他们的中间，道一声祝福
哼一曲民谣。粒粒汉字都是我温暖的呼吸和心跳

（熊焱，1980年10月生，贵州瓮安人，2000年7月从瓮安二中毕业考入四川大学。中国作家协会会员，四川省作家协会主席团委员，成都市作家协会第四届主席，80后重要性代表诗人，青年作家、优秀诗人。现居成都。曾获华文青年诗人奖、四川文学奖等各种奖项。著有诗集《爱无尽》《闪电的回音》，长篇小说《白水谣》《血路》）

八、十五颗青春的绽放（组章）

——诗意点评二中纪念“一二·九”演讲大赛

周雁翔

只在2014年12月9日，日子成为一张礼义纸，它期待着将十五朵青春，修饰文扎，汇成一捧爱的花簇。因此瓮安县会务中心，从一所原本没有情态的建筑，变成一座爱的产房。一号大厅像一格温床，它让十五朵颗青春，怀揣着演讲的声音、肢体语言、激情和思想，聚在爱的视角，楚楚绽放内心和灵魂的缤纷。

01颗：不忘国耻，振兴中华

你定下一个演讲的基调：爱国。

爱国在我们脚下的土地，是青春传承了上下五千年的播种，这个播种总能将光明浇灌催大，将黑暗挡在热血之后，我们日常见到的太阳，它是青春最本质的心脏在跳。

02颗：我爱你，瓮安二中

青春的渊博，洋溢一个民族的烟云和山水。你的校园，将烟云和山水升华如琅琅书声，轻轻爱语。你将情感注入一个点上，像在无边幽暗而静谧的时空点燃一盏灯，你照亮了书本的床，一个赤脚戏水、穿云如裳的梦，向二中的天空，完美一个爱的大灌篮。

03题：让尊敬老师不是口号

近在咫尺的爱，为何要走过一场雪的洁白，让它掠夺一朵花的鬓黑？

你在搬运的劳动，是分量超过世界的尊敬。你唱出愉悦的号子，让心声在缠绵里飞。你让老师成为指定收件人，何时才能收到你爱的礼物？

04题：团结就是力量

一个故事像伸出的手，它指头般的人物，弯曲抑或菊花的造型，暗示抑或直白，你完成的编织，终将成为力量的原材料。

你在故事里让一个人领读，只想听到全班同学的歌唱；你在情节里塑造一滴水，在于对一场海啸的渴望；你在结局里让力量腾空而起，却让缔造它的程序在思念里抱成一团。

05题：青春校园礼赞

任意画面你的青春，二中的操场，二中的那片天空。

云彩里的奔跑，操场上的倒影，你更爱哪一个？

青春的雨孕，校园的烦恼，她们是不是你的闺密？

琅琅书声是你放大的呢喃，手足暗藏的冻疮将你的疼痛淡化成一种轻痒。

每本书，都是你装订成册的捷报；老师的叮咛，都是报喜的大嗓门铜锣。

七月淬火，八月青锋，九月是异乡的青春树，砍不断站在远方打出想家的旗语。而十月你惶惑于保持怎么的姿态，才能美丽二中，那片蓝天只不过是藏在怀里的一面小镜子；才能热爱二中，你的一生也跑不出那坑坑洼洼的操场。

06题：祖国风采

祖国，你就是三口之家。

你是父亲时，在过冬前买回两千斤无烟煤，你的燃烧了无痕迹，你的热烈蕴藏在山一样的沉静，你的温暖播散在绕指的骨头，你在饭后，把上下五千年的史时和爱裹进母亲的毛线团。

坐在靠窗的沙发，阳光用她的陈年茶花，泡你午后浅笑的茶山。你是母亲，对儿女的牵挂，闪烁茶泡的炽白圣洁；你对祖先的怀念，竟然是磕磕老牙，朗诵出《诗经》的风韵。

你是儿女，低头向手机，把你对世界、生命、爱情、人生刷成微信。你的房间开一扇“百度”，晚上打开早晨，虚构打开真实，你把时空的积木，打乱又重来。

你是祖国，你父亲的肩膀，母亲的针线，儿女的宅城，呈献三元色的奇观。

07题：我爱你校园

你爱的平方米，不仅是你的占地面积，还是你的建筑风格。

犹如大树上的露珠，呼唤阳光的脸庞。校园的你，疯长祖国的婀娜。

如果说舞蹈是移动的雕塑，那么你的演讲，就是雕塑在舞蹈

你把校园穿上，也就起早摸黑地走在上学的路上，就舞动爱到极致的掌声的高潮。

08题：我有一个梦想

宁愿做热血沸腾、热泪盈眶的傻子，不做轻易放弃的智者。你的梦想竟然如此清亮朴素。

你的热血是金币，你的热泪是行李，你自己只能是路，另一头系着梦想的马匹。

你坏坏地打一个口哨，就足够证明你是厉害角色的王子。

09题：爱我班级

你对着一群人，大喊一声“我爱你！”没有一个人跟你回家。

因此，你凝聚丰空的声音，让班级像蚌，让你像珍珠般的响亮。

你在夜空的板书，把全班同学写成星星，写成崭新早晨红光满面的神话。

站在二中的土地上，你再大喊一声试试。

10题：尊敬老师，放飞梦想

在中国，每一个词语都是一条生命，而“老师”是最为生动的一个。

以手加额，这是一种阅读方式，你只把“老师”读作翅膀的首富。

你的一生要读出多少词语，比如父母、孔子、灯塔、方向……

你生命的风筝，需要助跑；你理想的雄鹰，需要风暴……

11题：因为我们年轻

在二中，到处生长着年轻。

那是春天，你作为异乡人，站在校园里，春风吹拂着你，也吹拂着年轻。

你知道春风吹过，年轻会长出叶子，你也会长出叶子，二中会出现一片浓荫。

只是浓荫里的琅琅书声，是否将年轻比喻成了小鸟。

12题：我骄傲，我是二中人

骄傲在一草一木，你就不喜欢寒冬。

骄傲在一点一滴，你就可恶那太阳。

骄傲在二中，最好是惊蛰，一切只有开始。

你在二中，何以成为骄傲？你的咳嗽在演变歌唱，你的座位在生长邓林，你的自豪在灯下解题，你的骏马在练习分娩。

13题：我的高考梦

说起高考响竹风

娓娓道来梦不空

七月流火沥胸怀

捷报飞花满二中

14颗：团结友爱

你说是一服良药。

五钱时光、二钱灯晕、四钱压力、六钱烦恼、九钱吵嘴、三钱老师谈心、七钱父母唠叨、一钱苦味、八钱欢笑……

假期中饮下的滋味，与孤独一人时、与身处困窘时、与毕业以后，与数十年后，显然不会相同。

你说能医治别离、失落和衰老，诸如此类。

15颗：不忘国耻，振兴中华

你呼应了一个主题：爱国。

你是祖国胸中的一块肋骨，你是爱的象征，到了一柄锄头，种植庄稼和花园；到了铁流，浇灌高架和工业；到了校园，起飞青春和理想；到了你，是苍鹰慈爱雏鸟的目光和善于兼容的软件。

点评：

并非2014年12月9日，才是爱国的花期。十五颗青春，朝着祖国的绽放，让演讲成为一种语言，瓮安县会务中心一号会议大厅、瓮安二中、每一个受众都是翻译机，他们让天下听觉，如此饱汁浸润地读懂了十五颗青春的心声，读懂了中国又一季爱国花开的强劲和浩瀚。

让我们把这场演讲升华成对祖国、对家乡、对青春、对二中、对学习的责任和热爱；让我们把这场演讲响亮成对反华势力、对侵华野心、对侮华流氓、对扰华分子、对轻华眼光的勇敢应战和必胜宣言！

〔周雁翔，原名周应祥。贵州瓮安银盏人。中国散文诗学会会员、贵州省作家协会会员、贵州省摄影家协会会员、贵州省散文学会副会长。贵州省散文诗学会常务副秘书长、贵州诗人协会副秘书长，瓮安县作协主席。纸刊《贵州诗人》编委、纸刊《贵州散文》执行主编等。先后获得中华全国总工会、贵州省委宣传部、贵州省作家协会、《星星》诗刊、《贵州日报》社、贵州省新闻奖（副刊奖）组委会等颁发的文学奖、歌曲奖、摄影奖。作品入选《中外华文散文诗作家大辞典》《贵州新文学大系·诗歌卷》《中国散文诗大系·贵州卷》《探索散文诗选》《摇曳的火焰〈贵州八十年代散文诗选〉》《青年散文·散文诗一千家》（上下册）等。公开出版诗集《爱有多远》《空蝉》《只要我不停止爱你》，长诗《匠心茅台》（与人合著）等〕

九、马　灯（朗诵诗）

吴昌松

1934年12月31日
猴场的马灯，在历史的天空闪烁。
是谁，四过瓮安？

是谁，在黑暗的前夕，指明方向？
又是谁，写下：山，快马加鞭未下鞍，
惊回首，离天三尺三。

那一夜的凌晨，
宋家湾的马灯点亮了新年朝霞。
毛泽东的巨手在晨雾中举起必胜的豪情。
枪林弹雨中，不畏艰险的战士
迎着炮火，高喊着，
前进，前进，向前进！

黎明前的黑夜，
一道道耀眼的曙光在这迸发。
红一军团，红二军团，红六军团，中央军团，
点着火把，提着马灯，
把大地照亮。

前进的号角啊，
在凛冽寒风中吹响。
夜晚，急流，冰冻挨饿。
竹筏，天险，刺破青天。

长征路上，跋山涉水，
湘江的鲜血，染红了战旗。
猴场会议力挽狂澜，
突破乌江攻克遵义，
垛丁关、擦耳岩的炮声，
送来前进的捷报。
血洒乌江，魂牵猴场。

这是一方饱经风霜的热土。
这是一部铁骨铮铮的史诗。
这是一场转危为安的巨变。
这是一面高高飘扬的红旗。
回首往事，一代伟人周恩来，由衷感叹，
那是伟大转折的前夜……

历史注定在这，扎了根。
有了根的汉子，
跌倒还会豪迈地站起；
有了根的队伍，
胜败都会骄傲地昂首；
有了根的民族，
永远，生生不息，立地顶天！

（此稿为学校学生参加全国中学生诗歌朗诵比赛而作，获二等奖）

2018年6月

十、仙桥飞架碧云间

王小勇

喀斯特地貌的鬼斧神工，造就了大自然美丽而奇特的人间美景，瓮安八景之首“石巩仙桥”就是大自然的杰作之一。“石巩仙桥”位于瓮安城郭西南。雄峙于南北伸展的仙桥山之巅。山顶有一长方形穿洞，远望似一面中天明镜，又若仕女发髻上的一匹玉簪。因其是山峰顶上的透光穿洞，与一般低处的“天生桥”不同，故旧志称“石巩仙桥”

远观“石巩仙桥”恍如彩虹从天而挂，又似巨龙腾空而飞，而“桥洞”又若一轮皓月高悬苍穹，在群山拱卫之中，白云缭绕之下，这座“仙桥”更显得亦真亦幻，瑰奇壮伟。其与县境内乌江天险处的“江界河大桥”东西辉映，堪称瓮安景观“双璧”。

千百年来，“石巩仙桥”流传下来众多优美的神话传说，其中以“张三丰点化仙桥”的传说最为精彩。

古时，逢县考之期，一个穷书生前来赶考，张三丰混杂在考生之间。县官见书生没有送礼，就故意刁难，出一上联让书生作对：“三山九座庙，三教九流同叩首”。书生抬头一望，只见西南方彩虹飞架，即景生情，立即对道:“无水一洞桥，无有一人敢问津”。县官声色俱厉地责问:“‘无水一洞桥’指彩虹，为何不以名胜之地来对‘三山九座庙’？”见县官蓄意刁难，张三丰就开口了:“老爷，这位书生的应对正合你的本意。‘无水一洞桥’也是本县胜境，就在城南七里处望城山顶上。”这时，只见那巍巍的岩顶上雾气忽然散开，现出一座巍峨壮丽的石桥来。众人无不称奇喝彩:“好一个‘无水一洞桥’”！

县官仍不甘认输，又对穷书生说:“胜境必定有人登临过，你却说无人问津，岂不大谬?”张三丰哈哈大笑:“这桥是我刚刚才修的，何曾有人问津呢?”说完，驾起祥云走了。最后县官只好把这个穷书生录取了。

初春之时，友人相邀前往仙桥山。步入山谷，见山泉淙淙从仙桥山麓缓缓流入瓮水河，河中竖立数十步青石跳墩，越过跳墩，踏上去仙桥山的石板路，拾级而上。猛抬头，只见前方左面两列巨大的石柱拔地而起，巍峨而隽秀，如一对纯朴的山妹子结伴同行，不知何年何月来到这清秀的山水之间，久久流连，不愿离去。这就是人们传说的“姊妹岩”。

沿着“姊妹岩”平缓的山道，进入一段空旷的山谷。空谷里偶尔传来几声鸟叫，更显出“鸟鸣山更幽”的意境，穿过山谷，顿时峰回路转，天光大开。抬头仰望，只见那蓝天巨幕上，白云飘拂，鸟影飞掠。这壮景催促你不由捷足先登，却要伐棘取道。才到山腰，正欲喘息片刻，忽见那刺藜花蓬之下，静卧一汪清澈的泉井，井旁有一石碑，上刻：“葫芦井”，传说是张三丰当年留下的葫芦所化而成。此井全石为底，清澈照人。捧喝一口，如饮甘露，顿觉神清气爽，困意全消。

跋涉至仙桥脚下，但见天桥拔地而起，横陈碧空，巍峨险绝。巨大的青石寒光逼人，依稀可见石上刻有“XX桥”字样。其中两字风雨剥蚀，无法辨认。那天衣无缝的桥身和两边的桥墩浑然一体，构成跨度40米、高35米、宽25米的仙桥。桥底野花丛丛，绿草茵茵，可容近百人休息、游戏其间。桥洞空气对流，桥身正好遮风蔽日。好一方绝妙的避暑之地，好一处休闲的天然氧吧。

桥洞北面的桥墩上布满形状各异的小洞，远看像贴得不大规整的马赛克，近看又如一只只小酒杯，十分别致有趣。洞壁上还有大大小小的“脚印”，据说是仙家在此浏览时留下的足迹。桥的东西两侧山形迥异：东侧坡面较为平缓，灌木簇拥；西侧石壁如刀削斧劈，一落千丈，观之令人毛骨悚然。

仙桥山更奇异非凡之处还在桥顶，攀藤附葛，扶壁而上，终于来到了桥上。桥上有一眼石泉，常年不干，你若把水舀干，不久又会越渗越多，成为汪汪一泉了。正因有此一奇，人们以为神仙所赐，据说，旧时曾有远近善男信女前来焚香叩拜，求取“神水”。

独立桥头，鸟瞰山下，平畴缓丘，尽奔眼底，远近村舍，历历在目。极目远眺，往东，隐约可见云雾缭绕的“瓮安第一高峰” 花竹山；往西，依稀可辨“瓮福磷矿”边沿的玉华山；往南往北，各有号称“瓮安粮仓”的梭罗大坝和银盏大坝。

明代贵州巡抚郭子章“平播”（“播”即播州，今遵义一带）后到此一游，在巨石上书题“播南首景”，并赋诗赞颂仙桥山之胜：

谁从绝壁驾长虹？仿佛成桥利涉同。
津济高悬青嶂外，往来近在白云中。
凡尘几见仙旌过，浩劫徒留鬼斧工。
此去瑶台知不远，漫思游到广寒宫。

如今的仙桥，虽无亭台之高耸，信徒之朝拜，香烟之缭绕，但她仍以其雄奇的英姿、非凡的气度、优美的传说，吸引着众多游客。张三丰赋予了仙桥山神奇的色彩，现代的人们将把她装扮得更加妩媚。

2009年8月

十一、捡得财富一背篓

彭华兰

小时候，曾有这样的经历，背着背篓捡牛粪，那一堆堆半干的牛粪，冒着粪香，铲一坨放进背篓里，做一次捏鼻子的动作，感觉臭味难以接受但又非常开心，于是便有另一种幻想，要是自己捡的是钱该多好啊！那时候总觉得钱是大人们用背篓捡来的。

后来我还真有一次捡到了钱。小学二年级临近开学，见父母愁眉苦脸，我和哥哥也便有了说不出口的焦虑——要是没了学费，那我和哥哥就只有辍学了。但每天的功课还是要做的，那就是背着背篓捡牛粪。梳着小辫子的我像跟屁虫一样跟着哥哥，时而在草丛中，时而在大树下，时而在石缝里寻找。大多数时候，我们寻找的不是牛粪，而是钱，能让我们上学的学费钱。那时，我们都怀有一个稚嫩的幻想——如果老天垂怜，让我们捡到20元，学费就有着落了。当然，到最后，我们并没有捡到老天垂怜的东西，而家中一头半大的猪却不见了。后来才知道，含辛茹苦的父母卖掉我家那头过年才能杀的猪，是为了让我们能像其他小朋友一样读到书……

我十二岁那年，暑假，母亲为了给我和哥哥凑足上初中的学费，一放假就开始了我们的摘木姜子之旅。那一年的木姜子价格特别好，以往一毛五分一斤，那年升到一毛八分，再后来二毛五分，木姜子的长势也特别好，饱满的颗粒闪着绿油油的光泽，就像朵朵绽放在我们心间的小花蕾。每到木姜花开得满山灿烂时，母亲就会迫不及待做好记号，到时好采摘。到了六七月，大山一片苍翠，隔得远根本看不出山上是什么树时，母亲却闭着眼睛也能知道陡峭的山岩上有多少棵木姜树，哪棵木姜树的籽粒结得最饱满、结得最多，所以我们每次上坡都能满载而归。当然，即便是满载，也只能换来五六块钱，不过那时对我们来说已经是很可观的收入了，因为再有半个月，就能攒足100元。那个暑假，我们所有的白天和前半个晚上都是山上度过的，直到开学前一天。

已是下午四五点钟，劳累了一天的太阳慢慢躲进山后，我和母亲唱着快乐的山歌往山下赶。预计下山时间一个小时，再把木姜子卖出去回到家中也就两个多小时，便可美美地洗个澡，喝上半碗甜酒凉水，解渴不必说，关键是心里美。

正走在半山腰上，母亲看木姜花的眼睛又开始闪烁起来，她并没有走大路下山，而是左转往山的另一面走去，经验告诉我，再走一会便有意外惊喜，我能从山里湿润的空气里闻出木姜子的香味来，果然没走多远，我们又收获了一棵木姜树，那沉甸甸的枝丫上，绿色的果实还冒着油光，一闪一闪，似上帝对我们的馈赠。不过靠近木姜树的过程是困难的，木姜树的周围长着许多蕨类植物，高大而且绵密，要想通过，只能从它们上面踩过去，我永远也忘不了踩在上面的情形，晃晃悠悠，摇摇欲坠，时而踩空一脚还不着地，挂伤腿不说，还得去承受更多的想象，山里人都知道，要是遇到一窝马蜂最多就是被蜇几下，山里人不怕蜇，可下面如果是蜈蚣或是蛇类，特别是那种头不大，三角形，全身还黝黑的蛇就更恐怖了，我就曾被这东西袭击过，张着大嘴不说，还追着人跑，一想到这些，我就怕得直哆嗦，背心凉飕飕的，恐惧抖落一地。十二岁的我叫喊着："妈，我们不要这棵了，回家吧！"母亲并没有因为我的哭喊而停止，反而大步往前走，嘴里还唱着："钱在高岩坎，不找它不来，福在黄连中，苦尽甘才来。"那声音在傍晚的大山中回响，颤巍巍的，有些像皎洁的月光。那一天，我收获的不仅仅是木姜子，还尝到"苦"与"甘"的滋味。

我一直认为，小时候家庭贫穷是上天对我们的考验，而我和哥哥考上大学是上天对我们的眷顾，但后来我才知道，我们的人生磨难才刚刚开始。

我十八岁那年，腊月二十八，重庆附二院，医院给患再生障碍性贫血的哥哥发了第二次病危通知书，并建议过完春节回家疗养，当医生说完"疗养"后又补充了一句通俗的说法："回家后，想吃什么就吃什么吧。"我忘不了那天我走出医生办公室时的情景，我扶着墙，拖着颤抖的双腿，眼前漆黑一片，摸索着办公室门口的椅子坐下，泪如雨下。哥哥那如墙般白的脸，那奄奄的气息，那痛苦的呻吟和那求生的眼神，还有远在家乡的父母的那焦急的声音，全压在我的肩膀上，那个时候我只有一种感觉——天要塌了，地要陷了，但我必须站着。

擦干泪水，走进病房，哥哥放下大学英语课本，看着我红肿的眼睛说："妹，我们休学回家吧，大学我不上了。"我知道哥哥已经知道自己的病情，我什么也没说，只是一个劲地点头，然后忍着就要夺眶而出的热泪跑进厕所，把水龙头开到最大，以掩盖我的哭声和泪落如雨的声音。我的哥哥，重庆交通学院水利水电工程系一年级学生，在那里，有他最爱的足球场，最爱的图书馆，最爱的老师和最爱的那个还没来得及表白的人，可这些专属他骨子里热爱的东西都将随着一次次输入的冰冷的血液冲淡了，冲没了，他的人生才刚刚开始，可上天就这样残忍的夺走了他的最爱，甚至还要夺走他的生命。

上天就是这样，他在给予你的同时又在向你索取。我向上天祈祷，如果一定要索取就索取我的生命吧！。春节后，哥哥出院了，出院时，我并没有接受主治医生"疗养"的建议，而是跟医生说："医生，哪怕卖房卖地，我也要救哥哥。"其实主治医生根本听不懂，因为我说的是侗语。这句话不是说给医生听的，是说给自己的。

几年里，我们遇到常人无法想象的困难，哥哥每个月至少需要输血二次，每次都有痛苦的排斥反应，发烧、呕吐、晕眩，而我什么忙也帮不上，除了守在他身边，我的血液不能直接进入他的身体，我选择了义务献血，因为我相信，总有一个人会拾得我的爱、我的祝福。我边读书边打工，每年放假，便带着哥哥四处求医，云南、四川、重庆、郑州、湖南，那个时候，我只有一个信念，只要哥哥还活着，我决不放弃。就这样，我从一个弱小的小女孩练就成铜墙铁壁、无所不能的妹姐姐。如果真有上帝，我相信他一定会垂怜在悲惨遭遇中绝不妥协的人。

接下来的几年，我家房子卖了，山林卖了，田土也少了，还欠了8万多元外债，而这些，却换来了哥哥的健康和全家人的幸福，连附二院哥哥的主治医生都不敢相信——哥哥的造血干细胞竟然异常的活跃，在全国来说，这样的病例并不多见。说到这里，我心存莫大的感激，我要感激湖南武冈的谢医生，是他教会我们如何照顾再障病人，是他在我们最困难时免费提供中药，是他在我们最无助时点亮了我们希望的灯，当然我也要感激这一路的磨难——是磨难让我懂得了坚强，是磨难让我懂得了人生必须有信念，是磨难让我懂得了生命的意义和爱的价值。磨难，是人生真正的财富。

赛内加说过："从不为艰难岁月哀叹，从不为自己命运悲伤的人，的确是伟人。"我不敢说自己是伟人，但在艰难岁月和悲惨命运中，我选择了坚强，选择了执着，也选择了磨炼。在人生的捡取过程中，我捡取了坚强，捡取了执着，捡取了希望，捡取了人生最大的财富，捡取了人生最大的快乐。从此，我背上背负的不再是悲伤，不再是困苦，不再是怨言，不再是责难，而是财富，一背篓的财富，一背篓的快乐。

（此文获全国第二届书香"三八""阳光女性·幸福中国"读书征文活动二等奖）

第二节　回忆选录

一、对原城关小学发展为瓮安二中基本情况的回忆

王天合

我是1971年由教育局调到城关小学，当时学校的体制是城关公社的所管辖学校，正因为如此，学校的师生存在着自卑情绪，政治上的自卑，精神上的不愉快，直接影响学校的教学工作。社会的舆论也不好，确实是不公正的待遇，我得知这一情况，就走访了学校的全体教师及部分学生家长，说法完全统一。

为什么会产生这个情况？为什么把学校下放给公社管呢？听县局及区的个别领导说，当时学校很乱，两派斗争激烈，不好管，就下放给城关公社去管理，也没有下文件。

根据这一情况，我积极书面或口头向县、区负责人反映，请求解决这个问题，有利于调动师生和社会的办学积极性。于1973年由县政府正式下文，将原城关小学改为瓮安县城关第二完全小学。城关一小、二小由县、区统一领导。这时两校都附设有初中一、二年级，又于1974年下半年，县教育局付文英局长，区分管教育的李植中副书记，分管教育的蒋润生副县长到学校找我洽谈，说经县、区领导研究并请示县委同意，将二小改为初中部，学生全部并入二小，与此同时，一小上初中课的老师调二小任教。

1975年上半年，县区领导召集两校负责人开会宣布，一小从四年级以上的学生到二小上课，反之，二小从三年级以下的学生到一小上课，任课教师陆续调整，并说，两校成了无头无尾的学校。直到1976年下半年，由县政府写报告，经州政府同意，由瓮安县政府下文，将瓮安县城关第二完小改为瓮安县雍阳中学，原城关二小的有关资料及公章转交给新建的城关二小。

这时的雍阳中学没有配备新的领导班子，由原城关二小的领导班子主持雍阳中学的工作。

1978年，县政府根据教育事业发展的需要，向州政府写报告，要求将雍阳中学建成瓮安第二中学，州政府请示省同意，由州政府正式下文，命名：贵州省瓮安第二中学。

瓮安二中学校领导班子的组建：由王天合、吕庆松任副校长，文件宣布后，组织部恒部长给二位谈话，并指出：王天合任支部书记，负责全面工作。吕庆松主管行政教学工作，调吴学林任瓮安二中教导处主任，石明信任副主任。不久调玉山中学校长夏坤仲任瓮安二中副校长。

我本人于1982年离开学校14天，在教育局工作，离开学校后，由于各种原因，县委组织部部长张光能找我谈话，经县委常委研究决定，我又返回二中工作，免去二中副校长职务，任专职支部书记，负责全面工作。

我回二中不久，提议二中教师邹金秀、李吉才二人任瓮安二中副校长，我本人于1984年调教育局工作。

以上各个时期的变化，具体时间请查阅相关文件，以文件为准，本人的回忆难免有误。

由于文化水平有限，加之年老，记忆力减退，不成其文，仅供参考。

（2014年5月15日）

二、为二中初创时期的老师点赞

吕庆松

一九七九年八月，瓮安二中首届初中毕业生（300多名）升学考试成绩居全县第一。这是件了不起的事。它不仅给二中增光添彩，还为二中在一九八〇年招收高中学生、建立完全中学创造了良好的条件。取得这样的成绩绝非偶然，它是二中初创时期的老师辛勤工作的结果。

二中的前身是城关小学，雍阳中学。二中的老师除在一九七八年调来三位大专以上学历的老师外，其余的（占百分之九十以上）均是从以前的学校转过来的，他们的学历全为中师和高中水平。按当时国家的规定，初中教师的学历应在大专以上，但从瓮安当时的情况看是不可能达到的，二中教师的主要力量还是他们。尽管他们的学历没有达到，但他们从事教育工作已有十多年二十年，都具有丰富的教育管理能力和教学经验，文化业务水平也有了相当大的提高，担负初中教学工作是没有问题的。学校党支部和行政领导分析了以上情况，采取了“抓重点带一般”的办法，办了一个重点班和六个普通班。重点班由大专学历的彭宗恒老师担任班主任，上数学课；普通班均由中师、高中学历的老师担任班主任，上各门学科的课，这些老师主要有：倪帮嘉、任远智、刘石虎、张显忠、王复文 尹昌宗、聂传德、王国才等，学校行政三位领导（吕庆松、吴学林、石明信）都兼上初三的课程。教师们刻苦钻研教材，认真备课、上课、批改作业，积极辅导学生；相互听课，取长补短；编写复习资料，严肃考纪考风，抓好期中和期末学校统考和试卷评改工作，及时总结经验教训。大家扭成一股绳，劲往一处使，使毕业班工作做得有序扎实。老师们都很辛苦。在此我想说：是二中老师们的辛勤付出终于获得了可喜的收获。他们夜以继日，忘我的工作换来优良的成绩。他们这种自强不息、赤胆忠心献身教育事业的崇高精神值得大家赞誉，也值得后来人继承和发扬。

（说明：以上写的是40多年前的事了，加上年迈，回忆难免有误。敬请领导和老师们订正。）

二〇一九年六月

三、为了甘甜的坚守

犹永俊

1982年9月25日，星期六，我从老家珠藏乘上每天一班的客车，经过四个多小时的颠簸，抵瓮安县城，到瓮安二中报到。

我虽在瓮安县城生活过四年，却没有到过瓮安二中这个地方。当然，我在瓮安县城读书的四年间，还没有瓮安二中，全县就只有瓮安中学和草塘中学。沿着坑坑洼洼的城中街巷，边走边问，到了瓮安二中，已是下午四点半钟了。对我的到来，王天合支书、夏坤仲校长非常高兴，亲切地问这问那，热情地张罗吃住。安排好住宿，我就被引到紧挨二中，但又有一道铁门隔开的地方。那里有一幢一楼一底的砖木结构瓦房，右边一转角，左边屋檐前盖有一间砖木结构的一层瓦房，前后两房之间有一巷道，暗而无光。我的房间就在进暗道的右边。推门进去，虽是白天，也无法看清屋内，必须开灯才行。屋里一张床，一条板凳，一张旧课桌，此外再也没什么了。我足足踌躇了一刻钟，终于定下心来，去街上找了两张大纸板，铺在床上。没有谷草，也没有垫子，就将垫絮、床单直接铺在纸板上，对付了一夜。一觉醒来，几根床方，把腰抵得生疼。心中不由叹道："二中条件太差了！"不过，经历过我们那个时代的人，没有什么苦吃不了的！"总算跳出了农门，就是铁碓，也要把它舂穿！"自己暗下决心。

第二天起床，去到100多米远的地方洗了脸，就到学校各处走走看看。我住的地方，属于瓮安师范的地盘，我楼上住的就是瓮安师范的学生，年轻人喜欢打闹，又是木楼板，他们说笑打闹都听得清清楚楚。我屋前的矮平房，住的是瓮安师范的退休老师，右边的四家人家，有两家是二中的老师，每家孩子都多，就住着两间屋子，挤得满满的。我住的这栋房子，有些年岁了，烧制得不太好的红砖，已有不少在风雨的侵蚀下，大块小块地脱落了。穿过铁门，就是二中操场，有两个篮球场，木篮板已经开始破损了。操场是泥地，有些坑洼不平，围绕操场的跑道，铺着带渣的煤灰。好些天没下雨了，一阵秋风，满操场灰尘弥漫，叫人睁不开眼。再往前，左边是一幢砖木结构的盖瓦平房，共三间教室。正对面是二中的主教学楼，一幢半工字形的苏式建筑，坐北朝南，砖木结构的两层楼瓦房；两头皆有转角，转角上下各一间教室。主楼内里中间为走廊，一楼前后各四间教室，二层的教室分别隔成校长办公室、党支部办公室、教导主任及教导处办公室、财会室以及油印室、保管室、阅览室、语数外等学科教研组办公室。走廊的两端各住一职工。操场右边是一条100多米长、3米多高的石堡坎，堡坎上有一排东西朝向的教室，也是砖木结构的两层楼房，楼上楼下各五间教室。这排教室后面又有一排砖木结构的盖瓦平房，那是教师宿舍，一共住有18户。在这排教师宿舍和教学楼之间，除一条可以通车的泥路外，还有一小幢教室模样的陈旧建筑，也是东西朝向，矮小简陋（后来才知道是20世纪50年代末修建的简易教室），住着四户教师。其北面山间搭建一偏厦，作为学生食堂。在学生食堂门口，一条东西方走向的泥土梯路，就是连接教师宿舍和教学楼的唯一通道。沿教师宿舍门前的泥路，往北走到尽头，是一片乱葬岗子，到处长满野草，杂以被取出的烂棺材。朝南出校门，学校门口是菜地，几条路通向不同的地方。直行到西街；左转去北门水井；中间一条穿过物资局即到北街。我分别去到王支书和夏校长家坐了一会儿。两位领导和蔼可亲，对人关怀备至，昨天我一到学校，两位领导就尽其所能地给予了帮助，令人感动。从他们那里，我知道了二中的概况：瓮安二中还没有办几年。1958年，这里开办师范学校，又在这里建高炉炼铁，我住的那幢房子就是当年师范的；后瓮安师范停办，在此基础上建了城关小学。70年代初，在城关小学设"戴帽初中"班，再后来更名雍阳中学，1978年才正式定名瓮安二中。随着粉碎"江青反革命集团"，"文化大革命"结束，拨乱反正，改革开放，我县的高中教育已赶不上日益增长的社会需要了。于是，在1980年，县里从草塘中学及别的学校抽调了一些老师，到瓮安二中试办高中。1980年招生两个班，1982年这两个班的学生参加高考，成绩还不错，证明瓮安二中可以办高中。于是，1982年就正式招生两个班。但师资紧缺，除语文老师外，高中物理、化学、生物、外语、历史科教师各仅一人；两个高一年级班开学快一个月了，数学课仍然是停着的，一直在等调老师来。我问；"上一届的老师呢？""那是借的师范的刘泽银老师，他已调走了！"王支书留我在他那里摆了很久很多。我离开时，王支书问我有什么困难？想到学校都如此艰难，我纵有困难又怎么好说得出口！于是回答道；“一小点困难我自己能解决的！”离开王支书家，我直奔街上，去找了床笆折、木板，又去段老师家拿了些谷草，第二天晚上总算舒舒服服地睡了一觉。

虽然读了四年大学数学本科，虽然也在农村教过民校、代过课，虽然当年读高中时数学成绩也不差，但第一次上高中数学，心里还是有些不踏实。所以，接到这两个班的数学课，每节课都不敢马虎，不敢掉以轻心，总要做好充分准备，包括教材、教学内容、学生、课堂提问、课堂练习等，都考虑周详。那时自己一个人在学校，干脆就像学生一样，作息时间都和学生相同。有课上课，没课看书。像初学者一样，不仅读得仔细，还把数学课本上所有的题，包括练习题、习题，复习题、复习参考题，逐题逐题地做，就当自己是学生。那时，像县城中学，甚至包括地州的不少高中，都还不很时兴课外资料，什么参考资料、课外辅导，全然没有。在一些大城市，如北京、上海等，开始有人编写这类书了，但数量极少，很难得到。我还算幸运，我班有一个学生，她的三叔在南京给她寄了一套来，该生数学基础很差，连课本上的她都做不完，哪有余力看课外资料？就丢在那里闲置着。我如获至宝，拿来当作自己的第二课本，逐一读，逐一做，并且是像学生一样，正正规规地写在本子上。一是没有高中数学教学经验，二是十多年过去了，高中数学已丢得差不多了，记得1978年准备高考，找出当年高中课本，翻开数学书一看，连正弦函数、余弦函数的英语读法都忘记了，三是从学校领导到这两个班的任课老师，都有一个共同的想法，就是一定要把这两个班教出个样子来，如果第一炮打不响，不能首战告捷，则瓮安二中的高中就无立足之地，大家都“无颜见江东父老”。所以，再苦再累，拼死拼活，也要一炮打响。加之这两个班的任课老师，大多是我读初中时的草塘中学的老师，他们奋发图强、不甘落后的自强精神和忘我的工作干劲，极大地激励着我、鞭策着我，使我真正做到了全力以赴、心无旁骛。

但困难是大的。这一届学生几乎都是“文化大革命”中开始读书的，那时的小学又是五年制，小学阶段的基础都不好。初中阶段的知识倒是学得比较扎实，但那时的中考录取顺序是先中专、中师，再高中。除了少数家境较好，立志读高中而后读大学的外，绝大多数成绩好的学生，尤其是农村学生，都优先选择中专或中师等职业学校，先找个饭碗再说。所以录取高中的学生，大部分是中等成绩的。学校初办高中，相关教学设施都没有，就是简单的“立体几何”教具都没有，全凭嘴说手画，无实物演示辅助，学生的空间概念，迟迟难以建立。同时，在此之前的高中都是两年制，高校及社会反映强烈，极力主张改为三年。对1982年进校的高中学生，学制究竟两年还是三年，国家教育部、省教育厅没有明确规定，由学校自己决定。学校通过认真分析、反复研究，认为两年制对我校利大于弊，一则符合当时的口号“早出人才、快出人才”，二则很多学校最终选择三年制，在招生人数不变、考生人数减少的情况下，录取比例自然增大，这对1984年毕业的高中生有利。又广泛征求学生、家长意见，大多数家长及学生也赞成两年制。于是我校毅然决然地选择了两年制。这样一来，要达到预期的目标，难度可想而知了。特别是一些学科，对学生、对老师都是一个严峻的考验。比如数学科，除了通常的代数、三角、立体几何、解析几何外，还包括微积分初步、导数、定积分、不定积分等内容，在“文化大革命”前的三年制内容上，还增加了30课时的内容，而时间却只有两年，并且除去综合复习应考的时间外，真正上课的时间仅三个学期多一点。还有一个更大的问题是，1982年州教育局确定分配方案拖的时间太长，使我到校报到时，已是9月底了，足足晚了一个月，故数学科的问题尤为严重。所以，学校一方面加强学生的远大理想的教育，激发学生的学习积极性，另一方面，要求所有任课教师，心往一处想，劲往一处使，把自己的所有力气都使出来，一心一意，全力投入。学校每星期都要召开任课教师会，对学生逐个进行分析，包括他们的家庭情况、学习情况以及存在的问题等；逐个学科分析，具体到学科章节知识、学生对这知识掌握情况等；加强对学生的个别辅导，哪怕使学生增长1分或半分，都要去努力争取。具体到我上的数学科，我一要应对教材不熟、经验不足的困难，二要应对课时严重不足的问题。我和学生推心置腹，明心见心，实话实说，赢得了学生的理解和配合。那两年，我几乎一有可能就和学生们在一起，和他们谈数学，回答他们的问题，尽己所能，帮助他们克服各种困难，像冬天给他们烧热水，叫他们下晚自习后到我房间把手脚烤暖和了再去睡觉等。1982年的冬天，特别寒冷，铺天盖地的冰雪，持续了20多天，当时瓮安县城周边都是蔬菜地，市场上却几乎没有蔬菜卖，偶尔有卖，都贵得吓人，我记得最清楚的是那年冬天白萝卜卖到1元钱一斤，而我当时的月工资才54元。段老师和我是高中同学，也是要好的朋友，他家住电厂，他爱人有土地，种有蔬菜，叫我去他菜地里弄。持续20多天的冰雪，使高低不平的菜地连成了一片，白茫茫一望无际。厚厚的冰雪覆盖着菜地，根本无法知道白菜、萝卜在哪里，只好从边上开始，逐一往里挖，边挖边找。稍不注意，就会把白菜或萝卜挖坏。不过即使挖成了几截，也还是赶紧捡起来，物以稀为贵啊！结果，费了好大的劲，花了好多时间，才弄得一小点，手被冻得通红。自来水全被冻住了，各家各户只好去水井挑水。地上结着一层厚厚的冰，滑得几乎站立不稳，所以挑水的人，都用谷草或布把皮鞋、球鞋缠上，小心翼翼地踏冰前行。学生们帮我去弄菜，帮我去抬水，一起做吃的，虽然饭菜简单，却也其乐融融。忙活完后接着学习，似乎学习效果特好。

经过将近两年的师生共同拼搏，在1984高考中，全县文、理科状元都被瓮安二中夺得！“瓮安二中能办好高中！”成了全县人民的共识。瓮安二中在一代又一代人的努力下，一步一步走向辉煌的今天，身为二中人，为她骄傲！为她自豪！为她虽苦犹甜！！

四、二中教师感人事迹琐忆

罗祖学

★二中人精神的活标本——夏坤仲老校长

（称他“老老”校长，是在他之后，现任校长已是第十四任了！）

现年84岁的夏老，退居二线后的第一桩功德，是主动当起“卫生值日检查员”，首先制定了详细的卫生检查制度，包括各班责任区域（含操场、楼道、厕所及教室），明确了清洁标准和评分细则，然后每天早中晚例行检查评分，并在第二天课间操宣布成绩等次，合格、优秀班级，予以表彰，不合格者给予批评，并责成重新清扫，直到达标为止。每周还要张榜公布一次奖惩情况。夏老本人更是坚持亲自走遍各清洁区实地检查、打分、记录，并于每天课间操亲自宣布各班成绩及奖惩结果。学校连续多年获得州县文明单位或卫生达标单位，夏老功不可没。

夏老对学校的第二桩功德，是自始至终关注学校的发展与兴衰，竭尽所能为学校发挥余热，并做出了突出贡献。除了经常给学校工作献计献策外，最显著的业绩就是自始至终关心贫（特）困生的成长，全力支持助力学校关工委的一切工作，是学校关工委成立后最高龄、最积极、最热心的成员。关工委的任何活动，他一次都没落下。就在老伴去世，自己已届八十高龄的这几年，他仍一如既往参与关工委一切有关活动，并多次下乡看望访问贫（特）困生家庭，常年资助多名品学兼优的学子，直到毕业。在夏老及学校关工委全体成员的共同努力下，学校多次获得上级组织的表彰，成为全县、全州关心下一代的先进单位。夏老多次表示，要在有生之年，争取夺得省级乃至国家级奖牌！

此外，夏老退下了后，生活非常充实，兴趣十分广泛。他非常爱好书法、诗歌创作、采药、下棋等。还常到各班进行励志演讲，或利用一切机会和师生交流谈心，激励师生奋发有为，为振兴学校、家乡而奋斗、争光。夏老真正做到了活到老，学到老，是全校师生拼搏前进的极好榜样。

★多位教师学校工作先（大）于奔丧，感动全校

1. 袁家伟老师父亲去世，正值学校参加全县歌咏比赛排练的关键阶段，而她和陈文礼老师（系夫妇）作为最权威的排练指导老师，一直坚持每天按时指导排练，每天都是工作结束后才匆匆赶回家去料理丧事。由于这两位老师的艰辛付出，学校在此次比赛中终于一举夺冠。

2. 袁愈林老师的亲弟弟因故去世，而他本人又因工作多年未回湖南老家了，学校领导劝他无论如何都应该回去送别弟弟，但他考虑到正值高三复习冲刺阶段，自已又是班主任，在这样的节骨眼上离开，全班学生的高考必定会受到严重影响，为了几十个学生的前途，就只好对不起亲爱的弟弟了，结果，该班当年高考取得了十分优异的战绩，他说：我虽未能亲赴故乡告别弟弟，但为学校争了光，为国家育了才，足可告慰亲人了。

3. 王复文老师也是在组织中考其间，得知岳父去世的噩耗，他硬是把他本班中考事宜安排周到完善，保证万无一失以后，把有关事宜交给接替老师，在岳父就要出殡的当天，才向学校请假赶回去。

★带病坚持工作

1. 袁愈林老师因长期任毕业班班主任兼教研组组长，又任主课，超负荷的工作，使他患上不少疾病，但一走上讲台，简直就是拼命三郎一个，哪里还顾得了什么病痛！有一次，在讲课中，不知哪些病发作了，竟然把嘴巴都弄歪了都不知道，学生们倒下了一大跳，说，老师，快别讲了，看你嘴都讲歪了。哪知袁老师却幽默地说：嘴歪点怕啥?只要知识没讲歪就行了。在我的印象里，他硬是没去医院，硬是没有落下过一节课（当年，笔者的班级和住家都和他是隔壁，看得一点也不差）。

2. 由于早年学校教师紧缺，尤其是英语教师，超负荷工作的更多。大家知道，这门课需要大量的教读，所以很多老师都患上了咽喉炎。于是他（她）们就课后利用空隙去医院医治或调养，从没落下过一节课。像丁丽娟老师、黄菊老师等，就是其中的典型代表。

★为学校发展、学生前途耗尽心血

1. 由于学校是由一所“戴帽初中”发展而来的完全高中，在县里属于“二流学校”，不管拨款、招生，都比“老大哥”待遇要差一大截。为了招到好一点的生源，许多老师主动放弃暑假，差不多都是在各乡镇、各村寨来回跑路，尽力劝说有点希望的考生到二中就读，常常是清早出门，深夜归家；其间，不知跑坏了多少双鞋，饿了多少顿饭，常常吃闭门羹，坐冷板凳！不少老师在下乡、爬山、回城的途中受伤，有的老师在招生返程路上遭遇车祸而付出了血的代价！

2. 由于学校考生个个都经历奋斗拼搏，其成绩实在来之不易 高考结束后，为了保证每位考生利益不受损害，校领导和班主任老师也都几乎没有休假时间，一部分驻守学校和考生及家长、县招办保持联系，一部分赶赴州府省府有关部门询问招生信息，生怕信息对接不畅而导致考生录取不上。

因为那些年（20世纪八九十年代）不像现今的通信这么发达，录取机制也没有现在规范标准，经常有需要考生补这样那样资料，乃至要求考生亲自到场的情况，当事方不在，就很有可能录取不上，所以必须在录取地“安营扎寨”，有时还要亲自到考生家去接考生，很多时候都是老师自掏腰包解决路费、食宿等问题。

3. 由于毕业班复习内容多，学生基础差，在高考冲刺阶段，经常要举行必要的考查测试，为不占用教学时间，一般都放在周末进行。而考过后马上又要改卷（白天考，晚上改），一次检测完结后（尤其是州县组织的统考），县、局领导都要亲临总结，又得花去半天时间，这样，在那段时间（一般都是两三个月），毕业班老师基本没有什么周末，也早没有“周末”的概念了。哪怕累得筋疲力尽，但只要上课钟声一响，又生龙活虎地奔向教室，开始了下一周的战斗！

4. 有一段时间，由于众多复杂因素，我县治安环境相当混乱，学校周边治安形势十分严峻，社会不法分子常到学校闹事滋事，伤害学生。为确保学生人身安全和正常的教学秩序，学校组织了以校长为队长、由精干教师为成员的护校队，每天从早到晚进行巡视，尤其是上、下晚自习这两个关键时段，护校队全员出动，组织学生有序进校、离校，发现安全隐患，立即予以处置。很多队员白天有课，夜间执勤，毫无半点怨言。然而，为了保护校园平安，护校队成员却多次遭到不法分子的威胁报复，但他们毫无惧色，一有风吹草动，便奋不顾身地奔赴“前线”。

为了学校的生存和发展，老师们——包括整个二中团队，付出了多么艰辛的代价啊！

（片段回忆，仅供参考。资料提供者，罗祖学，2014年10月）

五、瓮水花竹故园风　魂牵梦萦念二中

吴永志

所有的时光，当从记忆里将某一段拎出，在洗尽铅华后，感叹它是最好的时光，已成生命的精彩。

——题记

花开无言，花落无语。在静默安然间，物换几度春秋，岁月悄然流走，我离开母校已近23年了。20多年一直在外求学、工作，虽早已成家立业，但在兜兜转转间总有“人生无根蒂，飘若陌上尘”之叹。唯有每每念及故园、念及母校时，在百感交集间吟诵起席慕蓉的《七里香》“……而沧桑的20年后/我们的魂魄却夜夜归来/微风拂过时/便化作满园的郁香”！

说到故乡，念及母校，我就想到我的母亲。在我的印象中，母亲没有其他人的母亲那般慈爱、温柔乃至一味宠溺。她更像严父，语气中常透着严厉，令人敬畏，我甚至挨过几次打哩。所以小时候一心盼着赶快长大，好离开家。但如今，自己已为人父，老母亲年岁已高，常恨自己俗务缠身，不能常伴她身边尽孝，每每吟唱《一壶老酒》，顿时泪落如雨，方知年少鲁莽，不解母爱乃是爱之深才责之切啊！

对母校也是如此!这些年一直不敢走近，因为我对她的感情也是复杂的——更多是一种敬畏和感恩。因为时代的原因，我在进二中求学前没学过英语，很艰难地考上二中。进入二中时，我在班上

在年级都是倒数——我记得那时班上55人，我的学号是53，年级四个班200来人我也是在后面找到自己名字。再加上家境贫寒，生活窘迫——那时食堂外的素小菜一毛钱一勺，于我绝对是奢望，常是在食堂蒸好盒饭拌着从家带的油辣子就是一顿，早餐是从来不吃的。所以，那个时候内心整个是自卑的，对未来更多是迷茫和无助。尤其是又一次因迟到被班主任罚站升旗台，后来还是李庆忠校长解了围，但站在升旗台上时的羞愧和面对空旷校园的孤寂让我萌生退学念头，后来是父亲给了我坚持。这一段经历，冷暖人间！

当然，母校留给我的更多是温暖。我后来能考上西南大学，除了自身的付出，还有王小勇、陈斌、黄菊、王华松、曹会琴等一串永志于心的温暖名字。不过，最早鼓励我让我对学习增添信心的是高一教我化学的黄老师——原谅我记不得他的大名，因为那时我们都喜欢称呼他“黄摩尔”，有一次我布置教室后面的黑板时写了两道化学题在上面，黄老师课堂讲了其中一道题并表扬选题很有质量，让我很是激动一阵子，并从此产生对学习的浓厚兴趣，高一下期期末考试我上升到班上十二位了。还有黄菊老师，前面说了，我的英语很差，每次写作文基本上是单词拼凑，但黄老师总是耐心修改且给较高的分数鼓励我，高三后阶段我差不多放弃了英语，黄老师依然鼓励我说多拿一分是一分。现在自己站在讲台时也时常告诫自己：对学生懂得一份欣赏，就会收获一份意外，也会成就彼此生命的精彩！那些收藏的岁月，待经年回眸，便发现留在心间的盈欢是流年里最美的风景！

说起自己当老师，特别是作班主任工作，不得不承认陈斌老师和王小勇老师对我影响是最大的。陈斌老师是上课很严厉的，我的印象中陈老师一般不苟言笑，偶尔笑一下更让人害怕，但他的课杠杠的，所以我们的物理成绩都很好。陈老师带班也是很严格的，我记得那时做课间操，跳跃运动这一节全校几乎都不跳的，但陈老师的二班除外。也因了这些缘故，文理分科时我忤逆陈老师的好意拜投王小勇老师。不过时至今日，自己当班主任在学校也是以严格著称，校会、大课间等我的班一定是到场最早的，下雨天雨伞摆放是最整齐的，有的活动和要求，比如做眼保健操之类，其他班一般都是不做的，但我的班是必须做的。这些都是一直模仿着陈老师。而王老师又是我另一方面的引路人——作老师要有爱，懂得包容！当年在高考报名时，我手里没有钱，15块钱的报名费是王老师给我垫上的，后来还他时他坚持不收，让我自己拿去改善下伙食。也是在高三时，一次因头天晚上熬夜太久，第二天睡过了头，怀着忐忑的心到王老师面前，也许是看了我一路狂奔还上气不接下气就心软了，他只是摸了两下我的头，用力拍了下我的肩膀，一句话都没说，挥手让我进了教室。现在作为一名老师，我对育人的理解是：爱和包容是生命对生命的尊重，更是在学生心中修篱种菊，怡养他们内在的优雅和灵魂的高贵！

作家张小娴曾说：“相逢，不是恨晚，就是恨早。”其实，对相逢的注解，我更喜欢张爱玲的那句话：于千万年之中，时间的无涯的荒野里，没有早一步，也没有晚一步，刚巧赶上了。在二中求学的青春岁月于我虽是一本太过潦草的书，但在无声的雕琢着我们的灵魂。尘来尘往里，这段记忆，不论浓厚还是浅薄，都值得感念！我将一辈子感恩母校，时时在云淡风轻里唱起和母校相逢的这首歌……

最后，我还想写下一串温暖的名字：况月山、刘洪林、张建宽、代春燕、韦美琴、杨建福、胡祥慧、陈立梅……我们因相识而生动，因生动而明媚；因相知而包容，因包容而感动，因感动而温润；因缘分而聚散，因聚散而相惜。感谢你们包容我的懵懂和不达世故，即使不能原谅我的，我也愿九六级一班的每一位同学若晴天和日，就静赏闲云;若落雨敲窗，就且听风吟；若流年有爱，就心随花开！时光虽逝去，我会珍存过往……

（吴永志，贵州瓮安铜锣人，1996年毕业于瓮安二中，后考入西南大学中文系。现供职于四川省射洪中学，省级骨干教师，遂宁市优秀教师，市高中语文学科带头人，学校语文教研组组长）

六、二中，我的母校！

张银清

宇宙之大，万物何其渺小；二中人才辈出，我又何其卑微！如今作此文投稿瓮安二中校友文集，感激之情，难以言表，但愿不给学校脸上抹灰！

生命之轨变幻莫测，我甚至不知道它会在哪儿分岔，又会在哪儿掉头，但我能十分肯定的是，在我的人生轨迹上，母校瓮安二中，定是不可或缺而又浓墨重彩的一站！

2005年初入二中时，我还是个叛逆孤僻且有懵懂无知的孩子。我各方面的表现，让当时的班主任冯配金老师误以为我是来自“问题家庭”的“问题少年”，于是对我格外关照，除了常常循循善诱地与我谈心，还曾到集体宿舍看望“请病假”的我，威风凛凛的外表下散发着“慈父”光辉，让我倍感温暖。

次年升高二进行文理科分班时，“懒于算计”的我决然转学文科，并在短短一个月之内，完成两次跳班，未曾参加任何艺术培训的我最终在“特长班”安定下来。这个班的班主任张家祥老师竟然是教体育的，这在我们当时，绝对是个特例!

然而，张老师却用实际行动，向我们诠释“言必信”的真正含义。记得有次期末考，张老师为鼓励我们努力学习，便许诺将以300元人民币奖励给考到班上第一名的同学。原本我以为，他会像我初中时的某位老师一样，只是说说而已，但新学期开学第一天，我竟真的拿到了张老师亲自准备的3张100元大钞奖励!那一瞬间，对张老师的敬佩之情油然而生。

2008年我第一次高考前——5月12日汶川大地震那天，我与我其中一个闺蜜“森林”分别在老二中原来那栋危房两间不同的教室内，她在3楼中间，我在1楼最角落里。地震发生时，大部分地区都震感明显，唯独我们班后知后觉，成为最后一批移步操场的人。

我刚走到教学楼与操场相接的楼梯口，“森林”便冲过来紧紧抓住我的手腕，抓得我生疼，一副急得快要迸出眼泪的样子，还焦急地朝我吼。“楼快塌了，你电话为什么关机？”我本想解释些什么，但看着她如此焦急的样子，我竟只能哑口无言，心中颇有患难见真情的感动！原来，这个世界上，竟有人如此在乎我！同年，我顺利考上黔南民族师范学院汉语言文学本科专业，但我提前退学了。

2011年，在我经历过退学、流浪、抑郁等种种坎坷，觉得自己已经被命运关进密不透光的小黑屋时，却遇到了恩师吴昌松，他瞬间给我开启了一扇落地窗。他无条件地帮助我，坚持让我回校重新参加高考，赠送我全新的整套复习资料，让我在正式高考的两个月前插入他带的班里补习。在时隔三年又返校复习的那短短两个月里，我曾无数次觉得力不从心，想要放弃，却又一次次因为吴老师坚定的“我相信你”四个字坚持了下来，最终不负所望，再次考上本科英语专业，并选修泰语，于是才有今天海外谋生的机会。

那两个月，我之所以能心无旁骛地复习，还全都仰仗另一位闺蜜“燕姐”一家的无私收留与照顾，尤其是“燕姐”妈妈。

“燕姐”妈妈把我当成女儿一样地照顾，不但不图任何回报，每天给我做丰盛可口的一日三餐，还以家长的身份，与我一同去参加学校集体活动，在活动现场，她还温柔地安抚另一位没有家长陪同的陌生同学。那一刻，我已经将她当成了“妈妈”！

正式高考那两天，烈日炎炎，“燕姐”妈妈对我倍加关心，生怕我吃不好睡不好，怕我独自进出考场会感到失落，还多次表示要亲自送我接我，令我数度因感动而哽咽!

对于自小就是留守儿童的我而言，“燕姐”妈妈对我的每一次关心，都深深地触动我的心弦。我想，这辈子恐怕再难以遇到，像“燕姐”妈妈这般无私大爱的母亲!

二中，是我的母校！我一切最珍贵的记忆，都与之有关！每当我对生活感觉倦怠时，这些记忆就会如曲水流觞般缓缓滋润我的心田……

（张银清，瓮安永和人，瓮安二中2011届毕业生，现任泰国《世界日报》编辑）

七、在瓮安二中演讲

王宥力

大家好!

“时光荏苒如白驹过隙”。在今天这个场合，我不禁想起了这句滥俗而不失经典的话。距离我上一次站在这个讲台上已有三年，距离我在母校完成高考已经过了两年，而与我高三同校的整届高中生都已迈出了校门。母校里的同学已不再是我熟悉的面孔，但一年年我都听班主任老师讲述学校高考的功绩。

今天，我是北京大学一名即将迈入大三的普通学生，但回到母校，我以一名高中毕业生的身份站在这里。首先，要感谢母校对我高中三年的栽培，感谢学校领导对我的指导和关心，感谢老师们的谆谆教诲。其次，对在场的各位师弟、师妹来说，我以一个师姐的身份站在这里，也许母校想让我传达一些激励的话语。我想说，具有激励性的正能量是今天我和我的同学们想传递给各位的，但是，同时，鼓励并不仅仅意味着鼓励的话语。

2009年，我高中入学，清晰地记得当时学校里还有烂尾楼式的建筑。5年过去，我们的母校发生了翻天覆地的变化，学校里配备了橡胶跑道，教学楼变成了6层的围廊建筑，学校成为全州仅有的几个多媒体教学点之一。我们09级见证了母校的巨变，更在今年夏初收到母校“申示”高中基本成功的消息后兴奋不已。因为我们一直相信，名字上屈居二中，并不影响学校学生的努力奋进，硬件设施上的落后并不影响老师和同学们的顽强拼搏，并不影响学校教育质量的不断前进，更何况如今我们在硬件设施与荣誉上都得到了提高和认可。

我们都明白高中是学生生涯的一个转折时期，高中一毕业，我们都会从“青春是一场不散的宴席”这个自欺欺人的文艺句子里醒悟过来，我们开始面临一个个人生的重大选择，同样的分数录取的大学，是排名重要还是专业重要；在生活的重担面前，是让父母支持还是放弃学业；大学里专业学习和兴趣与梦想又该怎样平衡?

也许今天的你刚刚结束高一，你依然以为让人苦恼的军训昨天才解放；也许今天的你埋头于书海和题海，忘了在一个夜空清晰的晚上仰望梦想；也许今天的你仍然以为高中生活漫漫无期，在每个疲倦的时刻问自己这种三点一线的生活何时到头。

然而作为一个即将步入社会的少年，我们开始形成自己成熟的世界观、价值观和人生观。我们常常在长者的教导中听到“自己要清楚自己该做的事”，而该做的事，有着定义上的分析，因为要定位什么是应该，则必须有每件事的前后牵连。要区分什么是该做的事并完成它，不是大家一面贬斥一面又不由自主趋向的功利化，而是对自我生活节奏和生活导向的主动把握。存在的即是有理的，每一件事的产生和进行都有着各自的缘由，换言之，某种程度上说，任何事都不是毫无意义的。

我们高中生要得到怎样的价值体现，既然高考是我们选择的高中路上不可避免的独木桥，我们就应该重视过程，把过程渗入到我们想做的事中，体会高中生的快乐、成功与信心。因此，“想做的事”这个可以多提一些，因为想做的事是该做的事的判断标准，这种“想做”建立在一定的合理的目标的基础之上，倘若目的是成为一位漫画家，或许埋头苦练英语题就不如接受系统的绘画培训更迫切；倘若目标是成为一位摄影师，搞懂单反显然比搞懂元素周期表更重要。诚然事物之间存在千丝万缕的联系，但由于针对每个选择，人们有一个自我独特的目的，则选择自然会趋向更好地实现目标。

在这样一个人人至少在口头上强调理性，无条件遵循一些自己并没有想清楚的规则的时候，如果有更多的人真正在为了自己的理想和追求奋斗，我想也许那些所谓“离经叛道”和“不现实”就会成为对这个世界的另一番别样的宣言。有人说，北大之所以说是北大，是因为北大“思想自由，兼容并包”，但说白一点，就是北大给了学生一个自由地追寻的舞台，北大里不乏郑重又坚定地说北大人存在的意义是“为天地立心，为生民立命，继往圣之绝学，为万世开太平”此类的同学；也有一心坚定要遁入空门，于世相离的研究者；北大里现已成名、博览群书的教授也曾经历过欣喜若狂地买了一本书但第二天无法负担早饭的时期。他们在选择与做事时，都丝毫没有空洞的誓言和虚伪的做派，都无比努力地奋斗着为了其梦想。

北大最近推出了一个新的宣传微电影——《星空日记》，大意是说一个爱看星空的人从小立志要“摘星星”，要当天文学家，却在寒窗苦读十二载的过程中不断被别人嘲笑，最后进入北大经济学系因一位天文学老师的鼓励又重新追求梦想的故事，其中的很多诸如“如果梦想是一件衣服，那天文学是我穿不起的牌子”“北大是中国唯一不用害怕别人笑你的地方”“不是现实支撑了梦想，而是梦想支撑了你的现实”这类都成为网友们炙手可热的句子。但是正如“一千个读者就有一千个哈姆雷特”，也许北大的教育理念是“教育指导社会，而非随逐社会者也”，才让北大成为每个学生向往的学习殿堂。然而，向往并不意味着每个人都要进入这个学习殿堂，别人眼中应该追随梦想也并不意味着这种行为于你合适。在这个时候，定位和思考就更显得重要。

大学可以说像一把梯子，让你越过生活的栅栏，看到有些比现实更远的东西，短短四年的学习，也许我们并不期待非要获得什么，但是我们希望感到我们在进步。不仅仅是大学，在优越的学习条件下学习的各位师弟、师妹，这句话对你们也同样适用，在学校里单调的学习是高中生活的一部分，越过这种生活，我们也应看到栅栏后的另一片天地，找到渐渐前进的自己。

倘若我们朝向目标是未来，这种未来又有远近之分。我们常常会发现某些人在考上大学之后觉得人生灰暗，自己失去了目标，找不到前进的动力。我想，我自己在步入大学之后也经历了这样一个时期，也正是在大学里我们更加感受到机会的多样性和倾颓的可能性。没有了老师近乎唠叨的叠念，没有了父母每日的约束，我更自由地也更无奈地面临着自己抉择。也正因为这种无奈的自由促使我思考，在一个个读书后的夜晚，反思书中的人物、反思自己，将自己拉回理性，又开始在理性与梦想之间寻找平衡。也许一年以后、两年以后，在座的各位师弟、师妹也会面临与我相同的境地。希望到那时，你们也能在思考中寻找平静。

而回归刚才提及的现在，高中并不意味着浑浑噩噩、将时间浪费在没有思考的跟班做事中。促使我们成功的是“功”本身，这个动宾短语本身就包含着坚定的意味，不论采取怎样的方法走怎样的路，认定了前行的远方，就须为这个远方制订清晰的计划、做于己于心明朗的安排，即在做事之前认清自己也认清自己想做的事。

最后想跟同学们说说心态的事，以前听英语老师将attitude这个词按字母顺序的数字相加，最后得到了100。也就是老师想给我们传达，态度决定高度，当时我们或许并不理解。但在想通之后才平静的发现，没有什么是绝对的，人文的东西则更不像理科讲求绝对的答案。但是不可否认，态度是实现目标的一个要素，平和、坚定的心态才让我们在目标前面稳步前行，于考试来说，良好的心态才会让我们在紧张的氛围下有良好的发挥。有的同学可能想知道我是怎样在两年前过了一个惊悚的高考。是的，就像每年的高考都会有一场大雨来昭示痛苦和解放，2012年伴随着高考时期的暴雨，我因为食物中毒晕在语文考场里十几秒，又前后在耽搁了20分钟，消息传到班主任和老师耳中，老师们在考场外焦急却又无能为力，我却在几个地点间没心没肺地折腾。但是，当时生病的我脑子里不断的浮现出“坚定”两个字。老师们将这个行为定义为良好的心态，我并不认为这是临危不变，处事不惊，而只是想：用三年等来的机会不要白白错过。

说到这里，我不得不再一次感谢三年与自己朝夕相处的老师，谢谢老师们无微不至的关心！

有人说成长是不断舍弃不断妥协，但我认为成长是努力坚持认真地生活。有生存以上生活未满的存在状态，它不在于环境如何而在于自己的选择。一年有三百六十五个日子五十二万五千多分钟，正如五月天有首歌叫作《有些事情还不做一辈子不会做了》，歌词里说：年轮里面有钟，皱纹里面有钟，就算暂停全世界的钟，也停不了一秒钟。跌倒以后有痛，后悔以后有痛，问你最痛会是哪一种，答案说明所有。

希望各位同学能以灵动的思想思考，以良好的心态前行，给自己一个不会后悔的高中时代，正如点子的话所说：“不怕路长，只怕心老”，愿同学们前进在路上。

谢谢大家！

（王宥力，贵州省瓮安中坪人，瓮安二中2012届毕业生，考入北京大学考古专业，现在北京大学攻读经济学硕士学位）

第三节　治校策论

一、学校植根文化　文化引领教育

——在瓮安二中文化建设高峰恳谈会上的致辞

中共瓮安县委副书记、县政府县长　黄桂林

尊敬的王巨才会长、白描副院长、谭谈副主席及各位领导、作家、书画家，各位来宾：

大家好！

“风老莺雏，雨肥梅子”。在这生机盎然的季节里，我们十分荣幸邀请到了国内多位德高望重的学术大家、著名作家、著名书画家拨冗莅临毛泽东文学院，齐聚一堂，传经送宝，共商我县文化教育大计，这是我们翘首以盼的文化盛事，也是我县实施文化强县战略的一件大事，必将在我县文化教育发展中书写浓墨重彩的篇章。受黔南州委常委、州人民政府副州长、瓮安县委书记蒋映生委托，在此，我谨代表县四家班子和全县人民对各位领导、作家、书画家，各位贵宾的到来表示最诚挚的欢迎和衷心的感谢！

瓮安地处乌江中游、贵州中部，面积1974平方千米，总人口48万人，境内资源富集，山清水秀，人杰地灵，气候宜人，文化多彩。这里是生命的起源地，有被国际古生物学界誉为“20世纪进化生物学最重要的成就之一”——迄今为止人类发现的唯一最古老的、距今5.8亿年的“瓮安动物群化石”；这里历史悠久，1300多年前马帮奔走，商贾云集，一片兴盛；这里人文荟萃，在明清500年的历史上，有19人进士及第，111人高中举子，涌现出贵州“第一进士”犹道明和以傅玉书为代表的傅氏三儒、以王世俊为代表的一朝三翰林等黔中俊才，领黔清一代文坛风骚，开创了贵州戏剧、史学先河；这里是革命老区，红军长征曾四过瓮安，召开了被周恩来同志誉为“伟大转折前夜”的猴场会议，彪炳史册；这里风光迤逦，境内有著名的江界河国家级风景名胜区、朱家山国家森林公园，有被列入贵州省旅游“五张名片”的草塘千年古邑区；这里资源富集，已探明的矿藏有磷、煤、铁、铝土等20余种，其中磷矿储量36亿吨、煤矿储量10亿吨以上，素有“磷海煤都”“亚洲磷仓”之美称。

近年来，我县认真贯彻落实中央和省、州有关决策部署，按照“立足黔中、融入贵阳、连接成渝、面向珠三角”的战略构想和“工业强县、城镇带县、文化兴县、生态立县”的发展思路，坚守发展和生态两条底线，着力打造“一个中心、三个基地”，全力推动瓮安经济社会又好又快发展。我们成功打造了全省首批重点建设的千亿级产业园之一——瓮安经济开发区，先后引进了山东金正大、深圳芭田等上市企业入驻；小城镇建设步伐加快，县城核心区面积扩大到19平方千米，全县实现城镇化率47.58%，成功创建了省级文明城市；“四高一铁一港口”的大交通格局功能定位已形成，将融入省会贵阳一小时经济圈，成为西连贵阳、东出湖南、北接成渝、南通两广的交通枢纽；

文化教育事业发展成效显著，先后获得全省“龙狮文化艺术之乡”“中国民间文化艺术之乡”“中国辞赋之乡”“全国文化先进县”等称号，高考、中考成绩历年来位列全州前茅；社会治安综合治理满意度高，“5531”社会治理模式获中央巡视组及贵州省委主要领导肯定，在全省推广，群众安全感、满意度连续6年名列贵州省前列。

教育是立国之本，文化是民族之魂，是经济社会发展的战略支撑，承载着中华民族伟大复兴的希望，我县始终把文化教育事业放在优先发展的战略地位全力推进。为进一步加强教育基础设施建设，优化教育资源布局，适应新时期全县教育事业发展的需要，我县于2014年启动了瓮安二中新校区建设，按照“多才播南，灵秀书院”的理念，着力打造“文厚景怡、品位高雅”的文化校园。瓮安二中新校区建成后，将成为瓮安的又一个标志性文化殿堂，成为培养优秀人才的重要基地和承载文化教育事业发展的重要载体，对于进一步提升瓮安形象有着积极的推进作用。今天，我们特邀各界名家相聚长沙，博采众长，搭建增进友谊、交流沟通的桥梁，推动瓮安文化教育事业再上新台阶。“小荷才露尖尖角，早有蜻蜓立上头”，我们相信，有在座各位专家名家的指点，瓮安文化教育事业发展和瓮安二中的建设必将迎来新的发展机遇，焕发新的发展活力，必将再创佳绩、再铸辉煌！

“长江为砚笔生烟，空际云霞是锦笺；日月光华凭摹写，文章湖海浩无边。”这首诗出自我们瓮安人傅儒佴的《江山文笔》，书写了瓮安人的豪情壮志和文化胸襟。借此机会，我更以此诗诚邀各位文学大家、艺术家、书画家到瓮安多走走、多看看，从瓮安的山水人文中追溯文源、见证发展，获取灵感，书写美妙篇章！

最后，祝各位领导、作家、书画家，各位来宾身体健康、工作顺利、万事如意！

谢谢大家！

2015年6月27日

二、瓮安二中新校区校园文化建设的思考

张明光

校园文化，是对一所校园历史沉淀、人文精神的高度提炼与升华，是一所校园凝聚力、亲和力、渗透力和创造力的总和与根本概括。校园文化不仅是凝聚和激励校园成员进行教育教学改革的重大精神力量，而且是实施素质教育的有效激励机制，是校园发展的强大内驱力，是校园核心竞争力的重要组成部分，是校园的立校之魂和向上之根。一所校园的硬件设施、教学成绩等所有指标都将会被刷新，而只有文化恒久传承。因此，一所校园，最值得品味的东西其实是校园所拥有的文化。

校园文化是一所校园区别于其他校园的个性特征，是一所校园综合实力的重要标志，是一所校园兴衰荣枯的决定性因素。从某种意义上说，校园文化建设，是最高层次的校园建设。没有文化品位的校园，不可能成为高质量的校园。因此，我们必须无可选择地积极投身于新校区校园文化建设的思考中。

（一）瓮安二中文化的历史血脉

1．立德树人，自强不息的发展历程

校园始建于1958年的瓮安县初级交通校园，建校正值“大跃进”，师生跋山涉水，伐木烧炭炼

钢，师生不顾双肩、双足磨破，血汗交加，咬紧牙关，强忍剧痛，相互勉励。1960年由于办学条件严重不足，校园无法正常开课，师生响应“自己动手，丰衣足食”的号召，利用课余时间，自己设计教学楼、挖基脚、烧石灰、搬砖运瓦，到几十千米以外的太文白溪伐木，冒着生命危险，通过水路运输到杜仲河，然后扛至校园，整整花了一年的时间完成了教学楼的建设，却因困难时期，校园停办，师生留影惜别。在“文化大革命”其间，教师被批斗，忍受着精神上的折磨，肉体上的创伤，在“交白卷上大学”的浪潮中，仍然心系学生，情牵教育，坚信知识能改变命运，责任成就未来。

1978年，校园正式更名为贵州省瓮安第二中学，同年设立高中部。教师克服文凭低，没有高中教学经验的困难，相信“天将降大任于斯人也，必先苦其心志，劳其筋骨……所以动心忍性，增益其所不能。”相信只要有奉献精神，没有跨不过的坎，渡不过的河。世纪之交，教师冒着在危房中教学的生命危险，在130余位高中生的大班额中立德树人；在晴天一身灰，雨天一身泥的困境中给每一位学生提供合适的教育，让每一位学生都有成功的机会，为学生的终生发展奠基。在曲折而辉煌的历程中发展壮大，为国育才。为高等校园输送了数以万千学子，先后有9名学子被北大、清华录取。州人大常委会原副主任王圣强如是说：“瓮安二中在危房中上课，国旗下开会，并在危房中飞出了金凤凰，与都匀一中、二中和瓮安中学齐名成为黔南高中教育的四面大旗，教育质量与瓮安中学在伯仲之间，难能可贵，值得钦佩。”2010年4月，著名物理学家、中科院院士、时任清华大学校长顾秉林先生亲自题写清华大校园训“自强不息，厚德载物”勉励学校师生奋发有为，再创佳绩。

2. 独具特色的校本文化

理念文化：办学理念特色鲜明，富有强烈的时代气息。瓮安二中始终坚持“立德树人，追求卓越”的办学宗旨，“立德”就是干部要修“政德”，教师要修“师德”，学生要修“品德”；“树人”明确了教育的对象是人，教育的根本任务是培育德才兼备的人。为此校园秉承“自强不息，厚德载物”的校风精神，确立了“给每一位学生提供合适的教育，让每一位学生都有成功的机会，为学生的终身发展奠基，为教师的职业幸福添彩”。将校园打造成“管理严，教风正，学风浓，校风优，质量高”的省级一流示范性高中，办“人民满意的教育”的办学目标；遵循德治与法治并举，科学治校；“五育”并进，德育为先；教学与科研并重，教学为中心；树“质量强校观，走可持续发展路”的办学原则，形成了“团结进取，勤奋求实”的校风、“严谨治教，敬业爱生”的教风和“致知穷理，知行合一”的学风。

师表文化：师表文化彰显教师高尚师德。教师不畏艰辛，跋山涉水，伐木取料修建教学楼；教师在危房中，在生病时教书育人，置个人安危不顾，耕耘不辍。罗建民老师打着点滴在教室里为学生解惑，在行走极为困难的情况下，仍拄着拐杖三步一歇，坚持上课；张蔚老师等带病坚守，直至晕倒在课堂上，苏醒时，躺在医院的急诊室里；面对130多位学生的作业和考卷，教师坚持全批全改，哪怕通宵达旦，这些都是教师敬业奉献的真实写照。教师宁可在国旗下开会、教研，腾出办公室作教室；宁可用坏桌椅简陋办公，支持校园改善学生的学习条件，更是反映了教师清贫乐教，敬业爱生的师表情怀。

国学文化：文化是魂，国学是根。学校历来将经典传统文化引入校园，走进课堂，植根师生心灵，陶冶师生情操。“品读经典国学，成就精彩人生”使师生在不经意中受到国学经典文化的熏陶，浸润师生心灵；《国学经典选读》等校本教材，《论语》《大学》《中庸》《孟子》等国学经典系列走廊文化，使师生从礼仪、习惯、品行、修身、勤学、励志篇中吮吸中国传统文化之精髓，品味中国传统文化之博大精深；浮雕文化让师生在徜徉漫步中领悟到圣贤思想之明哲深邃；诵读经典国学名篇，提升学生精气神。

养成文化：常言道：行为养成习惯，习惯塑造性格，性格决定命运。为此，学校把养成教育作为实现“为学生的终身发展奠基”的培养目标的重要一环来抓。新生入学教育第一课是校本文化理念解读，让学生感悟校园厚重的文化底蕴，“自强不息，厚德载物”的校风精神，珍惜校园来之不易的成就，萌发致知穷理的求知欲望；纪律教育、挫折教育、感恩教育、法制教育、安全教育等让学生在遵纪守法中弃恶扬善，儒雅人格，文明精神。军训让学生在“一切行动听指挥，步调一致才能得胜利”中领悟严明纪律、磨砺意志、相互协作、荣辱与共的重要性和必要性。

楼梯文化：第一步 “勿以善小而不为，勿以恶小而为之”，希望学生跨入瓮安二中的第一步要自觉从善如流；第二步 “乱丢乱扔低俗，举止文明儒雅”， 希望学生自觉养成文明举止，儒雅人格；第三步 “来去靠右安全，追逐打闹危险”，希望学生自觉遵守交通规则，不在楼道、楼梯等通道上追逐打闹，自觉维护平安、寂静、和谐有序的校园环境。通俗易懂，扎实有效的养成教育为学生的文明习惯的养成奠定了坚实的基础，校园已成为无垃圾箱校园。省教育厅周溱督学在学校检查指导申示工作时如是说：“校园非常漂亮，没有垃圾箱，管理很到位。”据省教科院张庆肃院长说，这是周溱督学在检查指导校园工作时，对校园少有的挑刺，难得的褒奖。

圆梦文化：倾注爱心，励志圆梦。以校友李绿芊发起的“爱希助学金”，怀揣感恩母校之心，汇聚身边真情，圆学弟、学妹成才梦想，已资助优秀贫困学生达200余人。84岁高龄的夏坤仲老校长，亲历校园创业艰辛，见证校园发展历程。情牵校园，数十年如一日，《校史回忆录》凝聚夏老毕生心血。他心系学生，深入班级，起早贪黑，即使身体不适，仍然风雨无阻，为学生讲述校史的艰辛与辉煌，为运动冠军题诗鼓励，激励学生发奋学习，立志成才；他扶贫济困，倾囊相助，圆贫困学生成才之梦。夏老的“励志圆梦尽余晖”行动感召着像夏老一样倾注爱心，励志圆梦的老师和他的子孙，也感召着社会各界爱心人士。这些让学校圆梦文化薪火相传，历久弥香。

（二）新校区校园文化建设

1. 校园建设始末

2013年伊始，县委、政府组织“两代表一委员”开展在县城搬迁瓮安二中新建瓮水中学的调研。经县人大代表和县政协委员的调研，一致认为，在县城南部新建瓮水中学符合“小学分散，初中集中，高中聚集”的中小学布局结构特点。是年7月20日，中共瓮安县委十一届第33次常委（扩大）会议纪要（十一届[2013]12号）同意在县城南部选址新建瓮水中学。在州委常委、县委书记蒋映生等领导大力推进下，11月2日，瓮安二中新校区在瓮水办事处中心社区盆水井西侧破土动工。

新校区建设方案由重庆大学规划设计院设计。在设计期间，县委、政府、学校多次与重庆大学规划设计院设计师进行沟通，校长张明光将其所撰写的《瓮安二中新校区校园文化建设的思考》一文发给设计师参考，经过瓮安县委、政府、瓮安二中、重庆大学规划设计院等单位的多次商讨，最终确定设计方案按照“多才播南 灵秀书院”的理念来设计施工。

2. 新校区富有文化的设计理念

新校区设计理念为“多才播南，灵秀书院”。“多才播南 灵秀书院”，多才播南：瓮安者，播州之南；播州者，番之有才。择山水胜地，立毓秀学府。承千年之尚文古风，育万世之多才学子。

灵秀:巧借山川形胜之大美，再造名流学府之精髓。木秀兴文运，灵水秀佳木，水清而木秀，尽善而尽美。将园林环境蕴含诗画情趣，把千秋功名化作书香满园。书院:青林翠竹，鸟语花香，无市井之喧，有泉石之胜，真群居讲学，遁迹读书之所。因地制宜，尊礼重道，置以流动的院落空间，构建灵气兼具活力的书院园林式校园。

整个设计将传统书院空间的灵魂与现代建筑的演绎完美地结合起来。背山面水，玉带环腰，沿中轴层层展开，抑或沿河展开，主轴附带次轴，营造南北流动的校园空间。着力打造出“文厚景怡、品位高雅”的文化校园，融合尚古文风与现代风格，以省级二类示范性高中为标准，高起点规划，高质量建设，高标准配置。力使各项教学设施设备先进完备。新校区择山水胜地，规划科学合理，将传统书院灵魂与现代建筑风格相融合，玉带环腰，置以流动的院落空间，构建南北流动灵气兼具活力的书院园林式校园。承千年之尚文古风，再造名流学府之精髓。校容校貌庄重典雅，别具匠心。

设计是传统书院空间的灵魂，现代建筑的演绎。或背山面水，玉带环腰，沿中轴层层展开，抑或沿河展开，主轴附带次轴，营造南北流动的校园空间。

（1）地之灵

盘古开天辟地，阳清为天，阴浊为地，坤者，地也，万物皆致养焉。

瓮安者，播州之南，播者，番之有才者也。此处风光旖旎，地灵人杰，历史文化底蕴深厚，二中新校巧借山川形胜之大美，再造毓秀学府之精髓。校园水清木秀，鸟语花香，无市井之喧，有泉石之胜，实乃群居讲学，遁迹读书之所，为承千年之尚文古风，育万世之多才学子之园。

（2）水之善

江河亘地，如日月经天，水泽倍万物而不争。

二中新校坐落于城南瓮安河畔，雍江乃瓮安母亲河，养千年百姓，育万世英才。时光绪庚子科恩贡生钟国珍诗赞瓮安河为“琼浆亘古流。”乃言之也。

河流园内，似玉带环腰，古人云：“明堂九曲水，富贵宰相家。”言此水之富与贵，然今之言富贵更在于我二中莘莘学子富于学识，贵在人品。

与新校一径之隔，乃泉石之胜，洞形奇美，其下平旷，有泉侧出，甘洌清澈。暑天有“泉眼无声惜细流，树荫照水爱晴柔”之宜人，入夜有“明月松间照，清泉石上流”之秀静。清泉如注，终冬不竭，更彰显“问渠哪得清如许，为有源头活水来”的求学之道。

（3）山之名

坤舆之大，皆山水所结。自古仁者爱山，智者乐水。山水相映，乃为福地。

与二中守望相助之山，乃瓮邑仙桥山。因山顶有一长方形穿洞，透光穿洞，远望似一面中天明镜，扶岩而上，如置身于九霄之中，连绵群山如浪涛汹涌的大海，紫烟浓雾似变化莫测的蓬莱。民间相传此洞乃仙人张三丰所为，故旧志称“石巩仙桥”。明万历二十九年（1601），贵州巡抚郭子章上山游览，曾作诗《过仙桥有感》，并题书“播南首景”。

古人曰：“山不在高，有仙则名。水不在深，有龙则灵。斯是陋室，惟吾德馨。”厚德载物的二中人置灵山秀水之间，将青春梦想放飞于诗情画意之境，定能播撒芬芳，声名远扬。

（4）人之贤

上善若水，厚德载物。

遵道秉意，人必怀服，贤人众之所归。尚贤守信，天与人和，天道人情兼顾，必佑其昌。

二中人在灵性山水中，再造毓秀学府，秉承“自强不息，厚德载物”的校风精神，坚守传道授业解惑之本分，做上善若水教育，彰显厚德载物品质。

（三）新校区校园文化建设的思考

新校区建设的快速推进，迫使我们去思考新校区的文化如何建，建什么？我想，既不能不谋求发展、进取，实行保守主意，也不能彻底否定过去办学近60年所积淀的优秀的校园文化。校园在发展，校园文化只有在继承的基础上与时俱进，不断丰富和发展，才能提升校园文化底蕴，形成更加鲜明的校园文化特色。

1．新校区校园文化建设应具有的特质

（1）高度的人本情怀

校园文化的最高价值在于促进人的发展，全面实施素质教育，其实质是要求建设一种以人为本的校园文化，充分体现出对人的生命成长、生活质量、生存状态、生涯发展、品德素养的关注和关怀。使校园变成师生共享的精神家园。

（2）先进的时代精神

校园文化要紧扣时代脉搏，传递正能量。校园文化的价值准则和精神追求必须具有积极性、开放性、先进性，能跟上时代步伐，反映时代先进价值取向，能引领师生向善向上。

（3）进取的文化品格

校园文化必须体现出进取性。要在继承优秀传统中推陈进取，在开放学习中吸纳各类新鲜文化气息。要根据育人目标和发展要求，紧跟时代的前进步伐的基础上选择和提炼，在批判继承、吸纳整合的基础上进行再创造。力求朴实无华，儒雅大方。

（4）鲜明的文化个性

校园个性的核心是文化个性，校园的文化个性，既体现在师生精神上，也体现在教育教学上；既体现在个人和师生群体的活动中，也体现在校园的物质风貌上。校园文化个性，其实质是指办学的特色化，即：人无我有，人有我优，人优我特。只有有了鲜明的文化个性和特色，才能创造出教育品牌，才能拥有强大的教育竞争力。强大的教育竞争力不仅体现在优良的教育质量和深厚的文化底蕴上，还体现在鲜明的品牌个性和特色的教育模式上。

2．传承和丰富历史文化

（1）理念文化。着力营造新校区环境文化，增强师生的认同度，不断形成切合校园发展实际，紧扣时代文化脉搏的校本文化理念，提振师生精气神，激发教师“严谨治教，敬业爱生。”的教育热情，学生“致知穷理，知行合一”的求知欲和进取心。

（2）劝学文化。挖掘崇贤重道，耕读传家的历史文化，深化师表文化，构筑学子文化，形成劝学文化。将瓮安历代历史名人，校园在长期办学过程中涌现的，被广为传颂的动人故事，那些永远鲜活在人们记忆中的优秀教师、学生身上体现出来的高尚品质以图文方式呈现，以“人之贤”劝导师生尊道秉意，崇德向善。

3．构筑新文化

（1）水文化

水是生命之源，是新校区得天独厚的自然资源，文化之基。老子论水：“上善若水。水利万物而不争，处众人之所恶，故几于道。居善地，心善渊，言善信，政善治，事善能，动善时。夫唯不争，故无尤。”（《老子·八章》）阐述了水“利万物”的宏德，“不争”的谦德，“处众人之所恶”的仁德。“七善”反映了“上善若水”道家思想的人生态度和人生哲学。

孔子论水：“夫水者，启子比德焉。遍予而无私，似德；所及者生，似仁；其流卑下，句倨皆循其理，似意；浅者流行，深者不测，似智；其赴百仞之谷不疑，似勇；绵弱而微达，似察；受恶不让，似包；蒙不清以入，鲜洁以出，似善化；至量必平，似正；盈不求概，似度；其万折必东，似意。”（孔子《孔子集语》）是对水厚德、仁爱、高意、智慧、毅勇、明鉴、包容、圣洁、公正、舍得、执着的诸般品质的诠释。

今天我们对水的德性又有刚、柔、坚、韧、容、强、和、善、淫等方面的认识。刚:滴水穿石；柔：随物赋形；坚：坚不可摧；韧：奔流不息；容：海纳百川；强：载舟沉船；和：无微不至；善：泽被万物；淫：狂怒奔泻，恣意泛滥，必制约之。

为此，新校区要以优秀的道、儒水文化为基础，结合现代人对水的认识构建水文化，潜移默化，润物无声，做上善若水教育，彰显厚德载物品质。

（2）桥文化

以桥为载体，打造桥文化。在师生中征集桥名，赋予桥意。在校园架起生活与希望之桥。

（3）生命文化

以“生命之光”为题材，构建热爱科学，尊重自然规律，珍爱生命，让生命闪闪发光的生命文化。

瓮安“小春虫”化石是2004年中国科学十大发现之一，是科学家首次发现迄今最古老（距今5.8亿年）的两侧对称动物化石。这项发现在科学界激起巨大波澜，有专家认为，该化石发现的最大意义在于挑战了“寒武纪大爆发”理论。“世界科坛”宣布“瓮安化石”就是“世界上最早的动物化石”。

（4）红色文化

打造红色文化，弘扬长征精神。红军长征途中，曾在瓮安三进三出，留下了众多的革命遗迹遗址，有被周恩来誉为“‘遵义会议’的前夜”、被史学界誉为“伟大转折的前奏”的“猴场会议”会址、有毛泽东行居、红军干部团旧址有长征中的第一个大胜仗——突破乌江战斗遗址;有红军入黔后建立的第一个农民政权和农民武装——桐梓坡农会和桐梓坡农会旧址，还有数量众多的大塘红军标语和丰富生动的红军故事……

（5）乡情文化

依托瓮安各乡镇丰富的特色文化元素，构建乡情文化长廊。如平定营镇的高真观，草塘镇的千年古邑，江界河镇的强渡乌江遗址和江界河大桥，天文镇的礳子粉，珠藏镇的灰豆腐等。使各乡镇到瓮安二中就读的学生感受到家的亲切和温暖，使学生既望得见山，看得见水，又记得住乡愁。

（四）新校区校园文化建设的实施

新校区文化建设要秉持“立德树人，追求卓越”的办学宗旨，传承“自强不息，厚德载物”的校风精神，紧紧围绕“给每一位学生提供合适的教育，让每一位学生都有成功的机会，为学生的终身发展奠基，为教师的职业幸福添彩；将校园打造成‘管理严，教风正，学风浓，校风优，质量高’的省级一流示范性高中；办人民满意的教育”的办学目标，精心打造以文化人，处处育人的育人环境。

1. 听取民意，充分论证，形成共识

广泛听取师生、校友和社会各界人士、专家和学者对瓮安二中新校区文化建设的意见、建议。传承历史文化，丰富校本文化理念的内涵。

2. 考察学习，借鉴经验，拓宽思路

到环境文化儒雅、文化底蕴厚重的省内外名校考察学习，借鉴成功的经验的做法，为文化精品校园奠定基础。

3. 科学规划，专业打造，提升品位

紧扣新校区文化建设特性，科学规划，精选素材，精心设计，儒雅大方，亲近自然、华而不奢。

三、在黔南州教育工作会议上的发言

李庆忠

各位领导、各位同仁：

我们学校办公室拟就的大会交流材料已发在大家手上，请参考。根据会议精神，昨天晚上我临时拟定了这篇发言稿，和同仁们在这里共同探讨。

记得遵义一中学到我校参观考察后对我校的评价：没有华美的建筑楼群，没有花红柳绿的校园环境。有的是风雨和沧桑铸就的深厚的文化底蕴和师生坚忍不拔的拼搏精神；看到的是浓浓的学习风气，是莘莘学子求学塑品的渴望，是学校领导、全体教师统一的一种思想、一种睿智、一种魅力、一种责任。我们清楚这鸡窝是能飞出凤凰的，我们更清楚能培养出那么多名牌大学学子绝非偶然。

兄弟学校的赞誉太为过誉。那更多的是对我们的鼓励和鞭策。然而，我们也认识到，就我们学校而言，政府的投入和学校的成绩之间反差是大的。

（1）校园面积严重不足（学校19000平方米，4100多学生，生均4.63平方米，国家要求是生均20平方米，校园面积最少应扩大至现在的4.3倍）。

（2）校舍严重不足（我校现有教室44个，包括24间教室是危房，我们只好通过大班额上课，现在依然还有47个班，班均88人。当然更谈不上其他教学辅助设备，现在学生大量在校外住宿）。

（3）师资严重不足（全校有教职工152人，按省定师生比例1：16计，我们应有教职工256人，尚差104人，平均每人承担1.69人的工作量。我们有2位副校长及各处室的主任、副主任均当班主任，且超量承担教学任务）。

我们办学实在是太难，太难。但我们要生存，学校要发展，全县人民渴望看见瓮安教育大旗不倒，我们得拼尽全力，在竞争中求生存、求发展，就目前我县的教育状况看，我们的工作不能有丝毫懈怠，否则我们就得在竞争中消亡。

下面结合我们在竞争中的一些想法、做法，谈谈我个人的意见，供同仁参考：

1. 素质教育与学校现状

首先要注重的是教育教学质量，是素质教育的主要内容。作为学校何尝不想全面实施素质教育呢？事实上我们也在为学生提供全面发展的可能性。但只要有升学考试，只要有升学选拔，只要高考指挥棒还灵，升学的压力就会存在。在教育主管部门看来，中学的升学率依然是重要的考核标准，因为在家长眼中，社会也公认，学校每年有多少学生考上名校是他们送孩子上学首先要考虑的。学校必须关心如何提高升学率，中学教育的压力则会由此产生。尽管这压力得来的是国际中学生学科奥赛金牌多数为我国所拥有，但众多的发达国家却只认可我国的高中学历、大学专科、本科学历，不认可我们的研究生学历。

2. 学校管理

学校是高素质人才集中的场所，因此我们提倡，学校领导者对高素质的下属，如果单纯采用严格管理，一味用制度卡压，要么使他们口服心不服，丧失工作的主动性和热情，要么利用自己的高智商逃避严格管理，造成“双败”后果。因此领导者对高素质的下属一定要多采用领导方法，而不是多用管理方法（领导是为组织确立正确的发展方向和前进目标，制定进行变革的战略，应动员和联合组织成员，激励和发挥他们的积极性和创造力，齐心协力为实现组织目标而奋斗。管理则是在既定的目标下，依靠维护组织内部的秩序，保持组织各部门之间的和谐与协调，使组织能高效地实现目标）。当然，对于低素质者领导别无选择，只有更多采用管理方法，为他们提供完整的组织体系和严密的规章制度，确立工作目标，分配工作任务，干得好的及时兑现奖励，做得糟的坚持予以处罚。

学校的管理必须直指被管理者内心。老师走进教堂，带着怎样的情绪，除了他自己，没人知道，人的内心是无法量化的。看上去都敬业且善良，但其情绪与心态对学生的影响，一差就是十万八千里。由此鉴于教师的工作具有独立性和连续性等特点，学校的管理不应是“行政权力”为主或唯制度化的“刚性管理”，而应该是“学术权力”占有相当比例的“柔性管理”。学校应“以人为本”，工作环境宽松和谐，让教师的才智发挥极致，谋求教学效率和教学质量的最大优化。

总之我认为学校管理和其他部门不同，应更多地需要感情上的投入，管理者应从学习、工作、尽责等方面严格要求教职工，但对他们工作中的失误要能包容。

3. 业务学习

作为教师、学校领导，真正吸引学生的，对学生产生终身魅力的是深厚的人文科学知识的文化底蕴，文化底蕴不足的教师，永远成不了“名师”“大师”，最多能算是个“教书匠”。

因此，教师、学校领导均必须加强学习，经常补充自己的知识，使自己的思想之流如潺潺流水，永不枯竭，使自己的工作永葆青春。然而“没有时间、心态浮躁、急功近利”是当前造成一些中学教师、学校领导“不读书、不学习”的根本原因。他们耐不住寂寞，静不下心来看书学习，用于玩牌、应酬、休闲的时间远大于读书，做学问的时间。这种现象非常危险，他严重影响师资队伍业务水平的提高，当然也直接影响教育教学质量的提高。

不管学校领导，还是教师都应该清楚意识到，教书是我们的终身职业，是我们获取国家俸禄的本领，工资逐年在涨，我们的业务水平也要逐年提高才行。

学校要引导教师从以下诸方面去读书、去学习：

（1）学习新的文化科学知识，所谓知识更新、课程改革，我们一是要与时俱进，要跟得上步伐，否则就会在前行之中被淘汰。要给学生一壶水自己最少得有一桶水。

（2）学习新的教学方法和教学手段，让自己的教学工作能事半功倍。（可教师中相互学习、取长补短，老带新，强帮弱，更多的是学习别人已经成功的教学经验。如“英才苑网上的”“中国教育网上的”均直接有教案、教法、课件、题解等，可为我们借鉴。）

（3）学习先进的对学生进行测评的考查手段、考查形式和考查方法（这一点我们决不能保守，从测评试题题型、测评试卷的组合、评分标准，我们都可以学，一套精良试题能对学生学习和巩固知识起到意想不到的作用的现象，老师们是深有体会的。先进地区教育发达，名师较多，在这方面尤其值得我们学习借鉴）。如现行的小综合考试，我们提前在高一、高二就开始训练，让学生适应新的测评方法、学会考试，这是学生必须注重的，我们从若干成绩好的同学高考失利中吸取不少教训。

今天到会的多为学校负责人，望大家牢记：校长是学校的灵魂，是教师和学生群体的领导，这个“领导”不仅是一般意义上的行政管理者，更深的含义应该是学术层面的“引领和向导”。

4. 要学会满足（只有学会满足，才会懂得珍惜）

教师的工作艰辛，生活清贫，希望老师们能从最平凡的工作生活中学会满足与幸福。和大家共同学习作家史铁生的幸福观，共勉：

生病的经验是一步步懂得满足。发烧了，才知道不发烧的日子多么清爽。咳嗽了，才体会不咳嗽的嗓子多么舒服。刚坐上轮椅时，我老想，不能直立行走岂不把人的特点搞丢了，便觉天昏地暗。等又生出褥疮，一连数日只能歪七扭八地躺着，才看见端坐的日子其实多么晴朗。后来又患了尿毒症，经常昏昏然不能思想，就更加怀想起往日的时光。终于醒悟，其实每时每刻我们都是幸运的，任何困难前面都可能再加上一个“更”字，由此我们应该给自己的幸福画一条最浅的底线，去学会从最平常的日子，最琐碎的事情里品尝幸福的滋味。

希望同人们珍惜自己的今天，通过努力工作，学习去创造自己美好的明天。

以上想法、做法，粗浅而不甚成熟，还望同人们海涵之余，多多指教。

谢谢大家！

〔2006年3月，黔南州教育工作会在三都召开，会上对2005年学校（高中及完中）工作进行表彰，我校和都匀一中获教育教学质量一等奖，我作为代表发言。此为当时发言稿〕

2006.3

四、在集体生日会上的发言

夏坤仲

各位领导、各位名师，你们辛苦了！

今天是8月28号，二中按惯例以十二生肖组织在职老师集体生日活动，并特邀“五老”之首同精英聚会，共享生日快乐！

承蒙重托，却之不恭，受之有愧。我只好硬着头皮亮相，说点不足挂齿的教育情怀表心意！

人生短暂，弹指瞬间。当我“五进未出”再次跨入曾辛勤耕耘过的校园之际，再次激起我宁静心田的心花怒放，瞬间老泪盈眶！

“没有共产党就没有新中国”。1951年2月，我托党福而加入小教工作；1991年8月，又享党福而退休安度晚年。我经历两个社会，旧社会，千疮百孔，民不聊生，教师的地位与生计可想而知，一首当年流传于川东一带的“十字诗”曰：

一身平价布，两袖粉笔灰。
三餐吃不饱，四季常皱眉。
五更就起床，六堂要你吹。
七天一星期，八方逛不回。
九天不发饷，十家皆断炊。

新中国百业俱兴，欣欣向荣；尊师重教，有了教师节；国强民富，旧貌变新颜。1991年退休时，月工资不到200元，而今月工资增了30余倍。“吃水不忘打井人”。在习近平新时代中国特色社会主义思想的感召下，二中在艰难成长历程中，与兄弟学校平分秋色，闻名全州，享誉黔中大地，荣称并蒂花时，我感受到“校兴我荣”的丰富内涵。

2013年9月，在明光校长的诚聘下，我以“五老”成员身份，全心全意全程扑在瓮安二中关工委工作之中，每月兑现资助高三（21）贫（特）困生侯礼国、高二(13)贫(特)困生侯礼宏兄弟二人每月各200元生活费。2014年9月，又每月兑现资助高一（4）贫（特）困生陈孝进200元生活费。侯、陈两家爷爷曾光荣参军，各有6年军龄。我同班主任不谋而合，为贫（特）困生侯氏兄弟既圆大学梦，又为其侯奶奶减负。高考时，侯礼国以556分位居本班第二，超重点线72分，报西师化学专业因只招一名而落选，改录一本武汉中国地质大学，选为班长，2018年毕业，应聘黔南地质队。2015年其弟侯礼宏因年龄等受限无缘军大，改录湖北师范大学。

2017年高考，高三（4）贫（特）困生陈孝进总分543分，班居6位，提升10位；校排32位，提升128位，也因身高等无缘军大，改录一本北京化工大学。

侯礼国、侯礼宏、陈孝进三人也是大学全程资助，每学期资助每人少则500元至700元，多即1000元。

高三（13）丰元冬同学严重偏科（数学），因其祖父曾是本村的老支部书记。暑假中，孙儿开车专程去珠藏访问家长（父外出打工）及本人，一年后补齐短板,高考时录黔南州教育学院。

2016年7月，同班主任达成共识，对高二（10）、高二（8）班安排暑假作业为“同父母劳动，体验生活，写一篇孝敬父母的作文”，让学生自己教育自己。我花了20余天时间集群言(120余人)写成书面孝文化，分别在周五班会课时反馈加深孝文化的认识，把“心向善”“学求精”是最好的尽孝方式落实在每位学子的言行中。

高中是人生中最重要的拐点，父母在风霜雪雨中，在赤日炎炎下，在无奈卖血中……挣点微薄血汗钱支撑儿女读书，快乐成长。总之，父母为儿女的成长付出太多，就是希望在有生之年看到子成龙女成凤。

让学生明白梦想成就人生，阅读丰富人生，知识点亮人生，实干出彩人生的内涵。花落谁家，未成定局。学贵有恒，坚持到底，必有一鸣惊人的时刻。没有付出，哪来收获。2018年高考中，高三（10）班就有18名（含3名上线体育生）考上二本线，其中罗豪、李万、李炫狄、卢音洁分别提升了143分、129.5分、125分、104.5分；另9个理科考生均在末次模拟考分312.5～347分之间，都超过二本线。高三（8）班有16名考生上二本以上线，其中何桃以515分上一本线；另13名理科考生均上二本线，其中丁万亮、何正敏、张瑞雪、张榜明分别提升了103分、113分、123分、144分；另9名理科考生的末次模拟考分均在309～346.5分之间，而高考分均上二本线。音、体考生各一名上二本线。

世上无难事，只要肯攀登。由于学校指导有方，班主任履行诺言，师生的合作互动，高三

（10）、高三（8）班的学生以实际行动践行学校向社会承诺“高进优出，中进高出，低进特出”的办学理念之一，在今年的高考中，取得一点不大不小的成绩，为二中实现“低进特出”独辟蹊径。

全校一盘棋，全体教职员工好比棋盘上的车马炮卒。楚汉相争争智慧，黑白拼斗斗输赢。是金子，放在哪里都会闪光。希望大家在自己的岗位上发挥自己的作用，不忘初心，牢记使命，勇于担当，克服来自考方的压力，勇于拼搏，迎难而上，为二中的发展再创辉煌！

回首当年多感慨，教书卅载乐开怀。
盈腔热血输庠苑，一片丹心惠栋材。
两袖清风无怨悔，满头白发不痴呆。
欣开米寿精神爽，更喜二中做主来。

老园丁以“米寿抒怀”诗献在座的领导及名师，共享生日快乐！常开笑口。

无情岁月增中减，有味诗书苦后甜。

莫叹蓬莱言远近，常开笑口品酸甜。

在座人员以“莫叹前程言远近”为上品。老幼常开笑口，“同声相应，同气相求”，本人承诺“有求必应”，尽力而为。

慈母手中线，游子身上衣。
临行密密缝，意恐迟迟归。
谁言寸草心，报得三春晖。

我以唐代孟郊的《游子吟》为结束语。用这首诗的另一个含意献给陪我一道集体过生日的诸位精英名师。你们像慈母那样用仁爱之心善待学生。精心活学，学海扬帆乐品学中学；立德树人，人师俯首甘当人下人。

我的发言到此结束，有不当之处，敬请包容谅解！

我用鞠躬方式表达敬佩！

最后：

感谢明光校长的精心策划！鞠躬！

感谢各位领导的大驾光临！鞠躬！

谢谢大家的掌声！鞠躬！

2018年8月28日

五、把困难踩在脚下 用耕耘收获希望

——在暑期班主任、年级组长、教研组长培训会上的讲话

张明光

今天学校在风景秀丽的花溪召开2013年暑期班主任、年级组长、教研组长培训会。本次培训会是在高考歉收，大家承受巨大压力和指责，甚至是讥讽的情况下召开的。旨在让大家在放松中培训，在放松中交流，达到在交流中借鉴，在借鉴中提升，在交流与借鉴中达成共识，为新学期班级、年级和教研组工作的有效开展奠定坚实的基础。

从近年学校的高考成绩看，突出问题表现在以下几个方面：

一是与兄弟学校的差距在拉大。这表现在，一方面是与兄弟学校办学条件的差距拉大；另一方面是生源质量差，“巧妇难为无米之炊”；再一方面是对常规教育教学管理重视不够，措施不力，反映在学校的教育教学工作还存在争比进位意识不强。强强相遇勇者胜，面对激烈的竞争，特别是兄弟学校的强劲优势，争先进 位的勇气和信心不足，满足于谈论过去的荣耀，安于现状，缺少强烈的危机意识，影响了教学质量的可持续提升。

二是质量重心下沉还不够。我们没有真正把精力投入到教学管理上，对课堂上存在的问题发现不及时，处置不果断，措施跟不上，管理制度不能落实到教学，教学要求不能落实到课堂。一些教师没有真正理解和认识到课堂效率的重要性，还满足于抢课时、耗时间、拼体力。一些教学研究还停留在理念层面，对实际操作的研究不够，教科研成果的转化不够，教学指导的实效性不够，课堂教学质量与效益亟须提高。

三是考试研究水平还不高。有考试就必须有考试研究。有的教师不重视考试研究，要么无视考试规律和命题规律，以不变应万变；要么人云亦云，随大流，跟风走；要么“穿新鞋，走老路”“拿来主义”，东扯西拉拼凑课件、练习和测试，缺乏科学的研究与应对。有的教研组不重视对考纲的研究，不重视对考试信息的搜集与分析，不重视教师命题能力的培养，不重视练习、测试、考试的科学组织与分析，考试研究能力较低。有差距不可怕，可怕的是不能正视差距；找准落后的原因不难，难的是能不能认真整改，迎头赶上。

四是班主任的执行力有待提高。执行学校的规定只是简单的上传下达，只落实在嘴上，行动上缺乏科学的教育引导和行之有效的管理措施。

五是班级管理单打独斗，班级教师的团队合作意识和班委、团支部的引领和表率作用未能有效发挥。

六是班级文化建设需要进一步提升，环境育人的氛围有待加强。刚才，班主任、教研组长、年级组长代表就关于班级管理，年级管理，教研建设，教师培养，课堂教学等方面从多角度，全方位向大家交流了自己成功的经验，这些经验立足于校本，来自身边，有很强时效性和可操作性，值得借鉴，希望大家“把听懂的做出来，把做好的说出来或写出来”，以“达到三个转变、实现三项提高、加强两支队伍建设”。达到三个转变：即转变观念、转变方法、转变行为；实现三项提高：即理论水平提高、业务素质提高、管理实效提高；确立两支队伍建设：即建设一支思想素质好、专业水平高、奉献精神强的高素质的班主任队伍，建设一支掌握教育教学艺术和教书育人能力的教师队伍。

下面我就如何加强教育教学管理，如何提高教育教学质量谈几点意见：

一、必须充分认识班主任工作的重要性。班主任是班级工作的组织者、班集体建设的指导者、中小学生健康成长的引领者，是中小学思想道德教育的骨干，是加强和改进未成年人思想道德建设，全面实施素质教育的重要力量。做班主任工作和授课一样，都是主业；对学校而言，班主任队伍建设与任课教师队伍建设一样重要。

二、必须加强德育队伍建设。重点研究“学习新课程理念下德育基本原理；班主任如何将理念转变为行为；学会关注学生个性差异、关注学生生活细节、关注学生学习过程；掌握班主任工作艺术，具备应对偶发事件的策略和技巧，建设班集体的方式方法；如何规范行为，培养良好习惯，如何学生评价改革的研究；增强岗位责任综合育人能力，进一步提高班主任专业化素养”等方面内容。要通过学习—反思—研究—总结—实践，把德育工作提高到新的层次，推进教育教学质量的全面提升。

三、必须坚持课堂改革，努力构建高效课堂。改革增活力，改革出效益。要突出课堂主阵地，强化课堂主旋律，面向全体学生，坚持以生为本，深化课程教材、教学内容、教学方式的改革，注重学思结合、知行统一、因材施教，让每一个学生都能生动活泼的学习和发展，最大限度地提高课堂学习效率，提高知识的吸收率、转化率和产出率。

四、必须坚守办学底线，提高学校美誉度。新形势下，我们任务很重，压力很大。我们必须坚定不移牢牢坚守普通高中的办学“底线”，这就是最大限度满足广大人民群众对子女的升学愿望和需求，尽最大所能向高一级学校输送优秀生源，不管用什么办法，不论走那条道路。切实把人民群众的需求贯穿于教育教学全过程，贯穿于促进学生综合素质提高的全过程。

五、必须坚持科学评价，充分体现“多劳多得、优绩优酬”。评价既是导向也是动力，提高办学质量，必须探索创新办学效益评价机制，建立完善教师教学业绩考核评价机制和绩效分配机制，认真组织实施全过程多元化的评价奖励，充分调动全体教师工作积极性，让“多劳多得、优绩优酬”的分配导向真正得到落实。

六、必须树立质量强校的理念，把好质量关。当前和今后一个时期学校改革发展的重点任务是“更加规范、更高质量、更具特色”。在这三大任务中更加规范是前提，更高质量是核心，更具特色是追求。我们必须突出质量核心要素，落实“全面质量观、全程质量观和全员质量观”，始终如一做到旗帜鲜明抓质量、理直气壮抓升学、凝心聚力培特色，要让质量提升成为学校教师的不变信念和永恒追求。

一要着力质量过程监控。高三重视每次检测数据的分析和反馈；要强化非毕业年级的质量责任，重视高一、高二年级质量评估、检测。落实以年级主任为核心的年级责任制，落实以班主任为核心的班级责任制，落实以教研组长为核心的教研责任制，落实以教师为核心的全员责任制，恪尽职守，层层把关，强化过程考核，做到全面考核，全员有责，全面兑现。

二要着力质量均衡提升。要统筹安排三个年级的教学。高一年级重基础知识，重学习方法，均衡各科教学，形成宽厚的基础。经验告诉我们，高一强则高考强，得基础者“得天下”。高二年级重均衡提升，分类要求，分层达标，在保证语数外教学的前提下，抓好必修课教学；艺体教学要强化基础训练，把握好专业考试方向；要重视教研均衡，及时拓宽补缺，防止“木桶效应”。高三年级重知识整合应用，重综合能力提升，特别要培养学生分析问题、解决问题的能力；高三艺体教学在争取术科上线的同时，要研究落实专门的文化课教学计划，夯实文化基础，确保基本分数。

三要着力拔尖学生培养。精培尖子生，必须用心、精心。要量身定制个性化辅导方案，拓宽思路，活跃思维，挖掘潜力，努力构建拔尖人才培养、培训机制。要积极探索，建立从高一年级起步的拔尖学生培养机制。

必须优化教学管理，提高教学管理的针对性，实效性。时刻聚焦课堂、关注教学细节，从课程设置、计划制定、备课授课、绩效评价，到教学的重点、难点、知识点、突破点等都要有全方位的设计和监控，做到教学精心设计、流程精心安排、作业精心选择、问题精心反馈、辅导精心分类等。

一要重点加强对备课的管理。备课要突出群策群力，发挥集体的智慧。要严防一个人带着材料来，其余人拿着材料走；要解决一人主备、众人享用的懒教问题。要规范备课流程，众人都备，一人主备，备出各自问题，带着问题进入集体备课。集体备课，重在研究，要备出思路。个人复备既要汲取集体智慧，又要有所取舍，结合班情和学情备到学生、备出个性，真正做到集体备课碰撞思维火花，彰显个性特色。

二要突出加强对课堂的监控。进一步完善好家常课、示范课、优质课等评课制度，使教学始终处于可控之中。要大力推进有效课堂、高效课堂研究，深化课堂教学改革，支持和鼓励教师开展教学模式研究。课堂要突出教师为主导，坚持面向全体学生，讲重点，讲疑难，帮助每个学生掌握知识、训练思维、发展能力；要坚持学生为主体，让学生真正成为课堂的主人，让学生主动地学、积极地思；要坚持思维为主攻，课堂要留给学生足够时间思考、体验，让学生在课堂展示完整的思维过程，训练思维的流畅性、独立性。

三要着力提高练习质量。练习要突出有效、高效。教务处要统筹各年级、各科作业安排，提高作业训练量与教研课时分配的匹配度。练习要精选精炼，坚决杜绝不加选择、“拿来主义”。凡是要求学生完成的作业，教师要先做一遍。要加强作业书写规范的训练，帮助学生养成良好的书写习惯。要抓好限时作业训练，努力提高学生解题的准确率和解题的速度，做到练习的规范、速度与效果的统一。

必须重视学生素质培养，健全学生人格。

一要发挥德育引领作用。德育是灵魂，是学生不断进取、奋发向上的力量源泉。要通过德育点燃学生学习激情，保持旺盛、持久的学习热情。通过学习目的性教育，让学生拒绝平庸，追求卓越，在竞争激烈的人生赛场上提升自身素质，实现人生追求；通过责任教育，培养学生的责任意识和责任精神，明确努力学习是义不容辞的责任，把学习看作是应尽之责；通过砺志教育，培养学生刻苦学习的意志和“头悬梁锥刺股”的毅力，铸造坚强的意志品质。

二要强化自主能力培养。要切实加强对学生自主学习的指导，帮助学生合理安排时间，自主安排各教研学习，统筹作业、复习、预习等学习任务，既能完成统一布置作业，又能自主安排个性化作业；要提高自主学习组织化程度，创设情境，营造环境，提供平台，因科制宜建立形式多样的学习共同体；要培养学生的自我反思能力，引导学生反思课堂学习效能，反思思维过程，反思解题过程，通过反思达到纠错的目的。

三要促进身心和谐发展。要高度重视学生的身心健康，把强健学生体魄和塑造健全人格作为重要内容，丰富校园文体活动，让学生更多地参加体育锻炼，更多地接触社会；要建立平等的师生关系，注重师生交流，关注每一位学生心理，关注学生情绪，倡导师生个别交流，加强心理疏导，化解不良学习情绪，让学生始终以饱满的热情、高昂的斗志、愉悦的心情投身学习。

必须加强特色建设，提升办学品位。

一要明确建设重点。重点建设文化内涵丰富，教研优势明显，课程改革成效显著，办学特色鲜明的学校；重点在经典国学和艺体等方面加强探索，形成特色。

二要探索培养方式。要从校本实际出发，探索人才培养的多元化模式、多元化道路，注重从高一开始有条件地教育和引导学生。

必须强化教科研引领，全面提升教师专业素养。

一要营造浓厚教科研氛围。要形成人人想研究、人人要研究、人人在研究的氛围，着力健全完善教科研工作机制，鼓励、支持全体教师积极投身教研，人人都有课题。要加强开发学生智力和非智力因素的研究，加强提高课堂效率的研究，加强作业训练有效性的研究等等。

二是要提高考试研究水平。会解题是教师职业的基本功，会讲题是教师从教的基本能力，会命题才是教师指导学生学习的核心能力要素。要系统研究高考，研究试题，把握高考命题走向。

三要提高教学检查的组织化程度。要充分发挥查的作用，查得教师肃然起敬、心悦诚服，要克服检查就是为了算分，为查而查的倾向，善于从中发现问题，勇于提出整改措施。

老师们，回顾过去，我们豪情满怀；展望未来，我们任重而道远！我有理由相信，只要我们正确认识形势，善于把握机遇，勇于面对挑战，自我加压，勤于探索，与时俱进，就一定能把今天困难踩在脚下，用耕耘收获明天的希望。

六、解放思想，实现“七突破”，推进学校跨越发展

张明光

当前，县委、县政府提出要加快推进教育均衡发展，重新规划调整县城中小学布局，决定整体搬迁瓮安二中，使学校赢得了前所未有的发展机遇。我们要紧紧围绕 “七突出”，实现“七突破”，推进学校实现新的跨越。

（一）突出理清思路，更新理念，努力在办学理念上取得新的突破

办学理念是学校发展的向导，是学校的灵魂，是一所学校人文理念的积淀与共同价值观的引领。一所学校一旦拥有了对学校发展有先导作用的先进理念，那么这所学校不仅有个性有张力，而且有生机有活力。因此，瓮安二中必须继承传统、立足实际、科学定位、突出特色，形成明确适度的奋斗目标，先进的办学理念。要围绕“给每一位学生提供合适的教育，让每一位学生都有成功的机会，为学生的终身发展和幸福奠基。将学校打造成 ‘管理严，教风正，学风浓，校风优，质量高’的区域品牌学校，‘高进优出，低进高出’的示范学校”的办学目标，构筑学校精神高地。

（二）突出队伍建设，努力在提高班子和教师整体素质上取得新突破

一是加强领导班子建设。当前，学校面临整体搬迁和申报省级示范性普通高中的发展机遇。领导班子要有清醒的头脑，统一思想；要有团队合作的意识，相互搭台；要有务实的作风，多观察、勤思考、常沟通，创新管理方法，提高工作效益。相信人心齐，泰山移；坚信没有过不去的坎。集中精力谋划学校发展，集中力量推进学校发展。二是大力加强教师队伍建设。多层次抓教师的培训提高，通过请进来和走出去的方式拓宽教师的视野，提升教师的专业水平。三是启动教坛星秀和名师培养工程。完善教坛星秀和名师评价考核办法，造就一支师德高尚、敬业乐业，学识渊博、勇于创新、擅长科研、成绩出色的名师团队，引领和带动教师队伍的整体发展。四是继续深化“五有师德”，提高教师师德素养。在教师队伍管理中建立科学公正的师德师风考核评价机制，加强师德师风教育，弘扬严谨治学、实干敬业和自强不息的拼搏的精神，倡导科学、进取、合作的精神，增强教师工作的责任心，培养优良的教风、学风和校风。

（三）突出抓教研、促教学，努力在提升教育教学质量上取得新突破

一是树立全面发展，尊重个性的观念。坚持育人为本，德育为先，能力为重，体艺俱进。拓展教育层面，着眼于学生的全面发展，让每位学生成为自己的自己，高大的自己，更完美的自己，对社会有更大作为的自己。二是狠抓教学常规管理不放松，深化学校管理制度创新。遵循“规范化、

民主化、精细化、高效化”的原则，重细节，重时效，提高课堂教学效益。积极开展以完善校绩效工资分配和评职晋级考核办法为主要内容的校内激励机制。将教师相关待遇与实绩挂钩，适度拉开收入差距，最大限度地从内部激活教师的工作热情和潜能。三是完善校本教研制度，深化教研活动。建立校本教研目标责任制，从校本教研的方法及评价考核、奖惩等方面加以规范。健全备课、听课、评课、教学反思、课例分析等基本教研制度，从制度上保证和激励教师积极参与校本教研活动。扎实开展“老带新”“推门听课”互帮互学活动，促进青年教师的快速成长和教师整体素质的提升。四是建立与完善抓高考质量的工作机制。组建一支经验丰富、学科齐全、业务精湛的教研队伍，研究考试大纲、考试说明、高考动向，切实发挥教研对教学工作的指导和提升作用。建立高考信息采集网络，做好高考信息的收集、研究、整理和交流工作，力争在高考二上线总量和质量上有新的突破。五是加强校园文化建设，努力营造文明、和谐的校园文化氛围。开展丰富多彩的校园文化活动，教育引导学生树立集体意识、互助意识、文明自律意识和感恩意识，培养学生高雅的思想道德情操，激发学生的爱国热情和求知潜能。

（四）突出优质生源保障，努力在创设优质教育环境等学校发展的软实力上取得新突破

瓮安二中要走内涵发展的道路，采取各种有效措施，提升教育质量和办学水平，增强瓮安二中的吸引力和竞争力。一是着力优化服务质量，创设优质教育环境。坚持以学生为本，按照因材施教的原则，网络班要精，特长生要特，实施成功教育，让学生在不同层面上得到普遍提高。二是建立优秀生激励机制。加大对家庭贫困高中生的救助力度，特别是对优秀贫困学生的帮扶，吸引优质生源。三是建立良好的教师与学生、学校与家长、学校领导与教师的关系。要积极培养相互尊重、民主、友好的师生关系，构建平等、互动、和谐的教师与家长关系，确保家长支持，学生愿读，有进步，能成才。

（五）突出管理效能，努力在用人机制及管理体制上取得新突破

一是建立以公开招聘和竞争择优为导向的教师遴选机制，确保招聘优秀二本以上毕业生和引进名优教师。二是按照学科管理需要及能力要求，坚持“定岗定责、公开公平、择优选能、优化组合、侧重教学”的原则，科学制定聘任方案，促进教学资源的重新配置和教师结构的优化，减轻教师工作强度，缓解教师工作压力。 三是规范资金管理和使用。开发外部资金来源，完善内部资金节流机制，将有限的资金最大限度地用于改善教职工待遇，调动教职工积极性。

（六）突出校园综合治理，努力在创建平安和谐校园上有新突破

一是加强对学生的法制教育。开展形式多样的法制教育活动，教育学生知法、懂法、守法，提高学生用法律武器保护自己的能力。二是牢记“安全不保，谈何教育”的思想，始终把安全工作放在学校工作之首。加强对师生的安全和纪律教育，落实安全责任；加大对学生的教育惩处力度，达到“惩前毖后，治病救人”的目的。四是落实“多彩贵州文明行动”责任，加强“多彩贵州文明行动”督查。要将责任落实到人，做到人人有事做，处处有人管。各处室要加大督查力度，要常查重处，确保整治工作有新。

（七）突出抓好学校整体搬迁与申示两件大事，努力在提升学校竞争力上取得新的突破

一是以县委、县政府对县城中小学布局规划调整为契机，争取县委、县政府在资金投入，资源的配置，政策的制定，宏观调控等行政决策中向发展滞后的瓮安二中倾斜，改善学校办学条件，提升学校办学水平。二是作好申报省级示范性普通高中筹备工作，力争搬迁与“申示”同步进行。

申报省级示范性高中需要大量的人力、物力和精力，需要全校教职工的积极配合和参与。要着手申示资料的收集整理，要启动《瓮安二中志》《年鉴》的编纂工作和瓮安二中校本文化理念的提炼工作，组建瓮安二中军乐队、篮球队、礼仪队等，为“申示”做好充分的准备。

士不可以不弘毅，任重而道远。我们要认清形势，统一思想，增进互信与合作。坚信只要解放思想，乘势而上，顺势而为，就能找准工作的切入点，推动发展的着力点。只要心往一处想，劲往一处使，就一定能推进学校发展新跨越。

七、修志明史　感恩奋进

——在《校志》复审会上的致辞

党总支书记、校长　张明光

尊敬的各位领导、专家：

大家下午好！

今天，尊长咸集，群贤毕至，唯审修校志，期早日面世。在此，我谨代表学校感谢王老、黎老不辞辛劳，舟车劳顿，亲临复审！感谢夏老、吕老、庆忠校长、永俊校长在志书编纂过程中给予的鼎力支持！并向各位老领导致以崇高的敬意！还要感谢县史志办、教育局领导、专家的精心指导！历代二中人的通力合作和编委的辛勤付出！

修志是传承历史、顺应时代、资政教化的重要之举，是学校发展历程中的大事、要事。可以说，今天修志是一项极具抢救性、挑战性的工作。因为学校数易名址，档案残缺不全，史料寥寥数纸。幸有历任老领导健在，为修志提供了宝贵资源和精神支柱。

为尊重史实，公正立说。学校力求史事做实，要事做好。首先走访历任老校长，听取不同时期学校的荣辱心酸，书记、校长的教育情怀和历史贡献。其次是查阅、收集、甄别档案材料。再次是纂写初稿，送请历任校长书记核实增补，完善史实。最后按照志书体例四易其稿，去伪存真，去粗取精，成型复审稿，送达顾问、编委、史志办、教育局相关领导专家复审。今天的会议是对相关建议的收集和回应，必将为丰富志书内涵，传承二中历史起到积极的推动作用。

志书的编纂得到了县委、县政府的高度重视。州委常委、县委书记张文强，县人民政府县长黄桂林分别亲自为志书作序。书记在《序言》中用“三个不易”肯定学校的发展和取得的成绩。学校从无到有，从小变大，从弱变强，发展来之不易。学校在艰难的办学环境中为国育才，成绩来之不易。学校在资料稀缺情况修志，志书成之不易。县长在《序言》中说，学校在60年栉风沐雨中坚守“天将降大任于斯人”的教育情怀，演绎着一个个动人故事，凝聚着一代代二中人心智，创造着一次次辉煌成绩。其心路历程可敬可佩，成绩可圈可点。这既是县委、县政府对历代二中的充分肯定和高度赞誉，又是对我们的鞭策和鼓励。

学校的历史既是一部心酸史，也是一部荣耀史。她凝聚着历代二中人的心智和汗水。今天的二中在继承中发展，在发展中壮大。学校占地400亩，依祥麟傍瓮水，实为福地。瓮水河似玉带缠腰，意指名堂九曲水，富贵二中人。这里的富贵是富于学识，贵于人品。校园无市井之喧，有泉石之胜，是群居讲学，遁迹读书之所。

近年来，二中人发扬“自强不息，厚德载物”的校训精神，锐意进取，开拓创新，教育教学质量逐年攀升。2015年高考，全州文理科前10名，瓮安二中3名，囊括全县理科前三名，“一清二北”誉满黔中。2016年高考二本以上突破900人大关，远超教育局下达目标任务560人，创历年学校超任务数之最。2017年高考二本以上上线1104人，突破1000人大关，提前实现五年翻番的目标。2018年高考，我校囊括理科（不含照顾性加分）前3名，完成县教育局下达二本以上上线目标任务的110%，是瓮安县唯一完成高考目标任务的省级示范性普通高中。2019年高考，初步统计，一本上线近200人，二本以上上线近800人，五年来，有4人考入清华、北大。截至目前，瓮安二中考取清华、北大13人（瓮安县23人），是瓮安县考取清华、北大人数最多的学校。这些成绩的取得，是历任老领导、历代二中人积淀的智慧和力量的集中喷发。

士不可不弘毅，任重而道远。我们将以“校志”的编印出版为契机，牢记历史，凝心聚力，感恩奋进，续写学校新辉煌！

（2019年6月28日星期五）

第四节　新闻报道

一、老树乐为护花使，喜看桃李满枝头

——瓮安二中关工委帮扶贫（特）困生工作纪实

瓮安二中是一所“以二流设备，育一流人才，出一流成果”的享誉全州乃至全省的县级普通高中。辉煌成绩和荣誉的取得，除了其他众多因素之外，多年来历届关工委对广大贫（特）困生的关怀、帮扶、支助也是其中十分重要的因素。

（一）深入调研，有的放矢

由于学校学生大多来自农村，有的甚至是边远山区，而每一个贫（特）困生各自的具体情况又千差万别；又因生活贫困往往而伴随某些心理阴影。因此，除了了解其物质生活状况外，还应了解其精神心理状态，力求在物质和精神两方面都帮扶到家、帮扶到位、帮扶到底，使这些学生尽早摆脱物质精神压力，轻松愉快地学习成长。

带着这样的心愿和动力，学校关工委五位成员（最大的夏坤仲老校长已83岁高龄，最小的已近60岁），不顾年老体弱，有的还拖着多病之躯，多次会同各年级班主任座谈，梳理出各年级及各

班学生家庭经济状况等第，再确定急需重点帮扶的贫（特）困生名单，以便下一步具体实施帮扶。为了今后工作更具针对性和有效性，学校关工委五位成员拟在几个班级进行试点，进行蹲点调研。经与校领导反复研究，决定选择高三（21）班和高二（13）班为试点班级；又重点以分别在这两个班就读的特困生侯礼国、侯礼洪兄弟俩及其他后进生为跟踪对象。重点是着眼一个“困”字，掌握其思想动态，着力培养他们良好的心理素质和学风，明确学习目标，增强学习信心和动力。为此，在和班主任反复商议，为侯氏两兄弟设计了一个两全其美的成才方案：建议他们根据各自兴趣和特长，高考时一个瞄准六所重点师大，一个报考军事院校。由于定位较准，合符这两兄弟实情，他们非常乐意向各自的既定目标奋力冲刺，以期实现各自的人生理想。其他同学也都纷纷制定了心中理想的奋斗目标，并落实在每一天每节课的努力拼搏中。

（二）走访亲历，互感互动

为了具体深入地感知和体会贫困生的家庭状况，获取典型的第一手材料，学校关工委成员决定走访几个学生家庭。2013年9月9日，学校关工委五位退休老教师，在校领导及班主任的陪同下，专程到永和镇兰家坪村走访侯氏兄弟的祖母李仕英。经了解得知：侯礼国才六岁时，父亲就因病去世，母亲随后又改嫁了；2004年，爷爷又病故。兄弟俩读书学习，从小学到高中所需费用，全靠祖母李仕英种地喂猪、打零工、拾太子参等微薄收入供给。后来，祖母在劳动中不幸又摔伤了腿脚住院，现在生活更加艰难了。我们静静地聆听了这位老人的不幸遭遇，无不感动万分，在老校长李庆忠的倡议下，大家当即每人资助她家100元；大家表示，今后决定把侯氏兄弟俩作为重点帮扶对象，一直到他们考取大学。同行的夏坤仲老校长当即承诺：资助兄弟俩每人每月各200元，直到高考结束。

带着同样的心情和目的，他们又走访了另一个贫困生——高三（2）班刘晓春的母亲。在班主任老师的带领下，他们来到刘晓春家租住的二楼房间，在狭窄的空间见到母女四人。刘晓春和小儿麻痹后遗症的三弟、年幼的四弟正在用午餐：小春和四弟站着吃，三弟坐着吃，碗中只有一样菜。母亲专职为他姐弟几个做饭，没有收入，小春的大姐还在大学念书，就靠小春父亲在外地打工养活这一大家人，其生活的艰辛可想而知！当即把这一情况向学校汇报后，学校立即安排帮扶办主任到州县各级各部门广泛联系协调，争取各方支助，终于为刘晓春家争取到一笔一次性补助10000元，同时，学校也为其他贫困生争取到了相应的生活补助费。

（三）献智献力，余热不尽

学校关工委所有的思路设想、行动规划以及力所能及的微薄贡献，都离不开学校领导的大力支持和周到安排，尤其是我们中已83岁高龄的老老校长夏老（之所以称他为“老老校长”，是在他之后现任校长已是第七任了！），从20世纪80年代退居二线至今，数十年来可说是无日不在为学校的生存发展出谋献策，尽心尽力；就是这一届关工委的所有活动，他一次也没有落下；并且一天数次到校园周围溜达，或到相关科室提一条建设性意见，或利用空余时间与师生谈心，或到班级作励志报告，或到寝室对学生嘘寒问暖………在夏老无声的精神和行动感召下，其他老同志一个个岂敢懈怠，都力求把分给自己的活儿干得更加出色，这才真叫“不用扬鞭自奋蹄”啊！

同时，学校还鼓励他们发挥老同志的经验和智慧，拟定今后帮扶贫困生工作的措施建议，为此，他们特拟出如下意见，供校方参考借鉴：

1．学校全体教职工和非贫困学生，在自愿的原则下，量力而行，每年开展一次捐资支助贫困生的公益活动，并通过各类媒体予以宣传表彰，大力弘扬“一方有难，八方支援”的无私奉献精神。

2. 学校全体师生总动员，充分利用身边的有利条件和人际关系，向社会各界人士大力宣传“帮扶贫困生圆大学梦献爱心”的重大意义，用品学兼优学子的典型事迹感化人们捐资助困献爱心。

3. 在校内，大力开展受资助学子的感恩教育，用实际行动圆大学梦来回报支助单位或爱心人士，让受助学子定时写感谢信，或上门口头感谢，让支助者感受到受助贫困生发自内心的感恩之情。

4. 学校建立“帮扶贫困生圆大学梦献爱心陈列室”，将支助贫困生圆大学梦的单位、个人逐年列表张挂或书写陈列，供全校师生参观学习，还可作为政治课的补充教材。

该建议呈送校方后，立即得到高度赞许和一致肯定，表示这份建议可操作性很强，对今后这方面工作的开展及对学校其他工作，都有非常积极的推动作用。为此，我们五位老同志人人备受鼓舞，决心在有生之年为学校建设和发展聊尽绵薄之力，在县关工委和学校的直接领导下，再创佳绩，拿到县级先进关工委先进单位奖牌，直至成为州省乃至全国先进，为实现瓮安二中的“中国梦”助上一臂之力，在伟大的“中国梦”的新征程中，生命不息，奉献不止！

（瓮安县关心下一代工作委员会）

二、校园文化精心打造 教化育人润物无声

——瓮安二中校园文化建设侧记

曾几何时，我们的青春，从铭记校训、校徽开始起步。那些滋养着我们向上、向善的校园文化，我们是否用心领悟其精神实质呢？今天，请跟随我们的记者去体验和感受瓮安二中校园的“文化味”，重温哪些厚重典雅、沁人心脾的校园文化。

10月5日，雨淅淅沥沥下个不停。走进瓮安二中，假日里的校园别样宁静，书香的芬芳却溢满校园。教学楼墙的右面镶刻着八个大字“自强不息 厚德载物”，对于这八个字的由来。

瓮安二中校长张明光如是说：这个是（中科院院士、原清华大学校长）顾秉林教授亲笔书写赠予瓮安二中的。顾校长题字赠予的原因，主要是我们处于西部，而且也是欠发达地区，还是一处农村学校，同时我们的办学条件也是相对滞后，但是从恢复高考以来，整个瓮安县只考取了22名清华、北大学生，仅仅瓮安二中就考取了12名，基于瓮安二中能够在办学条件非常艰苦的情况下，能发扬自强不息、勇于拼搏的精神，培养出一批批优秀的学子，感动了清华大学顾校长，所以他亲笔题写清华大学校训“自强不息，厚德载物”来激励我们瓮安二中。

顾秉林先生的题词，勉励瓮安二中师生奋发有为，发扬“自强不息，厚德载物”的校训精神。不仅如此，瓮安二中还植入中外名校校训，用名校校训感染学生，校训系列文化在教学楼一楼展现。

张明光校长感慨道，用这些文化来激励学生，引导学生，让学生知道，学习不是为自己，而是为国家、为大同世界。

瓮安二中校园文化内涵丰富，形式多样，并呈系列展示。秉承“立德树人，追求卓越”的办学宗旨，学校在楼梯、走廊、楼柱上精心打造理念文化、养成文化、国学文化、勤勉文化，让师生在不经意间接受教育，受到熏陶，从而养成良好行为习惯、塑造高尚人格、领悟到圣贤思想之明哲深邃。

对老校区的文化，张明光校长如数家珍地说，在老校区里面从二楼到五楼，主要做的是儒家文化，我们把《四书》中的大学、中庸、论语、孟子分楼层、分系列打造，六楼为老子的道家文化；

楼梯文化是养成文化，理念文化和励志文化。这样做的目的就是要师生从善如流，向善而行。

当记者问道，国庆期间，各行各业，当然也包括我们教师都在利用长假在家休整或外出旅游，你却没给自己放假，仍坚守在工作岗位，忙活着。

张明光校长坚定地说，一是要落实9月30日和10月2日州委常委、县委书记张文强，县长黄桂林到学校调研的指示精神，督促施工单位抢抓工期。二是谋划新校区的文化建设。思考如何将老校区文化植入新校区，使之一脉相承，并得到发展，这是我们“树质量强校观，走可持续发展路”的重要载体之一。

张明光校长还饶有兴趣地说，传承、发扬、创新、发展是新校区文化建设的总体思路。

新校区的文化建设，我觉得应该要有这样四个特质：首先要有高度的人文关怀，我们建这个学校的文化就必须要亲近人，要体现对人的关怀，对人的发展；第二个就是有先进的时代精神，我们的文化必须要紧扣时代的脉搏传递正能量；其次要有创新的文化品格，瓮安二中老校区的文化虽然厚重恢宏，但在新校区我们还有进行创新，要赋实新校区“多彩播南，灵秀书院”的设计理念，在继承的基础上创新学校的文化品位；再次要有鲜明的文化个性。一个学校的文化不能做成一个大同文化，要做到人无我有，人有我优，人优我特。

坐落于瓮水办事处中心社区盆水井西侧的瓮水中学工程，暨瓮安二中新校区。新校区依山畔水，瓮安母亲河西门河环绕校园缓缓流过，似玉带缠腰，园内5座小桥架在河上，精妙绝伦。

借助新校区得天独厚的自然资源，张明光校长又向我们记者介绍说，新校区的文化分了几个区，现在我们所处的位置叫作源远流长，源远流长板块就是继承瓮安二中曲折而又辉煌的历程。

张明光继续介绍说，新校区的东大门为主大门，东大门的北侧是“百年树人”。

“百年树人”就是展示我们瓮安二中在栉风沐雨中砥砺前行所取得的业绩。将展示在不同行业当中做出了贡献，取得了很好的成绩的优秀学子，给学生树立一个标杆，发挥榜样的示范作用。

紧挨“百年树人”的地块，是“和美瓮安”本土文化的展示区域。西大门的北面是“毓秀园”，西大门的南面为“求索园”。新校区独具特色的校园文化建设要数“德正广场”。

“德正广场”我们主要是打造四个文化，在广场的中间就有一个瓮安二中标志性的建筑，就是一个灯塔，这个灯塔有九米高，下面是用汉白玉做的基座，上面就是用铜铸造的，浮雕百德图之类德文化，白天可以看到，晚上它是有灯的，所以我们叫作“希望灯塔”。基座是汉白玉，浮雕校训、瓮安二中赋和校徽等理念文化。这是我们新校区最主要的文化标志，也是我们瓮安二中独有的一个文化标志，这是一个；另一个是在右边，我们做了一个“少年中国说”梁启超的，那么如何实现“少年智则国智，少年强则国强”，要实现中国梦，就必须要读书，必须从娃娃抓起，所以在我们的左边就有荀子的《劝学》篇，还有一个是沿着广场的两边有一个走廊文化，这个走廊文化我们叫作德正文化，左边是德文化，右边是正文化，所以叫作“德正广场”。这四个文化是整个广场文化的重心，

校园文化是学校的立校之魂和向上之根，我们倾听着张明光校长讲述着瓮安二中的过去与展望未来。瓮安二中文化如涓涓流水，滋润寸心于无声。历经风霜雪雨，瓮安二中已培养了10余名学生考入北京大学、清华大学，数百名学生考入全国十大名校。瓮安二中的成绩，是瓮安教育大县的真实写照。随着瓮安二中新校区的建成搬迁，将会迎来新的发展机遇。我们坚信，瓮安二中校园文化一定感染万千学子，激励他们努力学习，学有所成。

（《瓮安时讯》记者：陈辉碧　陈云龙）

人 物

一、人物传略

聂佩玮

聂佩玮（1897—1968），名乘刚，字佩玮，瓮安中坪人。

其家境宽裕，自幼读书成绩优异。1922年，毕业于“讲武堂”，时值军阀混战其间，曾参加打军阀，后编入滇军蔡锷部参加北伐战争。北伐失败后又编入国民革命军第二十五军犹国才部，任陆军上校副参谋长、团长等职，立下不少战功。

1925年，思乡心切，带警卫和一个班的士兵，回乡探亲望友。抵乡是夜，朱家山刘明安（外号，小孔明）匪部，聚集匪徒五六十人到中坪街上进行抢劫。百姓惊恐万分，混乱一片。当时，其正与亲友于老屋叙旧，离其带来的士兵驻地约200米。枪响以后，聂佩玮神态自若、冷静分析，令警卫侦察情况，警卫禀明情况后，亲与警卫来到士兵住地肖家巷房子，将土匪抢劫中坪街的情况告知士兵们，士兵们听闻后异口同声“打败土匪，保护百姓!”稍后，联系上中坪区长聂瑞珊协同作战，据土匪兵力情况，兵分三路。聂佩玮亲率一路从肖家老房子后门出去，经一民房背后，绕到土匪后面攻击。另外一路从龚家巷子往左斜攻击。与此同时，中坪区队士兵也开门出击，形成三面夹击之势。聂佩玮所带士兵虽仅10余人，但是正规部队，且一律携带美式卡宾枪。枪声一响，土匪便知来头不小，不断发出喊声“水涨了（暗话：即发生意外）水涨了”溃不成军，直往下场口、三支岩方向逃窜，所抢财物散落一地。激战中士兵阵亡2人，其悲恸万分，后于街坊上买棺木两副，亲祭葬于中坪后山，立石碑以记之。黎明时分，老百姓回到街上，认领自家财物，大家齐赞聂佩玮保护家乡老百姓生命财产有功。

1933年，聂佩玮解甲从政。曾任兴义（原黄草坝）、紫云、安龙等县县长，为官期间，公正廉明，造福百姓，深受当地百姓爱戴。

中华人民共和国成立后，聂佩玮积极拥护共产党和人民政府，支持各项解放事业。土改其间，为一方开明人士。率先将所有家产、土地交给农会，并参与宣传共产党的方针政策，1952年，瓮安县人民政府首任县长吴近仁接聂佩玮到县里安排工作，先后安排在县人代会常委会办公室、县农场、县教育科、县文化馆、城关小学工作。历任县第一届政协委员、第二届政协常委等职。在城关小学工作期间，其发挥诗文和书法特长，教授学生书法和古诗文，后被打成“五类分子”，管理学校图书和学校传达室。1968年，聂佩玮含冤自尽，时年71岁，葬于瓮安五里街后坡。1978年11月13日，县委组织部拨乱反正，下文恢复聂佩玮政治、工作待遇，并向聂佩玮家人发放抚恤费。其子聂伟后为中国农业科学院研究员、农业专家、民盟中央委员，继续为国家做贡献。

华天谷

华天谷（1907—1995）号钦达，江苏无锡梁溪乡人。中学教师，美术家。

1930年，华天谷大学毕业后在上海、江苏、浙江等地从事音乐、美术教育工作。1937年7月抗日战争爆发，背井离乡，辗转来到贵州，先后在贵阳女中、清华中学等处教美术。当时贵阳文人云集，国事动荡，但他不慕荣利，保持清高的节操，赤诚待人。常与同事谈时事、论艺术。1945年日本投降后，为庆祝抗日战胜利，他创作一幅10余米长卷国画《花溪全景图》（现收藏于贵州省博物馆），熟练运用中国传统绘画的技法，展现花溪内在的质朴美，形成苍劲、饱满而清雅的独特风格，受到社会各界好评，成为民国时期贵州艺坛的一段佳话。华天谷反对墨守成规，坚持创新，他的画稿《贵阳风景写生画集》第一集，于1949年12月出版发行，以其笔力苍劲、形象简练、清逸可爱的特点，一问世即被抢购一空，轰动贵阳山城。华天谷说："写生画可以陶情自然界，可以回想古今事迹，可作学生图画补充教材，可作他乡客回家的纪念品，可以装饰你的环境美，增加你的思想美！"

1960年，华天谷调任瓮安师范学校美术教师。任教其间，他以发现和培养艺术人才为己任，主张教学生学画山水可以从"芥子园"开始，临摹不能随便，对一棵树、一块山石深入剖析，一笔一笔画给学生看，手把手教学生调颜色、画透视，用浅显的语言将抽象深奥的艺术原理向学生耐心讲解。常用"史有勤学苦练，才能熟能生巧"的精辟格言和古今画家勤学苦练的生动例子激励学生。为瓮安教育培养了一批美术教师。1962年，瓮安师范学校停办，调任县文化馆馆长，和职工一道废寝忘食工作。他创作《松柏长青》《震天动峡谷》《文峰塔》《观音堂》《山涧》《山高常长》《玉华山》《西门桥》《林区小景》等百余幅国画，这一时期，他的作品不仅数量多，而且在艺术上达到至美至高的境界，堪称其艺术创作全盛时期。由于事业上的成就，华天谷先后当选为县、州政协委员和县人大常委，被吸收为中国美术家协会贵州分会会员。

"文化大革命"中，华天谷虽年过花甲，但也难逃厄运。许多作品被付之一炬，甚为可惜。1970年，在党的关怀下，他重新回到县文化馆工作，被安排管理图书和报刊阅览，那时被"文化大革命"洗劫一空的县图书室，除了几本毛选和"老三篇"外，一无所存。华天谷从《二十四史》和《马克思恩格斯全集》《列宁全集》《鲁迅全集》《巴金文集》开始，系统采集一批经典图书和参考工具书，使图书室藏书达8000余册。翌年，他利用州政协委员的身份多次申请建立县图书馆，终于得以批准，并在他69岁之际被组织部门任命为馆长。参与县图书馆筹建工作，图书馆重新开馆后，华天谷坚守借阅岗位，不顾年迈体弱，工作繁忙，仍挥毫作画，在绘画生涯中开始新的开拓。华天谷画的山水、树木、竹石、花鸟、人物十分令人喜爱，尤其以山水、花鸟最为出名，这些作品多次参加省、州美展，受到好评。1979年退休后，他退休不离岗，继续为图书馆无偿装订报纸和清理杂志，拖着病体坚持达9年多。潜心研攻国画技法，前人尚未解决运用技法提供写生问题，为了给初学画者把这一问题解决好，将他自己几十年绘画的心得体会整理出来，编辑成《国画技巧——皴法》一书，同时清理和装帧自己创作的国画，成功地在县城举办"华天谷美术作品展览"，观者络绎不绝，交口称誉。

1995年10月22日，因病逝世，享年88岁。

李奇谋

李奇谋（1909—1996）福泉牛场人，中学教师，书法家。

李奇谋自幼受身为教师父亲的影响，尤其爱好书法。小学阶段尤喜欧、苏楷书和右军行书，打下基本功底。

小学毕业后，李奇谋在贵阳师范学校学习期间，备受书法家严寅亮老师喜爱。严寅亮向他介绍和引见全国著名金石书画家姚茫父，西南书家袁思、旦懋辛、王渔洋、吴道安、何辑五，平越县书法家胡肇元。在书法名家指点下，李奇谋的字进步很大，逐渐小有名气。获学校书法竞赛第一名。当时省城很多机关、学校、店铺都慕名请他书写匾牌。他的书风发生根本变化，是因康有为提倡碑学新风，特别喜欢康有为在贵阳对“尹道真先生祠”“刘统一先生祠”的题字。为此，他转学汉魏碑，研究康有为的《广艺舟双楫》。他还将《龙门二十品》《张猛龙碑》《宝子》《龙颜》《孔子庙堂碑》以及怀素的《圣教序》装裱会挂于壁上，经常研习。

李奇谋育人一生，桃李盈门。1961年9月调入瓮安师范（今瓮安二中）任书法教师，1962年又调入草塘中学工作，一直到退休。他一边授课，一边遍临百家书帖，深钻汉魏碑学，做到“古之名家者，能遍临碑，皆有一、二僻碑，为其专意模仿，学之既深，亦有不能尽变者，其师法所自来，足迹尤可探讨，学者因此而推之”（康有为《广艺舟双楫》）。

70余年的艰苦磨砺，形成独特书法风格。基础扎实，功力深厚，炉火纯青，结构严谨，用笔力透纸背，各种书体皆通，尤以行书见长，沉雄奔放，形神兼备，厚重奇伟、自然活泼。李奇谋还喜欢中国古典诗词，常在创作中将其融入感情。其书法作品，不少是自己创作的诗词。诗词歌赋曲进入书法创作领域，更为他的书法作品锦上添花。李奇谋主张青年人学书法作品以柳字起步为宜，因唐楷法度森严，尤以柳字更甚，既得骨又得肉。

1986年李奇谋入选《中国当代书画家辞典》《中国现代书法界名人辞典》，作品收录“四川合江诗书画院碑林”“黄果树碑林”。其作品1989年在四川五县书画展获一等奖，入选“炎黄子孙”书画展，在海内外展出被收藏。留在瓮安的作品有《文峰塔》《冷少农烈士故居》《猴场会议纪念碑记》等碑刻。另有数百件纸本作品传世。为瓮安县最早的省书协会员，是黔南州书协理事，瓮安县书协首届主席。1977年退休后，仍不遗余力，对王羲之、李邕、米芾、张迁碑等碑帖的学习从未终止，日耕不辍。

1996年10月，在瓮安县城病逝，享年87岁。

张明初

张明初（1942—2011）瓮安珠藏人，中学语文高级教师。

1959年高中肄业。1960年3月参加工作，在珠藏小学教书。1972年9月，在珠藏中学教书。1984年9月以后，在瓮安二中教书。一生小学任教5年，教授过小学所有学科；初中任教15年，主要承担语文、数学、物理、音乐、美术等学科的教学工作；高中任教24年，担任语文教师及班主任。

张明初只有高中学历，要胜任高中语文教学绝非易事。通过自学与参加函授，刻苦钻研，广泛涉猎，博采众长，终成一名合格高中语文教师。他上课语言幽默风趣，表述形象生动，引经据典，纵横捭阖，深入浅出，引人入胜，颇受学生欢迎。张明初是较早接受快速作文理念的语文老师之一，在长期的探索与实践中，逐渐形成了自己独具特色且卓有成效的作文教学方法，学生通过多则半年少则两月的时间就可以大幅度提高写作能力。他有极强驾驭教材的能力，掌控课堂的高超艺术。一幅富安流涎的漫画，使昏昏欲睡的学生睡意全无；三言两语的笑话故事，使神情倦怠的学生精神振作。有时一展歌喉，满座欣喜，课堂活跃；有时善意的讽喻胜过严厉的斥责，学生记忆深刻。关心爱护学生，教之以严，待之以宽，体贴入微，关怀备至。学生既畏惧又亲近，更感激，在其生命垂危之际，不少学生丢下工作，不远千里，来到医院，陪护一周之久。

张明初多才多艺，爱好广泛，琴棋书画，无所不能。张明初摄影造诣更深，作品多次参展获奖。张明初颇具音乐文艺天赋，经常受聘为不少单位指导文艺演出或歌赛训练，是县各类文艺演唱大赛的资深评委，县老年书画摄影研究会理事。

2010年6月，从几十年创作的诗词、散文、经历故事、心得体会、报道评论以及与学生、家长的往来信件、学生获奖作文评析等作品中，选录400余篇，约18万字，整理成集，名曰《尘封的诗文》。张明初一生的荣辱悲欢，进退毁誉，心路历程，工作轨迹，跃然纸上，发散人间，有如陈年老酒，醇香弥漫。

2011年10月，因病逝世，终年69岁。

张庆龙

张庆龙（1933—2011）男，汉族，湖南益阳人。中共党员，大学本科毕业，中学生物高级教师，黔南民族师范学院教授。

1953年考入湖南师范大学生物系。1957年毕业，因其生性耿直，言行与当时不合，被分配到瓮安草塘中学任教，1958年加入中国共产党。在草塘中学担任生物课教学和班主任工作。其间还兼任过语文、英语、化学等课程，工作中任劳任怨，积极进取，赢得师生好评。1982年调入贵州省瓮安第二中学任教，1984年任贵州省瓮安第二中学校长、瓮安政协委员。其间狠抓教学质量，促进了学校的发展，张庆龙雷厉风行的工作作风给大家留下深刻印象。1988年调入黔南民族师范学院，担任黔南民族师范学院生物系党支部书记兼任生物系副主任。1995年退休。2011年12月15日因病在贵阳逝世。

邹金秀

邹金秀（1940—2008），湖南祁东人。女，汉族，中共党员。省优秀校长。

1945年日寇入侵湖南，随父母逃难到贵州省龙里县。1956年考入贵定师范，1959年贵定师范毕业并考入贵阳师院（今贵州师范大学）历史系。

1963年7月毕业分配到安龙县中学任教。1973年加入中国共产党。1978年任安龙中学教导主任。1982年调入瓮安二中任副校长，主持工作。1983年年底在黔南州党校学习。1984年初任瓮安县政府副县长，分管文化教育、体育、卫生、计生、科技等方面工作，直至1987年年底。后任瓮安老年大学校长。1991年年底调任黔南州财校任校长兼党委书记，2000年8月退休。

邹金秀出身贫寒，热爱中国共产党、热爱祖国、热爱人民。工作兢兢业业，生活艰苦朴素。爱学生、爱他人胜于爱自己。尊敬老人、爱护幼小。爱民不妒官，不嫌贫不恨富，当官不傲、为民不卑，是她人品的最大亮点。在瓮安二中其间，当年住房特别困难，她一家五口租一农户家住，猪圈就在厨房旁，虫蛹到处爬，臭气难闻，连方便时候也是一边赶猪一边方便。女儿住一小阁楼几乎没有光线，一住就是三年多。即使二中修了一排平房，她都让给新调入的教师住，她毫无怨言。瓮安二中第一届高中毕业班能取得高考升学率全县第一名，并囊括文科、理科第一名的优异成绩，与她的人品和奋斗拼搏是分不开的。

邹金秀任副县长其间，她分管的工作做得有声有色，各科局评比一直在全州位于前茅。特别是20世纪80年代人才大量流动其间，她任瓮安县人才招聘办副主任，她尽其所能不分白天黑夜，对外流人员做思想工作，满足他们的部分要求，挽留了不少人员在瓮安继续工作。同时面向省内外招聘各类人才，先后共招聘45名人才到瓮安工作，其中教师最多。为瓮安教育、卫生、农、林、牧、水、电等方面以后的发展起到了很好的作用。

1991年年底，邹金秀调任黔南州财校任校长兼党委书记。为全州财政、税务、工商等部门培养了众多人才，其中不少人成为这些部门的骨干。1998年她被评为全省优秀校长。2000年8月退休。2008年因病在都匀逝世。

吴华忠

吴华忠（1959—1979）贵州瓮安雍阳镇北街人，男，汉族，共青团员，革命烈士。

其母陶素先较早就参加革命工作，曾经担任瓮安县国营饭店经理（其第一任丈夫杨吉才，瓮安县雍阳镇西大街人，1949年12月参加工作，任县基干大队班长，1950年6月在瓮安县永和水井沟剿匪战斗中牺牲，安葬于瓮安县革命烈士陵园）。其从小就耳闻革命英烈的故事，培养了他坚强勇敢、吃苦耐劳的性格。

1966年9月，进入瓮安城关小学（现瓮安二中）就读。其性格内向不多言，且深受家庭传统教育。在学校的劳动卫生中，他“不怕苦、不怕脏”，积极参加。学校“学农”活动时，他发挥自己身高腿长的特点，挑着一大挑粪土肥料冲在队伍最前面，成为班里一群男孩的领头羊，深受大家赞扬。1972年9月，进入城关小学“戴帽初中”班学习，在初中学习阶段，他踏实努力、追求上进，多次获表扬，是一名品学兼优的“三好学生”。1975年初中毕业。

1977年9月，吴华忠响应国家“上山下乡”号召，到银盏乡大林村参加生产队劳动，在劳动中吃苦耐劳，积极肯干，是生产队里工分最高的，受到当地村民和知识青年的赞扬。1977年春节，当一家人盼望他回来团聚时，他匆匆回到家里，拿起米、菜就踏上了风雪中去修建落马塘水库工地的路上。他对家人说：“工地上很多知青都是远方人，他们一年到头难得和家人团聚，他们回家过年了，工地缺人手，我必须去工地。”在生产劳动之余，他努力学习马列主义，毛泽东思想，积极参加各项政治运动，工作积极肯干，处处起到一个共青团员的模范带头作用，先后于1977年和1978年被评为优秀团员。

1978年，对越自卫反击战前夕，吴华忠得知部队招兵的消息，立刻跑到公社武装部报名参军，

12月18日，吴华忠与同乡的100多位热血青年胸佩红花，登上了奔赴部队的军车，一路奔波到了部队，因为情况紧急，他们直接被分到基层连队，边训练边备战。吴华忠在部队给家里的家书这样写道："我们就要上前线了，我已经向连队表了决心，请家里人放心，我绝不辜负父母亲对我的教育和希望，为了保持我们伟大的中华民族的尊严，为了保卫社会主义共和国，我自愿献出我的生命，爸爸、妈妈、哥哥、姐姐、弟弟请你们放心，我绝不会给你们丢脸，爸爸、妈妈你们的思想要开通，当兵不打仗不行，我们当兵一个月就碰上了这样的好机会，我感到高兴，感到自豪，正好在大风大浪中去锻炼，成为一个真正的革命者。"

1979年2月17日，对越作战发起后，吴华忠所在的广西军区独立师第2团首先攻歼越南比劳地区之敌，尔后以一部兵力占领比劳南侧无名高地，保障滩散至峒中公路畅通，第2团曾常年担任生产、施工任务，只在临战前进行了短期军事训练，并补入大量新兵，部队军事素质不高，但求战情绪旺盛。为扩大战果，沉重打击当面之敌，广西军区独立师指挥所决心发起第二阶段作战，以第2团攻歼高巴岭之敌。高巴岭主峰高1060米，是越军苦心经营多年的军事据点，坡陡路滑，地势险要，明碉暗堡，堑壕纵横交错，里面布满了竹尖和地雷。2月26日6时，第2团接师指命令，于27日拂晓向高巴岭发起攻击，首先歼灭高巴岭之敌，然后坚守各要点，确保师主力向峒中方向机动作战。经过此前的多次实地侦察，第2团对高巴岭的地形、敌情已有了初步了解。确定由3营担任主攻任务，吴华忠所在3营7连为先头连，在团领导到部队作战斗动员时，吴华忠表现非常兴奋活跃，还用开玩笑的方式帮助同来的新兵战友克服紧张情绪。26日22时许，各营由待机地域向边境域开进，于27日4时前先后隐蔽占领了进攻出发地区。27日7时，师、团炮兵群向高巴岭守敌实施了20分钟火力急袭。与此同时，各营在炮火掩护下迅速向各自的攻击目标前进。3营主力在前进时，因雾大、林密，延至11时20分才进到5号高地西北侧约400米处。先头7连突然遭到5号高地及其东南侧越军火力袭击，吴华忠面对守敌火力袭击，发挥其身高腿长的特点，端起冲锋枪冲在第一的位置，当冲至距敌30余米时，遭敌阵地侧后翼火力突然攻击，其胸部被敌高射机枪子弹击中，壮烈殉国！战后，烈士遗体被安葬于广西防城港烈士陵园，中国人民解放军54207部队党委为其追记三等功，授予吴华忠"革命烈士"荣誉称号。

二、学校历任主要负责人简介

夏坤仲（1931—　），男，汉族，贵州瓮安平定营坡根人。高中文化，中共党员。

1950年，平越高中肄业。1951年2月至1955年2月，任平兴小学教师、教导主任，1953年8月21日加入中国共产主义青年团。

1955年2月至1958年8月，在县文教科工作，负责县直机关干部学习文化，代管电影队和文化宣传队，任安顺专区四县（瓮福贵龙）乡干部扫盲班瓮安分校负责人，1957年5月，任县第一任专职体育干部。

1958年9月，任瓮安县交通学校（瓮安二中前身）筹建负责人；1958年12月15日加入中国共产党。是月，获"黔南州交通系统先进工作者"称号。1958年12月至1959年7月，任瓮安县工业交通学校（瓮安二中前身）负责人。

1959年7月，负责筹建瓮安师范学校（瓮安二中前身）。1960年1月，结业于中华人民共和国教育部、中国科学院语音研究所、普通话语音研究班第8期。1960年2月至1961年5月，任瓮安师范学校副校长主持工作。1961年6月，任瓮安县教育局教研室主任。1961年11月至1962年8月，任草塘区视导员兼草塘小学校长。

1962年8月至1967年8月，任瓮安城关小学（瓮安二中前身）校长兼雍阳区视导员。1968年至1972年7月为城关小学革委会“三结合”干部。

1972年7月至1981年8月任玉山中学党支部书记兼副校长主持工作。其间被选为代表出席了县第二届科学代表大会。

1981年8月至1984年6月，任瓮安二中副校长，1981年6月，被选为先进出席县第四次党员代表大会。1984年5月获省政府颁发“三十年教龄”荣誉证书。1984年6月至 1991年9月为瓮安二中协理员，兼任瓮安二中爱国卫生委员会主任、保卫组组长、教师考勤等工作。1990年10月获县政府颁发的“老有所为”先进个人奖。1991年9月退休。退休后仍然关心学校发展，捐资助学达35000余元，2008年担任瓮安第二中学关心下一代工作委员会副主任。

周远程（1925—2012），男，汉族，中共党员，初中文化，贵州瓮安草塘人。

1950年10月，参加工作，周远程先后在土改工作队、税务所等工作。1958年9月，周远程由草塘税务所所长调任瓮安交通学校党支部书记。1959年1月，学校更名为瓮安工业交通学校后，其继续担任学校党支部书记。

周远程在工作中，认真执行党的政策，平易近人，尊重教师，关心学生，经常深入课堂、厨房，了解师生的思想、生活等情况。团结和带领全体师生发扬“自力更生 丰衣足食”的精神勤俭建校，在工作中，克服重重困难，努力争取各种资源，在一片荒芜的基础上建设学校，使学校初具雏形。结合工业交通学校特点，组织师生边学习边劳动，把知识学习与生产劳动相结合，有利于学生的快速成长，这批学生后来成为生产一线的骨干。在大炼钢铁运动中，周远程亲自主管学校高炉炼铁，陪伴师生坚守在火炉口，负责观察和指挥生产，由于管理到位，生产中无伤亡事故发生。（后来学校又准备生产墨水，周远程带队到贵阳“高潮墨水厂”学习，但因厂家不提供配方而告终。）

1959年8月，学校改建为瓮安师范学校，周远程担任瓮安师范学校党支部书记。在瓮安师范学校建校中，周远程积极争取人才，从各个学校调入一批业务能力强、政治觉悟高的教师，为学校培养一批本地小学教师做出了贡献，其间，周远程还培养了一名青年教师加入中国共产党，发展了组织力量。1960年8月，奉命调回草塘税务所任所长。工作中勤勤恳恳，任劳任怨，多次获上级表彰。1985年8月退休，2012年5月病逝于草塘，享年87岁。

卢光凡（1928—2007），男，汉族，贵州省瓮安县珠藏区丰岩乡堰塘湾人。高中文化，中共党员。

1948年，高中毕业。1951年，在中国人民银行瓮安支行参加工作，1952年参加中国共产党，1952年年底，被任命为中国人民银行瓮安支行副行长。1954年至1957年任中国人民银行瓮安支行行长。1957年8月至1959年7月，任草塘中学校长。1959年8至1960年2月，任瓮安师范学校校长。1960年2月至1962年9月，任县委宣传部副部长。1962年9月至1970年10月，任中国人民银行瓮安支行行长。其于1963年3月，赴京参加全国金融系统先进工作者表彰大会，3月17日，受到毛泽东主席、周恩来总理等中央领导接见并合影留念。

1970年11月，奉令在瓮安县雍阳镇银盏乡筹建县办州管瓮安铁厂，1972年，瓮安铁厂建成投产。1972年2月至1977年3月，任瓮安铁厂党委常委兼副厂长，主管生产。1977年3月至1984年12月，任瓮安县社队企业局局长。1984年12月至1988年12月，调任瓮安县经济协作办办公室主任。1988年12月退休，享受副县级待遇，2007年5月病逝于瓮安县人民医院。

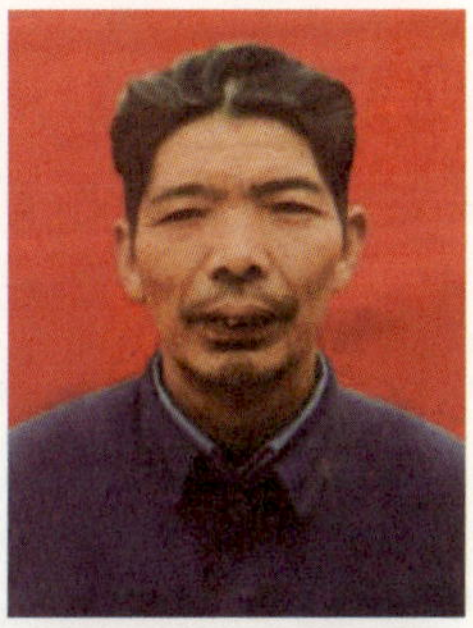

盛安平（1933—2012），男，汉族，贵州瓮安人。初中文化，中共党员。

1949年12月参加工作，1956年12月被评为全省优秀教师受到省人委表彰。1962年2月带领原雍阳小学部分师生组建成立瓮安城关小学。其先后任小河山小学、建中小学、永和小学、瓮安一小（原雍阳小学）、瓮安县城关小学校长、瓮安县教育局副局长、主任科员，1994年5月退休。

陈银斌（1941—　），男，彝族，贵州福泉人。中师文化，中共党员。

1964年8月至1972年4月，任瓮安城关小学教师，副教导主任，革委副主任。1972年5月至1980年8月，任瓮安教育局工作员。1980年9月至1983年5月，任瓮安县直属机关党委工作员。1983年6月至1987年2月，任瓮安县委组织部组织委员。1987年3月至1989年8月，任瓮安县教育局副局长。1989年9月至2001年12月，任福泉市教育局副局长，党组副书记。2001年12月退休。

王天合（1933—　）男，汉族，贵州瓮安玉山镇小开洲中火村鸡笼场人。小学文化，中共党员。

曾任中伙村村主任、王山农中校长、王山区革委干部。1971年调城关小学任党支书记主持学校工作，工作中，王天合支书牢记党的宗旨，凭借自己多年在基层工作和主办玉山农中的丰富经验，遵照党的知识分子政策，依靠全体老师，群策群力，着手解决了当时学校最棘手的派系斗争、学校待遇、教师待遇等几大难题，为重塑城关小学的示范形象打下坚实牢固的基础。1973年，经过他和学校其他领导多年的争取，瓮安县城关小学更名为瓮安县城关第二小学，学校由乡镇学校升级为县级学校。1976年9月，由留瓮安县城关第二小学原址的初中部师生组建成立瓮安雍阳中学。王天合任雍阳中学支部书记主持学校工作，全体教师在他的带领下，迎难而上，齐心协力，并肩作战，呕心沥血，茹苦含辛地对学生进行耐心的思想教育工作，校园重现“尊师重教，强国兴民”“园丁敬业，学子尊师”“师生励志，桃李争春”的优良传统风尚。升学成绩保持高位稳定，录取率处于全县领先地位。在此基础上，王天合提出了“政治不合格是危险品，学习不合格是次品，体育不合格是废品”的育人观念。1978年7月，经瓮安县革委批准，原雍阳中学改名为贵州省瓮安第二中学。1978年9月8日，黔南州革委正式批复设立贵州省瓮安第二中学，简称瓮安二中。王天合继续主持学校工作。1981年9月任瓮安第二中学专职党支部书记。1983年，王天合为解决一线教师的住宿问题，以个人名义向瓮安县社队企业局所属玉华磷矿借款6万元，在校园土丘北端顺山势建一幢坐东向西的三层4单元共24套职工宿舍，建筑总面积约1152平方米。职工宿舍建成后，学校成立分房小组，王天合在小组会上率先表态不参与分房，要把宿舍分给一线教师。他的高风亮节，使24套宿舍顺利分配，也让全校教职工深深敬佩，传为美谈。王天合任职阶段是学校从城关小学、城关二小、雍阳中学、瓮安二中的发展壮大时期，他为学校发展绞尽脑汁、辛勤工作、耗尽心血，赢得了全校师生一致赞誉，他为瓮安二中的发展壮大打下坚实的基础，为瓮安二中形成“团结进取 勤奋求实”优良校风起做出了重要的贡献。1984年7月，调任县教育局纪检组长。1994年退休。

吕庆松（1936— ），男，汉族，浙江永康人。专科文化，中共党员。

1957年7月，山东师范学院美术学科毕业分配到草塘中学参加工作。1958年9月至1974年8月历任草塘中学教师、副教导主任、副校长（主持工作）、校革委会副主任；1974年9月至1976年2月在县教育局工作。1976年3月至1978年8月任中坪“五七”中学校长。1978年9月至1981年7月任瓮安第二中学副校长，主持学校行政工作。1981年8月至1987年11月在瓮安中学工作。（其间：1981年10月起主持学校工作。1984年9月至1987年4月任校长、支部书记）。1987年11月至1989年9月任县教师进修学校校长、支部书记。1989年10月至1996年10月任县中师函授工作站负责人。1996年10月退休。2004年3月至2007年3月担任县教育局退休干部党支部支部书记。

邹金秀（1940—2006），女，汉族，湖南祁东人。本科文化，中共党员。

1945年，随父母逃难到贵州省龙里县。1956年考入贵定师范，1959年贵定师范毕业后考入贵阳师院（今贵州师范大学）历史系。

1963年7月毕业分配到龙里中学任教。1973年加入中国共产党。1978年调任安龙中学教导主任。1982年调入瓮安二中，其后任副校长。1983年底在黔南州党校学习。1984年任瓮安县政府副县长，分管文化教育、体育、卫生、计生、科技等方面工作，1987年任瓮安老年大学校长。1991年调任黔南州财校任副校长兼党委书记，1998年被评为全省优秀校长，2000年8月退休。2006年3月因病在都匀逝世。

张庆龙（1933—2011），男，汉族，湖南益阳人，本科文化，中共党员，中学生物高级教师。

1953年考入湖南师范大学生物系。1957年毕业分配到瓮安草塘中学任教，1985年加入中国共产党。在草塘中学担任生物课教学和班主任工作。其间还兼任过语文、英语、化学等课程，1982年调入贵州省瓮安第二中学任教，1984年任贵州省瓮安第二中学校长、县政协委员。1988年调入黔南民族师范学院，担任黔南民族师范学院生物系党支部书记兼任生物系副主任。1995年退休。2011年12月15日因病在贵阳逝世。

黎师韩（1936— ），男，汉族，贵州独山人，本科文化，中共党员，中学化学高级教师。

1949年7月，毕业于独山私立正道小学（教会学校），1949年考入贵州省省立第四中学（独山县民族中学）学习，1952年7月独山县民族中学初中毕业；1952年9月，考入新成立的都匀师范中师部学习。1955年8月都匀师范毕业分配到荔波县城关一小工作，任代理教导主任。1956年8月考入贵阳师范学院（现贵州师范大学）化学系本科学习，1960年8月毕业后分配到瓮安四中（即瓮安中学）任理化教师。在瓮安中学工作期间，多年担任高中班主任、化学教研组长工作。多次荣获优秀班主任、教育先进工作者称号。1978年在县科学大会上，就《土法提纯腐殖酸工艺流程》做了专题发言，荣获瓮安县科技进步一等奖。1986年9月加入中国共产党。1987年评为中学化学高级教师，黔南州化学中心教研组成员。1988年8月，调任瓮安二中校长。在瓮安二中工作期间，修建了一幢四层20间教室夹8个小办公室的砖木钢结构的新教学大楼，于其上镌刻“团结进取 勤奋求实”，还利用拆旧楼的材料修建礼堂一座，简易食堂一个，改变了瓮安二中较为简陋教学环境，使之初具现代教学设施设备。1993年8月调瓮安县教育局任调研员（保留正局级）。1994年8月至1996年12月任瓮安县教育局党组书记。1996年12月退休。

马耀银（1942— ），男，汉族，贵州瓮安雍阳镇北街人。本科文化，中共党员，中学生物高级教师。

幼年丧父，其母艰辛抚育，1951年启蒙入学雍阳小学，刻苦学习，发愤图强。1963年高中毕业考入贵州农学院果蔬专业学习。大学毕业后分配到贵州省平塘县西关军垦农场工作。1970年4月，响应国家号召，报名应征入伍，分配到野战军十四军四十一师后勤部服役。1972年退役到瓮安中学任教。1980年8月30日加入中国共产党。1984年8月任瓮安中学副校长。1987年8月调任瓮安二中党支部书记兼高中生物教师，面对瓮安二中贫穷落后的局面，积极配合学校行政领导做好思想政治工作，团结广大教职工，凝聚人心和力量，克服困难，学校在艰难中逐渐发展壮大。在学校师资短缺的情况下，多方努力，配合学校考察、引进了一批青年教师，充实了师资队伍，为学校发展做出了应有的贡献。1993年8月调任黔南教育学院生物系副主任。1997年任黔南教育学院生物系党支部书记。2002年12月于黔南民族师范学院退休。

丁惠敏（1949— ），男，汉族，贵州瓮安雍阳镇人，本科文化，中共党员，中学语文高级教师。

1966年9月至1974年7月上山下乡，1974年9月至1976年7月在瓮安师范学习，1976年9月至1981年在中坪“五七”中学任教，1981年9月调瓮安中学任教，1983年9月至1985年7月在贵州省教育学院中文系学习，1985年9月至1993年7月，在瓮安中学任初、高中语文教师。1993年7月任县教育局副局长兼瓮安二中校长，1994年3月卸任瓮安二中校长。任瓮安县教育局副局长，2001年12月退休。

李庆忠（1948— ），男，汉族，贵州瓮安珠藏镇人。中共党员，在职研究生，中学化学高级教师，省优秀教育工作者，省特级教师，享受政府特殊津贴。

1966年高中毕业，1973年参加教育工作，1977年恢复高考后考入黔南师专学习化学专业，1979年毕业分配到草塘中学任教。1982年调入瓮安二中工作，1985年任瓮安二中教导主任，1992年评为具优秀科技人才，1994年任瓮安二中校长。1995年9月任党支部书记，同年评为贵州省优秀教育工作者及中学化学高级教师，1999年评为黔南州师德标兵，2001年4月《黔南工作》曾刊登他的先进事迹。2001年当选黔南州化学教学会副理事长。2002年被县委、县政府评为“优秀校长”，2003年修完贵州师范大学研究生全部课程，在职研究生毕业。同年6月评为中学化学特级教师，2003年12月，州政府任命为兼职督学。2004年评为黔南州优秀校长，2006年被评为州关协先进个人，1995年以来5次获高考单科成绩优秀奖，9次获县优秀共产党员称号，且连续10余年年度考核优秀。其个人事迹入编《中国专家大辞典》《贵州省优秀教师名典》等辞书中。2007年2月卸任瓮安二中校长，2007年9月被瓮安县委、县政府授予“教育特别贡献奖”。

在长期的学校管理和教育教学工作中，结合工作实践撰写发表了多篇论文。其中《谈化学教育社会化与专业化的结合》（发表在《中学化学》杂志·1999年12期）；《中学化学课的思考》（1999年12月发表在知识出版社出版的《全国中小学管理与教育论文集》）。2000年7月转载光明日报出版社出版的《中国基础教育教科研成果集》；《谈列数学方程解化学计算题》2000年11月发表在中国审计出版社出版的《中华现代教育》文集；《谈学校管理与校长素质》2000年4月发表在中国言实出版社出版的《教学研究与管理论文集》；《谈师资管理与校长素质》1999年12月发表在珠海出版社出版的《改革与探索——中国基础教育文案》；《浅议现代教育管理对校长的基本要求》2002年3月发表在学苑出版社出版的《全国中小学教师论文集》。

2008年10月退休。退休后分别担任瓮安县关工委副主任、瓮安县教育局关工委常务副主任、瓮安第二中学关工委常务副主任。

谢　静（1967— ），男，汉族，广西桂林阳朔人，本科文化，中共党员，中学政治高级教师。

1989年9月，贵州师范大学政教系毕业分配到瓮安二中参加工作，1994年8月任教务处副主任，1997年8月任政教处主任，1998年7月至1999年2月在北京师范大学参加全国中青年教师干部班学习，先后任全国中学政治骨干教师，黔南州首批中学政治骨干教师。中共瓮安县十届党代会代表，黔南州第十届政协委员，黔南州中学高级职称评审委员会委员。2003年3月任瓮安二中副校长，2007年2月任瓮安二中校长。2010年4月，调任县教育局党组书记兼局长。

余家品（1966— ），男，汉族，中共党员，贵州瓮安珠藏镇人。中学化学正高级教师。

1990年7月毕业于贵州师范大学化学系，获理学学士学位。1990年9月分配到贵州省瓮安二中从事化学教学工作与班主任工作。2003年5月任瓮安二中副校长，2007年8月任瓮安二中党总支书记、副校长。2001年、2002年、2005年、

2006年被评为瓮安县“优秀共产党员”，2005年、2006年两次被评为黔南州“优秀共产党员”，2004年被评为瓮安县师德标兵并获会考成绩优秀奖，2001年被评为贵州省优秀教师，2006年荣获黔南州第一届青年科技奖，2008年被评为瓮安县十佳党务工作者。

黄俊松（1964—　），男，汉族，贵州瓮安雍阳镇人，本科文化，中共党员，中学数学高级教师。

1984年3月，在黔南师范专科学校被评为贵州省“优秀大学生”，1984年8月，黔南师范专科学校毕业分配到草塘中学参加工作。1992年8月，调瓮安二中工作。2003年评中学数学高级教师，2008年被聘为黔南州中学数学中心教研组成员。历任瓮安二中教务处副主任、校长助理、副校长等职位，2010年10 月，任瓮安二中校长，同年评为贵州省高中数学“省级骨干教师”。曾先后荣获县“先进工作者”“优秀知识分子”“先进个人”“十佳校长”等荣誉和称号。

张明光（1966—　），男，汉族，贵州瓮安平定营梭罗人。本科文化，中共党员，中学物理正高级教师。

1991年8月，黔南师范专科学校毕业分配到瓮安中学参加工作，2001年任瓮安中学团委书记，2004年任瓮安中学政教主任，2005年任瓮安中学校长助理兼政教主任，2007年任瓮安中学副校长，2011年12月任瓮安二中副校长主持工作，2012年4月任瓮安二中党总支书记、校长。先后荣获优秀校长、中国师德标兵、全国基础教育教研先进个人、全国教育科研先进个人，中学物理高级教师，贵州省高中名校长工作室主持人，贵州省教育学会德育专业委员会理事，贵州省心理学会理事，国家教师科研基金百强校长等多项荣誉和称号。编撰出版《国学经典选读》《养成教育研究与实验》等著作。2017年获“贵州省教育工作先进个人”称号。2018年获中学物理特级教师称号。2019年评为中学物理正高级教师。

三、名师简介

袁愈林　男，汉族，中共党员，1945年10月5日生。湖南隆回人。中教数学高级教师，省优秀教师，省特级教师，享受政府特殊津贴。

1967年7月贵州大学数学系本科毕业，因“文化大革命”，在校等待分配一年。1968年10月，根据中央文件精神，集体到贵州省7578部队学军20个月。1970年4月到瓮安县珠藏中学任教。在珠藏中学任教13年，以边远山区为故乡，以学校为家，心系农村学子，一心扑在教学工作上，多次受到学校表彰。师风师德、文化素质、教学质量得到社会肯定。

1983年9月调瓮安县第二中学任教，1984年入党，任教其间，一直是二中高中部骨干教师、优秀教学能手、优秀班主任、数学教研组组长。1987年至2001年，共获高考优秀奖15次，1999年《贵州日报》《黔南日报》曾刊登他的先进事迹，他的名字载入《贵州优秀教师名典》。其论文《适当变化，事半功倍》发表于1999年第11期《教学大世界》；论文《一道常见最值函数模型的建构和启示》发表于1999年第四期《贵州省教育学院学报》上；论文《浅谈建构思想对数学教学的启示》获贵州省三等奖。

1989年，被评为中共瓮安县直属机关优秀共产党员，同年被评为瓮安县优秀共产党员。1989年被评为贵州省优秀教师。1992年和1994年两次被评为瓮安县优秀科技人才。1996年被评为黔南州优秀科技人才。2001年获贵州省特级教师称号，享受政府特殊津贴。2002年被评为瓮安县优秀教学能手。2005年获北京《中国社会经济决策咨询中心》和《北京世纪精英教育研究院》教育成就奖，奖价值约人民币700元四尺宣水彩国画牡丹一幅。2005年4月于瓮安二中退休。

犹永俊　男，汉族，中共党员，1947年出生，贵州瓮安珠藏人。中学数学高级教师，州德育先进工作者，省特级教师，享受政府特殊津贴。

1967年高中毕业回乡种地，当过农民，代课老师和民校教师11年。恢复高考第二年（1978年）考入贵州大学数学系，1982年7月毕业，获理学学士学位。同年8月被分配到瓮安二中任高中数学教师。1984年加入中国共产党。1988年到2007年，历任二中副、正教导主任、副校长、副支部书记。

其品德高尚，学识渊博，忠于职守，爱岗敬业，教书育人，为人师表。25年如一日，兢兢业业，尽职尽责，不计名利，埋头教学。1984年，他担任瓮安二中高中班级班主任，在生源基础差的情况下，于1987年取得了优异的成果，其中录重点8人，本科24人，专科19人，中专35人，合计86人，录取率52.4%。本科和大、中专录取率均居全县榜首。1988年7月出任教导处副主任，分管德育工作。结合工作实践，先后撰写了《弘扬雷锋精神，做好德育工作》刊发《黔南教育》；《必须为爱国主义教育创造良好的社会氛围》一文被收入中华爱国主义教育研究会编辑的《塑造国魂——全国政治思想教育工作者谈爱国主义教育》；还在多年的教育教学实践中，努力探索，贯彻素质教育，撰写了《毛泽东的素质教育思想》，刊发于《贵州教育报》上。先后撰写发表或交流的教学论文有：①《一个倒数数列求和及其规律》发表在《黔南教育》；②《一道高考题的别解及其推广》发表在《中学数学杂志》；③《圆系议程初探》在贵州省1991年学术年会上交流；④《对称不等式的构造及其应用》在贵州省1991年学术年会上交流；⑤《一个拟杨辉三角》在贵州省1993年学术年会上交流；⑥《特殊值法漫谈》一文被收入由“中央教育科学研究新信息中心”与《中国青少年鉴》编辑委员会联合主编，由“中国青年出版社”出版的《中国当代教育教研成果概览》一书中。

其在十多年的教学生涯中，因教学效果显著，多次获县高考单科成绩优秀奖。其中，1987年、1991年、1992年、1993年、1995年、1998年等几年高考，数学科及格率平均大超省均及格率（1992年超32个百分点），居全县榜首。1990年获黔南州政府“德育先进工作者”奖，1993年获黔南州委、州政府“优秀科技人才”奖；1994年获瓮安县委、县政府“优秀科技人才”奖。2007年于瓮安二中退休。

李庆忠 （详见学校历任主要负责人简介）

丁丽娟 女，汉族，生于1961年9月12日，贵州瓮安人，中学英语高级教师。省优秀教师。

1978年7月毕业于瓮安中学高中部。1979年9月至1981年7月就读并毕业于黔南民族师专英语科。1981年8月任教于瓮安二中。其间于1986年9月至1988年7月在江苏省扬州师院英语系完成本科学业。

参加工作以来，先后担任过瓮安二中团委书记，英语教研组长，教务处副主任、主任，副校长等工作。1985年获瓮安县“精神文明建设和物质文明建设先进个人”。1998年获“贵州省优秀教师”称号。

2002年获“瓮安县教学能手”称号。2004年获“瓮安县三八红旗手”称号。2007年获“贵州省五一劳动奖章”。2009获“瓮安县十佳班主任”称号。多次获中国教育学会颁发的“全国中学生英语能力竞赛”指导奖，瓮安县政府、县教育局颁发的“高考单科成绩优秀奖”，“优秀班主任”，“优秀教师”表彰和奖励二十余次。

瓮安县第八届政协委员，第十届政协常委，当选为黔南州第十二届人大代表，常任黔南州中小学外语教学研究会理事，是黔南州骨干教师，入选由贵州省教育厅2002年主编的《贵州省优秀教师名典》。

陈　斌 男，汉族，中共党员，1962年9月出生，贵州瓮安玉山人。中学物理高级教师，省优秀班主任，黔南州物理学会会员。

1983年7月贵州省黔南民族师范专科学校物理专业毕业，1983年8月至1988年7月贵州省瓮安县草塘中学任教，1987年4月加入中国共产党，1988年8月贵州省瓮安第二中学工作。1997年9月荣获贵州省优秀班主任称号。2002年取得中学物理高级教师资格。2003年7月贵州师范大学物理教育专业本科毕业。2014年1月被评为瓮安县首批县管专家。1988年至2016年其间，先后担任贵州省瓮安第二中学物理教师、物理教研组组长、校团委书记、政教处主任、党总支部委员、工会主席等职务。现任瓮安第二中学党总支副书记。

陈斌在长期的中学教育、教学和学校管理工作过程中，教书育人，为人师表，以身作则，严谨治学，兢兢业业，任劳任怨，勇于开拓，不断创新，取得了丰硕的成果。1997年荣获“贵州省优秀班主任”称号。其后还“全县优秀班主任”称号两次；“全县十佳班主任”称号一次；“全县先进教师”称号一次；“全县优秀团干部”称号一次；“全县抗凝救灾先进个人”称号一次；“全国中学生物理竞赛教师辅导奖”四次；“黔南州基础教育科研课题奖”二次；“全县教学成绩优秀奖”六次；“全县教学能手”两次;累计获得县级以上各类奖励20余次。在长期教育教学中，担任班主任的班级连续四届中考、四届高考成绩均居全县前茅。先后撰写了《高中物理教学中课程导入的技巧》《把握知识特点，做好物理概念教学》《浅谈物理“静电实验”的教学技巧》等论文共10余篇，分别发表在有关的国家刊物。推荐、指导、并参与了贵州省黔南州基础教育科学研究课题《立足农村现状，构建简约高效的物理课堂》和《生本课堂的模式与应用研究》两个项目的研究工作，为学校做出了应有的贡献。

黄　菊　女，汉族，中共党员，1963年3月生，贵州瓮安人。中学英语高级教师。省女职工建功立业标兵。

1981年7月毕业于贵州省黔南贵定师范学校，1981年8月被分配到瓮安二中任教，1985年1月加入中国共产党，1986年9月参加成人高考考入北京外国语大学，1988年7月毕业回瓮安二中继续任教。2003年至2013年任瓮安二中英语教研组组长。2005年获黔南州“骨干教师”称号；2006年获全国中学英语教师教学技能大赛高中组二等奖；2010年获“贵州省女职工建功立业标兵”称号；多次获中共瓮安县委、瓮安县人民政府和瓮安县教育局颁发的瓮安县高考教学成绩优秀奖和教学能手称号；多次获瓮安县第二中学颁发的高考教学成绩优秀奖和优秀班主任称号；辅导赵炀等学生参加全国中学英语能力竞赛十多人次分别获高中组一等奖，二等奖、三等奖。2014年获瓮安县首届“敬业奉献道德模范”称号。所主持的国家级课题《新课程理念下贵州少数民族地区高中英语教学模式研究》在2016年8月结题并获得瓮安县政府的奖励。曾在“十二五”继教工程县级集中培训中担任过两次高中英语学科主讲教师。撰写的“少数民族地区新课标高中英语教学课堂延伸探究”等十多篇专业论文发表在国家级杂志和报纸上。

张明光　（详见学校历任主要负责人简介）

罗建明　男，1969年11月出生，贵州瓮安玉山人，中共党员，本科学历，中学英语高级教师，贵州省优秀教师，黔南州优秀教师，瓮安县第三届道德模范，现任瓮安二中教务处主任。

1989年7月,都匀民师毕业分配到高枧小学参加工作。1991在贵州省广播电视大学英语专业学习。1994年毕业后调入瓮安二中任英语教师。2000至2002年在贵州省教育学院英语专业学习。2007至2008年任瓮安二中教科处副主任。2008至2013年任瓮安二中教科处主任；2013年9月任瓮安二中教务处主任。

在长期班主任工作中，罗建明班级管理特色突出，形成了独特的班级管理模式，并取得了显著的成绩，先后培养清华、北大学生4人。在2005年高考中，学生吴冬以高考数学148分，全省第一名，总分681分名列全州理科第一名的优异成绩考入清华大学，学生王文华以全县第三（应届生第二名）考入浙江大学。在2008年高考，学生郑朝阳获全县理科第一名，张悦获全县理科第二名，宋泽毅获全县第四名；一本上线人数全县班级第一。在2010年高考，全县前十名，所带班级有4人，是当年高考全县前十名、580分以上人数、一本上线人数全县班级第一。学生王基江以637分全县第一名、全州第5名，综合科全州第一名的优异成绩考入南京大学；在2015年高考，全县前五名，所带班级有4人，成为全县第一个全部上二本的班级，一本上线率达91.7%，一本上线人数全县班级第一；其中朱荣进全县第一，考入清华大学，陈宾涵全县第二，考入北京大学，创瓮安高考历史新高。在2018年高考中，所带班级一本上线率达96%，二本上线率达100%，钟燏以裸分674名列全州第一名，考入清华大学。

工作之余罗建明先后撰写了论文《谈as的几种用法》在《英语周报》发表；《英语教学中的情感渗透》《如何培养高中学生的阅读能力》在《考试周刊》发表；《浅谈高中英语试卷讲评课》获中国基础教育论文竞赛一等奖；《浅议高中英语课堂提问中实施有效教学的策略》在中国基础教育论文竞赛一等奖，等10多篇论文；2011年，还承担了国家级课题《黔南地区计算机信息技术的制约与对策研究》。

辛勤的付出也为罗建明赢得多项荣誉，1999年11月，获全国中学生英语能力竞赛“优秀辅导奖”；2004年获“瓮安县优秀班主任”奖；2005年获“黔南州优秀班主任”奖；2005年获“瓮安县高考单科成绩优秀奖”； 2008年获“黔南州骨干教师”称号，并获得黔南州教师赴港澳考查学习；2010年获“瓮安县高考优秀教师”。2011年获“高考优秀教师”“全国基础教育科研先进工作者”。2012年获“瓮安县十佳主任”“全国教育科研先进个人”。2013年获“县优秀共产党员”“高考教学优秀奖”。2015年获“瓮安县优秀班主任”“瓮安县高考单科成绩优秀”、2018年获“贵州省优秀教师”“瓮安县第三届道德模范”；2019年获“黔南州优秀教师”等荣誉称号。

夏忠富 男，汉族，1974年7月生，贵州瓮安草塘人，中共党员，本科学历，中学生物高级教师，省优秀班主任，2013年起任瓮安二中副校长。

2000年7月毕业于贵州师范大学，同年8月在瓮安中学参加工作，在工作中连续7年年度考核为优秀。先后荣获省级优秀班主任，州级优秀班主任，县优秀教师，优秀班主任等称号。教学成绩优异，多次获得县级高考单科平均分，及格率第一，3次全州单科一二名，获得教育教学能手称号。是我县的中青年骨干教师，学科带头人，高三把关教师，青蓝工程帮扶的负责人。发表多篇省级以上的教学经验论文。从2004年每年都任高三补习班班主任，每年上线率高，2008年以单班二本上线106人，突破黔南地区单班上线百人数之最。所带的学生有5人考入清华，北大和浙大。所带学生李成果北大毕业进入中国科学院深造，2009年所带的学生有4人位于黔南州前十名，一人全县第一名，7人全县前十名。2010年所教班学生任永欢获取黔南州理科总分第一名进入北大，当年所教学生几乎囊括全县前十名。2011年、2012年两年所带学生考取人数230人，获取全县单科第一的荣誉。2013年所带学生赵菊理综全县第一，所教的学生理科全县前十名有6个，所教班级有3次升学率达100%。

四、部分毕业生简介

丁润生 男，1953年3月17日生，贵州瓮安草塘人，中共党员，黔南民族师范学院中文系教授，硕士生导师，中国现代当代文学专家。1965年瓮安城关小学（现瓮安二中）毕业。

1975年7月，贵定师范毕业。1975年7月至1978年9月，瓮安县草塘小学任教。1978年9月至1980年7月，黔南师专中文科读书毕业留校。1980年7月至2000年9月，黔南师专中文科教师（其间，1981年3月至1983年1月，扬州师院中文系专业学科进修二年；1985年9月至1987年1月，考入华中师大高等学校中国现代文学助教班，学习硕士研究生主要课程。1996年9月至1998年7月，考入贵州省教育学院汉语言文学本科脱产毕业）。1990年8月至2013年3月，担任黔南师专中文系副主任、中文系党支部书记、党总支书记，黔南民族师范学院中文系党总支书记，学校图书馆馆长；2013年3月，任学校教育督导团副团长。还任黔南民族师院学术委员会委员；黔南州中学语文教育学会常务理事；贵州省中国现代当代文学学会副会长；中国新文学学会会员；贵州省高校图书工作委员会委员；贵州省图书馆学会理事；第一届黔南州图书馆学会副理事长；贵州省高校系列正高职称（2013—2017年）代表性论著匿名评审专家。其多篇论文入选“中国人民大学书报资料中心选目”

罗光阳 男，汉族，1957年4月8日生，贵州瓮安雍阳人。二等战功获得者。1975年瓮安城关小学“戴帽初中”（现瓮安二中）毕业。

1976年12月，参加中人民解放军53561部队。1977年2月，因表现优异，进师教导队学习半年。1977年9月至1979年8月，任班长。其间，随53505至79部队参加了中越自卫反击战，在战斗中，他服从命令。机智果敢，勇猛顽强，不怕牺牲，冲锋在前，带领全班出色完成战斗任务，荣立二等功。战后，所在连队获中央军委“能攻善守英雄连”的荣誉称号，罗光阳再次被授予二等功。1979年9月至1980年6月，在石家庄陆军学校学习，毕业后分配到北京卫戍区13团2营6连任排长。1985年12月，转业到瓮安县组织部工作，1987年8月，任瓮安县永和区宣传委员，1990年2月，调瓮安县民政局工作。2017年4月退休。

张德明 男，汉族，1958年2月25日生，贵州瓮安雍阳人。二等功战功获得者。1975年瓮安城关小学“戴帽初中”（现瓮安二中）毕业。

1976年12月参军入伍，1979年2月，随中国人民解放军53560部队87分队参加中越自卫反击战，在参加攻打探谋、同登法国炮楼、同登县城、扣马山、凉山等战斗中，担任火力组组长，带领战士用反坦克手雷、爆破筒、无坐力后炮等火力武器，摧毁敌人工事。英勇顽强，完成任务突出。战后，在这个有着悠久历史和辉煌功绩的“红一团”评功总结会上，张德明被授予二等功。1982年，光荣退伍，进入瓮安供电局工作。2018年2月退休。

倪祖尧　男，汉族，1963年3月生，贵州瓮安永和镇人。加拿大多伦多大学博士后、研究员，南京中医药大学客座教授。1969—1972年就读于瓮安城关小学（现瓮安二中）。

1980年考入四川医学院学习。1984年考取华西医科大学攻读硕士学位。1987至1996年任华西医科大学助教、讲师。1996—1999年在华西医科大学攻读博士学位，其间于1998—2002年到美国、加拿大做研究学者。2002—2007年在加拿大多伦多大学攻读博士学位。2007—2012年在加拿大多伦多大学医学院进行博士后培训，任助理研究员。主要研究遗传毒理学、基因转录调控、蛋白质复合体学及蛋白质组学、蛋白质晶体结构生物学。主要研究成就：发现调控前列腺肿瘤细胞信号系统（发表于《癌症研究》）。发现调控组织相容性基因表达的脱氧核糖核酸多元增强子（发表于《自然免疫学》）。发现调控核糖核酸转录酶功能的蛋白质复合体（发表于《自然》）。2007年迄今任华西医科大学加拿大校友会主席。2009—2011年任多伦多大学医学院博士后协会主席。倪祖尧先后获中国高级医学奖学金、美国癌症研究协会奖、加拿大卫生研究院科研奖。曾应邀多次到多伦多大学、四川大学、第三军医大学、南京中医药大学、中山大学医学院、贵州民族大学讲学。2014年任南京中医药大学客座教授。

余家品　男，汉族，中共党员，1966年11月生。贵州省瓮安县珠藏镇人。中学化学正高级教师，省特级教师。瓮安中学校长。1986届高中毕业生。

1986年考入贵州师范大学化学系学习。1990年7月毕业，获理学学士学位。1990年9月分配到贵州省瓮安二中从事化学教学工作与班主任工作。1999年被评为黔南州首批青年骨干教师，黔南州中学化学教学研究会理事，黔南州化学中心学科组成员，贵州省科学技术协会会员。2001年被评为贵州省优秀教师。2003年5月任瓮安二中副校长，2005、2006年两次被评为黔南州优秀共产党员。2006年荣获黔南州第一届青年科技奖，2007年8月任瓮安二中党总支部书记、副校长。2008年8月至2013年4月任瓮安四中校长兼党支部书记。其间，2009年6月被评为省级骨干教师。2009、2011、2012年被评为瓮安县“十佳校长”。2011年11月被评为贵州省中学特级教师。2013年4月任瓮安中学校长。2017年评为贵州省中学正高级教师。

雷　洪　男，汉族，中共党员，1967年9月11日生，贵州瓮安玉山镇人，韶关市公安局交警支队高速公路一大队大队长兼三大队大队长。“中国好人”荣誉称号获得者。1982年初中毕业。

1985年考入铁道部郑州人民警察学校（现铁道警察学院）学习。1987年7月毕业生分配到铁路工程公安局第五公安第四公安分处工作参加公安工作，1992年10月加入中国共产党。先后任派出所干事、办公室主任、副分处长、分处长等职。2008年随铁路公安机构改制，到韶关市公安局交警支队高速公路一大队先后任大队教导员、大队长，现任韶关市公安局交警支队高速公路一大队大队长兼三大队大队长。

雷洪2008年调入京珠北高速从事高速交警工作后，遏制了京珠北事故黑点的事故多发势头，成功攻克了京珠北高速低温冰雪天气交通管理难题。使京珠北高速公路从刚开通时一年死亡121人，逐年下降到2016年仅死亡6人。其首创的“指挥室可视化远程指挥法”被广东省公安厅交管局全面推广。省内外各市相继前来学习高速公路管理经验，国家、省、市媒体纷纷深入宣传报道。给予雷洪“一腔热情，融百里冰雪；守土一方，播温暖四海”高度评价。其先后荣立个人二等功1次、个人三等功4次，先后荣获全国春运先进个人、全省优秀党务工作者、韶关好警察、韶关好人等多项荣誉称号；被国家春运办授予“情暖旅途”全国先进个人，被省厅授予“广东省公安机关思想政治工作优秀工作者”称号。2017年5月，广东省人民政府授予雷洪“五一劳动奖章”。2017年8月，中央文明委授予雷洪敬业奉献“中国好人”，在全国给予表彰。2017年9月，雷洪再次被广东省人民政府评为广东省特级优秀人民警察，以表彰其突出的工作成绩。

蔡　彤　女，1968年4月生，贵州瓮安人，祖籍湖南省桃江县。中共党员，经济学博士，副教授、硕士生导师、暨南大学经济学系西方经济学教研室主任。1984年高中毕业。

1984年以瓮安县文科第一名的成绩考入武汉大学经济学系学习。1988年毕业分配到贵州省教育学院任教。1992年考入厦门大学攻读经济学硕士学位。1995年毕业到暨南大学经济学系任教。2001年考入武汉大学攻读经济学博士学位。2005年获武汉大学经济学博士学位，继续在暨南大学经济学系任教。担任宏观经济学（本科）、中国税制（本科，研究生）、劳动经济学专题研究（硕士研究生、博士研究生）等课程讲授，同时还担任暨南大学经济学系西方经济学教研室主任一职。

蔡彤在教学、工作之余，笔耕不辍，先后撰写论文《消费理论中人本传统的回归：从古典、新古典到行为经济学》《可信承诺与政府行为负外部性的防范机制构建》《公共物品供给与政府行为负外部性的防范》《论政府行为负外部性》《工会与集体谈判理论研究述评》《劳动力市场工人至岗位匹配效率研究》等发表在核心期刊和CSSCI期刊。还参与了参与多项国家自科基金项目、国家社科基金项目、广东省社科基金项目和其他政府项目。

李洪璠　男，1967年10月22日出生，贵州瓮安雍阳人，中共党员，心血管内科主任医师，瓮安县医院院长。1982年7月，瓮安二中初中部毕业，1984年高中毕业。

1984年9月至1989年7月，在贵阳医学院临床医学专业学习。1989年9月在瓮安县人民医院上班，从事临床内科工作。2000年4月至2001年4月在贵阳医学院附属医院进修神经内科一年，2005年12月至2006年11月在复旦大学附属中山医院进修大内科一年；2007年1月至4月任瓮安县人民医院内科主任，2007年4月至2012年1月任瓮安县人民医院副院长，2012年2月至任瓮安县人民医院院长，2007年4月获县“优秀科技人才”荣誉称号，2017年获县第二批“县管专家”荣誉称号。是黔南州医学会神经内科分会第一届委员会副主任委员，黔南州医院感染管理质量控制中心专家委员会副主任委员，黔南州感染性疾病科医疗质量控制中心委员会第一届委员会委员，黔南州医学会感染病与肝病学分会第一届委员会委员；黔南州政协十二届委员会委员。2017年、2018年两次被国家卫计委医政医管局表彰，授予“2016改善医疗服务优秀管理者”、深入落实2017年度“进一步改善医疗服务行动计划”宣传报道和主题活动中，被评为“优秀组织奖”；2018年获国家卫计委办公厅授予“全国优秀医疗服务示范个人”荣誉称号。

李 萍 女，汉族，1968年9月出生，贵州瓮安人，祖籍贵州省遵义地区桐梓县。民主党派致公党党员，研究生学历、副教授，全国高级调查分析师、贵州省统计局特聘专家、黔南州人大财经委特聘专家、贵州财经大学数统学院统计系副主任，主要研究方向为微观、宏观经济统计分析、人口统计分析、企业统计分析等。1982年初中毕业。

1985年考入贵州财经学院（现贵州财经大学）工业经济系计划统计专业学习。1989年7月毕业分配到瓮安县计划委员会（现瓮安县发展和改革委员局）工作，主要从事工业计划、基建计划、自费生毕业计划分配、农转非计划安排等工作。1992年底调入贵州财经学院（现贵州财经大学）从事教学工作。1997年中南财经大学政治经济学市场经济研究方向研究生毕业。主要讲授过的课程有：统计学（省级重点课程、精品课程）、宏观经济统计分析、商务统计学、企业经济统计学、社会经济统计学原理、统计应用软件、工商统计、网页设计与制作。

教学工作之余，所撰写论文《在业人口的变化与经济发展的基本数量关系分析》《贵州省人口在业程度分析》《贵州轿车市场现状及其展望》《公司治理与审计需求研究》《中国贫富差距现状分析及对策研究》《扩大内需必须决好两个心理因素》等在全国核心期刊及省级期刊发表，两篇课题论文《贵州省在业人口基本情况及变动分析》《贵阳市学龄儿童总量及分布对教育资源配置的影响》分别入选《贵州人口发展研究》一书及《贵阳市人口发展研究》一书；2017年12月，任科学出版社出版《产品创新设计人员与组织匹配方法及系统开发》副主编。还主持、参与多项省级、市级课题及国家社科基金项目研究。

阮潮洪 男，1969年生，中共党员，福泉牛场人。空军大校军衔，航空兵第一师政治部主任。1990年高中毕业。

1995年空军导弹学院指挥自动化本科专业毕业生到空军部队服役，任空军航空兵第一师政治部主任、北部战区空军某基地政治工作部主任。

傅勤勇 男，汉族，中共党员，1970年8月出生，贵州瓮安人。本科学历。贵州省公安消防总队政治部主任（副师职，武警大校警衔）。1982年初中毕业。

1985年考入贵州大学物理系理论物理专业学习。1989年7月，贵州大学毕业生入伍。历任黔南州公安消防支队副支队长；铜仁地区公安消防支队政治委员；黔东南州公安消防支队支队长、贵州省公安消防总队政治部主任等职务。先后荣立个人二等功1次，个人三等功3次。

邹　涵　男，汉族，中共党员，1970年10月生，贵州瓮安人。黔南州政法委副书记、州综治办主任。1982年初中毕业。

1990年9月就读于贵州省黔南师专中文系。1993年9月至1995年6月在贵州省黔南州都匀市技工学校任教，1995年5月至1995年9月在都匀市委办工作，1995年9月调入黔南州公安局工作，1997年7月加入中国共产党。2002年11月通过考试获经济师资格证书；2003年9月至11月在贵州省黔南州党委校中青班学习；2004年4月至2005年4月挂任贵州省龙里县公安局党委委员、副局长，2006年3月至2011年10月任惠水县公安局党委书记、局长，2009年3月，参加“全国公安局长专题培训班”学习，被评为“优秀学员”，受到公安部表彰；2007年、2012年分别到欧洲、美国等地参加警务机制学习，2008年1月至2010年1月在西南大学行政管理专业研究生班学习。2011年10月至2013年5月任独山县委常委、政法委书记、公安局长，2013年5月任黔南州政法委副书记、州综治办主任。

其任黔南州政法委副书记、州综治办主任其间，拟订了“五项工程”（回归工程、阳光工程、安宁工程、红丝带工程、雨露工程）工作机制，创建针对未成年人违法犯罪的“启航”学校，自2015年开班以来，全州未成年人违法犯罪大幅度下降，获2016年《全国创新社会管理典型案例》优秀奖，孟建柱等国家领导人亲自到校调研，高度肯定了这一做法。综治工作在全省考核中荣获第一名，安全感测评连续三年全省第一。5次荣立个人三等功，于2013年、2015年分别被评为优秀公务员，并连续三年在州管干部民主测评名列第一。

文永生　男，汉族，1970年11月出生，贵州瓮安人，黔南州人民政府副州长。1990年高中毕业。

1990年9月至1994年1月，在北京工业大学市政工程专业学习；1994年1月至1994年3月，在贵州省黔南州公路处见习；1994年3月至1997年9月，贵州省黔南州公路处技术员（其间：1997年4月，评为助理工程师）；1997年9月至2002年8月，任黔南州公路处工程技术科副科长（其间：1999年9月至2002年7月，在贵州大学行政管理专业学习）；2002年8月至2003年3月，任贵州省黔南州公路处工程技术科科长（其间：2002年12月，评为工程师）；2003年3月至2005年7月，任贵州省黔南州公路处工程技术科科长，州交通建设公司经理（兼）；2005年7月至2009年3月，任贵州省黔南州交通局副总工程师（正科级），州交通建设公司经理（兼）；2009年3月至2010年2月，任贵州省黔南州交通局副局长、党组成员；2010年2月至2012年1月，任贵州省黔南州交通运输局副局长、党组成员；2012年1月至2013年6月，任贵州省交通运输厅综合规划处副处长；2013年6月至2014年9月，任贵州省黔南州交通运输局局长、党组书记；2014年9月起，任贵州省黔南州交通运输局局长、党委书记（其间：2015年6月至2016年6月，挂职任都匀市委副书记）。2013年5月至2016年6月，在武汉大学国际软件学院工程（软件工程·金融信息化方向）硕士专业学习，获工程硕士学位。2017年2月当选为黔南州人民政府副州长。

李 忠 男，1971年生，贵州瓮安人，博士研究生，贵州大学教授、硕士研究生导师。1991年高中毕业。

1995年贵州农学院植保系专业毕业生。参加工作以来曾任瓮安县农业局技术干部，现任教于贵州大学农学院，同时任中国微生物学会会员、中国植物保护学会会员、贵州省施秉县中药材病虫害防治特聘专家、国家自然科学基金委评审专家。主要承担贵州大学农学院本科生《农业微生物》《药用植物病理学》和硕士研究生《植物病原真菌学》《植物病害流行学》等课程。主要从事植物病虫害（重点是中药材和烟草）安全防治技术研究，先后主持国家自然科学基金、科技部科技支撑计划、贵州省自然科学基金、贵州省中药现代化项目、省科技厅联合基金（省、州、县三方合作项目）、贵州省烟草公司项目、省农业攻关项目、贵州大学人才基金等项目的研究。出版了《何首乌研究》《中国蝉花资源研究利用》等专著。

杜兴忠 男，1973年生，中共党员，贵州瓮安人。博士研究生。1991年高中毕业。

1995年成都理工大学毕业生。现就职于中国水电顾问集团贵阳勘测设计研究院有限公司，主要从事石油、矿产及工程地质地球物理勘查、水电水利建设工程质量检测、水库地震监测等相关领域生产及科研工作。

赵连富 男，汉族，1974年9月出生，中共党员，贵州瓮安人，企业家。1995年高中毕业。

瓮安县知名的致富带头人、企业家、慈善家，多次荣获“党员创业带富之星”“优秀乡土人才”等称号。赵连富于2011年在瓮安县建中镇组建了贵州苗岭雾海生态有机茶园有限公司，并建生态有机茶园基地2500余亩，辐射带动全镇10000余亩的茶园生产经营，增加劳动岗位2000个以上。该公司先后获得“黔南州农业产业化重点龙头企业”“黔南州重点扶贫龙头企业”“先进非公企业党组织”“尊师重教 先进单位”“瓮安县县级重点龙头业”“瓮安县尊师重教先进集体”等荣誉称号。由于赵连富创建的有机茶叶建园条件好，茶叶产品深受广大消费者喜爱，同时还吸引了英国茶叶公司等许多欧洲茶叶公司纷至沓来，要求生产市场走俏的高档有机茶，并预先签订意向性购销合同，赵连富严格按照欧盟关于茶叶的指标要求加强生产、加工、销售等一系列的工作，正努力把茶叶推向国外市场。

文永辉 男，1976年2月出生，贵州瓮安人，贵州黔坤律师事务所律师，贵州师范大学法学院教授、副院长、硕士生导师、法学博士后。1993年高中毕业。

1993年至2000年，贵州大学法学本科、硕士;2003年至2007年，中山大学法学博士;2012年至2015年，西南政法大学民商法学院法学博士后。

2000年起在广东工业大学、贵州师范大学担任教师，任讲师、副教授、教授。1999年通过全国律师资格考试，2001年至2014年分别在广东立得律师事务所、贵州法治时代律师事务所从事律师执业，2014年12月起为贵州黔坤律师事务所律师。在从事律师工作期间，办理过60多起民商事、行政、刑事案件，担任贵州省海事局、铁五建置业公司等单位常年法律顾问，有丰富的民商事法律理论和实践经验。曾为贵州省交通厅、省人行、中石油、各级法院等几十家单位开展法治培训和讲座。在《河北法学》《民族研究》《贵州社会科学》《广西社会科学》等重要、核心期刊发表论文30多篇，出版专著1部，主持中国博士后科学基金、教育部人文社科项目、贵州省哲学社会科学重大招标课题等项目7项。还担任贵州省法学会理事，贵州省民法经济法研究会、贵州省建筑工程与房地产法学研究会、贵州省诉讼法学研究会、贵州省青年法学会副会长，贵州省政协立法协商专家库专家、贵阳市人大立法咨询专家、贵阳市政法委案件评查专家。

刘元高 男，1977年生，贵州瓮安珠藏人。水利工程博士、土木工程博士，桥梁工程师、高级量化投资分析师、CFA特许金融分析师、FRM金融风险管理师。1994年高中毕业。

1994年考入清华大学水利工程系本科专业学习。2003年进入英国帝国理工大学土木工程系就读博士。2007年进入Jacobs工程技术有限公司担任桥梁工程师，参加伦敦环城高速公路扩展的桥梁等工程结构的设计。现就职于英国OLD MUTUAL环球资产管理公司，主要从事高级量化方面的投资分析工作。

卿　涛 男，1979年生，贵州瓮安人,中共党员。博士、高级工程师、主任设计师、清华大学博士研究生导师。1996年高中毕业。

2001清华大学精密仪器系本科专业毕业生。2001年免试进入清华大学精密仪器系硕博连读，师从中科院院士温诗铸先生。先后担任清华大学校团委干部和清华大学国防班的政治辅导员。现任航天五院502所机电技术事业部副部长，精密转动与传动机构长寿命技术北京市重点实验室副主任，五院502所空间轴承应用专业实验室主任。目前主要从事空间惯性执行机构设计研制和长寿命润滑技术研究。设计研制的惯性执行机构产品在轨应用于北斗导航、天宫、嫦娥、通信和遥感等卫星及飞行器。主持国家自然基金基金联合基金重点项目、总装预研基金重点项目等，作为课题负责人参与国防973项目，作为主要人员参与装发共性、民用航天和装备可靠性增长等项目。获军队科技进步和国防技术发明奖励2项，专利10余件，发表论文20余篇，国防技术报告10余份。

彭　晖 男，汉族，中共党员，1979年12月生，贵州瓮安人。博士研究生，通信工程师。1998年高中毕业。

1998年考入解放军理工大学学习，2002年获工学学士学位。2002年7月—2003年8月 担任91241部队有线连排长。2003年9月考入解放军理工大学工学攻读硕士学位。2006年4月获解放军理工大学工学硕士学位。2006年5—8月，担任91241部队通信营助理工程师。2006年9月考入解放军理工大学工学攻读博士学位。2009年6月 获解放军理工大学工学博士学位。2009年6月担任92913部队通信科工程师。2011年11月进入解放军理工大学土木工程博士后流动站。专业技术九级中校。

冷继刚 男 汉族，1979年生，贵州瓮安人。硕士学历，人机工程领域专家。1997年高中毕业。

1997年9月，考入哈尔滨工业大学，计算机科学与技术本科专业学习，2010年9月考入北京大学软件工程专业硕士专业学习，2013年7月毕业生。2001年7月一直在用友网络股份有限公司工作，现任用户体验总监、人机工程专家。从事企业管理软件及企业互联网行业16年，在用友曾任职软件开发经理、产品经理、用户体验总监等职务，用友首位人机工程领域专家。在软件开发及架构设计、人机交互界面设计及产品用户体验设计方面具备丰富经验。

蔡 娥 女，汉族 ，1980年生，贵州瓮安人。 硕士学历，软件高级工程师。1997年高中毕业。

1997年9月考入重庆大学学习学习2001年7月考入重庆大学研究生学习。2004年7月至2013年4月在中冶集团工作，任高级工程师。 2013年4月任北京优一至简科技有限公司总经理。工作以来长期从事系统软件设计，开发管理工作，在中冶集团工作期间，作为项目经理，负责的行业软件荣获集团内科技技术二等奖，集团技术鉴定达到国际先进水平。2013年作为主要创始人，创建了北京优一至简科技有限公司。公司致力于提供人机交互界面整体解决方案，提升用户体验。公司跟中石化、国家电网、用友软件等大中型企业有深度合作。

熊 焱 字盛荣，男，汉族，1980年10月生，贵州瓮安建中人。中国作家协会会员，四川省作家协会主席团委员。80后重要性代表诗人。2000年高中毕业。

2000年考入四川大学哲学系学习。曾参加第23届青春诗会，第七届全国青年作家创作会议，并作为大会指定的两名诗人代表作主题发言。曾获华文青年诗人奖、四川文学奖、名人堂年度诗人、首届四川十大青年诗人、天津诗歌奖、《飞天》十年文学奖、《诗潮》最受读者喜爱诗歌奖、海子诗歌奖等各种奖项。著有诗集《爱无尽》《闪电的回音》，长篇小说《白水谣》《血路》。现居成都，曾任《星星》诗刊编辑，现任《青年作家》执行主编、《草堂》诗刊执行主编，成都市文联主席。

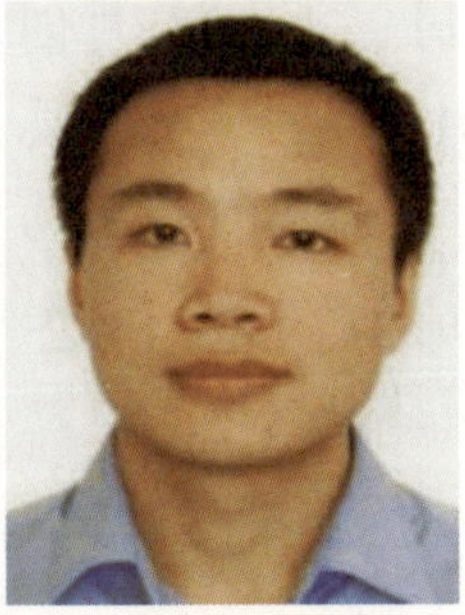

陈开富 男，汉族，1981年生，贵州瓮安人。医学博士。优秀青年学者。2000年高中毕业。

2000年考入南开大学应用物理（生物物理学）学习。2004年考入中国科学院，北京基因组研究所硕博连读研究生，2009年毕业生。曾在中国科学院北京基因组研究所从事核小体组织结构及其对基因功能进化与调控的机理研究，现就职于美国贝勒医学院邓肯癌症研究中心，专门从事癌症表观遗传学、基因组学及生物信息学的研究。2009年获中科院基因组所优秀论文奖、优秀研究工作奖。2013年获贝勒医学院杰出基础科研奖。开发作品有基于DNA测序技术的染色体结构动态研究算法等，发表学术论文有《MeCP2 binds to mCH as neurons mature, influencing transcription and onset of Rett syndrome. In press.》《The overlooked fact: fundamental need of spike至in for genome至wide sequencing. In press.》等。

金　群　女，1981年生，贵州瓮安人。硕士研究生。1999年高中毕业。

2004年中央民族大学英语专业毕业生。曾任教于北京农业职业学院基础部，编写了《初中英语听力练习》共六册，《高中英语练习册》共四册，参与编写《高职英语教学》。2008年留学于澳大利亚墨尔本大学经济学系，现受聘于墨尔本New Pathy Way任职市场经理。

肖　剑　男，汉族，1981年生，贵州瓮安人。本科学历，遥感应用专家。1997年高中毕业。

1997年9月至2001年7月在南京大学地球科学本科学习系学习，获学士学位。2001年7月至2004年4月，中科院地理信息产业中心工作。2004.04.在北京国遥新天地信息技术有限公司工作，任副总裁。工作中长期从事遥感和地理信息应用研究工作，在遥感应用和信息系统建设方面经验丰富，同学组织开发的大型空间三维信息平台EV至Globe成为国内领先的三维软件，在国家测绘局2012年组织的同类软件测评中排名首位，领导开发的航天三维指控平台获得了国家测绘局科技进步二等奖，保障了历次航天发射任务，同时开发的国家海岛管理信息系统和电力三维选线平台等项目获得了中国地理信息产业协会评选的优秀工程金奖。作为北京国遥新天地信息技术有限公司主要发起人之一，长期担任单位公司软件应用负责人，在国遥公司从2004年初创起步走向成熟规模的发展历程中发挥重要作用，目前国遥在国内遥感应用，航摄，空间信息系统开发等方面处于行业领先地位。

王得利　男，汉族，1982年4月生，贵州瓮安雍阳镇桐木村人。全国优秀春晖使者，省劳动模范。1998年高中毕业。

1998—2011年外出广州、湖北、贵阳等地打工、学习、创业（其中2007年至2009年就读中央人民广播电视大学函授班，并取得农业经济管理的大专文凭）。2012年返乡创业，是年3月创办瓮安县春晖食品有限责任公司，7月创办瓮安县春晖蛋糕连锁店。2013年12月创办贵州瓮安春晖汽贸公司。2015年5月创办瓮安县春晖堂中药房。2015年7月创办瓮安县春晖幼儿园。2017年8月，瓮安县春晖食品有限公司变更为贵州春晖实业有限公司。先后荣获“贵州省劳动模范”“贵州省五一劳动奖章”“全国优秀春晖使者”“自信黔南青年人”“瓮安县道德模范”“瓮安县青年创业致富带头人”“春晖行动先进个人”等荣誉称号。现任贵州春晖实业有限公司总经理、瓮安县人大代表、瓮安县人大常务委员会委员、瓮安县工商联副主席。

陈　凤　女，汉族，1984年生，贵州瓮安人，中科院理学博士，高级工程师。2003年高中毕业。

2003考入北京林业大学学习，2007年免试保送至中科院广州地球化学研究所环境化学与毒理学专业学习，硕博连读。现就职于贵州省环境科学研究设计院。多年来一直从事水土环境中有机污染物（持久性有机污染物、药物与内分泌干扰物）、重金属的研究以及环境生态风险评价与环境修复研究。承担多项国家、省部级重大科研项目，在国际核心刊物Environment Pollution, Science of the Total Environment等上发表了多篇高质量的论文。

包礼渊　男，汉族，1988年10月生，贵州余庆人，博士研究生，2000年高中毕业。

2008年9月至2012年7月，就读于北京理工大学制药工程专业，获工学学士学位。2013年9月至2015年7月，就读于哈尔滨工业大学有机化学专业，获理学硕士学位。2015年9月至—，哈尔滨工业大学化学工程与技术专业，博士在读。

宋泽毅　男，汉族，1989年1月生，贵州余庆人，博士研究生，2008年高中毕业。

2008年9月至2012年7月，就读于同济大学物理专业，获理学学士学位。2013年9月至2018年3月，就读于同济大学凝聚态物理专业，获理学博士学位。2018年4月至—，同济大学博士后。

张洪军　男，苗族，1989年1月生，贵州瓮安人，博士研究生，2008年高中毕业。

2008年9月至2012年7月就读于贵州大学生物技术专业（本科）。2013年3月至2014年4月就职于中国科学院地球化学研究所（技术员）， 2014年9月至2017年7月就读于电子科技大学生物化学与分子生物学专业（硕士）。2017年7月至2018年8月就职于四川大学华西生物治疗国家重点实验室（科研助理）。2018年7月考入四川大学华西生物治疗国家重点实验室，攻读细胞生物学博士研究生。

王　顺　男，1989年生，贵州瓮安人。硕士研究生，互联网金融高级产品经理。2008年高中毕业。

2008年考入中国政法大学新闻系，在校期间多次获得国家励志奖学金、入围年度“感动法大十大人物”、北京市“三好学生”等表彰，2012年免试保送本校研究生。研究生阶段，跟随导师参与多项业界研究项目，与新华社、人民日报集团、北京日报集团、湖南广电、浙江广电等企业建立联系，并主编出版多部刊物。2015年毕业后，进入京东金融工作，作为核心产品经理，参与打造了京东白条、京东金条等各类场景、信用金融产品，累计服务用户超过1亿，资金超过千亿元。工作期间表现突出，2016年，获京东金融集团“金融基石奖”“金项奖”“CEO项目奖”。

王义熙 男，汉族，1989年3月生，贵州瓮安人，博士研究生，2007年高中毕业。

2007年9月至2012年7月，就读于南方医科大学中医学专业（本科）。2013年9月至2014年11月就读于香港大学公共卫生专业（硕士）。2015年3月至2016年7月，就职于东软熙康健康科技有限公司（管理培训生）。2016年8月至2017年12月，就职于广东国联安和健康管理有限公司（主任助理）。2018年7月考入四川大学华西公卫学院，攻读社会医学与卫生事业管理博士研究生。

五、2018年在职教师简历

（一）高级教师

王其一 男，汉族，1958年10月出生，贵州瓮安人。本科学历，中国民主促进会会员，中学语文高级教师。

1982年参加教育工作，1984年9月调入瓮安二中，2005—2012年任瓮安二中语文教研组组长。2010年任瓮安县高中语文学科副组长。

徐家海 男，汉族，1959年4月出生，广西合浦人，中学化学高级教师。

1977年8月下乡当知青，1979年8月黔南师专理化科毕业，1979年10月至1985年1月在三都水族自治县三都二中工作。1985年2月调瓮安二中工作。

陈　斌 （详见学校名师简介）。

李文通 男，汉族，1963年9月出生，贵州瓮安人，中共党员，中学数学高级教师。

1981年8月至1984年6月就读于黔南师范专科学校。1984年8月分配到玉山中学工作，其间任班主任、教务主任、校长。2004年8月通过招考调入瓮安二中工作。

李小忠 男，汉族，1963年10月出生。贵州瓮安人。本科学历，中学语文高级教师。

1986年8月，黔南师专毕业分配到玉山中学工作。1998年8月，调瓮安二中工作。2000年9月至2002年7月贵州大学中文系在职进修。2002年8月回校工作。

王小勇 男，汉族，1964年1月出生，贵州瓮安人，大学本科学历，中共党员。贵州省散文学会会员、黔南州作家协会会员、瓮安县作家协会理事，中学语文高级教师。

1984年7月，黔南师专中文专业毕业后分配到瓮安二中工作。2000年9月至2002年7月在贵州大学中文系进修。2005年9月至2016年9月任政教处副主任,2016年9月任督察室主任。

黄　哲 男，汉族，1964年3月出生，湖南祁东人，大学本科学历。中学政治高级教师。

1985年7月毕业于湖南衡阳师专，8月分配到祁东四中参加工作。1988年8月，应聘到瓮安二中工作。其间，1998年9月至2000年7月在省教院政史系进修。

程义厚　男，汉族，1964年8月9日出生，贵州瓮安人，本科学历，中学物理高级教师。

1986年7月，黔南师专毕业分配到天文中学参加工作。1986年8月调草塘中学工作。2002年9月至2004年7月在贵州师范大学物理系在职进修。2004年9月至2012年8月，在草塘中学工作，任草塘中学物理教研组组长，县物理学科中心组成员；2012年8月调瓮安二中担任高中物理教学工作。

聂棋槐　男，汉族，1964年8月出生，贵州瓮安人，中共党员，中学数学高级教师。

1986年7月，黔南师范专科学校数学系毕业分配到玉山中学参加工作。1988年8月调白沙小学。1990年8月调艾州小学。1991年8月调天文中学。1994年8月调中坪中学。其间1997年9月至1999年7月在省教院进修。1999年8月调瓮安二中工作。

张清昌　男，汉族，1964年12月生，贵州瓮安人，本科学历，中学物理高级教师。

1987年8月至1992年7月，在瓮安县天文中学任初中物理及班主任工作；1992年8月至1997年7月，在瓮安县草塘中学任高中物理教学及班主任工作；1997年8月调瓮安二中工作。

何崇玖　男，汉族，1964年10月出生，贵州瓮安人，中共党员，中学数学高级教师。

1985年7月，都匀民族师范学校毕业分配到高水小学工作。1988年8月至1989年8月在珠藏小学工作。1989年8月至1991年7月在贵州省黔南教育学院数学系进修。1991年8月至1997年8月在珠藏中学工作；1997年9月调瓮安二中工作，2016年任督查室副主任。

杨汉全　男，1964年11月出生，贵州瓮安人，本科学历，中学化学高级教师。

1986年黔南师专化学系毕业，分配到银盏学校任化学教师，1992年考入贵州省教院化学系进修，1994年8月调瓮安二中工作。其间，2000年9月至2014年9月担任化学教研组组长。

胡天燕　女，汉族，1965年2月出生，重庆江北人。本科学历，中学语文高级教师。

1982年12月，高中毕业后在洗马小学参加教育工作。1985年9月至1987年7月在省电大中文专业进修。1988年3月调入瓮安二中工作。1992年9月至1994年7月在省教院中文系进修。

夏锦富　男，汉族，1965年5月出生，贵州瓮安人，本科，中学数学高级教师。

1987年7月，黔南师专数学专业毕业分配到永和中学工作，1990年9月至1998年8月在瓮安县中坪镇中坪中学工作，1998年9月调瓮安二中工作。

吴昌松　男，汉族，1966年1月出生，贵州福泉人。本科学历，中国民主促进会会员，县语文学科中心组副组长、县文联辞赋学会副会长，中学语文高级教师。

1985年8月，瓮安师范毕业分配到茅坡小学参加工作，1990年9月至1992年7月在黔南教育学院进修。1992年8月调入瓮安二中工作，其间，2000年9月至2002年7月在贵州大学中文系在职进修。2012年9月至2016年10月任语文教研组组长。2014年主持编撰《国学经典选读》一书，由湖南师范大学出版社出版发行。2017年任《瓮安二中志》主编。

顾德贵　男，汉族，1966年2月出生，贵州瓮安人，本科学历，中学物理高级教师。

1988年7月，贵州省师范大学物理系毕业分配到平塘民中参加工作。1990年8月调瓮安中学工作。1991年9月调玉山中学工作，1995年8月调瓮安二中工作。2008年任教务处副主任。

宋旭华　男，苗族，1966年3月出生，贵州瓮安人，中学化学高级教师。

1984年7月，贵定师范毕业分配到天文小学参加工作。1987年9月调木老坪小学工作。1988年9月至1990年7月在黔南教院生化专业进修。1990年8月回木老坪小学工作。1992年8月调玉山中学工作。1994年8月调天文中学工作。1995年7月至1997年7月省教院化学系进修。1997年8月调瓮安三中工作。2001年8月调瓮安二中工作。

黄胜华　男，汉族，1966年2月出生，贵州瓮安人，本科学历，中学物理高级教师。

1991年7月，黔南师专物理系毕业分配到瓮安二中工作。担任物理科教学及班主任工作。2001年9月至2003年7月贵州师范大学物理系在职进修。

吴定龙　男，汉族，1966年3月生，贵州瓮安人，中共党员，本科学历，中学政治高级教师，瓮安二中副校长。

1986年8月，瓮安师范毕业分配到木老坪小学参加工作，曾在木老坪小学、雍阳中学、瓮安职中、瓮安四中、瓮安三中、草塘中学等校担任领导工作。其间，1989年9月至1991年7月在黔南教院政史专业进修。2007年9月至2009年7月在中央电大政史系在职进修。2016年9月调入瓮安二中任副校长。

黄碧凤　女，1966年3月出生，贵州瓮安人，中学信息高级教师。

1984年7月，贵定师范毕业分配到瓮安县永和中学任教。其间，1989年考入贵州省黔南教育学院学习，1991年7月毕业后继续在永和中学任教，1993年调入贵州省瓮安第二中学任教，2011年至2015年任信息组教研组组长。2016年8主持完成国家级课题“黔南民族地区普通高中教育信息的制约因素及对策研究”，获“贵州省第三届教育科研优秀成果奖”三等奖。

张泰军　男，汉族，1966年9月出生，贵州瓮安人，中共党员，中学生物高级教师，县高中生物名师工作室主持人。

1986年7月，贵定师范学校毕业分配到雷文小学工作，1987年7月至1989年9月任雷文小学校长。1989年9月至1991年7月在黔南教育学院生物专业进修。1991年7月至1992年7月在玉华中学工作。1992年8月调瓮安二中学工作。2000年9月至2002年7月在贵州师范大学生物系在职进修。2006年9月任政教处副主任。

张明光　（详见学校历任主要负责人简介）。

唐安林　男，汉族，1967年3月出生，贵州瓮安人，中国民主促进会会员，本科学历，中学历史高级教师。

1991年7月，黔南师专历史专业毕业分配到草塘中学参加工作，1996年9月调瓮安二中工作。2007年至2012年任教科处副主任，2012年担任行政办公室主任，2016年1月任工会主席。

李国凡　男，汉族，1967年5月出生，贵州瓮安人，本科学历，中国民主促进会会员，中学英语高级教师。

1985年7月，瓮安师范毕业分配到茅坡小学工作。1990年9月至1992年7月省教院进修。1992年8月调瓮安二中工作。其间，2007年9月至2009年7月中央电大在职进修。

李荣强　男，汉族，1967年9月出生，贵州瓮安人，中共党员，本科学历，中学化学高级教师。

1989年7月，黔南师专化学专业毕业分配到珠藏中学工作。1997年8月调瓮安二中工作。其间，2001年9月至2003年7月在省教院化学系在职进修。现任学校信息管理中心主任。

周汉英　女，汉族，1967年9月出生，贵州瓮安人，本科学历，中学化学高级教师。

1989年7月，黔南师专化学专业毕业分配到玉山中学参加工作。1993年9月，调瓮安二中工作。2001年9月至2003年7月在省教院化学系在职进修。2009年9月任教科处副主任。

王　警　男，汉族，1968年2月生，贵州瓮安人，本科学历，中学物理高级教师。

1991年7月，黔南师专物理专业毕业分配到城关二小工作。1993年8月调瓮安二中工作。2001年9月至2003年7月贵州师范大学物理系在职进修。

胡孔刚　男，汉族，1968年3月出生，贵州瓮安人，本科学历，中学语文高级教师。

1986年7月，瓮安师范毕业后分配到高水中心完全学校工作；1988年调入珠藏中学工作；1994年在黔南教育学院进修汉语言文学专业学习，1996年毕业后回珠藏中学工作；在职期间又继续进修贵州民族学院汉语言文学本科专业。2011年调草塘中学工作；2012年回珠藏中学工作；2016年划转瓮安二中工作。

蔡正忠　男，汉族，1968年4月出生，贵州瓮安人，本科学历，中学信息高级教师。

1986年8月，瓮安师范毕业分配到松坪小学工作，1989年至1991年在贵州省教育学院进修学习地理专业，1991年8月调入瓮安二中工作，2001年到贵州大学脱产进修，2007年获得黔南州州级骨干教师称号。

王华松　男，汉族，1968年6月出生，贵州瓮安人，中共党员，本科学历，中学历史高级教师。

1991年8月，贵州师范大学历史系毕业分配到瓮安二中参加工作。长期从事教学一线工作，多年担任高中文科重点班班主任工作。2008年任瓮安二中教务处副主任，2012年任教务处主任，2013年任副校长。

龙惠清　女，汉族，1968年7月出生，贵州瓮安人，本科学历，国家田径三级裁判员，中学体育高级教师。

1990年7月，黔南师专体育专业毕业后分配到银盏中学工作,1992年8月调入瓮安二中工作。其间，2001年9月至2003年7月在贵州师范大学体育系在职进修。

邓永富　男，汉族，1968年8月出生，贵州余庆人，本科学历，中学英语高级教师，校工会副主席。

1991年7月，黔南民族师专英语系毕业分配到珠藏中学担任英语教师，1995年8月调入瓮安二中工作，1994年9月至1996年7月在省教院英语系在职进修。2015年被黔南民族师范学院聘为硕士研究生（院外）指导教师，2016年4月参与编写《民族地区基础英语教学改革理论与实践》一书，由光明日报出版社出版。2017年1月当选为政协瓮安县第十一届委员。

郭雄杰　男，汉族，1968年10月出生，贵州瓮安人，本科学历，中学化学高级教师。

1990年7月，贵州师范大学化学系毕业。1990年9月至1992年7月在瓮安中学工作，1992年9月至1994年7月在天文中学工作，1994年9月至1996年7月在草塘中学工作，1996年9月调瓮安二中工作。

王忠俊　女，汉族，1968年11月出生，贵州遵义人，中共党员，本科学历，中学语文高级教师。

1994年8月，在木引槽学校参加工作。2001年9月至2003年7月在贵州师范大学在职进修。2004年8月调入珠藏中学，2016年8月划转瓮安二中工作。

李家庆 男，汉族，1968年12月出生，贵州瓮安人，本科学历，州高中数学骨干教师，瓮安乌江摄影协会会员，中学数学高级教师。

1990年8月，黔南师专数学专业毕业分配到金星小学参加工作。1992年8月调草塘中学工作。历任瓮安草塘中学数学教研组组长、教务处副主任、主任、副校长，2009年2月至2012年8月任瓮安县珠藏中学校长，2012年8月被调瓮安中学任一般工作人员。2014年8月调瓮安二中工作。

张正军 男，汉族，1969年10月出生、贵州瓮安人。本科学历，中学语文高级教师。

1989年7月，都匀民师毕业分配到玉山小学工作。1992年9月至1994年7月在黔南教院中文专业进修。1994年8月调玉山二中工作。1995年8月调入瓮安二中工作。2000年9月至2002年7月贵州大学中文系脱产进修。毕业后回校工作。

罗建明 （详见学校名师简介）。

兰裕晖 女，汉族，1970年6月出生，贵州瓮安人，本科学历，中学数学高级教师。

1992年7月，贵州师范大学数学系毕业分配到瓮安二中工作。2005年聘为黔南州中学数学学科骨干教师。

简雪曼 女，蒙古族，1971年3月出生，贵州瓮安人，本科学历，中学历史高级教师。

1996年7月，贵州师范大学历史系毕业分配到瓮安二中工作。担任高中历史教学工作。2007年9月至2015年9月，担任历史教研组组长。

周凤学 男，1971年4月出生，贵州瓮安人，本科学历，中学英语高级教师。

1995年7月，黔南师专英语专业毕业分配到永和中学工作。1999年8月调瓮安二中工作。其间，2001年9月至2003年7月在省教院英语系进修，现任高三年级部副主任。

谢祥群 男，汉族， 1971年10月出生，贵州瓮安人。大学本科学业，县级、州级骨干教师，中学语文高级教师。

1995年8月，黔南师专中文专业毕业分配到牛场坝学校工作，1996年9月调入珠藏中学工作。2007年9月至2009年7月在黔南民族师范学院中文系进修，2016年9月划转瓮安二中工作。

杨　梅 女，汉族，1971年11月出生，贵州瓮安中坪人，本科学历，中学语文高级教师。

1992年7月，贵定师范毕业分配到白沙小学工作，1994年8月调中坪小学工作。1995年9月至1997年7月在省教院中文专业进修，1997年8月调入瓮安二中工作。其间，2001年9月至2003年7月，在贵州师范大学中文系脱产进修。

彭长刚 男，汉族，1972年9月出生，贵州瓮安人，中学政治高级教师。

2000年7月，贵州师范大学政教系毕业应聘到瓮安二中工作。其间，2007年9月至2014年7月担任学校政治教研组组长。

冯配金 男，汉族，1973年4月出生，贵州瓮安人，中学数学高级教师。

1995年7月，黔南师专数学专业毕业分配到中坪中学工作。2001年9月至2003年7月在贵州师范大学数学与应用数学专业在职进修。2004年8月考入瓮安二中。其间，2014年9月至2016年9月担任学校数学教研组组长。

王　华 女，汉族，1973年7月出生，贵州瓮安人，本科学历，中学物理高级教师。

1996年7月，黔南师专物理专业毕业分配到天文中学工作。1999年9月调瓮安二中工作。2002年9月至2004年7月在省教院物理系在职进修。

宋忠荣 女，汉族，1973年10月出生，贵州瓮安人，本科学历，中共党员，中学英语高级教师。

1994年7月，黔南师专英语专业毕业分配到营定小学工作。1994年9月至1996年7月在省教院英语系进修，1998年8月调入瓮安二中工作。2017年参与《高中英语语法通霸（2017版）》编写，已由浙江大学出版社出版。

卢清明 男，汉族，1973年11月出生，贵州瓮安人，中学数学高级教师。

1999年7月，贵州师范大学数学与计算机科学系毕业分配到瓮安二中工作。2005年参加黔南州教育局派往华东师范大学参加“黔南州第一批中学骨干教师研修班”学习。

任京华 女，汉族，1973年11月出生，贵州瓮安人，中共党员，本科学历，中学英语高级教师。

1995年7月，黔南师专英语专业毕业分配到草塘希望中学工作。1996年9月至1998年7月在贵州师范大学英语系在职进修。2002年8月调瓮安二中工作。

简良恩 女，汉族，1974年1月出生，贵州瓮安人，中共党员，本科学历，中学语文高级教师。

1994年7月，都匀民师毕业分配到珠藏小学工作。1997年9月至1999年7月在黔南教院进修。1999年7月调珠藏中学工作。2001年3月调珠藏辅导站。2001年9月至2003年7月在贵州师范大学中文系进修，2003年8月回珠藏中学工作，2004年8月调瓮安二中工作。

刘万平 男，汉族，1974年5月出生，贵州瓮安人，中共党员，本科学历，中学英语高级教师。

1998年7月，贵州广播电视大学英语教育专业毕业分配到高水中学工作。2007年8月调珠藏中学工作。2007年12月获英语本科文凭。2016年9月考调到瓮安二中工作

雷成刚 男，汉族，1974年7月出生，贵州瓮安人，本科学历，中学数学高级教师。

1994年7月，贵定师范毕业分配到两岔小学工作；1995年8月调后坝民校工作。1996年8月调洗马学校工作。1998年9月至2000年7月在黔南教育学院数学专业进修。2000年8月回洗马学校工作，任教导主任。2002年7月贵州省教育学院本科毕业；2004年8月调瓮安二中工作。

夏忠富 男，1974年7月出生，贵州瓮安人，中共党员，中学生物高级教师。副校长。

2000年7月，贵州师范大学生物系毕业分配到瓮安中学工作，2003年担任班主任，荣获过“黔南州优秀班主任”“贵州省优秀班主任”等荣誉，被聘为省会考命题专家库人才、瓮安县骨干教师、黔南州骨干教师、黔南州教研员。主持或参加的五个省州课题结题。2013年11月参加瓮安县公开遴选，任副校长。2017年，被评为优秀校长。

商　露 女，汉族，1974年10月出生，贵州瓮安人，中共党员，本科学历，中学物理高级教师。

1996年7月，黔南师专物理专业毕业分配草塘中学工作。1997年8月调瓮安二中工作。1998年9月至2000年7月在省教院物理系在职进修。

杨洪宗 男，1974年10月出生，贵州瓮安人，本科学历，中学高级英语教师。

1996年7月，贵阳师专英语专业毕业分配到永和中学工作。1999年9月调瓮安二中工作。其间，2001年9月至2003年7月在省教院英语系在职进修。2017年3月，获教育部国家留学基金委《贵州省西部连片贫困地区中学英语教师出国研修项目派出计划》派出资格，2018年3月派出到澳大利亚研修。

王永念 男，汉族，1975年3月出生，贵州省瓮安人，中共党员，本科学历，中学数学高级教师。

1997年7月毕业于黔南师专；1997年8月至2001年7月在瓮安县平定营中学工作，担任团委书记；

2001年8月至2003年7月在瓮安县青山小学任校长；2003年7月贵州师范大学本科毕业；2003年8月调瓮安二中工作，其间，担任过团委书记、政教处副主任。政教处主任等职。

犹永春 男，汉族，1975年3月出生，贵州瓮安人，本科学历，中学生物高级教师，

2000年7月，贵州师范大学生物系毕业应聘到瓮安二中参加工作。担任高中化学、生物教学和班主任工作。

杨家文 男，汉族，1975年6月出生，本科学历，中学物理高级教师。

2000年7月，贵州师范大学物理系毕业应聘到瓮安二中参加工作。担任高中物理教学及班主任工作。

陶荣华 男，汉族，1975年8月出生，贵州瓮安人，本科学历，中学语文高级教师。

1996年7月，贵州大学中文专业毕业分配到建中中学工作。1998年8月调瓮安二中工作。1999年9月至2001年7月在省教院汉语言文学本科专业进修。

姚仕芳 男，汉族，1975年8月出生，贵州瓮安人，中学数学高级老师。

2000年7月，贵州师范大学数学系数学教育专业毕业分配到瓮安二中工作，担任数学教学和班主任工作。

唐艳山 男，汉族，1975年10 月出生，贵州瓮安人，本科学历，中学化学高级教师。

1997年8月—2011年8月，在瓮安草塘中学工作；2011年9月调入瓮安二中工作。

李绍龙 男，汉族，1975年10月出生，贵州瓮安人，中共党员，本科学历，中学语文高级教师。

1994年8月参加工作，先后担任过瓮安县龙塘学校教务处主任、副校长；木引槽学校校长；牛场坝学校校长；珠藏中学副校长；2016年8月调入瓮安二中工作。

黎显福 男，汉族，1975年12月出生,贵州瓮安人，中共党员。篮球二级裁判、田径二级裁判、足球三级裁判、排球三级裁判、体操三级运动员，中学体育高级教师。

1998年8月参加工作。1998—2016年在珠藏中学工作，担任班主任以及政教处副主任工作。2016年8月划转瓮安二中工作。

何明荣 女，汉族，1976年3月出生，贵州瓮安人，中学数学高级教师。

2000年7月，贵州师范大学数学系毕业分配到瓮安二中工作，担任高中数学教学和班主任工作。

牟天伟 男，汉族，1976年3月出生，贵州瓮安人，中共党员，中学数学高级教师。县中心学科成员。

1998年8月参加工作，1998年8月至2016年7在珠藏中学工作，2011年至2016年任珠藏中学教科、教务工作，2016年8月划转瓮安二中工作。

罗　亮 男，汉族，1976年5月出生，贵州瓮安人，中共党员，中学数学高级教师。

1998年8月，省电大数学专业毕业分配珠藏中学工作。2006年9月至2008年7月在黔南民族师范学院数学系在职进修。其间，任珠藏中学副校长。2016年9月划转瓮安二中工作。

王永荣 女，汉族，1976年9月出生，贵州瓮安人，中学数学高级教师。

2000年7月毕业于贵州师范大学数学系，同年8月分配到瓮安二中工作。

李昕波 男，汉族，1976年9月出生，本科学历，中共党员，中学数学高级教师。

1999年7月，黔南师专数学专业毕业分配到草塘中学。2001年9月至2003年7月在贵州师范大学数学进修。2004年8月调瓮安二中工作，现任教学科研处副主任。

王 强 男，汉族，1976年10月出生，贵州瓮安人，中学地理高级教师，中国地理学会会员，现任教学科研处主任。

1990年9月至1993年7月在瓮安二中高中部学习；1993年9月至1995年7月在贵州师范大学学习；1995年8月至2002年8月在瓮安县玉华中学工作（其间2000年9月至2002年7月在贵州省教育学院在职学习）；2002年9月调瓮安二中工作。

陈德菊 女，汉族，1977年12月出生，贵州瓮安人，中学历史高级教师。

2001年贵州师范大学毕业，2001—2016年8月就职于荔波高级中学，2016年8月，调入瓮安二中工作。

邓实群 女，汉族，1978年6月出生，贵州瓮安人，硕士学历，中学生物高级教师。

1998年9月至2005年7月就读于贵州师范大学生物系，2005年8月招聘瓮安二中工作。其间，2007年9月至2015年9月担任生物教研组组长。

骆品相 男，汉族，1978年8月出生，贵州瓮安人，本科学历，中学化学高级教师。

2003年7月，贵州师范大学化学系毕业应聘到瓮安二中工作。其间，2014年9月至2016年9月担任化学教研组组长。

刘 玥 女，1978年9月出生，贵州瓮安人，中共党员，中学英语高级教师。

2003年7月贵州民族学院毕业应聘到瓮安二中工作。2010年通过网络学习毕业于东北师范大学英语本科专业。

安发光 男，土家族，1983年6月出生，贵州思南人，中国民主促进会会员，本科学历，中学化学高级教师。

2005年8月，贵州师范大学理学院毕业应聘到瓮安二中参加工作。现任化学教研组组长。

（二）一级教师

王 莉 女，1966年1月出生，贵州瓮安人，中共党员，本科学历，中学政治一级教师。

1984年7月贵定师范毕业分配到草塘小学工作。1985年8月调雍阳中学工作。1987年9月至1989年7月在黔南州教育学院政史专业进修学习。1991年9月调瓮安二中工作。其间，2005年3月中央电视广播大学汉语言学毕业，获本科文凭。

贺丽霞 女，汉族，1966年1月出生，贵州瓮安人，一级教师。

1982年12月参加工作。1982年12月至1985年7月在瓮安高枧小学任教，1985年9月至1987年7月在瓮安师范进修，1987年9月至1990年7月在瓮安高枧小学任教，1990年9月至2011年7月在瓮安城关一小任教，2011年9月在贵州省瓮安第二中学从事图书馆工作。

邵 勇 男，汉族，1967年9月出生，贵州瓮安人，中学数学一级教师。

1987年8月参加工作。1987年8月至1991年7月，在瓮安县珠藏中学工作，1991年8月至1997年7月，在瓮安县中坪中学工作，1997年8月，调瓮安二中工作。

尹利霞 女，1969年06月出生，贵州瓮安人，本科学历，中学英语一级教师。

1995年8月在贵州省瓮安县玉华中学工作。1998年8月调瓮安二中工作。其间，2000年9月至2002年7月在省教育学院英语专业学习。

王　刚　男，汉族，1971年6月出生，贵州瓮安人，本科学历，国家篮球二级裁判员，中学体育一级教师。

1994年7月，黔南师范学院体育专业毕业分配到瓮安二中工作。

徐志荣　女，汉族，1971年9月出生，贵州瓮安人，本科学历，中学化学一级教师。

1997年7月贵州师范大学化学系化学教育专业毕业，8月分配到瓮安二中工作。

宋　鹏　男，汉族，1971年11月出生，贵州瓮安人，本科学历，中学英语一级教师。

1996年8月在珠藏中学参加工作，2016年8月划转瓮安二中工作。

谢云均　男，汉族，1972年2月出生，贵州瓮安人，本科学历，中学地理一级教师。

1991年8月参加教育工作。1991年8月至1997年8月，在高水中学任教。1997年9月至1999年7月，贵州省教育学院进修。1999年9月至2013年8月，在珠藏中学任教。2013年9月至2015年8月，在瓮安第五中学任教（2014年9月至2015年8月借调瓮安二中工作）。2014年9月调瓮安二中工作。

李荣芝　女，苗族，1972年8月出生，贵州瓮安人，本科毕业，中学语文一级教师。

1997年7月，黔南师专中文专业毕业分配到中坪中学工作。1998年9月调玉山二中工作。2000年9月，在省教院进修。2002年8月毕业回玉山二中工作。2004年8月调瓮安二中工作。其间，任贵州省朱家彦名师工作室瓮安二中研修组组长。

黄　波　男，汉族，1973年11月出生，本科学历，中共党员，中学数学一级教师。

1996年7月。省农院生物专业毕业分配到珠藏中学工作。2008年1月在黔南民族师范学院数学专业进修，2016年8月划转瓮安二中工作。

王兴传　女，汉族，1973年11月出生，贵州瓮安人，本科学历，中学化学高级教师。

1997年7月，黔南师专化学专业毕业分配到希望中学工作。2001年8月调银盏学校工作。2002年9月至2004年7月在黔南民族师范学院化学系在职进修，2004年8月，经招考进入瓮安二中工作。

郑慧君　女，汉族，1973年11月出生，贵州瓮安人，中学生物一级教师。

1996年7月，湖南省长沙水利电力师范学院毕业分配到瓮安二中工作。

张全江　男，1973年11月出生，贵州瓮安人,中学生物一级教师。

1998年7月，贵州广播电视大学生物教育专业毕业分配建中中学任生物教师，2000年9月至2002年7月在贵州师范大学生物教育专业学习，2002年8月调瓮安二中任生物教师。

杨　华　男，汉族，1974年5月生，贵州瓮安人，中共党员，中学数学一级教师。

1998年7月，贵州师范大学数学系毕业分配到瓮安二中工作，担任数学教学和班主任工作。

李兴全　男，汉族，1974年9月出生，贵州瓮安人，本科学历，中学语文一级教师。

2000年7月，贵州师范大学中文专业毕业应聘到瓮安二中参加工作。

刘兴东　男，汉族，1974年9月出生，贵州瓮安人，中共党员，本科学历，中学数学一级教师。

1998年7月，省电大数学专业毕业分配到岚关中学工作。2002年7月在省教院数学系学习，2004年8月考调瓮安二中工作。

雷胜宇　男，汉族，1974年10月出生，贵州省瓮安人，中学数学一级教师。

1998年7月黔南师专数学专业毕业到珠藏中学参加工作，2016年8月划转瓮安二中工作。

张崇仪　男，汉族，1974年10月出生，贵州省瓮安人，本科学历，中学数学一级教师。

1999年7月黔南师专数学专业毕业到珠藏中学工作，2003年7月在贵州师范大学数学系学习，

2004年至2009年在草塘中学工作，2009至2016年在珠藏中学工作，2016年划转瓮安二中工作。

童　剑　男，汉族，1974年10月出生，贵州瓮安人，本科学历，中学物理一级教师。

1998年7月，贵州师范大学物理与电子科学系毕业，8月分配到瓮安二中工作。

钟声利　男，汉族， 1974年10月出生，贵州瓮安人，中国民主促进会会员，本科学历，中学物理一级教师。

2000年7月，贵州师范大学物理与电子科学系毕业，8月分配到瓮安二中工作。

张德宇　男，汉族，1974年12月出生，贵州瓮安人，本科学历，中学英语一级教师。

1998年7月，黔南师专英语专业毕业分配到珠藏中学工作，2016年8月划转到瓮安二中工作。

张家祥　男，汉族，1975年5月出生，贵州瓮安人，本科学历，国家田径二级裁判员，中学体育一级教师。

1995年7月，黔南师专体育专业毕业分配到希望学校工作。2000年8月调瓮安二中工作，2001年12月到贵州师范大学体育系学习。2005年任学校音体美教研组组长。

饶兴模　男，汉族，1975年5月出生，贵州瓮安人，中共党员，本科学历，中学英语一级教师。

1998年7月，省电大英语专业毕业分配到高水中学工作。2007年1月在黔南民族师范学院进修英语，2013年9月调珠藏中学工作，2016年8月划转瓮安二中工作。

李正海　男，1975年5月出生，贵州瓮安人，本科学历，中学化学一级教师。

1999年8月，黔南师专化学专业毕业分配到中坪中学工作。2004年8月，调入瓮安县第四中学工作，2007年7月在黔南民族师范学院化学专业进修学习，2011年8月，调入贵州省瓮安二中工作。

杨村畲　男，汉族，1975年5月出生，贵州瓮安人，本科学历，国家篮球二级裁判员，二级社会体育指导员，气排球三级裁判员，县体育协会会员，中学体育一级教师。

1995年7月，黔南师专体育专业毕业分配到草塘中学工作。1996年11月调入瓮安二中工作，其间，2001年9月至2003年7月，在贵州师范大学体育系进修。

林　艳　女，汉族，1975年9月出生，贵州瓮安人，本科学历，中学政治一级教师。

1998年7月，黔南师专政治专业毕业分配到草塘中学工作。2007年9月至2009年7月，在黔南民族师范学院本科思想政治进修学习，2013年9月调入瓮安二中工作。2017年所带班级获得“黔南州优秀班集体”。2017年个人代表政治组参加好教育联盟在湄潭举办的“同课异构”活动获得一等奖。现任政治教研组组长。

王维荣　男，汉族，1975年9月出生，贵州遵义人，本科学历，中学历史一级教师。

2000年7月，贵州师范大学历史专业毕业应聘到荔波高级中学工作。2016年8调入瓮安二中工作。

袁　刚　男，1975年10月出生，贵州瓮安人，本科学历，中学地理一级教师。

1998年7月，黔南民族师范专科学院地理教育专业毕业分配到渔河中学工作，其间，1999年8月—2001年7月在贵州省教育学院地理科学专业脱产学习，2001年8月考入瓮安二中工作。

秦大勇　女，汉族，1975年10月出生，贵州瓮安人，本科学历，中学数学一级教师。

1998年7月，贵州师范大学数学系会计电算化专业毕业分配到玉山中学工作。2001年9月调瓮安二中从事财务工作。

周子伦　男，汉族，1975年10月出生，贵州瓮安人，中共党员，本科学历，国家体操三级运动员，国家一级社体指导员，国家田径一级裁判员，国家篮球二级裁判员，黔南州历届运动会游泳教练，中学体育一级教师。

1999年7月，天津体育学院毕业分配珠藏中学工作。2009年1月在贵州师范大学体育系进修学习。2016年划转瓮安二中工作。

李亨志 男，汉族，1975年11月出生，贵州瓮安人，中学地理一级教师，

2000年7月，贵州师范大学地理教育专业毕业分配到草塘中学工作，2012年8月调入瓮安二中工作。

何国宇 男，汉族，1975年12月出生，贵州瓮安人，本科学历， 中学英语一级教师。

1998年7月，黔南师专英语专业毕业分配到珠藏中学工作。2006年1月在黔南民族师范学院英语系进修学习，2016年8月划转到瓮安二中工作。

贾朝琴 女，汉族，1976年3月出生，贵州瓮安人，本科学历，中学化学一级教师。

1999年7月，贵州广播电视大学化学专业毕业分配到玉山中学任化学学科教学。其间，2005年3月至2008年1月，在黔南民族师范学院化学教育本科专业学习。2010年8月，考入瓮安二中从事化学教学工作。

陈志全 男，汉族，1976年6月出生，贵州瓮安人，本科学历，中学英语一级教师。

1999年7月，黔南师专英语专业毕业分配到珠藏中学。2009年1月在黔南民族师范学院英语系进修学习。2016年8月划转到瓮安二中工作。

宋泽军 男，1976年11月出生，贵州瓮安人，本科学历，中学物理一级教师。

1996年7月，贵定师范毕业分配到白沙中学工作。1999年9至2001年7月在黔南民族师范学院物理专业进修。2011年8月到白沙中学工作。9月调玉华中学工作。2013年8月调瓮安二中工作。现任行政办公室副主任。

何伊梅 女，汉族，1976年11月出生，中共党员，贵州瓮安人，本科学历，中学语文一级教师。

1999年7月，省电大中文专业毕业分配到珠藏中学工作。2007年1月，在黔南民族师范学院进修学习，2016年8月划转到瓮安二中工作。

陆龙金 男，汉族，1976年12月出生，贵州瓮安人，本科学历。1996年8月参加工作，中学数学一级教师。

2003年7月，黔南民族师范学院数学专业毕业分配到木引学校工作。 2003年9月借调到瓮安二中工作，2006年9月调到瓮安三中工作，2010年9月调到瓮安二中工作。现任行政办公室副主任。

谢云群 女，汉族，1977年7月出生，贵州瓮安人，中学英语一级教师。

1998年7月，省电大英语专业毕业分铜锣中学工作。2002年7月在省教院英语系进修学习。2002年8月调入瓮安二中工作。

陈跃琴 女，汉族，1977年7月出生，贵州瓮安人，本科学历，中学英语一级教师。

1996年7月，黔南师专英语教育专业毕业分配到松坪中学，1998年8月调至珠藏中学，2004年12月获自考英语本科文凭。2011年9月考调到瓮安二中工作。

付家会 女，汉族，1977年7月出生，贵州瓮安人，本科学历，中学化学一级教师。

2003年7月，黔南民族师范学院生化专业毕业分配到珠藏中学工作，2008年1月在省教院化学系进修学习。2016年8月划转到瓮安二中工作。

刘怀敏　男，汉族，1977年9月出生，贵州瓮安人，本科学历，中学化学一级教师。

1999年7月，省电大化学专业毕业分配到珠藏中学工作。2004年7月在黔南民族师范学院化学系进修学习。2016年8月划转到瓮安二中工作。

张　建　男，汉族，1977年9月出生，贵州瓮安人，本科学历，中学体育一级教师，

1997年7月，天津体育学院毕业分配到平定营中学工作，1998年8月起在瓮安二中担任体育教师。

张显胜　男，汉族，1977年1月出生，贵州瓮安人，本科学历，中学化学一级教师。

1998年7月，贵州电大生物专业毕业分配木引中学工作，2001年9月调珠藏中学工作，2009年1月在黔南民族师范学院化学系进修学习，2016年8月划转到瓮安二中工作。

韦　祎　女，苗族，1977年10月出生，贵州平塘人，本科学历，贵州省音乐教育研究会会员，黔南州高中音乐学科兼职教研员，瓮安县音舞协会副主席，瓮安县骨干教师。中学音乐一级教师。

1996年7月，贵定师范音乐专业毕业分配到罗甸边阳小学工作。1998年9月在贵州师范大学进修，2002年8月调入瓮安二中工作。自参加工作以来多次获省、州、县歌唱比赛一、二、三等奖。参加瓮安县委政府“四下乡”巡演“瓮水长歌”“人博会”“茶博会”等各种公益演出百场有余。2018年1月当选为贵州省第十三届人大代表。

王大军　男，汉族，1978年11月出生，贵州瓮安人，本科学历，中学信息一级教师。

1997年7月，都匀民师毕业分配到木老坪中学参加工作，2004年3月至2006年1月，在黔南民族师学院函授学习汉语言文学专业，2007年3月至2010年1月在黔南民族师学院函授学习计算机科学与技术本科专业，2011年8月招考调入瓮安二中，2011年9月至2012年7月在瓮安县老坟嘴学校支教，2012年8月在瓮安二中任信息技术教学工作。现任总务处副主任。

兰成兵　男，汉族，1978年12月出生，贵州瓮安人，本科学历，中国民主促进会会员，贵州省青年美协会员，黔南州美协会员、瓮安县美术家协会副主席，中学美术一级教师。

1998年8月，黔南民族师范学院美术专业毕业分配到渔河中学工作。2006年7月在黔南民族师范学院美术系进修学习，2007年8月考入瓮安四中工作。2009年9月调入瓮安二中工作。

毛　飞　男，汉族，1979年3月1日出生。贵州瓮安人，大学本科学历，中学物理一级教师。

2002年7月，贵州大学物理学专业毕业分配到平坝新艺工作。2010年9月，调瓮安二中工作。自参加工作以来，获安顺市优质课竞赛一等奖；黔南州优质课大赛二等奖，黔南州物理技能大赛三等奖。现任学校物理教研组长。

周学文　男，汉族，1979年6月出生，贵州遵义人，中共党员，中学地理高级教师。

2004年7月，贵州师范大学地理科学专业毕业，2004年8月至2010年7月在广东省湛江担任高中地理教学和班主任。2009年8月至2010年7月担任高中地理科组长。2010年8月调回贵州省瓮安二中担任高中地理教学和班主任工作。曾获黔南州“先进班集体”称号。《常见的天气系统》获黔南州课件制作一等奖。

肖最勇　男，汉族，1979年9月出生，贵州福泉人，中共党员，本科学历，中学生物一级教师。

2006年7月，贵州师范大学生物技专业毕业应聘到瓮安二中工作。辅导学生多人次分别荣获全国生物奥赛省级一、二、三等奖。现任学校生物教研组长。

张　志　男，1979年9月出生，贵州瓮安人，本科学历，中学生物一级教师。

2003年7月，贵州大学生物技术系应聘到从江县第一民族中学工作，2014年调入贵州省瓮安二中工作。

陈大梅　女，汉族，1979年11月出生，贵州瓮安人，中共党员，中学历史一级教师。

2004年7月，贵州师范大学历史教育专业毕业，2004年8月—2010年7月在广东省湛江担任高中历史教学工作。2010年8月调贵州省瓮安二中担任高中历史教学工作。

罗　鑫　男，汉族，1979年11月出生，贵州瓮安人，本科学历，国家一级社会体育指导员，篮球二级裁判，足球、健美操、排球等三级裁判，中学体育一级教师。

2000年7月，毕业于北京体育大学社会体育专业，2004年考入六盘水市水城县一中，2012年3月调入瓮安二中工作。

宋锡丽　女，汉族，1980年1月出生，贵州瓮安人，中共党员，县党代表，本科学历，中学物理一级教师。

2005年7月，黔南民族师范学院物理专业毕业分配到瓮安二中工作。曾获第七届全国中青年教师优质课大赛获二等奖；现任政教处副主任。

杨　楠　女，1980年6月出生，贵州六枝人，本科学历，中学生物一级教师。

2003年7月，贵州大学生物技术系毕业。2003年9月至2014年7月，在贵州省从江县第一民族中学工作。2014调入瓮安二中工作。

罗雪峰　男，汉族，1980年11月出生，贵州松桃人，本科学历，中学英语一级教师。

2006年7月，贵州民族学院外语系英语专业毕业应聘到瓮安二中工作，担任英语教学和班主任工作。

朱红梅　女，汉族，1980年12月出生，贵州瓮安人，本科学历，中学英语一级教师。

2005年7月，黔南民族师范学院英语专业毕业在罗甸民族中学工作。2012年3月调入瓮安二中工作。

肖新梅　女，汉族，1981年1月出生，贵州瓮安人。本科学历，中学英语一级教师。

2006年7月，贵州民族学院英语专业毕业应聘到瓮安二中工作，担任英语教学和班主任工作。

包宏飞　女，汉族，1981年2月出生，贵州瓮安人，本科学历，中学英语一级教师。

2005年7月，黔南民族师范学院英语专业毕业在三都交黎中学工作。2006年8月调入瓮安珠藏中学工作，2012年9月调入瓮安二中工作。

李瑞常　男，汉族，1981年3月出生。贵州桐梓人，本科学历，中学物理一级教师。

2005年7月，黔南民族师范学院物理专业毕业应聘到瓮安二中工作。

卢　清　男，汉族，1981年7月出生，贵州瓮安人，中共党员，中学语文一级教师。

2006年7月，黔南民族师范学院中文系毕业应聘到瓮安二中工作，长期担任班主任工作。

杨凤芝　女，土家族，1981年7月出生，贵州思南人，中学生物一级教师。

2005年7月，贵州师范大学生物科学专业毕业应聘到瓮安二中工作。

符　猛　男，汉族，1981年9月出生，贵州瓮安人，本科学历，中学化学一级教师。

2006年7月，遵义师院化学专业毕业应聘到瓮安二中工作。

王晓韩　女，汉族，1981年12月出生，贵州瓮安人，本科学历，中学体育一级教师。

2007年7月，长江师范学院体育专业毕业分配到珠藏中学工作。2016年8月划转到瓮安二中工作。

刘文香　女，汉族，1982年1月出生，贵州福泉人，中共党员。本科学历，中学地理一级教师。

2005年7月，贵州师范师范大学地理学专业毕业应聘到瓮安二中工作。

孟　瑞　女，汉族，1982年3月出生，河南杞县人，中共党员，中学数学一级教师。

2007年7月，贵州师范大学数学与应用数学专业毕业应聘到瓮安二中工作。

王　梅　女，侗族，1982年5月出生，本科学历，中学英语一级教师。

2006年7月，贵州民院英语专业毕业分配到瓮安二中工作。其间2006年、2008年参加全国中小学英语教书技能大赛分别荣获三等奖；2017年被选拔为县骨干教师。

周中兵　男，汉族，1982年5月出生，贵州瓮安人，大学本科学历，中学物理一级教师。

2007年7月，贵州师范大学物理专业毕业应聘到瓮安二中工作。

宋正红　女，汉族，1982年8月出生，贵州瓮安人，本科学历，中学英语一级教师。

2007年7月，黔南民族师范学院英语系毕业，2008年招考进入瓮安二中工作。

田文军　男，1982年12月出生，贵州瓮安人，中共党员，中学英语一级教师，

2006年7月，贵州大学英语专业毕业应聘到瓮安二中工作。现任教科处副主任。

杜静秀　女，汉族，1983年9月出生，内蒙古人，硕士学历，中学英语一级教师。

2013年7月，西安外国语大学英语语言文学专业硕士毕业引进到瓮安二中工作。其间，2016年课件《Wildlife Protection至Reading》获贵州省教育学院、贵州省教育学会教学论文、教学设计评选三等奖。教学设计《Wildlife Protection至Reading》荣获贵州省教育科学院、贵州省教育学会教学科研论文、教学设计二等奖。

陈　镖　男，土家族，1983年10月出生，贵州思南兴隆人，中学语文一级教师。

2006年7月，湖北民族学院毕业招聘瓮安二中工作。

兰树娇　女，汉族，1983年11月生，贵州瓮安人。本科学历，中学语文一级教师。

2006年7月，贵州师范大学中文专业毕业应聘到瓮安二中工作。

侯保国　男，汉族，1983年11月出生，河南郸城人，中共党员，本科学历，中学英语一级教师。

2007年7月，贵州师范大学英语专业毕业应聘到瓮安县珠藏中学工作，2008年9月借调到瓮安二中，2012年4月正式调入瓮安二中工作。现任学校英语教研组组长。

何开兵　男，汉族，1983年12月出生，贵州瓮安人，中共党员，中学数学一级教师。

2009年7月，贵州师范大学数学与应用数学专业毕业分配到珠藏中学工作。2016年8月划转到瓮安二中工作。

赵榜琰　女，汉族，1984年5月出生。贵州瓮安人，本科学历，中学语文一级教师。

2008年6月，西南育才学院汉语言文学专业毕业招聘到瓮安二中工作。

张扬辉　男，汉族，1984年5月出生，贵州瓮安人，中共党员，本科学历，中学物理一级教师。

2009年7月，黔南民族师范学院物理学专业毕业招聘到瓮安二中工作。

龚丽玲 女，土家族，1984年7月出生，贵州铜仁人，中学英语一级教师。

2006年7月，贵阳医学院英语系毕业。2007年8月应聘到瓮安二中工作。2010年荣获第五届全国中学英语教师教学技能大赛高中组二等奖。

王仕兵 男，土家族，1984年8月出生，贵州思南人，本科学历，中学生物一级教师。

2007年7月，黔南民族师范学院生物系毕业应聘到思南县工作。2010年8月应聘到瓮安二中工作。2015年被聘为瓮安县中心学科组成员。

王玉美 女，1984年11月出生，贵州福泉人，硕士学历，中学生物一级教师。

2010年7月，贵州大学生物工程和发酵工程攻读本科和研究生毕业。2010年8月引进到瓮安二中担任高中生物教学工作。

谭雯苳 女，1985年3月出生，贵州瓮安人，中共党员，中学英语一级教师。

2009年7月，襄樊学院英语专业毕业应聘到瓮安二中工作。

王　刚 男，布依族，1985年9月出生，贵州清镇人， 本科学历， 中学信息一级教师，

2010年7月，贵州师范大学毕业应聘到瓮安二中工作。其间，荣获县级优质课大赛二等奖、州级优质课大赛一等奖。

彭华兰 女，侗族， 1985年11月出生。贵州锦屏人，中共党员，本科学历，中学语文一级教师。

2005年7月，黔南民族师范学院汉语言文学专业毕业应聘草塘中学工作。2014年12月调入瓮安二中工作。

李贤军 男，1985年12月出生，山东临沂人，中共党员，中学英语一级教师。

2010年7月，湖南科技大学英语专业毕业应聘到瓮安二中参加工作。其间，2016年5月参与编写《百朗英语听力风暴》至之《高二英语听力二第5辑》。2017年1月主编的《高中英语小题训练必修三》已由湖南大学出版社出版。

黎金坤 男，苗族， 1985年12月出生，贵州福泉人，中共党员，本科学历，中学历史一级教师。

2009年7月，黔南民族师范学院历史学专业毕业考入贵州省三都水族自治县文体广播电视局，从事文物管理工作。2010年10月应聘到瓮安二中工作。现任年级部副主任、中共瓮安二中文科党支部宣传委员、“张明光名校长工作室”校长助理。

任安荣 女，汉族，1986年2月出生，贵州瓮安人，本科学历，中学英语一级教师。

2010年7月，黔南民族师范学院英语专业毕业分配到瓮安二中工作。其间，2014年5月获黔南州研究性学习优质课一等奖。2014年12月获贵州省第五届中小学优质课评选三等奖。

张　丹 女，土家族，1986年6月出生，贵州思南人，本科学历，中学历史一级教师。

2009年7月，海南师范大学历史系毕业应聘到瓮安二中工作。 2015年被聘为瓮安县骨干教师、中心学科组成员；2017年被评选为瓮安县第一批县级名师培养对象、黔南州州级骨干教师培养对象；先后获贵州省历史优质课大赛二、三等奖。

谢礼梅 女，汉族，1986年10月出生，四川资阳人，中共党员，硕士学历，中学化学一级教师。

2012年7月，西南科技大学化学专业硕士毕业，2013年9月应聘到瓮安二中工作。

袁能洪 男，汉族，1986年10月出生，重庆大足人，国家网球二级裁判、田径二级裁判、篮球

二级裁判。中学体育一级教师。

2010年7月，西南大学体育学院体育教育专业毕业应聘瓮安二中工作。现担任年级部副主任。

汪　信　男，汉族，1986年11月出生，湖北随州人，本科学历，中学生物一级教师。

2010年7月，黔南民族师范学院生物科学专业毕业应聘到瓮安二中工作。

刘有四　女，汉族，1987年6月出生，贵州遵义人。大学本科学历，中学语文一级教师。

2010年7月，黔南民族师范学院中文系毕业应聘到瓮安二中工作。2014年荣获黔南州教育局组织的第五届语文优质课大赛一等奖。

韦　贤　男，苗族，1990年2月出生，贵州长顺人，硕士学历，中学历史一级教师。

2013年7月，重庆师范大学历史系研究生毕业，同年8月应聘到瓮安二中担任高中历史教学工作。

（三）二级教师

田　军　男，汉族，1968年6月出生，贵州瓮安人，中学英语二级教师。

1993年7月，黔南民族师范专科学校英语系毕业分配到草塘中学工作；1998年9月调入瓮安二中工作。

张明琴　女，1972年7月，汉，贵州瓮安珠藏人。中学美术二级教师。

1995年7月，贵州艺专毕业分配到珠藏中学参加工作。1996年8月调玉山中学工作。1999年8月调银盏学校工作。2003年8月调岚关花桥小学工作。2012年4月调瓮安二中工作。

彭湘萍　女，汉族，1974年9月出生，湖南祁东人，中学语文二级教师。

1994年6月，都匀民族师范学校毕业分配到瓮安县玉华小学工作，2013年调入瓮安二中工作。其间，2016年修完大学本科学历。

徐本权　男，汉族，1976年10月出生，贵州瓮安人，中共党员，本科学历，中学信息二级教师。

1998年7月，省电大毕业分配到白沙中学工作，2001年9月调瓮安第二中学任信息技术学科教学任务工作。2005年1月，接任会计工作，同时兼任信息技术学科课程教学任务，2008年2月在省教院进修计算机科学与技术本科专业。

刘　畅　男，汉族，1979年9月出生，贵州福泉人，中学化学二级教师。

2005年7月黔南民族师范学院毕业。2005年8月至2016年8月在瓮安县珠藏中学工作，2016年8月划转瓮安二中工作。

王传兵　男，汉族，1980年8月出生，贵州瓮安人，本科学历，中学语文二级教师。

2004年7月，贵州民院汉语言文学专业毕业应聘到三都县民族中学工作。2008年8月调入瓮安二中工作。

罗南松　男，侗族，1982年11月出生，贵州锦屏人，中共党员， 本科学历，中学政治二级教师。

2007年7月，黔南民族师范学院思想政治教育专业毕业，2008年8月应聘到瓮安县玉华中学工作，2010年8月，考入瓮安二中工作。

杨再梅　女，汉族，1982年12月出生，贵州瓮安人，本科学历，学士学位，国家一级社会体育指导员，国家田径二级裁判，国家篮球二级裁判，黔南州历届运动会篮球运动员，瓮安县体育协会

会员。中学体育二级教师，

2006年7月，贵州师范大学体育学院毕业，2009年考入贵州省瓮安二中。

龙承华 男，侗族，1983年2月出生，贵州天柱人，中共党员，本科学历，中学语文二级教师。

2009年7月，黔南民族师范学院汉语言文学专业毕业应聘到瓮安二中工作。现任政教处副主任。

刘清波 男，汉族，1983年5月出生，贵州瓮安人，中学数学二级教师。

2005年7月，黔南民族师范学院数学专业毕业招聘到独山二中工作。2012年3月调入瓮安二中工作。

李平珍 女，汉族，1983年10月出生，贵州福泉人，本科学历，中学英语二级教师。

2008年7月，贵州大学英语专业毕业招聘到珠藏中学工作。2016年8月划转瓮安二中工作。

陈兴军 男，汉族，1983年10月出生，贵州瓮安人，本科学历，中学政治二级教师。

2009年7月，东北财经大学毕业应聘到瓮安二中工作。

夏嘉宏 女，汉族，1984年8月出生，贵州瓮安人，硕士学历，中学英语二级教师。

2007年7月，遵义师院英语专业毕业招聘到珠藏中学工作。2016年8月划转瓮安二中工作。2017年7月，贵州师范大学外国语学院全日制英语专业研究生毕业。

王天智 女，汉族，1984年9月出生，贵州瓮安人，中学语文二级教师。

2011年7月，贵州师范大学中文系毕业应聘到瓮安二中工作，其间，2011年8月至2012年7月在贵州省瓮安县白沙中学支教一年。

何贤勇 男，汉族，1984年10月出生，贵州瓮安人，中学数学二级教师。

2010年7月，黔南民族师范学院数学专业毕业应聘到瓮安二中工作。

费晓环 女，1985年3月出生，贵州瓮安人，本科学历，中学二级信息教师。

2007年7月，贵州师范大学计算机科学与技术毕业应聘到瓮安二中参加工作。 2016年9月至2017年9月担任信息教研组组长。

梁国顺 男，苗族，1985年1月出生，贵州贵定人，本科学历，中学英语二级教师。

2009年7月，黔南民族师范学院英语专业毕业应聘到珠藏中学工作。2016年8月划转到瓮安二中工作。

陈　静 女，1985年3月出生，贵州清镇人，本科学历，中学生物二级教师。

2007年7月，黔南民族师范学院生物系毕业应聘到罗甸县第二中学工作，2012年8月调瓮安二中任高中生物教师。

谭　力 男，汉族，1985年6月出生，重庆忠县人，中学物理二级教师。

2010年7月，重庆师大物理系专业毕业应聘到瓮安二中工作。其间，荣获第七届全国中青年教师优质课大赛二等奖；2017年参加黔南州通用技术优质课获一等奖，贵州省第二届通用技术优质课获二等奖。

徐　刚 男，汉族，1985年7月出生，贵州黔西人，中共党员，本科学历，中学数学二级教师。

2009年7月，贵州省师范大学数学与应用数学专业毕业招聘进入福泉市第三中学工作，2011年8月经招考到瓮安二中工作。

张科凤 女，汉族，1985年10月出生，贵州瓮安人，本科学历，中学化学二级教师。

2009年7月，黔南民族师范学院化学专业毕业应聘到瓮安二中工作。

王　虹　女，汉族，1985年11月出生，贵州瓮安人，本科学历，中学政治二级教师。

2009年7月，黔南民族师范学院思想政治教育专业毕业应聘到瓮安二中工作。其间，2014年10月荣获贵州省第五届普通高中优质课竞赛州级一等奖；2016年1月，优质课《我国外交政策的宗旨》在“黔南州第九届现代远程教育优质课评选活动中”荣获一等奖。

李传江　男，汉族，1985年11月出生，贵州六枝特区人，本科学历，中学物理二级教师。

2010年7月，贵州省师范大学物理学专业毕业应聘到瓮安二中工作。

丁　强　男，汉族，1985年11月出生。四川安岳人，本科学历，中学物理二级教师。

2013年7月，山西大同大学物理学专业毕业应聘到珠藏中学工作。2016年8月划转到瓮安二中工作。

何宗永　男，侗族，1986年2月出生，贵州黎平人，中学数学二级教师。

2010年7月，贵州师范大学数学专业毕业招聘到瓮安二中工作。

刘　佳　男，汉族，1986年8月出生。贵州瓮安人。中学生物二级教师。

2010年7月，黔南民族师范学院生物科学系毕业。2013年8月应聘到珠藏中学任高中生物教师。2016年8月划转到瓮安二中工作。

邱瑜霞　女，汉族，中共党员，1986年9月出生，贵州瓮安人，本科学历，中学数学二级教师。

2009年7月，贵州省师范大学数学与应用数学专业毕业应聘到福泉市第四中学工作。2010年8月经瓮安县事业单位招聘到贵州省瓮安二中任职。其间，获“州示范教学一等奖”“州高中数学优质课二等奖”“省优质课高中数学学科一等奖”等。

钟　林　男，汉族，1986年9月出生，贵州黄平人，本科学历，中学数学二级教师。

2010年7月，遵义师范学院数学专业毕业招聘到瓮安职校工作。2013年9月调瓮安五中工作。2014年8月调入瓮安二中工作。

叶　丹　女，汉族，1986年10月出生。湖北武汉人，大学本科学历，中学语文二级教师。

2010年7月，黔南民族师范学院汉语言文学专业毕业应聘到瓮安二中工作。

杨　松　男，汉族，1986年11月出生，贵州瓮安人，中共预备党员，本科学历，国家级体适能教练，国家一级社体指导员，国家篮球二级裁判，国家田径三级裁判，中学体育二级教师。

2010年7月，贵州师范大学体育专业毕业。2011年8月应聘到瓮安二中工作，现任团委书记。

叶馨川　女，汉族，1987年1月出生，四川渠县人，本科学历，中学化学二级教师。

2010年7月，西南大学毕业应聘到瓮安二中工作。

汤江南　女，汉族，1987年1月出生，湖南祁阳人，中学政治二级教师。

2010年7月，湖南衡阳师范学院毕业应聘到瓮安二中工作。其间，2013年及2016年黔南州优质课评比中获州“一等奖”“二等奖”。

赵　建　男，汉族，1987年2月出生，贵州瓮安人，本科学历，中学化学二级教师。

2012年7月，贵州师范大学化学专业毕业应聘到毕节市黔西县黔西二中工作，2013年8月，招聘进入瓮安二中工作。

何　晶　女，汉族，1986年2月出生，重庆潼南区人，中共党员，本科学历，高中地理二级教师。

2010年7月，西南师范大学毕业应聘到瓮安二中工作。

杨　帆　女，汉族，1987年4月出生，湖北孝感人，中共党员，本科学历，国家级体适能教练，国家一级社体指导员，中学体育二级教师。

2010年7月，贵州师范大学体育专业毕业。2013年8月应聘到瓮安二中工作。

赵乾勇　男，汉族，1987年6月出生，贵州瓮安人，本科学历，国家一级社会体育指导员，中学体育二级教师。

2010年7月，贵州师范大学社会体育专业毕业应聘到瓮安二中工作。

沈桃艳　女，汉族，1987年7月出生，贵州瓮安人，本科学历，中学生物二级教师。

2010年7月，贵州师范大学生物科学专业毕业应聘到瓮安二中工作。其间，2016自制教具比赛获得黔南州一等奖、贵州省二等奖、全国优秀奖，2017年黔南州第六届中小学教师实验教学技能创新大赛获二等奖。

尹彩云　女，汉族，1987年9月出生，湖南洞口人，中共党员，本科学历，中学心理学二级教师。

2010年7月，湖南科技大学心理学专业毕业应聘到瓮安二中工作。2011年通过培训获“心理辅导员”资格；2012年赴山东师范大学参加“国培计划”；2013年获国家二级心理咨询师资格；2014年赴清华大学参加“国培计划”；2015年编写完成校本教材《心灵掬水》；2016年考入贵州师范大学攻读硕士学位。

邹光萍　女，汉族，1987年9月出生，贵州麻江人，本科学历，中学生物二级教师。

2009年7月，西南大学生物科学专业毕业应聘到瓮安二中工作。其间，2016年获黔南州高中生物教师技能大赛二等奖。

唐巧连　女，1987年9月出生，湖南湘潭人，中学英语二级教师。

2010年6月，湖南科技大学英语专业毕业应聘到瓮安二中工作。

王　懿　女，汉族，1987年9月出生，贵州麻江人，本科学历，中学化学二级教师。

2010年7月，黔南民族师范学院化学专业毕业考入瓮安二中工作。

黄　琴　女，汉族，1987年9月出生，贵州瓮安人，中学地理二级教师。

2011年7月，毕节学院地理科学专业毕业应聘到大方县百纳民族中学工作。2013年11月通过瓮安县事业单位招考入珠藏中学工作。2016年8月划转瓮安二中工作。

张启建　男，汉族，1987年10月出生，贵州瓮安人，中共党员，本科学历，中学语文二级级师。

2011年7月，黔南民族师范学院汉语言文学专业。2011年8月至2012年7月参加大学生西部计划志愿者服务于瓮安县珠藏镇；2012年8月到贵州省瓮安县珠藏中学工作；2016年8月划转到瓮安二中工作。

王　宇　女，汉族，1987年11月出生，贵州瓮安人，本科学历，中学语文二级教师。

2011年7月，海南师范大学汉语言文学专业毕业。2013年8月应聘到瓮安二中工作。

王鹤飞　女，汉族，1988年1月出生，贵州瓮安人，本科学历，中学政治二级教师。

2011年7月，贵州师范大学法学专业毕业，2011年12月应聘到瓮安二中工作。

唐成香　女，汉族，1988年3月出生，贵州瓮安人，本科学历，中共党员，中学语文二级教师。

2012年7月，黔南民族师范学院汉语言文学专业毕业招聘到瓮安二中工作。

任朝莲　女，汉族，1988年4月出生，贵州瓮安人，本科学历，县体育协会会员，国家一级社区指导员,中学体育二级教师。

2011年7月，贵州师范大学体育学院毕业应聘到瓮安二中工作。

郑宏伟　男，汉族，1988年4月出生，贵州遵义正安人，本科学历，中学物理二级教师。

2013年7月，铜仁学院物理专业毕业分配到珠藏中学工作。2016年8月，划转到瓮安二中工作。

顾　星　男，汉族，1988年6月出生，贵州瓮安人，本科学历，中学物理二级教师。

2013年7月，南通大学物理学专业毕业应聘到瓮安二中工作。

陈文祥　男，汉族，1988年7月出生，贵州瓮安人，本科学历，中学数学二级教师。

2012年7月，黔南民族师范学院数学专业毕业应聘到高水中学工作。2014年9月，调入珠藏中学工作。2016年8月，划转瓮安二中工作。

陈雨杭　女，1988年8月出生，贵州瓮安人，本科学历，中学生物二级教师。

2011年7月，黔南州民族师范学院生物专业毕业应聘到瓮安二中工作。

冉海燕　女，汉族，1988年9月出生，贵州瓮安人，本科学历，中学语文二级教师。

2013年7月，贵州师范大学汉语言文学专业毕业应聘到珠藏中学工作。2016年8月，划转到瓮安二中工作。

吴国财　男，汉族，1988年9月出生，江西万载人，本科学历，中学历史二级教师。

2010年7月，西南师大历史学专业毕业后应聘到瓮安二中工作。

向武念　女，汉族，1988年11月出生，贵州瓮安人，中共党员，本科学历，中学美术二级教师。

2013年7月，贵州师范大学毕业应聘到珠藏中学工作，2016年8月划转到瓮安二中。

何松莉　女，汉族，1988年12月出生，贵州瓮安人，中学英语二级教师。

2013年7月，黔南民族师范学院英语专业毕业应聘到瓮安二中工作。

夏开芳　女，汉族，1988年12月出生，贵州瓮安人，本科学历，中学历史二级教师。

2012年7月，铜仁学院历史学专业毕业在珠藏中学工作。2015年9月考入调瓮安二中工作。现任瓮安二中历史教研组组长。其间，2017年荣获瓮安县历史优质课大赛“一等奖”、黔南州历史优质课大赛“一等奖”。

肖　莉　女，汉族，1989年1月出生，贵州瓮安人，硕士研究生，中学英语二级教师。

2011年7月，黔南民族师范学院英语专业毕业应聘到瓮安二中工作。2016年7月，芬兰于韦斯屈莱大学研究生毕业返校工作，现任团委副书记。

王后先　女，汉族，1989年1月出生，贵州瓮安人，本科学历，中学政治二级教师。

2013年7月，黔南民族师范学院思想政治教育专业毕业，2014年8月应聘到珠藏中学工作。2016年8月划转到瓮安二中工作。

肖华丽　女，汉族，1989年2月出生，贵州瓮安人，本科学历，中学化学二级教师。

2013年7月，贵州师范大学化学系毕业应聘到珠藏中学工作。2016年8月调入瓮安二中工作。

何茂华　女，汉族，1989年2月出生，甘肃武都人。本科学历，瓮安县美术家协会会员，中学美术二级教师。

2012年7月，绵阳师范学院美术专业毕业。2013年8月，应聘到瓮安二中工作。

曾　杰　男，汉族，1989年6月出生，贵州瓮安人，本科学历，中学物理二级教师。

2011年7月，西南大学物理与电子科学系毕业应聘到瓮安二中工作。

李　治　男，汉族，1989年6月出生，贵州瓮安人，本科学历，中学物理二级教师。

2013年7月，石河子大学物理系物理学专业毕业。2014年8月应聘到珠藏中学工作。2016年8月划转瓮安二中工作。

庹　杰　男，汉族，1989年6月生，湖南张家界人，本科学历，中学语文二级教师。

2010年7月，湖南师范大学中文系毕业应聘到瓮安二中工作。其间，于2010年8月至2011年7月在贵州省瓮安县木引槽中学支教一年。

黄　枫　女，汉族，1989年7月出生，贵州瓮安人，中学数学二级教师。

2012年7月，山东临沂大学数学与应用数学专业毕业应聘到瓮安二中工作。

冯福晟　女，仡佬族，1989年7月出生，贵州瓮安人，本科学历，中学英语二级教师。

2012年7月，长江大学英语专业毕业应聘到瓮安二中工作。2017年9月荣获黔南州高中英语优质课大赛二等奖。

黄惠轸　女，布依族，1989年7月出生，贵州兴义人，中学英语二级教师。

2013年7月，中南民族大学英语专业毕业应聘到瓮安二中工作。

刘贵先　女，汉族，1989年7月出生，贵州瓮安人，本科学历，中学生物二级教师。

2012年7月，黔南民族师范学院生命科学系生物科学（职业教育师资）专业毕业；同年8月在瓮安县牛场坝学校派珠藏中学工作。2016年8月划转到瓮安二中工作。

潘红艳　女，苗族，1989年9月出生，贵州瓮安人，中共党员，本科学历，中学语文二级教师。

2012年7月，黔南民族师范学院汉语言文学专业毕业。2013年12月考入瓮安珠藏中学工作，2016年8月划转到瓮安二中工作。

余　勉　女，苗族，1989年9月出生，贵州余庆人，中共党员，中学地理二级教师。

2013年6月，西北师范大学地理科学专业毕业，同年8月通过瓮安县事业单位招考，进入瓮安二中工作。现任地理教研组组长。

刘垠椿　女，汉族，1989年12月21日生，贵州瓮安人，中共党员，本科学历，中学二级教师。

2012年7月，黔南民族师范学院汉语言文学专业毕业应聘到瓮安二中工作。

杜洪伟　男，汉族，1989年12月15日出生，贵州瓮安人，本科学历，中学语文二级教师。

2013年7月，北京师范大学汉语言文学专业毕业应聘到瓮安二中工作。2017年荣获黔东南州举办的“多彩贵州好教育联盟同课异构大赛”三等奖。

贾家富　男，汉族，1989年12月出生，贵州瓮安人，本科学历，中学数学二级教师。

2013年7月，贵州师范大学数学专业毕业应聘到珠藏中学工作。2016年8月划转瓮安二中工作。

石再银　男，苗族，1989年12月出生，贵州余庆人，中共党员，本科学历，中学历史二级教师。

2013年7月，中南民族大学历史系毕业应聘到瓮安二中工作。

黄　沅　女，苗族，1989年12月生，大学本科学历，瓮安县音乐舞蹈家协会会员，中学音乐二级教师。

2011年7月，黔南民族师范学院音乐教育专业毕业应聘到瓮安二中工作。其间，2008年作为瓮安唯一的歌手与潘长江老师同台演出，2012年参演“瓮水长歌”大型音乐舞蹈史诗，2016年代表县参加广州·黔南州建州60周年成就展开幕式；参加中国·瓮安洲际青年女篮巅峰争霸赛开幕式；参加重庆都市旅游节暨城际旅游交易会开幕式，2016年参加县委宣传部组织的歌唱瓮安歌曲专辑录制并演唱《瓮安·金色的家园》曲目。

徐国凤 女，汉族，1990年3月出生，贵州瓮安人，中学英语二级教师。

2013年7月，黔南民族师范学院英语专业毕业应聘到珠藏中学工作，2016年8月划转到瓮安二中工作。

张小菊 女，汉族，1990年7月出生，贵州瓮安人，本科学历，中学历史二级教师。

2014年7月，湖北师范学院历史专业毕业应聘到珠藏中学工作。2016年8月划转到瓮安二中工作。

瞿琳珊 女，汉族，1990年9月出生。贵州福泉人，本科学历，中学语文二级教师。

2014年7月，湘潭大学汉语言文学专业毕业。2015年8月应聘到瓮安二中工作。

曹正轩 女，苗族，1990年9月出生，贵州瓮安人，中学化学二级教师。

2012年7月，华南师范大学化学专业毕业考入广东台山市第一中学工作，2014年调入瓮安二中工作。

沈亚莉 女，汉族，1990年10月出生，贵州瓮安人，本科学历，中学政治二级教师。

2013年7月，长春师范大学思想政治教育专业毕业应聘到瓮安二中工作。

卢红霖 女，苗族，1990年10月出生，贵州瓮安人，本科学历，中学音乐二级教师。

2013年7月，黔南民族师范学院音乐专业毕业应聘到瓮安二中工作。

彭长生 男，汉族，1990年10月出生，重庆铜梁人，本科学历，中学物理二级教师。

2013年7月，重庆师范大学物理学专业毕业应聘到瓮安二中工作。

徐旖竟 女，汉族，1990年11月出生，贵州瓮安人，中学英语二级教师。

2013年7月，贵州师范学院英语专业毕业应聘到瓮安二中工作。

刘玉环 女，汉族，1990年11月出生，贵州福泉人，中学地理二级教师。

2013年7月，黔南民族师范学院地理科学专业毕业。2014年9月通过瓮安县事业单位招考，考入珠藏中学工作。2016年8月划转到瓮安二中工作。

童邦洪 男，汉族，1990年12月出生，贵州瓮安人，本科学历，中学数学二级教师。

2014年7月，贵州民族大学数学与应用数学专业毕业应聘到珠藏中学工作， 2016年9月划转到瓮安二中工作。

陈　皓 女，汉族，1991年2月生，贵州瓮安人，中共党员，本科学历，中学语文二级教师。

2014年7月，四川师范大学中文系毕业应聘到瓮安二中工作。

杨　柳 女，汉族，1991年2月出生，贵州瓮安人，本科学历，贵州省合唱协会会员，瓮安县音乐舞蹈家协会会员，中学音乐二级教师。

2014年7月，贵州财经学院音乐专业毕业应聘到瓮安二中工作。

朱　江 男，汉族，1991年5月出生，贵州威宁人，本科学历，中学数学二级教师。

2013年7月，贵州师范大学数学与应用数学专业毕业应聘到瓮安二中工作。

向海波 男，汉族，1991年9月出生，重庆丰都人，本科学历，中学数学二级教师。

2013年7月，重庆师范大学数学专业毕业应聘到瓮安二中工作。

饶梦云 女，汉族，1991年9月出生，贵州瓮安人，本科学历，中学英语二级教师。

2014年7月，昆明学院英语专业毕业应聘到珠藏中学工作，2016年8月划转到瓮安二中工作。

杨　丹 女，苗族，1991年11月出生，贵州瓮安人，本科学历，中学语文二级教师。

2015年7月，北京师范大学汉语言文学专业毕业应聘到瓮安二中工作。

彭方涛 女，汉族，1991年11月出生，贵州瓮安人，本科学历，中学数学二级教师。

2012年7月，黔南民族师范学院数学系毕业应聘到瓮安二中工作。

罗　云 女，汉族，1991年11月出生，贵州瓮安人，本科学历，中学数学二级教师。

2014年7月，广西师范大学数学与应用数学专业毕业应聘到瓮安二中工作。

丁泽云 女，汉族，1991年12月生，贵州瓮安人，中学语文二级教师。

2014年7月，贵州师范大学汉语言文学专业毕业应聘到珠藏中学工作，2016年8月划转到贵州省瓮安二中工作。

韦启淘 女，汉族，1991年12月出生，贵州独山人，本科学历，中学政治二级教师。

2015年7月，贵州师范学院思想政治教育专业毕业应聘到珠藏中学工作。2016年8月划转到瓮安二中工作。

宋梦娇 女，1992年4月出生，贵州瓮安人，本科学历，中学生物二级教师。

2014年7月，黔南民族师范学院生命科学系生物科学专业毕业应聘到珠藏中学工作。2016年8月划转到瓮安二中工作。

徐梦花 女，汉族，1992年6月出生，贵州瓮安人，本科学历，中学语文二级教师。

2015年7月，东北师范大学汉语言文学专业毕业应聘到瓮安二中工作。

杨舒琪 女，汉族，1992年6月出生，贵州瓮安人，本科学历，中学音乐二级教师。

2014年7月，贵州民族学院音乐专业毕业后应聘到瓮安二中工作。

罗　美 女，汉族，1992年8月出生，贵州瓮安人，本科学历，中学地理二级教师。

2015年7月， 贵州师范学院地理科学专业毕业应聘到珠藏中学工作。2016年8月，划转到瓮安二中工作。

夏　丹 女，汉族，1992年9月出生，贵州瓮安人，本科学历，中学生物二级教师。

2015年7月，黔南民族师范学院生物科学专业毕业应聘到珠藏中学工作。2016年8月划转到瓮安二中工作。

罗　雪 女，汉族，1992年10月出生，贵州瓮安人，本科学历，中学英语二级教师。

2014年7月，龙岩学院英语专业毕业应聘到珠藏中学工作。2016年8月划转到瓮安二中工作。

詹皓琪 女，汉族，1992年11月出生，贵州瓮安人，本科学历,中学化学二级教师。

2015年7月，西南大学化学专业毕业应聘到瓮安二中工作。

徐兆雯 女，布依族，1992年11月出生，贵州瓮安人，本科学历，四川省音乐家协会电子键盘专业委员会会员，中学音乐二级教师。

2015年7月，四川音乐学院毕业，2016年9月至2017年7月在独山高级中学工作。2017年10月调入瓮安二中工作。

朱自飞 女，汉族，1992年12月出生，贵州瓮安人，本科学历，中学政治二级教师。

2015年7月，西南大学思想政治教育专业毕业应聘到瓮安二中工作。

余祥波 男，汉族，1993年9月出生，贵州瓮安人，中学化学二级教师。

2014年7月，安顺学院化学专业毕业应聘到珠藏中学工作。2016年8月划转到瓮安二中工作。

（四）未定级教师

付超凡 男，汉族，1985年10月出生，河南项城人，硕士学历，中学地理教师。

2014年7月，贵州师范大学地理学硕士专业毕业。2016年9月引进到瓮安二中工作。

游先启 男，汉族，1986年10月出生，贵州剑河人，中共党员，硕士学历，中学政治教师。

2016年7月，华北水利水电大学思想政治教育硕士研究生毕业引进到瓮安二中工作。

习达成 男，汉族，1988年12月出生，贵州瓮安人，硕士学历。中学化学教师。

2011年7月，贵州师范大学化学系本科毕业应聘到遵义市桐梓县花秋中学任化学教师。2015年7月，贵州师范大学化学系研究生毕业。2016年9月引进到瓮安二中工作。

张桂碧 女，汉族，1990年4月出生，贵州龙里人，硕士学历，中学语文教师。

2016年7月，湖南师范大学汉语国际教育硕士专业毕业引进到瓮安二中工作。2018年5月，获黔南州高中语文优质课大赛二等奖。

（五）后勤人员

田　鲜 女，土家族，1964年12月出生，贵州瓮安人。

1984年7月，都匀卫校毕业。1984年8月至1993年2月在瓮安县妇幼保健站工作，1993年3月在瓮安二中从事医务工作。

龙通美 女，苗族，1965年5月出生，贵州瓮安人。

1982年7月，都匀卫校毕业。1982年8月至1984年12月在独山麻尾区医院工作，1985年1月调入雍阳区医院工作，1989年10月至1993年2月在县中医院工作，1993年3月在瓮安二中从事医务工作。

李昕艺 男，汉族，1971年11月出生，贵州瓮安人。

1990年7月，都匀轻纺学校毕业，同年8月参加工作，先后在珠藏供销社、瓮安职中从事会计工作。1996年8月调入瓮安二中，从事后勤管理工作。2000年9月至2002年7月，参加自学考试，取得专科学历。2014年6月被瓮安县人力资源和社会保障局聘为技师。2007年，任总务处副主任；2011年，任总务主任。

陈建明 男，汉族，1973年6月出生，贵州瓮安人。

1992年7月，黔南州都匀供销学校商业会计专业毕业。1992年12月至1996年11月在中国人民武装警察部队云南总队玉溪地区支队直属五中队服兵役，1997年7月在瓮安二中工作。

杨茂燕 女，汉族，1981年7月出生，贵州瓮安人。

2003年7月，贵州广播电视大学法律专业毕业。2012年10月到瓮安二中工作，总务处工作人员，负责学校的票据管理以及学生医保工作。

闵　娜 女，汉族，1983年9月出生，贵州瓮安人。

2007年7月，贵州省商业高等专科学校毕业。2010年1月，在瓮安职校参加工作。2012年7月，中央广播电视大学法学本科专业毕业。2012年8月正式考调入贵州省瓮安第二中学从事工勤事务，现属总务处工作人员，主要负责学校教育教学的后勤保障工作。

黄安兵 男，汉族，1985年4月出生。贵州瓮安人。

2007年7月，贵州警官职业学院毕业。2012年10月招入瓮安二中工作，政教处工作人员，负责校园安全工作。

六、1982至2018高考录取名单

瓮安二中1982年高考预选考生上线名单（理科）

考生所在学校或单位	姓　名	考生所在学校或单位	姓　名
瓮安二中	徐　华	瓮安二中	胡乾发
瓮安二中	彭　庆	瓮安二中	廖治平
瓮安二中	彭佳贤	瓮安二中	冯桂霞
瓮安二中	王新才	瓮安二中	杨胜武
瓮安二中	周　安	瓮安二中	谢天明
瓮安二中	李洪家	瓮安二中	孙谋春
瓮安二中	赵　勇	瓮安二中	夏传金
瓮安二中	段菁丽	瓮安二中	万前方
瓮安二中	杨寄松	瓮安二中	徐小光
瓮安二中	周英荣	瓮安二中	汪开才
瓮安二中	陈　芳	瓮安二中	尤家斌
瓮安二中	任开忠	瓮安二中	陈应霞
瓮安二中	杨　军	瓮安二中	向　冰
瓮安二中	李子林	瓮安二中	王晓燕
瓮安二中	贺启菊	瓮安二中	丁纪生
瓮安二中	肖焕祥	瓮安二中	卢万红
瓮安二中	毛木光	瓮安二中	於康平
瓮安二中	毛　翠	瓮安二中	杜雪艳

续表

考生所在学校或单位	姓 名	考生所在学校或单位	姓 名
瓮安二中	罗成杰	瓮安二中	蒋仕云
瓮安二中	黄 益	瓮安二中	周道菊
瓮安二中	田 刚	瓮安二中	王兴才
瓮安二中	黄廷华	瓮安二中	陈应元
瓮安二中	蒋永初	瓮安二中	连竹昌
瓮安二中	袁仁霞	瓮安二中	刘建林
瓮安二中	刘 源	瓮安二中	杨丽群
瓮安二中	彭 秋	瓮安二中	高 峰
瓮安二中	邓朝辉	瓮安二中	杨小波
瓮安二中	刘芸红	瓮安二中	文 武
瓮安二中	罗庆忠	瓮安二中	任 毅
瓮安二中	徐本录	瓮安二中	戎 晓
瓮安二中	曾 实	瓮安二中	张昌信
瓮安二中	易祥英	瓮安二中	蔡茂刚
瓮安二中	伍 静	瓮安二中	杨信超
瓮安二中	周 文	瓮安二中	梁文英
瓮安二中	车小安	瓮安二中	单灵华
瓮安二中	张廷龙	瓮安二中	颜可利
瓮安二中	唐宝华	瓮安二中	余天全
瓮安二中	李洪伟	瓮安二中	沈寿才
瓮安二中	董友周	瓮安二中	周楠宏
瓮安二中	周 军	瓮安二中	饶太明
瓮安二中	李开华	瓮安二中	冉瑞林

（因缺失1982年录取档案，故只录入预选上线名单）

瓮安第二中学1983年高考录取名单

（当年因学制改革，没有高中毕业学生参加高考）

瓮安第二中学1984年高考录取名单

姓　名	录取学校	姓　名	录取学校
陈敬华	西北工业大学	易松茂	南京农学院
李　岚	南京大学	蔡　彤	武汉大学
何先庆	兰州理工大学	沈小兵	贵州大学
钱有明	贵阳师院	李洪璠	贵阳医学院
毛木先	贵阳中医学院	孙　惠	贵阳中医学院
顾吉伦	贵州农学院	刘仁奎	贵阳师院
万举国	贵州工学院	邹兴祥	贵阳师院
胡　新	贵州大学	王维芳	贵州农学院
孔祥玲	贵州农学院	吴　萍	贵州工学院
易碧荣	贵阳医学院	杨正先	黔南民族师范高等专科学校
贺　军	黔南民族师范高等专科学校	杨新颖	黔南民族师范高等专科学校
邵　勇	黔南民族师范高等专科学校	聂锦富	黔南民族师范高等专科学校
向万全	黔南民族师范高等专科学校	曾令中	黔南民族师范高等专科学校
蔡　旭	黔南民族师范高等专科学校	邓　超	黔南民族师范高等专科学校

瓮安第二中学1985年高考录取名单

（1985年，因为师资缺失，没有毕业生参加高考）

瓮安第二中学1986年高考录取名单

姓　名	录取学校	姓　名	录取学校
李旭光	湖南大学	李胜利	云南大学
蔡　兵	遵义医学院	朱正文	遵义医学院
丁丽红	遵义医学院	彭文良	贵州大学
李耀宇	贵州农学院	钟音玲	贵州大学
龙强军	贵阳医学院	孙会琼	贵阳医学院
张海兰	贵阳医学院	罗宪平	贵州财经学院
余家品	贵州师范大学	胡　华	贵州师范大学
李　惠	贵州师范大学	王建平	贵州师范大学
秦小青	贵州师范大学	谭德文	贵州农学院
曾庆先	黔南民族师范高等专科学校	雷秀凤	黔南民族师范高等专科学校
周汉英	黔南民族师范高等专科学校	童家贵	黔南民族师范高等专科学校
李洪琼	黔南民族师范高等专科学校	刘伦品	黔南民族师范高等专科学校
廖　祥	黔南民族师范高等专科学校	戎　怡	黔南民族师范高等专科学校
尹竹勇	黔南民族师范高等专科学校	高显富	黔南民族师范高等专科学校

瓮安第二中学1987年高考录取名单

姓　名	录取学校	姓　名	录取学校
赵　康	西南交通大学	袁兴建	西北工业大学
吴　军	西北轻工业学院	罗满建	西北轻工业学院
李景刚	北京林业大学	刘维坤	成都科技大学
罗　翔	西南大学	冯树山	武汉粮食工业学院
范华德	华北水电学院	刘正忠	贵州师范大学
王华松	贵州师范大学	万　军	贵州师范大学
李　峰	贵州师范大学	吴传检	贵州师范大学
邓忠学	贵州大学	江　涛	贵州大学
何先模	贵州农学院		

续表

姓　名	录取学校	姓　名	录取学校
董友宇	贵州大学	毛　惠	淮南煤矿师范学院
王　彬	北京农业大学	邓安辉	贵州农学院
石绍玲	贵州农学院	刘正书	贵州农学院
卢万华	贵州农学院	颜德彬	贵州农学院
宋泽华	贵州农学院	吴文富	贵阳医学院
杜淑琴	贵州工学院	黄明发	黔南民族医学高等专科学校
肖兴勇	贵阳医学院	鄢家玉	黔南民族医学高等专科学校
叶应伟	黔南民族医学高等专科学校	王国民	黔南民族医学高等专科学校
张　玲	黔南民族医学高等专科学校	高　焰	重庆建工学院专科
雷兆贵	黔南民族医学高等专科学校	陆国华	贵州农学院专科
罗明建	贵州大学	唐丽梅	西北路工业学院专科

瓮安二中1988年高考预选上线名单

姓　名	姓　名	姓　名	姓　名
李昌书	邓庆强	张海泊	向　阳
陈恩科	曾春娥	万利龙	张松涛
黄　河	伍　刚	邓　俊	马福林
刘　全	王　警	杨炬辉	蒋成友
罗亚军	邓庆武	陈应凤	徐鹏泽
熊　丽	邹　瑜	田述强	周志帮
王东明	彭胜利	熊德慧	陈传惠
李黔湘	卢继才	陈乔培	邹　晗
孙学斌	吴　华	蒋成宏	邹红杰
李高华	王　军	蒋忠光	唐润国
罗安粗	浦　维	苟明丽	丁　莉
兰必军	杜兴平	聂　刚	宋　毅
刘安容	钟　华	杨维礼	袁庆云
梁远鹏	向赞前	赵道明	孙凤知
范富宇	张登华	陈茂军	王　梅

续表

姓　名	姓　名	姓　名	姓　名
罗永明	龙惠清	邱志江	唐安林
金安华	罗玉贵	毛木祥	刘荣忠
李　斌	何　勇	陈　蔓	蔡承相
石掌武	谢　曼	王　红	白　文
李坤惠	刘　紫	牟天义	聂奇彪
王书涛	汪举芳	尹丽霞	罗玉贵
罗庆菊	田　军	林　玲	石崇武
何光俊	李　彦	王　俊	韩艳琴
胡　立	戎　宇	宋　全	蔺黔玲
韩豫红	罗华均	张　晔	黄　倩
罗安华	蒋建辉	蔡　霞	唐　莉
孙　莉	李蜀玲	黄　成	关　琼
罗　忠	方　印	陈莉萍	陈清雪
宋　万	李　莉	谢连森	陈德书
闵　常	艾顺群	蔡光武	刘亚涛
周贤丽	刘芝琴	王文权	李　琴
向　会	吴应龙	杨洪先	王振佳
张仕斌	刘光春	陈永林	饶　健
徐志华	董　波	宋江荣	龙南亚
莫　群	梁正菊	易　霞	王　瑛
蔡　会	王忠菊	黄　露	肖能敏
杨天梅	李光全	兰　江	赵泽会
杨　俊	赵仕建	辛文敏	陈　浩
余　滟	王　英	张清群	廖　松
陈福梅	向绍华	王国伦	李仕荣
蔺黔玲	罗永红	孙以荣	李祝秀
陈善权	刘　颖	贺亚群	李明碧
田文俊	郭小丹	邹跃丽	王文权
兰　江	赵　静	伍正奎	徐　刚

续表

姓　名	姓　名	姓　名	姓　名
皮静毅	张　勇	舒勋珍	李光全
吴　琼	刘正春	曾宪华	刘光春
刘芝琴	梁正菊	陈　红	饶　健
闵　常	王忠菊	刘　婧	黄　露
董　波	王国莹	蒋远蓉	赵定论
杨洪先	刘亚涛	谢连森	刘远胜
夏和燕	魏大兵	王凌秋	刘立祥
唐朝卫	高和平	宋纯华	王　琴
李于国	余　兰	田前群	张　菊
李景荣	肖　波	陈永林	戴洪峰
张泽举	张维惠	蔡光武	刘能英
陈　艳	吴定兴	杨　菊	陈　蔓
兰才发	李长琴	李生祥	黄　林
董延新	李亚红	杨惠竹	胡兰云
严小军	曾宪娥	李泽燕	赵亚红
宋江荣	梁光菊	杨顺英	蒋宇华
沈　琴	桂凤仙	陈　季	龙南亚
周光建	刘　刚	蒋远群	李光艳
艾顺群	张　旭	伍　艳	邱金泉
张　英	许　炜	肖荣飞	陈法书
韩艳琴	康　静	李　琴	游小军
黄　倩	王振佳	刘志群	卢钧群
徐志华	卢　婵	向　会	游小军
邓　安	周贤丽	唐　莉	卢钧群
杨桂兰	宋　万	陈清雪	何春梅
曾　欧	李　莉	彭文东	张　艳
梁　娅	胡伦会	蒋吉春	吴秀龙
朱　敏	龙海燕	张宝玉	熊兴龙

（因缺失1988年录取档案，没有找到录取名单，故录入预选上线名单）

瓮安第二中学1989年高考录取名单

姓　名	录取学校	姓　名	录取学校
刘仁忠	西北农业大学	彭　智	贵州工学院
刘芝明	安徽农学院	郑庚学	重庆交大
王国富	长春师范学院	文儒斌	贵州农学院
胡齐来	遵义医学院	张　磊	贵州农学院
张松涛	贵州工学院	倪　亮	南方冶金学院
梁远鹏	武汉钢铁学院	段仕勇	阜新矿业学院
石　践	上海交通大学	余家建	哈工大
刘作华	西北农业大学	彭　涛	南京林业大学
罗　燕	华南农业大学	袁仁锋	贵州农学院
蒋永生	同济大学	余　江	贵州农学院
王　军	成都电子科大	林　玲	西南政法学院
汪举芳	贵州师范大学	余红梅	贵州大学
陈义智	省民院	秦　丽	贵州师范大学
蒋建辉	贵州大学	谭祖惠	云南大学
张　琼	贵州师范大学	舒　进	广州外贸学院
卢　剑	贵州财经学院	李　杰	华南热带植物学院

瓮安第二中学1990年高考录取名单

姓　名	录取学校	姓　名	录取学校
倪　亮	北方工业大学	文永生	北京工业大学
向祖建	西南交通大学	夏锦军	东北林业大学
邓国才	华南农业大学	于　龙	大连铁道学院
申　飞	西南民族大学	曾　剑	西南政法学院
夏开举	成都地质学院	曾　锋	上海铁道学院
韩　航	西南政法学院	罗安龙	江西财经学院
邓海霞	北京语言学院	李绿茵	华北电力学院
罗永平	南昌航空工业学院	张树宽	连云港化学专科

瓮安第二中学1991年高考录取名单

姓 名	录取学校	姓 名	录取学校
任 俊	武汉工业大学	胡 昆	中国政法大学
宋泽祥	中国地质大学	冯 骎	武汉大学
朱 静	西南财经大学	李 刚	贵州大学
李山红	中国人民大学	杨正群	贵州师范大学
宋泽刚	贵州大学	张 荣	重庆建筑工程学院
丁 刚	西安冶金建筑学院	王华杰	贵州工学院
梁正洪	成都地质学院	彭 涛	重庆邮电学院
彭荣建	贵州工学院	向光辉	贵州工学院
许 杰	西南林学院	文朝洪	贵州省警察学院
任 凯	贵阳医学院	邵 为	遵义医学院
夏开勇	贵阳医学院	李昕琦	贵州工学院
张 华	贵阳中医学院	牟元庄	贵州建筑专科学校
简雪曼	贵州师范大学少数民族预科	张德泽	黔南民族师范高等专科学校
张 仪	上海法律专科学校	罗 飞	黔南民族师范高等专科学校
罗 松	上海医疗器械专科学校	毛荣书	黔南民族师范高等专科学校
易利平	黔南民族医学高等专科学校	张忠群	黔南民族师范高等专科学校
蒋吉松	黔南师范专科学校	李吉胜	黔南民族师范高等专科学校
周显海	黔南民族医学高等专科学校	李永宏	黔南民族师范高等专科学校
王朝举	黔南民族医学高等专科学校	倪元安	黔南民族师范高等专科学校
邓国琴	黔南民族医学高等专科学校	犹 建	黔南民族医学高等专科学校
王品基	黔南民族师范高等专科学校	兰吉平	黔南民族师范高等专科学校
孔祥飞	黔南民族医学高等专科学校	杨 飞	黔南民族医学高等专科学校
朱正敏	黔南民族医学高等专科学校		

瓮安第二中学1992年高考录取名单

姓　名	学　校	姓　名	学　校
彭福海	兰州大学	伍世杰	贵州师范大学
彭　涛	南京林业大学	周军丞	贵州大学
王　超	贵州师范大学	段仕礼	贵州大学
袁庆雷	昆明工学院	周爱民	中国计量学院
李正江	贵州工学院	代洪锋	贵州农学院
蒋成环	焦作矿业学院	王怀胜	贵州农学院
邹前东	华北水利水电学院	黄　浩	贵州农学院
杨崇金	中南林学院	赵显宏	贵州农学院
张清贵	贵州工学院	周显海	遵义医学院
成荣江	成都地质学院	徐忠钱	贵州工学院
郑慧君	长沙水利电力师范学院	张元红	遵义医学院
陈　康	贵州工学院	王　健	贵州工学院
何建东	贵州工学院	李　忠	贵州农学院
鲁克纯	淮南矿业学院	杨光付	贵州农学院
李小芳	贵州农学院	许　建	贵州民族学院
张承丽	遵义医学院	陈　惠	黔南民族医学高等专科学校
邓正位	连云港化工高等专科学院	冷继国	遵义医专
李　伟	黔南民族医学高等专科学校	徐　红	黔南民族医学高等专科学校
莫　坤	黔南民族医学高等专科学校	龚有举	黔南民族医学高等专科学校
孙小波	黔南民族医学高等专科学校	余德军	黔南民族医学高等专科学校
李进平	黔南民族医学高等专科学校	邹志雄	黔南民族医学高等专科学校
谢祥明	黔南民族医学高等专科学校	商正银	黔南民族师范高等专科学校
宋泽军	黔南民族师范高等专科学校	肖大春	黔南民族师范高等专科学校
刘元文	黔南民族师范高等专科学校	段婷婷	黔南民族师范高等专科学校
冯配金	黔南民族师范高等专科学校	彭福江	黔南民族师范高等专科学校
王立春	黔南民族师范高等专科学校	谢　茜	黔南民族师范高等专科学校
秦　飞	黔南民族师范高等专科学校	周凤学	黔南民族师范高等专科学校
商正达	黔南民族师范高等专科学校	秦大军	黔南民族师范高等专科学校
申修伟	黔南民族师范高等专科学校		

瓮安第二中学1993年高考录取名单

姓　名	录取学校	姓　名	录取学校
李　萍	贵州大学	周桂芳	中南财经大学
唐隽永	贵州大学	郑　竹	哈尔滨工业大学
杨继红	贵州大学	李晓松	重庆大学
兰　娟	贵州大学	李昕松	天津大学
刘　颖	贵州大学	陈代龙	电子科技大学
孙　梅	贵州师范大学	贾燕义	重庆大学
张　强	电子科技大学	李晓伦	重庆大学
石　献	电子科技大学	宋泽勇	西南交通大学
唐书锦	西安电子科技大学	王　强	贵州师范大学
任雨菊	贵州师范大学	王志伟	贵州财经学院
李传忠	贵州财经学院	雷秀辉	贵州工学院
犹和兴	重庆商学院	刘承碧	贵州工学院
毛荣超	贵州中医学院	李刚林	贵州农学院
刘劲松	南京气象学院	支　寒	贵州工学院
蔡　刚	北京农业工程学院	段仕东	贵州工学院
蒙德波	重庆邮电学院	方　燕	西农学院
李文平	昆明工学院	袁庆霓	本溪冶金矿业学院
陈　军	贵州工学院	田戴琼	贵阳医学院
邓　松	湘潭矿业学院	蒋成德	贵州工学院
曹　坤	贵州工学院	黄忠奎	贵州工学院
孔令超	贵州工学院	马　刚	贵州工学院
邱兴忠	贵州工学院	丁富刚	贵州工学院
袁庆松	贵州农学院	王兴平	贵州工学院
熊铧军	贵州工学院	冯洪祥	黔南民族医学高等专科学校
刘宽琴	黔南民族医学高等专科学校	胡正先	黔南民族医学高等专科学校
杨昭乾	黔南民族师范高等专科学校	刘泽江	黔南民族师范高等专科学校
蔡　鑫	黔南民族师范高等专科学校	龙　云	黔南民族师范高等专科学校
王振云	黔南民族师范高等专科学校	朱代森	黔南民族师范高等专科学校
唐贵群	黔南民族师范高等专科学校	魏　刚	黔南民族师范高等专科学校
李荣芝	黔南民族师范高等专科学校（预科）	杨村畲	黔南民族师范高等专科学校
李　会	黔南民族师范高等专科学校	田　辉	黔南民族师范高等专科学校

瓮安第二中学1994年高考录取名单

姓　名	录取学校	姓　名	录取学校
刘元高	清华大学	刘文锋	电子科技大学
何林峰	贵州大学	刘　松	贵州省广播电视大学
张远会	贵州师范大学	冷光伟	贵州师范大学
王莉萍	华东交通大学	陈立科	贵州广播电视大学
吴正菊	贵州师范大学	丁　艳	华西医科大学
孙　涛	武汉工业大学	刘　挥	贵州大学
周仕刚	武汉水利电力大学	张淞华	贵州大学
张文伟	北京航空航天大学	刘阳红	贵州大学
何明芳	重庆建筑大学	刘奉坤	贵州师范大学
刘　波	重庆大学	兰文飞	贵州师范大学
兰裕杰	福州大学	刘胜丰	贵州省广播电视大学
林　非	贵州大学	周文举	贵州省广播电视大学
罗　斌	华东交通大学	安德成	贵州师范大学
廖　群	贵州师范大学	徐国武	贵州师范大学
熊治辉	贵州师范大学	胡生俊	北京动力经济学院
胡天琴	贵州财经学院	赵　军	中国刑事警察学院
方　军	贵州财经学院	胡友祥	沈阳航空工业学院
龙沛芬	贵阳中医学院	李仕芳	武汉钢铁学院
王成华	贵州工学院	冯　颖	南方冶金学院
徐艳红	华南热带作物学院	王　峰	贵州农学院
罗开军	政法干院	刘太红	贵阳中医学院
段仕伦	贵州工学院	陈洪军	遵义医学院
张思元	武汉钢铁学院	何　茂	上海交通学院
叶　涛	贵阳中医学院	曾　薇	贵州工学院
覃　云	贵阳医学院	余　琮	西南林学院
刘　兵	贵州农学院	丁德恩	西南林学院
肖仁开	贵州农学院	蔡德举	贵阳医学院
安桂书	贵州财经学院	严文强	西南林学院

续表

姓　名	录取学校	姓　名	录取学校
王大忠	遵义医学院	宋方贵	贵州省化工学院
谭朝阳	南方冶金学院	张贞龙	电大专科
杨洪宗	黔南民族师范高等专科学校（自费）	付家群	黔南民族师范高等专科学校
宋　鹏	黔南民族师范高等专科学校	陶荣华	贵州大学（专科）
张元娟	黔南民族医学高等专科学校	王玉琴	省投资管理学校（专科）
犹和乔	黔南民族师范高等专科学校	周明军	黔南民族师范高等专科学校
王　志	黔南民族师范高等专科学校	张继华	黔南民族师范高等专科学校
夏开建	黔南民族师范高等专科学校	龙　飞	泰安人口学校（专科）
廖　松	黔南民族师范高等专科学校	邓安进	贵州师范大学（自费专科）
熊　影	黔南民族师范高等专科学校	陈　勇	黔南民族师范高等专科学校
贺丽群	黔南民族师范高等专科学校	张　清	黔南民族师范高等专科学校
潘光会	黔南民族师范高等专科学校	游小凤	黔南民族师范高等专科学校
申学军	贵州广播电视大学（专科）	王　志	黔南民族师范高等专科学校
周太伦	黔南民族师范高等专科学校	宋建军	黔南民族师范高等专科学校
施家明	黔南民族医学高等专科学校	谢早丽	黔南民族师范高等专科学校
冷继全	武汉测绘科技大学（专科）	谢早敏	黔南民族师范高等专科学校
鄢小梅	黔南民族师范高等专科学校 预科	吴太菊	贵州广播电视大学（专科）
黄银洪	黔南民族师范高等专科学校 委培	黄建军	贵州广播电视大学（专科）
杜天福	黔南民族师范高等专科学校	张志军	黔南民族师范高等专科学校
尹友非	武汉建筑高等专科学校	何玉华	黔南民族医学高等专科学校
杨　斌	黔南民族师范高等专科学校	颜德军	黔南民族医学高等专科学校
杨冬林	黔南民族医学高等专科学校	史　溥	黔南民族师范高等专科学校
张华平	黔南民族师范高等专科学校	张元娟	黔南民族医学高等专科学校
杜兴乔	湘潭机电高等专科学校	犹和乔	黔南民族师范高等专科学校
田先梅	黔南民族师范高等专科学校	谭卯发	黔南民族师范高等专科学校
梁晓敏	贵州广播电视大学（专科）	周　勇	贵州广播电视大学（专科）
李绿萍	西北工业大学	李高祥	贵州师范大学
刘伦章	西北工业大学	刘元军	贵州师范大学
周泽彬	南京农业大学	何崇尧	贵州师范大学

续表

姓　名	录取学校	姓　名	录取学校
周　君	福州大学	姚仕芳	贵州师范大学
卢永明	天津师范大学	王　端	贵州师范大学
姚　栋	贵州师范大学	倪国忠	贵州师范大学
贾朝阳	贵州师范大学	蔡明刚	贵州师范大学
胡德绍	贵州大学	李亨志	贵州师范大学
倪安	贵州大学	严国艳	贵州师范大学
杨昌明	贵州大学	王寿全	贵州师范大学
文永洪	贵州大学	钟声利	贵州师范大学
王资刚	贵州大学	雷胜刚	贵州师范大学
卢清明	贵州师范大学	陈　奇	贵州师范大学
犹永全	阜新矿院	李志龙	遵义医学院
喻忠菊	苏州丝绸学院	周贵军	遵义医学院
秦　谢	葛洲坝水电工程学院	何先茂	贵阳中医学院
刘　宏	贵州工学院	许匀燕	贵阳中医学院
刘汉斌	贵州工学院	梁大琼	贵州财经学院

瓮安第二中学1995年高考录取名单

姓　名	录取学校	姓　名	录取学校
李富裕	贵州工学院	周兴富	贵州民族学院
侯显军	贵州工学院	庞成银	贵州民族学院
陈雪松	贵州工学院	霍朝佐	贵州民族学院
胡　斌	贵州工学院	陈朝华	贵州工学院
王春燕	贵州农学院	朱仕春	贵州工学院
胡　勇	贵州农学院	汤仁恒	贵州工学院
彭　浩	贵州农学院	朱天学	贵州工学院
唐静松	贵州民族学院	胡德秀	贵州工学院
肖　艳	湘潭矿院	仁　会	遵义医学院
杨润发	贵州财经学院	解忠翼	贵阳医学院

续表

姓　名	录取学校	姓　名	录取学校
简昌洪	昆明铁路学院	沈成林	贵州中医学院
王维孔	泰安人口学院	王天伦	武汉科技大学（专科）
谢祥恩	贵州大学（专科）	陈乔先	黔南民族医学高等专科学校
刘元康	贵州大学（专科）	郭　莲	黔南民族医学高等专科学校
毛木松	贵州大学（专科）	王晓燕	黔南民族医学高等专科学校
夏　军	贵州商业高等专科学校	犹家德	黔南民族医学高等专科学校
闵　坤	黔南民族医学高等专科学校	陈平碧	黔南民族医学高等专科学校
李天仙	黔南民族医学高等专科学校	李洪群	贵州广播电视大学（专科）
李坤涛	石家庄邮电专科学校	周远飞	贵州广播电视大学（专科）
廖洪禄	贵州广播电视大学（专科）	郑小华	贵州广播电视大学（专科）
王孟贤	贵州广播电视大学（专科）	李　霞	贵州广播电视大学（专科）
汪文萍	贵州广播电视大学（专科）	杨亚芬	贵州广播电视大学（专科）
冯泽友	贵州广播电视大学（专科）	张启军	贵州广播电视大学（专科）
杨代竹	贵州广播电视大学（专科）	李忠华	黔南民族师范高等专科学校
何明星	贵州广播电视大学（专科）	陈福海	黔南民族师范高等专科学校
黎　晖	黔南民族师范高等专科学校	卢怀芳	黔南民族师范高等专科学校
雷应军	黔南民族师范高等专科学校	帅本文	黔南民族师范高等专科学校
任远江	黔南民族师范高等专科学校	陈益福	黔南民族师范高等专科学校
陈　吉	黔南民族师范高等专科学校	李小兵	黔南民族师范高等专科学校
周英洪	黔南民族师范高等专科学校	蔡祖华	黔南民族师范高等专科学校
蒋成英	黔南民族师范高等专科学校	彭清全	黔南民族师范高等专科学校
陈惟慧	黔南民族师范高等专科学校	邱金恒	黔南民族师范高等专科学校
张德宇	黔南民族师范高等专科学校	岑成双	黔南民族师范高等专科学校
赵连富	黔南民族师范高等专科学校	王泽福	黔南民族师范高等专科学校
谢成江	黔南民族师范高等专科学校	犹永超	黔南民族师范高等专科学校
刘明会	黔南民族师范高等专科学校	刘　慧	黔南民族师范高等专科学校
万　鹏	黔南民族师范高等专科学校	石世敏	黔南民族师范高等专科学校
周太发	黔南民族师范高等专科学校	雷胜宇	黔南民族师范高等专科学校
朱晓燕	黔南民族师范高等专科学校	张全江	黔南州广播电视大学（专科）

续表

姓　名	录取学校	姓　名	录取学校
饶兴模	黔南州广播电视大学（专科）	赵　剑	黔南州广播电视大学（专科）
王　英	黔南州广播电视大学（专科）	刘　俊	黔南州广播电视大学（专科）
文敬敏	黔南州广播电视大学（专科）	汤仁文	黔南州广播电视大学（专科）
张泽兴	黔南州广播电视大学（专科）	李明贵	黔南州广播电视大学（专科）
杨顺举	黔南州广播电视大学（专科）	宋泽敏	黔南州广播电视大学（专科）
毛大海	黔南州广播电视大学（专科）	金安庆	黔南州广播电视大学（专科）
陈文菊	黔南州广播电视大学（专科）	牟　坤	黔南州广播电视大学（专科）
胡孔兰	黔南州广播电视大学（专科）	黄文开	黔南州广播电视大学（专科）
谭启先	黔南州广播电视大学（专科）	刘祥仙	黔南州广播电视大学（专科）
袁　刚	黔南州广播电视大学（专科）	张显胜	黔南州广播电视大学（专科）
符　昆	黔南州广播电视大学（专科）	张汝强	黔南州广播电视大学（专科）
杨　艳	黔南州广播电视大学（专科）	邓云久	黔南州广播电视大学（专科）
唐晓娟	黔南州广播电视大学（专科）	刘春松	黔南州广播电视大学（专科）
牟天伟	黔南州广播电视大学（专科）	刘兴权	黔南州广播电视大学（专科）
潘兴洪	黔南州广播电视大学（专科）	钱安定	黔南州广播电视大学（专科）
李　鑫	黔南州广播电视大学（专科）	陈启勇	黔南州广播电视大学（专科）
张国洪	黔南州广播电视大学（专科）	邵　琪	黔南州广播电视大学（专科）

瓮安第二中学1996年高考录取名单

姓　名	录取学校	姓　名	录取学校
卿　涛	清华大学	虞　刚	哈尔滨工业大学
付国顺	长春地质大学	刘　坤	哈尔滨工业大学
兰成坤	华东师范大学	彭小刚	重庆大学
吴永志	西南大学	王　清	北京林业大学
周雪松	北京科技大学	代厚刚	华南农业大学
郑　海	广东外语外贸大学	况月山	贵州大学
金正行	贵州大学	杨佩瑶	武汉交通科技大学
雷参松	贵州大学	杨代才	贵州师范大学

续表

姓　名	录取学校	姓　名	录取学校
商　坤	贵州大学	蔡　玲	贵州师范大学
杨胜军	贵州大学	陈永弟	贵州师范大学
王登怀	贵州工业大学	陈建泽	贵州师范大学
陈吉艳	贵州工业大学	吴永群	贵州师范大学
王文高	贵州工业大学	钟　涛	贵州师范大学
黄华江	贵州工业大学	李兴全	贵州师范大学
张　琪	贵州工业大学	徐仕海	贵州师范大学
王国玉	贵州工业大学	宋钩立	贵州师范大学
唐书娜	贵州工业大学	谢远松	贵州师范大学
蒋　玺	贵州工业大学	刘明星	贵州师范大学
邬开权	贵州工业大学	陈　凤	贵州师范大学
王明均	贵州工业大学	黄云梅	贵州师范大学
刘　丰	贵州师范大学	秦大勇	贵州师范大学
陈德菊	贵州师范大学	王国银	贵州工业大学
李　明	贵州师范大学	苟兴贵	贵州工业大学
严胜文	贵州大学	蔡　鼎	贵州师范大学
石从军	贵州大学	许　燕	贵州师范大学
卢清国	西南林学院	吴明友	西南林学院
邱　系	金筑大学	宋　颖	南昌航空学院
张举坤	东北电力学院	李　建	遵义医学院
魏仕洪	西南工学院	王培驹	遵义医学院
方怀义	湛江水产学院	葛永东	合肥经济技术学院
林　康	包头钢铁学院	王　森	湘潭矿业学院
王克进	西藏民族学院	赵　亮	湘潭矿业学院
秦国建	淮南矿院	杨　杰	湘潭矿业学院
熊兴祥	淮南矿院	范富莲	贵阳医学院
冯明星	贵阳医学院	刘宇波	贵州农学院
王　勇	贵阳医学院	陈　刚	贵州民族学院
杨荣刚	贵阳医学院	李绍安	贵州民族学院

续表

姓　名	录取学校	姓　名	录取学校
王支学	贵阳医学院	曾东初	贵州民族学院
黎昌礼	贵阳医学院	吴伦宽	贵州农学院
彭廷俊	贵阳医学院	卢　清	西南林学院
韩忠友	贵州农学院	吴明友	西南林学院
申高美	贵阳医学院	蔡素梅	贵州财经学院
熊庭海	贵阳医学院	王　敏	贵州中医学院
杨昌乐	贵阳医学院	龙小芬	贵阳医学院
黎　辉	贵州财经学院	田应飞	贵州财经学院
梁　璐	贵阳医学院	文兴祥	遵义医学院
邓安华	贵州民族学院	兰会明	贵州民族学院
黎　宇	西藏农牧学院	倪德洪	黔南民族师范高等专科学校
王开卷	黔南民族师范高等专科学校	许　玲	黔南民族师范高等专科学校
朱明先	黔南民族师范高等专科学校	李世杰	黔南民族师范高等专科学校
陈志全	黔南民族师范高等专科学校	李荣方	黔南民族师范高等专科学校
周兴明	黔南民族师范高等专科学校	胡化忠	黔南民族师范高等专科学校
王　梅	黔南民族师范高等专科学校	杨兴梅	黔南民族师范高等专科学校
邱金忠	黔南民族师范高等专科学校	卢　平	黔南民族师范高等专科学校
姚知兵	黔南民族师范高等专科学校	邓　云	黔南民族师范高等专科学校
谢帮念	黔南民族师范高等专科学校	王荣宽	黔南民族师范高等专科学校
王家玉	黔南民族师范高等专科学校	宋　勋	黔南民族师范高等专科学校
王开辉	黔南民族师范高等专科学校	刘怀喜	黔南民族师范高等专科学校
李秀忠	黔南民族师范高等专科学校	范古菊	黔南民族师范高等专科学校
卢锡玖	黔南民族师范高等专科学校	李茂林	黔南民族师范高等专科学校
刘承宽	黔南民族师范高等专科学校	熊兴荣	黔南民族师范高等专科学校
罗华建	黔南民族师范高等专科学校	刘　洋	黔南民族师范高等专科学校
郭燕祥	黔南民族师范高等专科学校	叶真勇	黔南民族师范高等专科学校
丁富斌	黔南民族师范高等专科学校	甘庆全	黔南民族师范高等专科学校
卢　红	黔南民族师范高等专科学校	廖远欢	黔南民族师范高等专科学校
贺　斌	贵州商业高等专科学校	彭福泽	贵州商业高等专科学校

续表

姓　名	录取学校	姓　名	录取学校
李昌亚	黔南民族医学高等专科学校	苏志贤	贵州商业高等专科学校
徐泽琴	贵州广播电视大学（专科）	李秀江	黔南民族医学高等专科学校
犹　佳	贵州省教育学院电大（专科）	刘兴元	黔南民族医学高等专科学校
袁玉前	贵州省教育学院电大（专科）	曾　丽	黔南民族医学高等专科学校
杨朝贵	贵州广播电视大学（专科）	卢清贵	贵州广播电视大学（专科）
王白民	贵州广播电视大学（专科）	王和江	贵州广播电视大学（专科）
徐本权	贵州广播电视大学（专科）	李家银	贵州广播电视大学（专科）
马家富	贵州广播电视大学（专科）	摊孝琴	贵州广播电视大学（专科）
汪兴华	贵州广播电视大学（专科）	张　松	贵州广播电视大学（专科）
商崇碧	贵州广播电视大学（专科）	彭再红	贵州广播电视大学（专科）
杨　会	贵州广播电视大学（专科）	费　斌	贵州广播电视大学（专科）
丁光秀	贵州广播电视大学（专科）	李　香	贵州广播电视大学（专科）
田　铭	贵州广播电视大学（专科）	陈远峰	贵州广播电视大学（专科）
贾朝琴	贵州广播电视大学（专科）	徐少刚	贵州广播电视大学（专科）
佘跃兴	贵州广播电视大学（专科）	汤华伦	贵州广播电视大学（专科）
冉　军	贵州广播电视大学（专科）	韦家平	贵州广播电视大学（专科）
刘万平	贵州广播电视大学（专科）	徐永贵	贵州广播电视大学（专科）
郑兴权	贵州广播电视大学（专科）	王水基	贵州广播电视大学（专科）
朱　玉	贵州广播电视大学（专科）	王天友	贵州广播电视大学（专科）
李晓红	贵州广播电视大学（专科）	陈开碧	贵州广播电视大学（专科）
冉光辉	贵州广播电视大学（专科）	张　军	贵州广播电视大学（专科）
刘怀敏	贵州广播电视大学（专科）	丁动琴	贵州广播电视大学（专科）
曹万华	贵州广播电视大学（专科）	彭志忠	贵州广播电视大学（专科）
李兴明	贵州广播电视大学（专科）	游利军	贵州广播电视大学（专科）
刘元忠	贵州广播电视大学（专科）	彭定宽	贵州广播电视大学（专科）
刘开英	贵州广播电视大学（专科）	王道贵	贵州广播电视大学（专科）
徐本江	贵州广播电视大学（专科）	赵成刚	贵州广播电视大学（专科）
陈德书	贵州广播电视大学（专科）	毛　慧	贵州广播电视大学（专科）
黄　梅	贵州广播电视大学（专科）	谢其华	贵州广播电视大学（专科）

续表

姓　名	录取学校	姓　名	录取学校
张晓艺	贵州广播电视大学（专科）	毛林木	贵州广播电视大学（专科）
谢云辉	贵州广播电视大学（专科）	兰才久	贵州广播电视大学（专科）
袁天会	贵州广播电视大学（专科）	刘　琴	贵州广播电视大学（专科）
陈天强	贵州广播电视大学（专科）	康　军	贵州广播电视大学（专科）
张林万	贵州广播电视大学（专科）	陈立梅	贵州广播电视大学（专科）
李时丰	黔南州广播电视大学（专科）	胡祥慧	贵州广播电视大学（专科）
陈判治	黔南州广播电视大学（专科）	何国斌	贵州广播电视大学（专科）
李绍时	黔南州广播电视大学（专科）	冯正贵	贵州广播电视大学（专科）
张洪军	黔南州广播电视大学（专科）	尚国美	黔南州广播电视大学（专科）
饶成惠	黔南州广播电视大学（专科）	李昌建	黔南州广播电视大学（专科）
杨再兵	黔南州广播电视大学（专科）	任仕寅	黔南州广播电视大学（专科）
刘兴祥	黔南州广播电视大学（专科）	田　铭	黔南州广播电视大学（专科）
余德海	黔南州广播电视大学（专科）	李大群	黔南州广播电视大学（专科）
犹家鸥	黔南州广播电视大学（专科）	邬培英	黔南州广播电视大学（专科）
潘兴奎	黔南州广播电视大学（专科）	唐红梅	黔南州广播电视大学（专科）
		冷玉珠	黔南州广播电视大学（专科）

瓮安第二中学1997年高考录取名单

姓　名	录取学校	姓　名	录取学校
胡成绰	东北大学	冷继刚	哈尔滨建筑大学
葛　军	华南农业大学	罗　丕	江西财经大学
康国民	天津大学	犹家元	南京航空大学
肖　剑	南京大学	刘　华	昆明理工大
杨智勇	电子科技大学	付朝渊	武汉交通科技大学
李绿苹	华东师大	徐连荣	西安理工大学
蔡　娥	重庆大学	姚知兵	东北林大
张　冰	贵州大学	郭正开	贵州大学
张玉胜	贵州师范大学	颜泽华	贵州大学

续表

姓　名	录取学校	姓　名	录取学校
张长春	贵州工业大学	段恩文	贵州工业大学
李昌亚	贵州工业大学	向中平	贵州工业大学
邓　娟	贵州工业大学	刘开丰	贵州工业大学
宋荣云	贵州工业大学	蔡明玖	贵州工业大学
彭　泓	贵州工业大学	代元锋	贵州工业大学
黄应芳	贵州工业大学	邵　义	金筑大学
左顺兵	西南师大	曾廷军	金筑大学
徐时环	金筑大学	龚　晗	石家庄铁道学院
贾小波	金筑大学	刘兴元	贵阳中医学院
宋　尧	西北轻工学院	李　强	贵阳中医学院
冷开勇	成都理工学院	兰永胜	贵阳医学院
陈小俊	长春税务学院	黎代平	贵阳医学院
凌宗洋	东北电力学院	赵温祥	贵州民族学院
刘文敏	西安外国语学院	肖厚慧	贵州民族学院
曹万平	南昌航院	许　夏	贵州民族学院
邓　刚	贵州财经学院	宋　兰	贵州民族学院
梁　倩	贵州财经学院	陈其斌	贵州民族学院
杨秀涛	贵州农学院	范小庆	贵州民族学院
魏　华	贵州农学院	李玉忠	贵州民族学院
冷　勇	南京人口学院	黄　梅	遵义医学院
张儒学	贵州农学院	王　毅	遵义医学院
田维华	贵州民族学院	张显勋	省政法干院
邓　云	贵阳医学院	林方华	黔南州广播电视大学（专科）
沈　军	贵州农学院	蒋正文	黔南州广播电视大学（专科）
胡正松	贵州民族大学	罗华建	黔南州广播电视大学（专科）
唐模奎	黔南州广播电视大学（专科）	张　丽	黔南州广播电视大学（专科）
唐木群	黔南州广播电视大学（专科）	徐福林	黔南州广播电视大学（专科）
黎中谊	黔南州广播电视大学（专科）	况明军	黔南州广播电视大学（专科）
周　云	黔南州广播电视大学（专科）	刘元宽	黔南州广播电视大学（专科）
田茂乾	黔南州广播电视大学（专科）	蒋光祥	黔南州广播电视大学（专科）
夏景华	黔南州广播电视大学（专科）	朱　俊	黔南州广播电视大学（专科）

续表

姓　名	录取学校	姓　名	录取学校
汪元芬	黔南州广播电视大学（专科）	况兆春	黔南州广播电视大学（专科）
梁大钊	黔南州广播电视大学（专科）	徐银鹏	黔南州广播电视大学（专科）
张大平	黔南州广播电视大学（专科）	杨晓琴	黔南州广播电视大学（专科）
曾永康	黔南州广播电视大学（专科）	姜　华	黔南州广播电视大学（专科）
王国平	黔南州广播电视大学（专科）	聂诗群	黔南州广播电视大学（专科）
聂其平	黔南州广播电视大学（专科）	刘为玲	黔南州广播电视大学（专科）
卢玉梅	黔南州广播电视大学（专科）	宋泽刚	黔南州广播电视大学（专科）
丁富红	黔南州广播电视大学（专科）	冯福群	黔南州广播电视大学（专科）
张　雍	黔南州广播电视大学（专科）	王诗玲	黔南州广播电视大学（专科）
李泽菊	黔南州广播电视大学（专科）	贺小念	黔南州广播电视大学（专科）
何建春	黔南州广播电视大学（专科）	朱仁玉	贵州广播电视大学（专科）
胡　孝	贵州广播电视大学（专科）	瞿远桥	贵州广播电视大学（专科）
马　嘉	贵州广播电视大学（专科）	石　萍	贵州广播电视大学（专科）
何依梅	贵州广播电视大学（专科）	王百友	贵州广播电视大学（专科）
丁明凤	贵州广播电视大学（专科）	王德凤	贵州广播电视大学（专科）
王　群	贵州广播电视大学（专科）	谭学林	贵州广播电视大学（专科）
伍志雨	贵州广播电视大学（专科）	谭志勇	贵州广播电视大学（专科）
何应莲	贵州广播电视大学（专科）	郑明友	贵州广播电视大学（专科）
范忠林	贵州广播电视大学（专科）	刘元忠	湖南电专
犹　艳	贵州广播电视大学（专科）	王成洪	湘潭机电专科
罗明全	贵州广播电视大学（专科）	李兴武	南昌水电专科
陈克礼	南昌水电专科	张宝伦	黔南民族师范高等专科学校
况　娟	黔南民族师范高等专科学校	刘平元	黔南民族师范高等专科学校
喻万忠	黔南民族师范高等专科学校	张宝曼	黔南民族师范高等专科学校
彭国兵	黔南民族师范高等专科学校	周　军	黔南民族师范高等专科学校
黄运波	黔南民族师范高等专科学校	刘应学	黔南民族师范高等专科学校
岑成全	黔南民族师范高等专科学校	杨　纲	黔南民族师范高等专科学校
凌　梅	黔南民族师范高等专科学校	黄文松	黔南民族医学高等专科学校
叶丽娟	黔南民族师范高等专科学校	郑　丽	黔南民族师范高等专科学校
周泽波	黔南民族师范高等专科学校		

瓮安第二中学1998年高考录取名单

姓　名	录取学校	姓　名	录取学校
刘大明	兰州大学	谢　松	重庆大学
王立军	四川联合大学	蒙德俊	重庆大学
陈　曦	中南财经大学	杜全森	四川联合大学
陈明军	南京农业大学	吴兴国	中南工业大学
周昭林	西北农业大学	罗　锦	中南工业大学
郑　婧	西北农业大学	何崇宇	河海大学
陈家国	重庆建筑大学	朱代强	河海大学
李永强	陕西师范大学	王华军	白求恩医科大学
刘小刚	西安交通大学	沈　会	北京中医药大学
赵　华	哈尔滨工业大学	范忠明	武汉水利电力大学
陈欲茂	同济医科大学	王励榆	中国农业大学
王　韬	江西财经大学	胡天碧	电子科技大学
何　慧	中国刑警学院	喻行松	贵阳医学院
彭　晖	解放军通信工程学院	夏开梅	贵阳医学院
胡友平	长沙炮兵学院	宋　群	贵阳医学院
余祥瑞	北京印刷学院	黄忠宝	贵阳医学院
黄绍龙	四川畜牧兽医学院	唐　飞	贵阳医学院
张红燕	重庆师范学院	席　剑	贵阳医学院
张建华	西南林学院	王　欣	贵阳医学院
鲁家庄	四川畜牧兽医学院	曾　玲	贵阳医学院
谭永江	四川三峡学院	倪　永	贵阳医学院
张绍明	南昌航空工业学院	代贵杰	贵州财经学院
龙　华	西南民族大学	葛永东	遵义医学院
兰　浩	西南民族大学	刘洪波	遵义医学院
张高玺	沈阳建筑工程学院	冷继松	遵义医学院
李　勇	沈阳建筑工程学院	宋香静	遵义医学院
蔡　元	遵义医学院	卢清华	贵阳中医院
兰玉芬	贵州民族学院	李昕娅	贵阳中医院

续表

姓　名	录取学校	姓　名	录取学校
宋泽松	贵州民族学院	商　梅	贵阳中医院
王贵川	贵州民族学院	蔡　瑶	贵阳中医院
唐应江	贵州民族学院	刘　鹏	贵州财经学院
彭　娟	贵州民族学院	曾　静	省公安干部学院
刘成刚	贵州民族学院	黄　彪	省公安干部学院
程　力	贵州民族学院	熊丙琴	贵州民族学院
金　强	贵州民族学院	毛国文	贵阳中医院
张太宇	长春建筑专科学院	冷开伟	贵阳中医学院
付国锡	解放军后勤工程学院	李　娅	贵阳中医学院
李跃剑	北京二外学院	陈　松	贵阳中医学院
柏朝宇	重庆建筑专科学院	龙良金	贵阳中医学院
冉亚玲	贵阳中医学院	朱小燕	贵州省财经学院
姜远伦	贵阳中医学院	张兴燕	贵州省财经学院
任　娅	贵州民族学院	陈　军	贵州省财经学院
唐晓宇	贵州民族学院	胡前飞	贵州省财经学院
陈　红	贵州民族学院	甘元华	贵阳建筑工程学院
成荣乔	贵州民族学院	王仁华	贵阳建筑工程学院
蔡秀鹏	贵州民族学院	张红英	贵阳建筑工程学院
刘福群	贵州民族学院	高　旭	贵阳建筑工程学院
兰绍军	贵州民族学院	胡安松	贵州师范大学（专科）
何志琴	贵阳中医学院	邵林杉	贵州大学（专科）
周永文	贵阳中医学院	王　涛	贵州大学（专科）
卢克艳	独山师范学院	张　慧	贵州大学（专科）
周海涛	昆明理工大学（专科）	梁　峰	贵州大学（专科）
王晓茂	重庆邮电大学（专科）	徐　荣	贵州大学（专科）
周俗全	哈尔滨理工大学（专科）	邱伶莉	贵州大学（专科）
苏期华	哈尔滨理工大学（专科）	敖　山	贵州大学（专科）
任　佳	贵州大学（专科）	杨　涛	贵州大学（专科）
邓　勇	贵州师范大学（专科）	彭　飞	贵州大学（专科）

续表

姓　名	录取学校	姓　名	录取学校
成荣素	贵州师范大学（专科）	王观宇	贵州大学（专科）
刘　毅	贵州师范大学（专科）	罗虹蕾	贵州大学（专科）
张　颖	贵州大学（专科）	刘　俊	贵州工业大学（专科）
谌　杰	贵州大学（专科）	夏锦林	贵州工业大学（专科）
刘　勇	贵州大学（专科）	刘立燕	贵州工业大学（专科）
李德刚	贵州师范大学（专科）	穆　侠	贵州工业大学（专科）
李　江	贵州师范大学（专科）	伍联平	贵州工业大学（专科）
蔡建军	贵州工业大学（专科）	陈　萍	贵州大学（专科）
肖荣松	贵州工业大学（专科）	刘长发	贵州大学（专科）
谭志宇	贵州工业大学（专科）	陈华福	贵州大学（专科）
贾朝波	贵州工业大学（专科）	张小宇	贵州大学（专科）
犹　刚	贵州大学（专科）	幸晓祥	贵州大学（专科）
陈　河	贵州大学（专科）	李继连	贵州大学（专科）
王　沁	贵州大学（专科）	卢德俊	贵州大学（专科）
谭伦荣	贵州大学（专科）	李秀群	贵州工业大学（专科）
王　霞	贵州大学（专科）	胡德安	贵州工业大学（专科）
李大勇	贵州大学（专科）	黎　建	贵州大学（专科）
李　松	贵州大学（专科）	李　俊	贵州大学（专科）
蒲天亮	贵州大学（专科）	周仕锋	贵州大学（专科）
王忠荣	贵州大学（专科）	杨胜荣	贵州大学（专科）
黄　佳	贵州工业大学（专科）	何　彬	贵州大学（专科）
贾朝友	贵州大学（专科）	卢顺友	贵州大学（专科）
吴德书	贵州师范大学（专科）	吴　莉	黔南民族师范高等专科学校
毛远平	贵州师范大学（专科）	熊宇奎	黔南民族师范高等专科学校
李志剑	贵州工业大学（专科）	汪　熙	黔南民族师范高等专科学校
何林仕	贵州工业大学（专科）	丁　丽	黔南民族师范高等专科学校
徐　翔	吉林电气化高专	张思银	黔南民族师范高等专科学校
李秀峰	本溪冶金高专	陈德会	黔南民族师范高等专科学校
严定坤	贵州省高等商业专科学校	王章国	黔南民族师范高等专科学校

续表

姓　名	录取学校	姓　名	录取学校
柏全艳	贵州省高等商业专科学校	陈　炘	黔南民族师范高等专科学校
夏洪祥	贵州省高等商业专科学校	王承勇	黔南民族师范高等专科学校
唐晓毅	黔南民族师范高等专科学校	张小兰	黔南民族师范高等专科学校
袁粟平	黔南民族师范高等专科学校	杨顺飞	黔南民族师范高等专科学校
胡德勇	黔南民族师范高等专科学校	黄永奎	黔南民族师范高等专科学校
王　艳	黔南民族师范高等专科学校	余勇臣	黔南民族师范高等专科学校
郑荣志	黔南民族师范高等专科学校	苏普杰	黔南民族师范高等专科学校
冯忆玖	黔南民族师范高等专科学校	陈　梅	黔南民族师范高等专科学校
罗玉军	黔南民族师范高等专科学校	杨　琴	黔南民族师范高等专科学校
岑　参	黔南民族师范高等专科学校	王正前	黔南民族师范高等专科学校
邵华先	黔南民族师范高等专科学校	王家华	贵州广播电视大学（专科）
张昌禄	黔南民族师范高等专科学校	谭崇敬	贵州广播电视大学（专科）
熊昌龙	黔南民族师范高等专科学校	孙国锋	黔南州广播电视大学（专科）
李春娇	黔南民族师范高等专科学校	犹和江	黔南州广播电视大学（专科）
李金玲	贵州广播电视大学（专科）	胡　奇	黔南州广播电视大学（专科）
刘　江	贵州广播电视大学（专科）	黄　军	黔南州广播电视大学（专科）
卢　红	贵州广播电视大学（专科）	胡光平	黔南州广播电视大学（专科）
胡德宏	贵州广播电视大学（专科）	胡　祥	黔南州广播电视大学（专科）
商　迅	贵州广播电视大学（专科）	左顺军	黔南州广播电视大学（专科）
杨通建	贵州广播电视大学（专科）	张汝国	黔南州广播电视大学（专科）
刘芝美	贵州广播电视大学（专科）	蔡昌琴	黔南州广播电视大学（专科）
张光平	黔南州广播电视大学（专科）	谢启群	黔南州广播电视大学（专科）
杨　娟	黔南州广播电视大学（专科）	张　靖	黔南州广播电视大学（专科）
胡海量	黔南州广播电视大学（专科）	商　磊	黔南州广播电视大学（专科）
贾朝文	黔南州广播电视大学（专科）	付朝魁	黔南州广播电视大学（专科）
高朝芬	黔南州广播电视大学（专科）	秦忠华	黔南州广播电视大学（专科）
		徐德奎	黔南州广播电视大学（专科）

瓮安第二中学1999年高考录取名单

姓　名	录取学校	姓　名	录取学校
徐仁义	北京大学	邓晓丹	湖南医科大
王意银	解放军农牧大学	罗　维	华西医科大学
胡　军	第四军医大	谭永洲	中南工大
沈才飞	第四军医大	周棉俊	中国地质大学
罗朝松	中国人民大学	张玉利	电子科技大学
李　勇	北京理工大学	蔡德忠	西安电子科技大学
陈今权	燕山大学	蒋泰鹏	西南交通大学
唐书炳	西南财经大学	何　娴	华南农业大学
郑　莹	上海交通大学	王正坤	华南农业大学
宋定衔	西安建筑科技大学	陈应兴	武汉工业大学
肖文君	西安建筑科技大学	金　群	中央民族大学
毛国继	中国矿业大学	张　春	江西财经大学
谢应财	西北农业大学	周福宽	北京航空航天大学
曾纪辉	西北农业大学	沈安军	中国矿业大学
况　渊	武汉水利电力大学	王维超	对外经济贸易大学
祝法松	贵州大学	犹　雯	贵州大学
张　勇	贵州大学	段正才	贵州大学
杨　康	贵州大学	何键锋	贵州大学
曾　华	贵州大学	刘　军	贵州大学
唐　静	贵州大学	袁　俊	贵州大学
王　娇	贵州大学	宋　玲	贵州大学
杨明刚	贵州大学	谢　刚	贵州大学
张明均	贵州大学	何　勇	贵州大学
牟　宏	贵州大学	石让刚	贵州大学
余德萍	贵州大学	张　静	贵州大学
郭　瑛	贵州大学	张　俊	贵州大学
杨昌国	贵州大学	任　松	贵州大学
詹志坤	贵州大学	黄德娜	贵州大学

续表

姓 名	录取学校	姓 名	录取学校
刘长海	贵州大学	杨 毅	贵州工业大学
李昌前	贵州工业大学	雷 轶	贵州工业大学
罗洪才	贵州工业大学	罗 林	贵州工业大学
陈庆毅	贵州工业大学	陈开发	贵州工业大学
喻培刚	贵州工业大学	犹品前	贵州工业大学
蒋成平	贵州工业大学	刘 云	贵州工业大学
帅远华	贵州师范大学	冯 雪	渝州大学
蒋维军	湛江海洋大学	刘洪昌	四川农业大学
雷秀波	华东交通大学	代 林	东北林大
刘宜江	北方工业大学	王秀明	贵州师范大学
曾 林	贵州师范大学	骆品相	贵州师范大学
杨春竹	贵州师范大学	孙国锋	贵州师范大学
赵仕君	贵州师范大学	陈 辉	贵州师范大学
谢早勇	贵州师范大学	袁晓英	贵州大学
王大伟	贵州师范大学	蔡 端	华南热带农业大学
林 虹	贵州师范大学	易言平	贵州师范大学
宋泽星	贵州大学	徐时梅	贵州师范大学
付小波	贵州大学	王观旭	贵州大学
张 志	贵州大学	刘 晴	贵州大学
龚会琴	贵州大学	陈善群	贵州大学
陈 伟	贵州大学	代长建	贵州大学
刘 泰	贵州大学	王达俊	贵州大学
熊正飞	贵州大学	况怡兰	贵州大学
罗华平	贵州大学	左 顺	贵州大学
肖 蕾	贵州大学	吴青贵	贵州大学
杨 琴	贵州大学	黄 强	金筑大学
熊跃宝	金筑大学	李泽芝	金筑大学
吴文光	金筑大学	徐乾成	金筑大学
段正凤	金筑大学	杨琴英	贵阳医学院

续表

姓　名	录取学校	姓　名	录取学校
任　津	西北轻工业学院	郑辉奇	焦作工学院
吴　萍	贵阳医学院	张毅娟	遵义医学院
万红才	贵阳医学院	刘光政	遵义医学院
史明刚	贵阳医学院	杨明月	遵义医学院
肖海燕	贵阳医学院	吴泰轮	遵义医学院
何　军	贵阳医学院	张　鑫	遵义医学院
孙明贤	遵义医学院	梁显伟	桂林电子工业学院
唐树梅	中北大学	宋云飞	四川理工学院
宋定松	南昌航空学院	江　腾	安徽财经大学
陈　坤	北京印刷学院	钟海洋	郑州粮学院
刘生建	黑龙江商学院	龚青娥	中南林学院
龚　美	长沙理工大学	张祖兵	贵州工学院
彭乾江	长沙理工大学	张　健	贵州工学院
张　璐	兰州商学院	吴秀昌	贵阳中医学院
何松红	南京审计学院	罗　建	贵阳中医学院
张红英	贵阳中医学院	何志文	贵阳中医学院
王文佳	贵阳中医学院	柴　红	贵阳中医学院
唐晓毅	贵阳中医学院	胡德兴	贵阳中医学院
陈加军	贵阳中医学院	鄢华云	贵阳中医学院
邓　敏	贵阳中医学院	陈朝华	贵阳医学院
葛小兵	贵阳中医学院	李治黔	贵阳医学院
赵喜红	贵阳中医学院	韩首金	贵阳医学院
谢　禹	贵阳中医学院	宋　韬	贵阳医学院
王　辉	贵州大学	张连举	贵阳医学院
龙大远	贵州大学	黄晟文	贵州大学
李　坤	贵州财经大学	沈　璇	贵州财经大学
韩晓娟	贵州财经大学	邓　波	贵州财经大学
黄福洪	贵州财经大学	冉应洪	贵州财经大学
杨海燕	贵州财经大学	杨顺松	贵州财经大学

续表

姓　名	录取学校	姓　名	录取学校
李　坤	贵州财经大学	李昌佼	贵州财经大学
蔡道明	贵州财院	李小琨	贵州财经大学
龙　海	贵州财院	王　春	贵州民族学院
冉应海	贵州财院	李　军	贵州民族学院
王　丹	贵州财院	李太兵	贵州民族学院
杨显凤	贵州民族学院	王言锋	贵州民族学院
刘　玥	贵州民族学院	赵才坤	贵州民族学院
何金菊	贵州民族学院	班　吉	贵州民族学院
夏家全	贵州师范大学	方　颐	贵州民族学院
王顺飞	贵州师范大学	胡　源	贵州民族学院
向　旭	遵义医学院	杨东进	贵州民族学院
徐大宽	遵义医学院	习红霞	贵州民族学院
梁政钦	贵阳中医学院	何亮奎	贵州民族学院
周朝伟	贵州财经学院	童　秀	贵州民族学院
唐　浩	贵州大学	罗鹧鸣	贵州民族学院
邓　丹	贵州民族学院	朱晓坤	贵州广播电视大学（专科）
陈艳飞	省公安干部学院	简正刚	贵州广播电视大学（专科）
朱　涛	省公安干部学院	张忠敏	贵州广播电视大学（专科）
向　明	遵义医学院	李家松	贵州广播电视大学（专科）
犹昌龙	贵阳医学院	许克平	黔南州广播电视大学（专科）
贺光顺	贵阳医学院	王宪礼	黔南州广播电视大学（专科）
周汉先	贵定师范	万　军	黔南州广播电视大学（专科）
田应荣	贵州广播电视大学（专科）	杨正琴	黔南州广播电视大学（专科）
冉刚吉	贵州广播电视大学（专科）	苏期奎	黔南州广播电视大学（专科）
岳庭坤	贵州广播电视大学（专科）	王治文	黔南州广播电视大学（专科）
付　权	贵州广播电视大学（专科）	申高权	黔南州广播电视大学（专科）
龚贤芬	贵州广播电视大学（专科）	田茂庄	黔南州广播电视大学（专科）
邬培杰	贵州广播电视大学（专科）	任刚富	黔南州广播电视大学（专科）
严光云	贵州广播电视大学（专科）	付国军	黔南州广播电视大学（专科）

续表

姓　名	录取学校	姓　名	录取学校
周　斌	贵州广播电视大学（专科）	周泽武	黔南州广播电视大学（专科）
卢增辉	贵州广播电视大学（专科）	蔡　磊	黔南州广播电视大学（专科）
杜　宁	黔南州广播电视大学（专科）	杨文胜	黔南州广播电视大学（专科）
袁　秋	黔南州广播电视大学（专科）	兰家会	黔南州广播电视大学（专科）
宋璐珺	黔南州广播电视大学（专科）	张国萍	黔南州广播电视大学（专科）
黄　登	黔南州广播电视大学（专科）	黄　艳	黔南州广播电视大学（专科）
谢　利	黔南州广播电视大学（专科）	冯明凯	黔南州广播电视大学（专科）
刘万琴	黔南州广播电视大学（专科）	赵禄志	黔南民族师范高等专科学校
卢　钦	黔南州广播电视大学（专科）	李向琴	黔南民族师范高等专科学校
倪　明	黔南州广播电视大学（专科）	卢昌铁	黔南民族师范高等专科学校
陈治均	黔南州广播电视大学（专科）	刘　瑜	黔南民族师范高等专科学校
罗玉文	黔南州广播电视大学（专科）	黎　锋	黔南民族师范高等专科学校
周大敏	黔南州广播电视大学（专科）	杜仁军	黔南民族师范高等专科学校
石德彪	黔南州广播电视大学（专科）	蒲天常	黔南民族师范高等专科学校
姚卓力	黔南民族师范高等专科学校	姜贵红	黔南民族师范高等专科学校
周　列	黔南民族师范高等专科学校	王观祝	黔南民族师范高等专科学校
张　勇	黔南民族师范高等专科学校	谢应江	黔南民族师范高等专科学校
陈　山	黔南民族师范高等专科学校	刘芝献	黔南民族师范高等专科学校
徐　宇	黔南民族师范高等专科学校	都小珊	黔南民族师范高等专科学校
陈　涛	黔南民族师范高等专科学校	周　琴	黔南民族师范高等专科学校
许　扬	黔南民族师范高等专科学校	汪兴建	黔南民族师范高等专科学校
刘雪松	黔南民族师范高等专科学校	张世菊	黔南民族医学高等专科学校
柯　鸿	黔南民族师范高等专科学校	陈庆碧	黔南民族医学高等专科学校
兰永誉	黔南民族师范高等专科学校	黄建群	黔南民族医学高等专科学校
赵洪英	黔南民族师范高等专科学校	夏志琴	黔南民族医学高等专科学校
谭法洪	黔南民族师范高等专科学校	王贵香	黔南民族师范高等专科学校
王美刚	黔南民族师范高等专科学校	谢志彪	黔南民族师范高等专科学校
舒甫敏	黔南民族师范高等专科学校	陈　燕	黔南民族师范高等专科学校
张时敏	黔南民族师范高等专科学校	冉卓麟	辽宁税务商专

续表

姓　名	录取学校	姓　名	录取学校
许玲玲	黔南民族师范高等专科学校	杨　浩	湖南税务商专
蒋　军	黔南民族师范高等专科学校	赵家菊	长春工业商专
廖明全	黔南民族医学高等专科学校	胡　洋	贵州商业高等专科学校
秦忠喜	黔南民族医学高等专科学校	商崇杰	贵州商业高等专科学校
任刚桥	黔南民族医学高等专科学校	陈　伟	贵州商业高等专科学校
王之识	黔南民族医学高等专科学校	周　盈	贵州商业高等专科学校
韩小丽	黔南民族医学高等专科学校	杨文莉	贵州商业高等专科学校
彭启平	黔南民族医学高等专科学校	邹开凤	贵州商业高等专科学校
邓　飞	九江财经商专	李玉芳	贵阳商专
廖正奎	贵州商业高等专科学校	谢春洪	贵州商业高等专科学校
张丽群	贵州商业高等专科学校	勾　奕	贵州商业高等专科学校
周　一	贵州商业高等专科学校	吴　霞	贵州商业高等专科学校
付　德	贵州商业高等专科学校	胡程庭	贵州商业高等专科学校
张国财	贵州商业高等专科学校	何开群	贵州商业高等专科学校
周仁康	贵州商业高等专科学校	张常敏	贵州商业高等专科学校

瓮安第二中学2000年高考录取名单

姓　名	录取学校	姓　名	录取学校
解忠敬	北京大学	陈开富	南开大学
兰才武	南京农业大学	陈　维	燕山大学
敖富琴	中央民族学院	周大念	华东师范大学
舒兴江	四川农业大学	刘福永	北京林业大学
张　先	四川农业大学	王　静	北京林业大学
朱　鹏	中南大学	蔡　翱	广西大学
韩真明	重庆医科大学	熊昌会	贵州师范大学
毛先明	河海大学	赵俊杰	华南热带农业大学
熊　焱	四川大学	黎　锋	西安科技大学
犹　坤	四川大学	苏　娇	南京林业大学

续表

姓　名	录取学校	姓　名	录取学校
宋　海	山东大学	商凤章	华南热带农业大学
黄建峰	西北农林科技大学	陈　刚	三峡大学
刘　湘	西北农林科技大学	伍　松	兰州理工大学
张大双	西北农林科技大学	粟朝宽	武汉科技大学
全芳静	西北农林科技大学	吴显福	山西财经大学
石天文	长安大学	徐延炜	西安理工大学
犹　杰	华中科技大学	李　兵	西安电子科技大学
廖　佗	西南财经大学	全再洪	北京科技大学
黄永会	西南大学	余光辉	中国矿业大学
王　敏	贵州大学	赵光明	南京农业大学
田维兵	贵州大学	梅世能	贵州大学
唐　倩	贵州大学	陈　菊	贵州大学
张鹏飞	贵州大学	刘朝勇	贵州大学
唐永先	贵州大学	王再芝	贵州大学
谢　刚	贵州大学	邹　明	贵州大学
杨　晟	贵州大学	戎　娟	贵州大学
张　延	贵州大学	朱廷委	贵州大学
贺思奎	贵州大学	李林龙	贵州大学
李　俊	贵州大学	商崇粟	贵州大学
张立艳	贵州大学	石　明	贵州大学
李兴龙	贵州大学	周凤招	贵州大学
周　仪	贵州大学	伍开华	贵州大学
黄　河	贵州大学	朱红琴	贵州大学
陈古杰	贵州大学	李大荣	贵州大学
雷江群	贵州大学	陈飞翔	贵州大学
聂　健	贵州大学	陈家荣	贵州大学
葛　勤	贵州大学	杜仁刚	贵州大学
胡生敏	贵州大学	卢永奎	贵州大学
谢春洪	贵州大学	张学举	贵州大学

续表

姓　名	录取学校	姓　名	录取学校
刘　霞	贵州大学	王　健	贵州大学
刘尚庆	贵州大学	刘　建	贵州工业大学
王　锐	贵州工业大学	李茂华	贵州工业大学
刘阳飞	贵州工业大学	周元军	贵州工业大学
付　权	贵州工业大学	陈甚坪	贵州工业大学
童思语	贵州工业大学	王家洪	贵州工业大学
田维红	贵州工业大学	秦玉怀	贵州工业大学
杜启缘	贵州工业大学	赵金领	贵州工业大学
朱占军	贵州工业大学	董利刚	贵州工业大学
刘洪元	贵州工业大学	赖章琴	贵州工业大学
胡　剑	贵州师范大学	章翠惠	贵州大学
王尧珍	贵州师范大学	韩　庆	贵州大学
伍元琴	贵州师范大学	周凌伊	贵州大学
冯支荣	贵州师范大学	杨　正	贵州大学
江贤福	贵州师范大学	袁浩东	贵州大学
尹维健	贵州师范大学	刘保英	贵州大学
冷开芳	贵州师范大学	张　毅	贵州大学
颜　波	贵州师范大学	刘芝群	贵州大学
陈大梅	贵州师范大学	罗文军	贵州大学
卢昌映	贵州师范大学	龙大远	贵州大学
邱德美	贵州师范大学	朱仕军	贵州师范大学
刘芝献	贵州师范大学	周　斌	贵州师范大学
兰成勇	贵州师范大学	李水明	贵州师范大学
苟仲平	廊坊陆军导弹学院	谢帮伦	西藏民族学院
商　林	北京针灸骨伤学院	王远芸	西藏民族学院
胡　会	西南林学院	周永胜	四川畜牧兽医学院
赵　铖	西南林学院	王光棋	太原重型机械学院
洪顺兵	长沙理工大学	李长贵	湖南科技大学
罗　伟	南昌航空工业学院	兰　海	西南民族大学

续表

姓　名	录取学校	姓　名	录取学校
李昌德	长春工学院	况　阳	湖南文理学院
江奕辰	成都理工学院	张勇发	长春工程学院
舒甫恩	中南林学院	蔡方梅	北京印刷学院
顾忠军	重庆邮电学院	蒙应华	华东地质学院
胡世民	抚顺石油学院	李祖海	兰州铁道学院
唐吉海	重庆师范学院	罗　烯	兰州铁道学院
伍朝蓬	南方冶金学院	杨启建	中南民族学院
何　建	焦作工学院	黄　越	青岛化工学院
明文雯	安徽财经大学	余　辉	贵州财经学院
杨　熙	南京邮电学院	周泽钰	贵州财经学院
田应鸿	广西民族学院	姚　刚	贵州财经学院
谢为平	苏州城建环保学院	汪　浪	贵州财经学院
吴禹君	西藏民族学院	冷昌会	贵州财经学院
高援淋	贵州财经学院	吕　艳	贵州财经学院
刘德恒	贵州财经学院	郑　林	贵州财经学院
柯　洪	贵州财经学院	程自陟	贵州财经学院
张塬青	贵州财经学院	郝　花	贵州财经学院
王　鹏	贵州财经学院	张永学	贵州财经学院
赵昌容	黔南民族师范学院	朱　涛	黔南民族师院
曾延琴	黔南民族师范学院	方怀刚	黔南民族师院
苏志美	黔南民族师范学院	代亨禄	黔南民族师院
王兴娥	黔南民族师范学院	程文丽	黑龙江科技学院
代虹镜	黔南民族师范学院	王贞琴	贵州民族学院
唐祖胜	贵阳医学院	杨淑粟	贵州民族学院
丁　龙	贵阳医学院	石　微	贵州民族学院
王　林	贵阳医学院	夏万芬	贵州民族学院
陈人正	贵阳医学院	曾祥军	贵州民族学院
朱天兰	贵阳医学院	陈兴洪	贵州民族学院
王立敏	贵阳医学院	郤　云	贵州民族学院

续表

姓　名	录取学校	姓　名	录取学校
熊荣勤	贵阳医学院	李　萍	贵州民族学院
冷开富	贵阳医学院	李占碧	贵州民族学院
何德江	贵阳医学院	何德凤	贵州民族学院
张　义	贵阳医学院	张　达	贵州民族学院
姜先洋	贵阳医学院	余怀艳	贵州民族学院
岳忠勤	贵阳医学院	熊寿菊	贵州民族学院
石　静	贵阳医学院	王　杰	贵州民族学院
刘　冰	贵阳医学院	李吉洪	贵州民族学院
黎　宁	贵阳医学院	徐发剑	贵州民族学院
张　军	贵州民族学院	兰永久	贵州民族学院
王传兵	贵州民族学院	郝　琴	贵州民族学院
罗　震	贵州民族学院	张崇勋	贵州民族学院
尹维军	贵州民族学院	王经纬	贵州民族学院
江　峰	贵州民族学院	张中梅	贵州民族学院
鲁家兴	遵义医学院	严　芬	贵州民族学院
刘加荣	遵义医学院	岑成发	遵义医学院
周泽茂	遵义医学院	李　俊	遵义医学院
宋泽建	遵义医学院	杨再飞	遵义医学院
贾　永	遵义医学院	张昌松	遵义医学院
李天军	遵义医学院	方望安	遵义医学院
邓庆富	遵义医学院	陈　睿	遵义医学院
田茂松	遵义医学院	杨富贵	遵义医学院
杜龙海	遵义医学院	杨振鲲	遵义医学院
陈　瑜	遵义医学院	王关伟	遵义医学院
陈　均	遵义医学院	李大钱	遵义医学院
赵丽莎	遵义医学院	梁吉艳	遵义医学院
毛国品	遵义医学院	雷成梅	遵义医学院
谢　华	遵义医学院	袁　梦	遵义医学院
张运河	贵阳医学院	倪兴敏	贵阳医学院

续表

姓　名	录取学校	姓　名	录取学校
邱金渊	贵阳医学院	李昕建	贵阳医学院
惠廷明	贵阳医学院	谢应平	贵阳医学院
犹银俊	贵阳医学院	黎庆菊	贵阳医学院
陈欣毅	贵阳医学院	关锦明	贵阳医学院
王　辉	贵阳医学院	向占群	贵阳医学院
程比刚	黔南民族师范学院	史　泽	贵阳中医学院
杨培德	江西中医学院	许小军	贵阳中医学院
冯　洁	江西中医学院	游　珊	贵阳中医学院
石　龙	江西中医学院	彭文武	贵阳中医学院
刘　刚	贵阳中医学院	兰永毅	贵阳中医学院
肖荣波	贵阳中医学院	许维毅	贵阳中医学院
程　凝	贵阳中医学院	田应模	贵阳中医学院
陈　义	贵阳中医学院	犹家坪	贵阳中医学院
柴　飞	贵阳中医学院	杨维忠	贵阳中医学院
杨昌菊	贵阳中医学院	吴之武	贵阳中医学院
刘风波	贵阳中医学院	陈　勇	贵阳中医学院
刘洪铭	贵阳中医学院	黄　俊	贵阳中医学院

瓮安第二中学2001年高考录取名单

姓　名	录取学校	姓　名	录取学校
李青松	国防科大	王文浩	中国矿大
周　杰	大连海事大学	黄　毅	重庆大学
陈维建	解放军理工大学	高明德	北京林大
毛横飞	中国人民大学	李　俊	西北工业大学
毛国平	国防科大	朱鹏飞	武汉大学
邓　迅	国防科大	张　斌	河海大学
石　俊	解放军理工大学	周英梅	四川农业大学
饶　恒	国防科大	吴　波	武汉大学

续表

姓　名	录取学校	姓　名	录取学校
韩　峰	第四军医大	张雷金	中南大学
谭元华	电子科技大学	况　阳	华中科技大学
刘汉美	浙江大学	史泽春	中国农大
黄浩灿	中国矿大	余义泽	上海交通大学
刘　健	四川大学	陈其铁	内蒙古大学
王世忠	同济大学	康　海	长安大学
诸葛江渔	四川大学	刘洪元	哈尔滨工程大学
徐　成	哈尔滨工业大学	李天豪	哈尔滨工程大学
吴昭举	重庆大学	王昌舟	哈尔滨工程大学
任　莉	重庆邮电学院	周洪文	中南大学
汤顺波	西安交大	杨　毅	吉林大学
孙　忍	北京交通大学	张　焕	西北大学
陈佑纬	南京大学	任廷艳	西南大学
张　松	西南农大	刘加岳	西北农林科技大学
刘元棚	西北农林科技大学	陈金发	武汉科技大学
周伦伟	南京农大	赵普江	西北农林科技大学
刘　安	北京交通大学	兰　康	西北农林科技大学
方　应	江西财经大学	犹昌鄂	贵州大学
刘　毅	江西财经大学	桂成兰	贵州大学
杨　青	武汉理工大	钟　维	贵州大学
蔡昕伶	西南农大	付晓芹	贵州大学
杨红琴	北京工商大学	任兴华	贵州大学
王　立	武汉理工大	江寿明	贵州大学
李　松	贵州师范大学	张　冬	贵州大学
周廷海	贵州师范大学	付昌亮	贵州大学
陈大举	湛江海洋大学	朱光星	贵州大学
王章华	西北京师范大学	石世萍	吉首大学
蔡长举	昆明理工大学	杨光宁	贵州大学
余祥飞	南京工业大学	李小安	贵州大学

续表

姓　名	录取学校	姓　名	录取学校
刘　君	华南热带农业大学	刘　松	贵州大学
田茂君	贵州大学	赵　政	贵州工业大学
邓小伟	贵州大学	陈忠菊	贵州工业大学
邓家才	贵州工业大学	冉光进	贵州工业大学
刘国刚	湘潭大学	赵忠佑	贵州工业大学
张云飞	贵州工业大学	杨俊琴	贵州工业大学
犹　通	贵州工业大学	诸发会	贵州大学
林　波	佳木斯大学	王启刚	贵州大学
尹　超	贵州工业大学	张永发	贵州大学
田亚飞	贵州大学	周正平	贵州大学
宋泽伟	贵州工业大学	冯志娥	贵州大学
周智武	贵州工业大学	刘　涛	贵州大学
冉龙祥	贵州工业大学	刘成义	贵州大学
胡守强	贵州工业大学	张　健	贵州大学
罗朝武	贵州工业大学	杨文锟	贵州大学
赵永超	贵州大学	张永发	贵州工业大学
汪业松	贵州工业大学	王登澜	贵州师范大学
粟源林	贵州工业大学	陶兴宇	贵阳中医学院
邓　梅	贵州大学	涂　高	贵阳中医学院
兰成应	东北林大	杨正军	贵州大学
胡　钊	东北林大	杜武洋	贵州民族大学
粟　梅	贵阳中医学院	李国江	贵州民族大学
商　剑	贵阳中医学院	黄华翠	贵阳中医学院
叶兴国	贵州民族大学	邓德芳	贵阳中医学院
甘立首	贵州民族大学	王　嵩	贵州大学
汪业彪	贵州师范大学	张承员	贵州民族大学
邓　楷	贵阳中医学院	刘新羽	贵阳中医学院
陶代强	贵州民族大学	谭远琳	贵阳中医学院
杨　晗	贵阳中医学院	杨　华	贵阳中医学院

续表

姓　名	录取学校	姓　名	录取学校
杨　杰	哈尔滨商业大学	刘　洁	贵阳中医学院
郑　林	河南大学	丁旋松	贵州大学
王晓燕	贵州民族大学	籍　程	贵州师范大学
李雪如	贵州民族大学	唐连富	贵州师范大学
陈大前	贵州大学	袁仁镒	贵阳中医学院
冷昌林	贵州民族大学	李　琴	贵州大学
李　潇	贵阳中医学院	陈建国	贵州师范大学
袁　新	贵阳中医学院	李忠文	贵阳中医学院
杜光轩	贵州民族大学	徐宁艺	贵阳中医学院
李　静	贵州民族大学	饶承毅	哈尔滨理工大学
杨　静	贵阳中医学院	张宝安	贵州民族大学
毛　杰	贵州民族大学	陈乾宝	贵州师范大学
冉　彬	贵州民族大学	王　宏	贵阳中医学院
张　岩	贵州民族大学	刘可勋	贵州工业大学
张　娟	贵州民族大学	陈　芬	贵州工业大学
冉光宇	贵州民族大学	许　银	贵州工业大学
谢达兴	贵州师范大学	吴锡坤	贵州工业大学
宋　田	贵阳中医学院	温文亚	贵州工业大学
张　军	贵州民族大学	冷继波	贵州财经大学
余　杰	贵州民族大学	帅本波	长沙交院
刘绍奎	贵州民族大学	唐可忠	四川轻化工学院
方　丹	贵州大学	徐　刚	北京印刷学院
卢克辉	贵阳中医学院	刘　影	中国民航大学学院
程自陟	贵州民族大学	犹品会	贵州财经大学
代贵权	贵州大学	王显祥	贵州财经大学
曾友权	贵州师范大学	朱红梅	黔南民族师范学院
胡章龙	贵州师范大学	李力立	贵州财经大学
许维富	贵州大学	刘成吉	贵州财经大学
张万红	贵州大学	商　磊	黔南民族学院

续表

姓　名	录取学校	姓　名	录取学校
冯祖刚	贵阳中医学院	董存学	贵州财经大学
罗　亮	军事经济学院	况月志	贵州财经大学
张　明	炮兵学院	张碧兴	贵州财经大学
田茂波	军事交通学院	王文学	桂林电子工业学院
黄　骏	南京气象学院	周文贵	贵州财经大学
王晓峰	石家庄铁道学院	王维坡	黔南民族师范学院
赵开翠	安徽财经大学	李佩友	天津财经大学
刘明刚	安徽财经大学	李　杰	郑州航空工业学院
邹　邻	郑州轻工业学院	朱　凯	江汉石学院
王　军	湖南科技大学	陈洪安	沈阳建工学院
刘　琴	桂林电子工业学院	陈佳音	昆明医学院
刘　颖	安徽财经大学	邓　超	右江民族医学院
胡　娇	海南师院	李林政	四川理工学院
卢锡全	安徽财经大学	黄　鹂	成都体院
谷德祥	焦作工学院	张显艳	焦作工学院
黄泽梅	黑龙江科技学院	周飞杨	中北大学
付世化	焦作工学院	陈泽民	黔南民族师范学院
宋泽芬	西南林学院	杨　英	黔南民族师范学院
高桂群	贵阳医学院	王　敏	长春工程学院
刘奇忠	黔南民族师范学院	陈兴全	黔南民族师范学院
陈发艳	贵阳医学院	王洪霞	贵阳医学院
周　亮	贵阳医学院	陈玉洪	贵阳医学院
李昕建	贵阳医学院	王成龙	黔南民族师范学院
王惠琳	黔南民族师范学院	黄安敏	四川畜牧兽医学院
敖　乾	遵义医学院	李　莉	贵阳医学院
邱龙田	遵义医学院	刘　敏	右江民族医学院
李家淼	遵义医学院	李　毅	黔南民族师范学院
李洪富	遵义医学院	倪兴屹	南昌航空工业学院
况明会	遵义医学院	田　密	遵义师院

续表

姓　名	录取学校	姓　名	录取学校
唐菊苑	黔南民族师范学院	张独坤	黔南民族师范学院
曾令叁	贵阳医学院	蒋青碧	西北民族学院
黄富春	黔南民族师范学院	张庆国	贵阳医学院
刘云溢	遵义医学院	张仕梅	黔南民族师范学院
梁　宏	遵义医学院	杨　勇	贵州财经大学
杨勋梅	遵义医学院	何　涛	贵州财经大学
赵明星	遵义医学院	胡友仙	遵义医学院
周　旭	贵阳医学院	梁小军	黔南民族师范学院
郑　影	黔南民族师范学院	王　勇	遵义医学院
犹昌容	遵义医学院	王传江	遵义医学院
熊荣杰	遵义医学院	张钰绩	遵义医学院
黄付梅	遵义医学院	庹金群	贵州财经大学
刘　江	华北水利水电学院	王元江	遵义医学院
吴　永	贵阳医学院	岑　槿	遵义医学院
代　刚	遵义医学院	简会勇	遵义医学院
杨秀勇	遵义医学院	陈　华	甘肃中医学院
刘　霞	黔南民族师范学院	李立军	江西宜春医学院

瓮安二中2002年高考录取名单

姓　名	录取学校	姓　名	录取学校
张　焕	清华大学	方　涛	国防科技大学
黎友陶	解放军理工大学	王文浩	南京大学
刘　剑	解放军理工大学	李　军	同济大学
胡仕华	解放军理工大学	刘盛遨	中国科技大学
时茂兵	集美大学	卢小玲	中央民族大学
宋泽伟	集美大学	罗　松	武汉大学
杨　航	中央财经大学	闫嘉晴	吉林大学
邓正梅	四川大学	王中伟	东北大学

续表

姓　名	录取学校	姓　名	录取学校
徐　东	四川大学	潘光进	中央民族大学
吴昭凤	南开大学	熊启松	中央民族大学
袁　勇	重庆大学	严成文	中国矿业大学
商体鹏	重庆大学	张大明	长安大学
雷青锡	重庆大学	张　红	南京航天大学
金小斌	东华大学	余星妍	南京航天大学
梁　琴	西北农业科技大学	邱兴勇	湘潭大学
龚　章	西北农林科技大学	黄　建	贵州大学
郝洪涛	燕京大学	蔡　鸿	贵州大学
刘　敏	武汉科技大学	林雪峰	贵州大学
刘兴耕	人民大学	田文军	贵州大学
余祥飞	中南大学	宋碧军	贵州大学
甘亚鲲	新疆大学	蒲　燕	贵州大学
张　永	四川农业大学	付国良	贵州大学
李治波	兰州大学	王立志	贵州大学
邓　康	西南科技大学	秦大敏	贵州大学
雷　薇	北京师范大学	王光其	贵州大学
胡　伟	华中科大	赵　军	贵州大学
何　飞	贵州大学	陈明芬	贵州大学
邱兴伟	贵州大学	兰登柱	贵州大学
夏锦松	贵州大学	张　杰	贵州大学
刘建波	华南热带农业大学	周泽晓	贵州大学
黄胜茂	华南热带农业大学	魏　杰	贵州大学
张永发	华南热带农业大学	彭定兴	贵州大学
谢通华	中南民族大学	闵国诚	贵州大学
董微熙	南京林业大学	甘晓鸿	云南农业大学
程白陟	哈尔滨理工大学	冉应桥	南京工业大学
付国兵	哈尔滨理工大学	秦　景	河南科技大学
王素贞	重庆工商大学	冉毅学	河南科技大学

续表

姓　名	录取学校	姓　名	录取学校
夏开美	重庆工商大学	潘明春	贵阳中医学院
王　勇	华北水利水电大学	何　媛	中国民航大学
黄玮玮	华北水利水电大学	李政佶	中国民航大学
严贵宾	天津科技大学	熊兴春	江汉大学
夏佳军	贵阳中医学院	伍邦翠	贵州工业大学
罗安奎	贵阳中医学院	李　祥	贵州工业大学
杨　帆	贵阳中医学院	杨秀伟	贵州工业大学
张文进	贵阳中医学院	李　亿	贵州工业大学
王大军	贵阳中医学院	王亚鸿	贵州工业大学
吴　坤	贵阳中医学院	文仕春	贵州工业大学
屈万元	贵阳中医学院	丰　嘉	贵州工业大学
雷小明	贵阳中医学院	倪平刚	贵州工业大学
江奕辰	贵阳中医学院	李远菊	贵州工业大学
王宗艳	贵阳中医学院	申　鹰	贵州工业大学
夏洪敏	西安财经大学	满奇军	贵州工业大学
熊会江	西安财经大学	黄　婷	贵州工业大学
周永利	贵州工业大学	戎承松	贵州工业大学
王　嵩	贵州工业大学	欧德怀	贵州工业大学
王　朔	贵州工业大学	刘　鑫	贵州工业大学
甘　燕	贵州工业大学	梁小军	贵州工业大学
张绍飞	贵州工业大学	杨文武	贵州工业大学
向成玲	西北师范大学	吴秀兵	江西师大
陈　锦	西北师范大学	魏　松	贵州师范大学
王兴菊	西北师范大学	周乐浩	贵州工业大学
杨再梅	贵州师范大学	何　华	贵州工业大学
符　睿	贵州师范大学	张　轶	贵州工业大学
罗建飞	贵州师范大学	朱　毅	贵州大学
李垣諫	贵州大学	卢相东	贵州大学
卢清水	贵州大学	李　琨	贵州工学院

续表

姓　名	录取学校	姓　名	录取学校
杨　军	贵州大学	柏朝红	江西师大
蒋永胜	炮兵指挥学院	王　健	贵州财经大学
王清韵	军事交通学院	李应琴	贵州财经大学
蒋树林	重庆通信学院	严文贵	贵州财经大学
李　进	石家庄铁道学院	朱代昀	贵州财经大学
王　莉	重庆邮电学院	王　坤	贵州财经大学
王鸣宏	涪陵师范学院	张　泓	贵州财经大学
昌成贵	泸州医学院	冉　庆	贵州财经大学
兰晓静	郑州航天工学院	文　海	贵州财经大学
解忠举	石家庄经济学院	唐　俊	中国民航大学学院
陈　剑	山西大学工学院	杨桂龙	贵州民族学院
曾友权	山西大学工学院	朱　磊	北京物资学院
谢再波	焦作工学院	刘开琴	海南医学院
雷安洪	焦作工学院	白　玲	贵州民族学院
朱　鹏	成都信息工程学院	陈启义	贵州民族学院
陈传斌	南京邮电学院	田　密	贵阳医学院
唐书波	长沙交通学院	沈红菊	贵阳医学院
王立福	沈阳建筑工程学院	魏志军	长春工程学院
梁明珠	西南民族大学	刘洪妍	长春工程学院
朱连秀	遵义医学院	谢达兴	湖南工程学院
李明金	遵义医学院	倪　永	湖南工程学院
杨　国	甘肃工业学院	肖建军	中北大学
何　粲	川北医学院	宋礼军	南京人口管干院
代贵权	华北煤炭医学院	李元会	四川轻工学院
陈体桃	华北煤炭医学院	程莉莉	重庆师院
刘　银	长江大学	况照云	郑州轻工学院
熊长海	西南林学院	张　恒	桂林电子学院

续表

姓　名	录取学校	姓　名	录取学校
汤官勇	黑龙江科技学院	吴俊杰	遵义医学院
刘盛婵	黑龙江科技学院	宋婧婧	遵义医学院
刘福刚	黑龙江科技学院	王光葵	遵义医学院
王　明	西安科技学院	肖安春	遵义医学院
陈　涛	四川理工学院	梅安辉	遵义医学院
江　娜	昆明医学院	朱国艳	遵义医学院
王少松	昆明医学院	王大琴	遵义医学院
胡德会	贵阳医学院	黄　莹	南京工程学院
徐明坤	贵阳医学院	朱　通	贵州财经学院
石德敏	贵阳医学院	赵　斌	遵义医学院
吴国华	贵阳医学院	石高华	遵义医学院
肖兴建	贵阳医学院	丁　锐	中北大学
张治勇	贵阳医学院	陈友江	中北大学
黎吉梅	贵阳医学院	陈　平	湛江师范学院
严德才	贵阳医学院	吴举珍	遵义师范学院
任祝易	昆明医学院	高　波	遵义师范学院
汪　洋	西南民族大学	王道洪	南方冶金学院
冷啟书	广西中医院	黄成兵	南方冶金学院
刘光丽	贵州民族学院	余小运	贵州民族学院
熊文均	贵州民族学院	宋　静	黔南民族师范学院
黄培刚	贵州民族学院	胡林国	哈尔滨商学院
刘兴旺	贵州民族学院	陈华梅	贵州民族学院
罗玉军	贵州民族学院	王吉生	贵州民族学院
苏期燕	贵州民族学院	犹正明	黔南民族师范学院
尹全林	贵州民族学院	张登鹏	黔南民族师范学院
龚定旭	黔南民族师范学院		

瓮安二中2003年高考录取名单

姓　名	录取学校	姓　名	录取学校
李治波	北京大学	毛先胤	上海交通大学
张　迪	国防科技大学	练华兰	东华大学
刘芳男	西北工业大学	秦　莉	江西财经大学
王显杰	西南大学	胡　玲	中央民族大学
王道洪	吉林大学	李　波	西安电子科技大学
龚　章	西南交通大学	李　华	西安电子科技大学
陈体桃	武汉科技大学	余杰颖	华南农业大学
徐锦友	电子科技大学	陈　静	广西大学
陈作伶	中国科技大学	黄培江	广西大学
伍邦翠	四川大学	许　波	中国矿业大学
朱　鹏	南京航空航天大学	李泽举	华南农业大学
潘明春	四川大学	牟元禄	新疆大学
陈　风	北京林业大学	王　成	武汉理工大
廖国建	北京海洋大学	雷　坤	西南政法大学
姚　岚	中国海洋大学	陈子春	华南农业大学
李治宗	中南大学	赵　炀	复旦大学
舒兴福	西南交通大学	高玉雅	南昌大学
左　睿	北京科技大学	肖时梅	广州中医药大学
刘小磊	华北电力大学	王文平	福州大学
梁明珠	西南大学	倪　毅	南昌大学
陈　忠	西北农林科大	刘　颖	东北农业大学
张绍珊	华中农业大学	刘　凯	湖北大学
邱兴勇	中国政法大学	肖　珂	四川农业大学
李秀娥	山东大学	李明金	西北大学
张新佶	中国药科大学	李万友	中国地质大学
杨　勇	西北农林科技大学	范富乐	河海大学
杨　国	中南大学	王昌威	华南理工大学
何贤永	江南大学	赖世勇	西南大学

续表

姓　名	录取学校	姓　名	录取学校
石　梅	西北大学	田维琴	重庆大学
张　清	贵州工学院	商　伟	贵州工学院
张长福	上饶师范大学	吴　俊	哈尔滨商业大学
金帮宇	贵州大学	刘黎欣	贵州师范大学
袁方芳	贵州大学	郑廷碧	贵州工学院
黎世萍	贵州大学	刘文娅	贵州工学院
文明富	华南热带农业大学	彭泽煜	贵州大学
刘　娟	华南热带农业大学	王付阶	贵州工学院
石让安	贵州大学	杨宗儒	贵州民族大学
李　超	黑龙江大学	张连红	贵阳中医学院
王碧霞	云南农业大学	曾令艳	贵州工学院
帅兴春	西南民族大学	陈　波	贵州师范大学
胡仕巩	北华大学	黄郅淋	贵州工学院
陈建忠	青岛大学	彭芳毅	贵州工学院
代　堋	兰州交通大学	陈福星	石河子大学
何　飞	重庆工商大学	姜应红	贵州工学院
冉建平	南昌航空大学	顾大章	贵阳中医学院
周中兵	贵州师范大学	王关亮	贵州工学院
蒲庭旭	贵阳中医学院	陈光磊	贵州工学院
陈明芬	贵州大学	王　飞	哈尔滨商业大学
赵正建	贵州理工大学	张登鹏	贵阳中医学院
刘　鑫	长沙理工大学	董维龙	南京林业大学
袁代凌	贵阳中医学院	王绪福	贵州大学
朱俐芳	贵阳中医学院	陈忠林	贵州工业大学
张秋思	大连大学	陈星竹	山东农业大学
周　涛	山西财经大学	朱小涛	山西财经大学
郑　柳	贵阳中医学院	何大艳	贵州民族大学
董利华	新疆石河子大学	刘兵宽	贵州工学院
邓麒麟	佳木斯大学	马小松	南华大学

续表

姓　名	录取学校	姓　名	录取学校
徐　丰	贵州大学	周　勇	贵州工学院
蔡兴静	贵州师范大学	杨　笛	贵州大学
杨　帆	河南大学	王　磊	贵阳中医学院
赵春阳	广西师范大学	宋英飞	贵州工学院
王章涛	贵州工学院	邓　伟	贵州大学
贾　莉	贵州师范大学	林雪峰	成都理工大学
张国元	贵阳中医学院	代亨华	贵州工学院
黄廷莲	贵州民族大学	吴尚海	贵州工学院
解忠举	昆明理工大学	代亨燕	贵州工学院
邓家乾	河南科技大学	田维军	贵州工学院
陈　涑	贵州工学院	苏志敏	贵州工学院
李泽建	解放军理工大学	刘明松	贵州工学院
吴明勇	延安大学	冷启书	长春工业大学
吴　江	贵州大学	李　杰	成都理工大学
孙　富	山西农业大学	田昌坤	贵州民族大学
杨　瑞	贵州工业大学	李沂明	贵州工学院
黄成齐	哈尔滨商业大学	费晓环	贵州师范大学
刘春燕	贵州大学	王立丽	贵阳中医学院
王秋燕	内蒙古民族大学	唐书波	西安科技大学
倪小军	西北京师范大学	王婷霆	贵州大学
郑国银	贵阳中医学院	黄远仁	贵州工学院
唐　郡	烟台大学	赵喜松	贵州师范大学
陈　睿	贵州师范大学	夏佳军	河北大学
舒方友	贵州工学院	王吉辉	佳木斯大学
周桂菊	湖南科技大学	黄建华	贵州工学院
刘平亮	哈尔滨理工大学	饶水来	西北民族大学
陈　毅	中国刑事警察学院	王显坤	贵阳医学院
吴晓青	郑州防空兵学院	李刚桥	贵州财经大学
陈家勇	武警工程学院	杜小琴	南京工程学院

续表

姓　名	录取学校	姓　名	录取学校
卢启进	中央司法警官学院	方金镛	中北大学
李体能	解放军汽车管理学院	蒋维静	中北大学
田维刚	贵州大学人武学院	汪治山	遵义医学院
王　聪	贵州大学人武学院	宋泽备	贵阳医学院
潘劲松	贵州警官职院	毛　红	遵义医学院
朱　伟	贵州警官职院	文仕春	中北大学
袁忠纹	贵州警官职院	谢芸亚	遵义医学院
赵正委	重庆邮电学院	徐东云	贵阳医学院
黄文平	辽宁工程技术学院	肖　林	南阳理工学院
王晓韩	涪陵师范学院	苏期燕	陕西理工学院
邱龙庆	南昌航空工业学院	蔡兴文	成都信息工程学院
李文群	桂林理工大学	王泽学	青海医学院
徐明坤	贵州财经大学	彭　宇	遵义医学院
朱化方	贵州财经大学	周洪彬	贵州财经大学
宋春梅	西南石油学院	毛木建	新疆师范大学
李质坤	贵州财院	刘　美	长沙理工大学
宋纯著	贵州财院	张　来	茂兰学院
梁　娟	西安财经大学学院	张婷尧	贵州医学院
刘　坤	贵州财经大学	余雨林	遵义医学院
谢　艳	贵州财经大学	兰玉红	焦作工学院
周朝宇	安徽财经大学	代贵权	桂林电子工业学院
卢　燚	安徽财经大学	赵安菊	兰州医学院
何　华	海南师范学院	陶忠发	兰州医学院
腾　波	贵州财经大学	熊文均	贵阳医学院
蔡方强	四川理工学院	徐井华	湖南城市学院
蔡泽梅	贵州财经大学	蔡文辉	黑龙江工程学院
刘　清	兰州商学院	喻代金	湖南商学院

续表

姓　名	录取学校	姓　名	录取学校
谭华正	华北科技学院	李　江	黔南民族师范学院
雷　群	西南民族大学	田　寅	遵义医学院
石　艳	广西工学院	徐远丽	贵阳医学院
吴忠琴	遵义医学院	袁仁丽	贵州财经大学
冉龙刚	郑州工程学院	张海翼	湛江海洋学院
谭才福	广西工学院	张小波	遵义医学院
胡　璐	攀枝花学院	陈栋梁	湖南邵阳学院
申　鹰	湖南工程学院	邱　月	贵州财院
屈万红	贵阳医学院	黎仕娜	黔南民族师院
宋小莲	郑州工程学院	赵　珂	贵州财经大学
张　琴	湖南商学院	周乐欢	贵州财经大学
杨　立	遵义医学院	李　丹	成都体院
王兴祥	贵州民族学院	赵仁端	贵州民族学院
张　杰	西南石油学院	方银辉	黔南民族师范学院
肖立宪	西安文理学院	刘峥嵘	贵阳医学院
李昌明	云南中医学院	卢　青	黔南民族师范学院
陈小可	贵州财经大学	卢　山	贵州民族学院
陈朝奎	遵义医学院	熊宇俊	中北大学
陈福平	遵义医学院	曹文昊	桂林电子工业学院
李显政	山东财政学院	刘　华	贵州鸿源工程学院
王秋亚	襄樊学院	王　虾	中北大学
张德群	贵阳医学院	蔡兴胜	襄樊学院
李成竟	重庆通信学院	李启英	景德镇陶瓷学院
蔡建琳	贵州财经大学	周兴丽	贵阳医学院
兰　璐	湖南学院	刁达勇	井冈山大学
张　泓	河北理工学院	盛明富	遵义医学院
徐景红	云南中医学院	陈朝荣	贵阳医学院

瓮安二中2004年高考录取名单

姓　名	录取学校	姓　名	录取学校
汤　念	国防科技大学	黄威进	中国地质大学
赵　艳	西南大学	邱兴玉	中央财经大学
张　鑫	海洋大学	李刚勇	中国矿业大学
龙山山	四川大学	李忠丽	厦门大学
陈　微	中南大学	杨至瑜	东北京师范大学
田　福	中南大学	犹梦哲	西安电子科技大学
郭　林	中南大学	李祥成	北京理工大
冉光发	武汉科大	陈晓波	中国矿业大学
胡臻玉	南开大学	罗洪叶	南京理工大
陈小娟	东南大学	万敏东	东北农业大学
陆柏邑	上海外国语大学	李奇峰	江西财经大学
张守菲	沈阳药科大学	黄贯宇	南昌大学
王　磊	沈阳药科大学	卢　叶	南昌大学
雷　鸣	华中农业大学	唐爵桦	江西财经大学
王　彪	武汉大学	帅　伟	西南政法大学
李祥翠	同济大学	赵榜琰	西南师大
陈昱伶	西北农林科大	喻明美	华中农业大学
杨　丽	中国地质大学	胡靖珊	北京师范大学（珠海）
罗洪飞	长沙理工大学	贾轻奇	北京师范大学（珠海）
龙婷婷	长沙理工大学	张福厅	长春大学
代亨丽	成都理工大	左翠霞	贵州大学
倪　瑞	贵州大学	胡敬宗	贵州大学
杨　洋	贵州大学	陈松林	贵州大学
杨发娟	贵州大学	刘胜刚	贵州大学
刘　俊	贵州大学	郭　建	贵州大学
田应霞	贵州大学	李　清	山西工商大学
王荣奎	安徽财经大学	金先飞	西华大学
杨　敏	安徽财经大学	秦义国	成都中医药大学

续表

姓　名	录取学校	姓　名	录取学校
冯小俊	安徽财经大学	徐文峰	贵州工业大学
吴　刚	长春邮电大学	赵喜兵	贵州工业大学
王在兵	西安科大	牛晓琴	贵州工业大学
陈　坤	西安科技大学	陈文先	贵州工业大学
刘杰明	贵州工业大学	兰　林	贵州工业大学
陈亭廷	西安财经大学	龙　廷	贵州工业大学
赵　进	重庆工商大学	贺农媚	贵州工业大学
杨　波	重庆工商大学	高绍兵	贵州师范大学
冉　玲	重庆师范大学	田小燕	中原工业大学
唐　倩	贵州师范大学	朱仁贵	河南科技大学
沈　微	贵州师范大学	蔡明奎	河南科技大学
庹玉超	贵州师范大学	冷启书	河北医科大学
姚仕海	贵州师范大学	黄　勇	齐齐哈尔大学
童晓顺	贵州师范大学	姚　波	山西中医大学
方　强	贵州师范大学	罗元勇	湖南科技大学
张红梅	哈尔滨理工大学	卢　俊	河北理工大学
李昌翔	山东经济大学	邓　婷	华北水利水电大学
蔡孟林	兰州交通大学	高　敏	贵州师范大学
张天华	四川理工大	张常建	贵州大学
熊　伟	华南热带农业大学	潘光群	贵州大学
刘　斌	华南热带农业大学	杨正明	西华师范大学
陈林琴	贵州中医大学	郭清秦	西北师范大学
潘启斌	河北大学	李永贵	西北民族大学
卜金琴	河北大学	杨　薇	华南热带农业大学
王秋亚	山西医科大学	喻春方	贵州师范大学
孙建伦	河南工大	犹汶锦	贵州工业大学
朱仕西	贵州师范大学	邓顺明	洛阳大学
黎　江	电子科技大学	洪顺琴	焦作大学
陈子涵	河南中医大学	李昌全	焦作大学

续表

姓　名	录取学校	姓　名	录取学校
杨至吉	贵州工业大学	兰成祥	焦作大学
宋成志	贵州大学	吴友杰	重庆工商大学
陈文涛	贵州大学	张　斌	贵州大学
谢盛勇	贵州大学	丰　林	焦作大学
程相旭	贵州大学	刘祖林	焦作大学
刘　方	昆明理工大	王文鑫	焦作大学
何克洁	贵州工业大学	方金娟	焦作大学
鲜健涛	贵州大学	张　血	贵州师范大学
唐　婷	东华大学	王亚飞	解放军武警部队学院
舒兴华	华东交通大学	张海艺	四川美术学院
李小兵	华东交通大学	付　丽	黔南民族师范学院
许　超	解放军工程大学	邓安东	江西航天艺术学院
李昕怡	湖南科大	卢国静	江西航天艺术学院
张杨林	贵州工业大学	钟　平	珠洲工学院
周　莉	贵州师范大学	宋定军	安徽艺术学院
杨传香	贵州师范大学	周大芬	石家庄铁道学院
谭小路	贵州工业大学	陈应旭	石家庄铁道学院
问坦桔	贵州工业大学	倪建波	成都信息工程学院
张长璐	上海电力学院	何柏钦	南京审计学院
何　沙	贵州师范大学	方贵钟	天津商学院
李刚桥	武汉科大	朱廷万	石家庄铁道学院
施迦斐	武汉科大	毛正琴	中北大学
杨东柏	贵州工业大学	倪　勇	贵州财经学院
王立恒	贵州工学院	王克碧	贵州财经学院
张钰婷	贵州财经学院	肖会琴	贵州工学院
肖　飞	贵州财经学院	陈吉艳	贵州工学院
尚　昕	贵州工学院	樊启乾	锦州医学院
彭　微	贵州财经学院	曾念国	周口师院
王征辉	贵州财经学院	梁龙钦	贵州民族学院

续表

姓　名	录取学校	姓　名	录取学校
牟光丽	贵州财经学院	罗　丹	贵州民族学院
龚仁友	贵州财经学院	朱进恒	贵州民族学院
陈　建	贵州财经学院	王国先	贵州民族学院
方进军	贵州财经学院	袁　燕	湖南中医学院
毛　莹	天津农学院	谢从庆	遵义师范学院
刘福荣	湖南商学院	胡玉晓	遵义师范学院
曹庆明	湖南商学院	宋泽珍	遵义师范学院
桂春林	天津城市建筑学院	徐松超	遵义师范学院
杨再美	中北大学	张乾勇	四川理工学院
王文峰	北京印刷学院	张玉毫	成都信息工程学院
潘昌飞	北京印刷学院	冉　琴	邵阳学院
黄　尧	吉林建筑学院	陈应飞	怀化学院
吕显建	合肥学院	陈　方	贵州中医学院
胡　韬	西南林学院	王秦春	贵州中医学院
江　勇	海南西学院	唐　�	贵州中医学院
任国方	西昌学院	雷照春	贵州中医学院
张　润	西昌学院	李　琴	贵州中医学院
刘　剑	孝感学院	赵喜全	贵州中医学院
刘宽红	大连交通学院	徐　俊	贵州中医学院
肖会荣	遵义医学院	陈建敏	宜昌学院
邓义俊	遵义医学院	张　莉	江西医学院
黄碧松	遵义医学院	杨文英	江西医学院
黄　建	遵义医学院	李　鑫	贵州中医学院
江　吉	遵义医学院	彭　方	贵州中医学院
邓爱凤	遵义医学院（珠海）	张蓓若	贵州中医学院
陈　丽	遵义医学院	高贵福	贵州中医学院
张　念	遵义医学院	赵于慧	贵州中医学院
杨　敏	湖南工程学院	犹昌会	贵州中医学院
徐尚琴	湖南工程学院	羊　毅	贵州中医学院
付　娜	浙江中医药大学	刘显华	西北第二民院
唐　章	贵州民族学院	江林禹	安阳工学院

续表

姓　名	录取学校	姓　名	录取学校
韩晓静	贵州民族学院	唐　君	遵义医学院
犹　毅	贵州中医学院	李莎莎	遵义医学院
刘盛坤	湖南文理学院	王　珊	遵义医学院
肖钰航	西安工学院	陶婷婷	遵义医学院
曾　茜	西安交通信息学院	林方杰	遵义医学院
李雅男	商务学院	葛中伦	遵义医学院
路　鸿	云南财贸学院	茅期波	遵义医学院
姚永宁	贵州民族学院	方景杨	遵义医学院
李　清	湖南商学院	涂　飞	贵阳医学院
夏坤华	中国环境学院	朱仕锋	贵阳医学院
唐化宇	中国环境干部管理学院	吕开今	贵阳医学院
李　菊	江西中医学院	钱家凤	贵阳医学院
宋　丽	贵州财经学院	朱小军	贵阳医学院
周远明	贵阳中医学院	石　娟	贵阳医学院
张仕梅	贵阳中医学院	杨成香	贵阳医学院
龙小腾	贵阳中医学院	卢昌杰	淮北煤炭师院
柏轮敏	黔南师范学院	谭　敏	湖南工程学院
吴　霞	黔南师范学院	张小红	黔南师范学院
袁付锰	黔南师范学院	周　顺	黔南师范学院
杨家福	黔南师范学院	冉茂楠	黔南师范学院
简会春	黔南师范学院	丁登云	黔南师范学院
蔡　植	黔南师范学院	滕明远	贵州民族学院
邹前红	黔南师范学院	魏国林	山西工商学院
倪　建	黔南师范学院	陈文婷	贵阳中医学院
兰成亮	黔南师范学院	贺　俊	山西工商学院
罗　盛	黔南师范学院	胡久军	零陵学院
范开文	黔南师范学院	商正连	遵义医学院
谭雯苠	襄樊学院	代方璐	贵阳医学院
黄小军	襄樊学院	龚娅雪	黔南师范学院
叶黔松	黔南师范学院	杜　娟	黔南师范学院

瓮安二中2005年高考录取名单

姓　名	录取学校	姓　名	录取学校
吴　东	清华大学	白　昊	国防科技大学
肖茂军	中国人民公安大学	王文华	浙江大学
肖凯杨	中国人民公安大学	曾念国	武汉大学
沈　雪	贵州大学	梁国强	武汉大学
石　程	中国人民解放军第二军医大学	丁登云	中南财经政法大学
吴　刚	对外经济贸易大学	熊辉群	琼州大学
黄富俊	西南交通大学	兰玉中	中央民族大学
何崇贤	四川大学	吴　昊	中南大学
高　林	四川大学	何世奇	南京理工大学
陈　春	四川大学	王章春	燕山大学
张　苹	西南科大	许东静	浙江工业大学
林远红	西南师大	王　铭	西北大学
李祥成	华中科大	孙立军	郑州大学
卢万恒	北京科技大学	万敏东	华中农业大学
邱德侣	北京科技大学	王国元	合肥工业大学
杨吉宇	北京师范大学	况泽伦	北京交通大学
李明坤	北京交通大学	周　钦	北京交通大学
王雯锋	西安电子科技大学	赵雪君	贵州大学
赵喜金	西安电子科技大学	王永志	贵州大学
王　芳	天津医科大学	向　梅	贵州大学
金　洲	南京工业大学	陈松林	贵州大学
朱廷万	西南交通大学	罗锦平	上海海事大学
谭雯娟	湖北大学	肖　雅	北京第二外国语学院
陈建敏	广东外语外贸大学	李　春	重庆大学
王　凤	长安大学	陈广丹	重庆大学
黄贤良	沈阳工业大学	曾利梅	青岛科技大学
张　凯	沈阳农业大学	朱邦军	西南农大
刘维海	华南农业大学	蒙友波	西南农大

续表

姓　名	录取学校	姓　名	录取学校
毛雯潋	济南大学	华朝锋	贵州大学
范富江	大连大学	徐　俊	贵州大学
李　皓	中国矿业大学	何必刚	贵州大学
肖瑞琳	青岛大学	倪平松	贵州大学
李祖发	东北林业大学	黄　建	贵州大学
朱仕翻	南昌大学	晏国璨	贵州大学
刘　兴	中北大学	周　宇	贵州大学
王善伦	安徽财经大学	程永春	贵州大学
宋泽天	海南大学	丁访丽	贵州大学
张　欢	海南大学	邱德丽	贵州大学
罗　静	长沙理工大学	任国方	贵州大学
代发茂	长沙理工大学	李明祥	贵州大学
冯小俊	长沙理工大学	敖　飞	贵州大学
彭贵福	贵州师范大学	柴　昊	贵州大学
黎　江	青海大学	文坦桔	贵州大学
方进军	华东理工大学	徐松超	贵州大学
李福斌	成都医药大学	周　翼	贵州大学
王　海	西北民族大学	林跃波	贵州大学
兰中育	贵州大学	顾毓中	贵州大学
顾　芬	贵州师范大学	兰文菊	中北大学
蔡　婷	贵州师范大学	万　婷	北京师范大学分校（珠海）
李家慧	贵州大学	王　波	南华大学
陈　芳	南昌大学	范坤霞	华南热带农业大学
杨　珽	贵州师范大学	付　波	华南热带农业大学
潘是博	贵州师范大学	李才立	贵州师范大学（凯里）
王　晔	贵州师范大学	李昌金	贵州师范大学（凯里）
李跃琴	贵州师范大学	宋正全	华南热带农业大学
刘英铃	重庆工商大学	李　琴	贵州大学
欧阳化靓	哈尔滨商业大学	尚　坤	贵州大学

续表

姓　名	录取学校	姓　名	录取学校
黄　茜	河南工业大学	杨正兴	贵州大学
何作华	河南科技大学	张祥康	贵州大学
吴　艳	重庆师范大学	陈秋明	贵州大学
陈　燕	石子河大学	黄　静	贵州大学
钟　响	内蒙古科技大学	何　金	贵州大学
冉龙江	黑龙江大学	胡大丽	甘肃农业大学
张新建	山西农业大学	杨明珍	中原工学院
丁群松	贵州大学	陆　飞	长春大学
穆石桥	云南农业大学	姚　伟	贵州师范大学
符先建	长江大学	兰绍祥	贵州师范大学
涂榜政	长江大学	罗建刚	河南理工大学
彭昌文	三峡大学	王新荣	河南理工大学
余勇江	贵州师范大学	向秦琴	东北电力大学
杨定均	贵州大学	李　喻	贵州大学
王勤安	贵州大学	刘俊琦	贵州大学
李先福	河北农业大学	李　娇	河南大学
宋泽林	山西医科大学	黎　熹	贵州大学
周忠凤	山东农业大学	何知发	贵州大学
陈　俊	山东农业大学	陈一潞	河南农业大学
罗元芳	贵州大学	黎有敏	贵州师范大学（同仁）
熊华坤	沈阳航空工业大学	黄　榆	贵州师范大学
谭清文	贵州大学	王继英	贵州大学
邱龙学	中国地质大学	史　俊	湖南科技大学
邱瑜霞	贵州师范大学	张小兵	昆明理工大学
童　鸿	三峡大学	杨　烁	海南医学院
吴有彬	遵义医学院	余银香	成都信息工程学院
周　珣	解放军武警部队学院	徐显劳	重庆交通学院
辛方洪	解放军炮兵学院	廖兴发	贵州财经学院
曹中友	解放军炮兵学院	李映锦	贵州财经学院

续表

姓　名	录取学校	姓　名	录取学校
商海滔	贵州警官学院	商　辉	贵州财经学院
刘志军	贵州警官学院	周　顺	贵州财经学院
吴　蕴	贵州警官学院	张丹丹	郑州航空管理学院
王　龙	贵州警官学院	朱小娟	贵阳医学院
蔡昕江	贵州警官学院	唐　娇	遵义医学院
徐孝芳	石家庄铁道学院	唐忠华	遵义医学院
王　珺	石家庄铁道学院	李忠琴	遵义医学院
甘良杰	四川理工学院	杨庆水	天津城市建筑学院
雷　鹏	大理学院	犹　政	华北科技学院
姜　华	云南中医学院	徐　燕	华北科技学院
潘佑静	南昌航空工业学院	黄安风	潍坊医学院
刘懿银	攀枝花学院	蒋逸凤	江西中医学院
唐友均	西昌学院	谭　敏	九江学院
汪天凤	西昌学院	唐　芳	贵阳医学院
熊高权	武汉生物工程学院	李　雯	贵阳医学院
袁盛波	青海民族学院	王　琨	贵阳医学院
吴　燕	湖南文理学院	陈文碧	贵阳医学院
宋泽会	湖南理工学院	王征辉	吉林技术工程学院
雷国棋	云南中医学院	姜　波	贵州民族学院
邹前红	邵阳学院	肖艳君	贵州民族学院
金　璇	昆明医学院	穆昌友	贵州民族学院
张显达	乐山师范学院	王　娟	贵州民族学院
帅　伟	黔南师范学院	罗　艳	贵州民族学院
董纯刚	黔南师范学院	胡春艳	贵州民族学院
陈光群	黔南师范学院	王　意	贵州民族学院
宋碧勇	黔南师范学院	杨　轶	贵州民族学院
张小莉	黔南师范学院	候从伟	贵州民族学院
黎　明	黔南师范学院	张光秀	忻州师范学院
梁国顺	黔南师范学院	曹庆明	襄樊学院

续表

姓　名	录取学校	姓　名	录取学校
莫　松	孝感学院	严　鸿	遵义师范学院
廖世周	贵州民族学院	张树栋	遵义医学院（珠海校区）
胡函庆	贵州民族学院	刘　康	哈尔滨学院
汪天华	贵州民族学院	张朝勇	哈尔滨学院
刘成友	贵州民族学院	谢富珊	右江民族医学院
李水涛	贵州民族学院	王朝婷	贵阳中医学院
唐　烁	贵州民族学院	邓华湘	贵阳中医学院
吴　霞	贵州民族学院	唐世海	贵阳中医学院
倪帮华	贵州民族学院	方金国	贵阳中医学院
陈洪明	贵州民族学院	汪吉会	贵阳中医学院
闵登军	贵州民族学院	张　森	黔南师范学院
攀启乾	黔南师范学院	汤仁游	湖南中医学院
张扬辉	黔南师范学院	李　勇	长春工程学院
张　润	黔南师范学院	陈思连	贵阳医学院
赵仕燕	黔南师范学院	徐　琼	黑龙江科技学院
龚　兵	黔南师范学院	杨思慧	华北水利水电学院
张科凤	黔南师范学院	林建辛	贵州财经学院
郭方忠	黔南师范学院	兰彩霞	西安财经大学学院
杨光宇	黔南师范学院	秦源坤	内蒙古医学院
付朝宽	黔南师范学院	田仁品	平顶山工学院
李志洪	黔南师范学院	贺　康	贵州财经学院
陆世安	黔南师范学院	黄　娅	贵阳中医学院
吴桥英	黔南师范学院	李军娥	贵阳中医学院
杨　建	黔南师范学院	潘怡廷	宜春学院
张君柏	黔南师范学院	丰　翼	遵义医学院
攀启闵	湖南人文科技学院	雷　燕	遵义医学院
滕昭群	郑州航空工业管理学院	李小琴	遵义医学院
张　会	中原工程学院	陈证行	贵州大学科技学院
张　莉	贵阳医学院	徐远林	湖南工程学院

续表

姓　名	录取学校	姓　名	录取学校
张仕泽	贵州民族学院	黄　松	华东交通大学理工学院
邓钰泓	遵义医学院	伍仕军	华东交通大学理工学院
田应中	毕节学院	吴　寻	华东交通大学理工学院
雷　睿	毕节学院	黄亭亲	西安工业学院
卢　鹏	毕节学院	卢锡江	南阳理工学院
黄　均	毕节学院	李　微	南阳理工学院
杜　娟	韶关学院	冉应梅	南阳理工学院
李远越	贵阳学院	王欣潞	南阳理工学院
毛正琴	贵阳学院	周　吉	南阳理工学院
李　华	贵阳学院	唐　庆	南阳理工学院
柏明忠	东华理工学院	代发耀	桂林电子工业学院
肖　鹏	贵州财经学院	李光军	湖北民族学院
倪　建	贵州民族学院	王　虹	黔南师范学院
陈昱交	贵州财经学院	犹惠莲	贵阳学院

瓮安二中2006年高考录取名单

姓　名	录取学校	姓　名	录取学校
陈吉发	北京航空航天大学	罗　平	南京理工大学
陈秋兰	贵州大学	毛雯潋	西南政法大学
樊启利	贵州大学	莫　松	贵州大学
范富江	湖南大学	倪　建	贵州大学
方贵钟	西南交通大学	潘仁俊	中南大学
高建国	中国矿业大学	饶　婷	南昌大学
何庆飞	武汉理工大学	戎成林	贵州大学
胡函庆	贵州大学	舒靖沣	浙江大学
姬山毓	贵州大学	苏嫚丽	中国传媒大学
李　兵	贵州大学	谭雯涓	中南大学
李　静	贵州大学	唐世海	天津工业大学

续表

姓　名	录取学校	姓　名	录取学校
李先俊	西南交通大学	童小山	贵州大学
李　星	同济大学	汪吉会	上海理工大学
李志洪	北京林业大学	王陆军	中南大学
刘　荣	贵州大学	王善涛	吉林大学
吕羚源	华北电力大学	向　蛟	中南大学
肖　扬	中北大学	张朝勇	燕山大学
徐佳芬	西南财经大学	张德磊	武汉大学
熊　伟	贵州大学	张德礼	贵州大学
杨　建	贵州大学	张　凯	中国农业大学
杨　睿	贵州大学	张　森	扬州大学
杨秀恒	贵州大学	张绍练	中国科学技术大学
杨秀忠	西南大学	张祥康	中国海洋大学
杨正明	贵州大学	周　江	中国石油大学
姚丹	华南理工大学	周英菊	贵州大学
方贵禄	贵州大学	蔡道江	中北大学
华朝进	贵州大学	蔡　培	烟台大学
李孝军	西安科技大学	陈荣辉	天津科技大学
李子建	贵州大学	邓安卫	北方民族大学
梁光黎	贵州大学	段　群	长沙理工大学
陆世安	重庆交通大学	尹　洪	重庆邮电大学
马　丽	青海大学	曾凡俯	中北大学
潘昌伟	河南大学	曾光飞	辽宁石油化工大学
田景东	贵州师范大学	张明宇	中南民族大学
汪天凤	河北理工大学	张思琦	贵州民族大学
王朝扬	河北大学	张婷菲	上海电力大学
王培建	西南石油大学	周　德	贵州大学
王　雍	湖南中医药大学	朱颖杰	贵州师范大学
肖玉胜	辽宁石油化工大学	陈佐盛	贵州师范大学
熊高全	西安石油大学	梁龙钦	华东交通大学

续表

姓　名	录取学校	姓　名	录取学校
许望明	石河子大学	毛光繁	贵州大学
杨力骅	北京师范大学珠海分校	冉进军	湖南大学衡阳分校
宋运涛	贵州大学	沈代荣	西南民族大学
王显忠	沙市职业大学	税荣权	合肥工业大学
夏丹恒	贵州大学	欧乔云	贵州师范大学
夏非隆	贵州师范大学	谢深明	北方民族大学
犹敦洪	贵州大学	卢　强	中北大学
张荣兵	江西理工大学	杨国凤	重庆工商大学
周朝毅	西南政法大学	张娟娟	鸡西大学
华　雪	贵州师范大学	熊长洪	西南石油大学
王真强	贵州大学	黎　明	江西财经大学
帅　伟	贵州大学	陈　友	贵州大学
张　桃	中国矿业大学	庞钦匀	辽宁大学
杨忠敏	北方民族大学	韩　春	黔南民族师范学院
张梓浩	贵州职业警官学院	何永丽	贵州师范大学安顺学院
杨昌文	石家庄铁道学院	胡　京	黔南民族师范学院
蔡　坤	贵阳学院	黄　静	山东交通学院
陈　松	凯里学院	蒋　洁	遵义医学院
陈永霖	北京石油化工学院	瞿于洪	四川理工学院
陈治珲	黔南民族师范学院	兰钰钗	黔南民族师范学院
邓诗风	贵阳中医学院	雷　鹏	大理学院
邓　秀	黔南民族师范学院	李　华	黔南民族师范学院
杜伦飞	云南中医学院	李　琴	贵阳医学院
冯　福	贵阳学院	李　玮	黔南民族师范学院
付　委	安顺学院	刘代兴	安顺学院
付云枫	毕节学院	刘金瑜	长春税务学院
甘良会	黔南民族师范学院	刘　造	邵阳学院
高维制	贵阳学院	隆昌飞	毕节学院
龚家勋	平顶山工学院	卢　鹏	南京工程学院

续表

姓　名	录取学校	姓　名	录取学校
古尚武	遵义医学院	张同洋	遵义师范学院
国　旭	贵州财经学院	张永刚	贵州师范大学凯里学院
卢　苇	黔南民族师范学院	张　勇	贵州财经学院
陆钰婷	贵阳学院	赵仕燕	贵阳中医学院
罗德嵩	南京工程学院	赵小波	陕西中医学院
毛　雯	黔南民族师范学院	郑国群	遵义医学院
毛仪毅	山东经济学院	钟　闻	莱阳学院
倪　媛	湖南商学院	周小松	贵阳学院
钱　静	遵义医学院	朱进恒	贵阳医学院
屈万云	贵阳中医学院	蔡明洋	河北医科大学临床学院
全再江	遵义医学院	陈敏竹	贵州大学明德学院
尚　坤	华东理工学院	陈星霖	贵州师范大学求是学院
邵　云	遵义师范学院	郭　娇	贵阳医学院神奇学院
汤艳丽	涪陵师范学院	贺正洁	贵州财经学院商务学院
唐　韬	黔南民族师范学院	黄益昆	贵阳中医学院时珍学院
田　坤	贵州师范大学凯里学院	贾家丽	遵义医学院医学科技学院
万　敏	河北北方学院	江怡洁	贵州大学科技学院
汪天华	贵阳中医学院	雷秀锐	贵阳中医学院时珍学院
王丰堉	贵州师范大学兴义学院	李恩梅	贵州师范大学求是学院
王吉利	贵阳中医学院	凌宗三	新疆医科大学厚博学院
王启飞	黔南民族师范学院	刘俊琦	贵州大学明德学院
韦　捷	贵阳学院	彭思思	贵阳中医学院时珍学院
吴铠辛	琼州学院	邱红艳	大连交通大学信息工程学院
吴瑞莲	郑州航空工业管理学院	商　娟	贵州师范大学求是学院
向小亚	黔南民族师范学院	商　莹	贵阳中医学院时珍学院
肖　铜	黔南民族师范学院	唐茂钦	贵州大学科技学院
肖兴江	贵州师范大学凯里学院	王康文	贵州师范大学求是学院
肖　赟	黔南民族师范学院	徐国森	湖北经济学院
谢龙飞	黔南民族师范学院	徐　杰	安顺学院

续表

姓　名	录取学校	姓　名	录取学校
熊兴燕	安顺学院	杨　婷	昆明医学院
曾　俊	长春工程学院	杨选富	青海民族学院
王晓坤	长春税务学院信息经济学院	付昌艳	吉林省经济管理干部学院
王雪茹	贵州民族学院人文科技学院	甘洋萍	贵州航天职业技术学院
温　奎	贵州师范大学求是学院	龚国芳	黔东南民族职业技术学院
谢汶君	贵州财经学院商务学院	龚　艳	贵州亚泰职业学院
杨秀鹏	贵州师范大学求是学院	关照勇	贵州航天职业技术学院
袁代娇	华东交通大学理工学院	郭　燕	黔东南民族职业技术学院
袁　溢	贵州大学明德学院	何建军	咸宁职业技术学院
张丽丹	贵州财经学院商务学院	何庆松	黔南民族职业技术学院
张小兵	南昌航空工业学院科技学院	何　艳	安顺职业技术学院
张洋海	贵州财经学院商务学院	何永龙	罗定职业技术学院
赵普强	兰州理工大学技术工程学院	贺元杰	安徽电子信息职业技术学院
蔡仕奎	贵阳学院	洪黔林	黔南民族职业技术学院
蔡晓春	贵州轻工业职业技术学院	胡仕军	西京学院
蔡志军	贵州电子信息职业技术学院	胡小燕	贵州警官职业学院
曹　滢	新疆轻工业职业技术学院	胡运荣	陕西电子信息职业技术学院
陈大海	保定金融高等专科学院	黄　丹	黔南民族职业技术学院
陈　红	安顺职业技术学院	黄德勇	琼州学院
陈　静	贵州航天职业技术学院	黄　林	江西应用工程职业学院
陈　龙	兰州职业技术学院	江彦忻	贵州电子信息职业技术学院
陈　鹏	黔南民族职业技术学院	蒋　倩	贵州交通职业技术学院
陈强龙	青岛酒店管理职业技术学院	康国利	贵州交通职业技术学院
陈　庆	张家界航空工业职业技术学院	康国娅	贵阳医学院
陈松平	四川职业技术学院	兰　波	贵州轻工业职业技术学院
陈文刚	贵州电子信息技术学院	兰绍祥	达州职业技术学院
程新文	陕西电子信息职业技术学院	李　波	贵州警官职业学院
邓国成	贵州交通职业技术学院	李春梅	黔南民族师范学院
董　政	武汉交通职业学院	李佳洪	贵州交通职业技术学院

续表

姓　名	录取学校	姓　名	录取学校
樊支炜	衡阳财经工业职业技术学院	李家莉	贵州交通职业技术学院
范兴旺	黔东南民族职业技术学院	李双荣	贵州亚泰职业学院
丰　炜	发展商业高等转科学院	李天学	黔南民族职业技术学院
梁明湘	贵州交通职业技术学院	李小俊	陕西电子信息职业技术学院
梁　群	四川电力职业技术学院	李秀春	南宁职业技术学院
廖福全	贵州电力信息职业技术学院	李秀军	贵州电子信息职业技术学院
李秀君	黔南民族职业技术学院	庞国庆	海口经济职业技术学院
李志芳	贵州科技工程职业学院	裴相松	泉州纺织服装职业学院
梁大鸿	贵州电力信息职业技术学院	彭传银	黔东南民族职业技术学院
梁明兰	四川师范大学成都学院	钱　松	江西赣江职业技术学院
刘朝帅	重庆机电职业技术学院	邱龙学	贵州科技工程职业学院
刘海林	黄冈职业技术学院	冉义江	湖南环境生物职业技术学院
刘　辉	贵州轻工业职业技术学院	饶兴平	贵州商业高等专科学院
刘舻熠	陕西国际商贸职业学院	商爱莲	泉州纺织服装职业学院
刘明阳	贵州航天职业技术学院	沈洪建	贵州交通职业技术学院
刘黔川	贵州亚泰职业学院	宋姜毅	贵州科技工程职业学院
刘万贵	黑龙江北开职业技术学院	宋锡军	洛阳工业高等专科学院
刘　伟	六盘水职业技术学院	宋小林	黄冈科技职业学院
刘晓军	黄河水利职业专科学院	孙　艳	贵州交通职业技术学院
刘　洋	贵州航天职业技术学院	谭　梅	黔东南民族职业技术学院
龙良华	贵州电子信息职业技术学院	汤官举	贵州教育学院
陆远海	陕西国际商贸职业学院	田　娇	黔南民族职业技术学院
罗崇剑	贵州科技工程职业学院	田先勇	防灾科技学院
罗东梅	保山师范高等专科学校	汪　渺	贵州交通职业技术学院
罗富豪	贵州科技工程职业学院	汪一江	黄冈职业技术学院
罗国福	贵州航天职业技术学院	王德琴	贵州警官学院
罗永方	黔南民族职业技术学院	王德森	贵州航天职业技术学院
罗永梅	四川文理学院	王　凤	陕西国际商贸职业学院
罗雨天	北海宏源足球职业学院	王宁基	武汉生物工程学院

续表

姓　名	录取学校	姓　名	录取学校
罗玉平	贵州科技工程职业学院	王圣博	黄冈职业技术学院
骆勇科	贵州警官职业学院	王文斌	贵州电子信息职业技术学院
毛　媛	湖北国土资源职业学院	王　希	四川理工学院
牟仕华	重庆水利电力职业技术学院	王正梅	安顺职业技术学院
谢森银	贵州亚泰职业学院	吴寿莹	贵州亚泰职业学院
徐大艳	贵州航天职业技术学院	吴　涛	贵州电子信息职业技术学院
鄢成菊	四川工商职业技术学院	吴雪峰	云南能源职业技术学院
严国江	江西大宇职业技术学院	吴再兴	阿克苏职业技术学院
严　烨	湖南大众传媒职业技术学院	张　毅	四川化工职业技术学院
杨福辉	贵州交通职业技术学院	赵贵凤	贵州警官职业学院
杨国海	重庆水利电力职业技术学院	赵　建	广西工业职业技术学院
杨　洁	黔东南民族职业技术学院	赵久凤	石家庄外语翻译职业学院
杨　松	贵州轻工职业技术学院	赵萍兵	西京学院
叶世菊	贵州科技工程职业学院	周　平	贵阳学院
犹华俊	泸州职业技术学院	周英进	贵州交通职业技术学院
犹品军	甘肃工业职业技术学院	朱海清	黔南民族职业技术学院
游佳勇	山东商业职业技术学院	邹小林	贵州电子信息职业技术学院
袁太碧	沈阳工程学院	邹英霞	哈尔滨铁道职业技术学院
曾　理	黔南民族职业技术学院	朱德远	贵州师范大学求是学院
张超超	黔南民族职业技术学院	张国洪	贵州警官职业学院
张辅运	贵州科技工程职业学院	周万松	贵州警官职业学院
张文凯	黔南民族职业技术学院	刘仓伶	琼州学院
张小韦	广西水利电力职业技术学院	潘仁健	安顺学院
张　秀	铜仁职业技术学院	冉　念	黔南民族师范学院
张　雪	黔南民族职业技术学院	邓　衡	遵义师范学院
张文丹	贵州财经学院商务学院	何贤美	遵义师范学院
罗　璇	贵阳中医学院时珍学院	袁仁瑜	遵义医学院
戴铭霞	贵州财经学院商务学院	王　刚	遵义师范学院
罗婧妮	贵州师范大学求是学院	周贤进	遵义师范学院

续表

姓　名	录取学校	姓　名	录取学校
陶　雯	遵义医学院医学科技学院	张林彪	哈尔滨学院
王　娇	贵阳中医学院	王　莉	贵阳中医学院
徐明海	黔南民族师范学院	杨　松	遵义师范学院
黄培蓉	凯里学院	唐华涛	西安财经大学学院
吴欣颖	贵阳中医学院时珍学院	贺仕群	衡水学院
刘　锐	贵州财经学院商务学院	王友松	遵义师范学院
雷国棋	长沙理工大学城南学院	潘怡廷	黔南民族师范
商钲附	贵州民族学院人文科技学院	何　波	遵义师范学院
刘　余	贵阳中医学院时珍学院	王发兰	贵阳中医学院
刘明豪	海南大学三亚学院	张　洁	黔南民族师范学院
谢森云	贵州师范大学求是学院	谭德明	黔南民族师范学院
姚　瑶	贵州民族学院人文科技学院	张国凤	贵阳医学院
谢胜凯	海南大学三亚学院	杜明菊	黔南民族师范学院
李光兆	贵州民族学院人文科技学院	吴苍银	黔南民族师范学院
任安荣	黔南民族师范学院	李金艳	贵州师范大学六盘水学院
雷　睿	贵阳学院	商政通	贵州警官职业学院
卢锡洋	河南农业大学华豫学院	雷　丹	云南经济管理职业学院
胡宇佳	贵阳中医学院时珍学院	周　宽	贵州航天职业技术学院
杨　程	贵阳中医学院时珍学院	谭燕会	六盘水职业技术学院
黄原姣	西南大学育才学院	肖　庆	黔东南民族职业技术学院
严　涛	贵州师范大学求是学院	徐　松	黔东南民族职业技术学院
王　佳	贵州财经商务学院	万汸丽	泉州花光摄影艺术职业学院
卢泳沩	湖北民族学院科技学院	李长佳	广西城市职业学院
戴洪方	贵州师范大学求是学院	陈庆松	怀化职业技术学院
邓　婷	贵州大学科技学院	张　煜	江西赣江职业技术学院
王廷均	贵州电子信息职业技术学院	杨梅梅	贵州电力职业技术学院
张　杰	贵州航天职业技术学院	邓正发	黔西南民族职业技术学院

续表

姓　名	录取学校	姓　名	录取学校
严思炯	长沙环境保护职业技术学院	宋泽禄	黄冈职业技术学院
江济红	上饶职业技术学院	江培滔	遵义职业技术学院
王　镇	海口经济职业技术学院	王海燕	黔东南民族职业技术学院
钟　涛	毕节学院	毛小娇	黔南民族职业技术学院
朱章雁	黔南民族师范学院	张　燕	安顺学院
付德风	黔东南民族职业技术学院	苏　琴	黔南民族职业技术学院
田应中	黔东南民族职业技术学院	滕建飞	四川文理学院
代永静	广西职业技术学院	陈　瑾	贵阳学院
左春方	黔东南民族职业技术学院	吴成元	黔南民族职业技术学院
郑朝月	重庆海联职业技术学院	钟　芳	江西赣江职业技术学院
喻皇龙	遵义职业技术学院	张祖燕	黔南民族师范学院
董汉娟	黔南民族职业技术学院	罗云飞	陕西国际商贸职业学院
黄　松	贵阳学院	余　庆	郑州职业技术学院
熊　俊	贵州交通职业技术学院	胡春涛	潇湘职业学院
李　涛	黔南民族职业技术学	唐贞美	广西生态工程技术学院
王树鹏	遵义职业技术学院	蒋明娇	广西城市职业学院
费　翔	贵州警官职业学院	潘　鸿	黔南民族职业学院
刘洪果	山东杏林科技职业学院	陈历勋	广西建设职业技术学院
赵　雯	贵阳学院	周　跃	贵州警官职业学院
廖胡令	黔东南民族职业技术学院	梁正远	贵州交通职业技术学院
张　俊	黔西南民族职业技术学院	王欣怡	贵州轻工职业技术学院
姜朝仁	贵州警官职业学院	江显林	贵州电子信息职业技术学院
焦登琴	陕西国际商贸学院	肖　锋	宜宾职业技术学院
犹　瑾	长沙环境保护职业技术学院	刘尚林	六盘水专业技术学院
杨廷龙	贵州航天职业技术学院	曾令权	重庆正大软件职业技术学院
陈春琼	泉州华光摄影艺术职业学院	肖兴孟	辽宁广告职业学院

瓮安二中2007年高考录取名单

姓　名	录取学校	姓　名	录取学校
宋　诚	昆明理工大学	曾　杰	西南大学
黄乐天	国防科技大学	陈周思	北京交通大学
方中涛	贵州师范大学	王　滔	贵州大学
李昌健	贵州师范大学	王淇霖	西安电子科技大学
陈　方	贵州师范大学	张　文	贵州大学
宋永华	西南大学	张苏贵	贵州大学
张晓吉	贵州师范大学	罗亮涛	东北林业大学
龚桂云	华东师范大学	查远华	贵州大学
王朝阳	中国人民公安大学	陈　辉	贵州大学
毛国建	重庆邮电大学	陈乾坤	北京科技大学
罗成梅	西南大学	文德春	贵州大学
董　菲	西南大学	李登群	西北农科大学
陈体俊	贵州大学	雷永江	重庆交通大学
潘朝勇	贵州大学	詹　垒	上海大学
陈立发	中国矿业大学	张　建	贵州大学
姚仕明	湖南大学	李明秀	贵州大学
王义熙	南方医科大学	谢龙飞	贵州大学
代　松	武汉大学	侯柴扬	中央民族大学
陈　瑶	武汉理工大学	李　静	长安大学
何开玲	长安大学	王　娅	中央民族大学
廖梓燕	贵州大学	王真平	贵州大学
况泽明	电子科技大学	舒兴娇	中央民族大学
李孝军	中南大学	李祥芳	贵州大学
尹鹤翔	天津工业大学	冉应刚	西南交通大学
李大毅	天津工业大学	宋昆霖	大连大学
付　委	中北大学	刘朝远	河南科技大学
王大芸	广西大学	谢森琴	贵州师范大学
王　姗	广西大学	欧阳青	中国地质大学

续表

姓　名	录取学校	姓　名	录取学校
陈永霖	重庆邮电大学	陈昱霖	贵州大学
胡玖恒	贵州大学	李佳怡	贵州师范大学
卢　苇	贵州大学	田　珊	贵州师范大学
邓杰文	贵州大学	梁　俊	大连大学
国　旭	贵州大学	袁　维	华南热带农业大学
刘代兴	贵州大学	梁　毅	贵州大学
兰小兵	中国矿业大学	夏敏洁	中国地质大学
何沂金	中国海洋大学	吴遇前	贵州大学
周朝毅	贵州大学	杨汶锦	中国地质大学
刘　佳	山东大学（威海分校）	金祥强	西华大学
张婷菲	西北工业大学	田中贵	湖南科技大学
毛　雯	西南大学	贺体龙	大连交通大学
罗　茜	贵州大学	陈群吉	福州大学
王国琴	贵州大学	彭文程	贵州师范大学
何贤美	贵州大学	谢贵川	贵州师范大学
雷国棋	贵州大学	杨永丽	贵州师范大学
邓　衡	西北政法大学	韩小敏	贵州大学
陈佳运	海南大学	王娜娜	西南大学
李成建	贵州师范大学	杨勋竹	贵州师范大学
陈　佩	天津商业大学	唐国娅	广西师范大学
陈永碧	贵州师范大学	杨　波	华南热带农业大学
邓　阳	贵州师范大学	杨　涛	石河子大学
代后宏	青岛理工大学	聂兴文	石河子大学
张永禄	贵州大学	桂庆军	贵州大学
张　俊	贵州师范大学	陈洪琨	贵州大学
商正美	北方民族大学	肖　夏	中国地质大学
罗　凯	贵州师范大学	李妙忻	北京师范大学
杨铃婷	贵州师范大学	辛　然	贵州大学
王　颖	贵州师范大学	肖大涛	贵州大学

续表

姓　名	录取学校	姓　名	录取学校
周　硐	贵州师范大学	蒋潍操	贵州师范大学
袁　毅	贵州师范大学	毛海沣	贵州大学
何玉坤	贵州大学	冷罗成	贵州大学
罗正莲	贵州师范大学	田仁海	佳木斯大学
杨定权	贵州大学	袁仁英	贵州师范大学
廖根春	中国地质大学	陈立仙	贵州大学
罗　诚	贵州大学	黄　敏	贵州师范大学
聂坤鹏	贵州大学	顾　飞	贵州师范大学
刘　淦	重庆大学	王朝军	新疆农业大学
王靖娇	贵州师范大学	李　源	西北民族大学
罗　青	南华大学	杨　洋	贵州大学
田沁于	贵州师范大学	陈　龙	贵州大学
李云秋	贵州财经大学	吴凯红	贵州师范大学
王鹤飞	贵州师范大学	李恩梅	贵州师范大学
李成琪	重庆大学	徐明海	吉林农业大学
龙晓枫	贵州师范大学	王　刚	北方民族大学
李阳磊	贵州师范大学	杨　松	内蒙古民族大学
宁帝鑫	贵州大学	周　宽	贵州师范大学
潘佑静	贵州大学	邓钦匀	贵州师范大学
郭　杰	长沙理工大学	乔　滢	贵州大学
犹　红	贵州师范大学	刘汶梅	贵州财经学院
谭华毅	解放军电子工程学院	任　洁	贵州大学明德学院
田　波	贵阳学院	韦　杰	遵义医学院
刘　珊	贵阳学院	陈　杰	贵州中医学院
杨　飞	黔南师范学院	蒲海涛	贵州民族学院
张　雁	黔南师范学院	兰丽春	遵义医学院
宋　举	贵阳学院	朱小红	安顺学院
汪天华	陕西师范学院	黄龙海	安顺学院
周英恒	石家庄铁道学院	冯泽应	黔南师范学院

续表

姓　名	录取学校	姓　名	录取学校
刘　杰	安顺学院	刘乾勇	黔南师范学院
田先勇	贵州中医学院	张　隆	遵义医学院
龙文杰	黔南师范学院	何光丽	贵阳医学院
余向昆	黔南师范学院	宋泽钰	贵阳学院
殷德会	黔南师范学院	唐　静	贵阳学院
刘晓婷	黔南师范学院	熊竹婷	黔南师范学院
黄　山	贵阳医学院	张　立	黔南师范学院
杨　肖	遵义医学院	张　沥	贵州大学明德学院
陈昱竹	贵阳医学院	曾　黎	贵州中医学院
徐立文	贵州民族学院	马凯凯	黔南师范学院
刘文坤	贵阳医学院	郭　烬	黔南师范学院
蒋仁俊	贵阳学院	何家毅	黔南师范学院
杨昌平	黔南师范学院	严小欢	铜仁学院
张　璐	遵义医学院	陈会平	贵州民族学院
商　航	长春工程学院	肖大江	华北科技学院
穆贞越	贵州中医学院	宋赣劲	黔南师范学院
陈　刚	贵州大学明德学院	饶配瑜	黔南师范学院
商正远	贵阳医学院	龙　泳	贵阳医学院
梁　浩	黔南师范学院	闵秋明	贵州中医学院
樊俊江	贵州财经学院	任文婷	贵州财经学院
敖　灿	贵州大学明德	刘　恋	黔南师范学院
周远鹏	贵州民族学院	蒋文锋	黔南师范学院
曾俊林	贵州民族学院	陈思彤	贵州财经学院
刘　圣	遵义医学院	邱兴吉	贵州民族学院
王星力	桂林电子信息科技学院	杨丽纹	贵州民族学院
谭永波	华东交大理工学院	郑飞舟	贵阳学院
徐树红	贵阳医学院	张　维	贵州中医学院
张载湖	遵义医学院	王先菊	贵州民族学院
陈绍福	贵阳医学院	刘绍坤	安顺学院

续表

姓　名	录取学校	姓　名	录取学校
许　丹	毕节学院	李泽玉	遵义医学院
何　珍	大理学院	李作艳	贵阳医学院
李　涛	黔南师范学院	刘明刚	贵阳医学院
彭立明	伊犁师院	姚仕旭	昆明学院
王　飞	黔南师范学院	张　扬	贵州财经学院
王　莹	贵州大学明德学院	梁正霞	南阳师范学院
杨喻婷	贵州民族学院	罗钧祝	遵义师范学院
张新偎	贵州民族学院	商正菊	遵义师范学院
方　银	遵义医学院	张荣兵	湖南工程学院
顾德三	凯里学院	何剑华	贵州中医学院
聂万全	毕节学院	何洪枋	贵州中医学院
郑　涛	贵阳学院	商爱连	郑州轻工业学院
鞠国香	贵阳神奇学院	刘开美	黔南师范学院
李　淼	贵州财经学院	犹　涛	黔南师范学院
白国龙	遵义医学院	卢　建	黔南师范学院
黎奕舍	贵阳医学院	张再军	黔南师范学院
杨　红	贵州中医学院	王　涛	绍兴文理学院
于廷会	遵义医学院	李民建	贵州大学明德学院
杨　帆	贵阳医学院	黄钰淋	铜仁学院
何永丽	贵州财经学院	甘书孟	遵义医学院
骆弟焜	安阳工学院	余　磊	贵州民族学院
李小俊	安顺学院	杨正菊	贵阳医学院
王　红	遵义师范学院	李昕坤	贵州财经学院
朱远娇	遵义师范学院	毛　秋	凯里学院
王庆莉	河北中医学院	黄　琴	毕节学院
余克波	毕节学院	刘万贵	毕节学院
邓　岚	贵州财经学院	李　华	吉林建筑工程学院

续表

姓　名	录取学校	姓　名	录取学校
尹　洪	贵阳医学院	刘朝帅	辽宁科技大学
邹德庆	贵州中医学院	刘　菊	遵义师范学院
倪天旭	贵州中医学院	贺仕群	昆明学院
龙永姣	贵州中医学院	吴昌银	黔南师范学院
谢智远	贵阳学院	张启建	黔南师范学院
戎　鹏	贵阳学院	李长佳	黔南师范学院
田维锋	贵阳学院	林　石	贵州大学明德
李照月	贵州大学明德学院	赵先敏	铜仁学院
邱文韬	黔南师范学院	熊春艳	铜仁学院
朱秋实	黔南师范学院	袁　静	贵州中医学院
刘友松	黔南师范学院	何克芬	贵州中医学院
刘成昆	黔南师范学院	周婧婧	贵州财经学院
刘晓军	贵州大学明德学院	李　冽	贵州民族学院
柳　静	贵阳医学院	喻福梅	黔南师范学院
王小焜	铜仁学院	陈文超	贵州财经学院
孙雪佼	遵义医学院	冉义江	西安外事学院
夏晨效	贵州民族学院	张　毅	铜仁学院
黄益昆	华东交通理工学院	何沛佳	贵州民族学院
周　舟	湖北经济学院	陈光辉	贵州财经学院
邱红艳	北华航天工业学院	周贤进	防灾科技学院
李　庆	遵义医学院	张顺波	贵州财经学院
王洪梅	贵阳学院	田应中	钦州学院
魏　凤	黔南师范学院	赵　静	凯里学院
犹　陵	贵州大学明德学院	张　煜	遵义师范学院
杨正宏	贵州大学明德学院	刘　辉	黔南师范学院
杨秀宏	云南中医学院	严文勇	黔南师范学院

瓮安二中2008年高考录取名单

姓　名	录取学校	姓　名	录取学校
彭陈诚	重庆邮电大学	李跃敏	贵州师范大学
何　珍	北京师范大学	张　建	北京化工大学
徐　燕	贵州师范大学	包礼渊	北京理工大学
李跃敏	贵州师范大学	金华峰	长安大学
舒　娇	大连海事大学	犹和敏	东北大学秦皇岛分校
王义汉	山东大学威海分校	龙文杰	广西大学
张光云	西南交通大学	王明江	广西大学
王　顺	中国政法大学	陈思菊	贵州大学
吴怡霖	广西中医药大学	曾俊霖	贵州大学
郑　涛	贵州大学	李廷华	贵州大学
华朝显	贵州大学	宋贵海	贵州大学
帅文军	贵州大学	吕　健	贵州大学
陈明敏	贵州大学	左远凤	贵州大学
欧　义	贵州大学	王怀规	贵州大学
余向昆	贵州大学	文远梅	贵州大学
梁正娇	贵州大学	张洪军	贵州大学
张顺国	贵州大学	卢锡波	贵州大学
梁　毅	贵州大学	张　悦	华中科技大学
吕羚源	哈尔滨工业大学	李成勇	江苏科技大学
陈佳运	华北电力大学	王　龙	辽宁工程技术大学
陈体昌	华南理工大学	游镜湧	南京工业大学
万天林	华南农业大学	甘　杨	上海中医药大学
李　康	青岛理工大学	张华俊	上海中医药大学
侯禄祥	青岛理工大学	梁　浩	沈阳工业大学
杨光美	上海海事大学	徐顺安	沈阳建筑大学
陈　佩	上海海事大学	宋泽毅	同济大学
黄廷娅	西南大学	郑国辉	同济大学
刘　杰	四川大学	郑朝阳	武汉大学
路青瑜	四川农业大学	丁正发	武汉理工大学
胡代荣	天津医科大学	温光旭	西安理工大学

续表

姓 名	录取学校	姓 名	录取学校
黄 龙	西安电子科技大学	蒙德慈	西北大学
李祥芳	西安交通大学	张 洪	西北工业大学
黄 薇	西安理工大学	张宝博	延边大学
唐 静	西南大学	谭胜伦	浙江工业大学
石小晗	西南大学	李明亮	中北大学
犹昌贵	西南交通大学	郑飞舟	中国地质大学
潘兴芸	西南民族大学	张 烨	重庆大学
徐建明	中国石油大学	兰定芬	重庆大学
宋泽钰	中南大学	罗 林	重庆交通大学
唐高筑	中南大学	付 云	重庆交通大学
冯泽应	重庆大学	夏 岚	贵州大学
王 琴	重庆邮电大学	朱国宁	贵州大学
张 梅	贵州大学	潘宥全	贵州大学
熊铧龙	贵州大学	王 飞	贵州师范大学
周丽娜	贵州大学	胡远飞	贵州师范大学
黎汶妮	贵州大学	何 燕	贵州师范大学
蒋文锌	贵州师范大学	吕启权	青海大学
程 莹	贵州师范大学	王吉利	广东海洋大学
贺仕群	天津师范大学	冷增辉	广东海洋大学
彭立明	新疆师范大学	石 静	大连大学
邱 丹	渤海大学	谭永波	贵州大学
杨朝林	东华理工大学	刘乾勇	贵州师范大学
肖兴喜	贵州大学	安 馨	贵州师范大学
刘 冰	贵州师范大学	彭芳坪	贵州师范大学
娄金亮	贵州师范大学	陈 丹	贵州师范大学
何松玥	贵州师范大学	马光分	贵州师范大学
史桂先	贵州师范大学	邓 龙	黑龙江大学
徐世强	贵州师范大学	张先忠	黑龙江大学
彭 龙	贵州师范大学	刘 刚	湖南农业大学
陈庆醇	哈尔滨商业大学	王之华	湖南中医药大学
游佳勇	海南大学	方 梅	聊城大学

续表

姓　名	录取学校	姓　名	录取学校
赵泽海	江汉大学	钟　蕊	鲁东大学
王兴隆	辽宁科技大学	张同洋	内蒙古师范大学
袁代青	辽宁石油化工大学	杨胜万	南京邮电大学
宋赣江	辽宁石油化工大学	康建华	石河子大学
吴　峰	齐齐哈尔大学	尹听听	石河子大学
余伯江	青海大学	贺体龙	天津科技大学
卢　亮	山东理工大学	张家禹	天津师范大学
陈　东	上海第二工业大学	胡朝春	天津中医药大学
王正宏	沈阳大学	包文勇	五邑大学
王朝立	沈阳师范大学	韩小敏	重庆工商大学
宋泽星	西北民族大学	罗　婷	重庆工商大学
王　燕	烟台大学	李　凤	广西师范大学
胡　莹	浙江中医药大学	刘怡霖	贵阳学院
余克波	重庆工商大学	张　露	凯里学院
聂　东	绵阳师范学院	冯德松	黔南民族师范学院
蔡　青	黔南民族师范学院	何佩清	黔南民族师范学院
张永敏	铜仁学院	陈姜洪	遵义医学院
沈洪梅	毕节学院	肖于东	黔南民族师范学院
张　英	湖北师范学院	胡远丽	黔南民族师范学院
陈历勋	凯里学院	何金桂	黔南民族师范学院
肖启友	兰州商学院	闵　芳	黔南民族师范学院
汪天林	茂名学院	宋泽菊	黔南民族师范学院
曾　飞	黔南民族师范学院	韩　松	黔南民族师范学院
张银清	黔南民族师范学院	金　华	山东财政学院
李小艳	黔南民族师范学院	夏开芳	铜仁学院
刘文会	黔南民族师范学院	龚　颖	北京印刷学院
王成兵	铜仁学院	魏兴定	长春工程学院
朱　刚	潍坊学院	陈　明	长春工程学院
杨秀敏	咸宁学院	邓永茂	长春工程学院
邓文琴	安顺学院	潘昱龙	德州学院
赵泽龙	长治学院	骆弟焜	中国计量学院

续表

姓　名	录取学校	姓　名	录取学校
徐世仙	成都信息工程学院	王贵锌	广东金融学院
董思林	大理学院	汪　涛	广东药学院
卢荣杰	大连民族学院	谢　会	贵阳医学院
朱晓芳	广西工学院	卢青松	贵阳医学院
杨君礼	贵阳学院	牟　彪	贵阳医学院
李家琼	贵阳学院	殷德会	贵阳医学院
扬明霞	贵阳医学院	王　义	贵阳中医学院
张治泽	贵阳医学院	何　英	贵州财经学院
何荣飞	贵阳医学院	杨　安	贵州财经学院
陈洪安	贵阳医学院	吴让宇	贵州民族学院
吴亚丽	贵阳中医学院	王章俊	湖北中药大学
张　镖	贵州民族学院	张蜀娟	湖南城市学院
简胜洪	黑龙江科技学院	唐世勇	湖南科技学院
吴玉洪	黑龙江科技学院	何　海	湖南商学院
任松远	湖北中医药大学	张　霞	凯里学院
卢　维	惠州学院	黄　枫	临沂师范学院
肖　玲	惠州学院	张钰狄	黔南民族师范学院
赵晓旭	嘉应学院	宋晓琳	黔南民族师范学院
肖远成	嘉应学院	张永波	黔南民族师范学院
杨钰洁	黔南民族师范学院	李兴智	黔南民族师范学院
李　军	黔南民族师范学院	颜国军	黔南民族师范学院
李先榜	黔南民族师范学院	黄军强	黔南民族师范学院
张国艳	黔南民族师范学院	何友伟	黔南民族师范学院
唐忠飞	黔南民族师范学院	陈昌红	山东工商学院
杨昌荣	黔南民族师范学院	刘黔川	山东工商学院
夏贵菊	黔南民族师范学院	李星潞	山东工商学院
马光敏	黔南民族师范学院	陈胖银	铜仁学院
李义芳	台州学院	聂兴霞	渭南师范学院
张龙刚	泰山学院	李　渊	肇庆学院
范富娟	天津城市建设学院	陈　俊	遵义师范学院
周小吉	天津城市建设学院	兰远霞	黔南民族师范学院
赵　飞	遵义师范学院	田维美	遵义医学院

瓮安二中2009年高考录取名单

姓　名	录取学校	姓　名	录取学校
杨　欢	中山大学	宋江福	贵州大学
王正顺	国防科学技术大学	潘明帅	天津医科大学
李乔乔	青岛大学	李秀龙	江苏大学
王玖金	第二炮兵工程学院	蒙德首	合肥工业大学
何玉梅	北京中医药大学	王正宏	陕西科技大学
兰成全	宁波大学	吴　垚	中山大学
邓咏桔	长安大学	兰付秋	贵州大学
况忠超	中南大学	谢谋兵	贵州大学
曹娅麟	四川大学	蔡传斌	中南大学
田维超	哈尔滨工业大学	张靖林	北京师范大学
犹　阳	同济大学	龚桂源	中国地质大学
陈露平	东南大学	朱　丹	北京科技大学
郭应平	重庆交通大学	邓　涛	贵州大学
付　勇	北京中医药大学	陈永福	辽宁工程技师大学
犹昌春	贵州大学	王贵锌	上海金融学院
胡章义	贵州大学	王章俊	贵州大学
尹　存	电子科技大学	罗亮涛	北京航空航天大学
周　航	北京理工大学	汪勣耀	贵州大学
陈仕松	沈阳工业大学	王宋颖	北京中医药大学
李　波	贵州大学	夏文书	华东师范大学
余代娣	西南民族大学	宋启坤	上海大学
张兴江	中国地质大学	邱长福	四川大学
田祖丽	沈阳工业大学	杨朝林	华南农业大学
王　琴	北京师范大学	王正友	海南大学
蒋树清	贵州大学	刘朝帅	沈阳工业大学
王　梅	贵州大学	许　丹	陕西师范大学
王　倩	天津工业大学	张永成	贵州大学
杨　松	贵州大学	张昌福	合肥工业大学

续表

姓　名	录取学校	姓　名	录取学校
杨　芳	西南大学	付均义	内蒙古大学
林国冲	中国地质大学	姜　福	中国地质大学
彭　娇	中国计量学院	漆　春	合肥工业大学
刘坤云	贵州大学	余昌发	合肥工业大学
林　非	贵州大学	尚明燕	西南民族大学
马光银	武汉科技大学	詹崇波	长安大学
王庆华	贵州大学	杜洪伟	北京师范大学
彭　隆	贵州大学	童玖鑫	西北农林科技大学
张光云	中山大学	金方廷	贵州大学
马　超	辽宁大学	罗贵方	贵州大学
汪天林	青岛大学	李燕君	贵州大学
高邓琴	贵州大学	王晓帆	贵州大学
王永龙	贵州师范大学	黄　显	云南财经大学
范雯滔	重庆邮电大学	尹　乐	西安石油大学
刘　浪	贵州师范大学	董贤平	上海第二工业大学
宋京松	贵州师范大学	黄　勇	贵州师范大学
吴承茂	齐齐哈尔大学	黄绍松	河北理工大学
付云荣	重庆理工大学	郭永江	大连交通大学
李小艺	贵州师范大学	张　春	江西农业大学
梁明安	哈尔滨理工大学	张　进	贵州师范大学
王立军	贵州大学	张连科	兰州交通大学
杨　圣	贵州大学	潘朝霞	江汉大学
熊　宇	井冈山大学	陈扬丽	贵州师范大学
吴飞飞	西安工程大学	张海国	重庆医科大学
左德元	烟台大学	杨再春	贵州师范大学
黄贤欧	沈阳航空工业大学	杨　丽	海南师范大学
杨小珊	内蒙古民族大学	李俊良	内蒙古科技大学
邓　美	贵州师范大学	李文琴	江西师范大学
陈轩美	湖南中医药大学	蔺学敏	烟台大学

续表

姓　名	录取学校	姓　名	录取学校
徐彩云	贵州师范大学	何大琴	东华理工大学
王人杰	贵州师范大学	刘建涛	毕节学院
蔡泽红	毕节学院	杨　柳	贵州财经学院
方门艳	贵州民族学院	向　珊	绵阳师范学院
卢红霖	黔南民族师范学院	潘朝波	凯里学院
徐凤汶	贵州财经学院	姜　霞	贵阳学院
胡　悦	毕业学院	刘建敏	黔南民族师范学院
李继森	毕节学院	陈绍琴	贵阳医学院
敖松海	黔南民族师范学院	王玖芹	黔南民族师范学院
付　敏	毕节学院	周　香	潍坊医学院
邓　丹	毕节学院	王启敏	凯里学院
贾淋淞	黔南民族师范学院	吴永洪	贵州民族学院
李登江	凯里学院	向占敏	贵州财经学院
刘成红	遵义医学院	肖兴翠	贵州师范学院
马洪辛	黔南民族师范学院	余　婷	黔南民族师范学院
袁　丹	黔南民族师范学院	王　琴	广东医学院
张仙雨	贵州财经学院	罗春花	海南医学院
周辱司	贵州财经学院	王顺波	黔南民族师范学院
杨兴坤	成都信息工程学院	戴铭西	黔南民族师范学院
徐　东	贵州财经学院	熊　英	毕节学院
郭仕维	黔南民族师范学院	李春秋	黔南民族师范学院
晏乐敏	黔南民族师范学院	兰家尧	贵阳学院
聂万雪	辽宁科技大学	罗忠炎	上饶师范学校
江西华	台州学院	贾淋淞	黔南民族师范学院
李登江	凯里学院	杨双飞	华北水利水电学院
唐顺坤	贵阳医学院	王安平	湛江师范学院
王仕洪	毕节学院	段林林	遵义医学院
朱仕保	贵阳师范学院	罗冬梅	天津农学院
程　娇	黔南民族师范学院	雷晓波	遵义医学院

续表

姓 名	录取学校	姓 名	录取学校
刘成刚	沈阳航空工业学院	冷继远	贵州财经学院
苟坤美	黔南民族师范学院	李 红	贵州民族学院
胡利会	铜仁学院	李华伦	六盘水师范学院
李永吉	安顺学院	唐书川	铜仁学院
彭云彩	贵州财经学院	兰永兴	华北科技学院
商 松	黔南民族师范学院	况月飞	安顺学院
商婷婷	湖北第二师范学院	张凤鑫	贵州财经学院
汪天祥	黔南民族师范学院	李秀云	贵阳学院
曾令娇	贵阳医学院	兰国香	三明学院
徐国凤	黔南民族师范学院	冷朝兴	安阳工学院
张顺梅	黔南民族师范学院	袁方林	黔南民族师范学院
王 洪	贵阳学院	熊兴奉	黔南民族师范学院
任远奎	东莞理工学院	陈 方	漳州师范学院
何松莉	黔南民族师范学院	谢维贵	盐城工学院
李恩坤	贵州财经学院	李松军	遵义师范学院
吴飞宏	渭南师范学院	田景发	贵阳学院
丰 雨	遵义医学院	张 进	贵阳医学院
梁 敏	黔南民族师范学院	韩 洋	山东工商学院
谭华田	沈阳航空工业学院	刘 涛	太原工业学院
邓 毅	毕节学院	罗永亚	黔南民族师范学院
李昌进	铜仁学院	梅利那	淮海工学院
张 昆	黔南民族师范学院	骆弟波	辽宁科技学院
彭方梅	贵州财经学院	刘文昌	黔南民族师范学院
李 超	福建工程学院	陈洋名	贵阳医学院
周 涛	黔南民族师范学院	柏正梅	遵义医学院
陈登武	黑龙江科技学院	李 露	兴义民族师范学院
杨策钦	贵阳医学院	袁祥波	贵州财经学院
张兴容	凯里学院	杜天才	黔南民族师范学院
田 澄	铜仁学院	朱明凤	铜仁学院

续表

姓 名	录取学校	姓 名	录取学校
胡景涛	黔南民族师范学院	刘 冬	安顺学院
黄 玲	黔南民族师范学院	何小芬	黔南民族师范学院
袁飞雪	黔南民族师范学院	游廷廷	黔南民族师范学院
莫杨黛诗	贵阳民族学院	唐书元	贵州师范学院
罗来绿	铜仁学院	沈亚莉	长春师范学院
赵玉娇	遵义师范学院	姚中敏	毕节学院
瞿琳珊	鞍山师范学院	宋江玲	湖北师范学院
罗永琴	华北科技学院	朱春海	六盘水师范学院
金祖莲	黔南民族师范学院	李树勇	黔南民族师范学院
欧大芳	贵阳中医学院	张尧嘉	黔南民族师范学院
郭世炜	大理学院	黎 丽	莆田学院
蔡昌静	长春师范学院	李松俊	景德镇陶瓷学院
毛正春	黔南民族师范学院	苏贤凤	绍兴文理学院
周小勇	铜仁学院	李娇娇	黔南民族师范学院
唐洪丽	贵州民族学院	杨永凤	黔南民族师范学院
郑 芳	贵阳中医学院	彭明海	贵州民族学院

瓮安二中2010年高考录取名单

姓 名	录取学校	姓 名	录取学校
蒋福科	中国民航大学	张 静	中国药科大学
罗建江	国防科学技术大学	杨富俊	同济大学
陈明凤	华东师范大学	陈佳胜	山东大学
樊芝琴	陕西师范大学	罗大军	天津工业大学
罗 勇	中国青年政治学院	秦昌林	中国民航大学
邓 勇	中国地质大学（北京）	王乾飞	贵州大学
陈仲香	中国药科大学	杨 艳	哈尔滨医科大学
刘 健	武汉大学	王 顺	中央财经大学
杨双飞	武汉大学	刘朝云	沈阳建筑大学

续表

姓　名	录取学校	姓　名	录取学校
王基江	南京大学	方　信	辽宁工程技术大学
罗成洁	武汉理工大学	郭贵勇	西南交通大学
丁群艳	天津外国语大学	周　渝	贵州大学
陈　丰	江苏科技大学	刘金花	贵州大学
况　茜	华南农业大学	杨秀松	贵州大学
李朝阳	哈尔滨工业大学	李子蝶	中南大学
黎仕秋	贵州大学	余克奇	贵州大学
唐无双	贵州大学	蔡忠成	贵州大学
沈永彩	南昌大学	曹兴阳	大连医科大学
杨　浩	海军工程大学	宋　伟	南京理工大学
郑开国	海军航空工程学院	黄守坤	贵州大学（农林类）
冷红香	广州中医药大学	刘先友	沈阳工业大学
刘宪辉	贵州大学	周旺泽	贵州大学
张如举	贵州大学（定向）	汪　泳	贵州大学
张　建	武汉大学	张靖林	中国计量学院
李籽潼	贵州大学	张文博	电子科技大学
梁正琴	河南科技大学	王文春	贵州大学
曹娅麟	中山大学	王贵梓	西南财经大学
杨晓建	贵州大学	贺成栋	中国矿业大学
付　勇	广州中医药大学	林　波	西南大学
刘文昌	贵州大学（定向）	万敏东	河海大学
吴举茂	北京科技大学	邱　庆	哈尔滨工业大学
邓　平	中国海洋大学	江济涛	华南理工大学
卢增珍	天津中医药大学	柏光明	广州中医药大学
李杨芳	西南政法大学	方　雪	贵州大学
陈盼连	青岛大学	胡志海	贵州大学
邓　丹	温州医学院	熊　宇	贵州大学
肖定武	贵州大学	伍峻杉	石家庄铁道学院
陈　垚	贵州大学	王玖芹	贵州大学（农林类）

续表

姓　名	录取学校	姓　名	录取学校
梁大杰	华南大学	李映霖	中国刑事警察学院
冷登发	中国地质大学（北京）	张　波	西南大学（荣昌校区）
周梦璇	天津科技大学	徐　燕	西南交通大学
刘云豪	贵州师范大学	吴　慧	贵州师范大学
黄　娟	贵州师范大学	张园园	贵州师范大学
丁万波	齐齐哈尔大学	张　航	齐齐哈尔大学
张　波	石河子大学	金　伟	石河子大学
罗　云	广西师范大学	肖时福	贵州大学
瞿琳珊	湘潭大学	郑国玉	湖北师范学院
雷剑红	兰州理工大学	蒋小萍	广西师范大学
肖德艺	西南大学（荣昌校区）	马　俊	武汉工程大学
吴忠友	西南大学（荣昌校区）	吴小松	贵州师范大学
孙雅文	太原科技大学	李智鑫	贵州大学
王　霖	重庆理工大学	李　俊	北华大学
骆弟松	贵州师范大学	卢　敏	贵州师范大学
谭光明	佳木斯大学	苏　会	贵州民族大学
吴金文	武汉纺织大学	欧　娅	贵州师范大学
黄　超	贵州大学	倪帮霞	重庆工商大学
周铃浩	天津理工大学	商　舰	华南理工大学
方　明	河南科技大学	徐　畅	贵州师范大学
张　亚	天津师范大学	况伶丽	齐齐哈尔大学
肖青松	贵州大学	简春燕	天津科技大学
徐承毕	辽宁石油化工大学	兰玉海	沈阳航空航天大学
毛正飞	桂林理工大学	王　尧	河南科技学院
杨　海	贵州财经学院	李天群	黔南民族师范学院
陈　燕	贵州财经学院	陈常燕	黔南民族师范学院
伍　霏	贵阳医学院	施家珊	黔南民族师范学院
商琳孟	黔南民族师范学院	王才琴	黔南民族师范学院
袁晓帆	铜仁学院	黄海洪	湖南人文科技学院

续表

姓　名	录取学校	姓　名	录取学校
李家雷	绍兴文理学院	范兴海	贵州师范学院
付均六	遵义医学院（珠海校区）	曾　及	重庆三峡学院
何天福	六盘水师范学院	龚　雪	凯里学院
吕　富	湖南工学院	吴　婷	凯里学院
杨　峰	毕节学院	谢　海	黔南民族师范学院
蒋俊华	贵阳中医学院	余　勇	铜仁学院
王照霞	哈尔滨金融学院	潘　丽	六盘水师范学院
黎吉胤	淮阴工学院	饶梦云	昆明学院
马柏树	遵义师范学院	余　悦	大连外国语学院
黄碧智	黑龙江科技学院	冯铭韵	上海电力学院
李肇欣	贵州民族学院	于祥波	安顺学院
方　梅	黔南民族师范学院	黄　华	兴义民族师范学院
黎　睿	黔南民族师范学院	欧阳大娟	兴义民族师范学院
杨青潭	凯里学院	宋林潼	昆明医学院
李兴隆	北京城市学院	万朝凯	凯里学院
高兴凯	铜仁学院	罗　英	安顺学院
徐国兴	黔南民族师范学院	涂　勇	齐齐哈尔学院
安　丽	毕节学院	陈德奎	黔南民族师范学院
陈光霞	铜仁学院	代亨材	黔南民族师范学院
黄　魏	凯里学院	张宇刚	安顺学院
周　杨	黔南民族师范学院	钟小坤	六盘水师范学院
王振会	安顺学院	聂福方	铜仁学院
熊国娟	凯里学院	袁小娟	南阳理工学院
侯永梅	凯里学院	宋居艳	贵阳中医学院
张秋宇	凯里学院	周　坤	兴义民族师范学院
陈　林	黔南民族师范学院	覃　龙	琼州学院
胡益辉	黔南民族师范学院	黄前程	宝鸡文理学院
田维刚	铜仁学院	王文富	毕节学院
许祥菊	凯里学院	兰富未	凯里学院

续表

姓名	录取学校	姓名	录取学校
冯　群	黔南民族师范学院	汪　艳	凯里学院
龙光伟	黔南民族师范学院	王　盛	贵阳医学院
卢锡莲	凯里学院	林传富	湖北第二师范学院
余天福	铜仁学院	池　亮	黔南民族师范学院
肖荣芳	黔南民族师范学院	李龙义	安顺学院
赵远娅	贵州师范学院	韩伶俐	安顺学院
兰丽杰	黔南民族师范学院	卢永发	铜仁学院
余童军	孝感学院	张治中	黔南民族师范学院
李　露	凯里学院	古远建	遵义师范学院
周　涛	湖南城市学院	严森芳	毕节学院
邓安梅	六盘水师范学院	田　洋	贵阳中医学院
冉　旭	六盘水师范学院	陈绍琴	贵州民族学院
涂　强	浙江海洋学院	王之林	南阳理工学院
陈　淋	黔南民族师范学院	王　银	安顺学院
谢志菊	黔南民族师范学院	卢留飞	江苏技术师范学院
梁　虎	贵阳学院	张乾红	贵州财经学院
盛　强	贵阳学院	任道伟	毕节学院
宋启东	惠州学院	张　军	贵阳医学院
陈佳庆	绥化学院	曹福江	毕节学院
刘保青	贵阳医学院	刘　秀	黔南民族师范学院
倪长宇	韶关学院	张　露	毕节学院
幸小娟	长春学院	陈朝宇	凯里学院
徐　娇	凯里学院	蔡　琴	铜仁学院
陈昱宏	长春工程学院	吴　藜	遵义师范学院
邓国俊	建立建筑工程学院	宋贵恒	天津城市建设学院
唐　霞	遵义医学院	袁成武	上海应用技术学院
李昌进	大庆师范学院	谭光杰	贵州师范学院

续表

姓　名	录取学校	姓　名	录取学校
何泳松	淮海工学院	况　特	仲恺农业工程学院
黄永波	兴义民族师范学院	王　敏	贵州财经学院
刘　刚	贵阳医学院	金祖云	贵州民族学院
李子兵	贵阳医学院	龚　倩	黔南民族师范学院
赵　霞	毕节学院	董　炬	黔南民族师范学院
张　进	广东医学院	刘　扬	西昌学院
刘　璇	广东医学院	舒馨五	安顺学院
张杨洋	遵义师范学院	周虹伶	贵州民族学院
李春燕	琼州学院	石远娇	湛江师范学院
姚　娇	黔南民族师范学院	费萱立	浙江万里学院
罗来绿	黔南民族师范学院	张天瑶	贵阳医学院神奇民族学院
王玉霞	黔南民族师范学院	吴杰鑫	贵州大学明德学院
罗玉碧	黔南民族师范学院	张　伟	云南师范大学商学院
席嘉涌	华中农业大学楚天学院	梁正琴	南华大学船山学院
徐　瑶	遵义医学科技学院	王　曦	贵州师范大学求是学院
舒星溱	重庆工商大学派斯学院	陈坤涛	西安欧亚学院
桂永念	贵阳医学院时珍学院	杨　龙	贵州大学明德学院
邓良凤	重庆师范大学涉外商贸学院	王祯林	西京学院
王　东	贵州民族学院人文科技学院	杨　婷	南昌理工学院
杨圣崇	贵州民族学院科技学院	江　芳	贵州民族学院科技学院
张柱林	贵州大学明德学院	况　荀	四川师范大学成都学院
蒋丞坤	贵州财经学院商务学院	宋维维	贵州师范大学求是学院
周　娇	陕西国际商贸学院	唐书焕	贵州大学科技学院
张　敏	贵州民族学院人文科技学院	陈禹帆	贵州大学明德学院
杨光瑾	贵阳医学院时珍学院	张　坤	西安外事学院
王治飞	贵州财经学院商务学院	曾仲韦	贵阳医学院神奇民族医学院
陈　涛	中国地质大学长城学院	陈登印	江西蓝天学院

续表

姓　名	录取学校	姓　名	录取学校
石　丹	西安外事学院	陈林艳	海口经济学院
涂　琴	贵阳医学院神奇民族医学院	廖　丹	华东交通大学理工学院
王章运	四川师范大学成都学院	尹洪龙	贵州师范大学求是学院
周雪梅	贵州大学科技学院	都昱含	西安欧亚学院
李福琴	贵阳中医学院时珍学院	胡琼心	贵阳财经学院商务学院
况仕秀	北京科技大学天津学院	谢杨阳	江西师范大学科学技术学院
宋丹丹	贵州师范大学求是学院	罗茂明	贵阳中医学院时珍学院
谢　诚	贵州师范大学求是学院	韦杨坤	贵州大学明德学院
张学彬	贵州民族学院人文科技学院	丰　宁	贵州财经学院
向正坤	成都理工大学工程技术学院	王　贤	吉林动画学院
杨文竹	西安科技大学高新学院	蒲云娇	贵州师范大学求是学院
秦　念	贵阳医学院神奇民族医学院	张　龙	贵阳中医学院时珍学院
张卯丹	贵州财经商务学院	龚桂国	北京城市学院
唐永刚	西安科技大学高新学院	胡　绪	武汉工业学院工商学院
王朝蓉	贵阳医学院神奇民族医学院	易金娥	贵州师范大学求是学院
田丹丹	西安欧亚学院	卜　炜	贵州师范大学求是学院
吴奉桂	华东交通大学理工学院	冉海波	中国地质大学城市学院
邹　娟	贵州民族学院科技学院	文晓丽	陕西国际商贸学院
李中敏	贵阳中医学院时珍学院	贾朝娟	遵义医学院科技学院
晏楠清	贵阳学院	吴　旭	黑河学院
沈富琴	牡丹江医学院	谢万芳	贵阳学院
蔡文娇	上海商学院	田　莉	湖北经济学院
施力匀	河北科技师范学院	杨　光	后勤工程学院
柏　薇	惠州学院	彭隆俊	贵州师范大学求是学院
柏光会	浙江传媒学院	石　鑫	贵州民族学院人文科技学院
彭　静	贵州民族学院人文科技学院		

瓮安二中2011年高考录取名单

姓　名	录取学校	姓　名	录取学校
杨　丹	北京师范大学	曹小龙	中国计量学院
张小霞	西南大学	柏光会	中国计量学院
蔡忠成	中国青年政治学院	汪　力	安徽财经大学
刘　江	电子工程学院	李兴隆	安徽理工大学
李少阳	上海海事大学	赵显东	北京交通大学
况　荀	贵州师范大学	邵　晨	北京交通大学
杨忠福	西南大学	丁福坤	大连交通大学
张兴泉	西南大学	何　曦	大连理工大学
谭宁财	北京科技大学	刘　健	复旦大学
李昌进	天津工业大学	聂沧禹	华北电力大学（保定）
梁　勇	天津工业大学	杨双飞	华北电力大学（北京）
聂楷文	天津工业大学	夏单城	华北电力大学（北京）
张德美	西南林业大学	张鸿鑫	华东理工大学
李中伟	安徽工业大学	王文鑫	江苏科技大学
兰代超	长安大学	梁　彪	南京大学
李松江	重庆交通大学	宋居诚	南京工业大学
黄　程	重庆交通大学	刘兴亮	南京工业大学
余德梭	重庆交通大学	王　莉	宁夏大学
潘　媛	重庆交通大学	陈崇瑛	山东大学
王春华	贵州大学（定向）	陈　梅	上海海事大学
唐　皓	湖南科技大学	宋方涛	沈阳工业大学
杨铁江	江苏大学	许子富	沈阳工业大学
陈荣敏	江苏大学	王振凤	天津外国语大学
杨宪辉	南京航空航天大学	李青璨	中南林业科技大学
古远虹	西南财经大学	刘彦飞	中南林业科技大学
帅　琪	西南财经大学	舒　辉	安徽大学
张正丽	西南民族大学	孙丽飞	青岛科技大学
孙　藤	西南民族大学	杨昕维	成都理工大学

续表

姓　名	录取学校	姓　名	录取学校
刘曦谣	西南民族大学	周洪春	哈尔滨医科大学
何仕星	中国地质大学（武汉）	张春妮	哈尔滨医科大学
陈显伟	中国刑事警察学院	李天群	河海大学
吴　宏	东北大学	贺成洋	华侨大学
黎　睿	华南农业大学	李忠静	南京邮电大学
刘永富	华南农业大学	何志茹	上海理工大学
陈文健	中国矿业大学	丁登志	上海理工大学
刘金花	大连医科大学	包文江	上海理工大学
蔡国恩	东北石油大学	宋保来	四川大学
张　波	东北石油大学	潘明帅	四川大学
黎　丹	海南大学	彭　杰	天津医科大学
冉佳佳	海南大学	王德超	武汉大学
陈永明	吉林大学	杨双喜	武汉大学
丁本珊	辽宁大学	华　庚	西安电子科技大学
张天兰	南华大学	邓朝江	西安电子科技大学
赵显波	沈阳建筑大学	周　丽	西昌学院
杜丽鹏	沈阳建筑大学	孙雅文	西南政法大学
王显峰	燕山大学	王　顺	浙江大学
李秀恒	扬州大学	谭永峰	中国民航大学
王韵含	贵州大学	唐忠维	中国石油大学（华东）
龚　雪	贵州大学	汤　松	兰州交通大学
池　亮	贵州大学	徐晓欢	陕西科技大学
何桥友	贵州大学	刘　静	重庆工商大学
蒋俊华	贵州大学	郭光会	哈尔滨商业大学
陈　旭	贵州大学	赵　敏	河南科技大学
谢锦波	贵州大学	汪　凯	河南科技大学
赵六豪	贵州大学	梁明坤	辽宁石油化工大学
李志文	贵州大学	张　伟	辽宁石油化工大学
张永家	贵州大学	盛中元	齐齐哈尔大学

续表

姓　名	录取学校	姓　名	录取学校
尹　香	贵州大学	陈徉霖	天津职业技术师范大学
杨　艳	贵州大学	杨先华	西安石油大学
张光俊	贵州大学	陈家燕	佳木斯大学
娄伦江	贵州大学	周　舟	四川农业大学
田维刚	贵州大学	金　伟	西安科技大学
骆科鹏	贵州大学	王远东	重庆理工大学
黄诗云	贵州大学	汪　艳	重庆师范大学
杨顺军	贵州大学	黄　超	重庆邮电大学
龚天良	贵州大学	杨光敏	贵州师范大学
彭金林	贵州大学	姚忠雨	贵州师范大学
向　超	贵州大学	张顺艳	贵州师范大学
甘　迟	贵州大学	江　琴	海南师范大学
王泓烨	贵州大学	况时霞	海南师范大学
黄顺利	贵州大学	尚洪英	河北师范大学
肖华维	贵州大学	吴登梅	湖北中医药大学
李守伟	贵州大学	周　静	湖南科技大学
杨　欢	贵州大学	梁大海	湖南农业大学
余朝水	贵州大学（农林类）	王宗立	上海师范大学
柏小丹	贵州大学（农林类）	沈永远	沈阳航空航天大学
魏传凌	贵州大学（农林类）	许祥虎	五邑大学
赵永超	贵州大学（农林类）	白　东	烟台大学
吴　旭	杭州电子科技大学	张俊杰	山东科技大学
张　俊	山西农业大学	黄　晶	山东科技大学
李朝文	上海海洋大学	宋方祥	沈阳化工大学
何　宝	天津商业大学	杨顺科	温州大学
兰贵均	天津商业大学	江红易	西北民族大学
曾婷婷	天津商业大学	王　均	云南财经大学
陈先俊	中南林业科技大学	李　云	大连工业大学
况仕秀	福建中医药大学	杨青松	河北工程大学

续表

姓名	录取学校	姓名	录取学校
向贰君	贵州师范大学	郑富津	河北工程大学
彭　玲	贵州师范大学	周子杨	山东建筑大学
肖　满	贵州师范大学	甘良建	石河子大学
施昌梅	贵州师范大学	赵远群	西南大学（荣昌校区）
黄益萱	贵州师范大学	周玄红	成都理工大学
宋干东	贵州师范大学	何国丹	大连大学
卢银丽	贵州师范大学	张　娜	海南大学
刘　斌	贵州师范大学	丁万波	北华大学
欧阳大娟	贵州师范大学	李明燕	北华大学
张鸿娥	贵州师范大学	文贤松	昆明理工大学
付　艺	贵州师范大学	余家洋	贵州大学
邓安菊	贵州师范大学	兰绍琴	天津师范大学
龙成伟	贵州师范大学	白明菊	南昌大学
敖德春	贵州师范大学	陈　维	南昌大学
蒋松青	北京联合大学	王正平	开封大学
饶烨菡	重庆师范大学	张才明	开封大学
冯　义	天津商业大学	汪　秀	上海中医药大学
张　玄	贵州大学	李　静	上海中医药大学
陈　义	贵州大学	杨贵珍	武汉工程大学
贺礼健	贵州大学	柴立娜	贵州大学
李刚燕	贵州大学	宋　燕	贵州大学
卢俊宏	贵州大学	陈　丽	贵州大学
刘支进	贵州大学	石冬梅	贵州师范大学
姚　坤	贵州大学	宋　飞	贵州师范大学
吴永菲	贵州大学	王永贵	贵州师范大学
赵河顺	贵州大学	唐建梅	贵州师范大学
刘书成	贵州大学	宋江飞	贵州师范大学
张　和	沈阳药科大学	谢生杰	贵州师范大学
兰中朝	沈阳药科大学	付　贵	牡丹江大学

续表

姓 名	录取学校	姓 名	录取学校
蒲 露	安顺学院	吴金文	辽宁中医药大学
倪祖群	安顺学院	郑绍林	长春工程学院
骆 彪	黔南民族师范学院	万朝霞	贵阳中医学院
丁访勇	黔南民族师范学院	谢昕霖	贵阳中医学院
张远勇	兴义民族师范学院	宋智美	潍坊学院
李 杰	贵阳医学院	刘伯俊	重庆科技学院
常凡茂	安阳工学院	张银清	广西民族师范学院
朱明庆	石家庄经济学院	卢荣坤	湖南工学院
张 越	山西中医学院	伍 骞	上海电机学院
周 迷	贵州财经学院	李 琳	沈阳医学院
程 露	贵州财经学院	晏楠清	浙江财经学院
胡志银	吉林建筑工程学院	卢再坤	上海应用技术学院
王 刚	金陵科技学院	舒方德	天津农学院
田茂淇	上饶师范学院	朱鸿印	湛江师范学院
赵国庆	广东石油化工学院	张德淞	北京城市学院
谭 娅	广东医学院	龙秀凡	贵阳学院
夏江洲	河北北方学院	张 艳	贵阳学院
康 顺	华北科技学院	赵光海	贵阳学院
刘齐全	嘉兴学院	陈 进	贵阳学院
林光杰	九江学院	唐 甜	贵阳学院
李 波	黑河学院	陈 姣	贵州财经学院
甘 德	淮阴工学院	王 露	贵州财经学院
王承宽	黔南民族师范学院	马永民	贵州财经学院
毛光宝	黔南民族师范学院	张廷涛	贵州财经学院
周之雯	黔南民族师范学院	谭 娟	贵州财经学院
卢清豪	黔南民族师范学院	刘 甜	贵州财经学院
常凡姣	黔南民族师范学院	何天福	贵州民族学院
邓华江	黔南民族师范学院	周 坤	贵州民族学院
王文富	黔南民族师范学院	张 立	贵州民族学院

续表

姓　名	录取学校	姓　名	录取学校
周　毅	黔南民族师范学院	李光富	贵州民族学院
宋贵水	黔南民族师范学院	周文艺	贵州民族学院
冷继亚	黔南民族师范学院	黄万贵	凯里学院
杨　涛	黔南民族师范学院	代方敏	凯里学院
张芝松	黔南民族师范学院	赵　维	凯里学院
王小庆	黔南民族师范学院	王树清	凯里学院
况明燕	黔南民族师范学院	胡　迪	齐齐哈尔医学院
汪武姣	黔南民族师范学院	潘光晏	齐齐哈尔医学院
彭大光	黔南民族师范学院	朱泗遥	山东交通学院
张时辛	黔南民族师范学院	张世旺	陕西中医学院
张　成	黔南民族师范学院	刘　云	遵义师范学院
苟先安	黔南民族师范学院	蔡　盛	遵义师范学院
李应禄	黔南民族师范学院	王玉熙兰	广东金融学院
夏　丹	黔南民族师范学院	卢锡莲	贵阳医学院
何应春	黔南民族师范学院	余小珍	贵阳医学院
吴　敏	黔南民族师范学院	白明国	贵阳医学院
丁　超	黔南民族师范学院	徐荣兰	贵阳医学院
胡佑丽	黔南民族师范学院	杨青潭	贵阳医学院
陈　勇	黔南民族师范学院	敖　全	贵阳医学院
雷川平	黔南民族师范学院	任为敏	贵阳医学院
张显菊	黔南民族师范学院	陈柄利	贵阳医学院
唐飞鹏	黔南民族师范学院	肖德艺	贵阳中医学院
郑　筑	黔南民族师范学院	陈　琪	贵阳中医学院
徐　姣	黔南民族师范学院	赵泽娟	贵阳中医学院
李肇欣	山东经济学院	曹开宁	贵州财经学院
陈荣欢	武汉工业学院	胡　超	贵州财经学院
焦崇珍	咸阳师范学院	刘代春	贵州财经学院
刘开琴	安顺学院	袁寿杭	贵州财经学院
谢　海	安顺学院	陈华艳	贵州财经学院

续表

姓　名	录取学校	姓　名	录取学校
黄　琴	安顺学院	梁诗晗	贵州财经学院
谢友龙	怀化学院	向正坤	贵州财经学院
张仕松	江西中医学院	陈　明	贵州财经学院
赵显香	安顺学院	彭　露	贵州财经学院
广清瑶	安顺学院	黄俊滔	贵州财经学院
向　其	安顺学院	杨　丽	贵州师范学院
谢祥进	毕节学院	张　洁	贵州师范学院
廖瑞勇	毕节学院	王丹丹	贵州师范学院
曹光举	毕节学院	何光芬	贵州师范学院
康　伟	毕节学院	韩　历	贵州师范学院
徐小露	毕节学院	陈　瑶	贵州师范学院
贺　阳	毕节学院	宋移芳	湖北民族学院
杨贵莉	贵州师范学院	庞红琼	惠州学院
欧阳大凤	贵州师范学院	张艳飞	济宁学院
罗　丹	贵州师范学院	喻万宏	济宁医学院
冷　媚	贵州师范学院	文乙先	昆明医学院
文玉兰	贵州师范学院	邹永芬	牡丹江医学院
杨　敏	贵州师范学院	方　婷	牡丹江医学院
叶　敏	贵州师范学院	冉　俊	铜仁学院
孔凡坤	贵州师范学院	李君吉	铜仁学院
唐　亭	贵州师范学院	周定禄	铜仁学院
蒋灶宇	凯里学院	王　进	铜仁学院
侯鉴针	凯里学院	黄　丽	铜仁学院
王启模	凯里学院	杨　梅	铜仁学院
林子杨	凯里学院	王　余	铜仁学院
江　淼	凯里学院	张　超	潍坊医学院
陈白雪	凯里学院	张鸿鹏	兴义民族师范学院
李思琪	凯里学院	汪　珊	兴义民族师范学院
许　玲	六盘水师范学院	郑德云	兴义民族师范学院

续表

姓　名	录取学校	姓　名	录取学校
张玉美	六盘水师范学院	黎平刚	兴义民族师范学院
秦家勇	六盘水师范学院	黄　飞	兴义民族师范学院
刘胜友	六盘水师范学院	周　建	玉林师范学院
江显超	六盘水师范学院	曾　及	遵义医学院
蒙正群	六盘水师范学院	张永莉	遵义医学院
张作茂	六盘水师范学院	徐元鹏	遵义医学院
张　静	六盘水师范学院	刘红梅	遵义医学院
徐福建	六盘水师范学院	李　静	遵义医学院（珠海）
郑　成	六盘水师范学院	罗　美	遵义医学院（珠海）
陈　冰	六盘水师范学院	李兴凤	遵义医学院（珠海）
易金霞	北京中医药大学东方学院	叶仕超	遵义医学院（珠海）
李兴文	长沙理工大学城南学院	唐良玉	遵义医学院（珠海）
毛　翠	成都信息工程学院银杏酒店管理学院	杨　弘	遵义医学院（珠海）
罗佳莉	广西师范大学漓江学院	贾　梅	遵义医学院（珠海）
雷圆艺	四川大学锦江学院	刘　婷	西北大学现代学院
张　敏	天津外国语大学滨海外事学院	周乐吉	西京学院
宋泽伟	重庆大学城市科技学院	舒星溱	中国地质大学长城学院
李　庆	赣南师范学院科技学院	杨维枫	长春工程学院
伍　燕	六盘水师范学院	冯兆民	河北金融学院
田景慎	青岛工学院	王传霞	凯里学院
罗露琳	河北民族师范学院	尚　倩	黔南民族师范学院
李付付	上海工艺美术职业学院	肖　婷	黔南民族师范学院
张祖瑜	上海外国语大学贤达经济人文学院	陆定刚	青岛黄海学院
任　静	成都理工大学工程技术学院	彭　涛	山东协和学院
石飞虎	成都理工大学工程技术学院	何建香	山东协和学院
张建莉	广东轻工职业技术学院	陈　前	山东协和学院
邓　茂	贵州师范学院	王安琴	山东协和学院
邓　靖	海南大学三亚学院	田井先	陕西国际商贸学院
唐顺丹	海南大学三亚学院	范　敏	上海商学院

续表

姓　名	录取学校	姓　名	录取学校
滕周成	南昌理工学院	洪启江	上海商学院
毛文娥	黔南民族师范学院	骆弟春	铜仁学院
刘远旭	黔南民族师范学院	高　艳	江西蓝天学院
张建莉	广东轻工职业技术学院	刘兴悦	江西蓝天学院
邓　靖	海南大学三亚学院	蔡　文	江西蓝天学院
黄　丹	海口经济学院	胡洪艳	江西蓝天学院
郑　立	河北美术学院	廖　毅	江西蓝天学院
严碧松	江西服装学院	刘庆义	江西蓝天学院
袁　野	江西服装学院	白永连	六盘水师范学院
冷开建	西安思源学院	陈　洁	六盘水师范学院
熊太勇	贵州交通职业技术学院	杨　梅	六盘水师范学院
周　坤	贵州交通职业技术学院	谭　英	陕西国际商贸学院
左大荣	江西蓝天学院	王　凤	陕西国际商贸学院
赵清清	陕西国际商贸学院	王洪樟	北京城市学院
向大坤	西安欧亚学院	金邦英	贵阳中医学院
张义会	云南工商学院	梁正露	上海商学院
林泽雪	云南工商学院	方　霖	贵阳医学院
唐　彬	北京交通大学海滨学院	李　芳	贵阳医学院
张正健	北京交通大学海滨学院	王小珊	贵州财经学院
赵　坤	北京科技经营管理学院	肖　娅	贵州财经学院
贾　洁	北京科技经营管理学院	罗永红	贵州财经学院
王丽鸿	电子科技大学成都学院	顾仕波	广西民族师范学院
王承松	贵州师范学院	滕建康	广西外国语学院
杨　会	黄石理工学院	刘天梅	哈尔滨金融学院
冉梦菊	南昌工学院	胡　敏	海口经济学院
杨显桥	南昌工学院	徐井凤	河北科技学院
向圣源	南昌理工学院	项　伟	陕西国际商贸学院
周洪琴	青岛黄海学院	陈　霞	沈阳医学院
高元姣	江西服装学院	张　春	西京学院

续表

姓　名	录取学校	姓　名	录取学校
代昌兰	六盘水师范学院	王　娇	遵义师范学院
覃　旭	六盘水师范学院	陶贞吉	大连东软信息学院
樊令美	六盘水师范学院	方　超	贵阳医学院神奇民族医药
李仕琴	六盘水师范学院	犹　滔	贵州警官职业学院
黄　勇	贵阳医学院神奇学院	敖国建	贵州警官职业学院
李辉华	贵阳中医学院时珍学院	李泽东	贵州警官职业学院
罗　尧	贵阳中医学院时珍学院	李明月	贵州警官职业学院
罗　杰	贵阳中医学院时珍学院	周　鸿	贵州警官职业学院
秦　宇	贵阳中医学院时珍学院	徐　川	贵州警官职业学院
陈蒙仁	贵阳中医学院时珍学院	杨　梅	贵州警官职业学院
张　凯	贵州财经学院商务学院	杨喻婷	贵州警官职业学院
冯泽美	贵州大学科技学院	龙　宇	贵州警官职业学院
梁正琴	贵州大学科技学院	徐家明	贵州民族学院人文科技学院
伍朝敏	贵州大学科技学院	任　微	贵州民族学院人文科技学院
肖　鑫	贵州大学科技学院	唐　放	贵州民族学院人文科技学院
谢　涛	贵州大学科技学院	刘　恋	哈尔滨现代公共关系学院
杜　彬	贵州大学明德学院	朱俊文	宿州学院
李宗建	贵州大学明德学院	黄　倩	兴义民族师范学院
王胤鸿	贵州大学明德学院	倪　静	兴义民族师范学院
张　青	贵州大学明德学院	陈文平	遵义医学院医学科技学院
罗　宽	贵阳医学院神奇学院	骆科雨	遵义医学院医学科技学院
雷成会	贵阳医学院神奇学院	兰富敏	遵义医学院医学科技学院
郭　梦	贵阳医学院神奇学院	黎菁菁	遵义医学院医学科技学院
欧阳国向	贵州财经学院（中外合作）	向　丽	遵义医学院医学科技学院
赵显相	贵州财经学院商务学院	敖国其	遵义医学院医学科技学院
李客春	贵州财经学院商务学院	唐　彬	遵义医学院医学科技学院
曹玉玲	贵州财经学院商务学院	李　映	贵州师范大学求是学院
李　进	贵州财经学院商务学院	周跃健	贵州师范大学求是学院
姜雪凤	贵州师范大学求是学院	邓煜潇	贵州师范大学求是学院
陈富雪	贵州师范大学求是学院	张先义	贵州师范大学求是学院
杨再菲	贵州师范大学求是学院		

瓮安二中2012年高考录取名单

姓　名	录取学校	姓　名	录取学校
张　鹤	四川农业大学	邓杰仁	贵州大学
王玉熙兰	海南大学	黄　华	贵州大学
谭宁财	四川大学	张　明	西南林业大学
彭旺胜	首都医科大学	娄义星	辽宁石油化工大学
雷　震	海南大学	王贵华	福州大学
李　刚	贵州大学	梁正坤	西南民族大学
陈昌宇	南京林业大学	柏小丹	中南大学
陈登印	内蒙古科技大学	雷小静	贵州大学
曾　伟	贵州大学	顾仕菊	贵州大学
宋庆明	西南林业大学	何　坤	贵州大学
樊　兵	南京工业大学	毛佳怡	贵州大学
李宗平	西南民族大学	杨　行	贵州大学
陆定鑫	内蒙古大学	何光富	贵州大学
王维亮	贵州大学	张海江	贵州大学
陈福彪	海南大学	翁明菊	贵州大学
田应坤	贵州大学	马浡竣	井冈山大学
陈　领	贵州大学	王绍彬	山东大学
邓　超	武汉大学	刘　斌	中国矿业大学
冉劲懿	海南大学	徐子健	辽宁大学
周子杨	江苏大学	石远航	长春工业大学
罗　伟	海南大学	高　建	大连大学
沈永远	贵州大学	马　俊	山东大学
曹光举	贵州大学	唐洪镜	贵州大学
杨跃杰	贵州大学	刘金花	苏州大学
王永庆	沈阳工业大学	王现霖	贵州大学
张文兵	贵州大学	何开会	西南林业大学
柏光毅	贵州大学	徐　清	中央民族大学
王仁兵	贵州大学	陈　萍	贵州大学

续表

姓　名	录取学校	姓　名	录取学校
刘天梅	贵州大学	金延鑫	贵州大学
许世敏	贵州大学	邹束英	贵州大学
张艳飞	贵州大学	祝志涛	太原理工大学
田祖浪	贵州大学	蔡　霞	贵州大学
闵明涛	贵州大学	毛　翠	贵州大学
谭光明	重庆工商大学	彭小春	贵州大学
龙恩宇	西北政法大学	韩松容	四川大学
刘沅明	哈尔滨工业大学	卢德清	上海海洋大学
王顺海	贵州大学	李科忠	贵州大学
孙　鲜	中国矿业大学	商体青	湖北大学
杨　文	太原理工大学	王贵明	广西大学
陈　庆	重庆邮电大学	卢　琴	哈尔滨理工大学
潘光财	井冈山大学	刘华丹	哈尔滨理工大学
周　坤	青岛科技大学	兰　洁	青岛科技大学
周　波	厦门大学	卢小凤	贵州大学
杨　丹	南方医科大学	杨　梅	贵州大学（农林类）
张淑婷	天津商业大学	刘　禅	贵州大学（农林类）
杨显明	天津商业大学	梁大洪	贵州大学（农林类）
彭晓欢	天津商业大学	梁建发	贵州大学（农林类）
张　松	贵州大学	陈明银	南昌大学
丰　琪	广州大学	沈猛富	齐齐哈尔大学
谢成余	齐齐哈尔大学	代金红	齐齐哈尔大学
李兴文	南昌航空大学	卿　义	广州中医药大学
封　丽	南华大学	孔祥露	成都理工大学
雷　磊	大连海洋大学	姜先立	江西农业大学
罗光坤	内蒙古师范大学	王　林	辽宁工程技术大学
张良薇	临沂大学	张德进	浙江农林大学
李典怡	沈阳师范大学	潘甚七	贵州民族大学
冉海香	沈阳师范大学	张明刚	大连大学

续表

姓　名	录取学校	姓　名	录取学校
龙　坤	贵州民族大学	蒋　政	贵州民族大学
田景霖	贵州民族大学	张　杰	安徽农业大学
王　燕	贵州民族大学	杨　坤	长江大学
张　玄	贵州民族大学	陈亮杰	贵州民族大学
陈　樟	贵州民族大学	杨　映	贵州民族大学
李绍练	沈阳师范大学	成克勇	贵州民族大学
余玟强	贵州民族大学	张焜程	贵州民族大学
王晓峰	西南政法大学	李应方	江西科技师范大学
唐　俊	东北电力大学	卢清松	沈阳大学
唐志林	北方民族大学	高　明	贵州师范大学
张　和	福建农林大学	宋　燕	贵州财经大学
江以坤	山东财经大学	张　菊	贵州财经大学
杨　川	山东财经大学	吴芸孟	江西师范大学
李　丽	贵州财经大学	皮贵旭	鲁东大学
魏志群	贵州财经大学	唐椿佯	鲁东大学
尹　婧	贵州财经大学	江　风	贵州大学
董利兵	贵州财经大学	李刚琴	贵州大学
谢祥进	贵州财经大学	宋安念	贵州财经大学
卢宏清	贵州财经大学	田　先	山西大同大学
冉　俊	贵州财经大学	徐胜莲	重庆师范大学
李元亮	贵州财经大学	胡小伟	贵州财经大学
邓　微	贵州财经大学	严荣飞	东华理工大学
黄　婧	贵州财经大学	陈　美	贵州大学
黄　莲	贵州财经大学	林悬江	贵州大学
陈　辉	贵州财经大学	周红邑	贵州财经大学
邓国清	河南师范大学	项秋霞	西南民族大学
兰小芳	天津外国语大学	方久建	中国民航大学
敖　艳	贵州民族大学	张廷荣	贵州民族大学
朱绍雪	黔南民族师范学院	刘　倩	黔南民族师范学院

续表

姓 名	录取学校	姓 名	录取学校
熊坤磊	黔南民族师范学院	余 海	黔南民族师范学院
吴贵华	黔南民族师范学院	王贞山	黔南民族师范学院
谭开维	黔南民族师范学院	黄思玮	黔南民族师范学院
袁小芬	黔南民族师范学院	张 波	黔南民族师范学院
彭明勇	黔南民族师范学院	曹家富	黔南民族师范学院
谢远俊	黔南民族师范学院	董江权	许昌学院
张 波	毕节学院	杨成林	九江学院
杨 凯	河南城建学院	韩 历	宜春学院
王大群	宜春学院	康 伟	上海电力学院
代 文	黔南民族师范学院	陈怡杏	黔南民族师范学院
沈扬玲	邢台学院	肖成云	黔南民族师范学院
王付刚	黔南民族师范学院	李宣艳	宜春学院
唐金燕	黔南民族师范学院	李 涛	长春工程学院
方林灿	防灾科技学院	彭方丽	黔南民族师范学院
曾露露	黔南民族师范学院	朱星玥	黔南民族师范学院
罗露琳	渭南师范学院	王婷婷	黔南民族师范学院
黎兴婷	黔南民族师范学院	姚知波	黔南民族师范学院
陈培林	黔南民族师范学院	黄 杨	上海电力学院
王 婵	黔南民族师范学院	林启桃	黔南民族师范学院
沈 丹	山东政法学院	郑绍东	黔南民族师范学院
李宋文	徐州工程学院	刘炆敬	黔南民族师范学院
蔡 倩	山西医科大学	何绍民	山西医科大学
王 刚	桂林理工大学	旦武会	贵州师范大学
熊汉姣	江西师范大学	蒋仕发	桂林电子科技大学
刘志冀	贵州师范大学	陈 稳	贵州财经大学
陈炫霖	贵州师范大学	张明方	中国政法大学
王德超	厦门大学	余流香	北京化工大学
詹崇辉	北京交通大学	周志俊	上海海事大学
江济成	华南理工大学	贺成泷	天津工业大学

续表

姓　名	录取学校	姓　名	录取学校
彭　波	贵州大学	王志群	陕西师范大学
张淙华	遵义医学院（珠海）	刘　潇	北京联合大学
马　丹	遵义医学院（珠海）	田茂顺	第二炮兵工程大学
毛文娥	铜仁学院	李成松	第二炮兵工程大学
刘　婷	贵州师范学院	王宥力	北京大学
刘　延	贵阳中医学院	陈荣怀	安徽大学
张祝华	贵州师范学院	冉雨林	北京理工大学
况　勋	贵州师范学院	付元凤	上海中医药大学
余　灿	宜宾学院	简学坤	中南林业科技大学
王亚亚	遵义师范学院	王小宇	华中师范大学
陈方银	铜仁学院	胡远松	南开大学
周　鹏	北京理工大学	魏秋霞	延边大学
蒙正群	四川农业大学	张永辉	重庆交通大学
彭　娇	天津医科大学	周显勇	湖南农业大学
向　杰	三峡大学	况小安	青岛理工大学
涂　芳	北京林业大学	吴　琳	西南大学（荣昌校区）
魏传洪	长安大学	范信一	贵州师范大学
刘　伟	上海理工大学	胡一泉	贵州师范大学
伍　烨	西南大学	李　杨	贵州师范大学
黄文力	长春理工大学	江　莲	湖南科技大学
张茂甜	南开大学	杨　迪	湖南科技大学
简雪梅	辽宁大学	李帮银	西南大学（荣昌校区）
付才才	贵州大学	王　强	西南大学（荣昌校区）
黄　兴	华北电力大学（北京）	李　露	贵州师范大学
代昌兰	贵州师范大学	罗晶烊	贵州师范大学
李阳端	贵州师范大学	张翔威	贵州师范大学
陈大云	贵州师范大学	唐浩力	贵州师范大学
肖　伟	贵州师范大学	李秀敏	贵州师范大学
田帷踊	武汉科技大学	罗跃恒	河北联合大学

续表

姓　名	录取学校	姓　名	录取学校
王　捷	武汉科技大学	田景凤	佳木斯大学
付仕江	天津理工大学	文　宽	贵州师范大学
雷元琴	贵州师范大学	张　松	新疆农业大学
李选奎	上海理工大学	李洪龙	山东理工大学
杨炆语	贵州师范大学	杨贵珍	上海师范大学
陈　丽	贵州师范大学	杨铁江	长安大学
叶凯伟	兰州交通大学	陈松堂	湘潭大学
黄策星	苏州大学	王承宽	上海海事大学
宋灿民	信息工程大学	李　春	贵州师范大学
梁　丹	重庆医科大学	张国丽	贵州师范大学
余朝水	天津理工大学	杨宪有	武汉理工大学
张　越	贵州师范大学	张　雯	重庆工商大学
魏美惠子	天津师范大学	曹小龙	河海大学
姚　鹏	成都中医药大学	田茂露	贵州大学
徐福建	南昌航空大学	张进泓	重庆医科大学
苟顺艳	贵州师范大学	李星睿	四川师范大学
江　风	贵州大学	林宏成	贵州民族大学人文学院
杨　雄	贵州师范大学求是学院	黄仲文	凯里学院
石鹏丹	云南工商学院	王振华	凯里学院
罗　琴	贵阳医学院	罗国静	贵阳医学院神奇学院
李兴兰	六盘水师范学院	张　纯	贵州财经大学商务学院
何相鹏	兴义民族师范学院	白亮鑫	贵州师范大学求是学院
陈安文	安顺学院	胡春春	贵阳医学院神奇学院
陈国香	江西服装学院	胡志银	山东交通学院
王　阳	西藏民族学院	赵　群	广东医学院
李志帅	惠州学院	石远娅	黄冈师范学院
姚　涛	黑龙江科技学院	丁　凤	九江学院
周泽杏	宁德师范学院	王　超	天津城市建设学院
杨顺群	中国矿业大学银川学院	张福松	兴义民族师范学院

续表

姓　名	录取学校	姓　名	录取学校
张　雯	江西科技学院	杨　丽	铜仁学院
吴小兴	华东交通大学理工学院	徐明鑫	黄冈师范学院
周远飞	黔南民族师范学院	罗　辉	山东英才学院
简正兵	黔南民族师范学院	沈双菊	山东英才学院
江红易	山东交通学院	刘胜秀	山东英才学院
刘文飞	山东英才学院	娄方梅	山东英才学院
左慧蓝	兴义民族师范学院	柴汝锋	山东英才学院
贺运春	山东英才学院	蔡晓洋	山东英才学院
何　延	青岛工学院	王文锦	贵州大学科技学院
曹福松	内蒙古科技大学包头师范学院	倪　萌	四川外语学院成都学院
袁　瑞	重庆师范大学涉外商贸学院	周　宇	郑州轻工业学院
曾冷阌	贵阳学院	徐林超	云南工商学院
林　松	兴义民族师范学院	白军城	长春工程学院
宋泽岚	重庆工商大学派斯学院	梅国春	兴义民族师范学院
李信菊	山东英才学院	包城钢	贵州职业技术学院
蒋金宏	南昌理工学院	姚　冬	山东万杰医学院
敖　青	北海艺术设计职业学院	代春艳	山东万杰医学院
李培顺	潍坊学院	宋江婷	兴义民族师范学院
胡礼涛	贵州大学科技学院	李忠梅	上海杉达学院
况洪程	贵州大学科技学院	向　欢	重庆师范大学涉外学院
邱兴梅	电子科技大学中山学院	安帮华	成都理工大学工程学院
朱仕凤	贵州大学科技学院	徐　靖	辽宁对外经贸学院
向贤杰	海口经济学院	徐园君	延安大学西安创新学院
牟代松	海口经济学院	莫光丽	江西服装学院
杜　丹	山东万杰医学院	帅光秀	贵阳医学院神奇学院
王海春	贵州师范学院	范　敏	云南工商学院
杨　露	贵州大学科技学院	敖国富	西安财经大学学院行知学院
王　莹	黔南民族师范学院	陈绍敏	云南师范大学商学院
刘　运	常德职业技术学院	项　伟	中原工学院

续表

姓　名	录取学校	姓　名	录取学校
林泽飞	兴义民族师范学院	梁正露	湖北第二师范学院
肖　婷	云南师范大学商学院	宋　奎	贵阳中医学院时珍学院
黄　丹	重庆邮电大学移通学院	罗　丹	山东协和学院
黎志琳	重庆邮电大学移通学院	蒋　波	北京城市学院
商体军	三亚学院	肖启贤	北京城市学院
李泳江	长沙医学院	石竞阳	贵阳中医学院时珍学院
杨　勇	长沙医学院	张天翔	贵阳中医学院时珍学院
钱倡练	凯里学院	夏礼成	遵义医学院医学科技学院
杨德敏	山东协和学院	周　坤	电子科技大学成都学院
陈绍胜	山东协和学院	田洪浩	黔南民族师范学院
杨　寒	山东协和学院	付　兵	嘉应学院
聂　洁	山东协和学院	王小康	陕西国际商贸学院
冉　红	山东英才学院	王利芳	北京城市学院
雷　雨	吉林大学珠海学院	李　敏	贵州师范大学求是学院
袁　野	河北美术学院	陈祥龙	北京城市学院
陈培锋	南昌航空大学科技学院	陶小园	北京城市学院
余昌凡	南昌航空大学科技学院	方　健	贵州大学明德学院
杨秋红	新余学院	李大亮	六盘水师范学院
冉永菊	黔南民族师范学院	戎源璐	广播电影电视干部学院
熊欣莉	黔南民族师范学院	黄　霞	贵州师范学院
周英文	贵州财经大学商务学院	蒋云美	河北美术学院
李洪婷	贵州财经大学商务学院	李跃菊	遵义医学院医学科技学院
张　雷	贵州财经大学商务学院	董世英	遵义医学院医学科技学院
谢　卿	贵州财经大学商务学院	邓冬琴	遵义医学院（珠海）
向洪琏	贵州财经大学商务学院	杨　波	成都工业学院
陈　冲	贵州大学明德学院	曾董龄	黔南民族师范学院
周泽松	河北美术学院	冉小锋	黔南民族师范学院

续表

姓　名	录取学校	姓　名	录取学校
李绍宇	贵州大学明德学院	赵显阳	广播电影电视管理学院
李星瑶	西京学院	何柏杰	黔南民族师范学院
伍光林	贵州大学明德学院	杜武红	山东万杰医学院
余　珊	贵州师范学院	葛祥丽	沈阳医学院
周文星	贵州大学明德学院	徐　娅	遵义师范学院
宋俊儒	贵州财经大学商务学院	陈安会	兴义民族师范学院
汪　静	贵州财经大学商务学院	张　寰	贵州大学明德学院
钟汶辛	贵州财经大学商务学院	张才明	贵州大学明德学院
伍洋昊	兰州商学院陇桥学院	李　运	贵阳学院
刘　静	贵州大学明德学院	万贵丽	遵义师范学院
赵河顺	贵州大学明德学院	陈　浩	贵阳学院
魏仁德	山东英才学院	王知义	山东英才学院
邓显红	山东英才学院	尚广群	山东英才学院
钱朝丽	山东英才学院	卓长海	山东英才学院
李章艳	山东英才学院	刘义春	郑州轻工业学院
蒋永桥	山东英才学院	刘　莎	山东英才学院
徐杨思露	山东英才学院	许　滔	贵阳学院
张显坤	贵阳学院	吴凤尧	贵阳学院
陈谋毅	山东英才学院	李　霞	贵阳学院
兰树云	山东英才学院	田应琴	贵阳学院
杨　畅	贵阳学院	杨丹丹	贵阳学院
蒋大昌	贵阳学院	陈小会	贵阳学院
宋江林	贵阳学院	陈　梅	贵阳学院
袁瑞林	贵阳学院	熊　飞	南昌理工学院
龚贤姗	贵阳学院	罗　为	南昌理工学院
谢明江	青岛黄海学院	郑传芳	荆楚理工学院
杨明珠	汉口学院	刘禹辛	荆楚理工学院

续表

姓　名	录取学校	姓　名	录取学校
张新益	湖北经济学院	兰中纤	江西警察学院
王太春	湖北经济学院	杨银双	黔南民族师范学院
向优雨	武警警官学院	陈　成	黔南民族师范学院
刘保圣	贵州大学明德学院	王洪涛	黔南民族师范学院
朱美鸿	江西科技学院	李　炼	黔南民族师范学院
刘铭芮	南昌工学院	王业华	武汉生物工程学院
张玉鹏	南昌工学院	何　超	云南工商学院
吕文洪	南阳理工学院	石莎莎	山东万杰医学院
喻行行	西安欧亚学院	赵泽梦	黔南民族师范学院
熊科举	海口经济学院	李高静	黔南民族师范学院
梁大燕	贵阳医学院	谭　竹	黔南民族师范学院
程龙燕	天津农学院	冯嘉丽	西安科技大学高新学院
丁本松	黔南民族师范学院	桂　香	新余学院
王久长	遵义医学院	郎平燚	南阳理工学院
李洲碧	遵义医学院	向芮娇	西南大学育才学院
卢家秀	遵义医学院	朱留烨	南昌工学院
王远福	遵义医学院	李　顺	六盘水师范学院
滕健康	西安思源学院	尚　琴	贵阳中医学院
陆　雪	西安翻译学院	彭取坤	凯里学院
王学连	安顺学院	谢祥杰	贵州师范学院
彭方龙	华北科技学院	瞿　丹	贵州师范学院
张吉艳	黔南民族师范学院	李　刚	贵州师范学院
廖廷芳	牡丹江医学院	袁　念	贵州师范学院
李家坤	遵义医学院（珠海）	刘　芳	贵阳中医学院
况　梅	遵义医学院（珠海）	许　玲	贵州师范学院
黄　新	遵义医学院（珠海）	李　芳	贵阳中医学院
方伦杰	贵州师范学院	朱代芳	山东轻工业学院

续表

姓　名	录取学校	姓　名	录取学校
兰绍佳	凯里学院	龙云勇	台州学院
倪兴凤	黔南民族师范学院	王志华	安顺学院
田维欢	北京印刷学院	罗定廷	通化师范学院
张　言	齐齐哈尔医学院	吴明佳	贵阳学院
何志涛	安顺学院	陈永波	贵阳学院
李洲伟	遵义师范学院	黄　娜	遵义师范学院
冉应凤	遵义师范学院	李　坤	遵义师范学院
王　姚	大连外国语学院	田　广	贵州师范学院
石　鹏	贵阳中医学院	陈乾峰	皖南医学院
张树香	贵阳中医学院	朱　坤	湖南人文科技学院
程　鹏	贵阳中医学院	张　敏	贵州师范学院
张　艳	贵阳中医学院	滕　影	昆明学院
宋江静	贵阳中医学院	颜贵香	贵州师范学院
田井先	贵阳中医学院	向　勇	贵州师范学院
张永国	贵阳中医学院	周　鑫	铜仁学院
曾洪菊	佛山科学技术学院	宋泽润	铜仁学院
宋光举	重庆文理学院	饶　肖	六盘水师范学院
王昌福	长江师范学院	潘　松	贵阳学院
张建莉	吉林动画学院	向君梅	六盘水师范学院
刘乾义	贵州师范学院	余虹烨	六盘水师范学院
王　琴	贵州师范学院	苏　越	绥化学院
黄　玉	贵州师范学院	刘文峰	六盘水师范学院
简崇军	贵州师范学院	陈洋凯	贵阳学院
陈炳龙	晋中学院	曾祥磊	贵阳学院
冉　钰	湖南人文科技学院	罗　毅	贵阳学院
卢贵琴	贵阳中医学院	刘绍丰	六盘水师范学院
李志松	遵义师范学院	胡家潭	沈阳医学院

续表

姓　名	录取学校	姓　名	录取学校
姚　雪	遵义师范学院	陈朝坤	六盘水师范学院
王洪樟	贵阳学院	肖　敏	贵阳学院
罗贯凯	六盘水师范学院	杨　浪	贵阳学院
陈雨婷	六盘水师范学院	李　维	哈尔滨金融学院
王德骞	贵阳学院	张德亮	安顺学院
杨显诏	湖北经济学院	袁太风	贵阳医学院神奇学院
邓　芸	哈尔滨金融学院	王雯喜	江西服装学院
邓洪胜	安顺学院	杨　群	贵州师范大学求是学院
安美林	牡丹江医学院	汪天云	黔南民族师范学院
朱小芳	黔南民族师范学院	石　维	安顺学院
孙祖洪	天津农学院	宋干红	黔南民族师范学院
肖盛雄	河北美术学院	张显玲	贵阳医学院神奇学院
田苏鑫	河北美术学院	吴云云	贵阳医学院神奇学院
赵海伶	遵义医学院	犹合敏	贵州师范学院
宋泽伟	嘉兴学院	魏赐敏	贵州师范大学求是学院
冉　婷	凯里学院	王国海	贵阳学院
谷达顺	南昌理工学院	姚正顺	天津农学院
高忠梅	六盘水师范学院	王囿媛	沈阳工程学院
刘　坤	广东警官学院	郑德云	沈阳工程学院
兰银菊	贵阳学院	黄　诚	山东交通学院
蒲天钦	贵阳学院	刘作文	闽江学院
樊令美	贵阳学院	付先明	湖南工程学院
聂万洪	六盘水师范学院	毛正洪	北京科技经营管理学院
聂应龙	黔南民族师范学院	夏万松	贵阳医学院神奇学院
聂应龙	黔南民族师范学院	田茂竹	贵州民族大学人文学院
吴安琴	凯里学院	王传霞	贵州师范大学求是学院
范山林	黔南民族师范学院	王　杰	贵阳学院

续表

姓　名	录取学校	姓　名	录取学校
何　坤	浙江财经学院	简平前	贵阳医学院
刘　林	贵阳医学院	李胜莉	贵阳中医学院
唐顺芳	贵阳医学院	沈杨松	贵阳医学院
段家全	贵州师范大学求是学院	周　雪	贵州师范大学求是学院
徐小露	贵阳医学院	李富辉	江西科技学院
于艺翎	南京艺术学院	梁高敏	凯里学院
雷斗露	贵阳医学院	徐明霞	湖北经济学院
陈　叶	贵阳医学院	龙　靖	贵阳医学院
李洪庆	贵阳医学院	王佳佳	山东工商学院
秦昌维	贵阳医学院	毛正毅	天津农学院
李　明	福建工程学院	刘治美	湖北理工学院
付　裕	黑龙江科技学院	王秋霞	长江师范学院
杨　丹	铜仁学院	兰家海	武汉工业学院
杨孝娟	湖南女子学院	袁盛涛	南昌工学院
张祖瑜	贵阳中医学院	黎未平	江西师范大学技术学院
王诗槐	江西科技学院	杨　菲	四川师范大学成都学院
冯兆民	广东石油化工学院	代　林	贵阳医学院
刘　运	广东石油化工学院	黄富进	贵阳医学院
唐书海	黔南民族师范学院	刘　鹏	贵阳医学院
宋　颖	安顺学院	犹　华	凯里学院
秦　委	安顺学院	彭栩梅	遵义师范学院
朱　美	黔南民族师范学院	曾馨亿	贵州师范大学求是学院
杨先进	重庆科创职业学院	冯　云	北京城市学院
陈运玖	重庆科创职业学院	兰诗江	贵阳中医学院时珍学院
叶梓伊	江西服装学院	刘　霞	贵州大学科技学院
宋厅厅	贵州师范学院	兰　瑶	贵阳中医学院时珍学院

瓮安二中2013年高考录取名单

姓　名	录取学校	姓　名	录取学校
顾培皓	西南大学	赵六杰	长安大学
杨富辉	南京理工大学	石　健	东北师范大学
贺成泷	华北电力大学（北京）	江培珍	沈阳工业大学
罗忠林	长安大学	陈　艳	北京化工大学
帅世荣	电子科技大学	张　怀	中国矿业大学（北京）
涂　林	上海理工大学	粟秋月	安徽财经大学
陈堂禄	杭州电子科技大学	郭　方	上海师范大学
陈洪梅	杭州电子科技大学	田　广	华中农业大学
罗泽建	杭州电子科技大学	莫兴愚	北方民族大学
陈　勇	浙江工业大学	王朝富	华中农业大学
闵明选	上海理工大学	陈　姗	海南大学
曾　巡	上海财经大学	周定梅	北京联合大学
杨万丽	安徽工业大学	犹登娜	中南林业科技大学
樊　兴	河海大学	陈　梅	东华大学
王照伟	北京联合大学	谭清方	天津外国语大学
余　杭	贵州大学	曹光梅	四川大学
兰诗琳	北京联合大学	胡加鑫	贵州大学
付发宽	河南大学	袁昌玉	华北电力大学（保定）
彭伦勇	集美大学	邱德鑫	华北电力大学（保定）
陈祥龙	贵州大学	陈厚春	合肥工业大学
陈计林	哈尔滨工程大学	汤玫玫	山西财经大学
刘保坤	南京邮电大学	郎平燚	陕西科技大学
王义相	海南大学	葛基军	贵州大学
刘　恒	贵州大学	彭旺胜	华北电力大学（保定）
粟朝念	贵州大学	张　敏	福州大学
简崇军	贵州大学	卢昌萍	西南大学
李运梳	贵州大学	汪治辉	内蒙古科技大学
沈　阳	贵州大学	王贵宇	中国矿业大学

续表

姓 名	录取学校	姓 名	录取学校
廖梦煜	贵州大学	骆第丰	浙江理工大学
李福江	贵州大学	陈玉松	贵州民族大学
卢锡锋	贵州大学	李厚玲	宁夏大学
唐文江	河北大学	任季耘	天津师范大学
曾小敏	海南师范大学	余朝飞	海南大学
梁汉周	哈尔滨商业大学	张永其	青岛大学
田 露	内蒙古医科大学	范信凌	三峡大学
朱正洪	贵州民族大学	沈道永	长春工业大学
余 杨	内蒙古医科大学	熊竹青	石家庄铁道大学
袁 园	贵州民族大学	柴立福	贵州民族大学
王贞山	福建中医药大学	吴举伟	吉林农业大学
李沛泠	海南师范大学	陈文香	贵州民族大学
刘忠荣	海南师范大学	汪登会	贵州民族大学
李欣悦	四川外国语大学	贺春梦	贵州民族大学
胡坤培	湖北大学	曾鸿淼	长春大学
谭启欢	吉林师范大学	兰绍东	长沙理工大学
马 量	上海工程技术大学	陈勇衡	长沙理工大学
周洁印	长春大学	王佳佳	云南财经大学
罗 勇	哈尔滨师范大学	邓安培	长春大学
王 馨	南华大学	唐孝康	长春大学
杨明玖	沈阳化工大学	田仁进	成都理工大学
陈扬春	中国计量学院	柏光毅	成都理工大学
刘文龙	广东工业大学	陈 菊	南华大学
李 湉	贵州民族大学	周萌萌	哈尔滨医科大学
但荣飞	中国地质大学（武汉）	李志平	黑龙江科技大学
吴 念	湖南师范大学	侯绿军	黑龙江科技大学
陈朝坤	长春中医药大学	肖碧伟	天津科技大学
江 美	闽南师范大学	杨胜焰	河北经贸大学
陈炫彤	闽南师范大学	周顺利	闽南师范大学

续表

姓　名	录取学校	姓　名	录取学校
岑为敏	江西科技师范大学	陆　敏	湘潭大学
董春云	西藏大学	李成松	天津工业大学
李治播	佳木斯大学	兰义昆	东北电力大学
于春江	东北电力大学	王欣渝	江西科技师范大学
丰沛忠	江西科技师范大学	程龙凤	天津科技大学
宋荣彬	中南民族大学	廖　坤	哈尔滨理工大学
陈堂其	重庆师范大学	杨昌华	武汉工程大学
徐菱遥	闽南师范大学	陈祥伟	武汉工程大学
黄　杰	中北大学	何天鑫	辽宁工程技术大学
王希红	河北科技大学	马涔铭	辽宁工程技术大学
吴登弟	西北民族大学	王金会	济南大学
简正堂	大连海洋大学	李仕议	济南大学
王治富	沈阳航空航天大学	龙兴印	湖北中医药大学
石庆丰	山东农业大学	田仁姣	福建农林大学
刘　松	辽宁工程技术大学	梁钲勣	沈阳大学
朱俊青	沈阳航空航天大学	冉　艳	聊城大学
何　群	山西大同大学	张光豪	辽宁工程技术大学
欧阳大俊	辽宁工程技术大学	汪　悦	曲阜师范大学
尹苡千	福建师范大学	赵崧池	临沂大学
杨　阳	大连大学	张　清	江汉大学
罗洪令	武汉轻工大学	李　姗	哈尔滨师范大学
张塬铃	西南大学（荣昌校区）	王　芬	贵州师范大学
尹全兵	沈阳理工大学	陈　天	贵州师范大学
张福坤	齐鲁工业大学	袁　蓉	贵州师范大学
黄兴江	贵州师范大学	熊孟连	贵州师范大学
左宝钧	贵州师范大学	伍桂莹	贵州师范大学
陈家琴	贵州师范大学	李润琴	贵州师范大学
邓邦丽	贵州师范大学	祝志琴	山西医科大学
刘　旭	贵州师范大学	李　超	沈阳师范大学

续表

姓　名	录取学校	姓　名	录取学校
白清莹	贵州师范大学	代　婷	长春师范大学
罗靖斐	贵州师范大学	闵常章	河南科技大学
唐洪香	贵州师范大学	聂贵林	贵州师范大学
钟　薇	贵州师范大学	贺加红	贵州师范大学
成克勇	贵州师范大学	王振华	贵州师范大学
柯　旭	贵州师范大学	谢　心	贵州师范大学
段仲春	沈阳师范大学	罗　辉	贵州财经大学
朱洪娇	贵阳中医学院	贺洪炯	贵州财经大学
冯　敏	贵州师范大学	杨　稀	贵州财经大学
王洪娅	长春师范大学	左慧蓝	贵州财经大学
刘加凤	贵州财经大学	王红梅	贵州财经大学
唐小艳	贵州财经大学	梁　帅	华北水利水电大学
李　丹	贵州财经大学	夏　烽	贵州师范大学
罗思佳	贵州财经大学	兰绍侠	贵州师范大学
刘谷怡	贵州师范大学	高桂清	贵州师范大学
顾大宽	贵州师范大学	高桂焦	贵州师范大学
赵科雄	贵州师范大学	徐春莲	贵州师范大学
安　龙	贵州师范大学	黄　云	贵州师范大学
敖　伟	贵州师范大学	李荣祥	中州大学
颜芳滔	江西师范大学	夏帝飞	九江职业大学
黄中莲	江西师范大学	刘　进	东华理工大学
马　臻	北京青年政治学院	徐园君	广东海洋大学
任丽娟	贵州财经大学（中外合作办学）	沈红铖	河南财经政法大学
赵显松	攀枝花学院	范信免	长江大学
刘　璇	黄淮学院	刘利娇	南方医科大学
何泽燕	焦作大学	蒋　颖	上海师范大学
赵显玉	北京吉利大学	胡天柱	广西科技大学
杨　阳	武汉科技大学	赵云飞	山东科技大学
张煜鑫	北京科技大学	张　敏	福州大学

续表

姓　名	录取学校	姓　名	录取学校
宋　凯	北京科技大学	卢昌萍	西南大学
陈雨虹	首都经济贸易大学	林佳锌	贵州财经大学
刘　宇	首都经济贸易大学	王　勇	贵州大学
黄群惠	天津商业大学	杨　枫	大连海事大学
赵　菊	武汉大学	赵　峻	贵州大学
屈万奎	西南交通大学	邓仁翠	贵州大学
李　林	西南交通大学	谢　梅	贵州大学
冉光琴	中北大学	刘　杏	贵州大学
彭高友	中国矿业大学	熊　晨	北方工业大学
雷　涛	中国矿业大学	石胜丹	华南农业大学
范　闵	四川大学	蔡　航	南京财经大学
吴仕碧	华南农业大学	罗创文	华东政法大学
诸淑香	贵州大学	李　汀	华东政法大学
雷志成	贵州大学	邬　川	华中农业大学
赵磊	贵州大学	娄丽麒	湖北大学
李运乾	贵州大学	万　晴	广西大学
张　昆	贵州大学	游　雅	北京大学
李　建	北方工业大学	陈　雯	中北大学
龙进海	辽宁工程技术大学	秦　涛	贵州大学
沈广文	安徽工业大学	袁　涛	中南财经政法大学
肖诚宇	石家庄铁道大学	宋定衡	辽宁大学
柏　瑶	河南大学	付国檐	电子科技大学
谷文凤	贵州大学	胡国祥	贵州大学
古祥龙	中南大学	吴国富	沈阳工业大学
王　广	石家庄铁道大学	尚玉芳	西南大学
王仁恋	贵州大学	杨学顺	武汉科技大学
邓守刚	贵州大学	杨诗铭	贵州大学

续表

姓 名	录取学校	姓 名	录取学校
倪 巩	西南政法大学	魏兴成	贵州大学
陈 阳	贵州大学	刘元宏	贵州大学
刘 学	贵州大学	何林晔	上海理工大学
李洪运	辽宁工程技术大学	钱安桥	贵州大学
周 正	贵州大学	曹婷婷	贵州大学
胡籍云	贵州大学	陈 欢	贵州大学
禹荣丹	贵州大学	宋 丽	贵州大学
刘任糠	江苏大学	王 倩	贵州大学
王 森	大连交通大学	熊辉莲	广东工业大学
伍元海	福州大学	陈 鹏	贵州大学
张玉娇	同济大学	李 吉	成都理工大学
胡 棋	陕西师范大学	陈 强	贵州大学
谢治珺	江西财经大学	兰付永	贵州大学
陈英杰	贵州大学	王兴艳	长沙商贸旅游技术学院
晏大全	遵义医学院（珠海）	刘福坤	遵义医学院
代余峻	黔南民族师范学院	李锦丽	凯里学院
钱倡青	黔南民族师范学院	张 雯	凯里学院
颜芳建	湖北科技学院	李家龙	广州航海学院
陈其翰	黔南民族师范学院	朱 交	华北科技学院
李文茂	黔南民族师范学院	唐尧飞	贵阳学院
吴 恒	防灾科技学院	宋培淋	安顺学院
吴修勇	东北大学秦皇岛分校	杨 建	洛阳理工学院
王 东	遵义医学院（珠海）	犹登梅	贵阳中医学院
吴世兰	遵义医学院（珠海）	袁光耀	湖北科技学院
张善頔	黔南民族师范学院	严 欢	湖北科技学院
杨 宽	贵阳中医学院	温光青	凯里学院
余星辰	贵阳中医学院	罗庆云	黔南民族师范学院

续表

姓　名	录取学校	姓　名	录取学校
廖菊二	贵阳中医学院	李　毅	黔南民族师范学院
瞿光明	湖北科技学院	罗晓芳	遵义医学院（珠海）
陆远模	黔南民族师范学院	滕建园	遵义医学院（珠海）
朱定英	黔南民族师范学院	何林洲	遵义医学院（珠海）
卢成艳	黔南民族师范学院	王　杰	黔南民族师范学院
兰中文	黔南民族师范学院	赵青仙	黔南民族师范学院
宋典虹	黔南民族师范学院	兰中纤	黔南民族师范学院
张林花	黔南民族师范学院	曾祥艳	黔南民族师范学院
唐　琪	遵义医学院（珠海）	李洲伟	黔南民族师范学院
谭　文	黔南民族师范学院	张先艳	黔南民族师范学院
王乾坤	黔南民族师范学院	何明微	黔南民族师范学院
杨　丹	黔南民族师范学院	钟荣凤	黔南民族师范学院
霍庆阳	黔南民族师范学院	陈梅梅	黔南民族师范学院
付兴明	黔南民族师范学院	张银艳	黔南民族师范学院
刘文贵	黔南民族师范学院	周凤豪	黔南民族师范学院
朱海玲	黔南民族师范学院	唐忠洁	遵义医学院
石乘吉	黔南民族师范学院	刘海霞	遵义医学院（珠海）
李孟瑾	黔南民族师范学院	吴宇娴	遵义医学院（珠海）
李德琴	黔南民族师范学院	吴成娜	遵义医学院（珠海）
陈昌奇	黔南民族师范学院	蒲星民	贵阳中医学院
黎小静	黔南民族师范学院	张丽婷	贵阳中医学院
吴　超	黔南民族师范学院	冷开远	海南医学院
严国珍	黔南民族师范学院	彭　陈	武警警官学院
张立珊	黔南民族师范学院	黄朝润	遵义医学院
杨　露	黔南民族师范学院	宋　丽	遵义医学院
张顺菊	遵义医学院（珠海）	潘　舟	黔南民族师范学院
余昌玲	黔南民族师范学院	田洪浩	黔南民族师范学院

续表

姓　名	录取学校	姓　名	录取学校
刘仕杰	贵州警官职业学院	宋美琼	黔南民族师范学院
蒋　鑫	贵州警官职业学院	潘亚伟	黔南民族师范学院
曾令鑫	贵州警官职业学院	陈　成	黔南民族师范学院
邓华刚	黔南民族师范学院	杨荣念	黔南民族师范学院
张　磊	黔南民族师范学院	刘春艳	郑州轻工业学院
罗　俊	遵义师范学院	兰中灏	上海应用技术学院
陈书林	遵义师范学院	贺天南	南京审计学院
何　超	遵义师范学院	常　青	湖北医药学院
钟万丽	黔南民族师范学院	刘家雄	贵州理工学院
宋泽丽	黔南民族师范学院	张　桥	华北科技学院
张启群	黔南民族师范学院	陈　虹	泸州医学院
黄韬略	黔南民族师范学院	肖时顺	贵州理工学院
闵　文	重庆三峡学院	雷钦霁	上海电力学院
童晓茂	遵义师范学院	周江桥	贵州理工学院
王新新	遵义师范学院	余小亮	贵州理工学院
肖英红	黔南民族师范学院	李　坤	贵州理工学院
高登红	南昌工程学院	陈志强	贵州理工学院
杨春生	贵州理工学院	熊华飞	贵阳学院
刘文峰	贵州理工学院	张　雪	贵阳学院
余满仓	贵州理工学院	李泳洁	贵阳学院
张　嵘	贵阳学院	陈运玖	贵阳学院
敖兴源	贵阳学院	卢　静	贵阳学院
谢明海	贵州理工学院	向德春	贵阳学院
张立坤	贵州理工学院	周玲君	贵阳学院
余　吉	贵阳学院	兰成莉	贵阳学院
宋艾琳	贵阳学院	尹　欢	贵阳学院
吴秀祥	河北传媒学院	陈　敏	河南工程学院

续表

姓　名	录取学校	姓　名	录取学校
李霓艺	湖北民族学院	黄　娟	江西服装学院
周昌成	安顺学院	黄恋恋	南京晓庄学院
聂亚红	安顺学院	肖启贤	闽江学院
杨　松	安顺学院	周前兰	天津农学院
袁　江	安顺学院	石　芸	江西服装学院
文良书	天津农学院	祝林海	贵州理工学院
彭世柔	重庆邮电大学移通学院	张洪江	江苏理工学院
胡祎蕾	吉林华桥外国语学院	李选敏	江苏理工学院
聂福苇	贵州理工学院	黎成方	贵州理工学院
毛宣路	贵州理工学院	蒋一铭	贵州理工学院
熊　文	贵州理工学院	方久建	江苏理工学院
陈　勇	贵州理工学院	张万春	贵阳学院
罗　丹	贵州理工学院	潘龙树	肇庆学院
毛先品	贵州理工学院	兰光亮	凯里学院
陈彦坤	贵州理工学院	肖永贵	六盘水师范学院
周仕军	贵州理工学院	刘盛海	六盘水师范学院
陈光伟	贵州理工学院	蒲兴云	六盘水师范学院
邹　洁	黔南民族师范学院	刘　琼	六盘水师范学院
陈　运	六盘水师范学院	李子东	吉林警察学院
龚　霞	贵阳学院	李　春	惠州学院
安鸿松	辽东学院	兰　禹	铜仁学院
周　阳	怀化学院	董存健	怀化学院
梁晋铵	怀化学院	蒲天毅	六盘水师范学院
余泓成	沈阳工程学院	赵　洪	重庆师大涉外商贸学院
王　操	北京城市学院	杨忠超	荆楚理工学院
卻美吉	惠州学院	江培群	荆楚理工学院
王小琴	铜仁学院	莫兴婷	辽东学院

续表

姓　名	录取学校	姓　名	录取学校
喻泳攀	齐齐哈尔医学院	任碧宇	长春工程学院
卢清芬	贵阳中医学院	周永松	辽东学院
杨冬林	铜仁学院	吕开艳	吉林警察学院
杨昌建	河南城建学院	徐　荣	铜仁学院
王　琴	安顺学院	龙吉凤	湖南财政经济学院
陈　程	安顺学院	蒋韦臣	北京印刷学院
吴　晗	长春工程学院	罗　强	荆楚理工学院
杨　娇	六盘水师范学院	刘　静	荆楚理工学院
邓　洋	长治医学院	牟　迪	六盘水师范学院
黄官琴	大庆师范学院	尚广松	铜仁学院
李林怡	北京印刷学院	刘　鹏	吉林警察学院
田红丽	六盘水师范学院	黄仲文	贵阳医学院
倪　霓	六盘水师范学院	谢　鹏	贵阳医学院
滕　艳	贵阳医学院	刘子恋	贵阳医学院
唐　陈	贵阳医学院	王　倩	铜仁学院
蓝登亮	贵阳医学院	李贵江	宜春学院
陈　新	贵阳医学院	刘　美	云南工商学院
潘　松	贵阳医学院	邓　竹	贵州师范学院
潘玉宁	贵阳医学院	毛　成	贵阳中医学院时珍学院
刘兴义	贵阳医学院	邓　兰	贵阳中医学院时珍学院
何　巍	贵阳医学院	王成飞	贵阳中医学院时珍学院
舒宛仪	贵阳医学院	简正兵	四川音乐学院绵阳学院
简再敏	贵阳医学院	杨　洋	山东万杰医学院
杨清淞	贵阳医学院	周　旭	贵阳中医学院时珍学院
谭厚珊	贵阳医学院	马　旭	武昌工学院
刘云霞	吉林动画学院	谢锦云	贵州师范学院
黎振华	宁波工程学院	刘元伟	贵州师范学院

续表

姓　名	录取学校	姓　名	录取学校
龙嫵升	运城学院	吴正茂	贵州师范学院
姚宗材	长沙学院	杨秀丽	贵州师范学院
杜万江	长沙学院	杨银华	昆明理工大学津桥学院
张小飞	江西理工大应用科学院	吴　进	山东英才学院
董成文	贵州大学科技学院	周　丹	贵州师范学院
罗　健	武夷学院	陈　力	邵阳学院
刘　凯	宁波工程学院	刘　江	贵州师范大学求是学院
王泽珊	贵阳中医学院时珍学院	陈　艳	湖北文理学院
邓　娟	湖南商学院	毛国钦	湖南科技学院
陈　敏	宁波工程学院	谢良云	南阳理工学院
周煜洁	湖南工程学院	杨琼瑶	湖北文理学院
卢　琪	辽宁医学院	唐永华	牡丹江师范学院
王华丽	贵阳中医学院时珍学院	牟和丽	牡丹江师范学院
敖德凤	贵阳中医学院时珍学院	杨镇糠	广西师范学院
李水秀	贵阳中医学院时珍学院	田景阳	贵州大学科技学院
冉　珊	贵阳中医学院时珍学院	毛　云	贵州大学科技学院
周行念	贵阳中医学院时珍学院	张治航	海口经济学院
帅光秀	贵州师范学院	夏丹华	海口经济学院
安钰霞	贵州师范学院	黄章鲲	海口经济学院
赵国林	贵阳中医学院时珍学院	肖咸峰	海口经济学院
丁光逸	贵阳中医学院时珍学院	童明炜	云南工商学院
洪　涛	贵州师范学院	宋泽岚	贵州师范大学求是学院
曾令清	贵阳中医学院时珍学院	李家亮	贵州师范大学求是学院
何　玮	贵阳中医学院时珍学院	段正超	河北美术学院
任　健	贵阳中医学院时珍学院	刘兴玉	河北美术学院
李雨燕	贵阳中医学院时珍学院	李　维	河北美术学院
李　亚	昆明理工大学津桥学院	冉丽琴	贵州师范大学交通学院

续表

姓　名	录取学校	姓　名	录取学校
王　凤	贵州师范学院	陈华嵩	贵州师范大学交通学院
张国坤	贵州师范学院	戎　娇	黄冈师范学院
张佩佩	遵义医学与科技学院	谭春燕	湖北第二师范学院
穆仁艳	遵义医学与科技学院	黎　俊	海口经济学院
何红燕	遵义医学与科技学院	杨选辉	江西科技学院
赵晓芸	遵义医学与科技学院	熊　波	东华理工大学长江学院
商　景	上海杉达学院	龚符合	贵阳护理职业学院
吴惟麒	江西服装学院	张　恒	贵阳护理职业学院
张前程	长春理工大光电信息学院	吴　海	石家庄经济学院华信学院
杨秋艳	兴义民族师范学院	刘毅章	贵阳民族医药学院
徐　娅	济宁医学院	申　梅	贵阳中医学院
王　飞	济宁医学院	葛　琴	贵阳民族医药学院
李先洪	济宁医学院	蒋　婷	贵州民大人文科技学院
任永银	贵阳医学院铜仁学院学点	黄　松	青岛工学院
熊欢欢	贵州师范大学铜仁学院办学点	刘　念	贵州民大人文科技学院
张童峰	广西工学院鹿山学院	傅元煇	贵州民族大学人文科技学院
吴昭梅	贵州大学科技学院	蒋福朋	兴义民族师范学院
王学飞	贵州大学科技学院	吴满红	贵州师范大学求是学院
蔡国健	贵州大学科技学院	陈泰芳	兴义民族师范学院
熊汉姣	贵州大学科技学院	任　缘	兴义民族师范学院
犹　中	贵州大学科技学院	李佳丽	凯里学院
李家云	江西新余学院	程钰欣	兴义民族师范学院
杨秀英	吉林财大信息经济学院	孔凡友	兴义民族师范学院
闵　鸿	龙岩学院	刘开亿	贵州师范大学求是学院
莫　洁	兴义民族师范学院	文耀贤	曲阜师范大学杏坛学院
王　丽	兴义民族师范学院	陈玉娇	重庆工商大学派斯学院
刘尚沂	贵州大学明德学院	犹维维	贵州财经大学商务学院

续表

姓　名	录取学校	姓　名	录取学校
何　柳	贵州大学明德学院	尚广羽	韶关学院
吴登群	云南工商学院	叶明熙	贵州大学明德学院
唐洪艳	南昌大学科学技术学院	向国华	北京科技经营管理学院
赵坤进	贵州大学明德学院	马贤勇	贵州大学明德学院
伍正群	贵州大学明德学院	犹　豪	贵州大学明德学院
杨孟霖	山东万杰医学院	安　义	贵州大学明德学院
周虹池	山东万杰医学院	冉　勇	南昌职业学院
廖吉敏	贵州师范学院	王　宏	贵州财经大学商务学院
王　刚	贵州财经大学商务学院	陈　艺	贵州大学明德学院
陈今禄	贵州财经大学商务学院	张才林	贵州大学明德学院
刘　梅	贵州师范学院	付德茂	南开大学滨海学院
陆婷婷	贵州师范学院	廖梦婕	凯里学院
熊兴美	贵州师范学院	程　霜	湘南学院
蔡长敏	吉林师范大学博达学院	谢　丽	山东协和学院
何　盼	山东英才学院	杨　帆	厦门大学嘉庚学院
杨　未	江西服装学院	邓　鑫	山东协和学院
陈　洪	江西服装学院	何　梅	遵义师范学院
张荣亚	遵义师范学院	谢　庆	湘南学院
叶小倩	遵义师范学院	冷继丽	吉林师范大学博达学院
张　拉	山西中医学院	陈　琳	云南大学旅游文化学院
陈常健	贵州大学明德学院	周　念	云南工商学院
王　玮	北京科技经营管理学院	林建国	贵州财经大学商务学院
刘　丽	贵州财经大学商务学院	丰元江	新余学院
李才娟	贵州财经大学商务学院	李正欣	华东交通大学理工学院
冷盈德	贵州财经大学商务学院	蒋仕春	鞍山师范学院
廖正艳	南昌理工学院	冉　雪	贵州师范学院
黄都建	南昌理工学院	卢　虹	贵州大学人武学院

续表

姓　名	录取学校	姓　名	录取学校
卢成禹	贵州财经大学商务学院	兰富宇	山东英才学院
彭　洋	贵州财经大学商务学院	戎　林	山东英才学院
罗　吉	山东英才学院	谢进财	山东英才学院
张黎明	西京学院	张林波	山东英才学院
肖长露	山东英才学院	付军菡	武汉长江工商学院
林　浩	成都学院	田帷历	湖南商学院北津学院
卢双喜	九江学院	熊　飞	南昌工学院
袁方学	黔南民族师范学院	费丽西	南阳理工学院
赵　静	黔南民族师范学院	刘林军	贵港职业学院
李　明	黔南民族师范学院	杨勋涛	广西民族师范学院
叶明昊	大连东软信息学院	任　静	沈阳医学院
陈永明	西京学院	何　璇	重庆大学城市科技学院
刘大美	贵州师范大学求是学院	杨海欧	云南司法警官职业学院
卢红艳	北京城市学院	蒋　晨	贵州师范大学求是学院
汪　曼	贵阳医学院院民族医药学院	陈　莉	贵阳民族医药学院
赵俊超	贵州师范大学求是学院	周江艳	贵阳神奇民族医药学院
杨勋潇	贵阳民族医药学院	洪启芳	贵阳中医学院时珍学院
张　懿	贵阳民族医药学院	宋石杰	遵义医学院（珠海）
胡晓韵	陕西国际商贸学院	邓　妍	贵州民大人文科技学院
谭　靖	贵州民大人文科技学院	周云霞	陕西国际商贸学院
龚贤清	广东白云学院	邱杨焱	贵阳民族医药学院
杜洪锐	贵州民大人文科技学院	邓　坤	贵阳民族医药学院
商　鹏	贵阳民族医药学院	杨正耀	贵阳民族医药学院
李春琰	贵州师范大学求是学院	陈　迪	贵阳民族医药学院
张　雪	贵阳民族医药学院	冉　雪	贵阳民族医药学院
闵　群	贵阳民族医药学院	蒋　艳	贵阳民族医药学院
刘大美	贵州师范大学求是学院	龙玉涵	贵阳民族医药学院

瓮安二中2014年高考录取名单

姓　名	录取学校	姓　名	录取学校
孙　惠	贵州师范大学	周志祥	湖北工业大学
陈　银	贵州民族大学	高　场	黑龙江科技大学
莫　雪	贵州财经大学	王洪军	桂林理工大学
吴洪玥	贵州民族大学	方　毅	甘肃农业大学
段怀龙	贵州师范大学	张　洲	长春工业大学
李丹荧	贵州大学	御发美	内蒙古农业大学
肖　坤	贵州大学	沈　可	江西科技师范大学
陈　赟	贵州大学	犹娇娇	渤海大学
田镇豪	贵州师范大学	曹　毅	太原科技大学
张诗慧	贵州民族大学	王海燕	黑龙江大学
黄钰淇	河南农业大学	李镇庭	山西农业大学
杨祥富	内蒙古工业大学	姚支碧	天津科技大学
杨乐乐	西安工程大学	马大吉	青海民族大学
金　铃	江西师范大学	袁仕林	辽宁科技大学
犹龙海	广西师范大学	余泓成	沈阳师范大学
余　康	武汉工程大学	杨雨也	北京联合大学
谭崇波	山西农业大学	赵　毅	上海第二工业大学
宋林烨	西南交通大学	冷婧雯	山东农业大学
张　颖	河南工业大学	石国斌	吉林医药学院
敖　逍	华东交通大学	贾　杨	浙江农林大学
田茂林	杭州师范大学	邹　杰	西华师范大学
蔡长春	齐齐哈尔大学	肖成斌	辽宁石油化工大学
张桂铭	大连工业大学	冯　智	武汉工程大学
商　景	延安大学	戎立娇	武汉轻工大学
李　宪	武汉轻工大学	蔡明甸	重庆理工大学
王本廷	武汉轻工大学	肖咸峰	吉林农业大学
宋昕盈	江西师范大学	谯佳佳	河南工业大学
王　盛	西南交通大学	杨丹丽	辽宁师范大学
李重霖	沈阳师范大学		

续表

姓　名	录取学校	姓　名	录取学校
沈沿利	长春师范大学	邱龙云	曲阜师范大学
江显娅	曲阜师范大学	张　群	山西大同大学
向彦锦	黑龙江科技大学	练路艳	河南师范大学
郑红羽	黑龙江中医药大学	陈祥凤	辽宁科技大学
汪　悦	江西师范大学	王　芬	福建中医药大学
代　毅	天津师范大学	黄　眺	内蒙古科技大学
宋厚吟	鲁东大学	杨程景	绍兴文理学院
田　曼	天津商业大学	魏志红	湖南中医药大学
张麒麟	天津商业大学	何国冬	贵州民族大学
郑雪梅	天津商业大学	伍臣帅	贵州民族大学
兰兴星	中南民族大学	向　阳	贵州民族大学
陈映彤	贵州财经大学（中外合作办学）	梁宇霞	贵州民族大学
汪　洋	贵州师范大学	田景发	贵州民族大学
宋婷婷	贵州师范大学	张　义	聊城大学
袁昌文	贵州师范大学	张　鹏	塔里木大学
陈　敏	贵州师范大学	周前兰	贵州财经大学
周任极	贵州师范大学	万昕雨	贵州财经大学
代明莉	贵州师范大学	侯绿军	贵州财经大学
王　艳	贵州师范大学	赵泽雪	贵州财经大学
张　玉	贵州师范大学	卢　韦	贵州财经大学
宋　婧	贵州师范大学	兰永芳	贵州财经大学
唐裕俊	贵州师范大学	吴　洋	贵州财经大学
刘　浪	贵州师范大学	何　雪	贵州财经大学
余才华	贵州师范大学	宋　乐	贵州财经大学
陈胜燕	贵州师范大学	程连波	贵州财经大学
王兴红	贵州师范大学	犹　霞	贵州财经大学
赵启蒙	贵州师范大学	黄兴六	贵州财经大学
杨　鑫	天津师范大学	谢早祥	贵州财经大学
袁安平	北华大学	曾冬梅	贵州财经大学

续表

姓　名	录取学校	姓　名	录取学校
张光杰	温州大学	李君琴	贵州财经大学
卢大远	福建林业大学	王　瑾	贵州大学
朱晓雯	哈尔滨师范大学	兰成凤	贵州民族大学
杨　曼	海南大学	李　潇	贵州民族大学
殷昕勇	黑龙江八一农垦大学	袁盛凯	贵州民族大学
刘　幸	海南大学	王　路	贵州师范大学（中外合作办学）
王　迪	沈阳大学	王奕灵	贵州师范大学（中外合作办学）
刘喻鑫	天津城建大学	曹洪臻	辽宁工业大学
张　瑶	天津城建大学	郑国钦	齐鲁工业大学
邓　颖	天津城建大学	张瑞超	大连大学
骆　程	天津城建大学	刘安星	佳木斯大学
王兴鹏	河北科技大学	王启冰	桂林电子科技大学
朱后春	大连海洋大学	田茂江	山西医科大学
尹全凤	河北中医药大学	宋泽文	大连交通大学
沈正秀	山西大同大学	董维旋	河南科技大学
李　湉	沈阳师范大学	周　韦	内蒙古民族大学
吴康福	大连民族学院	简良月	贵阳医学院
何正露	贵阳中医学院	李　荣	贵阳学院
陈志祥	黔南民族师范学院	陈　琳	三明学院
朱仕云	安顺学院	李　勇	贵阳医学院
何　江	黔南民族师范学院	王梅香	兴义民族师范学院
周福会	黔南民族师范学院	黄　涛	兴义民族师范学院
段正超	安顺学院	熊俊松	绵阳师范学院
蒲　雪	贵州师范学院	吴昌燕	宜宾学院
田兴文	黔南民族师范学院	陈　乾	三明学院
杨晓红	湖南工程学院	喻　松	齐鲁师范学院
李刚惠芸	安顺学院	舒星搏	徐州工程学院

续表

姓　名	录取学校	姓　名	录取学校
杨　梅	贵州师范学院	刘仲元	宁波工程学院
徐泽军	潍坊医学院	周正云	滨州医学院
黄毓炼	滨州医学院	张远宽	陕西理工学院
裴　安	内蒙古科技大学包头医学院	杨家辉	江西警察学院
卢永菊	防灾科技学院	王　银	西安财经大学学院
欧正江	甘肃政法学院	周　雯	四川警察学院
李　静	新乡医学院	杨　洋	阜阳师范学院
杨丰瑞	甘肃政法学院	杨玉念	白城师范学院
周煜洁	湘南学院	余　姣	菏泽学院
谢　洪	黔南民族师范学院	犹显燃	黔南民族师范学院
程　娇	贵阳医学院	梁　雯	黔南民族师范学院
蒋　渊	湖北工程学院	郑　静	黔南民族师范学院
林　泠	黔南民族师范学院	陆　涛	黔南民族师范学院
李佳佳	遵义医学院	肖梦瑶	湖北文理学院
付洪婷	齐齐哈尔医学院	倪　举	黔南民族师范学院
王　林	贵州理工学院	彭仕海	贵州理工学院
张先敏	黔南民族师范学院	向星瑜	黔南民族师范学院
何　洁	长春工程学院	周凤豪	贵阳医学院
孙祖晗	长春工程学院	雷　艳	黔南民族师范学院
谢　杰	武夷学院	况易凤	黔南民族师范学院
聂兴凤	黔南民族师范学院	邹春燕	黔南民族师范学院
江显兵	河南工程学院	朱待霖	贵州理工学院
罗　颖	黔南民族师范学院	何　穆	贵州理工学院
肖钰航	湖南工学院	郑玉梅	惠州学院
娄伦高	黔南民族师范学院	李庆波	黔南民族师范学院
王　云	绍兴文理学院	彭荣杰	黔南民族师范学院
周朝兵	黔南民族师范学院	宋　杰	贵州理工学院

续表

姓　名	录取学校	姓　名	录取学校
余代甲	重庆文理学院	谢启彬	贵州理工学院
申恒辉	贵州理工学院	张　练	黔南民族师范学院
卢锡会	黔南民族师范学院	胡　雪	黔南民族师范学院
白玉琴	湖北科技学院	徐光亮	湖南工学院
卢锡艳	贵州理工学院	冯　顺	川北医学院
梁　凯	贵州理工学院	王仁欢	贵阳医学院
宋晓伟	湖南工程学院	张　岳	黔南民族师范学院
文转芬	黔南民族师范学院	丰配军	贵州理工学院
许　鹏	贵州理工学院	谭锡林	上海电力学院
刘　帅	黔南民族师范学院	宋丽娟	黔南民族师范学院
文　鑫	贵州理工学院	王顺喜	惠州学院
谢明燕	贵阳医学院	宋　芳	荆楚理工学院
池　明	贵州理工学院	余海豪	贵州理工学院
张绍威	黔南民族师范学院	刘元伟	贵州理工学院
张永菊	黔南民族师范学院	段正袁	常州工学院
何志云	黔南民族师范学院	周　德	荆楚理工学院
吴　云	山东政法学院	杜伦吉	南昌工程学院
魏　强	贵州理工学院	周　锡	惠州学院
宋星陈	淮阴工学院	熊华飞	湖北工程学院
张杨勇	贵州理工学院	李恩靖	长春工程学院
杨　航	石家庄经济学院	刘　红	齐齐哈尔医学院
卢鹏程	贵州理工学院	刘兴玉	南华大学
余　飞	四川警察学院	方　鑫	北方民族大学
冉　灿	黔南民族师范学院	陈　洋	四川民族学院
吴池丹	黔南民族师范学院	王　涛	贵阳中医学院
曹光会	云南中医学院	丁　一	湖南工学院
刘大双	景德镇陶瓷学院	华金辉	江苏第二师范学院

续表

姓　名	录取学校	姓　名	录取学校
兰才淋	重庆文理学院	王　飞	兴义民族师范学院
吕　艳	宁德师范学院	黄章鲲	南京晓庄学院
刘　兵	六盘水师范学院	李水秀	遵义师范学院
伍谨菁	中原工学院	杨小芬	广东医学院
杨　崴	徐州工程学院	唐良春	黑河学院
宁合朗	晋中学院	李庆飞	吉林农业科技学院
罗忠圣	遵义师范学院	杨　静	吉林农业科技学院
张雨露	吉林华桥外国语学院	顾英杰	辽宁科技学院
韩锦阳	湖北理工学院	肖碧先	牡丹江师范学院
桂永坤	长沙师范学院	胡汉琴	贵阳中医学院
王资富	大庆师范学院	刘德东	贵阳中医学院
何则娇	安康学院	李　倩	贵阳中医学院
袁正杰	贵州工程应用技术学院	陈　黔	贵阳中医学院
袁　缘	贵州工程应用技术学院	罗塬馨	贵阳中医学院
陈国娟	贵州工程应用技术学院	徐　青	贵阳中医学院
王华煜	福建工程学院	付晓艳	贵阳中医学院
张　林	贵阳学院	陈　涛	贵阳中医学院
董成文	贵阳学院	李廷奎	贵阳中医学院
吴学青	贵阳学院	蔡祖丽	贵阳中医学院
何　洋	贵阳学院	庞万全	贵阳中医学院
张　鹏	贵阳学院	游娇娇	贵阳中医学院
杨明松	贵阳学院	朱鹏程	贵阳中医学院
徐建梅	贵阳医学院	付　薇	贵阳中医学院
方雅兴	贵阳医学院	冉　霞	贵州师范大学铜仁学院办学点
尹作香	贵阳医学院	陈　涛	陇东学院
莫远佳	贵州师范学院	袁　瑞	铜仁学院
罗远梅	贵州师范学院	赵　婷	兴义民族师范学院

续表

姓　名	录取学校	姓　名	录取学校
张　婷	贵州师范学院	孙　婷	兴义民族师范学院
张祖清	贵州师范学院	付　伟	遵义医学院
张俊翼	贵州师范学院	谭宇雪	遵义医学院
唐　静	贵州师范学院	朱正锋	遵义医学院
肖　建	贵州师范学院	赵　晏	遵义医学院
田维钰	贵州师范学院	邹　鹏	遵义医学院
邹汉阳	贵州师范学院	陈　美	遵义医学院
宋　宇	贵州师范学院	朱海玲	遵义医学院
兰小丹	贵州师范学院	杨秋雨	遵义医学院
马文碧	贵州师范学院	雷远松	遵义医学院（珠海）
杜　菲	贵州师范学院	兰朝凤	遵义医学院（珠海）
李晓芬	贵州师范学院	罗晓敏	遵义医学院（珠海）
李红霞	贵州师范学院	闵常章	贵阳医学院
唐书臣	贵州师范学院	陈明顺	贵阳医学院
陆婷婷	贵州师范学院	周玉先	贵阳医学院
张　梅	贵州师范学院	周　琴	贵阳医学院
汪月霞	贵州师范学院	范婷婷	贵阳医学院
皮定昆	贵州师范学院	简良茂	贵阳医学院
黎吉群	贵州师范学院	唐　娟	贵阳医学院
陈　娅	贵阳医学院	张　洁	贵阳医学院
王冠钦	凯里学院	张　燕	贵阳医学院
兰正艳	凯里学院	李欢欢	黔南民族师范学院
蔡林彤	凯里学院	杨昌友	黔南民族师范学院
莫永丽	安顺学院	刘　美	黔南民族师范学院
彭　芸	安顺学院	敖富豪	黔南民族师范学院
刘　念	安顺学院	王　杰	黔南民族师范学院
黄　电	安顺学院	付　旭	黔南民族师范学院

续表

姓　名	录取学校	姓　名	录取学校
王　丹	安顺学院	罗　巍	黔南民族师范学院
卢清银	贵阳学院（中外合作办学）	赵　云	黔南民族师范学院
左天然	贵阳学院（中外合作办学）	熊兴美	黔南民族师范学院
张德映	湖州师范学院	潘东峰	黔南民族师范学院
刘开亿	凯里学院	吴　海	黔南民族师范学院
王　怡	六盘水师范学院	淳兴雪	黔南民族师范学院
田应群	铜仁学院	桂　青	黔南民族师范学院
李仁忠	铜仁学院	黄　婷	黔南民族师范学院
杨万起	铜仁学院	王德雪	牡丹江医学院
丰　维	铜仁学院	吴跃宽	牡丹江医学院
郭大庆	铜仁学院	赵丛辉	牡丹江医学院
宋晓敏	铜仁学院	杨　莲	吉林工商学院
敖德凤	遵义医学院	黄明艳	长治医学院
刘子裕	景德镇陶瓷学院	张　豪	海南医学院
宋定禄	浙江科技学院	张　丽	福州师范学院
蒙露露	遵义师范学院	宁合郎	晋中学院
卢　媚	遵义师范学院	田林洪	湖北医药学院
任晓旭	鞍山师范学院	曾宪勇	吉林化工学院
潘　菲	上海应用技术学院	陈　涛	龙岩学院
张登成	成都工业学院	黎鼎亮	山东交通学院
兰玉滔	江苏理工学院	王　俊	山东技术师范学院
张　俊	辽东学院	彭云星	云南工商学院
刘尚沂	闽江学院	谭理超	枣庄学院
朱　娜	闽南师范学院	王金红	廊坊师范学院
陈光德	邵阳学院	罗明静	福建江夏学院
彭方奎	台州学院	王芝进	三明学院

瓮安二中2015年高考录取名单

姓　名	录取学校	姓　名	录取学校
朱荣进	清华大学	谢明杨	北京大学
陈宾涵	北京大学	徐尹恒	贵州大学
张香琴	北京交通大学	胡雪丰	辽宁工程技术大学
胡艺凡	南昌大学	谭　杰	青岛大学
欧昱宏	中南民族大学	刘仕春	福州大学
王文耀	华中师范大学	何思含	辽宁工程技术大学
李崇俊	大连交通大学	骆孝超	哈尔滨工业大学（威海）
张其洪	重庆交通大学	廖忠荣	安徽财经大学
陈贵俊	辽宁石油化工大学	陈志凤	扬州大学
曾小令	贵州大学	吕　霞	天津财经大学
刘文琴	贵州大学	吴　静	黑龙江科技大学
黎　聪	同济大学	李青青	四川大学
杨　成	北京信息科技大学	任　丽	南京邮电大学
李　季	贵州医科大学	张涛涛	贵州医科大学
刘贞钇	贵州民族大学	黄雅汐	深圳大学
赵兴旺	贵州民族大学	蔡一波	贵州民族大学
赵洗茂	贵州医科大学	蒲泽毛	山东理工大学
胡如贵	贵州医科大学	刘洋颖	贵州民族大学
梁大芳	贵州医科大学	朱永鑫	贵州民族大学
任安兴	沈阳航空航天大学	唐振喜	山东理工大学
邹　祥	闽南师范大学	刘　浪	山东科技大学
符永凤	贵州民族大学	刘　云	云南农业大学
熊　凤	贵州医科大学	周融泽	贵州医科大学
王　营	贵州财经大学	刘德婷	贵州财经大学
杨　涛	三峡大学	袁　欢	贵州民族大学
陈　瑜	贵州财经大学	宋江龙	西安工业大学
杨　露	贵州财经大学	张　娟	贵州财经大学
陈　美	贵州财经大学	姚　梅	贵州财经大学

续表

姓　名	录取学校	姓　名	录取学校
张　骞	天津科技大学	宋飞林	贵州医科大学
陶俊宏	天津科技大学	兰成林	贵州医科大学
王元洋	贵州财经大学	陈洪锐	贵州医科大学
陈　燕	贵州财经大学	杨再吉	西安工业大学
张刚宇	贵州财经大学	袁昌旺	哈尔滨理工大学
陈家强	青岛理工大学	郑冉春	天津城建大学
倪　婕	黑龙江中医药大学	唐秸键	天津科技大学
曹代琴	哈尔滨师范大学	马大吉	浙江农林大学
李俊昕	贵州财经大学	汪　霞	贵州财经大学
顾培炜	贵州财经大学	丁群畅	贵州财经大学
兰玉春	贵州财经大学	冯　疆	南通大学
丁永珍	贵州财经大学	袁振华	贵州财经大学
刘泽华	贵州财经大学	余克汛	井冈山大学
王传祥	贵州财经大学	王　杰	闽南师范大学
张　辉	贵州财经大学	丁群红	武汉纺织大学
李恩玉	鲁东大学	宋赣红	哈尔滨师范大学
李　俊	天津职业技术师范大学	宋兴燕	贵州财经大学
牟　禄	河北科技大学	骆科敏	贵州财经大学
韩　棚	渤海大学	刘　坤	山东建筑大学
陈红竹	渤海大学	尹全成	山东建筑大学
赵显坤	江西理工大学	卓其丽	成都中医药大学
沈红桃	渤海大学	袁昌唯	成都中医药大学
胡晓玲	渤海大学	王朝坤	贵州师范大学
顾德艺	沈阳师范大学	温　馨	大连民族大学
毛　顺	西华师范大学	郑仕明	贵州师范大学
吴佩珊	西北民族大学	蒲天丽	贵州师范大学
黄　鹏	西北民族大学	兰金彩	大连民族大学
周　曼	江西师范大学	吴春香	贵州师范大学
周　境	江西师范大学	刘　蛟	贵州师范大学

续表

姓　名	录取学校	姓　名	录取学校
唐红梅	贵州师范大学	杨昌伦	贵州师范大学
陈　松	贵州师范大学	王　星	江西师范大学
邓适昀	贵州师范大学	杨洪燕	贵州师范大学
宋君兰	贵州师范大学	王小静	贵州师范大学
任　烨	贵州师范大学	王国玙	贵州师范大学
冉芳丽	贵州师范大学	徐综灿	贵州师范大学
田　程	贵州师范大学	张桂铭	贵州师范大学
王国诚	贵州师范大学	黄言佳	贵州师范大学
蔡雪芬	贵州师范大学	牟金焰	贵州师范大学
谢　琴	贵州师范大学（中外合作办学）	李邹于	大理大学
邓元洁	贵州师范大学（中外合作办学）	刘德云	华北水利水电大学
陈　斌	贵州师范大学	董　宇	辽宁工业大学
潘龙丹	北华大学	田仁皓	辽宁工业大学
刘俊男	贵州师范大学	王维强	辽宁工业大学
杨　坤	贵州师范大学	高　欢	河南师范大学
李爽爽	贵州师范大学	熊辉源	烟台大学
孟　莲	贵州师范大学	罗秉宸	青岛农业大学
赵玉婵	烟台大学	邓　浩	沈阳大学
雷　潇	湖北中医药大学	余　姣	辽宁科技大学
田　坤	沈阳大学	陈星光	辽宁科技大学
郑大伟	沈阳大学	唐仁飞	广东海洋大学
尚洪俊	沈阳大学	陈　超	凯里学院
蔡文武	东北石油大学	廖钰竹	东北财经大学
朱精玲	贵州商学院	李　飞	新疆农业大学
付兴棋	铜仁学院	颜芳滔	苏州职业大学
吴　聪	铜仁学院	冷安敏	贵州财经大学
杜国先	贵州商学院	杨诗蝶	贵州财经大学
杨　丽	贵州财经大学	邓铈舰	新疆农业大学
张　霞	贵州商学院	王德友	桂林电子科技大学

续表

姓　名	录取学校	姓　名	录取学校
陈远香	贵州商学院	张　航	青岛理工大学
刘　英	贵州财经大学	唐　颖	上海师范大学
刘　洋	湖南工业大学	兰付俨	中央民族大学
曾　骁	宁波大学	王　瑾	扬州大学
张　睿	山东科技大学	田吉东	西南科技大学
张深龙	辽宁大学	刘　阳	贵州大学
王小红	贵州大学	王　勇	贵州大学
李　杰	华东理工大学	解晓艺	沈阳药科大学
罗　航	贵州大学	罗秋红	中国药科大学
陈明航	西南大学	丁　瑜	第四军医大学
宋昕洋	西南民族大学	李光剑	天津工业大学
丁大利	贵州大学	尚元盛	贵州大学
陈志忠	贵州大学	李　红	湖北大学
喻　琼	集美大学	杨章鸿	湖南师范大学
郭　靖	贵州大学	顾智宏	北京体育大学
张　鹏	东华理工大学	田　伟	重庆大学
刘天俊	苏州大学	刘　敏	贵州大学
刘　香	陕西师范大学	罗文芬	西南大学
文堇淞	西南交通大学	兰　江	同济大学
刘坤丽	北京信息科技大学	谢卫东	贵州大学
粟虹淞	西南交通大学	何正大	江苏科技大学
唐煦东	贵州大学	金邦恒	贵州大学
陈　林	第四军医大学	曹代文	沈阳航空航天大学
胡群义	天津财经大学	罗　毅	中国医科大学
范信琨	辽宁工程技术大学	杨　澜	温州大学
卢先富	扬州大学	范　丹	贵州大学
谢良金	贵州大学	陈冰洋	北京交通大学
赵荣成	山东农业大学	任寿光	海南大学
尹宏伟	南京工业大学	彭传伟	青岛大学

续表

姓　名	录取学校	姓　名	录取学校
王发鹏	辽宁工程技术大学	杨镁熔	陕西师范大学
周　艺	西华大学	覃兴茂	贵州大学
肖学会	西南政法大学	赵文娜	上海海事大学
张　浩	湖北大学	彭　云	贵州大学
杨泽富	西北民族大学	宋欣原	中国矿业大学
曹国松	山西师范大学	王宥媛	陕西师范大学
郑国艳	贵州大学	向芳影	江苏科技大学
胡　丹	湖南科技大学	王化先	贵州大学
王海燕	云南财经大学	罗　亚	延边大学
吴　倩	海南师范大学	向　建	西南民族大学
任　珊	北京师范大学	王云菊	山西财经大学
许青青	贵州大学	杨琇程	临沂大学
关芦东	厦门大学	陈　建	贵州大学
周　璇	四川农业大学	严国珍	海南大学
张明祥	浙江财经大学	丁　耀	贵州大学
王　晗	贵州大学	蔡玉松	辽宁工程技术大学
林　泠	贵州大学	李安方	辽宁工程技术大学
李雨涛	中国海洋大学	向彦锦	大连大学
刘碧芋	河北大学	陈　亮	西安石油大学
王怀兴	贵州大学	杨玉念	贵州大学
田景华	贵州大学	徐碧发	贵州大学
宋泽文	南华大学	周　吉	石家庄铁道大学
唐桥发	沈阳工业大学	刘　军	西南林业大学
曹光会	湖北大学	蒲映宏	黑龙江八一农垦大学
蔡　建	湖南工业大学	冯景燕	贵州医科大学
李　洪	湖南工业大学	胡伶俐	华侨大学
胡仁飞	长江大学	杨玉芳	福建农林大学
李　雨	吉林财经大学	冷　松	吉林大学
王　亚	上海海洋大学	兰玲倩	贵州医科大学

续表

姓　名	录取学校	姓　名	录取学校
卢　谌	遵义医学院	吴　乐	安顺学院
张柳婷	兴义民族师范学院	周峻廷	贵州理工学院
张梦林	铜仁学院	倪　彬	贵州理工学院
余　辉	黔南民族师范学院	段碧荣	成都医学院
卢锡琴	铜仁学院	骆品涛	黑龙江工业学院
宋春香	铜仁学院	刘超文	贵州理工学院
朱启松	贵州理工学院	吴道坤	吉林化工学院
何明坤	贵州理工学院	熊成宇	贵州理工学院
李远松	贵州理工学院	张武桥	贵州理工学院
陈　杨	贵州理工学院	万盛亚	中国计量学院
杨秀敏	贵州工程应用技术学院	骆乔弟	中国民用航空飞行学院
王学欢	贵州理工学院	陆小波	贵州理工学院
邓乾芬	黔南民族师范学院	张　伟	黔南民族师范学院
莫先权	黔南民族师范学院	肖黔龙	铜仁学院
卢清银	黔南民族师范学院	袁言言	黔南民族师范学院
胡洪连	黔南民族师范学院	潘　茂	黔南民族师范学院
谢文东	黔南民族师范学院	曾　毅	黔南民族师范学院
邓凡亮	黔南民族师范学院	杨光明	黔南民族师范学院
陈其龙	黔南民族师范学院	李　高	黔南民族师范学院
阮诗琦	黔南民族师范学院	杜　春	湖北汽车工业学院
丰元冬	黔南民族师范学院	段　宽	兴义民族师范学院
秦　香	黔南民族师范学院	李大香	六盘水师范学院
冉　龙	贵阳中医学院	费梦婧婕	盐城工学院
兰中香	楚雄师范学院	方忠进	六盘水师范学院
李松涛	上海应用技术学院	胡鸿明	贵阳中医学院
袁　军	贵阳中医学院	林　艳	贵阳中医学院
李培丽	兴义民族师范学院	谢　祝	兴义民族师范学院
宋贞琴	六盘水师范学院	张蜀君	六盘水师范学院
李　娟	遵义医学院	尚正豪	南昌工程学院

续表

姓　名	录取学校	姓　名	录取学校
卢　会	遵义医学院	周家居	洛阳理工学院
龚　维	兴义民族师范学院	况照玉	辽东学院
翁申明	贵阳中医学院	王朝波	武夷学院
向孔平	吉林华桥外国语学院	兰丽晟	贵阳学院
张靖知	六盘水师范学院	陈东福	阜阳师范学院
曾韦婷	六盘水师范学院	何崇飞	淮南师范学院
余咏川	上海电机学院	曾友鹏	安顺学院
袁寿奇	兴义民族师范学院	赵溪兵	湖北师范学院
兰俊杰	武夷学院	陈　静	贵阳中医学院时珍学院
卢　芳	兴义民族师范学院	王　莹	苏州科技学院
陈　建	兴义民族师范学院	周　银	贵州师范学院
陆怡廷	兴义民族师范学院	周　东	安顺学院
秦　洁	遵义师范学院	樊芝江	重庆三峡学院
犹　莲	长江师范学院	龙凭云	贵阳中医学院
张大方	贵阳学院	侯礼洪	湖北师范学院
龚　玉	贵阳中医学院时珍学院	黄国伟	安顺学院
赵成亮	安顺学院	项　东	湖北师范学院
王良芳	荆楚理工学院	李　娜	牡丹江师范学院
蔡　青	湖北师范学院	马孝香	贵州财经大学商务学院
邓龙海	安顺学院	周亭君	天津农学院
周余伦	唐山师范学院	黄　尧	盐城工学院
陈　煜	贵阳学院	曹余洪	白城师范学院
刘志波	遵义医学院（珠海）	谢　旭	荆楚理工学院
王定莹	遵义医学院（珠海）	陈浩然	贵阳学院（中外合作办学）
张俊杰	湖南人文科技学院	石峻青	贵州师范学院
朱立兵	安顺学院	戎　盼	贵阳中医学院时珍学院
张慧聪	遵义医学院（珠海）	黄华群	贵州师范学院
刘安金	苏州科技学院	袁仁崄	牡丹江医学院
陶贤琳	贵州师范学院	李玉萍	牡丹江医学院

续表

姓　名	录取学校	姓　名	录取学校
刘云涛	四川文理学院	魏治富	贵州师范学院
胡显敏	衡阳师范学院	汪德军	遵义师范学院
王振菊	贵州财经大学商务学院	黄　丹	重庆第二师范学院
王　琦	齐齐哈尔医学院	何则莹	贵州师范学院
曾广俊	贵州财经大学商务学院	倪明春	贵州师范学院
袁双龙	吉林工商学院	石井丽	贵阳学院
魏靖凇	金陵科技学院	李　娜	贵州财经大学商务学院
罗　萍	贵州师范学院	朱仕怡	贵阳学院（中外合作办学）
冉应飞	贵州师范学院	王　松	贵阳中医学院时珍学院
张钦钦	贵州师范学院	聂昌洋	天津农学院
犹　爱	贵州师范学院	董存静	吉林工商学院
张远飞	安顺学院	刘　美	贵州财经大学商务学院
彭　欢	贵州师范学院	邓庆珊	天津农学院
李　文	贵州财经大学商务学院	冯媛媛	贵州财经大学商务学院
卢　怡	贵州师范学院	张德坤	泉州师范学院
杜武焰	贵州财经大学商务学院	周成夷	天津科技大学
阮雪飞	湖北第二师范学院	赵心然	上海政法学院
郑泽坤	贵阳学院	郭　茂	湖南工学院
柏　坤	贵阳学院	闵　飞	湖南文理学院
刘先平	贵州师范学院	陈昌松	南京工程学院
彭　庆	贵阳学院	陈天圣	贵州财经大学商务学院
杜　隆	齐齐哈尔医学院	沈良仪	贵州财经大学商务学院
黄顺涛	贵州财经大学商务学院	徐孝成	贵州财经大学商务学院
雷川玺	枣庄学院	潘红每	盐城工学院
全　玉	金陵科技学院	卢　薇	盐城师范学院
何　佳	齐齐哈尔医学院	杨昌俊	滨州学院
李青阳	贵州财经大学商务学院	宋小伟	黄冈师范学院
徐　梅	贵州财经大学商务学院	李海燕	琼州学院
邓　健	贵州师范学院	谌　甜	琼州学院

续表

姓　名	录取学校	姓　名	录取学校
何莉娟	遵义医学院医学科技学院	王　凡	宜春学院
敖德艳	宜春学院	唐登友	辽宁科技学院
李　芳	遵义医学院医学科技学院	王聃丽	辽宁医学院
宋小毅	遵义医学院医学科技学院	邓　恺	辽宁科技学院
陈春涛	辽宁医学院	姜　欢	黄冈师范学院
龚子杰	沈阳工程学院	雷传旭	郑州航空工业管理学院
张　宇	贵州民族大学人文科技学院	周杨熠	南昌工学院
赵永青	莆田学院	赵书元	辽宁科技学院
张　超	莆田学院	张天梅	遵义医学院医学科技学院
唐文静	贵州民族大学人文科技学院	杨　犇	遵义医学院医学科技学院
田红艳	广东石油化工学院	赵礼玉	贵州大学科技学院
高　翔	贵州大学科技学院	杨琇婷	贵州民族大学人文科技学院
李　婷	贵州大学科技学院	朱怀俊	遵义医学院医学科技学院
向龙娅	贵州民族大学人文科技学院	马廷文	贵州大学科技学院
王家会	贵州民族大学人文科技学院	吴石桥	贵州大学科技学院
王金兴	广东石油化工学院	李加成	贵州民族大学人文科技学院
周方方	贵州大学科技学院	丁　焕	贵州大学科技学院
冉应琴	贵州大学科技学院	梁丽红	广西外国语学院
陈仁凤	贵州大学科技学院	何采霞	盐城师范学院
王　云	宁波工程学院	唐富吉	北京科技大学天津学院
丁　娟	贵州医科大学神奇民族医药学院	况德双	长春理工大学光电信息学院
江春兰	贵州医科大学神奇民族医药学院	陈　林	湖北工程学院
代　纹	贵州医科大学神奇民族医药学院	万露雯	中国传媒大学南广学院
李　姗	贵州医科大学神奇民族医药学院	张　飙	山东交通学院
张溢麟	贵州医科大学神奇民族医药学院	刘　欣	邵阳学院
蒲朝艳	贵州医科大学神奇民族医药学院	冯　春	山东交通学院
石　敏	贵州医科大学神奇民族医药学院	朱仕立	北京科技大学天津学院
白方印	贵州大学明德学院	陈祥明	德州科技职业学院
赵虹光	贵州大学明德学院	江　海	海南软件职业技术学院

续表

姓　名	录取学校	姓　名	录取学校
谭茗洙	贵州大学明德学院	秦中林	重庆经贸职业学院
胡其娟	贵州大学明德学院	乐纪钰	福建江夏学院
吴池洪	贵州大学明德学院	刘民英	海南职业技术学院
丁　虹	贵州大学明德学院	蔡到男	江西冶金职业技术学院
谭明昕	贵州大学明德学院	甘晗轩	厦门理工学院
肖德涛	贵州师范大学求是学院	冯　喜	中原工学院
雷　红	宁德师范学院	潘　昊	福建工程学院
熊　翔	贵州师范大学求是学院	杨宇茜	贵州师范大学求是学院
王奕灵	贵州师范大学求是学院	王朝芬	贵州师范大学求是学院
龙燕飞	贵州师范大学求是学院	张　宁	贵州师范大学求是学院
王　芬	新乡学院	张　滔	贵州师范大学求是学院
丁小翠	泉州师范学院	高子涵	厦门理工学院
汪生财	泉州师范学院	白方钤	岭南师范学院
陈太艳	三明学院	杨　倩	黔南民族师范学院
卢成云	三明学院	姚　顺	四川大学锦江学院
张益春	大连财经学院	兰兴亮	苏州托普信息职业技术学院
尚玉东	吕梁学院	潘　雪	重庆应用技术职业学院
周娇娇	石家庄学院	张雨露	泉州师范学院
林耀洁	齐鲁理工学院	胡载雨	北京师范大学珠海分校
李律颖	河北中医学院	熊　睿	重庆经贸职业学院
雷成亮	凯里学院	陈　茜	苏州托普信息职业技术学院
祝柏宇来	贵州商学院	刘　宇	苏州托普信息职业技术学院
张文欢	贵州商学院	李志法	宁德师范学院
简　娜	西京学院	袁昌毅	上海工会管理职业学院
杜　娟	湖南交通工程学院	朱家俊	上海工会管理职业学院
张羽顺	湖南医药学院	熊　媛	贵州商学院
陈　波	贵州商学院	杨　雯	贵州商学院
汪　岚	贵州商学院	刘朝荣	贵州商学院
梁正梅	贵州商学院	李厚美	贵州商学院

续表

姓　名	录取学校	姓　名	录取学校
罗　锋	贵州商学院	李　灿	贵州商学院
石小杰	湖南交通工程学院	卿燠欣颐	江西服装学院
唐凤霞	景德镇学院	张添铭	贵州商学院
金方庆	贵州商学院	王洪建	贵州商学院
孙启迪	贵州商学院	计　婷	贵州商学院
蔡　丹	济宁学院	汪　春	遵义师范学院
吴　云	贵州商学院	王庆会	贵州商学院
李和军	山东英才学院	宋居礼	山东英才学院
游梦姣	山东英才学院	徐　韬	南昌工学院
陈　红	南昌工学院	许　梅	广州航海学院
吴　琳	长沙师范学院	黎远吉	天津农学院
范信免	海口经济学院	张　云	西安欧亚学院
雷永倩	海口经济学院	陈诗娴	河北外国语学院
尹智伟	兴义民族师范学院	周　芳	大连财经学院
罗青青	黔南民族师范学院	陈盼亮	北京城市学院
黄　涛	贵阳学院	黄子秀	山东英才学院
张清亮	湖南涉外经济学院	刘　福	山东英才学院
向林桂	江西服装学院	王之辉	荆楚理工学院
杨栋杰	湖南应用技术学院	杜庆露	江西服装学院
陈　露	三亚学院	彭隆薇	杉达学院
牟　茂	江西服装学院	孙钰童	三江学院
邓尚卿	江西服装学院	黄健航	三亚学院
赵兴丽	海口经济学院	石国燕	辽宁对外经贸学院
闵德顺	江西服装学院	宋　云	江西服装学院
黄俊豪	汉口学院	朱　漫	贵州师范大学求是学院
刘　坤	华北科技学院	黎　藜	黔南民族师范学院
钱庆春	遵义医学院	吴梦财	铜仁学院
王　钦	铜仁学院	林　霞	六盘水师范学院
王乾骅	贵阳中医学院	瞿已淞	武汉体育学院

续表

姓　名	录取学校	姓　名	录取学校
李桂贵	遵义医学院	欧阳晨	安顺学院
向正双	六盘水师范学院	陈光烨	黔南民族师范学院
周　凯	南昌工程学院	李炳锟	贵州理工学院
李文杰	贵阳中医学院	王健竹	中国刑事警察学院
白明东	吉林农业科技学院	陆豪杰	铜仁学院
谭才龙	六盘水师范学院	谭　旭	中国刑事警察学院
兰静雅	贵阳中医学院	刘　浩	黔南民族师范学院
黄志恋	黔南民族师范学院	陈　彤	贵阳中医学院
姚瑞龙	贵州理工学院	张海洋	中国民用航空飞行学院
吴　珊	六盘水师范学院	肖　宇	铜仁学院
孟士杰	沈阳体育学院	文代玉	黔南民族师范学院
冯国桥	琼州学院	陈泳吉	贵阳中医学院
敖宇佳	黔南民族师范学院	刘开元	贵阳中医学院
陈　蕾	贵阳中医学院	文　超	湖州师范学院
叶仕芳	贵阳中医学院	田景阳	曲靖师范学院
罗小群	黔南民族师范学院	卜丹丹	三明学院
王　路	黔南民族师范学院	汪小丰	黔南民族师范学院
卢　婷	兴义民族师范学院	兰远洪	黔南民族师范学院
宋江莎	绵阳师范学院	罗　旭	贵州医科大学神奇民族医药学院
袁　凯	四川旅游学院	石　梦	贵州大学明德学院
黎安美	景德镇学院	潘丽佳	贵州民族大学人文科技学院
商正东	湖北大学知行学院	张　雪	贵州民族大学人文科技学院
宋江权	青岛滨海学院	朱仕魏	贵州民族大学人文科技学院
何金龙	大连东软信息学院	黄皓云	齐鲁理工学院
旦武菊	湖南交通工程学院	骆春秀	江西服装学院
张华雪	西安欧亚学院	任之尧	贵州商学院
张洋铭	武昌工学院	王小利	大连工业大学艺术信息工程学院
商崇江	南昌理工学院	刘仲馨	贵州民族大学人文科技学院
樊启田	山东协和学院		

瓮安二中2016年高考录取名单

姓 名	录取学校	姓 名	录取学校
罗 薇	贵州大学	叶扬海	中国矿业大学（北京）
冉春花	武汉工程大学	孙灿会	宁波大学
王楠清	南京财经大学	胡 杨	中央民族大学
李 洪	华北电力大学（保定）	樊厚吉	延边大学
兰 振	华北电力大学（保定）	李凤英	贵州财经大学
喻欣健	江苏科技大学	李 梦	贵州财经大学
张紫薇	哈尔滨商业大学	王建洋	南京工业大学
祝 枭	贵州大学	金宇庭	贵州大学
宋赣涛	贵州大学	唐桥发	贵州大学
代明飞	山东大学威海分校	李坤林	福州大学
周 杰	福建农林大学	易 云	贵州财经大学
欧阳丽梅	西北大学	李庆强	贵州财经大学
罗 韬	山东科技大学	禹茂池	南京师范大学
李 淞	西南民族大学	帅涧松	江西理工大学
张朝睿	中央民族大学	卢风霖	贵州大学
苏治玮	集美大学	蔡鹏源	贵州大学
张 欢	江苏大学	赵玉娇	贵州大学
兰家军	黑龙江大学	张春峰	井冈山大学
曾洪超	上海第二工业大学	匡思荣	贵州财经大学
王文涛	贵州大学	肖英玉	上海海洋大学
徐明瑞	郑州大学	刘 媛	上海工程技术大学
田锦涛	西南民族大学	任寿光	中国矿业大学
王 顺	四川大学	董 群	贵州医科大学
杨 梅	广西大学	华 兵	贵州医科大学
王焕鑫	燕山大学	黄 超	贵州医科大学
赵 桧	西华大学	张鸿栋	贵州医科大学
白永江	贵州医科大学	陈 吉	贵州医科大学
雷仕利	贵州医科大学	何兴铭	首都经济贸易大学

续表

姓　名	录取学校	姓　名	录取学校
余成进	贵州医科大学	谢朝兵	贵州医科大学
刘平凤	贵州医科大学	罗迎相	贵州医科大学
周　勉	贵州医科大学	瞿道群	贵州医科大学
丁婷婷	贵州财经大学	付国欢	烟台大学
王冬艳	贵州财经大学	刘炳楠	贵州财经大学
刘用恒	贵州财经大学	袁　琳	贵州财经大学
何正丽	贵州财经大学	程　媛	贵州大学
罗　鹏	贵州财经大学	樊　颖	贵州财经大学
冉红芳	贵州财经大学	卢　言	沈阳农业大学
张玉琎	南京林业大学	牟仕兰	贵州财经大学
任丽丽	贵州财经大学	谢传艳	天津商业大学
谢孟玲	贵州财经大学	龙　玉	吉林农业大学
周　艳	河南理工大学	唐　兵	吉林农业大学
李　娟	曲阜师范大学	蔡名飞	云南农业大学
黄　松	河南理工大学	潘龙权	青岛大学
兰家豪	大连民族大学	丰元冬	吉林农业大学
陈天香	辽宁工程技术大学	李碧欢	黑龙江科技大学
赵明凤	山东理工大学	廖建华	东北电力大学
肖时艳	青岛大学	卢　坤	山东理工大学
杨光海	浙江海洋大学	柏莎莎	广东工业大学
夏仕国	西安工程大学	杨　涛	山东中医药大学
杨　珍	天津商业大学	郑　杰	南通大学
叶　丹	青岛大学	伍亚兰	长春中医药大学
蔡文武	上海应用技术大学	黄　丹	淮北师范大学
秦宗华	广西中医药大学	韦影凤	北方民族大学
宋　茂	西南医科大学	李开菊	武汉纺织大学
张　豪	上海第二工业大学	尹洪霞	江汉大学
王　琴	青海民族大学	左崇霖	西北民族大学
夏泰瑞	黑龙江大学	胡清尧	西北民族大学

续表

姓　名	录取学校	姓　名	录取学校
高维丽	哈尔滨商业大学	兰文丰	哈尔滨商业大学
娄方洪	黑龙江大学	彭启鹏	福建农林大学
穆　尧	贵州医科大学	杨　娟	贵州医科大学
张俊诗	贵州医科大学	王红玉	贵州医科大学
田吉玉	福建师范大学	童晓萍	贵州医科大学
袁　丹	贵州医科大学	钱　丹	青岛理工大学
任永鲜	聊城大学	李律锌	内蒙古师范大学
王禄文	石河子大学	邓国发	沈阳建筑大学
赖显静	重庆师范大学	雷　蕾	福建医科大学
罗　彪	重庆师范大学	彭　液	福建医科大学
覃　月	甘肃中医药大学	喻登先	广西民族大学
张朝洁	江苏师范大学	周娇娇	贵州师范大学
陈海军	贵州师范大学	聂万超	哈尔滨师范大学
苟军燕	贵州师范大学	蔺学会	天津师范大学
雷成雪	天津职业技术师范大学	谌　甜	天津师范大学
田　洪	贵州师范大学	张　艺	贵州师范大学
郑大伟	贵州师范大学	蔡　香	贵州师范大学
彭　菊	贵州师范大学	沈　丽	贵州师范大学
张扬康	贵州师范大学	周海波	河北科技大学
温坤红	贵州师范大学	刘　浪	山西农业大学
吴文杰	贵州师范大学	李厚岚	湘潭大学
刘　希	贵州师范大学	冉丽春	哈尔滨师范大学
高渐飞	贵州师范大学	杨思诚	湖北师范大学
王腊梅	成都中医药大学	张　建	贵州师范大学
陈明兴	哈尔滨师范大学	罗　徐	贵州师范大学
张仕荣	贵州师范大学	王腾飞	贵州师范大学
王明宣	贵州师范大学	杨　芳	湖北大学
龙　芬	贵州师范大学	王　海	贵州师范大学
宋居礼	贵州师范大学	李隆俊	吉林建筑大学

续表

姓　名	录取学校	姓　名	录取学校
谭茗洙	贵州师范大学	陈昌菊	长春工业大学
刘　静	天津职业技术师范大学	肖德涛	佳木斯大学
胡洪连	曲阜师范大学	杨应昆	山东农业大学
宋建红	天津科技大学	王　岭	河北师范大学
周顺民	哈尔滨师范大学	唐德丽	河北师范大学
龙启霞	贵州师范大学	曾广俊	天津职业技术师范大学
黄作芳	贵州师范大学	兰玉莲	东华理工大学
胡仁义	长春大学	罗洪敏	大理大学
王　美	长春大学	王建强	河北工程大学
张　韬	黑龙江中医药大学	蒋　沙	上海工程技术大学
雷永芳	大连海洋大学	黎蓝桧	大连民族大学
滕　婕	新疆大学	杨　洪	沈阳航空航天大学
刘红艳	沈阳大学	蒲泽坤	福建中医药大学
熊　丽	福建中医药大学	王常安	沈阳理工大学
余明星	海南师范大学	田　汛	东北林业大学
田　晗	贵州民族大学	龙　航	沈阳师范大学
韩珍琴	贵州民族大学	赵永成	贵州民族大学
周仕成	贵州民族大学	张先玉	贵州民族大学
王马宁	贵州民族大学	何　燕	贵州民族大学
赵中秋	贵州民族大学	杜武焰	贵州民族大学
穆罗斯	贵州民族大学	杨秀成	湖北中医药大学
王　钦	沈阳工业大学	朱兴凤	长春师范大学
王　娜	山东财经大学	杨　珊	贵州民族大学
吴文健	青岛农业大学	刘跃琪	闽南师范大学
王　桃	河南财经政法大学	丰　燕	鲁东大学
熊　娅	黑龙江中医药大学	欧亚龙	山西大同大学
伍吉仙	黑龙江中医药大学	敖　丹	中南林业科技大学
谢　治	华北水利水电大学	石冬山	海南热带海洋学院
梁　雪	青海民族大学	胡　顺	贵州财经大学

续表

姓　名	录取学校	姓　名	录取学校
李珊珊	贵州财经大学	莫小倩	贵州财经大学
钱朝钦	贵州财经大学	龙　江	贵州财经大学
陈　婧	贵州财经大学	张大松	苏州职业大学
谭启恩	贵州财经大学	陈玄艳	苏州职业大学
郑九丹	遵义师范学院	蒋应丹	苏州职业大学
商　恒	长春中医药大学	张开鸿	焦作大学
杨真亮	扬州市职业大学	朱　愿	焦作大学
兰绍茂	贵州大学	王文耀	西南交通大学
刘成昊	中国石油大学（华东）	廖拂锟	西南大学
李果青	中南财经政法大学	陈宾涵	中国科学技术大学
田仁肖彤	东北师范大学	谭　雪	财经大学
周景怡	西南大学（荣昌校区）	杨　毅	贵州财经大学
肖沛江	中国传媒大学	刘成昊	中国石油大学（华东）
胡志国	北京信息科技大学	喻　琼	重庆大学
杨　松	河海大学	犹禹谦	国防科学技术大学
冯景红	中国政法大学	范信琨	西南大学
田银辉	山东交通学院	彭琳淇	山东大学威海分校
林　婵	广东石油化工学院	肖宇航	集美大学
雷欣雨	贵州大学明德学院	代利伟	沈阳航空航天大学
袁　海	安顺学院	张亚平	黔南民族师范学院
何　燕	六盘水师范学院	王　莲	贵州师范学院
王　鑫	遵义医学院	王德葳	江西服装学院
冉优优	遵义医学院	王玉星	延安大学西安创新学院
秦　祝	凯里学院	林　雯	黑龙江外国语学院
曾家民	江西警察学院	牟鑫鑫	成都体育学院
李志豪	上海立信会计金融学院	李明琼	遵义医学院
肖　瑶	黑龙江工业学院	胡骞月	六盘水师范学院
陈锦川	黑龙江工业学院	张孝利	贵阳中医学院时珍学院
颜中琴	黔南民族师范学院	陈书敏	兴义民族师范学院

续表

姓　名	录取学校	姓　名	录取学校
白方桦	黔南民族师范学院	吴　欢	贵阳中医学院时珍学院
王　玲	黔南民族师范学院	田应金	遵义医学院
杨应贵	黔南民族师范学院	华桃丽	六盘水师范学院
戎柏虎	黔南民族师范学院	周红豆	贵阳中医学院时珍学院
姚元美	黔南民族师范学院	张梦林	北京印刷学院
刘一烨	黔南民族师范学院	刘福英	贵州师范大学求是学院
孙乾红	黔南民族师范学院	罗志梅	川北医学院
樊启艳	黔南民族师范学院	刘德翠	贵州师范大学求是学院
周国艳	黔南民族师范学院	唐艳珠	贵阳中医学院时珍学院
冉桂林	黔南民族师范学院	杨昌香	九江学院
刘清洁	黔南民族师范学院	张璐会	贵州师范学院
李清青	黔南民族师范学院	卓帮付	贵州理工学院
陈　鹏	贵州理工学院	薛晓银	湖南应用技术学院
王显庆	贵州理工学院	聂贵松	贵州理工学院
张超平	贵州理工学院	彭南丹	贵州理工学院
张武桥	贵州理工学院	姚　顺	贵州理工学院
王　勇	贵州理工学院	杨大庆	贵州理工学院
马文武	贵州理工学院	孙祖明	贵州师范学院
杨宗华	贵州理工学院	梅正昆	北京石油化工学院
邓天义	贵州理工学院	陈　兴	宜宾学院
兰中喜	贵州理工学院	周　倩	湖南应用技术学院
周关倩	贵州师范学院	景立志	湖南应用技术学院
徐　伟	上海电机学院	高　星	贵州师范学院
吴　云	贵州师范学院	敖永芬	贵州师范学院
范清云	贵州师范学院	何　云	贵州师范学院
贺选婷	贵州师范学院	陈　虹	湖南应用技术学院
刘前松	贵州师范学院	刘桂妍	贵州师范学院
李　勇	贵州师范学院	宋君雪	海南热带海洋学院
张　浩	辽宁科技学院	莫光发	贵阳学院

续表

姓　名	录取学校	姓　名	录取学校
汪德友	凯里学院	张小飞	贵州师范大学求是学院
杨　雯	凯里学院	李述兵	贵州师范大学求是学院
王　芳	六盘水师范学院	张洋铭	贵州师范大学求是学院
唐海江	凯里学院	侯　映	贵州师范大学求是学院
欧阳定峰	凯里学院	张　欢	贵州师范大学求是学院
陈　晨	贵阳学院	王朝霞	黄冈师范学院
廖国庆	浙江水利水电学院	李　欢	辽宁传媒学院
张钰婷	六盘水师范学院	谢传容	辽宁传媒学院
徐福欢	黄冈师范学院	李泓颖	杭州师范大学钱江学院
席　玲	贵州师范大学求是学院	倪兴莹	甘肃民族师范学院
项　清	六盘水师范学院	周　建	贵阳学院
宋江美	贵州师范大学求是学院	谢　云	凯里学院
夏瑜皎	贵阳学院	犹冰涵	云南大学旅游文化学院
陈　敏	贵州师范大学求是学院	袁　玮	安顺学院
宋赣肖	重庆科技学院	蔡义勇	安顺学院
刘　磊	黔南民族师范学院	宋　艳	西安科技大学高新学院
刘建红	山东协和学院	高　洁	贵阳学院
卢锡宇	湖北商贸学院	王兴露	贵阳学院
帅银碧	黄冈师范学院	谢　涛	贵阳学院
刘彦伶	贵州师范大学求是学院	林代峰	安顺学院
蒋　鸿	贵州师范大学求是学院	宋晓丽	贵州民族大学人文科技学院
宋庆平	六盘水师范学院	李凌锋	牡丹江医学院
蓝文君	贵阳学院	陈　艳	安顺学院
陈　洪	贵州商学院	吴正琪	贵阳中医学院
李美娅	湖北医药学院	李明菊	安顺学院
袁仕琴	贵阳学院	姚昕辰	徐州工程学院
万露雯	贵州师范大学求是学院	刘兴坤	哈尔滨信息工程学院
刘雅丽	贵州师范大学求是学院	蔡廷芬	贵阳中医学院
罗晓影	贵阳中医学院	向登美	通化师范学院

续表

姓 名	录取学校	姓 名	录取学校
王兴芳	贵州师范大学求是学院	柏雪梅	湖南工学院
赵红英	六盘水师范学院	王相永	贵州商学院
辜传彪	贵州商学院	刘怡璐	贵州商学院
卢小娜	贵州商学院	冉应东	贵州商学院
谢小丽	贵州民族大学人文科技学院	彭 康	贵州商学院
瞿 春	贵州师范大学求是学院	黄晓蝶	贵州商学院
李荣华	上海外国语大学贤达经济人文学院	兰玉会	贵阳学院
张 娜	黄冈师范学院	段佳佳	贵州商学院
周 东	贵州师范大学求是学院	唐媛媛	安顺学院
连家晟	贵阳学院	罗光进	贵阳学院
郑 梅	贵阳中医学院	叶莎莎	黔南民族师范学院
王天云	山东协和学院	朱映锟	黔南民族师范学院
杨文明	黔南民族师范学院	吴仕祥	黔南民族师范学院
周昌红	黔南民族师范学院	何 航	黔南民族师范学院
兰忠洁	泰州学院	谢睿婕	黔南民族师范学院
苟云英	辽宁传媒学院	李晓雯	黔南民族师范学院
熊 英	贵阳学院	甘启群	黔南民族师范学院
毛祥凤	贵阳学院	陈 姣	黔南民族师范学院
陆青云	辽宁科技学院	王旭洪	黔南民族师范学院
王昌宜	上海立信会计金融学院	周 力	黔南民族师范学院
高 群	贵州财经大学商务学院	刘 七	黔南民族师范学院
梁 珊	贵州财经大学商务学院	李 铭	黔南民族师范学院
王大斌	贵州财经大学商务学院	贺韵铮	黔南民族师范学院
谢德会	贵州财经大学商务学院	黄天娥	黔南民族师范学院
廖承进	贵州财经大学商务学院	程孟丹	黔南民族师范学院
刘文举	贵州财经大学商务学院	谢林珊	黔南民族师范学院
黎登敏	六盘水师范学院	刘易坛	黔南民族师范学院
黄 琪	西安欧亚学院	唐 松	黔南民族师范学院
宋 影	西安欧亚学院	谢锦美	黔南民族师范学院

续表

姓　名	录取学校	姓　名	录取学校
田　峰	西安欧亚学院	王　进	黔南民族师范学院
陈坤源	齐齐哈尔工程学院	杨忠梅	黔南民族师范学院
徐申锋	遵义医学院	陈　倩	黔南民族师范学院
杨君琴	哈尔滨远东理工学院	冉茂瑶	贵州财经大学商务学院
杨仕鹏	哈尔滨石油学院	吴永梅	贵州财经大学商务学院
饶兴敏	贵州财经大学商务学院	徐　燕	许昌学院
胡　霞	贵州财经大学商务学院	李华婷	贵州财经大学商务学院
徐国芳	贵州财经大学商务学院	王靖淇	江西中医药大学科技学院
唐　青	贵州财经大学商务学院	杨建凤	龙岩学院
王其俊	河北工程大学科信学院	倪　梦	青岛理工大学琴岛学院
李昕艳	贵州财经大学商务学院	王云凤	吉林工商学院
张　桃	贵州财经大学商务学院	王顺伟	河南工程学院
朱国治	贵州财经大学商务学院	胡　晨	吉林工商学院
代　梅	贵州财经大学商务学院	黄　婷	上海建桥学院
凌泽丽	贵州财经大学商务学院	罗建梅	上海师范大学天华学院
杨东露	龙岩学院	蒲昱吟	龙岩学院
何　晨	黔南民族师范学院	康　艳	武夷学院
罗　欣	武夷学院	罗佶林	贵州民族大学人文科技学院
安友先	白城师范学院	张孝飘	贵州民族大学人文科技学院
兰富顺	中国地质大学长城学院	周仁状	江西理工大学应用科学学院
盛　丹	黔南民族师范学院	娄　琴	贵州民族大学人文科技学院
杨　梦	武夷学院	冉应琴	绥化学院
罗　顺	西安航空学院	任　义	新乡学院
曾乾玲	辽宁对外经贸学院	林玉吉	黔南民族师范学院
蒲青芳	湖北民族学院	邓恩娟	黔南民族师范学院
陈　军	南昌工学院	江　静	黔南民族师范学院
杨　露	华东交通大学理工学院	王　悦	黔南民族师范学院
赵显鑫	长沙理工大学城南学院	金　城	贵州民族大学人文科技学院
商贵红	武汉华夏理工学院	朱永江	黔南民族师范学院

续表

姓　名	录取学校	姓　名	录取学校
潘顺华	贵州民族大学人文科技学院	陈　欢	牡丹江师范学院
刘　松	牡丹江师范学院	刘　丹	武夷学院
郭　钰	六盘水师范学院	周杰艳	江苏第二师范学院
邓　敏	湖南医药学院	蒋贵杰	常州工学院
夏丹静	天津大学仁爱学院	向国兴	常州工学院
付　莹	辽宁对外经贸学院	牟成进	黔南民族师范学院
陈洪琴	贵州民族大学人文科技学院	胡　楠	天津农学院
邱　凯	湖北民族学院	王宏艳	辽宁对外经贸学院
杨　江	湖北民族学院	秦忠林	绥化学院
王元珑	南开大学滨海学院	陈春宇	洛阳理工学院
柏朝美	黔南民族师范学院	张文欢	黔南民族师范学院
马文秀	黔南民族师范学院	吴满婷	黔南民族师范学院
陈朝江	武夷学院	瞿远欢	牡丹江师范学院
刘福谢	牡丹江师范学院	文贤艳	山东英才学院
石　鹏	贵州大学科技学院	宋宝秘	成都文理学院
刘　涛	贵州大学科技学院	陈青青	天津天狮学院
王泽涛	贵州大学科技学院	张　彩	白城师范学院
邓　艺	贵州大学科技学院	兰飞鹏	白城师范学院
莫　杨	贵州大学科技学院	杨一凡	遵义医学院
江禹澄	贵州大学科技学院	陈　雪	海口经济学院
陶小玉	贵州大学科技学院	付君梅	浙江海洋大学东海科学技术学院
蔡　波	贵州大学科技学院	李小艳	淮海工学院
秦安敏	贵州大学科技学院	杨启会	淮海工学院
商正云	贵州大学科技学院	唐态足	淮海工学院
谢祥欢	遵义医学院	夏雨宜	贵州工程应用技术学院
李绍恋	遵义医学院	唐浩源	贵州大学科技学院
王迁艳	遵义医学院	王孔杰	中原工学院
张忠月	遵义医学院	赵余海	贵州工程应用技术学院
莫成永	浙江万里学院	沈昶均	贵州工程应用技术学院

续表

姓　名	录取学校	姓　名	录取学校
张永菊	六盘水师范学院	刘　琴	湖北医药学院药护学院
郑　煜	遵义医学院	吴远航	六盘水师范学院
穆光芳	辽宁对外经贸学院	张德维	遵义医学院
蔡　霞	上海师范大学天华学院	朱成波	湖南工程学院
杨　锦	上海师范大学天华学院	钱廷江	遵义医学院
谭安美	辽东学院	席韦万	贵阳中医学院
朱　端	湖北第二师范学院	王　彪	贵州城市职业学院
杨德燕	湖南工程学院	熊　丹	潍坊学院
杜能丽	黑龙江工程学院	张　锋	潍坊学院
蔡奇文	贵州城市职业学院	刘　贤	济宁学院
罗昌运	遵义医学院	陶代文	潍坊学院
李贵鹏	黑龙江工程学院	张芝会	海口经济学院
宋泽伟	大庆师范学院	谢明亚	天津财经大学珠江学院
朱叶凤	黑龙江工程学院	周朝坤	武昌首义学院
陈永才	湖北工业大学工程技术学院	潘龙军	贵州工商职业学院
刘　梅	潍坊学院	白　璐	重庆人文科技学院
李洪静	遵义师范学院	王金健	山东农业工程学院
龚　玉	湖北工程学院	汤官顺	天津医科大学临床医学院
时崇露	四川文理学院	谢明刚	沈阳科技学院
谢世卿	南京晓庄学院	肖　乐	天津医科大学临床医学院
刘　婷	南京理工大学泰州科技学院	高发菊	遵义师范学院
何思铝	遵义医学院医学科技学院	谢永群	贵州医科大学神奇民族医药学院
宋娜娜	佛山科学技术学院	邹崇辉	贵州医科大学神奇民族医药学院
林方宏	武汉工程大学邮电与信息工程学院	卢锡建	贵州医科大学神奇民族医药学院
吴举莹	湖北工程学院	付　静	太原科技大学
赵　松	南京理工大学泰州科技学院	吴明艳	贵州医科大学神奇民族医药学院
郑金燕	山东管理学院	汪　莉	贵州医科大学神奇民族医药学院
李　云	中国计量大学现代科技学院	胡晚秋	贵州医科大学神奇民族医药学院
杨荣菊	鞍山师范学院	何雯雯	贵州医科大学神奇民族医药学院

续表

姓　名	录取学校	姓　名	录取学校
裴　刚	贵州医科大学神奇民族医药学院	石金西	浙江传媒学院
乔忠平	贵州医科大学神奇民族医药学院	杜月鸿	淮阴工学院
陈　杨	安顺职业技术学院	李　玲	遵义医学院医学科技学院
顾　云	桂林旅游学院	彭孝先	济宁医学院
黄加兴	遵义师范学院	时宏晨	长沙师范学院
王吉爽	遵义医学院医学科技学院	王章凤	遵义师范学院
徐文平	遵义医学院医学科技学院	唐　浩	南京工程学院
刘华青	遵义医学院医学科技学院	刘　辉	湖南人文科技学院
黄荣敏	苏州大学应用技术学院	杨秀奋	兴义民族师范学院
陈天美	淮阴工学院	丁群伶	湖南工业大学科技学院
汪　燕	贵州医科大学神奇民族医药学院	田新军	宜春学院
刘　念	贵州医科大学神奇民族医药学院	李永贵	盐城师范学院
李泽民	大连东软信息学院	张黔成	南京工业大学浦江学院
杨　意	大连东软信息学院	王　敏	盐城师范学院
彭　睿	四川艺术职业学院	蒙友豪	南京工业大学浦江学院
李　璐	南昌工学院	林　菊	贵州医科大学神奇民族医药学院
熊宇辉	兴义民族师范学院	田应元	兴义民族师范学院
宋锡梅	兴义民族师范学院	冉景旋	兴义民族师范学院
熊金利	兴义民族师范学院	黎世诚	贵州大学明德学院
王贵媛	兴义民族师范学院	王大梅	宁德师范学院
毛路辉	兴义民族师范学院	杨枝一	贵州商学院
李　丹	贵州大学明德学院	黄云磊	贵州商学院
敖　彩	贵州大学明德学院	李　嘉	贵州大学明德学院
唐凤平	贵州大学明德学院	刘　航	贵州大学明德学院
梁小茂	贵州大学明德学院	况月琴	贵州大学明德学院
简　文	贵州大学明德学院	李明泽	贵州大学明德学院
鄢扬婷	贵州大学明德学院	龙　会	贵州大学明德学院
余　江	贵州大学明德学院	王秋霞	贵州大学明德学院
李荣婧	贵州大学明德学院	王　乐	贵州大学明德学院

续表

姓　名	录取学校	姓　名	录取学校
李恒宇	贵州大学明德学院	邓婷婷	贵州大学明德学院
陈邦凤	江西服装学院	刘尚源	盐城工学院
潘柔青	江西服装学院	吴婷婷	遵义师范学院
任　艺	中山大学南方学院	夏菁菁	遵义师范学院
齐　浪	贵州大学明德学院	杜天辉	兴义民族师范学院
刘祖江	贵州大学明德学院	刘　俊	遵义师范学院
王　渊	贵州商学院	田　芳	无锡太湖学院
毛　茂	贵州商学院	陈宇荷	遵义师范学院
吴兴才	贵州商学院	郑　敏	贵州商学院
陈星伶	贵州商学院	杨忠佳	盐城工学院
陈　佳	贵州商学院	伍　鸿	盐城工学院
王越杨	南通大学杏林学院	徐明艳	南昌工学院
蔡兴碧	天津商业大学宝德学院	张九能	齐鲁师范学院
柘大艳	贵州大学明德学院	谭雪伶	齐鲁师范学院
陈渝言	贵州商学院	卢清燕	泉州师范学院
张秋菊	贵州商学院	池如意	泉州师范学院
袁维键	贵州商学院	潘　念	三明学院
代治鹏	贵州商学院	谢孟利	锦州医科大学医疗学院
王正棋	贵州商学院	肖恒彬	锦州医科大学医疗学院
李杨松	晋中学院	范坤婷	黔南民族师范学院
涂　辉	天津商业大学宝德学院	王　亚	黔南民族师范学院
石学颖	福州大学至诚学院	鄢孝亚	西安翻译学院
张　群	天津商业大学宝德学院	林国寅	福州大学至诚学院
雷　雪	天津商业大学宝德学院	毛艳芬	福建师范大学闽南科技学院
王海波	广西科技大学鹿山学院	陈　彦	福建江夏学院
罗　豪	广西科技大学鹿山学院	姚红羽	福建江夏学院
杨中旭	铜仁学院	肖　岳	上海杉达学院
袁昌洪	铜仁学院	罗　欢	上海杉达学院
池明健	铜仁学院	唐　维	汉江师范学院

续表

姓 名	录取学校	姓 名	录取学校
兰 浩	铜仁学院	帅光梦	沈阳城市学院
林 梦	上海健康医学院	董 超	沈阳城市学院
刘禄丽	贵州财经大学商务学院	黎 静	天津外国语大学滨海外事学院
吴太行	铜仁学院	任 凯	大连工业大学艺术与信息工程学院
梁家仁	南昌工学院	黄 艺	六盘水师范学院
万彬杰	南昌工学院	朱仕群	上海健康医学院
卢章丽	海南热带海洋学院	李 成	南昌工学院
钱 红	萍乡学院	潘喜敏	贵阳学院
杨小露	贵阳学院	刘礼星	贵阳学院
徐 鸽	贵阳学院	汪 肖	贵阳学院
田 进	贵阳学院	罗永碧	南昌工学院
方 婷	贵阳学院	冉 梅	贵阳学院
张先旭	贵阳学院	卢洪春	贵阳学院
江朝坤	遵义师范学院	韩其霞	新余学院
杨东芳	遵义师范学院	张福梅	新余学院
张吉梅	遵义师范学院	周 勇	江西工程学院
卢艳群	遵义师范学院	卢侦凤	新余学院
李晓兰	遵义师范学院	安鸿丽	新余学院
王知萍	遵义师范学院	陈桂桦	遵义师范学院
李帮泳	遵义师范学院	杨正秀	遵义师范学院
宋盼盼	遵义师范学院	胡成娇	遵义师范学院
刘安玉	黑龙江工业学院	陈珊珊	河北外国语学院
唐 赟	贵州商学院	吴 飞	贵州商学院
陈 妍	西安欧亚学院	周汝兴	九江学院
刘 吕	贵州商学院	王再洪	贵州商学院
刘兴强	齐鲁医药学院	安予耀	铜仁学院
郑 航	贵州商学院	郑 洁	贵州商学院
罗家琴	贵州商学院	王正丹	玉林师范学院
杨雨晏	贵州商学院	李富艳	贵州商学院
郑州敏	贵州商学院	邹宽响	贵州商学院
周远飞	贵州商学院	周桂先	贵州商学院

续表

姓　名	录取学校	姓　名	录取学校
皮忠原	贵州商学院	金　乔	贵州商学院
潘　伊	贵州商学院	范兴星	贵州商学院
戎仕婷	贵州商学院	李先艳	桂林旅游学院
徐　浩	湖南交通工程学院	朱桥碧	齐鲁理工学院
蔡　丹	海口经济学院	袁昌怀	齐鲁理工学院
卢增玉	遵义师范学院	旦宁梅	琼台师范学院
黎陶陶	黔南民族师范学院	蒋世然	德州学院
贺永丽	黔南民族师范学院	贾朝清	黔南民族师范学院
王维权	黔南民族师范学院	郑　林	贵州师范学院
徐语莲	黔南民族师范学院	吴长兵	黔南民族师范学院
袁锡亮	黔南民族师范学院	杨　璐	黔南民族师范学院
李沅博	燕京理工学院	彭仕庆	黔南民族师范学院
蒋　琴	黄冈师范学院	陈亮涛	武昌首义学院
张礼艳	北京工业大学耿丹学院	黄小杰	沈阳工程学院
陈　融	山东英才学院	谢明月	天津大学仁爱学院
计朝春	萍乡学院	廖昱帆	重庆邮电大学移通学院
杨　潇	哈尔滨信息工程学院	汪　丽	山东协和学院
简学进	陕西国际商贸学院	夏丹念	陕西国际商贸学院
兰付晗	空军预警学院	王兴梅	天津理工大学中环信息学院
代　娜	重庆大学城市科技学院	李西西	四平职业大学
董长安	贵州大学	犹雪梅	南昌工学院
金　琳	天津商业大学	赵禹淇	北京工业大学耿丹学院
贺显杰	贵州大学	张远菲	山东英才学院
王明月	天津商业大学	夏丹念	陕西国际商贸学院
庞　郊	黔南民族师范学院	毛艳芬	福建师范大学闽南科技学院
熊柏富	湖北理工学院	杨小丽	贵州大学明德学院
柘大艳	贵州大学明德学院	黄小春	贵州大学明德学院
徐爱宇	北京石油化工学院	娄方良	遵义医学院
李杨松	晋中学院	黄　毅	贵州民族大学人文科技学院
郑　洋	贵州民族大学人文科技学院	刘礼敏	贵州民族大学人文科技学院
兰　龚	北京工业大学耿丹学院	李福友	贵州民族大学人文科技学院

瓮安二中2017年高考录取名单

姓　名	录取学校	姓　名	录取学校
王家乐	第三军医大学	李昱皓	集美大学
张朝洁	陕西师范大学	王　杰	大连海事大学
赵静光	陕西师范大学	王荔尧	贵州师范大学
何　敏	贵州医科大学	马　靖	贵州民族大学
黄　陶	贵州医科大学	陈延璐	贵州医科大学
谢祥欢	贵州财经大学	林宗奇	南京工业大学
李洋威	贵州医科大学	谢　箫	哈尔滨医科大学
罗　兰	山东大学	李声昊	贵州师范大学
陈继栏	贵州师范大学	余　瑾	贵州师范大学
杨洪媛	贵州大学	王靖淇	贵州医科大学
石寒渔	贵州医科大学	王玉星	常州大学
商正晔	贵州医科大学	江济坤	贵州师范大学
钟　波	贵州大学	蒲泽坤	贵州大学
谢　珊	贵州大学	谢孟利	贵州医科大学
张鸿飞	贵州大学	杨光照	中国计量大学
罗德阳	贵州师范大学	吴可娟	北京第二外国语学院
周杰炜	湖南大学	田茂敏	北京工商大学
代正发	上海大学	兰若月	宁波诺丁汉大学
胡科晶	四川师范大学	毛冬菊	黑龙江大学
唐　静	广州中医药大学	王大兴	浙江海洋大学
袁玉婷	北京科技大学	任智伟	广州中医药大学
周顺霏	长沙理工大学	李　飘	天津医科大学
李　燚	山西财经大学	李长玉	华南农业大学
李贵安	湖北大学	胡　珊	上海理工大学
谌洪宇	武汉理工大学	代奇东	长江大学
邓洪杰	北京化工大学	张夜路	南京师范大学
但德银	北京工商大学	谢先烨	石家庄铁道大学
何开建	重庆交通大学	谢吉梅	辽宁工程技术大学

续表

姓　名	录取学校	姓　名	录取学校
王文耀	电子科技大学	林忆成	西南大学
陆　浩	河海大学	蔡　盎	中国农业大学
王首超	重庆医科大学	符立春	大连交通大学
王云维	中国矿业大学（北京）	谢德美	四川农业大学
彭方勇	北京交通大学	李晓松	北方工业大学
倪　林	西安邮电大学	王　舜	中国矿业大学
陈孝进	北京化工大学	杨　成	中国矿业大学
李庆松	上海工程技术大学	张焱宁	天津外国语大学
王　斌	辽宁工程技术大学	王显钦	长江大学
邓神谧	贵州大学	罗方林	贵州大学
张凌凌	贵州大学	杨发祥	贵州大学
张　敏	贵州大学	王洪兵	贵州大学
王　云	贵州大学	舒钰婷	贵州大学
周旺雪	贵州大学	犹俞俞	贵州大学
邹　扬	贵州大学	袁婷韵	贵州大学
罗芷萱	贵州大学	王　海	贵州大学
贾应成	南京财经大学	谭淇玲	天津工业大学
许起江	西南民族大学	敖国涛	湖南工业大学
谢坤政	贵州师范大学	陈兴刚	贵州师范大学
吴康进	上海师范大学	尤俊齐	江苏科技大学
汪信江	烟台大学	朱家文	山东科技大学
张徐茜露	福建师范大学	罗　亮	天津工业大学
赵春艳	温州医科大学	王念念	贵州财经大学
蒋雪涛	扬州大学	王林樾	贵州大学
犹　斌	天津工业大学	黄　聪	贵州民族大学
汪　迪	贵州师范大学	刘永康	贵州民族大学
付行宁	江苏科技大学	张方林	贵州民族大学
邓仕洁	山东师范大学	杨清童	贵州大学（农林类）
夏巾晶	合肥工业大学（宣城校区）	吴凤琼	青岛理工大学

续表

姓 名	录取学校	姓 名	录取学校
卢俊宏	海南医学院	宋江望	贵州财经大学
唐 聪	西安工业大学	杨胜会	贵州大学（农林类）
邓先念	烟台大学	莫光发	贵州民族大学
王世民	哈尔滨理工大学	倪明菊	贵州医科大学
兰 宁	中国石油大学克拉玛依校区	潘 婷	贵州民族大学
曹国颖	上海师范大学	李欢欢	贵州医科大学
余秋宇	贵州财经大学	丁 平	贵州民族大学
许维霞	沈阳农业大学	钱廷江	贵州医科大学
张 德	青岛理工大学	周关倩	贵州医科大学
周前美	贵州医科大学	朱映锟	贵州医科大学
王小树	贵州医科大学	敖继敏	贵州医科大学
张永鑫	贵州医科大学	汪 雪	贵州医科大学
冯星星	贵州医科大学	严 奎	贵州医科大学
唐心月	贵州医科大学	谢妙竹	兰州交通大学
胡家梦	贵州医科大学	刘 磊	南通大学
张 勇	贵州医科大学	熊一泽	河北地质大学
任银先	贵州医科大学	谢玉坤	沈阳化工大学
胡广帆	贵州医科大学	宋家宽	上海工程技术大学
梁 姗	贵州医科大学	王 灿	山东农业大学
任 胜	华东交通大学	秦 梦	山西师范大学
左洪桃	沈阳化工大学	肖 锋	沈阳化工大学
肖震宇	山东农业大学	罗 锰	东北电力大学
凌泽山	东北电力大学	冯顺荷	内蒙古师范大学
严 军	青岛农业大学	罗 徐	南通大学
周洪奎	甘肃中医药大学	陈 富	江汉大学
王春发	桂林电子科技大学	兰玉德	成都理工大学
罗 瑶	贵州大学	姜 雪	聊城大学
郑顺峰	桂林理工大学	周泽刚	井冈山大学
宋 泰	吉林农业大学	胡 竣	大连民族大学

续表

姓　名	录取学校	姓　名	录取学校
郑贷洪	贵州大学	陈永才	江西农业大学
李云杰	井冈山大学	王相永	武汉纺织大学
胡娅娅	桂林理工大学	陈泓辛	贵州医科大学
张乘瑞	贵州民族大学	阮运会	贵州民族大学
庞开荣	长春工业大学	曹正晶	贵州民族大学
张显芹	贵州民族大学	柏小春	贵州民族大学
曹玉红	天津职业技术师范大学	李　旭	贵州医科大学
周明欢	贵州医科大学	罗　洋	山西大同大学
石鹏宇	贵州民族大学	罗永碧	青岛农业大学
廖承毅	贵州医科大学	向星烨	福建师范大学
孙启海	山东科技大学	许泗明	贵州财经大学
犹顺洪	贵州财经大学	周莎莎	集美大学
罗　贝	广东海洋大学	唐景微	长春大学
向德先	贵州财经大学	毛光敏	贵州师范大学
张永月	湖北师范大学	蔡廷开	锦州医科大学
向德武	贵州师范大学	陈正星	贵州财经大学
董曼婷	贵州财经大学	朱　璐	江汉大学
陈　吉	贵州财经大学	王　林	沈阳航空航天大学
彭钰婷	天津职业技术师范大学	王大勇	闽南师范大学
兰中于	贵州师范大学	付昌卯	贵州师范大学
李金帮	贵州师范大学	徐明丹	赣南师范大学
程隆飞	沈阳师范大学	毛金泽	贵州民族大学
杜　睿	辽宁中医药大学	夏　勇	贵州财经大学
刘　东	贵州财经大学	王　威	辽宁工业大学
赵思琴	大连工业大学	安　焱	天津城建大学
石　红	黑龙江八一农垦大学	秦安会	贵州师范大学
杨贵澜	贵州财经大学	刘明焱	鲁东大学
卢成鑫	吉林建筑大学	赵喜燕	哈尔滨师范大学
程灵慧	黑龙江八一农垦大学	丁杨霞	闽南师范大学

续表

姓　名	录取学校	姓　名	录取学校
程佳慧	福建农林大学	王　念	山东财经大学
邱　宇	贵州财经大学	徐李遥	山东财经大学
唐　艳	重庆师范大学	张鑫鑫	贵州医科大学
雷秀菁	闽南师范大学	李江海	沈阳师范大学
周举合	河北工程大学	王　宁	沈阳航空航天大学
石富运	西藏大学	王泽良	湖北中医药大学
倪仁凤	渤海大学	邵雨秋	贵州师范大学
杨　毅	成都中医药大学	罗红梅	佳木斯大学
韦泽航	贵州师范大学	赵明翠	辽宁中医药大学
邹　茂	天津师范大学	高雪梅	哈尔滨医科大学
安一雄	天津城建大学	叶　杨	贵州财经大学
李　旭	湖北师范大学	骆室宇	福建医科大学
沈正玉	辽宁中医药大学	吴金兰	西北民族大学
刘顺喜	天津城建大学	欧阳成	贵州师范大学
柴其梅	天津师范大学	唐　娅	黑龙江中医药大学
张　琴	贵州师范大学	吴兴龙	贵州师范大学
田景水	天津职业技术师范大学	杨　雪	海南师范大学
李　锋	天津城建大学	皮忠原	贵州财经大学
孙钰高	温州大学	兰文貂	贵州师范大学
刘红艳	锦州医科大学	潘龙江	西北民族大学
柏国胜	温州大学	李　宏	长春大学
汤兴卫	哈尔滨师范大学	沈洋冰	贵州师范大学
谭才欢	黑龙江八一农垦大学	张明强	湖北中医药大学
杨　杰	黑龙江科技大学	宋　影	贵州医科大学
张灿荣	贵州民族大学	兰　龚	闽南师范大学
徐正烨	贵州医科大学	秦安敏	贵州师范大学
周鑫鑫	辽宁工业大学	唐付海	广西科技大学
付发武	天津科技大学	卢禹澄	贵州财经大学
陈星潞	天津科技大学	吴琪琦	贵州财经大学

续表

姓　名	录取学校	姓　名	录取学校
晏　菊	天津商业大学	杨　林	天津科技大学
刘　怡	天津商业大学	卓帮付	天津科技大学
张小勇	天津商业大学	肖红飞	内蒙古农业大学
姚麟峰	内蒙古农业大学	商正涛	贵州师范大学（中外合作办学）
毛春桃	内蒙古农业大学	邓祖莹	贵州财经大学（中外合作办学）
何丹蕾	贵州财经大学（中外合作办学）	林　梦	贵州财经大学（中外合作办学）
李乔林	贵州师范大学（中外合作办学）	雷鸿雁	黑龙江中医药大学
谢仲丽	贵州财经大学（中外合作办学）	刘华银	九江职业大学
周沭宏	东北石油大学	易　宇	山西医科大学
陈玄艳	苏州职业大学	卢秋红	黑龙江中医药大学
董春双	南通职业大学	冉雪梅	天津职业大学
叶福康	贵州财经大学	曾灵望	贵州财经大学
杨安琴	河南财经政法大学	李　欢	四平职业大学
犹九梅	贵州财经大学	张路遥	牡丹江大学
康维徐	焦作大学	李　春	焦作大学
王再坤	桂林理工大学	郭仕铭	桂林理工大学
宋扬奕	桂林理工大学	刘德强	贵州财经大学
陈　娇	贵州财经大学（中外合作办学）	杨政东	贵州财经大学
张茂琴	贵州财经大学（中外合作办学）	王天云	黎明职业大学
李　璇	贵州财经大学（中外合作办学）	胡声微	赣南师范大学
王文博	贵州财经大学（中外合作办学）	李禹辰	南昌工学院
田仁俊	贵州警察学院	冉崇志	武汉体育学院
余胜敏	兴义民族师范学院	王治湘	黔南民族师范学院
邓　欢	黔南民族师范学院	但宇洁	云南艺术学院文华学院
陈　红	黔南民族师范学院	何永臣	黔南民族师范学院
李卓亿	遵义师范学院	田茂菲	贵州师范学院
毛文文	贵州民族大学人文科技学院	顾大奎	安顺学院
杨丽萍	黔南民族师范学院	童仕林	遵义师范学院
石邦玉	安顺学院	犹佳福	贵州师范学院

续表

姓　名	录取学校	姓　名	录取学校
杨贵皓	黔南民族师范学院	敖孝容	贵州师范学院
钟　琴	黔南民族师范学院	段仕香	遵义医学院
宋北慧	黔南民族师范学院	向欢欢	贵阳中医学院
田小会	六盘水师范学院	吴举丽	贵州师范大学求是学院
陈子可	湖南理工学院	李　俊	贵州师范大学求是学院
柏　姣	兴义民族师范学院	吴亚亚	贵州师范大学求是学院
毛　荐	铜仁学院	黄红豪	海口经济学院
宋江鹏	兴义民族师范学院	张　睿	海口经济学院
杨　柳	凯里学院	杨欢欢	海口经济学院
李贵文	兴义民族师范学院	黄　松	贵州师范大学求是学院
靳正宸	上海立信会计金融学院	何国秀	六盘水师范学院
何伊俊	遵义医学院	董城羽	湖南女子学院
童　婷	贵州大学明德学院	陈　梅	贵州大学明德学院
何春梅	黑龙江外国语学院	夏丹艺	贵阳中医学院
李顺洁	兴义民族师范学院	陈孝霞	黔南民族师范学院
白方富	上海电力学院	熊镓杰	黔南民族师范学院
王梦鑫	贵州大学明德学院	皮佩云	黔南民族师范学院
冉景莹	贵阳中医学院	孙浩然	贵州理工学院
杜文隆	遵义医学院（珠海校区）	卢　欢	遵义医学院
敖靖雯	遵义医学院	刘　奥	贵州理工学院
梁木楠	遵义医学院	简福碧	贵州理工学院
张业渭	贵州理工学院	张　林	贵州理工学院
柏　青	遵义医学院（珠海校区）	陈绍金	贵州理工学院
李道成	遵义医学院	刘　浪	贵州理工学院
王子微	遵义医学院（珠海校区）	刘华霞	山东英才学院
张展旗	贵州师范学院	张　易	哈尔滨远东理工学院
缪　玲	贵阳中医学院	蒋福韦	哈尔滨远东理工学院
代晓芳	贵阳中医学院	张　菊	铜仁学院
梁诗琪	遵义医学院	张　喜	常州工学院

续表

姓　名	录取学校	姓　名	录取学校
秦　朕	云南大学旅游文化学院	刘　欢	山东英才学院
官紫嫣	齐鲁医药学院	颜国琴	兴义民族师范学院
宋干杰	淮阴师范学院	李新荣	大庆师范学院
兰雯欣	大庆师范学院	王雪静	北京物资学院
庞开香	吉林农业科技学院	杨　州	浙江大学宁波理工学院
李昌衡	上海商学院	向　梅	琼台师范学院
王远航	昆明学院	李　炜	枣庄学院
娄　鑫	潍坊学院	曾令华	四川警察学院
杨胜玙	武汉学院	陈　军	上海财经大学浙江学院
商正梦	太原工业学院	黄　程	南京财经大学红山学院
黄显雅	山东青年政治学院	沈正荣	太原工业学院
温　雪	兴义民族师范学院	张　旗	浙江丽水学院
唐镌瑜	延安大学西安创新学院	唐真权	云南警官学院
雷国露	甘肃政法学院	丁　林	呼伦贝尔学院
蔡松芸	菏泽学院	朱成俊	衢州学院
罗邦畅	齐鲁师范学院	高　坤	山西工程技术学院
卢秋香	潍坊学院	曾凡超	绥化学院
刘华先	哈尔滨学院	王　庆	吉林农业科技学院
刘明沂	山东农业工程学院	杨孝敏	大庆师范学院
罗江洪	湖北经济学院	龙光月	贵州警察学院
简学文	南昌工程学院	牟成菊	枣庄学院
姜入月	杭州师范大学钱江学院	杨俊凤	广西外国语学院
陈丽薇	南京财经大学红山学院	陈丹丹	鞍山师范学院
杨前军	绍兴文理学院	唐娅睿	盐城工学院
张国超	廊坊师范学院	冉俊虹	江苏大学京江学院
丁　洪	河北科技师范学院	刘元林	三江学院
王　奇	河北科技师范学院	商　青	兴义民族师范学院
杨　青	南京信息工程大学滨江学院	杨　涛	泰山学院
吴　霞	大庆师范学院	谢露锋	山东管理学院

续表

姓　名	录取学校	姓　名	录取学校
张　婷	大连科技学院	张国顺	河北金融学院
宋江梦	苏州大学文正学院	冯余念	泰山学院
张　莹	景德镇学院	李沛怡	广西中医药大学赛恩斯新医药学院
黎泰宁	大连科技学院	田　进	泰山学院
张幸福	潍坊学院	张　兴	兴义民族师范学院
丁永江	吉林工商学院	陈　浪	兴义民族师范学院
张元镔	福州理工学院	邓　玲	兴义民族师范学院
余刻晋	枣庄学院	王　娟	大庆师范学院
赵镜镜	兴义民族师范学院	杨　茜	兴义民族师范学院
王　敏	邯郸学院	谭其琳	邯郸学院
卢　浩	南阳师范学院	周仁状	黑龙江工业学院
刘建兰	菏泽学院	邓喜晏	枣庄学院
宋　艳	鞍山师范学院	徐海宾	延安大学西安创新学院
李　进	湘南学院	代　丽	湖南人文科技学院
曾　诚	长治学院	杨　静	浙江师范大学行知学院
王正林	吉林师范大学博达学院	张春燕	兴义民族师范学院
董　超	兴义民族师范学院	廖才娴	怀化学院
朱俊维	兴义民族师范学院	杨凌华	浙江财经大学东方学院
杨　丹	白城师范学院	周　灿	金陵科技学院
陈昀豪	济宁学院	黄　艺	湖南涉外经济学院
黎　璐	贵州警察学院	罗　凤	淮阴工学院
舒兴彩	贵州理工学院	杨小英	贵阳学院
李志婷	铜仁学院	刘林兴	遵义医学院医学科技学院
李　建	贵州理工学院	朱　义	泰州学院
张　秀	长治医学院	吴忠丽	遵义师范学院
王再兴	宁德师范学院	彭国娅	长沙师范学院
惠仙婷	湖南涉外经济学院	罗　欢	遵义医学院医学科技学院
邓　君	丽水学院	邹　艺	贵州师范大学求是学院
蒋书福	吉林化工学院	田洪飞	贵州师范大学求是学院

续表

姓　名	录取学校	姓　名	录取学校
聂兴霞	大庆师范学院	熊晓莉	贵州师范大学求是学院
黄婷婷	贵州师范大学求是学院	席　波	贵州师范大学求是学院
李柔月	大庆师范学院	杨光俊	遵义医学院医学科技学院
张波亮	金陵科技学院	陈东祥	烟台南山学院
张洪境	大庆师范学院	夏万金	贵州理工学院
陈　亮	淮阴师范学院	何家军	铜仁学院
张娅美	淮阴师范学院	邓群先	贵州师范大学求是学院
任　鑫	广西民族师范学院	樊小凯	南京工程学院
陈靖霖	贵州理工学院	吴万岍	贵州工程应用技术学院
覃　瑶	贵州理工学院	邓宏江	南昌工程学院
王　鹏	铜仁学院	温　双	遵义师范学院
苏鸿宇	遵义师范学院	李　苗	铜仁学院
卢　舜	铜仁学院	犹雪莲	四川外国语大学成都学院
王　芳	吉林化工学院	王怡嘉	四川外国语大学成都学院
田　珊	广西民族师范学院	兰长艳	铜仁学院
王江有	武汉东湖学院	梁　九	铜仁学院
牟红阳	济宁学院	刘常燕	贵州师范学院
李铸玲	浙江万里学院	陈泽冀	铜仁学院
陈　瑶	贵州理工学院（阿里巴巴联合办学）	熊高铖	贵州工程应用技术学院
杨仁欢	广西民族大学相思湖学院	兰　欢	遵义师范学院
杨君琴	铜仁学院	吴云飞	南京工程学院
乔忠平	常州工学院	王　璇	贵州工程应用技术学院
王　璐	常州工学院	刘平红	南京工程学院
胡成娇	江西理工大学应用科学学院	姜代春	贵州理工学院（民族班）
胡泰启	贵州理工学院	宋琴琴	遵义师范学院
刘国涛	浙江万里学院	许安圣	南京中医药大学翰林学院
彭明军	聊城大学东昌学院	刘　超	贵州工程应用技术学院
汤官顺	遵义师范学院	王仕文	南京工程学院
卢红静	遵义师范学院	何　念	遵义师范学院

续表

姓　名	录取学校	姓　名	录取学校
郑泽骄	苏州科技大学天平学院	谭遗海	遵义师范学院
邓　茂	黔南民族师范学院	李　龙	黔南民族师范学院
吴　杰	黔南民族师范学院	覃　旭	黔南民族师范学院
周　江	黔南民族师范学院	李　毅	黔南民族师范学院
谢　梅	黔南民族师范学院	赵　星	黔南民族师范学院
杨　芳	泉州师范学院	胡仕碧	黔南民族师范学院
柏国婕	黔南民族师范学院	尹长梅	黔南民族师范学院
王之恒	黔南民族师范学院	赵泽凯	黔南民族师范学院
罗杨枫	黔南民族师范学院	郑杰瑞	黔南民族师范学院
罗华飞	黔南民族师范学院	邹依君	黔南民族师范学院
伍国艳	黔南民族师范学院	李　芳	黔南民族师范学院
杨仕鹏	黔南民族师范学院	刘碧顺	泉州师范学院
何　敏	黔南民族师范学院	吴　梅	黔南民族师范学院
陈瑞瑞	黔南民族师范学院	胡娇娇	三明学院
曾庆海	商丘学院	夏永红	黔南民族师范学院
代　玉	黔南民族师范学院	徐元郑	黔南民族师范学院
邓　鹏	黔南民族师范学院	向　雪	黔南民族师范学院
徐　敏	盐城师范学院	龚贤月	商丘学院
张福镜	黔南民族师范学院	夏春元	黔南民族师范学院
刘　虹	黔南民族师范学院	张显玉	黔南民族师范学院
秦宇红	辽东学院	李　鑫	黔南民族师范学院
宋江吟	济宁医学院	陈鹏宇	哈尔滨金融学院
余香娇	贵阳学院	周子煜	贵州商学院
刘天霞	贵州师范学院	李扬淳	牡丹江医学院
罗　曼	贵阳学院	夏琬钦	凯里学院
娄伦军	安顺学院	张沁怡	大连医科大学中山学院
杨选菊	贵州师范学院	唐佩瑜	沈阳医学院
彭　燕	贵阳中医学院	王兴中	常熟理工学院
徐　饶	遵义医学院	沈　芸	安顺学院

续表

姓　名	录取学校	姓　名	录取学校
宋炳霖	山东工商学院	陈仁好	贵阳中医学院
谢　濮	宿迁学院	刘　玻	贵州商学院
赵圣铭	金陵科技学院	欧国秀	白城师范学院
肖　悦	贵阳学院	张　涛	安顺学院
李洋莹	凯里学院	王显文	辽宁科技学院
雷诗骄	同济大学浙江学院	符业育	贵州大学明德学院
王莎莎	贵州师范学院	姚茂权	海南医学院
张国熙	浙江工业大学之江学院	付雪梅	贵州商学院
向国毅	嘉兴学院	唐　丹	贵州商学院
王　杰	贵州师范学院	康钦源	湖北医药学院
石茂瑶	贵州商学院	陈欢欢	淮阴工学院
秦　娜	台州学院	周富林	泰山医学院
陈昌飞	淮阴工学院	席林静	安顺学院
蒋小丽	龙岩学院	吴文群	贵阳中医学院
杨杰鑫	滨州医学院	潘光悦	哈尔滨金融学院
吴　旺	贵州大学明德学院	顾铃晶	闽江学院
袁成胜	贵州医科大学神奇民族医药学院	邱龙雪	江苏师范大学科文学院
孟士钰	牡丹江医学院	曾　丹	湖州师范学院
帅仕杰	绍兴文理学院	郑　帅	贵州大学明德学院
刘督栋	湖南应用技术学院	王义娟	黔南民族师范学院
詹子轩	贵州商学院	丁林艳	湖北科技学院
李丛阳	台州学院	李跃蓉	贵阳中医学院
犹婷茜	云南大学旅游文化学院	徐　莎	浙江工业大学之江学院
冉珊珊	台州学院	石崇倩	贵州商学院
向军全	凯里学院	陈璐璐	天津商业大学宝德学院
易　明	凯里学院	雷成乾	南昌大学科学技术学院
卢锡文	武昌理工学院	韩克松	贵阳中医学院
林　森	南京航空航天大学金城学院	樊启会	河北东方学院
何俭英	贵阳学院	卢财涛	三江学院

续表

姓　名	录取学校	姓　名	录取学校
李俊叶	凯里学院	陈付亚	贵阳中医学院
梁睿豪	贵州大学明德学院	刘朝丽	三江学院
梁晓成	安顺学院	宋　卉	长江大学文理学院
张清清	武汉学院	刘华光	贵州大学科技学院
郭　英	黔南民族师范学院	李　露	云南大学旅游文化学院
罗安青	黔南民族师范学院	李恩福	哈尔滨华德学院
严艺荣	宿迁学院	刘淋嘉	贵州商学院
张　浪	贵州商学院	彭传浪	邵阳学院
毛宣菊	贵阳中医学院	李国政	遵义医学院
刘云飞	南通理工学院	陈荣放	武汉华夏理工学院
吴　离	贵州大学明德学院	石远静	贵州大学明德学院
熊　婷	黔南民族师范学院	罗　铖	贵州商学院
胡如丹	黔南民族师范学院	安秋霖	沈阳医学院
周　微	贵州大学明德学院	何玉洁	淮南师范学院
袁　维	桂林电子科技大学信息科技学院	黄　蓉	贵州师范学院
熊　沙	贵州大学明德学院	张流鑫	河北工程大学科信学院
邓　莼	贵阳中医学院	冯　俊	贵阳学院
瞿　劲	贵州大学科技学院	胡显钰	辽宁对外经贸学院
张转宏	贵州师范大学求是学院	黄肇端	武汉工程大学邮电与信息工程学院
谢岱霓	南京理工大学紫金学院	常凡群	安顺学院
黎佳佳	淮阴工学院	罗红艳	武汉工程大学邮电与信息工程学院
刘陆霖	黑河学院	杨承鑫	湖北理工学院
何　桥	凯里学院	李林青	贵州商学院
任勇天	辽宁对外经贸学院	罗道凤	黔南民族师范学院
陈燕青	湖州师范学院	张义伟	南通理工学院
朱映东	武昌理工学院	朱发荣	贵阳中医学院
乔清娴	贵阳中医学院	廖维维	山东政法学院
陈　宇	武昌理工学院	许克凤	黔南民族师范学院
王金魁	龙岩学院	蔡永念	安顺学院（民族班）

续表

姓　名	录取学校	姓　名	录取学校
石　山	辽宁科技学院	肖　珊	云南大学旅游文化学院
王静松	南阳理工学院	邓婉婉	长春工程学院
王　凯	苏州科技大学天平学院	李仕美	贵阳中医学院
汪信波	温州医科大学仁济学院	罗　秦	贵州大学明德学院
彭庆阳	江苏科技大学苏州理工学院	杨建军	长春工程学院
刘　丹	贵阳中医学院	黄　明	贵州大学明德学院
谭　锋	福建农林大学金山学院	张　婷	贵州师范大学求是学院
卢清艳	贵阳学院	兰树勋	淮阴工学院
秦宗鹏	南昌理工学院	吴　浩	贵州商学院
黄　润	遵义医学院医学科技学院	张成海	贵州医科大学神奇民族医药学院
简福伟	贵州大学明德学院	谢梦晨	贵州师范大学求是学院
张远瑶	江西工程学院	唐　美	贵阳学院
宋干飞	湖北理工学院	雷小培	贵阳中医学院
唐永海	贵州商学院	凌　蕊	浙江水利水电学院
范　燚	贵阳中医学院	广青财	贵州师范学院
刘德凤	贵州大学明德学院	莫丽春	武夷学院
邓　梅	哈尔滨华德学院	朱成斌	贵州大学明德学院
张　宇	龙岩学院	姜　宁	贵州大学科技学院
易金仙	贵州大学科技学院	张云春	安顺学院
余秋雨	贵州商学院	娄星星	莆田学院
王　映	天津农学院	罗兴菊	浙江中医药大学滨江学院
项　清	贵州商学院	犹显豪	贵州师范大学求是学院
蒋佳席	贵州师范大学求是学院	刘　鑫	凯里学院
陈古娟	天津商业大学宝德学院	杨　明	贵州师范大学求是学院
黎成成	贵州大学明德学院	刘　瑶	遵义医学院医学科技学院
李太平	牡丹江医学院	杨小茂	牡丹江医学院
周朝坤	贵州大学明德学院	王宏艳	山东工商学院
田茂涛	凯里学院	任星燕	黔南民族师范学院
夏丹静	湖州师范学院求真学院	张　凯	贵州商学院

续表

姓　名	录取学校	姓　名	录取学校
刘　静	湖北文理学院	胡　琴	三江学院
吴玉群	天津农学院	蒲启瑶	黔南民族师范学院
李　云	贵州师范学院	张　莹	武昌工学院
龙　会	贵州商学院	杨雨晏	黔南民族师范学院
霍青青	贵州商学院	陈　雪	三江学院
赵清碧	贵州大学明德学院	金洋名	山东青年政治学院
蔡　艳	安顺学院	熊　茂	浙江万里学院
王　莉	黔南民族师范学院	李　娜	贵阳中医学院
汪　杨	长江大学文理学院	熊　娅	黔南民族师范学院
罗茳银	辽宁对外经贸学院	王　孝	安顺学院
王运红	黔南民族师范学院	何　宇	黔南民族师范学院
曾　璐	贵州大学明德学院	杨勋银	贵阳学院
瞿道莎	湖北大学知行学院	李华云	贵州财经大学
张　玲	安顺学院	何珊珊	贵州师范大学
李丽航	黔南民族师范学院	周德艳	贵州师范大学
夏　航	贵州大学明德学院	胡　冕	贵州师范大学
邹　婷	黔南民族师范学院	张倩倩	贵阳中医学院
饶兴敏	齐齐哈尔医学院	龙　怡	贵阳中医学院
余昌洋	武汉晴川学院	欧国建	内蒙古民族大学
敖　丹	江苏师范大学科文学院	陈　鹏	黑龙江中医药大学
沈　盼	贵州商学院	段锡翠	天津商业大学
杨　浩	天津科技大学	伍臣银	吉林医药学院
石弋乐	天津科技大学	唐萍雨	六盘水师范学院
冯　进	贵州大学科技学院	胡玉林	南京工业大学浦江学院
黎启雄	常熟理工学院	陈　云	武汉科技大学城市学院
黄　艳	贵州师范学院	代明艳	西安培华学院
冉万丽	莆田学院	孙　红	贵州大学科技学院
娄利萍	凯里学院	晏青霜	贵州民族大学人文科技学院
徐　丹	凯里学院	陈映池	贵州民族大学人文科技学院

续表

姓　名	录取学校	姓　名	录取学校
石彩云	贵州师范学院	周秋怡	贵州大学科技学院
陈正道	遵义医学院医学科技学院	伍世钰	西京学院
周　旋	武昌工学院	杨通菊	绍兴文理学院元培学院
黎胜芬	长江大学文理学院	寿思琪	南开大学滨海学院
周德江	吉林医药学院	陈　勇	南通大学杏林学院
李卓易	江苏师范大学科文学院	陈继弘	六盘水师范学院
陆泌荪	沈阳城市建设学院	吴茂婷	辽宁师范大学海华学院
陈德君	宁波大红鹰学院	杨　涛	浙江树人学院
何德乐	浙江农林大学暨阳学院	田侄佶	江西科技学院
杨　玲	哈尔滨信息工程学院	李金亭	天津财经大学珠江学院
代　静	西安财经大学学院行知学院	郝福念	贵州财经大学商务学院
王成美	六盘水师范学院	张　琪	浙江越秀外国语学院
刘　凯	三亚学院	李杨健	贵州财经大学
冯媛媛	贵州财经大学商务学院	许天骄	贵州大学科技学院
梁乔波	贵州民族大学人文科技学院	牟成云	黑龙江工商学院
喻建澄	贵州财经大学商务学院	谢其波	哈尔滨剑桥学院
陈中茹	哈尔滨信息工程学院	夏益民	中国计量大学现代科技学院
吴　静	贵州民族大学人文科技学院	石士春	六盘水师范学院
张忠玲	贵州民族大学人文科技学院	欧阳奎	沈阳城市建设学院
王仲丽	武夷学院	吴　飞	六盘水师范学院
袁　婷	三亚学院	胡　江	六盘水师范学院
李兴岚	三亚学院	易金凯	山东英才学院
蔡雨梅	贵州民族大学人文科技学院	张吉鑫	湖北商贸学院
周　迎	贵州财经大学商务学院	彭　康	六盘水师范学院
杨　松	贵州大学科技学院	张　俊	南通大学杏林学院
胡　琴	贵州大学科技学院	向　芳	三亚学院
卢容琴	六盘水师范学院	娄　雪	贵州财经大学商务学院
牟元鼎	贵州财经大学商务学院	李富艳	陕西国际商贸学院
张兴国	遵义医学院（珠海校区）	王　愿	贵州大学科技学院

续表

姓　名	录取学校	姓　名	录取学校
段正荣	六盘水师范学院	曾德芳	三亚学院
梁大艳	湖北商贸学院	谭冰琴	贵州民族大学人文科技学院
冉毅异	遵义医学院（珠海校区）	李景婷	贵州民族大学人文科技学院
何盼盼	齐齐哈尔工程学院	杨　婷	贵州民族大学人文科技学院
伍云蕾	六盘水师范学院	冯安艳	贵州民族大学人文科技学院
王建荣	哈尔滨剑桥学院	吴　娇	贵州大学科技学院
毛　胜	浙江农林大学暨阳学院	龚　迪	贵州财经大学商务学院
刘　伟	齐鲁理工学院	戎仕婷	贵州民族大学人文科技学院
蒋仟涛	浙江树人学院	刘礼星	六盘水师范学院
陈开勇	嘉兴学院南湖学院	赵小浪	贵州民族大学人文科技学院
莫剑成	六盘水师范学院	杨施琦	贵州民族大学人文科技学院
彭清茂	浙江农林大学暨阳学院	邱伯静	哈尔滨剑桥学院
付永帅	福建工程学院	犹泫修	贵州财经大学商务学院
马桥飞	北京科技大学天津学院	刘远芳	海口经济学院
代　粤	贵州财经大学商务学院	朱小芳	大连工业大学艺术与信息工程学院
张韵鸿	贵州财经大学商务学院	钱　红	北京科技大学天津学院
罗永松	贵州财经大学商务学院	余家珊	贵州民族大学人文科技学院
陈思杨	大连工业大学艺术与信息工程学院	罗　凯	天津天狮学院
陈　容	贵州财经大学商务学院	曹国娇	贵州民族大学人文科技学院
宋赣娅	贵州财经大学商务学院	曹洪毅	贵州财经大学商务学院
杨明沅	贵州民族大学人文科技学院	洪启香	贵州民族大学人文科技学院
毛文帅	贵州财经大学商务学院	张　瑶	齐齐哈尔工程学院
商洪梅	北京科技大学天津学院	牟松松	上海杉达学院
冉　珊	湖北商贸学院	方先进	贵州财经大学商务学院
宋安芳	湖北商贸学院	刘　琴	上海杉达学院
姜　兴	贵州民族大学人文科技学院	尚国艳	上海外国语大学贤达经济人文学院
许　凤	贵州民族大学人文科技学院	杨　燕	西京学院
何　云	上海外国语大学贤达经济人文学院	何　瑜	辽宁理工学院
张　健	贵州民族大学人文科技学院	石紫瑶	六盘水师范学院

续表

姓　名	录取学校	姓　名	录取学校
何新群	上海建桥学院	叶诗涵	海口经济学院
钟路群	贵州财经大学商务学院	林青霞	贵阳中医学院
李连顺	贵州民族大学人文科技学院	周绪燕	青岛滨海学院
刘福琴	贵州财经大学商务学院	林铭奎	温州商学院
田茂汾	大连工业大学艺术与信息工程学院	熊海先	六盘水师范学院
冯运芳	天津理工大学中环信息学院	张义椿	沈阳科技学院
鞠州成	贵州财经大学商务学院	范坤婷	上海杉达学院
吴凯春	贵州民族大学人文科技学院	胡雪梅	上海师范大学天华学院
何开松	大连工业大学艺术与信息工程学院	曹宏封	上海建桥学院
周青昱伶	贵州民族大学人文科技学院	张明艳	遵义医学院（珠海校区）
姚代杰	贵州财经大学商务学院	黎　俊	江西服装学院
金承怡	江西服装学院	毛晶霖	江西工程学院
王道云	贵州警察学院	邹小丽	遵义师范学院
陈　浪	贵州警察学院	严洪伦	贵州警察学院
张　杰	山东英才学院	陈　漫	贵州警察学院
王　伟	贵阳学院	卢婷婷	遵义师范学院
胡佳林	贵州商学院	李　瑶	贵州商学院
卢　锴	贵州商学院	韩孟霖	贵州民族大学人文科技学院
刘　芳	贵州财经大学	李太坤	鞍山师范学院
吴　敏	黔南民族师范学院	瞿红艳	景德镇学院
严　可	贵州商学院	刘余梦	遵义师范学院
彭崇宽	贵州商学院	李　娜	遵义师范学院
吴文雯	遵义师范学院	廖成安	贵州商学院
谌福丽	九江学院	张　莉	遵义师范学院
张明鸣	遵义师范学院	范明慧	遵义师范学院
曾绿林	贵州警察学院	敖　倩	遵义师范学院
毛　维	贵州商学院	李　义	贵州商学院
王福琴	贵阳学院	陈胜江	贵州警察学院
陈　丹	张家口学院	蔡　伟	贵州商学院

续表

姓 名	录取学校	姓 名	录取学校
毛 磊	贵阳学院	田茂成	遵义师范学院
聂应应	贵阳学院	罗 兰	九江学院
曾前龙	贵州警察学院	陈 迪	武汉商学院
娄金松	遵义师范学院	庞 丽	遵义师范学院
贺选鸿	贵州警察学院	桂庆鹏	贵州警察学院
周泽会	张家口学院	向忠毅	贵州商学院
王 银	贵州商学院	彭胜义	贵州商学院
邓 莹	上海健康医学院	魏 旭	贵州商学院
宋丹丹	遵义师范学院	宋星玥	河北外国语学院
皮俸旭	江西服装学院	李珊珊	贺州学院
瞿 鹏	贵州警察学院	黄 龙	贵州商学院
左光颖	贵州警察学院	李晓龙	景德镇学院
倪双红	遵义师范学院	陈雪飞	遵义师范学院
胡娇娇	遵义师范学院	黄维欢	张家口学院
刘禄丽	邵阳学院	牟 浪	贵州商学院
石正秀	贵州警察学院	熊国华	贵州商学院
张 庆	贵州商学院	李坤涛	贵州警察学院
谢再贞	贵州商学院	犹冼林	贵州商学院
敖德勇	贵州商学院	朱云川	贵州警察学院
程顺鹏	贵州商学院	徐元丽	贵阳学院
李乾敏	兴义民族师范学院	陈红梅	铜仁学院
李明凤	贵州商学院	黄 薇	贵州商学院
胡 敏	安顺学院	姜金群	贵州商学院
李 冰	遵义师范学院	卢清婷	铜仁学院
罗 栏	铜仁学院	张廷廷	遵义师范学院
林 鹏	贵州商学院	姚 健	六盘水师范学院
兰 莎	贵阳学院	李明欣	贵阳学院
代华露	贵阳学院	罗金佶	贵阳学院
王 云	贵州警察学院	刘义会	桂林旅游学院

续表

姓　名	录取学校	姓　名	录取学校
邓正富	贵阳学院	兰朝娜	六盘水师范学院
曾　杰	江西工程学院	徐　杰	江西工程学院
张贵宽	兴义民族师范学院	徐　容	六盘水师范学院
郑安国	南昌理工学院	杨德先	江西工程学院
王梓竹	江西工程学院	韩刻霏	武汉生物工程学院
姜　瑀	海口经济学院	蔡利俊	山东英才学院
杨志勇	江西工程学院	杨昌琳	江西工程学院
李清云	江西工程学院	犹昌鹭	江西工程学院
王创福	江西工程学院	夏单微	沈阳工学院
张　婷	江西工程学院	杨　洲	山东现代学院
刘　帅	江西工程学院	兰　茂	江西工程学院
宋癸霖	江西工程学院	敖国义	江西工程学院
周仁俊子	江西工程学院	唐华娇	江西工程学院
查远吉	江西工程学院	姚绍琴	山东英才学院
金安香	江西工程学院	顾士杭	西安外事学院
吴　锋	江西工程学院	李昌玉	山东英才学院
周再贵	江西工程学院	徐林静	重庆邮电大学移通学院
胡　林	江西工程学院	李　珊	江西工程学院
柏朝坤	江西工程学院	邓　娜	江西工程学院
雷　方	江西工程学院	张　云	山东现代学院
刘　茂	江西工程学院	曾令千	江西工程学院
张洪宁	江西工程学院	张　铃	山东英才学院
杨成丽	沈阳工学院	易成军	天津天狮学院
杜常明	江西工程学院	王国艳	青岛黄海学院
熊国豪	贵州财经大学（中外合作办学）	王　维	黑龙江工业学院
丁梦娴	南昌工学院	漆洪梅	吉林农业科技学院
卢津毅	南昌工学院	武　敬	潍坊科技学院
毛　茜	哈尔滨信息工程学院	舒扬俊	齐鲁理工学院

瓮安二中2018年高考录取名单

姓 名	录取学校	姓 名	录取学校
钟 燏	清华大学	杨 林	华北电力大学（北京）
刘 锋	国防科技大学	杨 洪	湖南大学
牟元曲	中南大学	宋纯颍	山西财经大学
侯 锐	南京大学	刘海奕	贵州大学
冯 舜	上海对外经贸大学	王章龙	贵州大学
余浩洋	南京林业大学	杨明津	贵州民族大学
吴跃进	浙江大学	余昌梅	贵州大学
丁 瑞	宁波大学	孙源泽	贵州医科大学
代正发	中央财经大学	陈丽绮莲	锦州医科大学
简正雪	北京理工大学	孟 腾	贵州医科大学
王朝焱	华南理工大学	瞿道贵	西安建筑科技大学
李 鑫	武汉大学	夏闻采	内蒙古大学
雷 龙	贵州大学	颜国栋	辽宁工程技术大学
王文宝	新疆大学	陈宇婷	长春理工大学
宋 菡	南京师范大学	何璐瑶	佳木斯大学
吕 婷	天津中医药大学	唐 彪	南京审计大学
卢 亚	天津工业大学	任永璇	贵州财经大学
陈晓璇	贵州大学	闵雪韵	长春理工大学
李佳颖	贵州大学	杨 帆	贵州医科大学
杨秀宇	武汉工程大学	罗中菊	贵州医科大学
周 枫	贵州大学	熊安娜	西安电子科技大学
陈 墙	贵州大学	丁云兰	中南财经政法大学
张清海	大连海事大学	周朝东	福建医科大学
尚明向	温州大学	石远帅	贵州大学
余 欢	福建师范大学	卢 勇	锦州医科大学
林代勇	贵州大学	叶永洁	华东政法大学
黄祥春	海军军医大学	钱 钟	贵州大学
罗开菊	贵州医科大学	周正伟	贵州师范大学
何静宇	江苏科技大学	廖小荧	南通大学
杨 雯	贵州医科大学	罗 军	西华大学

续表

姓　名	录取学校	姓　名	录取学校
蒲长涛	贵州大学	兰忠丽	大理大学
安仕芳	贵州医科大学	田仁斌	天津城建大学
宋俊萧	南京审计大学	冯远祥	贵州医科大学
杨胜琴	南京师范大学	张露琴	天津职业技术师范大学
彭秋香	天津商业大学	杨　婷	贵州师范大学
童寒竹	齐齐哈尔大学	肖仕杰	贵州师范大学
文　烈	杭州电子科技大学	丁光辉	黑龙江八一农垦大学
吴昱含	上海工程技术大学	倪　娥	贵州民族大学
田　渊	西安建筑科技大学	秦　棚	湖南工业大学
李隽永	贵州医科大学	贺贤玫	辽宁工业大学
陈佳君	贵州财经大学	王　辽	贵州财经大学
周安娜	贵州医科大学	罗雨涵	西南民族大学
徐铃钫	贵州财经大学	郭元疆	衢州学院
赵品乐	烟台大学	蔡　梅	贵州医科大学
李照怡	贵州大学	毛睿啟	贵州医科大学
王正阳	江苏大学	杨正国	贵州财经大学
聂永琦	贵州医科大学	张蜀未	贵州民族大学
宋泽艳	贵州师范大学	李泓霖	贵州大学
葛宏伟	哈尔滨医科大学	曹琨丰	天津中医药大学
唐　润	湖北师范大学	何则剑	贵州大学
高洁钰	海南大学	夏辉峰	贵州大学
代仁杰	贵州大学	瞿远添	辽宁工程技术大学
李泓锦	中国矿业大学	彭国超	辽宁石油化工大学
何建沂	华侨大学	苏顺泉	贵州财经大学
全　意	贵州财经大学	郎纹玉	贵州师范大学
杨　燕	贵州师范大学	敖　伟	中央民族大学
毛文丹	贵州大学	何林离	北华大学
商冬琴	贵州师范大学	胡安东	贵州大学
熊永义	山东农业大学	陈婷婷	内蒙古医科大学
包文群	沈阳理工大学	张　凯	贵州理工学院
张　亚	贵州大学	袁琳凯	武汉纺织大学

续表

姓　名	录取学校	姓　名	录取学校
毛云霏	黑龙江科技大学	张晓柔	贵州大学
王启宇	贵州医科大学	陈厚海	贵州民族大学
程煜洋	贵州财经大学	韩　宇	贵州医科大学
邓安磊	上海工程技术大学	贺　恒	贵州医科大学
夏仕明	常州大学	江庭健	沈阳化工大学
汤清青	福建农林大学	姜　念	贵州医科大学
龙　沁	南京邮电大学	金方玉清	贵州大学
田骐睿	贵州大学	金方芸	福建中医药大学
姜世玉	浙江财经大学	刘晓丹	山东建筑大学
李杨文	贵州民族大学	彭喜玲	武汉纺织大学
林　豪	长江大学	石茂霖	贵州大学
冷昌云	贵州医科大学	宋　超	辽宁中医药大学
李琳玲	天津科技大学	孙贵江	贵州大学
李天茂	上海海洋大学	唐浩铭	贵州财经大学
李　鑫	大连工业大学	王成艳	天津师范大学
李扬勇	天津科技大学	张颍婷	沈阳航空航天大学
王雪婷	贵州医科大学	何　瑜	集美大学
文　胜	黑龙江八一农垦大学	易承飞	河南农业大学
夏颜颜	延安大学	敖梦林	贵州民族大学
兰松烨	贵州财经大学	熊科杰	贵州民族大学
孟宪睿	南京邮电大学	张　嫣	黑龙江中医药大学
蔡廷开	贵州民族大学	张瑞雪	贵州财经大学
贺姜墁	贵州财经大学	何　桃	青岛科技大学
徐茂波	黑龙江科技大学	李　势	黑龙江科技大学
李隆乾	东北石油大学	宋正冬	贵州民族大学
梁青青	河北医科大学	周正春	河北工程大学
任普飞	贵州大学	党胡艳	渤海大学
曹　华	北华大学	王　喜	贵州大学
王　云	天津城建大学	袁绍瑶	福建中医药大学
涂海涛	贵州医科大学	邓国洪	吉林农业大学
左　珊	贵州财经大学	张　宇	吉林农业大学

续表

姓 名	录取学校	姓 名	录取学校
吴文璐	黑龙江中医药大学	兰雯欣	贵州民族大学
林铭奎	黑龙江八一农垦大学	何莉莎	佳木斯大学
谢 箫	西北大学	黄 杰	长江大学
刘承铭	南京师范大学	李客念	贵州财经大学
唐泰晗	井冈山大学	林 森	天津城建大学
帅信明	北方民族大学	李乔林	贵州民族大学
李 维	黑龙江科技大学	杨 林	贵州大学
刘碧顺	湖北师范大学	陈延玉	天津科技大学
秦宗鹏	辽宁工业大学	王维立	江苏大学
卢锡文	贵州医科大学	魏 珍	佳木斯大学
白方富	上海应用技术大学	陈 颖	贵州医科大学
苟林松	中国政法大学	雷登淇	贵州师范大学
王国敏	黑龙江中医药大学	张淮昱	哈尔滨商业大学
贺贤娥	山东财经大学	张沁源	贵州师范大学
祝 露	长春大学	刘 颖	长春大学
周胜坤	贵州医科大学	夏单婷	贵州师范大学
陈正书	贵州师范大学	王 兰	贵州民族大学
杨 静	闽南师范大学	张 琪	贵州财经大学
丁 平	四川农业大学	王文浪	贵州师范大学
冉 珊	黑龙江科技大学	龚贤月	沈阳理工大学
董春双	沈阳师范大学	方红婷	天津科技大学
戴汶池	济宁医学院	邹富洪	防灾科技学院
李雪曼	遵义医学院	杨晨宇	防灾科技学院
周容吉	茅台学院	王 磊	贵阳中医学院
冉超泽	杭州医学院	柳开权	滨州医学院
犹昕谕	黔南民族师范学院	王 垚	福建工程学院
王朝琴	遵义医学院	匡耀军	遵义医学院医学科技学院
杨 蔚	杭州医学院	罗嗣宇	西安财经大学学院
尚荣保	哈尔滨石油学院	王仕碧	淮阴工学院
王有成	贵州大学明德学院	黄菊香	贵州师范学院
龙燕旎	上海健康医学院	万大敏	江苏第二师范学院

续表

姓 名	录取学校	姓 名	录取学校
方 倩	天津外国语大学滨海外事学院	胡齐敏	武夷学院
田景洋	遵义医学院	谭 琴	遵义师范学院
龚贤行	湖北汽车工业学院	钱家晶	沈阳科技学院
熊宏勋	贵州理工学院	王发先	枣庄学院
李胜梅	遵义医学院	魏赐龙	丽水学院
陈家鹏	天津大学仁爱学院	刘 云	桂林电子科技大学信息科技学院
邓鲜林	湖南人文科技学院	吴明发	海南医学院
梁大元	通化师范学院	卢倡吟	贵阳学院
诸洪冰	黑龙江工商学院	陈永先	重庆邮电大学移通学院
王锡会	贵州大学科技学院	李 彦	蚌埠医学院
雷 豪	南京理工大学紫金学院	李 清	黔南民族师范学院
王远达	盐城工学院	冉义湘	贵州师范学院
幸仁涛	苏州科技大学天平学院	张 英	遵义医学院医学科技学院
蔡绍华	北京印刷学院	赵余旺	台州学院
蒋福燕	湖南财政经济学院	黄添鸿	海南大学
王青青	黔南民族师范学院	卢 龙	贵州理工学院
赵显强	潍坊学院	黎平怀	齐齐哈尔医学院
李宝仙	贵阳中医学院	陈福敏	贵州师范大学求是学院
刘桂槟	河南工学院	罗 依	贵阳中医学院
罗积铫	遵义医学院	田茂睿	北京科技大学天津学院
邓恩淳	黑河学院	何 静	黔南民族师范学院
丁贵吉	黑龙江工业学院	何林泓	湖北工业大学工程技术学院
冯满琴	吉林师范大学博达学院	兰之焱	哈尔滨金融学院
黄道洪	天津外国语大学滨海外事学院	刘凌江	南京工程学院
黄文星	遵义医学院医学科技学院	帅 莎	青岛黄海学院
钱 金	贵阳学院	宋彩云	宁德师范学院
钱梦琪	长江大学文理学院	宋 鑫	黔南民族师范学院
尚从练	兴义民族师范学院	王信雪	扬州大学广陵学院
谢达婷	牡丹江医学院	祝溢君	遵义医学院医学科技学院
杨开怡	淮阴师范学院	周 楠	浙江水利水电学院
杨泽芳	泉州师范学院	杨云丹	贵州大学科技学院

续表

姓　名	录取学校	姓　名	录取学校
犹昌松	北京科技大学天津学院	熊卓志	北京中医药大学东方学院
张天旺	江汉大学文理学院	吴小青	兴义民族师范学院
张小云	贵州师范学院	卢　艳	遵义师范学院
付开龙	贵州民族大学人文科技学院	李河剑	武汉体育学院体育科技学院
罗　浩	贵州大学明德学院	张金思	茅台学院
兰晶晶	上海电力学院	毛友飞	温州大学瓯江学院
谭玉艳	苏州大学应用技术学院	胡顺泓	贵州大学明德学院
王　林	无锡太湖学院	严　婧	兴义民族师范学院
张百忍	贵州商学院	陈　娇	遵义医学院医学科技学院
杨　云	武汉设计工程学院	袁太波	湖南科技大学潇湘学院
付　月	浙江工商大学	李佳玫	南京工业大学浦江学院
肖　飞	六盘水师范学院	商　莎	天津商业大学宝德学院
张　耀	汉口学院	陈　勇	盐城工学院
白　萍	江西服装学院	杨小芳	兴义民族师范学院
姜　海	辽宁对外经贸学院	鄢成菲	贵州大学科技学院
毛文胤	辽宁对外经贸学院	陈　杰	哈尔滨剑桥学院
叶洋廷	武汉设计工程学院	江文杰	台州学院
张　万	遵义医学院	谭显进	浙江大学宁波理工学院
潘兴宝	贵州工程应用技术学院	何光亮	广东石油化工学院
黄　鑫	贵州工程应用技术学院	秦　雄	贵州师范大学求是学院
张建强	贵州财经大学商务学院	刘雪英	淮阴师范学院
秦　琼	天津财经大学珠江学院	龙仕林	常州大学怀德学院
卢增财	天津大学仁爱学院	代　松	济宁学院
苟佳宝	长春工程学院	胡宪欢	贵州财经大学商务学院
张德庆	三峡大学科技学院	罗宗显	武昌首义学院
李　万	天津商业大学宝德学院	穆仕春	贵州理工学院
柳兴兴	湖北文理学院理工学院	陶大祥	西安航空学院
王永芳	贵州商学院	彭　磊	聊城大学东昌学院
卢家雪	黔南民族师范学院	程　潇	黔南民族师范学院
王镜淞	贵州师范学院	刘文祥	江苏大学京江学院
董　雯	贵州工程应用技术学院	罗德璐	遵义医学院

续表

姓　名	录取学校	姓　名	录取学校
胡仙桢	牡丹江师范学院	毛光婷	黔南民族师范学院
黄武香	贵州理工学院	何小方	遵义医学院医学科技学院
陈　陶	贵州商学院	陈　顺	南京工业大学浦江学院
何光梅	贵州师范学院	郑琪才	湖北工程学院新技术学院
徐国凯	贵州理工学院	廖阳舟	南京中医药大学翰林学院
陈永俊	大连科技学院	盛碧艳	遵义医学院医学科技学院
陈鸣凤	贵州师范大学求是学院	郭　清	辽宁中医药大学杏林学院
龚贤凤	黑龙江东方学院	王玉玲	湖南农业大学东方科技学院
梁　霞	贵州师范大学求是学院	朱国节	鞍山师范学院
向优沂	黔南民族师范学院	谢　宁	贵阳中医学院
邓　伶	贵州工程应用技术学院	彭方凯	贵州师范大学求是学院
蹇安利	长春工程学院	刘　伟	湖州师范学院
蒋志银	哈尔滨华德学院	薛桂花	温州医科大学仁济学院
罗景文	安顺学院	柏朝军	六盘水师范学院
刘　怡	莆田学院	柏朝坤	东南大学成贤学院
赵红亮	绥化学院	张中平	贵州商学院
王启连	嘉兴学院	卢家佳	贵州师范大学求是学院
杨　文	北京科技大学天津学院	莫淋淇	嘉应学院
张紫虹	齐齐哈尔医学院	王昌鸿	黔南民族师范学院
郭　梅	贵州师范大学求是学院	童　鑫	黔南民族师范学院
郑兴荣	安顺学院	符业育	泰州学院
曹玉杰	天津城建大学	欧加庆	西安欧亚学院
李昕炤	贵州民族大学	杨　荣	广西民族大学相思湖学院
肖　松	贵州师范大学求是学院	何崇龙	贵州大学科技学院
熊龙会	浙江越秀外国语学院	魏德军	六盘水师范学院
宋　婷	温州医科大学仁济学院	罗贵宇	遵义医学院医学科技学院
杨一丹	燕京理工学院	侯华俊	厦门理工学院
赵冬梅	汉江师范学院	张庆洪	黑龙江工程学院
黄　云	晋中学院	谭周娅	贵州工程应用技术学院
杨光顺	贵州财经大学商务学院	兰朝娜	遵义师范学院
覃　雨	贵州财经大学商务学院	王　芳	浙江越秀外国语学院

续表

姓　名	录取学校	姓　名	录取学校
熊书田	贵州民族大学人文科技学院	任　芯	南京理工大学紫金学院
王家鑫	贵州财经大学商务学院	邓　江	贵州医科大学神奇民族医药学院
陈绍欢	遵义医学院医学科技学院	彭尚文	吉林农业科技学院
何　云	遵义医学院医学科技学院	李兴毅	贵州大学明德学院
奚祥龙	沈阳工程学院	陆人炎	哈尔滨剑桥学院
丁梁孟	贵州财经大学商务学院	费琦伟	南京理工大学泰州科技学院
尚煜婧	重庆大学城市科技学院	赵松群	贵州大学明德学院
杨安琴	贵州师范大学求是学院	王开凤	安顺学院
钟家利	天津财经大学珠江学院	刘桂芬	上海建桥学院
方　菲	贵州师范学院	姚　丽	安顺学院
李　艺	西北大学现代学院	李倩居	贵州财经大学商务学院
雷国辉	遵义医学院医学科技学院	周泰东	宁波大红鹰学院
吴　珊	黔南民族师范学院	张青松	贵州财经大学商务学院
王泓杰	牡丹江师范学院	张　倩	遵义医学院医学科技学院
张余惠	天津商业大学宝德学院	尚国艳	贵州财经大学商务学院
谢仲丽	贵州财经大学商务学院	肖仕会	贵州财经大学商务学院
向登辉	广西师范学院	倪亭亭	贵州大学明德学院
韩珍美	黔南民族师范学院	陈　艺	营口理工学院
张忠美	贵州师范大学求是学院	何俭英	贵州师范学院
蔡佳玥	营口理工学院	高维孝	贵州师范大学求是学院
欧泉村	广西民族大学相思湖学院	鄢孝满	贵州大学明德学院
柳应莲	泉州师范学院	周泽会	武汉华夏理工学院
张祖帅	武昌理工学院	陈锡艳	贵州大学明德学院
唐景微	遵义医学院	黄　强	贵州大学明德学院
张沁怡	贵州医科大学神奇民族医药学院	张杨林	三江学院
犹冼林	湖北汽车工业学院	陈文渊	浙江理工大学科技与艺术学院
张林菊	辽东学院	吴　旺	贵州师范学院
王　武	遵义师范学院	彭庆阳	湖北民族学院科技学院
谭　进	南通理工学院	杨治贵	兴义民族师范学院
陈　艳	贵州师范大学求是学院	陈光庆	北京科技大学天津学院
余青青	绍兴文理学院元培学院	段恩梅	绍兴文理学院元培学院

续表

姓　名	录取学校	姓　名	录取学校
杨双秀	贵州师范大学求是学院	颜中练	兴义民族师范学院
陈德君	兴义民族师范学院	丁　林	贵阳学院
白　媛	云南艺术学院文华学院	袁成胜	贵州理工学院
李　柔	宁波大红鹰学院	李太琦	贵州理工学院
杜　芳	上海师范大学天华学院	蔡利俊	西京学院
刘豫阳	上海师范大学天华学院	刘尚源	贵州理工学院
徐彬焕	大连科技学院	杨　娇	哈尔滨远东理工学院
胡　欢	武汉工程科技学院	邹艺鹏	哈尔滨信息工程学院
李斯琪	贵州民族大学人文科技学院	陈永进	浙江海洋大学东海科学技术学院
赵　灿	武汉科技大学城市学院	程　徐	辽宁对外经贸学院
杨　静	黔南民族师范学院	邓安凤	天津外国语大学滨海外事学院
朱仕乐	贵州师范大学求是学院	牟活沛	贵阳中医学院
向邦念	贵阳学院	石泽美	邵阳学院
张　静	遵义医学院	翟　蝶	遵义师范学院
彭朝政	遵义医学院医学科技学院	杨发青	贵州医科大学神奇民族医药学院
犹敦会	广西师范大学	商　露	六盘水师范学院
杨　婷	贵州商学院	段钦涵	北京科技大学天津学院
陈毅敏	周口师范学院	张贵钧	山东英才学院
金秋妍	浙江外国语学院	朱义荣	南开大学滨海学院
郑自强	贵州民族大学人文科技学院	董凌瑞	北京物资学院
邬金洪	安顺学院	黄仕英	铜仁学院
赵　芳	南通理工学院	雷飞飞	贵州师范大学求是学院
夏凤阳	安顺学院	古祥玉	大连财经学院
付鑫鑫	江苏大学京江学院	王兰鑫	潍坊医学院
王大娇	遵义医学院医学科技学院	顾　宇	遵义医学院
谭梦林	贵州财经大学商务学院	赵　敏	遵义医学院医学科技学院
宋林鑫	吉林农业科技学院	犹　丽	哈尔滨广厦学院
胡新钰	贵州民族大学人文科技学院	刘一焰	黔南民族师范学院
唐世梦	浙江树人学院	田　娇	贵州大学科技学院
赵小小	贵州民族大学人文科技学院	宋　颖	黔南民族师范学院
蔡秀婷	贵州财经大学商务学院	范姗姗	扬州大学广陵学院

续表

姓　名	录取学校	姓　名	录取学校
张　鑫	聊城大学东昌学院	范坤婷	贵州大学科技学院
罗卿秀	贵州大学科技学院	刘明铢	贵州大学科技学院
尚客锟	贵州师范大学求是学院	江珊珊	贵州财经大学商务学院
况照正	贵州民族大学人文科技学院	黄　珊	贵州民族大学人文科技学院
胡新颖	燕京理工学院	罗秀宁	六盘水师范学院
周万婷	铜仁学院	王　春	贵州师范学院
汪　林	贵州大学明德学院	王文静	哈尔滨广厦学院
杨秀月	北海艺术设计学院	刘明沂	贵州民族大学人文科技学院
沈　阳	哈尔滨远东理工学院	谢　丹	绥化学院
袁盛坤	遵义医学院医学科技学院	李　欧	南昌大学科学技术学院
黎叙江	贵州财经大学商务学院	谢　然	青岛黄海学院
林玉霞	贵州大学明德学院	邓鉴振	哈尔滨信息工程学院
汪　琳	贵州民族大学人文科技学院	吴文珍	黑龙江东方学院
王有兵	贵州财经大学商务学院	代顺发	阿坝师范学院
张清清	贵州大学科技学院	田景雪	安顺学院
代晓芳	贵阳中医学院	宋真艳	荆楚理工学院
张　念	贵州财经大学商务学院	高大宇	贵州大学科技学院
敖　佳	南昌大学科学技术学院	沈丹洁	贵州大学科技学院
杨　刚	徐州工程学院	周城凤	哈尔滨广厦学院
王淇阴	贵州警察学院	马泽钰	贵州民族大学人文科技学院
冯媛媛	贵州民族大学人文科技学院	武　敬	嘉应学院
刘先菊	广州工商学院	冉俊虹	铜仁学院
王　雪	黄冈师范学院	徐小俐	天津天狮学院
黎　芸	贵州民族大学人文科技学院	彭方圆	盐城工学院
何光伟	贵阳学院	李嘉鹏	南京财经大学红山学院
熊文杰	贵州民族大学人文科技学院	黄红豪	云南师范大学商学院
秦　杨	上海外国语大学贤达学院		

附　录

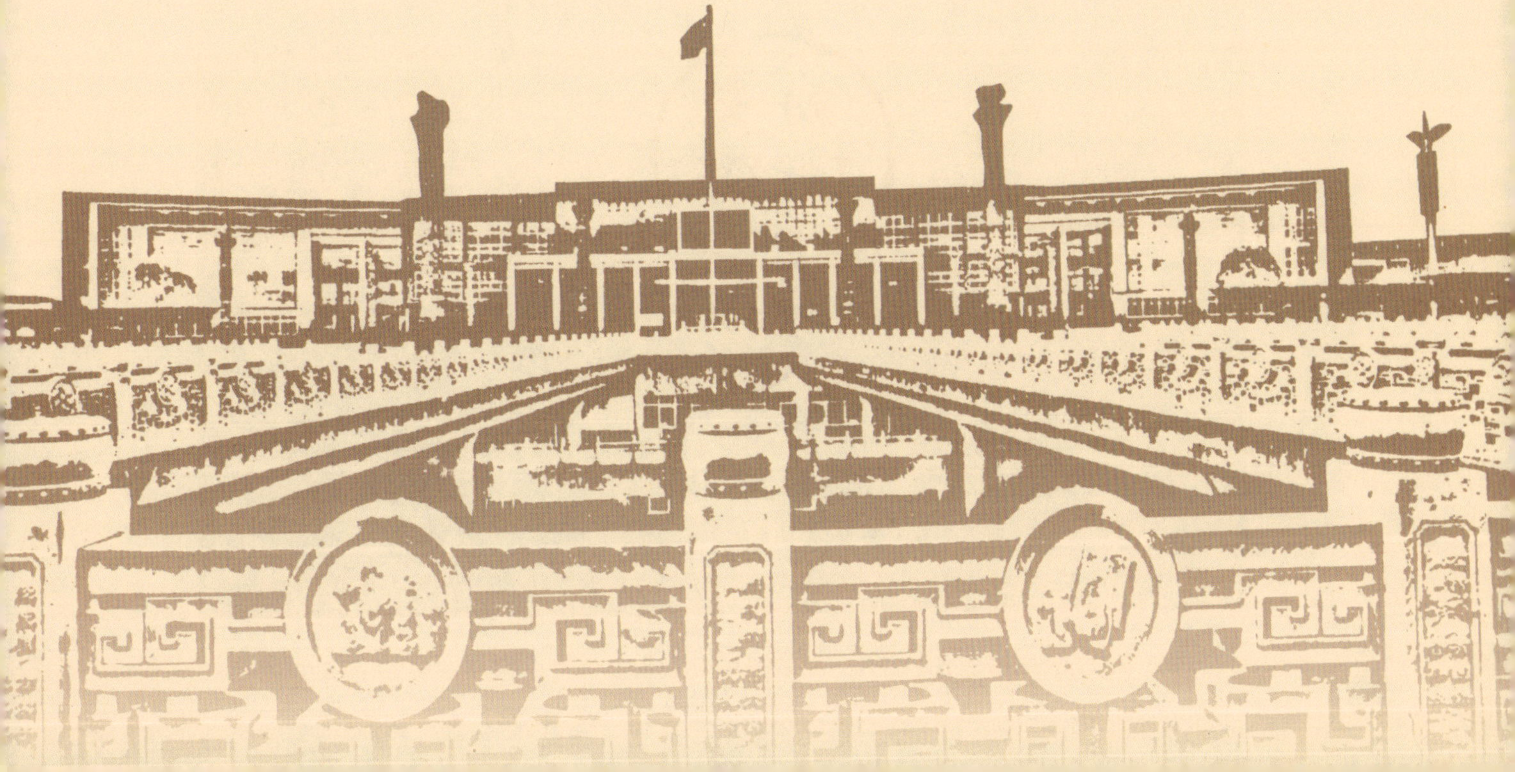

一、文件

瓮安工业交通学校58—60年度工作计划

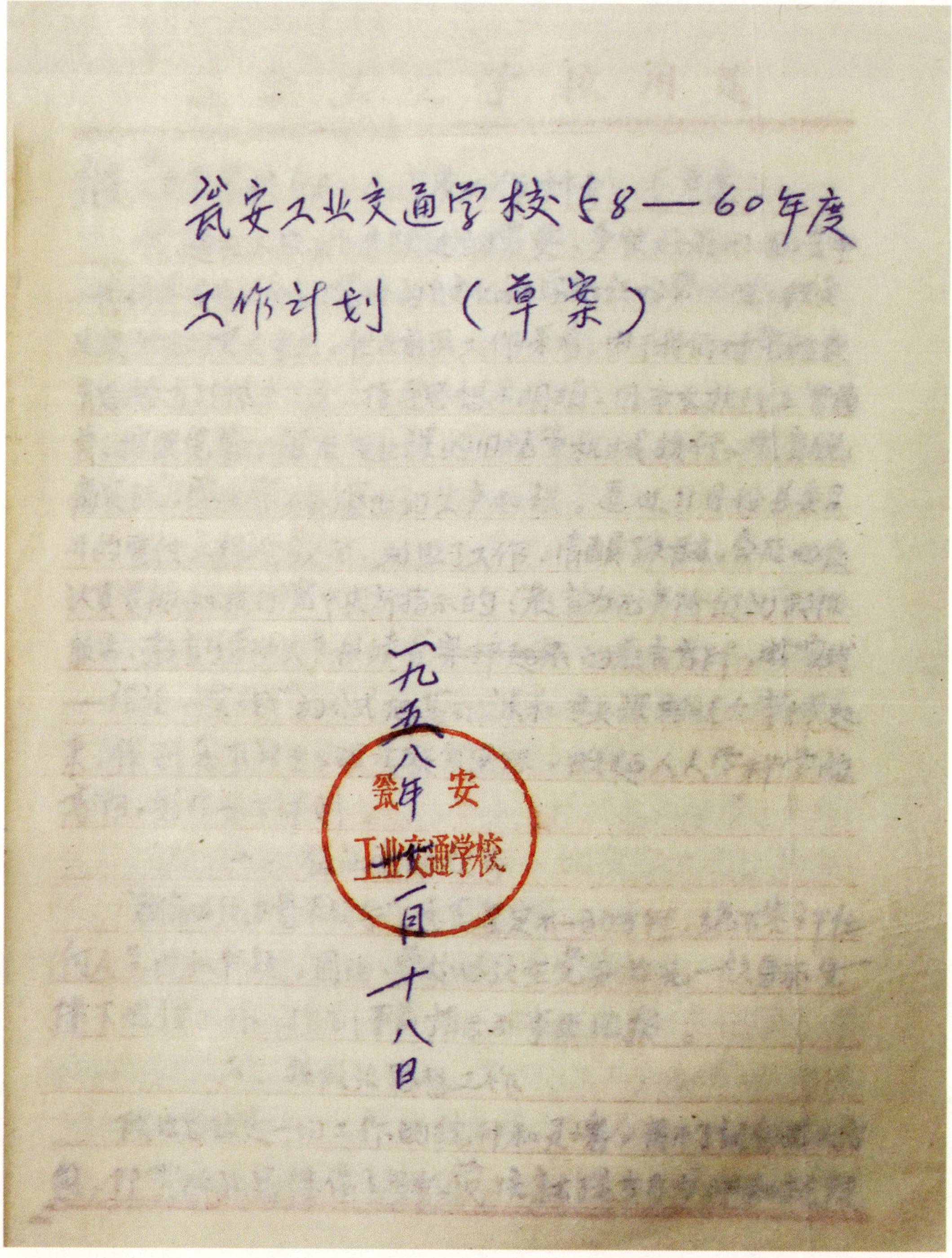

瓮安工业交通学校58—60年度工作计划（草案）

一九五八年十一月十八日

瓮安工业交通学校

瓮安师范成立文件影印件

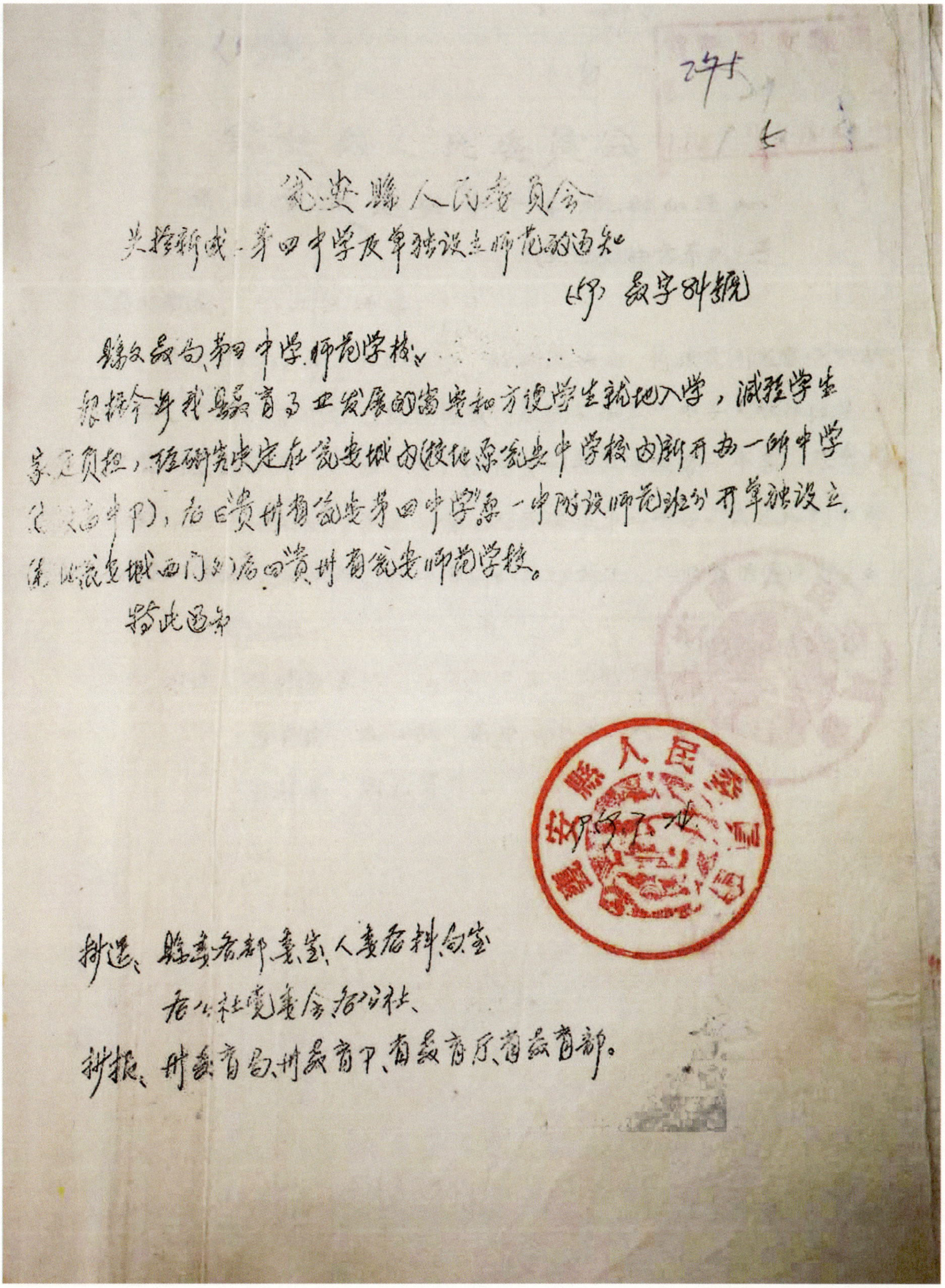

瓮安县人民委员会

关于新成立第四中学及单独设立师范的通知

(59)教字84號

县文教局、第四中学、师范学校：

根据今年我县教育事业发展的需要和方便学生就地入学，减轻学生家庭负担，经研究决定在瓮安城内(校址原瓮安中学校内)新开办一所中学(简称四中)，启用“贵州省瓮安第四中学”。原一中附设师范班分开单独设立，(校址瓮安城西门外)启用“贵州省瓮安师范学校”。

特此通知

抄送：县委各部、委、室，人委各科局室，各公社党委会、各公社。

抄报：州委宣教部、州教育局、省教育厅、省委宣教部。

瓮安师范学校1960年基建计划表

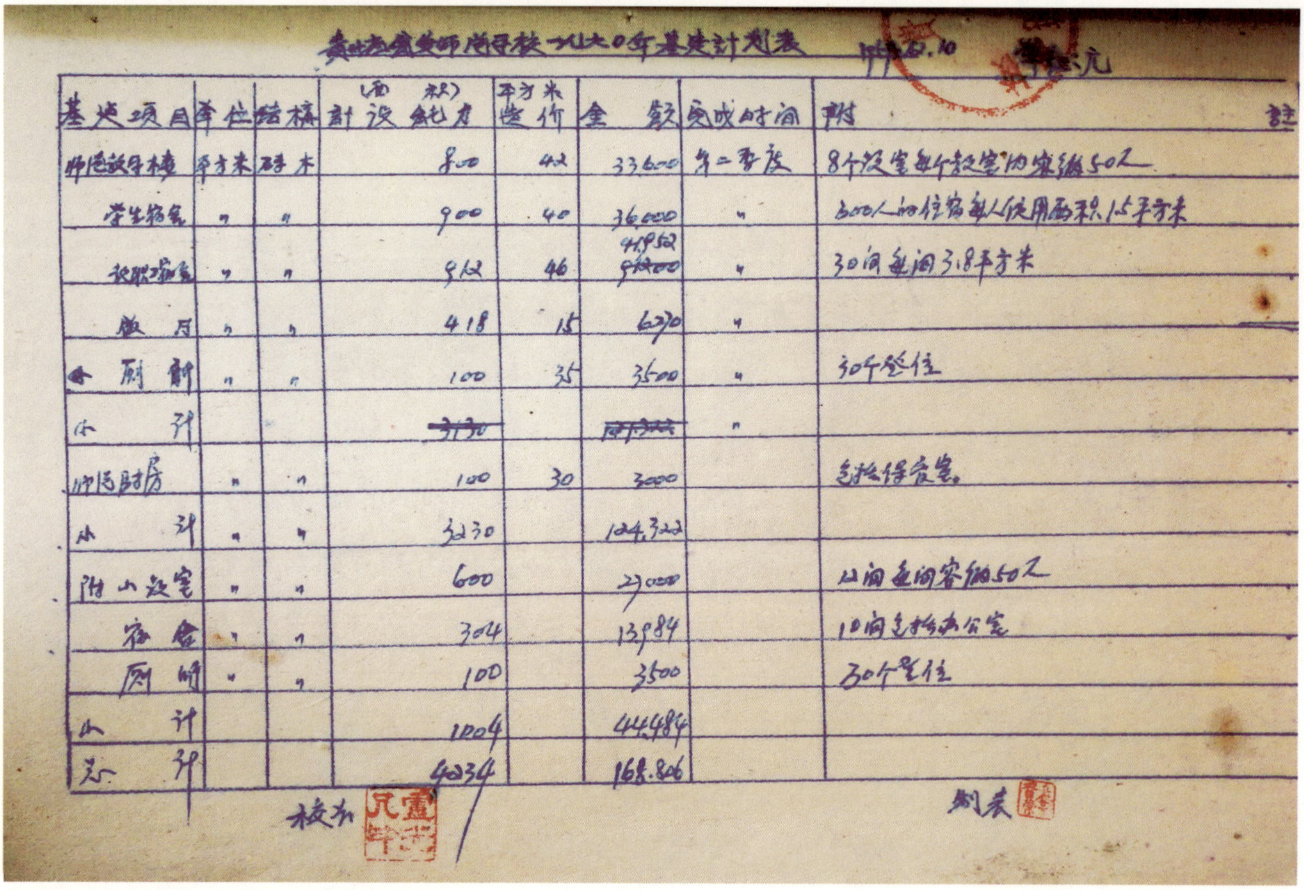

贵州省瓮安师范学校一九六0年基建计划表　1960.10　单位：元

基建项目	单位	结构	计划能力（面积）	造价（平方米）	金额	完成时间	附注
师范教学楼	平方米	砖木	800	42	33,600	第二季度	8个教室每个教室均容纳50人
学生宿舍	〃	〃	900	40	36,000	〃	600人的住宿每人使用面积1.5平方米
教职宿舍	〃	〃	912	46	41,952	〃	30间每间31.8平方米
饭厅	〃	〃	418	15	6270	〃	
厕所	〃	〃	100	35	3500	〃	30个坐位
小计			~~3130~~		~~121,322~~	〃	
师范厨房	〃	〃	100	30	3000		包括保管室
小计	〃	〃	3230		124,322		
附小教室	〃	〃	600		27,000		12间每间容纳50人
宿舍	〃	〃	304		13,984		10间包括办公室
厕所	〃	〃	100		3500		30个坐位
小计			1004		44,484		
总计			4034		168,806		

校长　　　　制表

瓮安师范第一学期工作总结影印件

貴州省瓮安师范学校

1959—1960学年度第一学期学校工作总结

本学期是我校成立的第一学期，一切都在摸索开创期间，由於各级党委和行政领导的关怀重视与各方面的热诚支援，加以全校师生的共同努力，一学期来，基本上完成了党和上级交給我们的任务，并在工作中取得一定成绩，发現一些问题，使学校逐步走上正軌，健康地向前发展。

一、学校基本情况

我校是在本年七月开始籌建，八月一日正式成立，九月一日开学。校址是瓮安县西门铁厂，只有地址，缺少房屋，原有的铁厂車间两所和几间草房都不合学校使用，需要立即修整成教室寢室，保证按时开学。由於时间短促，我们只好边建校边上课，开辟了臨时教室六所，借用民房倉庫做寢室，一切因陋就簡，设备多是空白。

全校共有两个年级，六個班，学生296人；其中二年级两班是瓮安县一中附设的师范班和工农学校部份学生，共89人，一年级新生四班共207人。教师来自四面八方，有由中学调来的，有由小学调来的，有新出学校初次参加工作的，多數都没搞过师范教育，经验是比較缺乏的。

开学之初，由于学校刚刚成立，修建还没完成，寢室教室都没有，一切都還没具规模，学生到校一看不象个学校样子，首先就感到不满，再加之开学头几天没能上课，专搞建校劳动，思想就更加抵觸，因此，波动情绪很大，造成一时在思想上和紀律上的混乱。不少学生产生了不愿读师范的思想，有的公开表示说：“这象什么学校，课也不上，天天劳动，飯也吃不飽，觉也睡不好，把我分到这学校真是倒霉”？有的揚言说：“读师范没前途，出去当小学教师，和小娃娃打交道麻烦！”有的对粮食政

-1-

县委任命师范副校长文件影印件

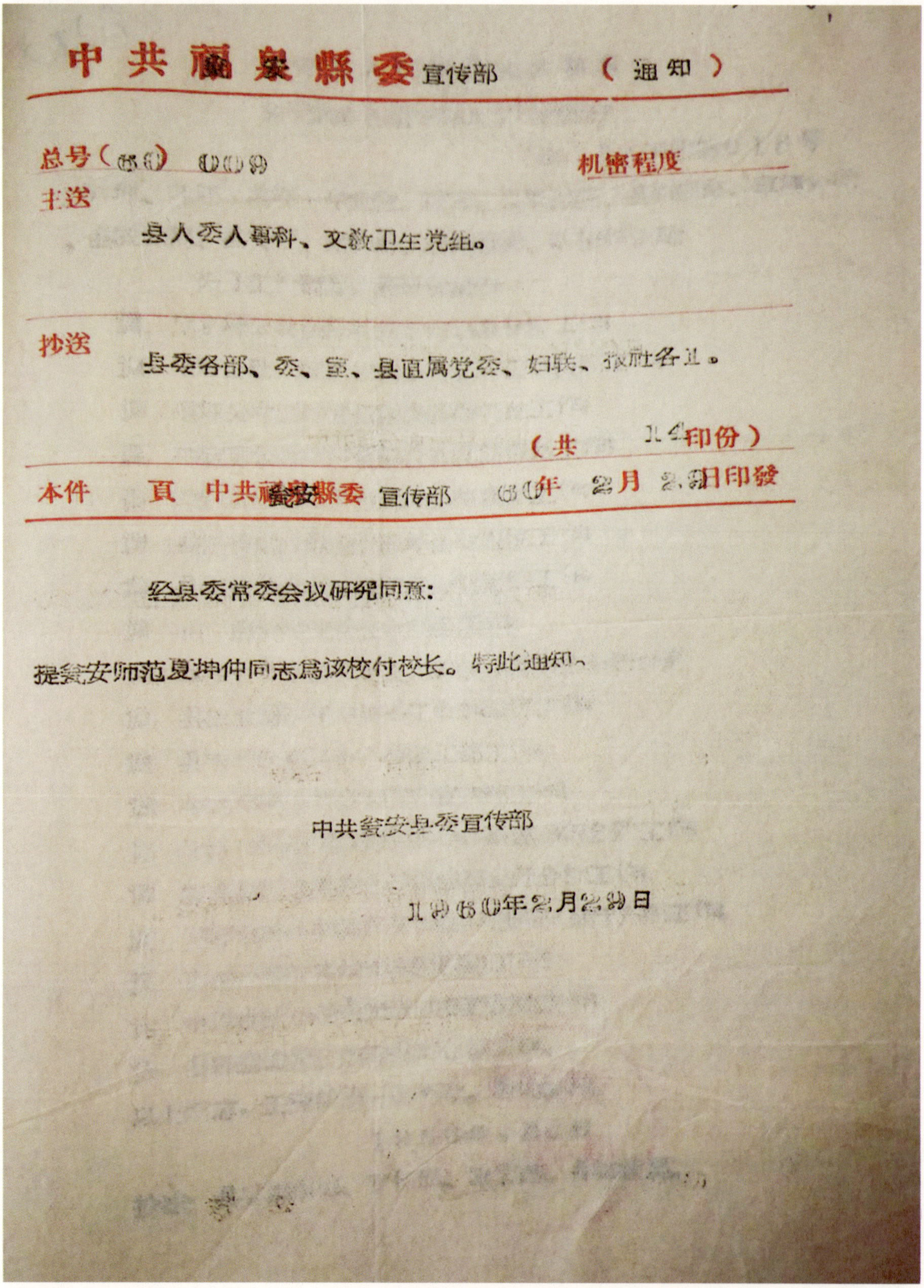

中共甕安縣委宣传部　（通知）

总号（60）009　机密程度

主送　县人委人事科、文教卫生党组。

抄送　县委各部、委、室、县直属党委、妇联、报社各1。

（共　14印份）

本件　頁　中共甕安縣委宣传部　60年　2月　29日印發

经县委常委会议研究同意：

提甕安师范夏坤仲同志為该校付校长。特此通知。

中共甕安县委宣传部

1960年2月29日

瓮安县城关小学1973—1974学年第一学期工作意见文件影印件

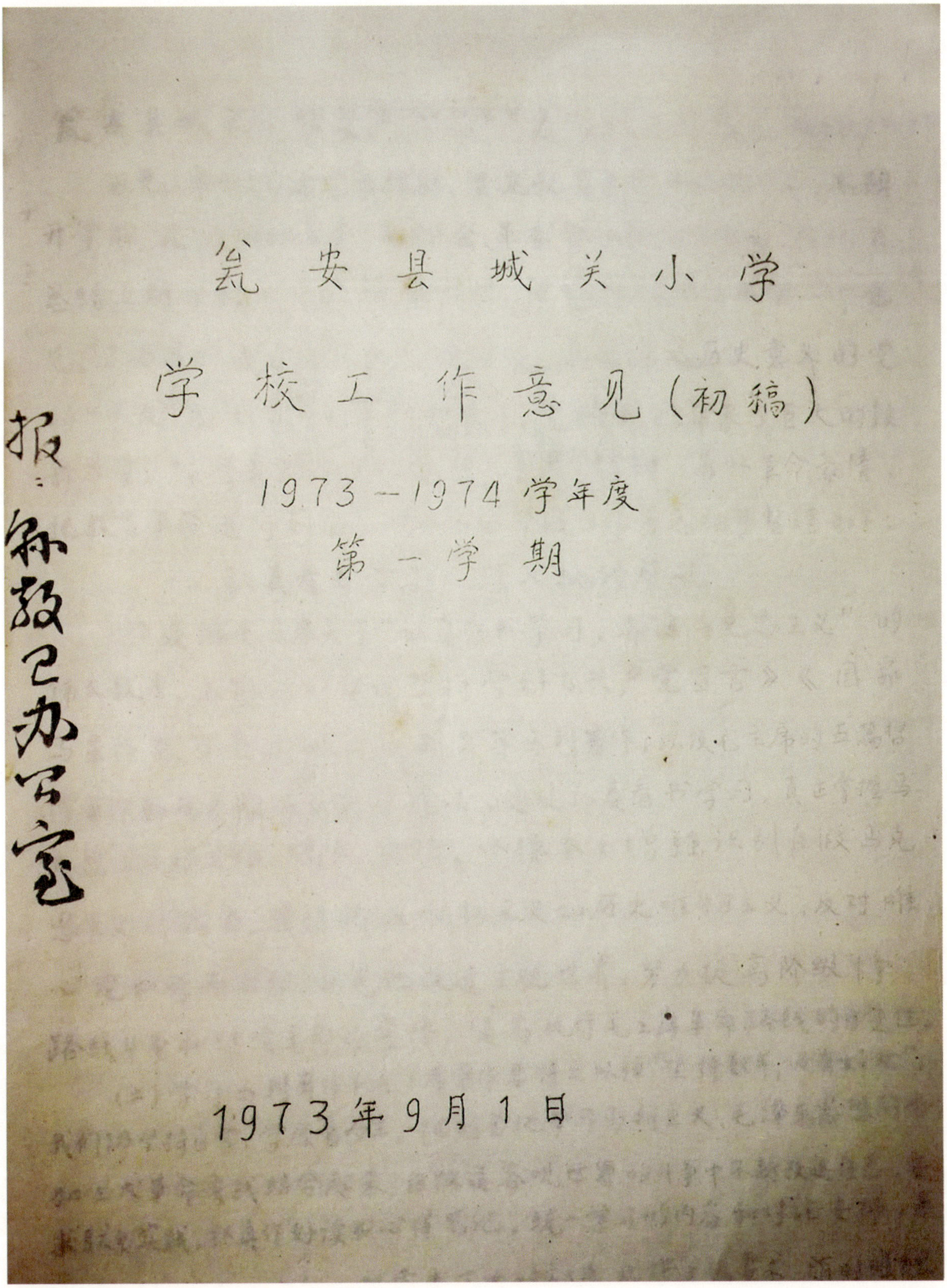

瓮安县城关小学

学校工作意见（初稿）

1973—1974学年度

第一学期

报：县教卫办公室

1973年9月1日

瓮安雍阳中学1976—1977学年第二学期工作计划文件影印件

贵州省瓮安县雍阳中学

一九七六——一九七七学年

第二学期

学校工作计划

"雍阳中学"更名为"瓮安二中"文件影印件

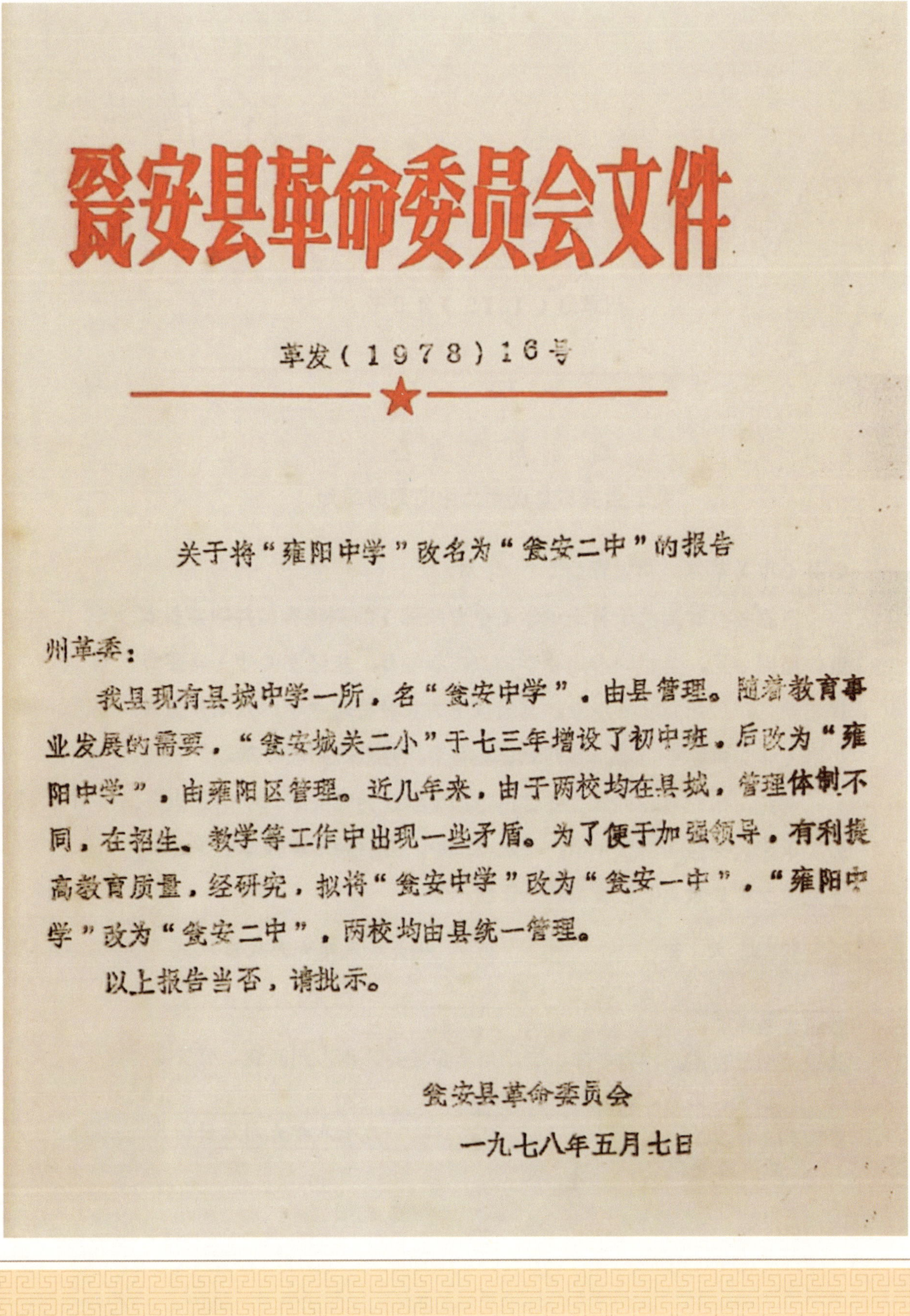

瓮安县革命委员会文件

革发（1978）16号

关于将"雍阳中学"改名为"瓮安二中"的报告

州革委：

我县现有县城中学一所，名"瓮安中学"，由县管理。随着教育事业发展的需要，"瓮安城关二小"于七三年增设了初中班，后改为"雍阳中学"，由雍阳区管理。近几年来，由于两校均在县城，管理体制不同，在招生、教学等工作中出现一些矛盾。为了便于加强领导，有利提高教育质量，经研究，拟将"瓮安中学"改为"瓮安一中"，"雍阳中学"改为"瓮安二中"，两校均由县统一管理。

以上报告当否，请批示。

瓮安县革命委员会

一九七八年五月七日

州委批复“雍阳中学”改为“瓮安第二中学”文件影印件

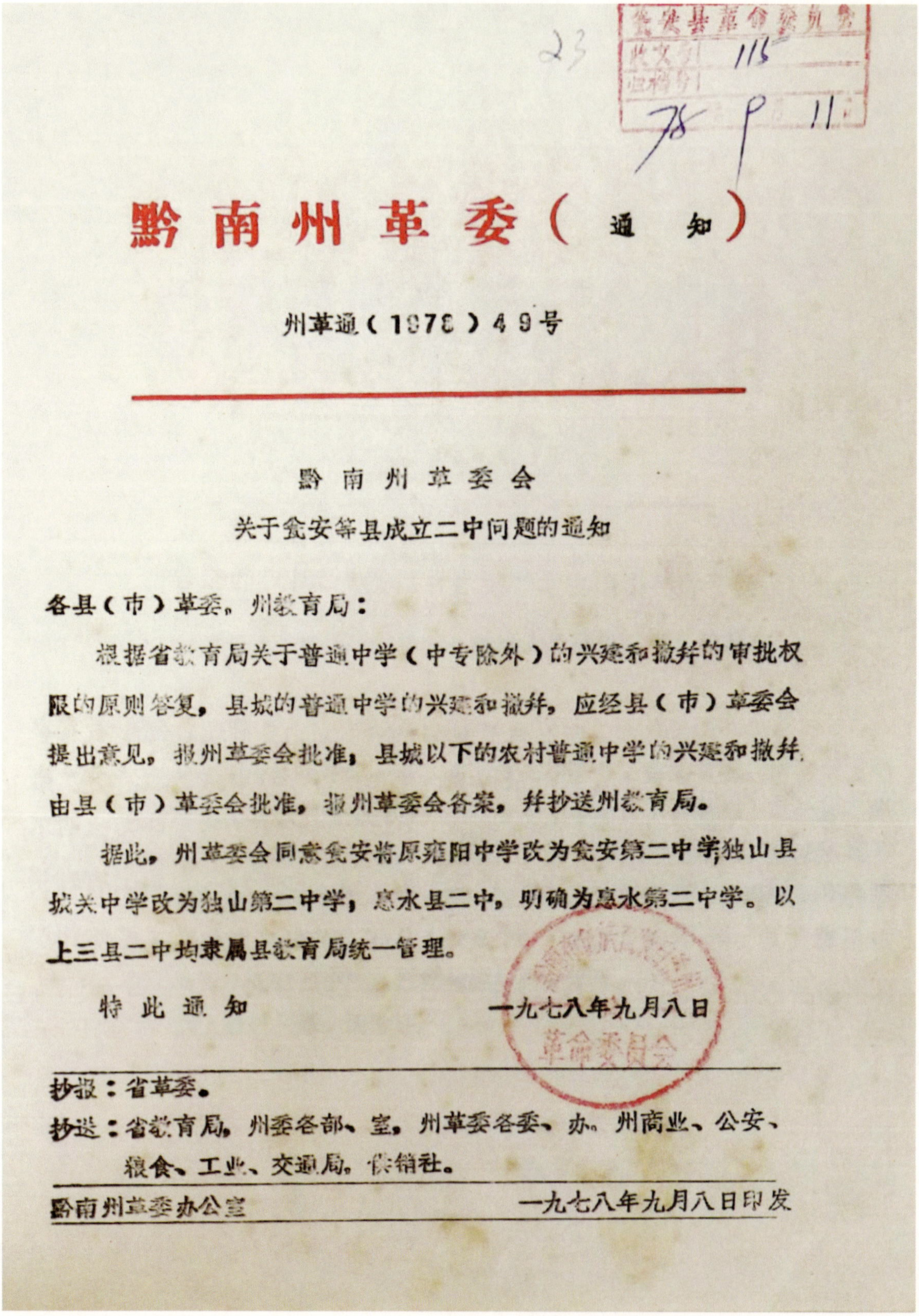

黔南州革委（通　知）

州革通（1978）49号

黔南州革委会

关于瓮安等县成立二中问题的通知

各县（市）革委，州教育局：

根据省教育局关于普通中学（中专除外）的兴建和撤并的审批权限的原则答复，县城的普通中学的兴建和撤并，应经县（市）革委会提出意见，报州革委会批准，县城以下的农村普通中学的兴建和撤并，由县（市）革委会批准，报州革委会备案，并抄送州教育局。

据此，州革委会同意瓮安将原雍阳中学改为瓮安第二中学，独山县城关中学改为独山第二中学，惠水县二中，明确为惠水第二中学。以上三县二中均隶属县教育局统一管理。

特此通知

一九七八年九月八日

抄报：省革委。

抄送：省教育局，州委各部、室，州革委各委、办，州商业、公安、粮食、工业、交通局，供销社。

黔南州革委办公室　　一九七八年九月八日印发

县委组织部任命学校领导文件影印件

中共瓮安县委组织部文件

瓮组干(1978)61号

关于吕庆松等同志任职的通知

县教育局：

根据州革委批示，将雍阳中学改为瓮安第二中学，并经县委研究同意：

吕庆松同志调任瓮安第二中学副校长，免去中坪五七中学校长职务；

王天合同志任瓮安第二中学副校长，免去原城关小学革委副主任职务。

中共瓮安县委组织部

一九七八年十月十五日

发：县委各部、办、委，县革委各办、委，各区委会、区革委。

中共瓮安县委组织部　　一九七八年十月十六日印发

（共印30份）

县委组织部任命学校党支部负责人文件影印件

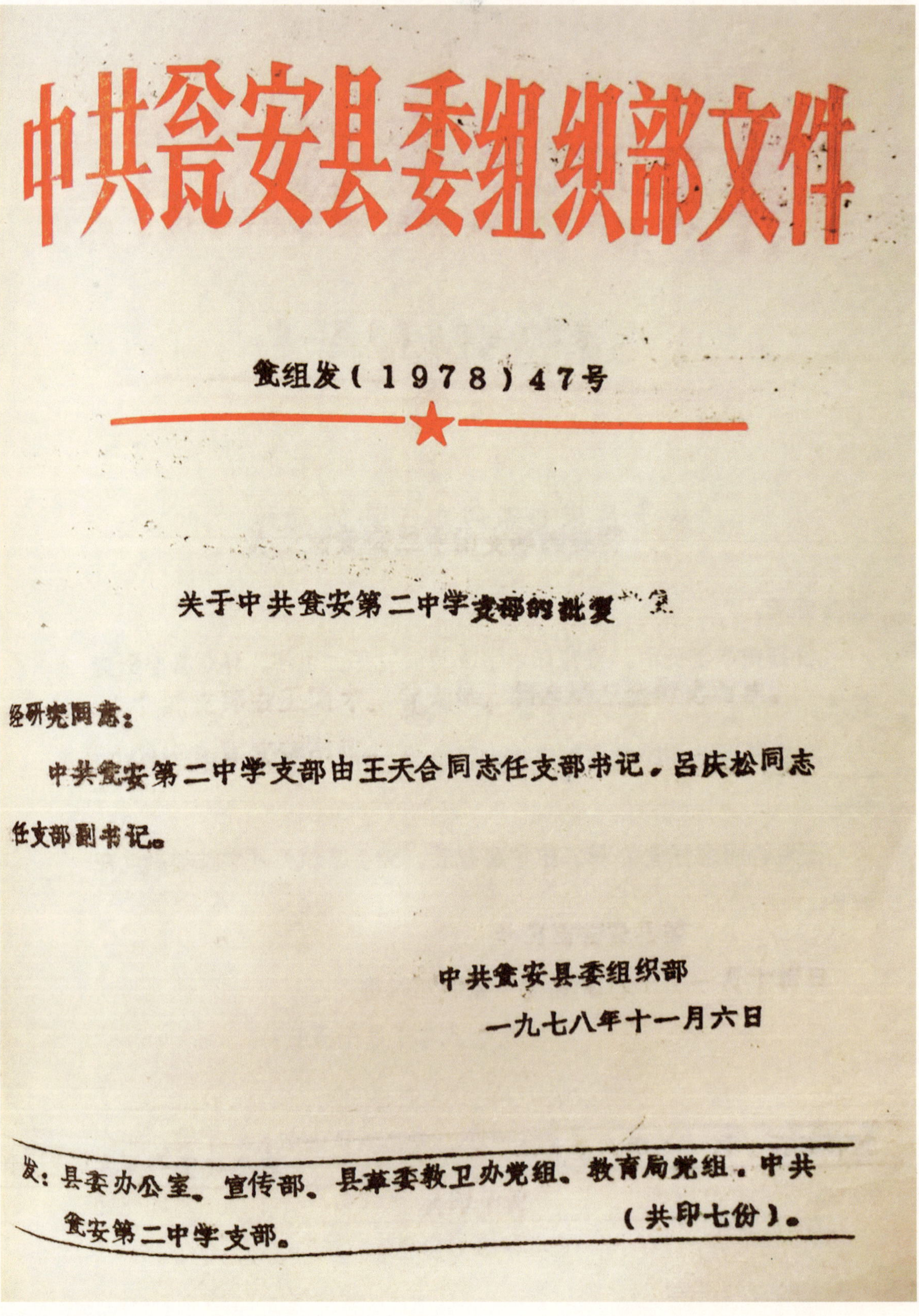

中共瓮安县委组织部文件

瓮组发（1978）47号

★

关于中共瓮安第二中学支部的批复

经研究同意：

中共瓮安第二中学支部由王天合同志任支部书记。吕庆松同志任支部副书记。

中共瓮安县委组织部

一九七八年十一月六日

发：县委办公室、宣传部、县革委教卫办党组、教育局党组、中共瓮安第二中学支部。（共印七份）。

共青团县委批准学校成立团支部和任命学校团支部负责人文件影印件

共青团瓮安县委文件

瓮团发（1978）8号

关于对瓮安二中团支部的批复

经研究同意：

瓮安二中团支部由王国才、曾光灿、韩永珍三位同志组成。

王国才同志任团支部书记。

此 复

共青团瓮安县委

一九七八年十一月十四日

共青团瓮安县委办公室　　一九七八年十一月十五日印发

共印十份

瓮安县计划委员会文件

瓮安县计划委员会文件

瓮计（1984）07号

关于将修建瓮安二中
教学楼纳入自筹资金基建计划的报告

州计委：

我县二中是在原城关二小戴帽初中班的基础上发展起来的，占用了城关二小校址，致使城关二小迁入幼儿园，因而幼儿园现无地址，幼儿教育无法开展。经研究，并报请县政府同意，用县自筹资金重建瓮安二中。准备先建教学楼二栋，总规模2400㎡，投资28万元，建成教室24个，教研组办公室8个。一九八四年完成规模1200㎡，完成投资14万元。

请州计委纳入一九八四年自筹资金基建计划。

一九八四年六月十日

抄报：县政府、州教育局

抄送：县教育局

（二次评估文件）

贵州省教育厅办公室文件

黔教办基〔2016〕74号

省教育厅办公室关于对2015年下半年创建省级示范性普通高中学校暨升类复查进行第二次评估的通知

有关市（州）教育局：

根据《省教育厅办公室关于印发2015年省级示范性普通高中学校一评暨升类、复查评估意见的通知》(黔教办基〔2016〕43号)安排和要求，按照《贵州省省级示范性普通高中评估方案（2014年修订稿）》标准，省教育厅定于6月18日开始对遵义市第二中学等15所学校进行第二次评估暨专项复查。现就有关事项通知如下：

一、评估学校

（一）二评学校（10所）

遵义市第二高级中学、遵义市新舟高级中学、湄潭县湄江高级中学、纳雍县第一中学、铜仁市明德衡民中学、丹寨县民族高级中学、瓮安县第二高级中学、惠水县民族中学、平塘县

（收费标准文件）

贵州省教育厅文件

黔教基发〔2016〕219 号

省教育厅关于公布 2016 年省级示范性普通高中学校名单及收费标准的通知

各市（州）教育局，贵安新区社会事务管理局，仁怀市、威宁县教育局：

按照《贵州省省级示范性普通高中升类及创建评估方案（2014年修订稿）》（以下简称《评估方案》）的相关规定，在学校申请、县和市教育局层层申报、专家组两次评估的基础上，经省示范性普通高中评估工作领导小组研究审议，报经省教育厅党组 2016 年 8 月 31 日会议研究审定，同意铜仁第一中学等 3 所省级示范性高中通过升类评估，遵义市第二高级中学等 10 所学校通过省级示范性高中创建评估，凤冈县第二中学通过省级示范性高中复查评估。现将 2016 年省级示范性高中学校名单及相关事项通知如下：

一、学校名单

（一）升为“一类省级示范性普通高中学校”（2 所）：铜仁第一中学、兴义第一中学。

（二）升为“二类省级示范性普通高中学校”（1 所）：凤冈县第一中学。

（三）授予“三类省级示范性普通高中学校”（10 所）：

1

瓮安二中文化建设研讨会

为更进一步做好瓮安二中校园文化建设，2015年6月27日，瓮安县委、县政府在湖南长沙毛泽东文学院召开了“瓮安二中文化建设研讨会”。县委、县政府邀请文化巨匠王巨才、白描、谭谈等把脉瓮安二中校园文化建设，从而进一步丰富了学校特色文化内涵，提升新校区建设文化品位。瓮安县委副书记、县长黄桂林作了题为《学校植根文化　文化引领教育》的致辞。

瓮安二中文化建设高峰恳谈会人员名单

王巨才　中国作协党组副书记、中国散文学会会长（副部级）
白　描　中国作协鲁迅文学院副院长
谭　谈　中国作协副主席
周用金　原省文化厅厅长、中国书协理事
唐浩明　湖南作协主席，代表作《曾国藩》
王跃文　湖南作协副主席，代表作《国画》《大清相图》
水运宪　湖南作协副主席，代表作《乌龙山剿匪记》
梁瑞郴　湖南作协副主席、作协书画院院长
游和平　毛泽东文学院党委书记
碧　云　《年轻人》杂志社副社长，《湖南书画》总编辑
纪宏建　毛泽东文学院办公室主任，报告文学作家
包俊宜　贵州省书协主席、贵阳市文联主席、书法家、画家
黄桂林　瓮安县县长
夏吉友　瓮安县副县长
苟兴贵　瓮安县规划局局长
谢　静　瓮安县教育局局长
张明光　瓮安二中校长
唐安林　瓮安二中办公室主任
李昕艺　瓮安二中总务处主任
唐端剑　娄底市建筑协会会长，《湖南书画》副总编
李　嵘　湖南省娄底市建设工程有限公司副总
曾思成　湖南省娄底市建设工程有限公司副总
陈　坤　《娄底日报》摄影记者
魏文彬　湖南省广电总局局长
刘一平　原湖南卫视党组书记
周　倩　湖南卫视主持人

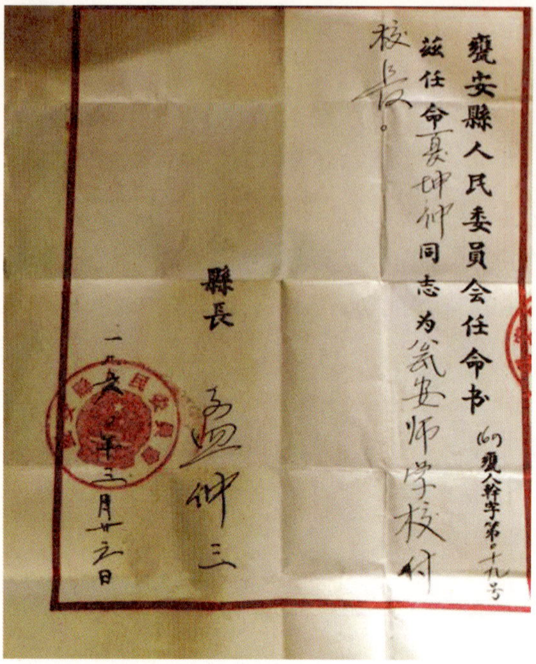

甕安縣人民委員会任命书

(60)甕人幹字第十九号

茲任命夏坤仲同志为瓮安师学校付校長。

縣長 孟仲三

一九六〇年三月廿六日

1960年3月，县政府颁发夏坤仲副校长任命书

瓮安县人民委员会任命书

(62)瓮人干字第[illegible]号

兹任命夏坤仲为城关小学校长。

县长 [illegible]

19六二年九月廿日

1962年9月，县政府颁发夏坤仲校长任命书

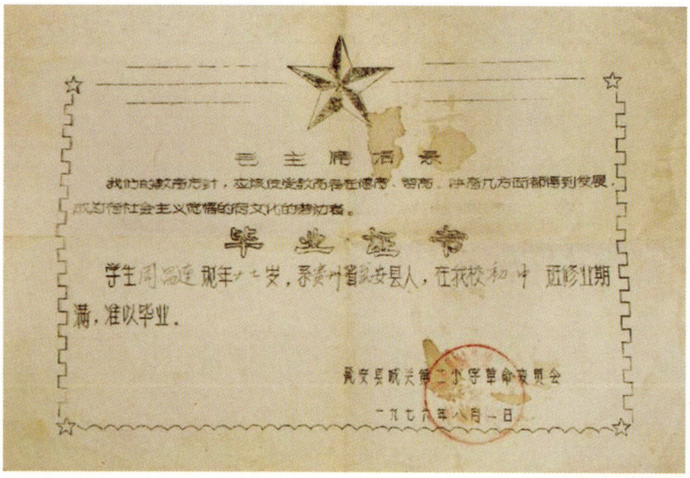

毛主席语录

我们的教育方针，应该使受教育者在德育、智育、体育几方面都得到发展，成为有社会主义觉悟的有文化的劳动者。

毕业证书

学生[illegible]，现年十七岁，系贵州省瓮安县人，在我校初中班修业期满，准以毕业。

瓮安县城关第二小学革命委员会

一九七六年八月一日

1976年7月，学校颁发的“戴帽初中”毕业证书

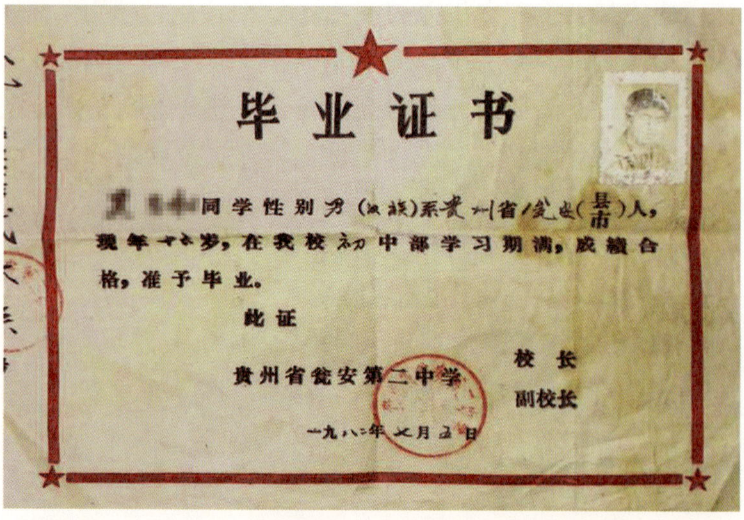

毕业证书

[illegible]同学性别男（汉族）系贵州省瓮安县（市）人，现年十六岁，在我校初中部学习期满，成绩合格，准予毕业。

此证

贵州省瓮安第二中学

校长

副校长

一九八二年七月五日

1982年7月，学校颁发的初中毕业证书

二、制度、职责

贵州省瓮安第二中学办学章程

（瓮安二中第五届第三次教代会讨论表决通过）
（2017年修订）

第一章　总　则

第一条　为全面贯彻党和国家的教育方针，坚持社会主义办学方向，规范学校管理行为，全面提高教育教学质量，努力促进学校稳定、健康、持续地发展，为社会主义建设培养更多更好的优秀人才，根据《中华人民共和国教育法》《中华人民共和国义务教育法》《中华人民共和国教师法》《中华人民共和国未成年人保护法》等有关法律法规，结合本校实际，制定本章程。

第二条　学校校名为贵州省瓮安第二中学，注册地址为贵州省瓮安县瓮水办事处北关路312号，单位机构代码43029040–7。

第三条　学校属县办全日制普通高级中学，学制为三年。

第四条　学校以马列主义、毛泽东思想、邓小平理论、“三个代表”重要思想、科学发展观、习近平新时代中国特色社会主义思想为指导，全面贯彻落实党的教育方针，按照省级二类示范性高中标准，不断完善基础设施，优化内部管理，规范教育行为，内化于心，外化于形，努力实现“校舍校园精品化、仪器设备精品化、课堂教学精品化、教研教改精品化、立体激励精品化、教育质量精品化”的精品化战略构想。

第五条　学校以“立德树人 追求卓越”为办学宗旨；以“‘德治’与‘法治’并举，科学治校；‘五育’并进，德育为先；教学与科研并重，以教学为中心；树质量强校观，走可持续发展路。”为办学原则；以“文化、体育、美术、书法、音乐、竞技”六大竞技为培育方向；以“立德树人、自强不息、文化引领、　才艺双馨”为办学特色；以“给每一位学生提供合适的教育，让每一位学生都有成功的机会，为学生的终身发展奠基，为教师的职业幸福添彩；将学校打造成‘管理严，教风正，学风浓，校风优，质量高’的省级一流示范性高中；办人民满意的教育。”为办学目标；实施“厚德兴校、质量立校、特色强校、和谐理校”的办学方略，坚持平等、民主、全面发展的教育观，以“自强不息 厚德载物”为校训，努力提高学生的社会实践能力和创新能力。

第六条　学校始建于1958年，1978年正式定名为贵州省瓮安第二中学，简称瓮安二中。

第二章　管　理

第七条　学校由瓮安县人民政府主办、县教育局主管。校长由县人民政府任命，并接受上级有关部门和组织的评议、监督和指导。

第八条　学校实行校长负责制，校长是学校的法人代表，对政府及教育主管部门负责，对学校工作全面负责。校长应坚持全心全意为人民服务的宗旨，坚持公开、公正、公平的原则，充分发挥党组织的政治核心作用和监督保证作用，充分发挥教代会的民主管理和民主监督作用，团结和领导校务会班子全体成员，充分调动全体教职员工的积极性、创造性，做到以人为本，厚德兴校，努力把学校建设成为现代化普通高中。

第九条　学校的决策机构是校务委员会，校务委员会由学校党总支书记、校长、副校长、副书记、工会主席及各处室主任等成员组成。校长定期召开校务委员会议，研究与决策学校重大事务与日常工作。

第十条　学校内设机构为：行政办公室、政教处、教务处、教科处、信息管理中心、督查室、总务处。办公室负责行政协调、人事、教师职称评定、聘用和年度考核、档案及图书管理等有关工作；政教处下设团委、学生会，负责学校师生德育工作和安全保卫工作；教务处负责教学管理及实验、电教及教辅用书及资料等征订工作；教科处下设教研组，负责教研教改、培训、教学竞赛、学科竞赛等工作；信息管理中心负责学生学籍管理、各种考试安排等工作；督查室负责督促各项规章制度的落实；总务处下设财务室、保管室，负责学校财务、基本建设、物业管理、生活服务等工作。

第十一条　学校实行分工负责，分级管理。副校长对校长负责，处室主任对分管副校长负责；各年级领导小组（简称年级组），全面负责本年级的教育、教学及其他工作，接受学校各处室的领导。

第十二条　学校实行全员聘任制。处室干部根据上级部门的相关规定并结合学校实际情况进行聘用，可以连聘连任；教研组长、年级组长、班主任、备课组长、科任教师、教辅人员、工勤人员一般一年一聘；专业技术人员根据上级部门的相关文件要求进行评聘。

第十三条　学校实行结构工资制。教职工结构工资由基础工资、津贴工资、奖励工资三部分构成。

第十四条　学校坚持“育人为本，德育为先”的原则，把培养有理想、有道德、有文化、有纪律的社会主义新人作为德育的根本任务。建立学校“党总支、校务会——政教处、团委——班主任、科任老师、班团支部”的德育工作体系。实行班级目标管理考核，强化德育常规管理。充分挖掘本地德育资源，利用德育教育基地，强化德育教育，组织学生积极开展系列德育活动和社会实践活动，规范升旗仪式，经常性地开展学生心理健康教育。营造“管理育人、教学育人、服务育人、环境育人”的良好氛围；建立学生表彰奖励机制，定期评选、表彰“优秀班级”“优秀团支部”“优秀学生”“优秀学生干部”“优秀团员”；学校建立家长委员会，开办家长学校，定期召开学生家长会，举办家长培训班，形成学校、家庭、社会有机结合的育人环境。

第十五条　学校突出教学工作的中心地位，遵循教育规律，面向全体学生，严格教学管理。坚持按照国家统一编制的课程计划、课程标准的要求，开齐开足各类课程，认真完成教学任务。加强教学常规管理，抓好备课、上课、批改作业、课外辅导、考试考查等各环节的管理。禁止教师有偿补课行为，禁止体罚和变相体罚学生，不能歧视或擅自赶撵学生，努力减轻学生的课业负担。

第十六条 学校坚持科研兴校的方针，加强教研组、备课组建设，不断深化教育教学改革。积极开展课堂教学研究，有计划地组织示范课、研究课、汇报课活动，不断提高课堂教学水平。认真开展课题研究活动，积极推介教育科研成果。定期举行教学竞赛、经验交流、论文评选等活动，选拔和培养骨干教师，定期评选“学科带头人”，发挥骨干教师的学科带头作用。

第十七条 学校后勤工作坚持教育性原则和实效性原则，坚持为教育教学服务、为教育科研服务、为师生员工服务的宗旨。严格遵守国家财务制度和财经纪律，搞好经费的预算和决算，坚持统筹规划，优先教学的原则。提高经费使用效率，努力为教育教学和其他各项工作提供必要的后勤保证。严格收费管理，按上级教育、物价部门规定的收费项目和收费标准收费，禁止一切乱收费行为。加强食堂、小卖部、学生宿舍管理，完善成本核算、质量监督制度，着眼服务育人，提高服务质量。强化投资和物业管理，按照校园建设整体规划和教育教学装备要求，有计划、有步骤地合理进行校园基本建设和校产维修管理，有效地使用教育教学设施，防止国有资产的浪费与流失。

第三章 职 责

第十八条 校长职责。本校实行校长负责制，校长是学校行政的最高负责人。校长全面领导学校的行政管理、人事、教育、科研、思想政治等工作。其职责如下：

1. 全面贯彻党的教育方针，认真执行国家和上级教育行政部门的政策、法规、指示，结合学校的办学宗旨和特色，领导全体教职工全面完成特色型学校的办学任务。

2. 领导制定学校发展规划和学期、学年的工作计划，组织实施并督促、检查规划和计划的执行；定期做出工作总结，提出改进工作的措施和意见。

3. 主持校长办公例会和行政会议，审议和决定学校重大问题。

4. 主持制定学校各部门工作人员的岗位职责，建立并完善各种管理制度，明确各岗位人员的职责，科学管理学校。

5. 组织领导学生的政治思想工作，坚持正确的办学方向、方针、原则；坚持在教职工中开展：“教书育人、管理育人、服务育人”的活动。充分发挥德育队伍的作用，加强与学生家长的联系，形成教育合力，使教师、团队、学生会全面关心学生的成长。

6. 组织和领导教学改革及教研工作，实施国家教委颁布的教学大纲、课程计划及学校的教学计划；提出教学改革的要求和教学研究的项目，引导教师不断改革教法，培养学生能力、发挥学生潜力、发展学生智力；定期了解教学情况，加强宏观调控，提高教学质量。

7. 加强对体卫工作的指导，认真贯彻上级有关体卫工作的规定，确保学生身体健康。

8. 指导学校开展劳动技术教育、社会实践活动、第二课堂活动和其他科技活动。

9. 指导学校的美育工作，加强对学生的音乐、美术等艺术教育，逐步使艺术教育成为学校育人的又一特色。

10. 指导总务工作，指导总务部门全体职工树立为教学服务、为师生生活服务的思想，坚持勤俭办学的方针，努力改善办学条件；加强财经预算，严格财务制度，认真审查财务开支，做好学期学年的财经结算工作，管好校舍、设备；关心职工生活，办好学生食堂，搞好环境卫生和校园的美化工作。

11. 根据学校的规模、特色及学校教育教学工作的需要，设置精干的管理机构，明确相关领导人选。

12. 负责指导学校教职工的聘任、调配、管理、奖励，负责教职工专业职务的评聘工作，负责指导教职工的业务进修和培训，不断提高教职工的综合素质。

13. 关心教职工生活，负责教职工，尤其是专职教职工的安置与稳定工作。

第十九条 副校长职责

一、分管德育工作副校长职责

对校长负责，做好分管的行政工作，负责全校师生的政治思想教育工作。主要职责是：

1. 遵循学校办学思路，确定学校德育工作总体目标，并引导学校教职员工不断学习教改理论，明确学校教书育人的办学理念，做好学生思想道德教育工作。

2. 负责制定并实施学生政治思想教育工作计划，组织开展学生的政治思想教育工作，并及时检查、落实、总结。

3. 负责营造学校氛围，组织和实施各类对内对外的宣传工作。

4. 负责确定和分配各部门的德育工作任务，并通过全体教职工，特别是班主任、任课教师对学生进行德育教育。

5. 指导和检查政教处主任、班主任、年级组长工作，审查政教处、班主任、年级组长贯彻执行学校教育工作计划和开展思想政治教育工作的情况。

6. 组织年级组长、班主任学习德育理论及上级有关思想政治工作文件，提高教育教学管理水平和理论科研水平。

7. 经常了解和检查学生执行《中学生守则》及《中学生日常行为规范》落实的情况和学生校内外思想品德情况。

8. 组织“优秀班集体”“优秀学生班干部”“三好学生”的评定、奖励工作。

9. 抓好校学生会干部以及班委会干部的培训工作。

10. 支持工会、共青团、学生会开展各项教育活动。

11. 完成学校临时交办的其他工作。

二、分管教学副校长职责

1. 协助校长主持学校工作。主管教育教学工作，分管教务处、信息管理中心。

2. 领导教务处开展工作，在学校党组织领导下，协助校长指导和帮助学校工会、共青团、学生会的工作。

3. 指导教务处对任课教师进行调整。

4. 审定教务处、信息管理中心的工作计划、重大活动安排意见和有关教育教学规章制度。

5. 经常检查和分析、研究教学、教研和其他方面工作，重视加强薄弱环节，提高教育教学质量。

6. 组织完成每年度的招生工作。

7．组织和指导教务处做好教师和有关工作人员的考核工作。

8．指导教务处、信息管理中心抓好信息技术、通用技术和图书馆及阅览室的工作，为教学提供优质的多媒体辅助教学的技术支撑，监督教学仪器设备的使用与管理。

9．完成学校临时交办的其他工作。

三、分管教科研副校长的职责

1．在校长的领导下，主持学校教学科研工作，分管教学科研处。定期向校长报告工作，提出教科研改革的意见和建议，全面执行校长办公例会和行政会议决议，确保政令畅通。

2．指导督促教科处制订并组织实施校本培训计划，做好教师的培训与管理工作。

3．经常深入教科处、教研组研究教师的师德状况、教学能力、学科素质等方面的情况，制定实事求是的培训方案。

4．根据上级培训机构的安排，督促教科处和教研组完成上级部门下达的各种培训任务。

5．立足学校的实际，开展好教育法规、师德素养、教育教学理论、现代教育技术、新教学大纲、新课标的培训活动；同时组织好教师其他业务进修、教学经验总结等交流与提高活动。

6．负责申报学校教科研课题，制定学校科研规划，组织指导并督促好学校教学科研工作。主持召开学校科研大会。

7．负责组织好每周一次的校本培训活动，使教师不断提高思想业务水平和教学工作能力。

8．领导和组织好教科研年度考核与评价工作，完善教科研档案的建设，组织好教师继续教育的管理工作，为教师的专业成长服好务。

9．完成学校临时交办的其他工作。

四、分管行政后勤副校长职责

1．协助校长主持学校工作。主管行政后勤工作，分管总务处。

2．领导总务处开展工作，审定总务处工作计划。

3．加强对后勤职工的思想政治工作，增强服务意识。

4．统筹安排学校办公用房和教师住房，加强学校财产管理，改善师生生活条件。

5．负责组织实施学校基建工程，保证工程质量。

6．抓好财务管理，经常检查学校经费收支情况。

7．组织和指导总务处做好后勤人员的考核工作。

8．完成学校临时交办交办的其他工作。

第二十条　中层干部职责

1．行政办公室主任职责：

在校长的直接领导下，遵循党的教育方针和办学方针，负责行政办公室的全面工作，根据学校的工作任务，每学期开始拟出工作计划，期末写出工作总结。其主要职责是：

（1）负责对行政办公室工作进行分工，明确工作职责并进行检查、督促和考核；负责组织和领导办公室工作人员通过团结协作，保质保量地完成各项工作任务。

（2）负责机要保密工作；做好上传下达工作，及时处理上级部门下发的各种文件；汇总学校各种信息，并按要求及时上报。

（3）协助校长处理学校日常行政事务，听取教职工对学校工作的反映并及时汇报；协调各处室关系，当好学校领导的参谋和助手。

（4）负责协助校长组织拟订学校的长远发展规划和拟订学校的年度工作计划、决议、总结等，检查、督促计划的执行情况。

（5）负责协助校长制定全校性的规章制度并督促实施；草拟、审核以学校名义上报、下发的各种文件和信函。

（6）负责按相关规定管好用好学校公章，审查加盖学校公章的各种文件及证明，做好登记并存档。

（7）负责向社会宣传学校的办学思想、办学方针、办学成果，不断提高学校的知名度和影响力；负责指导和督促校报、校刊的编辑与出版工作；负责指导学校网站的建设、管理、运行、维护和内容更新，审查通过学校网站发布的各种信息和宣传资料，同时做好网站的安全防范工作。

（8）负责校园文化建设的相关工作；负责做好学校大事记、学校工作历的编撰等工作。

（9）负责学校相关会议的安排（如校长办公例会、学校行政会议、教职工大会等），做好会议记录，整理好会议纪要，并协助相关领导检查会议精神的贯彻落实情况。

（10）负责专业技术人员的职称申报推荐与教职工的年度考核、晋级、人事呈报；负责全校档案的收集、整理和管理工作。

（11）负责做好各种接待工作，处理好各种来函、来电并做好记录。

（12）负责管好用好校车，严格执行《瓮安二中校车管理制度》。

（13）负责收集学校各处室工作计划和总结并存档；负责收集整理各种宣传资料、学校发展史资料。

（14）负责组织制作招生等各种宣传资料。

（15）完成学校临时交办的各项工作。

2. 行政办公室副主任职责：

（1）负责承担办公室主任职责中的一部分工作，协助办公室主任完成相关计划和总结的撰写；及时对办公室工作提出建设性意见和建议，创造性地开展工作。

（2）负责在学校党总支的领导下，做好师生员工的思想政治工作；负责督促、检查党总支决议的贯彻落实情况，发现问题及时提出解决措施和意见；负责组织力量完成党建工作的相关资料。

（3）负责协助办公室主任搞好学校宣传工作；负责校报、校刊的编辑与出版工作；负责指导学校网站的建立、管理、运行、维护和内容更新，审查通过学校网站发布的各种信息和宣传资料，同时做好网站的安全防范工作；负责起草全校性大型活动的领导发言稿。

（4）负责新进人员的政审和对外联络工作。

（5）负责事改的相关工作。

（6）完成学校临时安排的其他工作。

3. 政教主任职责：

对分管校长负责，负责对全校师生开展政治思想、德育和纪律教育，处理学生违纪违规事件，做好后进生帮扶转化工作，每学期开始拟出工作计划，期末写出工作总结。其主要职责是：

（1）全面负责师生的思想政治教育工作，组织教职工进行政治学习，加强师德师风建设，努力提高教职工的政治思想素质，并收集整理相关资料。

（2）负责结合学校实际，加强学校道德讲堂建设并收集整理好相关资料；制定每学期学校的德育工作计划和拟定每周德育课主题并组织实施，并及时检查落实情况和效果。

（3）负责定期组织班主任开展德育主题观摩课，加强班主任德育工作的交流和学习，提高德育工作水平。

（4）负责参与推荐年级组长、班主任人选；制订班主任培训计划，定期开展班主任培训活动；制定年级组长、班主任岗位责任制，做好定期考核工作。

（5）负责指导校团委和学生会工作，定期组织召开学校团委、学生会工作会及学生干部会；负责组织开展纪律教育和法制宣传教育活动、各种文体活动和社团活动，丰富学生学习和生活内容，提高学生的综合素质；

（6）负责高一新生军训和入学教育工作；指导办好学校广播站。

（7）负责制定安全防范措施，定期组织开展安全教育活动；负责对学生食堂、宿舍等进行安全检查，及时清除安全隐患。

（8）负责根据《瓮安二中育才奖励方案》定期评选“优秀班主任”“优秀班集体”并进行广泛宣传，充分发挥其模范带头作用。

（9）负责组织每周一次的全校性升旗仪式，通过学校领导、教师和学生在国旗下的讲话对全校师生进行思想、纪律教育，表扬好人好事，批评不良现象，传递正能量，弘扬正气。

（10）负责并完善家长委员会的相关工作，充分发挥家长委员会的作用，积极配合关工委和有关部门，加强对学生政治思想、爱国主义、遵纪守法和团队意识教育，促进学生健康成长。

（11）负责制定和签订临时用工合同，配合学校负责临时工的聘用、考核、管理和工资发放等工作。

（12）完成学校临时安排的其他工作。

4．政教处副主任职责：

对政教处主任负责，协助政教处主任工作，承担政教处主任职责中的一部分工作，具体职责是：

（1）负责拟定学校安全工作及整脏治乱工作计划，制定安全检查制度和防范措施；制定各种突发事件的应急预案，发现安全隐患，及时报告并组织人员迅速排除；遇有重大事故，要及时向上级主管部门及消防、公安、医院等相关部门报告，并积极配合处理；结合学校实际不断完善政教处各种规章制度，并认真组织实施。

（2）在政教处主任领导下，对全校师生员工进行遵纪守法和安全教育，搞好社会治安综合治理工作；负责学校门卫室日常工作的管理与监督，定期召开安全工作会议，及时对安全工作进行总结。

（3）负责组织有关人员维护学校内部秩序的稳定，组织并督促门卫值班，搞好巡逻、消防工作。

（4）负责完成学校在校内外举行的各种活动的安全保卫、纪律管理和整脏治乱工作，保证活动的顺利开展。

（5）负责协助学校工会和相关部门协调各种矛盾，维护校园稳定。

（6）负责及时处理学生违纪违规事件；对被学校处理的学生要安排相关人员进行周有反思、月有小结的跟踪转化教育。

（7）制定所辖人员的岗位职责，明确责任，健全机制，全面落实学校安全工作责任制和责任追究制，并进行考核。

（8）负责根据相关规定及时办理各种资助。

（9）完成学校临时安排的其他工作。

5．教务处主任职责：

（1）在分管校长的领导下，全面主持教务处工作，每学期开始拟出教务处工作计划，期末写出工作总结。

（2）及时总结教学工作经验，不断提高教育教学质量，并及时收集整理好教学工作的相关资料并存档。

（3）制定教务工作方面的有关规章制度和检查考核制度，负责常规教学和月考、期中、期末检测工作的安排，并进行质量分析总结。

（4）组织、指导、审查任课教师教学工作计划，与教科处合作组织好学校教育教学研究和经验交流工作。

（5）与教科处合作组织好备课、听课、评课工作，指导各教研组工作。

（6）安排好教师的任课工作，负责全校的排课、调课及其他教学事宜，安排工作人员做好任课教师上课考勤记录并存档。

（8）负责审查教科书及教辅资料的征订工作。

（9）负责借读生的审查和安排工作。

（10）完成学校临时安排的其他工作。

6．教务处副主任职责：

（1）协助教务处主任全面做好教务处的工作，服从教务处主任安排，做好教务处的各项常规工作。

（2）负责教科书及教辅资料的征订及资料的发放工作。

（3）负责各种考务工作的具体实施。

（4）定期检查教师教案和学生作业、试卷的批改情况。

（5）负责协助教务主任组织安排教师和学生座谈会，及时收集教学工作的意见和建议，不断完善相关制度，以促进学校教育教学质量的提高。

（6）完成学校临时安排的其他工作。

7．教科处主任职责

教科处是学校进行教研、课改、课题研究、校本研修、教法与学法指导的组织者与管理者，对分管校长负责。每学期初拟出工作计划，期末写出工作总结。其主要职责是：

（1）根据学校的办学目标，制定学校教研教改工作的近期和中、长期规划；学习先进的教育理论，在教学实践中观察、分析、提炼典型案例，向学校提出教学改进意见，主持与教育教学密切相关的课题研究；负责根据学校实际情况与相关处室合作制定和完善各种奖励制度。

（2）负责课题的申报工作，搞好学校各类课题管理，参照省、州、县教育科研课题管理办法制定出学校的教育科研管理办法，使学校教研教改任务明确，工作落实。

（3）负责大力营造学校的教研氛围，强化“教研兴校，教研强校”的意识；同时，通过教研教改努力提高广大教师的教育教学水平和业务素质；努力吸收、运用、推广优秀教育科研成果并尽快转化为办学效益。

（4）负责指导教研组长工作，审查教研组长的工作计划。

（5）负责指导教研组制定课题研究方案和计划，推进课题研究工作的持续开展，使课题研究工作能有效运行；指导并协助教研组做好课题的阶段总结、结题总结和成果总结；负责收集整理教研教改相关资料。

（6）负责做好教师各种获奖登记，为教职工评职晋级提供量化依据；并根据《瓮安二中育才奖励方案》发放阶段性评价奖和高考奖。

（7）负责将教师的优秀论文、教研教改成果推荐到相关刊物，并及时编撰成册，作为学校资料存档；负责帮助完善有重大实践意义和理论意义的课题（成果），并及时呈报上级相关部门。

（8）负责组织教学教研研讨会、交流会及教师培训工作，不断提高教师的教育科研水平；作好教师的教育理论学习辅导工作，把教师的教育理论学习列入学校议事日程，做到每期有计划、有内容、有安排、有记载；采取多种形式，通过多种途径提高教师素质，以促使学校形成一支具有一定影响和带头作用的教研队伍。

（9）关心全体学生的全面发展，协助相关处室安排好兴趣小组活动，组织好学生的各种竞赛活动。

（10）负责在分管校长的领导下组织安排好学校的招生工作。

（11）完成学校临时布置的其他工作。

8．教科处副主任职责

（1）在教科处主任的领导下，协助教科处主任向学校提出教研计划和课题管理办法，作好教研的宣传工作，完成教科处主任安排的专项工作和临时性工作任务。

（2）协助教科处主任建立健全学校教研教改管理制度，包括课题的管理职责、教师的培训制度等。

（4）参与学校相关课题的立项、实施、阶段审议、结题验收等工作，具体管理本校课题研究的全过程；收集整理好教师论文、课件、论著、各学科制作品等资料；组织人员积极参与各级教育主管部门组织的教学评比工作。

（5）建立健全学校教研教改档案，包括各级课题档案、教师个人教研教改成果及其他有关资料等。

（6）作好教科处各种工作会议记录（包括教科处的常规例会、课题开题会、结题会、阶段总结会、校级科研成果报告会、专家学术报告会等）；负责收集每学期教研组及组长的工作计划、总结和教研组的会议记录；负责收集整理各教研组老带新工作的相关资料。

（7）负责组织抓好“中继教”工作，制订“中继教”长远规划和近期计划并组织实施；通过对教师的业务培训，更新教师的教育教学观念，提高教师的教育教学水平。

（8）在学校分管校长领导下，协助教科处主任做好高一招生和高一录取通知书的发放工作。

（9）完成学校临时布置的其他工作。

9．信息管理中心主任职责：

（1）在分管校长的领导下，主持信息管理中心的日常工作，每学期开始拟出工作计划，期末写出工作总结。

（2）负责多媒体教室的管理和维护保养；负责为多媒体辅助教学手段的实施提供技术服务，负责现代化教学中各种新技能的推广、应用技术的培训工作，及时收集、掌握现代化教学的各类信息和动态，提出适合于本校的运作方案，供学校领导参考。

（3）负责与教务处合作安排好各级各类考试，并进行成绩统计和质量分析。

（4）负责高考录取通知书和档案的发放工作。

（5）负责教职工工作量的计算，并报分管校长和校长审查。

（6）负责高一新生录取、录取通知书的制作和发放的相关工作，负责学籍管理及转、休学工作。

（7）负责对各类招生考试信息的收集与录入，并确保信息的正确性、完整性和实时性。

（8）负责完成学校临时布置的其他工作。

10．总务主任职责：

总务主任是学校财产和学校各类基础建设的组织者和管理者，其工作对校长和分管校长负责。每学期初拟出工作计划，期末写出工作总结。具体职责是：

（1）建立健全总务处的各种规章制度，加强学校财务管理，负责协助分管校长和校长进行学校每年经费预算，督促财务人员对经济账目日清月结，搞好月报表，及时交学校领导审核。

（2）负责制定后勤人员的岗位职责，负责总务处和后勤人员的工作安排与调整，经常检查、督促、定期考核，并负责协调和处理工作中发生的分歧与矛盾。

（3）负责协助分管校长和校长制定学校建设的总体规划，抓好学校基础设施建设和完善工作；搞好校园建设规划、绿化、美化和环境卫生工作，保证清洁工具的供应。

（4）负责督促管理员对学校新旧公物造册登记，健全校产使用制度，认真管好一切教学设施设备，杜绝校产流失；抓好学校校产维修，做好校舍修缮和水电管理工作，利用寒暑假对教室、学生宿舍和食堂、课桌椅等进行维修；按时准备教育教学相关物资，保证开学上课的需要，确保正常教学秩序开展。

（5）关心师生生活，为学生利益着想，管理好学生食堂，保证食品卫生安全，监督检查相关工作人员的履职情况。

（6）负责安排每学期书学费收缴工作，督促财务人员配合政教处、教务处清点学生交费情况，堵塞漏洞。

（7）负责与相关部门配合，做好学生课外活动及大型集会的一切物资供应准备，确保活动的顺利开展。

（8）负责按相关规定组织有关人员参加学校各种物资的采购工作。

（9）完成学校临时安排的其他工作。

11．总务处副主任职责

（1）负责完成分管的工作任务，协助总务处主任保质保量完成总务处的相关工作。

（2）负责协助总务处主任督促管理员对学校新旧公物造册登记，健全校产使用制度，认真管好一切教学设施设备，杜绝校产流失；抓好学校校产维修，做好校舍修缮和水电管理工作，利用寒暑假对教室、学生宿舍和食堂、课桌椅等进行维修；按时准备教育教学相关物资，保证开学上课的需要，确保正常教学秩序开展。

（3）加强沟通与协作，及时向总务处主任提出工作意见和建议，创造性地开展工作，不断完善各项规章制度。

（4）及时收集整理总务处工作的相关资料并存档。

（5）完成学校临时安排的其他工作。

12. 督查室主任岗位职责：

（1）在学校党总支和校长的直接领导下，全面主持学校督查室的工作。

（2）负责组织处室人员认真学习党和国家的教育政策和法规；认真贯彻执行上级部门和学校会议的有关精神，制定督查室工作计划和总结督查室工作。

（3）负责做好学校“三重一大”的会议记录及“三重一大”事项集体决策事项会前报备表和“三重一大”事项集体决策事项备案表的填写上报工作。

（4）负责与相关处室进行工作沟通，共同做好有关党风廉政建设、师德师风建设、教学、安全和卫生等方面的督查和调研工作；积极参与各处室组织的重大活动的调研、督查、评价工作。

（5）负责召集督查通报会议，传达上级部门和学校领导对督查工作的指示和要求，布置督查任务，组织相关人员对学校各项工作的现状和问题进行分析和评议，认真做好对各处室工作的督查工作。

（6）及时汇总上报督查过程中的意见、建议，组织督相关员对督查工作进行探讨和研究。

（7）加强学习，依据相关法律法规，严格执行纪律和制度，提高自身的督查能力、督查水平和督查成效。

（8）完成学校临时交办的其他工作。

13. 督查室副主任岗位职责

督查室副主任是督查室主任的助手，对督查室主任负责，协助督查室主任完成督查室的各项工作，主要工作职责如下：

（1）及时完成督查室主任交办的相关工作。

（2）参与督查室的各项管理工作，协助主任制定各项规章制度、撰写工作计划和工作总结。

（3）经常深入课堂听课，了解教学状况；积极主动听取各种意见和建议并及时汇报，为学校领导决策提供依据。

（4）协助督查室主任加强与学校各部门和教职工交流沟通，做好教职工的思想政治工作，增强服务意识、大局意识。

（5）认真学习党的教育方针和各种法律法规，与时俱进，不断提高自身业务能力。

（6）负责筹备各种督导工作会议并做好会议记录存档。

（7）完成学校临时交办的其他工作。

第四章　监　督

第二十一条　党总支对行政工作起保证、监督作用，保证党的路线、方针、政策的贯彻执行。抓好党组织的思想建设、组织建设和作风建设，充分发挥党组织的战斗堡垒作用和党员先锋模范作用。参与学校重大问题的决策，支持校长依法行使职权，领导和支持工会、共青团开展工作。

第二十二条　教职工代表大会（简称教代会）是学校实行民主决策、民主管理和民主监督的基本形式和制度，是教职工行使民主权利的机构。在党总支的领导下开展工作，支持校长行使职权，维护教职工合法权益。教代会依照法律规定，对学校有关重大问题、重要规章制度、领导干部工作情况行使审议权、监督权。工会委员会负责教代会的日常工作。

第二十三条 学校坚持“政策公开、程序公开、结果公开”的原则，建立校务公开制度。凡学校财经决算、基本建设、人事调整、干部选拔、职称评聘、评比奖励、住房管理、福利发放等非机密的重大事项，都要通过张榜公布、会议通报等形式予以公开。自觉接受学校纪检监察、教代会及教职工的民主监督。

第二十四条 学校接受上级教育行政、督导部门的督导评估，接受纪检、审计、物价、监察部门及社会各界的监督。

第五章 教师和职员

第二十五条 学校教师享有《中华人民共和国教师法》及其有关法律、法规规定的权利，履行《中华人民共和国教师法》及有关法律、法规规定的义务。

第二十六条 学校根据国家有关法规和本校规章制度，保障教职工（含离退休教职工）的合法权益，定期对教职工进行考核，对有重大贡献的教职工报请上级有关部门给予表彰、奖励，努力改善教职工的工作条件和福利待遇。

第二十七条 学校执行国家教师资格制度及教职工专业技术职务评聘制度，鼓励和支持教职工参加学历教育、继续教育和其他形式的岗位培训，鼓励和支持教职工从事科学研究，参加专业团体，进行学术交流。

第二十八条 学校坚持公开、公正、公平的原则，根据上级相关工作需要定期聘任管理人员和教学、教辅、工勤人员，保障在岗教职工应有的权益。

第二十九条 学校对不能履行岗位职责的教职工有权调整岗位，对不合格教职工有权解聘。

第六章 学 生

第三十条 凡被本校录取，或按有关规定转入本校学习的学生，经教育行政部门批准，即取得瓮安二中的学籍，学校按国家有关政策法规要求制定学籍管理制度，建立学生档案。

第三十一条 学生依法享有受教育的权利，在学校获得思想道德、文化科学、身体素质、心理素质等各方面的全面发展。同时，学校积极创造条件，鼓励和支持学生参加各种学科活动，发展个性特长。学生应当履行法律、法规规定的受教育的义务，遵守法律法规和学校各项规章制度。

第三十二条 学校建立团委和学生会，以班级为单位建立班委会和团支部，制订系列学生管理、奖惩制度，对品学兼优的学生予以表彰奖励。坚持以正面教育为主，对极个别违反校纪校规的学生，本着“教育为主”的原则，给予适当处分。处分等级分为警告、严重警告、记过、记大过、留校察看、开除学籍等形式。

第三十三条 学校鼓励教职工积极扶贫助学，鼓励同学之间互相帮助，努力使在籍学生顺利完成中学学业。

第七章　附　则

第三十四条　本章程由校务委员会拟定，经教代会审议通过，并呈报瓮安县教育局和瓮安县人民政府。

第三十五条　本章程的解释权属校务委员会。对本章程的修改须经教代会审议通过，并呈报县教育局和瓮安县人民政府。

第三十六条　学校制订各项规章制度，凡与本章程相抵触的，一律以本章程为准。

第三十七条　本章程自教代会审议、校务委员会公布之日起施行。

贵州省瓮安第二中学德育工作方案（2011年制定）

一、总则

（一）校长是学校德育工作的主要责任人，对德育工作有直接的领导作用。在具体工作中要抓好以下五条工作主线，形成全员、全方位、全过程的管理机制。

1. 校长—教导处—学科教师为主体的课堂教学主渠道工作主线；

2. 校长—政教处—班主任为主体的德育工作主线；

3. 校长—法制副校长—法制辅导员—班主任为主体的法制教育工作主线；

4. 校长—党支部—共青团为主体的自我教育活动主线；

5. 学校—家庭—社区为主体的三结合教育工作主线。

（二）学校全面贯彻党的教育方针，牢固树立“育人为本、德育为先、注重实效”的德育管理理念。德育校长每学期至少主持召开1次全校德育工作专题会议，3次相关部门德育工作领导会议，协调研究、总结布置不同阶段的学校德育工作。要重视计划调控，强化制度与档案建设，搞好德育工作的检查和考评。

（三）切实加强德育队伍建设，抓好德育骨干教师的培养，加强理论与业务的学习和研究，努力提高广大教师的德育工作水平和理论研究水平，较好发挥典型教师的榜样引领作用。

（四）组织全体教师，通过课内外、校内外的各种教育途径，利用各种德育资源，认真贯彻《中共中央国务院关于进一步加强和改进未成年人思想道德建设的若干意见》《中学生守则》《中学生日常行为规范》，全面深入地实施德育系列化工程，较好完成德育目标和任务，形成良好的校风，彰显学校德育的魅力与特色。

二、德育工作制度

（一）全员负责制度

1. 全体教职员工都是德育工作者，都要在不同的岗位上担负起育人的职责，围绕学校德育工作中心开展工作。

2. 学校每位教职员工要认真遵守《中小学教师职业道德规范》，要本着服务育人的原则，爱岗敬业，热爱学生，尊重家长，严谨治学，团结协作，廉洁从教，为人师表。以人民教师的模范言行影响和教育学生。

3. 每位教师都要重视课堂德育，要学会尊重、欣赏学生，要学会讲规范的课堂道德用语，认真挖掘每一堂课、每一个活动中的德育因素，寓德育于各学科教学和各项活动之中，每学年至少组织一次学科德育渗透优秀课评比观摩活动。

4. 每位教师要主动与品行有缺陷学生结成帮教对子，有针对性地做好思想转化工作，并参与学生的思想品行评定工作，做到有帮教措施、记录，有典型经验。对帮教工作成绩突出的教师予以表彰，并作为教师年终考核的条件之一。

（二）升降国旗制度

1．按照《中华人民共和国国旗法》的规定，每周一早晨以及重大节日和纪念日、大型集体活动必须举行庄严、隆重的升旗仪式，每天坚持升降国旗（寒暑假、双休日及恶劣天气除外），每次举行升国旗仪式时，全体师生必须参加，整齐列队，面向国旗肃立致敬。

2．平日升降国旗时，凡是经过现场的师生员工都应面对国旗，自觉肃立，是少先队员的，行队礼。待国旗升降完毕，方可自由行动。

3．每次举行升旗仪式，必须按出旗、升旗、唱国歌、国旗下讲话的程序进行。旗手、护旗手由各班推选产生，学校严格训练后方可执行升降国旗任务。国旗下讲话稿可指定先进教师或在某些方面有特长的学生以及各班轮流撰写，内容要贴近生活，贴近学生，贴近实际，符合学生的年龄特点，有教育性，必须得让学生听得懂、记得住，稿件提前交团委或大队辅导员审阅，并与升旗仪式记录一同作为德育的重要资料规范存档。

4．尊敬国旗，不挂污损、破旧或不合规格的国旗。

（三）班级主渠道教导制度

1．每学年初根据学校德育工作重点，结合班级实际，讨论制定出班级教育活动计划和创建优秀班集体的标准，并认真加以实施，以形成良好的班风。

2．充分发挥学生干部在班级管理中的骨干作用，发挥全体学生的主体作用和各类典型的榜样作用，在与其他班级、家庭、社会各方面的协调作用下，作好个别学生的思想教育工作，培养学生自我管理和自我教育的能力，促进学生身心健康发展。

3．办好班级学习园地，创建特色班级文化，尤其要发挥课外兴趣小组和学生社团组织作用，充分利用主题班会、团会、学生代表会；开学典礼、升旗仪式、入团仪式、成人宣誓仪式等，结合重大节日和纪念日，开展有针对性的主题教育活动和道德实践活动，寓德育于各种教育活动之中。

4．加强班集体建设，规范班级管理，搞好班级工作的落实、检查、考核、评比、总结与表奖，每学年表奖一次“三好”班级。

（四）家长工作制度

1．家长是学生成长的第一任教师。学校要切实担负起指导和推进家庭教育的责任，不断优化家庭教育环境，真正实现学校、社会、家庭教育的一体化德育教育模式。要认真贯彻落实《贵州省中小学家长学校工作管理意见》，成立并办好家长学校，制定并实施好学校《家长学校工作机制》，较好发挥家长学校的育人功能。

2．建立家长学校委员会和班级家长委员会，每学期定期召开2～3次家长委员和家长会，要创新家长会形式，提高家长会质量，充分发挥各级家长委员会和每位家长的作用。通过家庭教育咨询等形式，密切家校联系，制定教育目标、方式、方法，帮助家长提高家庭教育水平。

4．要建立和完善家长委员会例会活动制度、家校信息反馈制度、家长学习培训制度、家教经验论坛交流制度和总结表彰制度。

5．创设有效活动载体，组织家长学员搞好学习培训（可聘请家庭教育较为成功的家长、学校领导、教师每学期集中为家长培训）、家校互访（班主任每学期与学生家长至少联系沟通一次）、家校联谊及家长开放日等活动，帮助家长转变育子观念，提高育子水平，处处以良好的思想道德修养为子女做表率，并重视对子女的道德品质和行为习惯培养，支持子女积极参与校内外各种有意义的活动。

（五）社区教育制度

1. 加强和改进未成年人思想道德建设，是全党、全社会的共同任务，学校努力协调各社区、乡镇、各村支两委，切实担负起加强未成年人思想道德建设的社会责任，主动与社区关工委沟通，并在社区的配合下，有效地开展教育工作。聘请社区中热心于青少年教育工作的人士担任兼职辅导员，搞好学生的校外教育工作。

2. 积极争取、鼓励社会各界和各方面人士，以各种方式对中小学德育工作提供支持，聘请公安、司法干部为法制副校长或校外辅导员，有计划地为学生进行辅导培训，不断提高学生的明辨是非能力，为优化育人环境，促进学生健康成长，营造良好的社会氛围。

3. 充分利用社会上各种适宜的活动场所，整合利用各种教育资源，开展富有吸引力的思想教育和文体活动，教育学生恪守网络道德，阅读、观看有益健康的图书报刊、音像和网上信息，收看内容健康的广播电视节目，丰富学生的校外精神文化生活，提高学生的自我约束和自我保护能力，自觉抵制各种不良风气。

4. 积极参与建立社区教育委员会的工作，探索学生积极进行研究性学习、社会实践、社区服务的有效机制，充分依靠社区力量，较好发挥各种教育阵地的作用，积极为未成年人开展活动创造条件。

（六）德育工作考核评价制度

1. 学校德育工作考核评价，由上一级教育行政部门和德育研究部门每学年进行一次量化考核。

2. 对教师的考核评价由学校考核领导小组统一进行考核，并依据有关文件与方案，结合学校具体实际特点，制定出详细的考核方案。在考核中要注重平日的考核纪实与各种教育教学活动成果有机挂钩，并增加考核的可信度和透明度，学校对教师的考评结果，将作为评选各级先进的重要依据。

3. 对学生的思想道德行为考评，由班主任负责，协同科任教师、家长、学生干部等，除搞好学生的平日过程性评价外，每学期要进行一次综合考评，学校依据《中学生守则》《中学生日常行为规范》，在《瓮安二中学生发展评价手册》制定出详细的思想道德综合考评标准，评定结果要通知个人及家长，记入学生考评手册。

（1）加强领导，成立由校长挂帅、政教处、团委、学生会参加的中学生日常行为规范达标检查评比工作领导小组，负责对此项工作的具体领导和检查评比工作。

（2）认真落实《中学生守则》《中学生日常行为规范》，并依据这些要求制定出切合学校学生实际的一日常规和学生思想道德综合考评标准或达标检查细则。

（3）建立轮流值周检查制，做到日有检查、周有小结、月有评比、学期有总结分析，年末有表奖。引导全体学生规范行为习惯，争做合格学生，确保学生的行为规范合格率达到99%以上。

（4）加强学生的法制教育，增强法制观念。定期对学生进行法制教育报告（每学期1次），教育学生从小学法、懂法，争做遵纪守法的合格公民，坚决杜绝违法犯罪现象。

（七）班、团会制度

1. 坚持班（团）会隔周一次制度，并纳入教学课时计划之中，任何领导和教师不得以任何理由占用。

2. 每次班、团会均要按程序、按标准要求规范进行，不得有随意性。

3．班、团会要围绕学校德育工作的目标任务，根据德育系列化工程的框架体系，结合各班级各阶段教育实际，做到方案具体，目标明确，主题鲜明，内容新颖，形式灵活，准备充分，学生参与面大，体验效果好，活动实效性强。

4．定期举行优秀班、团队活动和方案的征集与评选，保证每学年举行一次全校性的主题班会评比或观摩活动。

（八）班主任工作制度

1．认真落实《贵州省中小学班主任工作指导意见》。重视班主任的选拔、培养和培训工作，制定学校班主任培训计划和教师个人自修研训计划，全面提高班主任的专业化素质。坚持每月一次班主任学习例会制，每学期集中进行一次专题培训或举行一次班主任工作经验交流活动或总结表彰会。

2．班主任要热爱学生、尊重学生、关心学生、帮助学生、指导学生、保护学生，善于发掘每个学生的潜力，培养学生的特长，并根据学期德育计划要点和系列化教育的总体要求，结合该班实际，制定好班级的教育教学活动计划，并精心设计方案，创新活动载体，为学生搭建成长的平台，促进学生全面发展。

3．班主任要有正确的人才观、教育观和学生观。能用发展的观点对每名学生做出客观、公正的评价，注重教育民主平等，能做到公平对待每一位学生，引导学生进行自我管理和教育，培养好学生干部，做好学额巩固工作，积极创建团结、和谐、文明、向上的班集体。

4．班主任要主动与科任教师合作，善于同学生、家长进行有效沟通，与社会相关部门配合协作，及时发现学生思想行为及身心方面存在的共性问题和个性问题，适时进行有针对性的整体与个体教育，引导学生健康发展，并不断拓宽教育途径，创新教育形式，形成独特的教育风格和经验特色。

（九）社会实践活动制度

1．学校为学生上好社会实践课创设有效的活动载体，搭建实践发展的平台。因地制宜建立起学习基地、学雷锋服务实践基地以及参观访问、公益劳动基地和爱国主义教育基地，并为基地建立协作互助关系和精神文明共建关系。

2．按照实践育人的要求，以体验教育为核心，充分利用社会实践基地，精心设计和组织开展内容鲜活、形式新颖、吸引力强的“社会一日”实践活动，每学期安排总量不少于一周。

3．活动要确保质量，要以促进学生全面发展，提高学生实践能力为目的，把学生安全和社会效益放在首位，做到有组织、有计划、有目的、有领导、有检查、有指导、有总结、有完整的资料积累。

4．对社会实践的内容及形式做周密安排，结合当时、当地的具体实际进行选择。注意以集体活动为主，原则上不允许学生个体单独活动。

（十）重大节日、纪念日教育制度

1．充分利用重大节日、纪念日的契机对学生进行中华传统美德和革命传统教育，做到每逢重大节日、纪念日原则上要举行隆重的升旗仪式。

2．适时开展主题教育活动。充分利用春节、重阳节、清明节、中秋节等民族传统节日，“五一”“五四”“六一”“七一”“八一”“十一”等重要节日，“七七”事变、“九一八”

事变、“一二九”运动等重要事件和重要人物纪念日，有计划地开展主题班会、团会，并做到常办常新。

3．以具有特殊意义的节日、纪念日为契机，请革命先辈和各行各业的英雄模范作报告、讲故事，组织学生观看反映伟大民族精神的影视片，开展集中体现中华传统美德和革命传统的经典格言，诗词诵读、征文演讲等活动，歌唱以爱国主义为主旋律的歌曲，定期举行歌咏比赛和文艺演出等活动，让学生树立民族自尊心、自信心和自豪感。

4．充分利用校报、展板、校园广播站、校园局域网等多种形式进行广泛的宣传，让学生深刻了解重大节日、纪念日的来历和意义，从而受到深刻的教育和鼓舞，以此增强学生的爱国情感，从而树立起为中华民族的伟大复兴而努力学习、立志成才的理想信念。

《贵州省瓮安第二中学高考奖励方案》

（2013年修订）

1．高考目标任务数的划定：

（1）应届班：以学校近三年应届生上线平均数作为学校目标任务数，再按各班学生当年进校中考成绩划定一本、二本目标任务数分配到各班。

（2）提高班：以学校近三年补习生一本、二本上线平均数作为学校一本、二本目标任务数，再根据当年学生进校高考成绩划定一本、二本目标任务数分配到各班。（文理科分别计算）

2．任课教师单科成绩达省平均总成绩奖：总成绩=（平均分+及格率分子）÷2。

（1）单科成绩达省平均总成绩基数奖：200元；（单任实验班总成绩达省平均总成绩115%；提高班达省总成绩105%，普通班达省总成绩100%；混合班按比例计算达到者可获此项奖）。

（2）单科成绩每超省总成绩一个百分点奖100元，累计计算。（单任实验班总成绩达省平均总成绩115%；提高班达省总成绩105%，普通班达省总成绩100%；混合班按比例计算达到者可获此项奖）。

（3）任课教师单科成绩奖（奖任课教师）：学生高考单科成绩全省第一名，语数外奖任课教师8000元，综合科奖任课教师16000元。

3．班级考上一本、二本人数奖（班级奖）：

（1）考入清华、北大一人奖班级6万元；（此奖不计入班级总奖金，由六位任课教师平均分配）

（2）一本上线一人奖班级400元；

（3）二本上线一人奖班级200元；

4．班级高考总成绩名次奖（以招生报公布为准，以最高额计入班级奖，不重复计奖）：

（1）全省第一名奖班级5万元，第二至五名各奖班级3万元，第六至十名各奖班级2万元，十一名至二十名各奖班级1万元；

（2）全州第一名奖班级10000元，第二名奖班级5000元，第三名奖班级3000元，第四名奖班级2000元，第五名奖班级1000元。

（3）全县第一名奖班级6000元，第二名奖班级4000元，第三名奖班级2000元。

5．班级完成学校高考目标任务数奖（累计计奖）：

（1）完成班级一本任务数，基数奖为2000元；

（2）完成班级二本任务数，基数奖为2000元；

（3）未完成任务的班级，分别对完成一本、二本的比例分别计基础奖，低于任务60%以下的班级不计基数奖。

（4）一本每超任务一人奖班级3000元（不含基数奖）；

（5）二本每超任务一人奖班级1000元。

6．提前录取学校的奖励：

以正式录取通知为准，分别计入一本、二本完成指标数，参照上述款计奖。

7．班级总奖金分配：

（1）班主任班级管理奖：语、数、外、理、化、生、政、史、地九科担任班主任的，班级管理奖为学校所发班级总奖金的3%；其他科目任班主任的，班级管理奖为班级总奖金的5%。（班会课仍然算班主任一节课）

（2）体育教师在每班的基数奖金为100元；

（3）剩余班级总奖金分配：剩余班级总奖金由高考科目教师（高三年级任课教师占60%，高一、高二年级任课教师各占20%，如因个人教育教学能力不足、任教班级和学生反响强烈造成的课务调整，不享受此待遇）50%按高考成绩分配，50%按课时分配；如：某班剩余总奖金为20000元，语文完成省总成绩110%，数学完成省总成绩103%，英语完成省总成绩101%，综合完成省总成绩97%。则语文科班级总奖金=〔20000×50%×110÷（110+103+101+97×3）〕+（20000×50%×语文周节数÷班级周总课时数）（班级周总课时，体育、自习课除外）。

8．音、体、美教师专项奖：

音体美指导教师专项奖：音体美教师指导学生考上一本一人（录取为准）奖指导教师800元；二本200元。（录取的学生必须为本校教师辅导，以高三年级开学初提供的辅导学生名单为准）

9．高考优秀教研组奖：

（1）为了促进教研组成员间相互帮助、相互促进，全校高考科目总成绩达到省总成绩105%的教研组：语、数、英语基数奖2000元，综合基数奖6000元，超省总成绩1个百分点奖100元，累计计奖。（文理科数学以最高成绩计算，不重复计奖）

（2）获此奖的奖金由教研组协商自由分配。（可作为教研组经费、可平均分给高三年级任课教师、也可按班级完成百分比分配或全组教师平均分配。）

（3）全校总成绩达到全省总成绩105%的教研组授予“优秀教研组”称号，下学期开学典礼授牌。

10．生源奖

（1）从其他学校引进优秀学生到学校高三年级就读，并在当年考取清华、北大，奖励引进者20000元；全县第一名，奖励引进者10000元。

（2）学校留下补习学生，在补习当年考取清华、北大，奖原就读高三班级20000元；全县第一名，奖原就读高三班级10000元。

11．高考优秀班主任和优秀教师奖：（此奖在下一学年的开学典礼表彰会上颁奖）

（1）高考优秀班主任奖：有一本、二本任务的班级，双完成、双超或一本超，二本以上总数完成，或有学生考上清华、北大、全县第一名；只有二本任务数的班级必须超任务数，并且高三后期班级管理较好，授予班主任“高考优秀班主任”称号，奖金800元。

（2）高三毕业阶段，因班主任管理工作不力，造成重大失误（如学生打架斗殴，吸烟喝酒，撕书等现象的），不给予评奖。

（3）高考优秀教师奖：单任实验班总成绩达省平均总成绩115%及其以上；提高班达省总成绩105%及其以上；普通班达省总成绩100%及其以上；混合班按比例计算达到或超者，授予任课教师

“高考优秀教师”称号，奖金800元。

12．对州、县发给学校的高考奖金，进学校财务，由学校统筹支配。

13．学生竞赛辅导奖：（须为教育行政部门正式组织，以文件公布为准，累计计奖）

（1）学生获全国奖，学校奖指导教师：

一等奖150元，二等奖120元，三等奖100元。如学生因获奖后高考得加20分的，奖指导教师2000元。

（2）学生获省级奖，学校奖指导教师：

一等奖70元，二等奖60元，三等奖50元。

（3）学生获州级奖，学校奖指导教师：

一等奖60元，二等奖50元，三等奖40元。

（4）学生获县级奖，学校奖指导教师：

一等奖50元，二等奖40元，三等奖30元。

14．教师科研及教育教学技能竞赛成果奖：（须为教育行政部门正式组织，以文件公布为准，累计计奖）

课题

课题申报立项结题后，国家级课题奖20000元，省级课题奖10000元，州级奖5000元。

科研成果奖

（1）获国家级一等奖10000元，二等奖8000元，三等奖5000元，优秀奖1000元。

（2）获省级一等奖5000元，二等奖3000元，三等奖2000元，优秀奖800元。

（3）获州级一等奖2000元，二等奖1500元，三等奖1000元。

15．个人技能竞赛奖

（1）获国家级一等奖2000元，二等奖1500元，三等奖1000元，优秀奖500元。

（2）获省级一等奖1000元，二等奖800元，三等奖500元，优秀奖200元。

（3）获州级一等奖500元，二等奖300元，三等奖200元。

（4）获县级一等奖200元，二等奖100元，三等奖50元。

贵州省瓮安第二中学工会工作制度

学校教职工（代表）大会是在学校党总支部的领导下，广大教职工民主管理学校的一种组织形式。学校定期召开教职工（代表）大会。坚持四项基本原则，贯彻党的路线、方针、政策和国家的法令、法规，执行教育行政部门的条例决定、决议和指令；坚持民主集中制，其决议、决定和重要议案，都要执行少数服从多数的原则，以全体代表的过半数同意方为有效。教职工（代表）大会每五年一届，每学年召开一次。每次会议必须有三分之二以上代表出席，遇有重大事项，应三分之一以上代表的要求，可以召开临时会议。教职工（代表）大会委托学校工会委员会作为其闭会其间的常设工作机构。学校工会委员会要会同有关部门负责做好教职工（代表）大会的组织、筹备工作，会议期间的会务工作。

大会主席团成员由筹备小组征求各方面意见后提名，经党总支部审查同意，由教代会预备会议正式表决产生。主席团一般为5～8人，主持召开本届教代会的大会。教职工（代表）大会行使听取和讨论校长的工作报告的权利；讨论学校岗位责任制方案、教职工奖惩办法与教职工有关的基本规章制度；讨论教职工的福利费管理使用方案以及其他有关教职工生活福利的重大事项，并提出意见；监督学校各级领导，定期民主评议干部。

为更好地规范工会工作，进一步推进学校民主治校，构建和谐校园，保障教职工参与学校民主管理和民主监督的权利，根据有关法律法规制定本制度。

（一）教职工代表大会制度

1．教职工代表大会是学校工会的权力机构，工会委员会受教职工代表大会的领导；

2．教职工代表大会须有全体会员的三分之二以上会员出席，方可召开；

3．教职工代表大会主要审议和批准校工会委员的工作报告，讨论并审议学校的重大事项，选举产生校工会委员（校工会主席、女职委员、经费委员）；

4．教职工代表大会闭会其间，由工会委员（主要是校工会主席）主持校工会的日常工作。教职工代表大会一般每学年召开一两次。

（二）工会委员工作制度

1．工会委员（主要是校工会主席）主持校工会的日常工作，各委员之间实行分工负责制；

2．工会重大问题要经过集体讨论（先委员间讨论，再与校办讨论），实行民主集中制；

3．工会委员的工作实行定期碰头制度，委员会议原则上每月召开一次；

4．工会主席全面负责工会工作。应当做好日常的组织发展（吸收会员、小组划分等），抓好组织建设（工会积极分子的管理、教工之家的建设等），要关心会员的生活、福利，做好生活困难会员的情况调查，负责提出补助的建议，报校办同意后，按规定实施；

5．经审委员应当做好工会经费的审查、监督工作，严格按财务制度办事，应针对学校的工作特点，做好活跃教职工文体生活的工作；

6．女职委员主要职责是维护女职工的合法权益，作好女职工的劳动保护工作；

7. 各委员分工不分家，遇临时或重大工作要齐心协力，群策群力做好工会工作。

（三）民主管理工作制度

1. 民主管理工作的基本要求：

保障教职工的民主权利，增强教职工主人翁责任感，发挥工作积极性，围绕学校的中心工作，做好本职工作。

2. 主要工作内容：

（1）做好教职工代表大会的各项组织工作和群众工作；

（2）不断完善工会民主管理工作的有关制度；

（3）努力提高工会的民主管理水平；

（4）认真引导，充分动员会员参与学校民主评议工作；

（5）配合行政做好保障职工福利的工作，依法维护教职工的合法权益，努力为教职工排忧解难；

（6）经常开展民主管理活动，听取会员意见，吸收合理化建议。

（四）财务管理制度

1. 认真执行有关财务制度，严格遵守各项财经纪律（如开支标准、范围；经费分成比例、上解等）；

2. 廉洁奉公，遵守制度，用好和管好工会的资金和财产；

3. 会计、出纳分设，严格按照一支笔审批制度和会计稽核制度；

4. 按时拨交工会经费，并按规定的统计基数足额计提和上解，按时足额收缴纳工会经费；

5. 工会各类报表报送及时、准确、完整、真实；

6. 财务档案统一管理。每年书面总结财务收支情况如实公布，接受会员监督。

（五）工会信息工作制度

1. 工会信息工作是联系党和广大会员的桥梁和纽带，是传输各类信息的重要阵地；

2. 工会信息必须做到“五必报”：

重大、重要工作安排必报；重大活动、全校性活动必报；重大突发性事件必报；关系会员切身利益的信息必报；会员的思想动态必报；

3. 做好必报信息的保存，积累信息资料，经常分析，充分发挥信息资料的使用价值。

（六）家访慰问制度

1. 工会家访的目的是了解掌握会员情况，帮助会员解决困难和问题；

2. 工会会员生活中有重大事情应做到“五必访”：

会员退休离会必访；退休教师、会员生病住院必访；会员生育必访；会员家庭直系亲属（父母、配偶、子女）有丧事必访；会员有家庭纠纷必访；

3. 会员生病住院，学校行政、工会前往探望慰问时，重病酌情给予慰问金；

4. 会员家庭直系亲属有丧事，学校行政、工会必须前往悼念慰问；

5. 退休教师每年学校行政、工会委员上门慰问一次。

（七）生活补助制度

1. 补助对象及原则：

（1）生活确系困难的会员（家庭人均收入低于全区最低收入线以下），原则上一年（春节其间）补助一次；

（2）特殊情况，报校领导或上级工会，经请示后再决定补助。

2．补助方式：

（1）必须由本人按补助规定向行政、工会提出报告或申请；

（2）实施补助须经工会委员会集体讨论提出意见后，报校领导或上级工会审批；

（3）补助金额发放必须由补助对象签字领取。

（八）活动制度

1．利用星期六工会活动时间或课余时间，有组织有纪律地开展有意义的文娱体育活动，丰富会员的文化生活；

2．会员参加区工会组织的文体活动得奖者，行政工会给予相应奖励；

3．每学年教工的娱乐活动不少于两次。对参与者和获胜者给予相应的纪念品和奖品；

4．退休教师每年（重阳节或元旦）组织一次活动。

（九）工会学习制度

1．工会工作人员要积极参加学校的政治学习活动，努力提高思想觉悟和理论水平；

2．工会工作人员要自觉学习专业知识和科学文化知识，努力提高业务水平和工作能力；

3．学习的主要内容：党的方针政策、时事政治、上级工会与校党政文件、指示、通报、简报，有关业务工作方面的教材，书报杂志等。

三、专 记

（1）“6·28”帮教工作（德育案例）

2008年6月28日，瓮安县发生一起影响全国的“打、砸、抢、烧”的“6·28”恶性事件，导致县委、县政府和瓮安县公安局、财政局办公大楼被烧毁，以及100多名公安民警被打伤的严重后果，直接影响到当地社会政治稳定。而其中有少数参与者是青少年。

按照省委关于“6·28”违法青少年帮教精神和《瓮安县“6·28”事件违法青少年帮教工作方案》，本着治病救人的目的，对违法学生进行了帮教，希望他们牢记这次深刻的教训，勇敢地面对过去和未来，健康成长。 在学校帮教工作领导小组的精心组织下，通过全体帮教老师一年来的努力，使学校“6·28”事件中违法学生充分认识自己的错误，提高辨别力和自制力，增强了法制意识，消除思想顾虑，与其他同学一起努力学习，使他们平稳的回归学校、回归家庭、回归社会，取得实实在在的帮教效果。

学校为全面贯彻落实上级组织有关帮教工作的文件精神，采取了灵活多样的方式进行帮教。2008年10月28日，学校成立了 “6·28”事件违法青少年帮教工作领导小组，各负其责，责任到人，健全了帮教工作体系，同时制定了切实可行的帮教计划，并邀请学生家长参与帮教，进一步增强教育的吸引力和感染力。学校根据违法学生的实际情况，安排他们回到原来的班级就读或留级到自己愿意就读的班级就读，让他们尽快回归班级，融入同学之中。帮教老师深入了解每一位违法学生的家庭情况、思想动态等，给每位帮教对象建了一个档案袋。帮教办公室印制了《瓮安二中“6·28”违法青少年基本信息采集表》，收集填写相关信息，对违法学生的具体情况做到心中有数。帮教办印制了《瓮安二中“6·28”事件违法青少年矫正对象档案卡》，班主任每星期对每个违法学生一周的出勤情况、表现情况、家长的联系情况都做了详细记录，并及时将各种材料、表册上报县帮教办公室。学校领导班子高度重视帮教工作，为加大帮教力度，学校领导与“6·28”违法学生进行对接帮教，同时安排专门的辅导教师进行辅导，确保了帮教工作的顺利、有序、有效开展。为使帮教工作取得好的效果，学校采取了灵活多样的方式进行帮教，举行了“讲文明，树新风，守法律”签名教育活动，邀请了省法制办领导及专家对学生进行法制教育，举行了服刑人员“现身说法”法制教育大会，请励志演讲师藤招军对学生进行感恩教育，开展学生不良行为矫正及心理咨询等等。各相关班主任与各位专门的辅导教师针对违法学生的不同情况，采取相应的帮教措施，通过做思想工作、谈心、拉家常、讲课、开展活动等多种形式对违法学生进行耐心细致的帮教。要求每位帮教对象每月写一份个人思想汇报，学校帮教办每星期对所有“6·28”违法学生的思想、出勤等情况进行汇总，随时掌握违法学生思想动态，及时调整帮教方法。

学校还制定《“6·28”违法学生的辅导实施计划》。按照省委关于“6·28”违法青少年帮教精神和县委关于“6·28”违法青少年帮教实施方案，学校在切实做好“6·28”违法学生的思想道德教育、法制教育和不良行为、心理矫正工作的基础上，为更好地把帮教工作落到实处，抓出成效，帮助他们从容应对2009年高考，经学校研究，决定对学校“6·28”违法学生进行课外课程辅导，成立课外辅导领导小组。

帮教其间，学校采用多种方式，通过多种途径，竭尽全力地对违法学生进行帮教，也得到了社

副县长郑毅、学校领导亲切看望学生

县政法委副书记王登华、县帮教办领导王登国等亲临学校发放帮教对象高考录取通知书

会，尤其是家长的认可和配合。

学校还将帮教工作延伸到“问题”学生、后进生，扩大帮教工作的影响力，使更多的学生受到教育。及时召开帮教对象家长座谈会，让学校、家长、社会共同关心帮教对象，让他们成为对社会有用的人才。在全体帮教老师的努力下，通过一年耐心细致的帮教，学校帮教工作对违法学生起到了很好的教育效果：违法学生都能充分认识到自己的错误，认识到作为一个学生应该遵纪守法，要有法制观念，要相信党和政府，勤奋学习，成长为一个热爱祖国、德才兼备的社会主义建设者和接班人。在学校领导、老师及同学的关心和帮助下，违法学生思想上的压力大大减轻，重新融入了班集体中，和其他同学一起在教室里安心读书。同时，在帮教老师的辅导下，大部分违法学生的学习也慢慢赶了上来，学习成绩有了明显提高。

通过帮教，高三年级的11名违法学生在2009年高考中取得了可喜的成绩。11人参加高考，其中考取二本1人，三本1人；专科7人。通过对违法学生的帮教及延伸到“问题”学生的帮教，有力地推进了学校学生思想教育工作，让全体在校学生从他们身上吸取了教训，受到了教育。

（2）“申示”工作

“申示”工作也是推动学校建设和发展的一个重要推力。贵州省省级示范性普通高中工作开始于2001年。2001年，省教育厅组建了评估专家组，对申报省级示范性普通高中的32所学校进行了初评、复评后，确定贵阳一中等9所学校为省级示范性普通高中，从而拉开了贵州省申报省级示范性高中的序幕。

2004年，学校校委会认真研读申报省级示范性高中相关文件和标准，经过仔细比对学校当时的办学条件，发现学校申报省级示范性普通高中在校园面积、生均面积、办学设施方面远远达不到申报基本要求。因此只能先积极争取改善办学硬件条件，等待时机成熟再申报。

2009年10月，学校经过多年的努力和呼吁，在县委、县政府的支持下，开始了学校的大规模改扩建工作，到2014年结束，先后投资近亿元，新建了教学大楼、学生宿舍、运动场、操场看台、新校门等，绿化美化了校园，每个班级还配置了“班班通”多媒体设备。至此，瓮安二中校园占地面积已达32016平方米，但生均占地面积7.47平方米；校舍建筑面积24000 平方米，生均建筑面积5.60平方米。学校绿化总面积2400平方米，生均绿化面积 0.56平方米。学校成为质量与规模并重，集生态化、人文化、教学化于一体的设施先进、环境一流、品位高雅的现代化校园，为学校发展壮大打下了坚实的基础。在此建设基础上，学校具备了申报省级示范性普通高中的基本条件。

2014年3月20日，学校召开校长办公会扩大会，经过讨论、分析，与会人员统一思想认识，明确把申创省级示范性普通高中作为学校今后工作的头等大事，全校教职员工要积极行动起来投入到“申示”工作的准备当中。是年3月22日，校长张明光率学校各处室负责人和部分教师代表到普定一中、惠水民族中学考察学习“申示”工作。普定一中历经三次“申示”，最终成功晋级为省级二类示范性普通高中，普定一中在“申示”工作上有丰富的经验，各项指标负责人对于所负责工作非常熟悉，而且毫无保留地对本校“申示”工作给予指导和帮助。3月24日，在惠水民中考察学习时，与惠水民中“申示”工作相关人员进行了有效交流，认真查阅相关资料，进一步了解“申示”资料的收集、整理与归档。3月25日，学校召开全校“申示”工作启动会，在会上，学校明确提出“申示”工作事关学校发展大计，全校师生必须全力以赴，无条件服从，要以“申示”为工作核心，强化领导，落实责任，举全校之力，确保“申示”成功。同时成立瓮安二中申创省级示范性普通高中工作领导小组。张明光任组长，丁丽娟、王华松、陈斌任副组长，各处室领导、教研组长、年级组长为成员，领导小组下设办公室，王华松兼办公室主任，李家庆、邓永富及各处室负责人任办公室副主任，罗鑫、葛丹、谢礼梅（后期加入）为工作人员，启动会结束后，“申示”办公室立即展开工作，用两天的时间完成了电脑、打印机、办公桌、复印机等设备的采购及安装。3月26日召开全校教研组组长、年级组长会议，安排部署具体的准备工作，明确资料收集范围为2011年9月—2014年3月，具体资料要求要统一标准。3月27日，“申示”办公室全体人员全面展开工作，他们认真阅读分析示范性普通高中评估指标，然后分解指标到学校各处室、教研组、年级组。3月29日，再次召开全校教职工大会，公布了黔南州申创示范性普通高中评估专家组将于2014年4月16—18日对学校申示进行初检这一消息。要求全校教职员工即日起加班加点收集整理资料，为迎接黔南州申创示范性普通高中评估专家组对学校“申示”进行的州级评估做好充分的准备。3月31日，借平塘民中“申示”迎检之际，学校派副校长丁丽娟前往平塘民族中学，学习和参观平塘民族中学申创示范性高中的检查评估工作。晚8点，全校在大会议室召开全校“申示”工作大会，指出收集整理资料中出现的问题，强调各处室、教研组、教师一定要分工合作，互相配合，决不能互相推诿，要有担当，有大局意识。4月4号晚8点，副校长丁丽娟在学校小会议室向学校行政和“申示”办公室负责人详细汇报了在平塘民族中学学习和参观申创示范性普通高中的检查评估工作的情况，并结合学校“申示”准备情况，提出了应该注意和完善的事项，为学校更好地迎接4月16—18日的黔南州申创示范性普通高中评估专家组检查评估作好充分准备。在这次会议后，学校领导、学校“申示”办公室全体人员、全校教职工采取“五加二”“白加黑”的工作方式，放弃清明节休假加班加点收集整理评估资料和进行优质课的打造。检查前十来天的时间里，全校上下齐心协力，积极准备：校长张明光、副校长王华松每天晚上陪同“申示”办公室李家庆、邓永富、葛丹等人员工作到晚上12点；各处室、各教研组人人动员，全力以赴，个个参与资料的收集、整理和优质课的打造。4月16日，黔南州申创示范性高中评估专家组一行8人在组长何喜贵督学带领下抵达瓮安，受到瓮安县委、县政府热情接待。在16日下午的见面会上，时任分管教育副县长夏吉友代表县委、县政府介绍了瓮安县情况、教育发展状况以及学校新校区建设情况，表达了县委、县政府对于瓮安二中申创示范性普通高中大力支持的决心；校长张明光介绍了学校“申示”准备工作情况以及学校新、老校区情况，并对专家组表示热烈的欢迎。督学何喜贵介绍了专家组各位成员的分工以及评估的相关程序。4月17日，黔南州申创示范性普通高中评估专家组一行8人进入学校开始检查评估，他们各自分工查阅“申示”资料，深入课堂听课，分别召开学生座谈会、家长座谈会、教师座谈会。本次评估共查阅资料283盒，召开学生、家长、教师代表会各一次，听课24节（优秀课5节、良10节、合格9节，无不合格课，优良率达62.5%）。4月18日早上8:30，在瓮安县会展中心小会议室召开的州级评估反馈会上，专家评估组组长何喜贵对瓮安二中在申创省级示范性普通高中过程中开展的各项工作给予高度评价，同时也指出瓮安二中“申示”工作中存在的问题和需要改进的地方，并公布检查评估的综合得分为561分（即达到省级“二类”示范性普通高中的要求），在全州7所“申示”评估学校中得分最高。顺利通过州级评估。同时还要求瓮安二中做好查缺补漏工作，努力完善“申示”资料，努力打造优质课，努力建设校园文化，为下一步迎接省申创示范性普通高中评估做好准备。在学校以优异的评估成绩顺利通过了黔南州“申示”评估专家组的评估验收后，时任黔南州州委常委、副州长、县委书记蒋映生，县委副书记、县长、瓮安二中“申示”工作领导小组组长尹德俊，县人大主任潘玉华，政协主席陈博，副县长夏吉友等领导多次到省教育厅汇报全县教育工作和二中“申示”工作。领导的全力争取，师生的积极参与为2015年“申示”奠定了基础，赢得了机遇。

4月22日，学校在大会议室召开全校“申示”工作州检查评估反馈会。校长张明光向大家通报了州检查评估结果，对于瓮安县委、县政府的大力支持和全校教职员工的努力表示衷心的感谢，这是瓮安二中团结合作、勇于拼搏精神的再次表现，在短短15天时间里，完成了其他学校需要近一年时间准备的“申示”资料的收集整理，用行动展现了瓮安二中实力，并取得优异成绩，可喜可贺。但这只是一个良好的开端，仍然需要全校教职员工共同努力，做好下一步工作，迎接省级“申示”专家组的检查评估。

5月23日，黔南州人大常委会原副主任、州教育局原副局长、瓮安二中办学顾问王圣强应邀到学校指导“申示”工作，他在与学校领导及“申示”办公室相关人员共同研究学校的办学特色时指出，学校特色定位非常重要，“申示”资料要准备充分，要突出学校特色，比如国学文化仅仅是校园文化的一部分，应该把国学引领改为文化引领，还要扩大到活动文化、师表文化、养成教育等，不仅仅看到考入清华、北大等重点院校的学生，还要看到其他有成就的学生，树立典型，扩大影响。在校园要大力推广和使用普通话。文化竞争是终极竞争，没有文化，就不能有很好的立足点。学校在吸取瓮安二中办学顾问王圣强讲话基础上，结合本校实际，最终提炼形成了瓮安二中的办学特色：立德树人，自强不息，文化引领、才艺双馨。

5月28日，贵州省教科院张庆肃院长一行6人应邀到学校检查、指导“申示”工作，黔南州人大常委会原副主任、瓮安二中办学顾问王圣强，瓮安县教育局副局长谢朝富陪同检查指导。在检查指导过程中，瓮安二中办学顾问王圣强在介绍了瓮安二中在办学条件差的情况下，实现了“低进高出、高进优出”的目标，希望贵州省教科院能够给瓮安二中支持，使瓮安二中能够得到发展壮大。专家组一行查看了“申示”资料，实地参观瓮安二中新校区建设工程，并对各教研组优质课打造提出了指导性意见。在总结会上，张庆肃院长指出，“申示”资料基本成型，有待改进和完善，新课改急需落实，教师编制急需解决，新校区建设需要加快，力争在省检查评估专家组到来时搬迁到新校区，有利于省检查评估的通过。还要积极争取政府的支持。结合省州领导和专家的检查指导，学校“申示”办公室积极展开了第二阶段的查缺补漏和完善工作，在李家庆、邓永富带领下，“申示”办公室全体工作人员再次认真研究解读《贵州省省级示范性普通高中升级及创建评估方案（2014年修订稿）》中的各项指标，夜以继日核对资料，补充完善。学校各教研组在教研组长带领下，人人都运用新课改理念武装自己，个个都参与新课改的学习和实践，掀起了迎接“申示”检查评估的热潮，真正达到了“以评促教，以评促建，以评促改，以评促发展”的要求。

9月16日，学校召开了全校教职工大会，再次明确提出一切工作都必须围绕“申示”工作来展开，各位教师要认真学习新课改，认真贯彻新课改，全力以赴投入到“申示”工作之中，全面做好各项工作，以迎接2015年11月省专家组的预评估。

11月24日至25日，以贵师大附中校长王丽萍为组长，修文中学校长刘丽萍为成员的省级示范性普通高中预评估专家组对学校“申示”工作进行预评估，专家组通过听汇报、观看宣传片、现场查看等形式进行评估，并顺利通过预评估，把学校纳入2015年“申示”评估对象。

2016年1月5日，学校邀请黔南州人大常委会原副主任、瓮安二中办学顾问王圣强，都匀二中原校长、州政府督学孙丽华对学校的“申示”工作进行再指导、再检查。黔南州政府督学孙丽华在检查工作总结会上指出了准备工作中存在的问题和整改措施，同时提醒要做好接待的安全工作，防止意外发生。黔南州人大常委会原副主任、瓮安二中办学顾问王圣强鼓励大家要有信心，注意细节，诚心诚意迎接检查评估，预祝取得评估成功。是年1月7—9日，以李植为组长的贵州省示范性普通高中评估组一行9人对学校申报示范性普通高中进行第一次评估。专家组按照《贵州省省级示范性普通高中升类及创建评估方案（2014年修订稿）》要求，通过听汇报、查资料、问卷调查、现场查看、召开座谈会、听课等方式进行评估。专家组认为瓮安县委县政府对学校的“申示”工作高度重视，投入5亿元高标准修建瓮安二中，这充分说明了政府对教育的支持力度很大。瓮安二中对“申示”工作准备充分，资料完善，课堂效果好，校风校貌好，同意通过第一次评估。

1月15日，在全校教职员工大会上，学校领导总结了本学期的学校工作，同时通报了“一评”通过的喜讯，全校上下欢欣鼓舞，纷纷表示要全力以赴搞好“二评”工作，争取“申示”工作的圆满成功。

3月13—14日，为了搞好学校“申示”文艺会演，校长张明光带领“申示”文艺会演筹备组一行8人前往“申示”文艺会演工作做得很好的盘县二中考查学习，双方就“申示”文艺会演及学校管理工作等方面进行了坦诚的交流，盘县二中对于学校“申示”文艺会演等给予无私的指点，对学校做好“申示”文艺会演等“二评”工作有极大的帮助。

3月18日，学校行政会议决定：1. 教务处推进优质课工作，抓紧时间，全面检查一次。2. 总务处做好学校搬迁新校区准备工作，做好方案。4月启动搬迁工作。3. 学校“申示”文艺会演由陈斌副书记具体负责组织统筹、协调安排，政教处、团委具体负责实施，要高标准、高质量严格打造，节目要有原创性，突显二中“文化引领 才艺双馨”特色。

3月28日晚7：30，在学校小会议室召开学校“申示”文艺会演筹备会，讨论、商定学校“申示”文艺会演基本框架、形式、内容等事项，同时各个节目负责人也汇报了工作开展情况和存在的困难。

4月5日，在老校区小会议室与贵州远大传媒公司就学校“申示”文艺会演进行了沟通与交流。贵州远大传媒公司展示他们为瓮安二中申示文艺会演的设计方案和报价，校长张明光提出学校的要求，并表示报价及方案需要进一步研究和深化。4月8日，贵州九日奇迹传媒公司到学校就瓮安二中“申示”文艺会演设计方案和报价与学校进行了交流。4月13日，贵州中亚传媒公司到学校就瓮安二中“申示”文艺会演设计方案和报价与学校进行了交流。4月23日上午9:00点，在老校区小会议室三家公司进行了投标，经评估小组评定，贵州远大传媒公司为第一中标人，贵州中亚传媒公司为第二中标人。贵州远大传媒公司中标后参与了瓮安二中“申示”文艺会演训练两次，因为公司人员问题退出了参与。其后就由第二中标人贵州中亚传媒公司参与训练、彩排等工作，并由其最终保障和完成了学校“申示”文艺会演训练、彩排、演出任务。

5月13日，贵州省教科院杨永明院长一行应邀到学校检查指导“申示”准备工作及优质课开展情况。他们认真查看了“申示”资料，与资料负责人交流检查情况，提出建议，指明方向；深入课堂听课，课后进行点评分析，指导各位教师如何上好新课改下的优质课，广大教师获益匪浅。

6月12日，全校整体搬迁完毕。学校要求“申示”办公室到新校区后，立即按要求装柜，陈列于新办公室，便于6月28日省示范性普通高中二次评估专家组到校查阅，为迎接“二评”做好了充分的准备。

6月25日，瓮安县委、政府、瓮安二中联合制定了迎接贵州省示范性普通高中二次评估专家组方案，迎接6月28日的评估活动。

6月28—30日，贵州省示范性普通高中二次评估专家组一行7人在组长王丽萍（贵州师大附中校长）和副组长黄秀禹（习水五中校长）带领下到瓮安二中，对瓮安二中“申示”进行二次评估。专家组成员在为期三天的评估中，通过查资料、进课堂、开座谈会、问卷调查、现场查看、观看反映学校素质教育成果的文艺会演等形式进行评估，他们查阅资料265盒，听课21节（其中优质课6节，良好课10节，合格课5节，优良率76%），召开座谈会三次，问卷调查1000余份，走访查看学生宿舍、食堂，观看“申示”文艺晚会。评估过程中，专家组成员对瓮安县委、县政府及教育行政主管部门高度重视瓮安的教育发展，特别是对瓮安二中的“申示”工作重视、支持和帮助给予肯定。

7月1日，在学校C4—5大会议室召开“申示”二评专家组意见反馈会议，会议由县政府办公室副主任沈军主持， 参加会议的人员有专家组7人、县人民政府原副县长夏吉友、瓮安二中行政领导、教研组长、年级组长、部分教师代表等。专家组组长王丽萍说，瓮安二中已经搬迁到新校区，学校各项工作指标达到申创省级示范性普通高中标准，同意通过第二次评估并报请省教育厅批准。

8月31日，省教育厅下文（黔教基发〔2016〕219号）批准瓮安二中为省级示范性普通高中（三类），瓮安二中“申示”工作取得圆满成功，也为学校今后的建设和发展赢得了条件。

（3）贵州省瓮安县智华中学

2013年，经时任贵州省人民政府副省长陈明鸣亲自引进，在贵州省教育发展基金会与香港智华基金爱心联络员潘旭波先生共同努力下，捐资人香港智华基金有限公司林高演先生，决定捐赠资金6000万元启动贵州省智华高中学校建设项目。香港智华基金公司于1992年由香港知名企业家林高演先生发起成立，是香港特别行政区政府认可豁免税项的慈善机构，并经合法注册获得中央政府许可的境外非政府组织资金捐赠资质，款项主要用于帮扶教育事业发展。据智华基金顾问、贵州项目联络人潘旭波介绍，该基金创设人林高演先生的初衷是鼓励学子“用智慧振兴中华”，因此各校冠名智华。

2014年6月，贵州省瓮安草塘中学校长吴定龙得知贵州省智华高中学校建设项目这一消息后，积极与贵州省教育发展基金会联系，在瓮安县委、政府的大力支持下，经香港智华基金及各级相关组织到草塘中学实地考察，终于争取到一个名额，成为全省12所智华中学中的一员，并于是年10月12日在贵州饭店与林高演先生签订捐资助学协议，获得500万元的教育捐款。根据协议约定并报经瓮安县委、县人民政府批

准，将“贵州省瓮安草塘中学”更名为“贵州省瓮安县智华中学”。

2016年8月，为优化高中教育资源，经县委、政府研究决定将乡镇中兴高中部合并至县城高中，瓮安县智华中学（草塘中学）校长吴定龙调入瓮安二中工作。“瓮安县智华中学”的项目转入贵州省瓮安第二中学继续实施。贵州省瓮安第二中学加挂“贵州省瓮安县智华中学”的牌子。

2017年1月11日，“贵州省瓮安县智华中学”揭牌仪式在瓮安二中举行。香港智华基金会、福州慈善总会、福州为民再生资源利用有限公司、深圳善华科技服务有限公司等爱心企业在贵州省教育发展基金会秘书长周忆江先生带领下参加了揭牌仪式，仪式由瓮安县副县长桂国全主持。瓮安县智华中学（瓮安二中）校长张明光在仪式上做题为《爱心御严冬 温暖寒门子》的致辞。同时还举行爱心企业捐赠仪式，香港智华基金会投入100余万元启动瓮安智华中学“智慧校园”与“智华艺术楼”项目建设，是年6月，瓮安智华中学“智慧校园”与“智华艺术楼”项目投入使用，大大提升了瓮安智华中学的办学条件和品位。12月22—24日，香港智华基金有限公司又投入30万元在瓮安智华中学举办“贵州省智华中学第三届教育创新研讨会”。会议邀请省教科所副所长杨永明等九大学科专家参加，参加会议的还有贵州省12所智华中学（赫章智华中学、正安智华中学、德江智华中学、务川智华中学、仁怀智华中学、普安智华中学、修文智华中学、长顺智华中学、松桃智华中学、盘县智华中学、雷山智华中学、瓮安智华中学）的领导和学科代表及瓮安智华中学的所有教师。本次研讨会得到了瓮安县委、政府及各成员单位的大力支持，经过三天的研讨，提高了瓮安智华中学对于新时期教育教学的认识，达到了预期效果。

近年来，瓮安智华中学有钟燏、王治琪等考上清华大学、北京大学等国内5所著名高校的学生，获得香港智华基金每学年1万元的助学金。香港智华基金每学年还拿出5万元在瓮安智华中学设立“奖教基金”，用于奖励瓮安智华中学优秀教师。这些奖励措施促进了瓮安智华中学教育教学发展，真正体现了香港智华基金“用智慧振兴中华”的精神。

四、荣 誉

学校在1958—2018年间，先后荣获“全国优秀传统文化进校园试点学校”“全国创意法教育实施优秀单位”“第五届全国美育工作先进单位”“全国地理教育科普先进单位”，省“高中办学优秀学校”、省“精神文明建设工作先进单位”、省“安全文明校园”等省部级奖12项，州“文明单位”“高考教学质量一等奖”“完成高考教学目标任务奖”“高考教学质量巩固提高奖”等州级奖23项。县级奖项100余项。

表附录—1

2000—2018年获省级以上荣誉统计表

序号	获奖名称	颁奖单位	时间	级别
1	“五四”红旗团委	共青团贵州省委员会	2003年2月	省级
2	精神文明建设工作“先进单位”	中共贵州省委、省政府	2006年4月	省级
3	抗灾救灾大行动先进集体	共青团贵州省委	2008年3月	省级
4	创意法教育实施优秀单位	创意法教育研究总课题组	2012年1月	国家级
5	“五四”红旗团委	共青团贵州省委员会	2012年2月	省级
6	“十二五”美育化教育教学实验基地	中国高等教育学会	2012年6月	国家级
7	美育工作先进单位	中国高等教育学会	2012年6月	国家级
8	地理科普教育先进单位	中国地理学会	2014年6月	国家级
9	“传统文化进校园”项目试点学校	中国教育学会	2014年12月	国家级
10	化学奥林匹克（初赛）组织工作奖	中国化学会	2015年11月	国家级
11	安全文明校园	省综治办、公安厅、教育厅	2016年3月	省级
12	省级文明校园	省精神文明指导委员会	2017年12月	省级

表附录—2

2000—2018年获州级荣誉统计表

序号	获奖名称	颁奖单位	时间	级别
1	“五四红旗团委”	共青团黔南州委	2001年5月	州级
2	消防安全重点单位	黔南州公安局	2002年5月	州级
3	文明单位	黔南州精神文明委员会	2003年12月	州级
4	文明单位	黔南州精神文明委员会	2005年12月	州级
5	教育教学质量优秀奖	黔南州教育局	2005年1月	州级
6	教育教学质量一等奖	黔南州教育局	2006年1月	州级
7	先进基层团组织	共青团黔南州委	2006年6月	州级
8	先进基层党组织	中共黔南州委	2006年6月	州级
9	抗冻救灾先进集体	黔南州教育局	2008年3月	州级
10	诵读大赛中学组一等奖	黔南州教育局	2010年7月	州级
11	普通高中教学目标先进单位	黔南州教育局	2010年12月	州级
12	教学质量巩固提高先进单位	黔南州教育局	2010年12月	州级
13	“五四红旗团委”	共青团黔南州委	2011年5月	州级
14	普通高中教学质量一等奖	黔南州教育局	2011年11月	州级
15	黔南民族师范学院研究生教育实践基地	黔南州教育局	2012年4月	州级
16	高考成绩三等奖	黔南州教育局	2012年11月	州级
17	文明单位	黔南州精神文明委员会	2012年12月	州级
18	文明单位	黔南州精神文明委员会	2013年12月	州级
19	2014年高考优秀模拟试卷评选组织奖	黔南州教育局	2014年7月	州级
20	“五四”红旗团委	共青团黔南州委	2015年5月	州级
21	校园安全风险防范工作先进集体	黔南州教育局	2015年8月	州级
22	黔南州科研样本校	黔南州教育局	2016年5月	州级
23	黔南州高中交响乐展演三等奖	黔南州教育局	2017年12月	州级

编后记

根据国务院《地方志工作条例》、贵州省人民政府《地方志工作规定》，瓮安县（瓮委办字2012第104号）《关于印发〈瓮安县部门志乡镇志专业志编纂工作实施方案〉的通知》，2013年6月，学校开始筹备《瓮安二中志》编纂工作。

2017年4月，学校成立《瓮安二中志》编纂委员会。党总支书记、校长张明光任编纂委员会主任，副校长吴定龙、王华松、夏忠富、党总支部副书记陈斌、办公室主任唐安林任编纂委员会副主任。编纂委员会下设编纂办公室，邓永富任办公室主任，吴昌松任《瓮安二中志》主编。

一编在手，责任重大。编者细览、摘抄本省、州、县之教育类志书数十本；查阅、核实省、州、县教育局、档案馆相关卷宗千余卷；走访健在老领导、老教师夏坤仲、王天合、吕庆松、黎思韩、丁惠敏、李庆忠、马耀银、李奎忠、犹永俊、尹昌宗、罗祖学、王复文等人士数十位。被访者虽年过七旬、八旬者众，每提及学校往事，仍记忆犹新；更有夏老坤仲提供《瓮安二中回忆录》10万余字文稿，为编纂志书提供可靠依据。同期收整调离、退休老师、心系二中发展的学子及各界人士的稿件信息。完成资料收集、摘抄、摘录500多万字前期准备工作。至2018年5月，披沙拣金、集腋成裘,完成90余万字《瓮安二中志》初稿。编写前期，若无上述劳心劳力者之助，实难完成初稿；若无慨然赐稿，不厌繁复者之情怀，亦难完成初稿。其间，编者诚邀县史志专家范祖贵、王昱、刘德权、王殿生、陈天银、李任凯、陈古伦、犹永均等为书稿把脉诊断，更有校长张明光谆谆嘱咐诸多细节，并参与审稿修改，若无上述之人相助，志书难以成型。编者在此，诚挚拜谢鼎力相助者。谢者甚众，恕不于此一一列举。

但终因众多见证人或已作古，或已迁居他乡，知情者日渐稀少。加之学校三易其址，七更校名，校史资料多有阙漏，苦乏考证；且校友遍及四方，多无联系。编纂工程浩繁巨大，编辑人力不逮，可谓困难重重，然“艰难困苦，玉汝于成”，编委齐心协力，核查校对，颇熬灯油，费尽心力。四易其稿，终完成50余万字书稿。

金无足赤，玉有微瑕。纰缪庸劣，恐所难免。若有阙处，敬祈读者不吝指正。借此向所有关心关注《瓮安二中志》的各位领导和老师、各界人士、海内外学子致以诚挚谢意！

《瓮安二中志》编纂办公室

2018年9月26日